EVA SCHURR
DIE IKONOGRAPHIE DER HEILIGEN

CHRISTLICHE ARCHÄOLOGIE
BAND V

EVA SCHURR

DIE IKONOGRAPHIE DER HEILIGEN

Eine Entwicklungsgeschichte ihrer Attribute
von den Anfängen bis zum achten Jahrhundert

J.H. Röll

Die Deutsche Bibliothek — CIP-Einheitsaufnahme

Schurr, Eva:
Die Ikonographie der Heiligen : eine Entwicklungsgeschichte ihrer Attribute von den Anfängen bis zum achten Jahrhundert / Eva Schurr. - Dettelbach : Röll, 1997
   (Christliche Archäologie ; Bd. 5)
   Zugl.: Erlangen, Nürnberg, Univ., Diss., 1997
   ISBN 3-927522-49-X

© 1997 Verlag J.H. Röll, Dettelbach
Alle Rechte vorbehalten. Vervielfältigungen aller Art, auch auszugsweise, bedürfen der Zustimmung des Verlages.
Papier: chlorarm gebleicht, alterungsbeständig.
Gesamtherstellung: Verlag J.H. Röll

Printed in Germany

ISBN 3-927 522-49-X

INHALTSVERZEICHNIS

EINLEITENDER TEIL 1
    Einführung 1
    Ausgangspunkt: Forschungslage 2
    Definitionen zum Begriff: „Das Attribut in der christlichen Kunst" 3
    Die Anfänge der Attributverwendung in der frühchristlichen Epoche 5

METHODE: UMFANG UND ABGRENZUNG DER THEMATIK 7
    Inhaltlicher Umfang: Personenkreis: Die Heiligen 7
    Zeitliche Eingrenzung der Untersuchung 8
    Eingrenzung der Bildtypen 8
    Definitionen 9
    Der Begriff Attribut 9
    Einschränkungen 10
    Sonderfälle von Attributen 13

ERSTER HAUPTTEIL: MATERIALERHEBUNG NACH GATTUNGEN .. 15
    Fragestellung und Zielsetzung 15
    Sarkophage 17
    Katakombenmalerei 18
    Mosaiken und Fresken 19
        Rom 19
        Ravenna 20
        Übriges Italien; Parenzo; Toulouse 21
        Griechenland; Kleinasien; Sinai 21
    Tafelmalerei 22
    Buchmalerei 23
    Elfenbein 24
    Goldfoliengläser 25
    Metall 26
        Reliquiare 26
        Liturgisches Gerät 28
        Monza-Ampullen 28
    Gemmen, Ringe, Enkolpien 29
    Keramik 29
        Ton-Ampullen 29
        Tonlampen 30
        Terrakotta-Kacheln 30
    Zusammenfassung 30
    Zwischenergebnis 31

ENTWICKLUNG EINER BESONDEREN IKONOGRAPHIE DER HEILIGEN INNERHALB DER FRÜHCHRISTLICHEN KUNST 33

Grundsätzliches zu den Anfängen des Heiligenkultes 33
Überblick der Forschungsthesen 33
Formen des frühchristlichen Heiligenkultes 36

Das Heiligenbild 36
Abgrenzung vom Repräsentationsbild 36
Vor den Bildern 37
Erste Nachrichten über Bilder 37
Literarische Überlieferung zu Bildern innerhalb der Kirche 38
Die ersten repräsentativen Heiligendarstellungen 39

Anfänge der Bilderverehrung 43
Quellen 43
Erhaltene Bilder: Der Heilige in Orantenhaltung 44
Porträtbild und Ikone 46

Entwicklung des Repräsentationsbildes aus der Szene 47

ZWEITER HAUPTTEIL: KATALOG 50
Vorbemerkungen 50

HEILIGE DES ALTEN TESTAMENTES 52
Propheten und Patriarchen innerhalb der frühchristlichen Kunst 52
A. KATALOG 53
Buchmalerei 53
Wandmalerei und Mosaiken 57
Sarkophagskulptur 62
B. ANALYSE DER VORKOMMENDEN BILDTYPEN UND ATTRIBUTE 62

Daniel 65
A. VITA, KULT UND LEGENDE 65
Vita und Legende 65
Verehrung 66
Kult 66
B. MONUMENTE 66
KATALOG 68
Repräsentationsbilder: Daniel als Heiliger mit individuellen Attributen 68
Daniel individualisiert in der Reihe der Propheten 71
Isolierte Repräsentationsbilder — Daniel ist durch das persische Gewand individualisiert 72
Repräsentationsbilder mit szenischen Elementen 73
Nicht eindeutige Bilder: Heilsparadigma oder Heiligendarstellung? 75
C. ANALYSE DER VORKOMMENDEN BILDTYPEN UND ATTRIBUTE 76

Zacharias, Vater Johannes des Täufers 78
    A. VITA, KULT UND LEGENDE 78
    Vita und Legende 78
    Kult 79
    KATALOG 79
    B. MONUMENTE 79
    Mosaik 79
    Fresko 80
    Buchmalerei 80
    Elfenbein 81
    Metall 82
    C. ANALYSE DER VORKOMMENDEN BILDTYPEN
    UND ATTRIBUTE 82
Johannes der Täufer 86
    A. VITA, KULT UND LEGENDE 86
    Vita und Legende 86
    Verehrung 86
    Kult 87
    B. MONUMENTE 88
    KATALOG 89
    Johannes in der Taufszene 89
    Johannes mit Rotulus bei der Taufe Christi 89
    Johannes mit Pedum bei der Taufe Christi 90
    Johannes mit Stabkreuz bei der Taufe Christi 91
    Johannes ganzfigurig in isolierten Heiligenbildern 91
    Mosaik und Fresko 91
    Tafelbilder 93
    Buchmalerei 93
    Elfenbein 94
    Metall 94
    Darstellungen des Johannes in Medaillonbüsten 95
    C. ANALYSE DER VORKOMMENDEN BILDTYPEN
    UND ATTRIBUTE 96

APOSTEL 99
    PETRUS 99
    A. VITA, KULT UND LEGENDE 99
    Vita und Legende 99
    Kult 100
    B. MONUMENTE 101
    Die Virga thaumatourga 102
    Der Hahn 104

KATALOG	106
Das Stabkreuz	108
Petrus mit Kreuz in einer Huldigungsszene, „Traditio-legis-Ableger"	110
Petrus mit Kreuz in der Gruppe Christus — Petrus — Paulus	112
Petrus mit Kreuz als Zeugenapostel in einer Wunderszene	115
Petrus mit Kreuz als Zeuge der Himmelfahrt Christi	116
Isolierte Petrusdarstellungen mit Kreuzattribut	116
Petrus mit Kreuz in einer Gruppe mit anderen Heiligen	119
Der Schlüssel	121
Petrus mit Schlüsseln in einer Huldigungsszene bei Christus	125
Petrus mit Schlüssel als Attribut	127
Mosaiken und Wandfresken	127
Elfenbein	130
Tafelbilder	131
Buchmalerei	131
Varia/Kleinkunst	132
PAULUS	135
A. VITA, KULT UND LEGENDE	135
Vita und Legende	135
Kult	136
B. MONUMENTE	136
KATALOG	138
Paulus gemeinsam mit Petrus, beide mit Attribut	138
Sarkophage	138
Mosaik	139
Elfenbein	140
Buchmalerei	140
Metall	141
„Varia"	141
Paulus in der Gruppe der Apostel oder mit Märtyrern bei Christus	142
Sarkophage	142
Mosaik und Fresko	143
Tafelbilder	144
Buchmalerei	145
Metall	145
Goldglas	146
Autonome Paulusbilder	146
Elfenbein	146
Buchmalerei	147
Goldgläser	148
„Varia"	149
Umstrittene Darstellungen: Paulus mit dem Schwert	151

C. ANALYSE DER VORKOMMENDEN BILDTYPEN
UND ATTRIBUTE 154
ANDREAS 156
   A. VITA, KULT UND LEGENDE 156
      Vita und Legende 156
      Kult 157
   B. MONUMENTE 158
   KATALOG 158
      Nicht durch Namensbeischrift belegte, porträt-unspezifische
      Andreas-Darstellungen ohne Attribut 158
      Durch Namensbeischrift belegte, aber porträt-unspezifische
      Darstellungen ohne Attribut 159
      Mosaik 159
      Metall 159
      Ampullen 160
      Nicht durch Namensbeischrift belegte, aber durch den
      Porträttypus gesicherte Andreas-Darstellungen ohne Attribut 161
      Durch Namensbeischrift belegte Darstellungen, mit
      Andreas-Physiognomie, ohne Attribut 162
      Mosaik 162
      Andreas-Darstellungen ohne Namensbeischrift, aber durch
      die Physiognomie gesichert und mit Attribut Stabkreuz 164
      Andreas-Darstellungen mit Namensbeischrift, Porträttypus
      und dem Attribut Stabkreuz 166
      Fragmente 167
      Unspezifischer Andreas-Typ ohne Namensbeischrift,
      anhand des Stabkreuzes zu identifizieren 168
   C. ANALYSE DER VORKOMMENDEN BILDTYPEN
   UND ATTRIBUTE 169

MÄRTYRER UND ASKETEN 173
   STEPHANUS, ERZMÄRTYRER DES OSTENS 173
      A. VITA, KULT UND LEGENDE 173
      Vita und Legende 173
      Kult 174
      B. MONUMENTE 176
      KATALOG 176
      Mosaik 176
      Fresko 177
      Metall 178
      Goldglas 179

C. ANALYSE DER VORKOMMENDEN BILDTYPEN
UND ATTRIBUTE 179

LAURENTIUS, ERZMÄRTYRER DES WESTENS 183
A. VITA, KULT UND LEGENDE 183
Vita und Legende 183
Legende 183
Kult 184
B. MONUMENTE 185
KATALOG 185
Goldfoliengläser 186
Laurentius in einer Gruppe von Heiligen 186
Laurentius isoliert dargestellt 187
Katakomben 188
Mosaiken und Fresken 189
Überlieferte Laurentiusdarstellungen 190
Szenische Laurentiusdarstellungen 191
Zweifelhafte Laurentiusbilder 192
C. ANALYSE DER VORKOMMENDEN BILDTYPEN UND
ATTRIBUTE 193
ZUR DEUTUNG DES DARGESTELLTEN,
FORSCHUNGSPOSITIONEN 195
DIE TRADITION DER LAURENTIUS-IKONOGRAPHIE IM
FÜNFTEN JAHRHUNDERT 198
SZENE ODER REPRÄSENTATIONSBILD MIT ATTRIBUTEN? 199
Verlorene Darstellungen 202
Szenische Darstellungen 204
Zusammenfassung 205

THEKLA, ERZMÄRTYRERIN 205
A. VITA, KULT UND LEGENDE 205
Vita und Legende 205
Kult 207
B. MONUMENTE 208
KATALOG 208
Theklabilder als Rettungsparadigmen 208
Theklabilder mit deutlichen szenischen Reminiszenzen 210
Theklabilder mit angedeuteten szenischen Reminiszenzen 212
Theklabilder mit Kultbildcharakter 213
Thekla in einer Gruppe mit weiteren Heiligen 215
Halbfigurige Darstellungen ohne Attribute 215
C. ANALYSE DER VORKOMMENDEN BILDTYPEN
UND ATTRIBUTE 216

COSMAS UND DAMIAN 221
   A. VITA, KULT UND LEGENDE 221
   Vita und Legende 221
   Kult 222
   B. MONUMENTE 224
   KATALOG 224
   Mosaik 224
   Fresko 227
   Tafelbild 228
   Metall 229
   Unsichere und falsche Zuschreibungen 229
   C. ANALYSE DER VORKOMMENDEN BILDTYPEN
   UND ATTRIBUTE 230

SERGIUS UND BACCHUS 231
   A. VITA, KULT UND LEGENDE 231
   Vita und Legende 231
   Kult 232
   B. MONUMENTE 233
   KATALOG 233
   Mosaik 233
   Fresko 234
   Tafelbild 235
   Metall 235
   Pergament 236
   C. ANALYSE DER VORKOMMENDEN BILDTYPEN
   UND ATTRIBUTE 236

THEODOR TIRO 240
   A. VITA, KULT UND LEGENDE 240
   Vita und Legende 240
   Zur Legende 240
   Kult 241
   B. MONUMENTE 242
   KATALOG 242
   Mosaik und Fresko 242
   Tafelbilder 244
   Stoffe 246
   Kapitell 246
   Ampulle 247
   Theodor als Reiterheiliger, ausgewählte Beispiele 247
   C. ANALYSE DER VORKOMMENDEN BILDTYPEN UND
   ATTRIBUTE 248

DEMETRIUS 252
   A. VITA, KULT UND LEGENDE 252
     Vita und Legende 252
     Zur Legende 252
     Kult 253
   B. MONUMENTE 254
   KATALOG 254
     Mosaiken in Thessaloniki 254
     Mosaiken und Fresken außerhalb Griechenlands 259
     Tafelbild 259
     Kleinkunst 260
   C. ANALYSE DER VORKOMMENDEN BILDTYPEN UND ATTRIBUTE 260
MENAS 264
   A. VITA, KULT UND LEGENDE 264
     Vita und Legende 264
     Zur Legende 265
     Kult 265
   B. MONUMENTE 265
   KATALOG 266
     Menasampullen 266
     Umstrittene Menasdarstellungen auf Ampullen 267
     Elfenbein 270
     Steinreliefs 272
     Holzreliefs 273
     Fresken 273
     Tonlampen und Stempel 274
   C. ANALYSE DER VORKOMMENDEN BILDTYPEN UND ATTRIBUTE 275
     Die Frage nach dem Urbild 276
     Die Kamele als Attribut 278
DIE STYLITEN 280
   A. VITA, KULT UND LEGENDE 280
   SIMEON STYLITES DER ÄLTERE 280
     Vita und Legende 280
     Kult 281
   SIMEON STYLITES DER JÜNGERE 282
     Vita und Legende 282
     Kult 282
   B. MONUMENTE 282
   KATALOG 283
     Basaltreliefs 283

Bauplastik 285
Reliquiarfragment? 286
Eulogien 286
Eulogien aus Harz- oder Wachsgemisch 286
Glaseulogien 289
Ampullen 290
Tonlampen 291
Tonschale 291
Glasflakons 292
Loculusplatte mit Darstellung eines Styliten? 293
Simeon-Statue 294
   C. ANALYSE DER VORKOMMENDEN BILDTYPEN
   UND ATTRIBUTE 294
Der Anteil der Styliten am Aufkommen der Bilderverehrung 299
AGNES 301
   A. VITA, KULT UND LEGENDE 301
   Vita und Legende 301
   Kult 301
   B. MONUMENTE 303
   KATALOG 303
   Goldfoliengläser 303
   Agnes-Orans zwischen Bäumen 303
   Agnes-Orans zwischen Tauben 305
   Agnes-Orans zwischen Heiligen 306
   Agnes-Büste 307
   Agnes-Orans, Fragment 307
   Reliefplatte 308
   Katakombenbilder 308
   Wandmosaiken 309
   C. ANALYSE DER VORKOMMENDEN BILDTYPEN
   UND ATTRIBUTE 310
FELIX UND ADAUCTUS 316
   A. VITA, KULT UND LEGENDE 316
   Vita und Legende 316
   Kult 316
   B. MONUMENTE 317
   KATALOG 317
   Fresken 317
   Relief 320
   C. ANALYSE DER VORKOMMENDEN BILDTYPEN UND
   ATTRIBUTE 320
Zusammenfassung 322

ERGEBNISSE 324
    Zur Verwendung des Stabkreuzes 324
    Zur Verwendung des Nimbus... 329
    Die Attributverwendung im Osten und Westen 334
    Das individuelle Attribut 336

ANHANG: TABELLARISCHE ÜBERSICHTEN 338
    A) Steinrelief 339
        Sarkophage/Steinrelief Rom 339
        Sarkophage Arles 340
        Sarkophage Ravenna 341
        Sarkophage und Steinrelief Konstantinopel, Osten 343
    B) Katakomben 346
        Rom 346
        Neapel 350
    C) Mosaiken und Fresken 352
        Rom, erhaltene Mosaiken und Fresken 352
        Mosaiken und Fresken Rom (überliefert) 354
        Mosaiken Ravenna 355
        Mosaiken übriges Italien; Parenzo; Toulouse 357
        Mosaiken Griechenland; Kleinasien; Sinai 359
    D) Tafelbilder 360
    E) Buchmalerei 362
    F) Elfenbein 367
    G) Goldfoliengläser 369
    H) Metall 376
        Reliquiare 376
        Liturgisches Gerät 378
        Monza-Ampullen 381
    I) GEMMEN, RINGE, ENKOLPIEN 382
    J) Keramik 384
        Ton-Ampullen 384
        Tonlampen 385
        Terrakotta-Kacheln 386

ABKÜRZUNGSVERZEICHNIS 388

VERZEICHNIS DER ABGEKÜRZT ZITIERTEN LITERATUR 390

EINLEITENDER TEIL

Einführung

Die Ikonographie der Heiligen von den Anfängen der christlichen Kunst an bis hin zum Bilderstreit war bislang nur ausschnitthaft Gegenstand der wissenschaftlichen Forschung.

So intensiv die Diskussion um Kult und Kultstätten, um Anfänge und Ursachen der Bilderverehrung ist, so zahlreich die monographischen Studien zu einzelnen Heiligen sind, die Frage nach einer spezifisch frühchristlichen IKONOGRAPHIE DER HEILIGKEIT wurde bis jetzt nicht gestellt.

Die Heiligenattribute betreffend gibt es jedoch verbreitete und oft wiederholte Ansichten, die beispielsweise lauten: ‚In der byzantinischen Kunst gibt und gab es keine Attribute, die Namensbeischrift erteilt deutlich Auskunft über die dargestellte Person.' ‚Im Westen setzt die Attributverwendung erst im Mittelalter ein.' Oder: ‚Den Nimbus erhalten die Heiligen im sechsten Jahrhundert, nach Christus, nach den Engeln und der Gottesmutter.'

Derartige Pauschalisierungen zu widerlegen ist das erste Anliegen dieser Arbeit. Ein zweites ist es, den Blick nicht einschränkend auf einige wenige Heilige zu richten, um deren spezifische ikonographische Entwicklung aufzuzeigen, sondern umfassend sowohl die sakralisierten Personen des Alten und Neuen Testamentes als auch die frühchristlichen Märtyrer und Asketen nach ihrer Ikonographie zu befragen. Dies schließt nicht nur die Attribute, wie den Nimbus, den Kranz und weitere mit ein, sondern auch die Frage nach dem Ursprung des Kultes, nach den Wegen des frühchristlichen Bildschaffens und den Facetten der verwendeten Bildtypen.

Der Vorteil der hier gewählten Methode, alle Heiligendarstellungen in allen frühchristlichen Kunstgattungen zu berücksichtigen, ist der, daß ausreichendes Vergleichsmaterial zur Verfügung steht. Beobachtungen, die bereits für einzelne Heilige gemacht wurden, können nun in Relation zur Gesamtheit der Ikonographie der Heiligkeit gestellt werden.

Um dieses Ziel trotz der Vielzahl der erhaltenen Darstellungen zu erreichen, wurde der Blick auf die Repräsentationsbilder der Heiligen eingeschränkt. Dennoch wurde — und das soll bereits an dieser Stelle betont werden — kein enzyklopädisches Erfassen aller existierenden Heiligenbilder dieser Epoche angestrebt. Die Systematisierung des umfangreichen Materials erlaubt dennoch gültige Aussagen zu der Frage nach Heiligenattributen im Westen und Osten in der vorikonoklastischen Zeit.

Die Bearbeitung des Themas erfordert ein schrittweises Vorgehen:

Zunächst, nach einem Abriß des bisherigen Forschungsstandes, wird die Definition von „Attribut" in der frühchristlichen und frühbyzantinischen Epoche neu diskutiert.

Im ersten Hauptteil ist das Vorkommen von Heiligen in den verschiedenen Kunstgattungen mit ihren unterschiedlichen Schwerpunkten aufgezeigt. Die einzelnen Denkmäler sind im Anhang in Übersichtstabellen gesammelt.

Im nächsten Schritt wird die Attributverwendung im Zusammenhang mit der Ikonographie der Heiligkeit betrachtet: warum und woraus entwickelt sich das Heiligenbild und welche sind seine spezifischen Kennzeichen?

Im Katalogteil werden diese Fragen für die einzelnen Heiligen neu gestellt: Dabei wurde ein Querschnitt durch die eingangs erwähnten Gruppen von sakralisierten Personen gezogen. Berücksichtigt wird zunächst die jeweilige Legenden- und Kultsituation für den untersuchten Zeitraum. Dann sind die Repräsentationsdarstellungen der Einzelnen aufgeführt, die anschließend im Hinblick auf die übergreifende Fragestellung, die Ikonographie der Heiligkeit, untersucht werden.

Abschließend wird der aus der gesamten Betrachtung gewonnene „Extrakt" zu denjenigen Attributen und Aspekten vorgestellt, für die eine Neubewertung erforderlich erscheint.

Ausgangspunkt: Forschungslage

In einer knappen Zusammenschau sollen die wichtigsten Beiträge zum Stichpunkt „Attribut" aus den Standardlexika und den speziellen Werken zur Heiligenikonographie vorgestellt werden. In chronologischer Reihenfolge der einzelnen Untersuchungen wird dabei ihrer jeweiligen Definition und Differenzierung von Attribut und der Behandlung der Frage nach den Anfängen der Attributverwendung innerhalb der christlichen Kunst nachgegangen. Zum hier gestellten Thema im engeren Sinne — die Heiligenikonographie unter Berücksichtigung der Attributverwendung in der frühchristlichen und frühbyzantinischen Zeit — gibt es bislang keine speziellen Arbeiten. Trotz der umfangreichen Literatur zum Thema der „Heiligen"[1] ist die Forschungslage unergiebig.

---

[1] Meist beschränken sich die Werke auf ein lexikonartiges Aufzählen der Heiligen mit ihren Hauptattributen und umgekehrt einer Auflistung der Attribute mit Zuordnung zu den einzelnen Heiligen. So verhält es sich bei: CAHIER, C., Caractéristiques des saints dans l'art populaire, Paris 1867; BRUNSWICK, F., Heilige und ihre Symbole in der darstellenden Kunst, Rom 1914; FRIES, K., Die Attribute der christlichen Heiligen, Leipzig 1915; DRAKE, M., und W., Saints and their Emblems, London 1916; PFLEIDERER, R., Die Attribute der Heiligen, Ulm ²1920; RICCI, E., Mille santi nell'arte, Mailand 1931; DROULERS, E., Dictionnaire des attributs, allégories, emblèmes et symboles, Tournhout 1955; ROEDER, H., Saints and their Attributes, London, New York, Toronto 1955; COULSON, J., NOEL, B., (Hg.), Dictionnaire historique des saints, Paris 1964; LANCZKOWSKI, J., Die Heiligen, Stuttgart 1990. Diese Liste ist nicht vollständig!

Definitionen zum Begriff: „Das Attribut in der christlichen Kunst"

Der Bollandist Hippolyte Delehaye[2] verwendet in seinem Abriß über die Heiligen in der Kunst nicht den Terminus Attribut, sondern spricht von *caractéristiques*. Diese Kennzeichen unterscheidet er in solche, die die Heiligkeit ganz allgemein bezeichnen, wie der Nimbus, sodann in Gegenstände, die die Heiligen bestimmter beruflicher oder sozialer Kategorien differenzieren, dazu gehören etwa bestimmte Gewandtypen, und schließlich in individuelle Charakteristika. Hier steht an erster Stelle das — meist konventionelle — Porträt. Die *caractéristiques proprement dites* Delehayes sind Embleme, die dem Bild eines Heiligen beigefügt und so ausgewählt sind, daß sie deutlich seine Individualität bezeichnen.

H. Wentzel im RDK[3] definiert Attribut als die bildliche Form einer den Träger kennzeichnenden und nur ihm eigenen Aussage, an der dieser zu erkennen ist. Es ist die abgekürzte Darstellung eines charakteristischen Moments aus seinem Leben in der Form eines Gegenstandes oder Wesens, das im Verlauf einer ikonographischen Tradition mit ihm verbunden bleibt. Attribute im eigentlichen Sinne können also nur diejenigen Personen besitzen, die besonders beliebt sind und häufig dargestellt werden. Er unterscheidet zwischen Gattungsattributen und individuellen Attributen.

De Jerphanion[4], der sich in mehreren Arbeiten mit dem Attribut beschäftigt, setzt sich kritisch mit Delehaye auseinander und schlägt eine weitergehende Differenzierung vor: auf der einen Seite gibt es das Attribut, als das Hinzugefügte, das einen Gegenstand oder ein Gewand bezeichnet, und auf der anderen Seite ein „caractéristique", also ein Kennzeichen, das allgemeiner gefaßt sein kann und jede Geste, Haltung oder auch den physiognomischen Zug meint, der ein Individuum bezeichnet. Neben *Attributen der Heiligkeit*, wie dem Nimbus, gibt es *allgemeine Attribute*, das sind bei de Jerphanion die Gewandformen, *Gattungsattribute*, wie das Buch, das Handkreuz der Märtyrer und *besondere Attribute*, die nur einer kleinen Gruppe von Heiligen zukommen und schon fast den Stellenwert eines individuellen Attributes haben. Hierzu zählen unter anderem das Rauchfaß und die Pyxis der Diakone oder die Arzttasche der Anargyroi. Des weiteren nennt er noch die *individuellen Attribute*, die einzelnen Personen vorbehalten sind. Darunter fallen dann auch spezifisch verliehene Gewänder, wenn daran die dargestellte Person zweifelsfrei erkannt werden kann, wie es bei der phrygischen Tracht des Daniel oder beim Fellgewand des Täufers der Fall ist. Individuelle Attribute werden nur wenigen besonders verehrten Heiligen verliehen. Sie sind nicht dazu notwendig, damit der Dargestellte erkannt werden kann, sondern dienen vielmehr dem Ausdruck einer Idee oder Erinnerung, die mit der Person untrennbar verknüpft ist.

---

[2] DELEHAYE (1934) Kapitel: Les Saints dans l'art, bes. S. 119-130.
[3] WENTZEL, H., Attribut, in: RDK 1, 1937, Sp. 1212-1220.
[4] JERPHANION (1938) S. 297-322.

Braun[5] wiederum, der sich am ausführlichsten mit dem Thema — besonders in der mittelalterlichen Kunst — auseinandersetzt, definiert Attribute als nicht zur Tracht gehörende Beigaben, die eine den Namen oder den Stand des Heiligen angebende Inschrift ersetzen. Er differenziert in sachliche und symbolische, außerdem in generelle und individuelle Attribute, sowie der Herkunft oder Ableitung nach in sieben Gruppen. Diese werden gebildet aus den Attributen, die der Vita eines Heiligen entnommen sind, denen, die seinen Beruf kennzeichnen, vom Namen abgeleitet sind oder auf sein Martyrium hinweisen.

Auch Réau[6] bezeichnet als Attribute alle Zeichen, die der Erkennung dienen und die weder besondere körperliche Züge noch Bestandteile der Tracht sind. Unterschieden wird in allgemeine Attribute, Gattungsattribute und individuelle Attribute.

Das RBK[7] bietet unter dem Stichwort keine Definition, jedoch eine Unterscheidung in allgemeine und individuelle Attribute und in solche von Heiligenklassen. Auch das Gewand kann Attribut sein.

Im LCI[8] werden Attribute als bildliche Merkmale zur Kennzeichnung von göttlichen und heiligen Personen beschrieben. Sie sind zu unterscheiden in allgemeine, gattungsbedingte und individuelle Attribute.

Niehoff[9] umreißt in seinem sehr knappen Artikel im LTHK zunächst die Definition des Begriffes Attribut, vom Lateinischen *attribuere*, zuteilen, anweisen; es dient der sinnbildlichen Kennzeichnung dargestellter Personen, daneben steht auch die kurze Information, daß Attribute in frühchristlicher Zeit kaum verwendet worden seien.

In allen vorgestellten Beiträgen[10] sind neben generellen Übereinstimmungen, die vor allem die Unterscheidung in allgemeine, gattungsspezifische und individuelle Attribute betreffen, auch starke Abweichungen schon bei der Definition zu konstatieren. Das Gewand beispielsweise wird von einigen Autoren als Attribut bezeichnet, von anderen dagegen ausgeschlossen. Auch die Funktion des Attributes ist umstritten: dient es als Ersatz für die Namensbeischrift und somit zur Identifizierung oder vielmehr der Bereicherung der Heiligenikonographie um ganz persönliche Angaben zum Dargestellten?

---

[5] BRAUN (1943) S. 803-853.
[6] REAU I, 1 (1955) S. 419-430.
[7] CHATZINIKOLAOU, A., Attribut; in: RBK 1, 1966, Sp. 440-448.
[8] VOLP, R., KAUTE, L., Attribute, in: LCI 1, 1968, Sp. 197-201.
[9] NIEHOFF, F., Attribut, in: LTHK 1, ³1993, Sp. 1168.
[10] Hier wurden nur einige repräsentative und ergiebige Beiträge vorgestellt, die Literatur zum Thema HEILIGENATTRIBUTE ist sehr viel umfangreicher. S. dazu die in Anm. 1 genannten Titel.

Die Anfänge der Attributverwendung in der frühchristlichen Epoche

Der Beginn der Attributverleihung innerhalb der frühchristlichen Kunst wird unterschiedlich eingeschätzt, je nachdem, ob Attribut im geläufigen engen Sinn gemeint ist und man nur auf individuelle Attribute achtet, oder ob man allgemeine Attribute — wie den Nimbus — berücksichtigt. Allgemein ist festzustellen, daß es gewisse Schwierigkeiten bei der Umgrenzung des Themas gibt, so daß jeder einzelne sein Verständnis von Attribut zur Grundlage der Beurteilung macht.

Delehaye[11] schreibt vorsichtig, daß in der frühchristlichen Kunst Attribute, in seiner Terminologie als *caractéristiques* bezeichnet, nicht vollständig unbekannt gewesen seien. In so fernen Epochen hätten die Künstler jedoch selten derart präzise Methoden zur Bezeichnung der Dargestellten verwendet. Der Brauch sei erst im Mittelalter, und zwar ausschließlich im Westen, zum Tragen gekommen, nämlich zu dem Zeitpunkt, als Berufsgruppen und Zünfte ihre Patrone wählten und Bilder des Patrons als ihr Zeichen und Zunftschild verwendeten.

H. Wentzel[12] dagegen weist darauf hin, daß die Verwendung von Attributen bereits vorchristliche Tradition hat, mit der das frühe Christentum dann allerdings bricht. Stattdessen werden im ersten Jahrtausend Namensbeischriften und Legendenszenen verwendet.

Nach Braun[13] treten in der frühchristlichen Kunst, mit wenigen Ausnahmen, nur generelle Attribute wie Buch, Schriftrolle, Kranz, Krone auf. Die individuellen Attribute gibt es erst „viel später".

Die Tradition der Verwendung von individuellen Attributen geht, nach Louis Réau[14], nicht bis auf die Anfänge der christlichen Kunst zurück. Die Heiligen sind zunächst, wie es in S. Apollinare in Ravenna zu beobachten ist, unpersönlich und als homogene Gruppe aufgefaßt. Die Verwendung des Schlüssels bei Petrus im fünften Jahrhundert ist das früheste Beispiel für ein individuelles Attribut in der christlichen Kunst, dennoch bleiben diese im Osten fast unbekannt, im Westen noch bis zum 13. Jahrhundert selten.

Etwas ausführlicher äußert sich A. Chatzinikolaou[15] zu dem Problem der Anfänge der Attributverwendung, speziell im Osten. In der ersten Periode der frühchristlichen Kunst kommen weder Attribute noch persönliche Charakteristika vor. Die Heiligen werden vielmehr als konventionell wiedergegebene Oranten im Paradies verbildlicht. Daneben vollzieht sich im Osten eine Entwicklung hin zu einem erzählerischen Darstellungsmodus. Den Heiligen wird eine realistische Physiognomie verliehen, sie werden durch Erinnerungen aus ihrem Leben gekennzeichnet. In jedem Kultzentrum, der Memoria, wird die kanonische Gestalt

---

[11] DELEHAYE (1934) S. 128.
[12] WENTZEL (RDK), wie Anm. 3, Sp. 1214.
[13] BRAUN (1943) Sp. 808.
[14] REAU I, 1 (1955) S. 426.
[15] CHATZINIKOLAOU (RBK), wie Anm. 7, Sp. 440-442.

des Heiligen geschaffen, oftmals mit Attributen versehen. Diese Darstellungen gehen meist vom Grab des Heiligen aus und haben teil an seiner Heiligkeit. In Eulogien, Medaillen und ähnlichen Bildträgern werden die als „kanonisch" angesehenen Bilder vervielfältigt und verbreitet.

Im LCI[16] sind die Angaben zum Thema sehr pauschal gehalten: Vom dritten bis zum fünften Jahrhundert vollzieht sich die Entwicklung der Figurentypen zur Kennzeichnung heiliger Personen mit allgemeinen und gattungsspezifischen Attributen, seit dem fünften Jahrhundert gibt es individuelle Attribute, wie den Petrusschlüssel.

Während als frühestes Beispiel eines individuellen Attributes in der christlichen Kunst fast immer der Petrusschlüssel angegeben wird, führt ROIG[17] als erste Beispiele den Hahn bei Petrus an, der auf Sarkophagen in der sogenannten Hahnszene schon im vierten Jahrhundert erscheint, ferner die Löwen des Daniel in der Katakombenmalerei und dann das Agneslamm im Mosaik in S. Apollinare Nuovo in Ravenna.

Diese enormen Widersprüche innerhalb der Forschung, in Bezug auf den Anfang der Attributverwendung und so unpräzise Zeitangaben, wie „viel später", besonders auch die Unterschiede in der Auffassung, was nun ein Attribut ist und was nicht, machen es notwendig, zunächst ein neues Konzept für die Definition zu erarbeiten. Dieses soll dann konsequent für den untersuchten Zeitraum und das gesamte Material angewendet werden. Nur auf diesem Wege sind Ergebnisse zu erwarten, die auch auf konkrete Weise die Anfänge der Attributverwendung innerhalb der frühchristlichen Kunst berücksichtigen.

Wichtig wird hierbei gleichfalls die Differenzierung zwischen Attribut und Kurzszene sein. In der Forschung ist die Meinung verbreitet, in der frühchristlichen Kunst habe es keine Attribute gegeben, weil man ihnen die szenischen Darstellungen der Heiligenviten vorzog. Es wird aber zu zeigen sein, daß dies unterschiedliche und nebeneinander verwendete Bildtypen sind.

---

[16] VOLP/ KAUTE (LCI), wie Anm. 8, Sp. 197-198.
[17] ROIG (1950) S. 21.

METHODE: UMFANG UND ABGRENZUNG DER THEMATIK

Inhaltlicher Umfang: Personenkreis: Die Heiligen

Wer galt innerhalb der frühchristlichen Kirche als heilig?

Generell sind alle getauften Christen heilig und von Gott erwählt. Zunächst, in der Epoche der Naherwartung der zweiten Parusie Christi, kümmerte sich die Kirche auch nicht um die Hervorhebung einzelner Menschen: Neben Christus sind keine anderen Vermittler zu Gott notwendig.[18]

Bereits in der Mitte des zweiten Jahrhunderts ist jedoch der Begriff *Märtyrer* in seiner Bedeutung vom „Zeugen Gottes" zum „Blutzeugen" eingeschränkt. Innerhalb der frühchristlichen Quellenliteratur begegnet der Begriff zum ersten Mal im Martyriumsbericht des Polykarp von Smyrna und wird dort schon nicht mehr besonders erläutert. Das läßt darauf schließen, daß er zu dieser Zeit bereits geläufig ist.[19] Der erste und zunächst einzige Typus des christlichen Heiligen war also der Märtyrer, der für den christlichen Glauben sein Leben geopfert hatte. Uneinigkeit besteht in der Forschung über den Zeitpunkt, wann dieses Heiligkeitsmodell auf andere Personen ausgeweitet wurde. Die Vorschläge reichen vom dritten Jahrhundert über den Anfang des vierten bis zum späteren vierten Jahrhundert. Am naheliegendsten ist die Annahme, daß nach dem Ende der Christenverfolgungen, als keine neuen Märtyrer mehr „produziert wurden", zunächst die Bekenner (confessores), die für ihren Glauben eingetreten waren, aber nicht das Martyrium erlitten hatten, als heilig galten. Es folgten dann die Asketen, deren ganzes Leben als unblutiges Martyrium angesehen wurde, und schließlich noch herausragende Kleriker, meist Bischöfe oder Äbte, die auch den Status der Heiligkeit erringen konnten.

Konflikte gab es innerhalb der Kirche um die Stellung und Bewertung der alttestamentlichen Heiligen. Besonders die Märtyrerpropheten hatten ja ebenfalls ihr Leben für den Glauben geopfert und galten den Christen als verehrungswürdig. Cyprian von Karthago entschied jedoch, daß jüdische Heilige zwar Vorbild sein könnten, jedoch nicht angerufen werden dürften, weil sie nicht durch die Taufe in die Gemeinschaft mit Christus aufgenommen seien.[20]

Die vorliegende Arbeit befaßt sich im Katalog zunächst mit Kult und Ikonographie der verehrten Personen des Alten Testamentes. Einige dieser Heiligen werden wegen ihrer durchgestalteten und ausgeprägten Ikonographie innerhalb der

---

[18] HAUSBERGER, K., Heilige/Heiligenverehrung III, in: TRE 14, 1985, Sp. 646-660.
[19] BAUMEISTER (1986) bes. S. 12.
[20] KÖTTING, B., Die Anfänge der christlichen Heiligenverehrung in der Auseinandersetzung mit Analogien außerhalb der Kirche, in: Dinzelbacher, P., Bauer, D., (Hg.), Heiligenverehrung in Geschichte und Gegenwart, Ostfildern 1990, S. 67-80, hierzu S. 70.

christlichen Kunst einer gesonderten, ausführlichen Betrachtung unterzogen. Dann folgen die besonders verehrten Apostel und schließlich die christlichen Märtyrer sowie die als heilig verehrten Asketen. Es gilt immer die Voraussetzung, daß auch genügend Darstellungen der Heiligen erhalten sind.[21] Nicht einbezogen werden kann die Gottesmutter. Unter den christlichen Heiligen nahm sie immer einen besonderen Rang ein. Ihr Kult und die Ikonographie haben schon deshalb eine eigene Entwicklungsgeschichte, weil es von ihr keine Körperreliquien gab. Verzichtet wurde auf die Bearbeitung der Evangelistendarstellungen, weil die Evangelistensymbole nicht als Attribute zu verstehen sind. Dieses Thema bedarf einer eigenen Untersuchung.

Zeitliche Eingrenzung der Untersuchung

Der in der Arbeit umspannte Zeitraum beinhaltet nicht den Anfang der christlichen Kunst überhaupt, sondern erfaßt erst den Beginn des christlichen Heiligenkultes. Es muß die Frage gestellt werden, ob mit dem Kult der Märtyrer auch schon die Anfänge der Heiligendarstellungen zusammenfallen.

Als Endpunkt wurde der beginnende Bilderstreit gewählt. Er stellt im Osten des Reiches eine Zäsur dar, durch die die ikonographische Entwicklung zunächst gestoppt und dann in eine andere Richtung gelenkt wurde. Hier liegt die Grenze bei dem Jahr 726. Im Westen verlief der Übergang von der Spätantike zum Frühmittelalter in weniger festen Konturen, aber auch hier bildet das siebte und in Ausnahmefällen das frühe achte Jahrhundert einen Endpunkt für die Arbeit. Diese Untergrenze wurde aus praktischen Gesichtspunkten analog zum Osten gewählt.

Eingrenzung der Bildtypen

Aufgenommen werden alle Repräsentationsdarstellungen von Heiligen. Damit ist die Betrachtung nicht nur auf das autonome Einzelbild eines Heiligen mit der Konnotation von Kultbild beschränkt[22], sondern es werden aus allen Kunstgattungen diejenigen Bilder herausgegriffen, die einen nicht-narrativen Charakter haben. Darunter zählen zum Beispiel auch die Apsiskompositionen, in denen symmetrisch angeordnete Heilige dem in der Mitte thronenden Christus akklamieren oder ihm Kränze darbringen. Dort liegt der Hauptakzent zwar auf Christus, während die Heiligen auf ihn hingeordnet sind; diese werden aber dennoch

---

[21] Die Untergrenze wurde für die Märtyrer bei wenigstens zehn erhaltenen Bildern festgesetzt, weil nur bei einem Mindestbestand an Denkmälern Aussagen zur jeweiligen Heiligenikonographie getroffen werden können. Ausnahmen werden jeweils besonders begründet.

[22] Dieses wird ausführlicher definiert und besprochen im Kapitel zur *Entwicklung einer besonderen Ikonographie der Heiligen*, Das Heiligenbild, Abgrenzung vom Repräsentationsbild.

als individuelle Persönlichkeiten, oftmals in ihrer Vermittlerrolle zwischen Christus und den Gläubigen aufgefaßt und dementsprechend betont dargestellt. Nicht behandelt werden hingegen szenisch-illustrierende Darstellungen, weil dort keine Attribute vorkommen. Verzichtet wurde auch auf die Behandlung des Traditio-legis-Bildes, das zwar repräsentative Züge aufweist, aber für die Betrachtung der Heiligenikonographie keine neuen Erkenntnisse erbringt.

Definitionen

Basierend auf den grundlegenden, aber stark voneinander abweichenden Definitionen des Begriffes Heiligenattribut innerhalb der Kunstforschung, die im vorangehenden Kapitel vorgestellt wurden, soll das Phänomen erneut bearbeitet werden. Dabei wird es schrittweise so weit eingegrenzt, daß es einer Bearbeitung des frühchristlichen Denkmälerbestandes angemesssen ist.

Der Begriff Attribut

Attribute von Heiligen sind Objekte, die im Rahmen ihrer bildlichen Darstellung dazu dienen, dem Betrachter die Heiligkeit der dargestellten Person vor Augen zu führen. Sie wurden in der Forschung bereits als *Attribute der Heiligkeit* umschrieben oder, in einer weitergehenden Nuancierung, als *allgemeine Attribute*. Sie kommen all denen zu, die als heilig signalisiert und herausgehoben werden sollen. Das einzige derart übergreifende Beispiel ist der Nimbus.

Vertreter einzelner Heiligengruppen können mit *Gattungsattributen* bedacht werden. Diese bezeichnen ihren Stand innerhalb der himmlischen Ordnung. In frühchristlicher Zeit kommt etwa die Krone oder der Kranz den Märtyrern zu, die Buchrolle oder der Codex den Propheten, Aposteln aber auch wiederum vielen Märtyrern. Soldatenheilige waren zwar meist auch gleichzeitig Märtyrer, werden aber überwiegend in ihrer irdischen Berufstracht wiedergegeben. Dem Stabkreuz, das von einigen als Zeichen ihrer Nachfolge Christi getragen wird, muß innerhalb der vorliegenden Arbeit eine eigene Betrachtung gewidmet werden: Tatsächlich müßte es vom Symbolwert her allen Märtyrern — also Zeugen — Christi verliehen werden, de facto ist es aber nur wenigen vorbehalten.[23] Ähnlich verhält es sich mit dem Weihrauchfaß. Es gilt als gattungsspezifisches Attribut der heiligen Diakone, bleibt in der frühchristlichen Zeit jedoch fast ausschließlich auf zwei Heilige beschränkt, von denen auch nur einer Diakon ist.[24]

---

[23] Vgl. dazu *Ergebnisse,* Zur Verwendung des Stabkreuzes, S. 324f. Im Verlauf der Arbeit wird hierfür der Terminus „Rang- oder Bedeutungsattribut" verwendet.
[24] Es handelt sich um den Erzmärtyrer Stephanus, s. *Katalog,* STEPHANUS und um den alttestamentlichen Priester Zacharias, s. *Katalog,* ZACHARIAS.

Gerade solche Fälle zeigen, daß eine gesonderte Betrachtung der frühchristlichen Epoche und ihrer Gewohnheiten der Attributverleihung nutzbringend ist. So können Nuancen der Heiligenikonographie herausgestellt werden, die die mittelalterliche Kunst weder im Osten noch im Westen mehr kennt. Jerphanion[25] versuchte als einziger, auch diese Zwischenstellungen der Verwendung zu bezeichnen. Er nannte sie „attributs particuliers", also besondere Attribute, im Unterschied zu den individuellen. Hier sollen nur wenige Attribute in die besondere Reihe der „individuell verwendeten Gattungsattribute" aufgenommen werden. Jerphanion faßt die Reihe m.E. zu weit, wenn er auch die Arzttasche der Anargyroi zu den *attributs particuliers* zählt: denn wenn dieses Attribut nicht öfters dargestellt wurde, liegt es nur daran, daß es nicht mehr heilige Ärzte gab, aber alle, denen es „von Amts wegen" zukommt, tragen es auch. Hier werden als *„individuell verwendete Gattungsattribute"* nur diejenigen bezeichnet, die theoretisch einer größeren Anzahl von Heiligen zustünden, aber innerhalb der frühchristlichen Kunst praktisch nur einigen wenigen vorbehalten sind. Die Gründe für eine solche Bevorzugung sind von Fall zu Fall zu klären. Eindeutige *individuelle Attribute* sind schließlich die, die ein einzelner Heiliger persönlich verliehen bekommt und an denen man den Dargestellten ohne Zweifel erkennt.

Einschränkungen

Attribut bedeutet zunächst das einer dargestellten Person Beigefügte, im Umkehrschluß demnach etwas, was auch weggelassen werden kann. Es meint also nicht das eine Person primär Kennzeichnende. Somit ist theoretisch der enggefaßten Definition zuzustimmen, die etwa das Gewand oder physiognomische Eigenheiten von der Betrachtung ausschließt. Wie verhält es sich aber nun zum Beispiel mit der phrygischen Tracht, die dem Propheten Daniel zukommt? Ihm wird in allen Darstellungen diese spezielle Gewandung verliehen, und zwar auch dann, wenn er ansonsten undifferenziert und ohne individuelle Attribute in einer Reihe mit den anderen Propheten steht, die alle in das Pallium gekleidet sind. Wenn hier die phrygische Tracht zugunsten des Palliums weggelassen wäre, könnte Daniel nicht identifiziert werden — die Tracht ist demnach als Attribut zu bewerten.

Am Anfang der Arbeit stand folgende Überlegung: Die spätantike Kunst verwendete andere Darstellungsmittel als die hochmittelalterliche, in der die Heiligenattribute ihre Blütezeit hatten. Sie darf demzufolge nicht mit den gleichen methodischen Kriterien betrachtet werden wie diese. Während in der mittelalterlichen Kunst die Attribute formal wie wirkliche Accessoires behandelt werden, die den Heiligen zu Füßen oder in die Hand gelegt sind — man denke an den „Schoßdrachen" der heiligen Margarethe — kennt die frühchristliche Kunst Dar-

---

[25] JERPHANION (1938) S. 311-313.

stellungen von Heiligen mit ihrem Attribut im gleichen Größenmaßstab. Nach dieser Überlegung aber müßte man alle Bilder von Heiligen, die von Lebewesen oder Dingen umgeben sind, die in ihrem Leben eine wichtige Rolle spielen, in die Kategorie „Heilige mit Attribut" einstufen. Man könnte kaum mehr die Grenze ziehen zwischen attributiven und verknappten szenischen Darstellungen.

An dieser Stelle muß das Problem diskutiert werden, wann es sich um einen Heiligen in einer der in der frühchristlichen Kunst so häufigen Kurzszenen handelt und wann um einen Heiligen mit einem Attribut.

Ein erstes einschränkendes Kriterium ist die Vorgabe, daß das zentrale Thema der Darstellung den Heiligen als Individuum beinhalten muß. Sofern er nicht auf Christus bezogen, sondern selbständiges Bildthema ist, soll er durch Haltung und Blick dem Betrachter zugewandt sein. Der Heilige muß in dem Fall dem bittenden Gläubigen als „Ansprechpartner" erscheinen können. Die Darstellung muß den Charakter eines Repräsentationsbildes erfüllen, eines Heiligenbildes[26] im weitesten Sinne.

Diese Überlegung schließt dann auch alle in der frühchristlichen Kunst so häufigen Bilder mit paradigmatischer Funktion aus: Die Darstellungen in der frühchristlichen Sepulkralkunst gehören einem übergeordneten ikonologischen Zusammenhang an. Sie weisen als Beispiele der göttlichen Erlösung über sich hinaus und stellen deshalb noch keine Heiligenbilder dar, sondern Erinnerungszeichen oder Symbole.[27] Bei der Arbeit muß von Fall zu Fall der ikonologische Zusammenhang berücksichtigt und dann entschieden werden, ob es sich um ein Symbolbild oder um eine Heiligendarstellung mit Attribut handelt. Wenn man wiederum den Propheten Daniel als Beispiel heranzieht, wird die Problematik deutlich: zahlreiche Bilder in Katakomben und auf Sarkophagen stellen Daniel dar, wie er frontal in Orantenhaltung dem Betrachter zugewandt steht und auch ohne eine Namensbeischrift allein an den beiden ihn flankierenden kleinen Löwen zu erkennen ist. Diese sind nicht etwa bedrohlich oder in szenischem Zusammenhang mit einer Grube wiedergegeben, sondern eben als Erkennungszeichen für Daniel. Trotzdem wurden die Löwen bis auf seltene Ausnahmen[28] nie als Attribut eingestuft — und das zu Recht, denn das eigentliche Bildthema ist nicht der Heilige, sondern der gesamtchristliche Erlösungsgedanke, der eben auch in Daniel wirksam wurde. Auf der anderen Seite gibt es aus der frühchristlichen Zeit Bilder von Daniel mit den Löwen, die sich auf den ersten Blick von dem Darstellungstypus der Katakomben nicht sehr unterscheiden, dennoch handelt es sich um Darstellungen des heiligen Daniel mit seinem individuellen Attribut, den Löwen.[29]

---

[26] Vgl. die Diskussion zur Definition von Heiligenbild in *Entwicklung*, Das Heiligenbild, S. 36f.
[27] KLAUSER, T., Entstehungsgeschichte der frühchristlichen Kunst, in: JbAChr 4, 1961, S. 128-145, bes. S. 136.
[28] ROIG (1950), S. 21
[29] Vgl. *Katalog*, DANIEL, DA 1-10 und die Differenzierung der Bildtypen dort.

Zusammenfassend läßt sich zu diesem Aspekt sagen, daß Attribute primär alle die Elemente sind, die zur Kenntlichmachung einer sakralen Gestalt dienen, sofern diese nicht in einen szenischen Zusammenhang eingebunden ist. Ferner muß der Heilige um seiner selbst willen dargestellt sein, das heißt, das Bild darf nicht in erster Linie auf etwas anderes, übergreifendes verweisen. Das bedeutet, daß der ikonologische Zusammenhang immer und für jedes einzelne Bild berücksichtigt werden muß.

Eine zweite Abgrenzung schließt die Darstellungen mit szenischen Reminiszenzen aus. Hierbei handelt es sich um eine Gruppe von Bildern, die man als *szenisch erweiterte Repräsentationsbilder* bezeichnen kann. Die dargestellten Heiligen sind jeweils das zentrale Bildthema und um ihrer selbst willen dargestellt, sie sind ferner von Gegenständen umgeben, die sie charakterisieren oder die auf ein entscheidendes Ereignis aus ihrem Leben hinweisen. Damit sind zunächst einmal die erforderlichen Kriterien dafür erfüllt, daß man von Attributen sprechen kann.

Das entscheidende Moment für die Ausklammerung solcher Fälle liegt jedoch in der kompositorischen Verknüpfung von Figur und Gegenstand: der Heilige nimmt durch Geste oder Blick Bezug auf den Gegenstand und schafft damit einen, wenn auch knappen, szenischen Zusammenhang. Solange dieser gegeben ist, kann man nicht von einem Repräsentations- oder gar Heiligenbild sprechen, das dem Betrachter zur Andacht dienen kann. Ein Beispiel dafür ist das Autorenbild des Josua in der Syrischen Bibel von Paris.[30] Josua ist frontal stehend, im Kriegergewand und mit einem Schwert wiedergegeben. Er weist nach oben auf ein Himmelssegment, in dem sich Sonne und Mond befinden. Es handelt sich hier zweifelsohne um eine Anspielung auf die Stelle im Buch Josua 10, 12-14, in der beschrieben wird, wie er während der Schlacht gegen die Amoriter den Lauf der Gestirne über Gibeon anhält. Sonne und Mond wären als Attribute des Josua vorstellbar, sie sind es in diesem Beispiel jedoch nicht, weil er mit der Hand nach oben weist und seinen Blick zum Himmel erhebt. Dadurch werden die Bildelemente kompositionell so verknüpft, daß ein direkter Bezug zwischen dem Protagonisten und den Gegenständen entsteht. Die Darstellung wirkt eher wie eine Anspielung auf eine extrem verkürzte Szene denn als echtes isoliertes Repräsentationsbild, da zu dessen Kriterien der Blick des Dargestellten zum Betrachter gehört.

Diese problematischen, zum Teil fließenden Übergänge von verkürzten szenischen Bildern mit repräsentativem Charakter und Heiligenbildern mit Attributverwendung werden am Beispiel der heiligen Thekla im Katalog ausführlich besprochen.

Zusammenfassend läßt sich festhalten: Die einen Heiligen umgebenden und ihn charakterisierenden Darstellungselemente dürfen nur dann als Attribute ge-

---

[30] SÖRRIES (1991). Sörries bezeichnet diese Darstellungen als erweiterte Autorenbilder. Vgl. *Katalog,* PROPHETEN, PRO 4, Syrische Bibel, fol. 52v.

wertet werden, wenn kein formaler Zusammenhang in Form einer Interaktion zwischen der Person und den umgebenden Objekten besteht. Der Heilige muß, im Idealfall durch Frontalität und Blick zum Betrachter, sonst durch den repräsentativen Bildzusammenhang, von jedem narrativ-szenischen Zusammenhang gelöst sein und um seiner selbst willen, also nicht als Symbol für eine übergreifende Idee, dargestellt werden.

Sonderfälle von Attributen

Auch szenische Schilderungen der Heilsgeschichte können Heilige mit Attributen einschließen. Hierbei sind als Attribute die Gegenstände zu werten, die die biblische Person kennzeichnen oder auszeichnen, die aber nicht textlich motiviert sind. Die Attribute beziehen sich also nicht unmittelbar auf die dargestellte Szene. Beispiele sind die Virga thaumatourga, die Petrus auf Sarkophagen auch da erhält, wo er keine Wunder vollbringt, wie etwa in der Szene seiner Gefangennahme[31], oder das Stabkreuz, mit dem Andreas mitunter in der Szene der Himmelfahrt Christi ausgezeichnet wird. Die Hervorhebung des Andreas ist textlich nicht begründet. Auch der Codex, den Paulus, beziehungsweise das Kreuz und die Schlüssel, die Petrus bei der Himmelfahrt Christi — beispielsweise in der Darstellung des Rabbulacodex — in Händen halten, gehören dazu.[32]

Davon zu unterscheiden und aus der Betrachtung auszuschließen sind die Darstellungselemente, die ebenfalls textlich nicht motiviert sind, die aber nicht primär verwendet werden um die gemeinte Person auszuzeichnen. Sie treten hinzu, um die erzählte Geschichte zu erweitern, ohne daß eine zweite Szene vollständig erzählt werden muß. Es handelt sich also um die Komprimierung von zwei Szenen in einer „Erzähleinheit". Ein Beispiel soll dies erläutern. Die Darstellung des Sündenfalles in der frühchristlichen Kunst beschränkt sich auf Adam und Eva, die den Baum der Erkenntnis flankieren. Um den Baum windet sich die Schlange. In der Sarkophagkunst werden aber mitunter den Stammeltern die Symbole der erst später folgenden Arbeitszuweisung, Schaf und Ährengarbe, bereits beim Sündenfall mitgegeben.[33] Diese Symbole zeichnen aber Adam und Eva nicht näher aus, wie es bei den oben genannten Beispielen des Petrus und Andreas der Fall war, sondern sie verweisen bereits auf die Folgen der Geschichte, die der Betrachter kennen muß, um die beiden Elemente Schaf und Garbe im Bild des Sündenfalles zu verstehen. Einen Sonderfall stellt der Adelfiasarkophag[34] dar, der

---

[31] *Katalog*, PETRUS, Die Virga thaumaturga.
[32] *Katalog*, ANDREAS, AN 21-23, bzw. PETRUS, PE 20 und PAULUS, PA 22.
[33] Vgl. DEICHMANN (1967): Sarkophag Rep. 52,3, Rep. 146, Rep. 734; vgl. dazu WISCHMEYER, W., Die Tafeldeckel der christlichen Sarkophage konstantinischer Zeit in Rom, o.O. 1977, S. 83: Das Grundschema des Sündenfalles wird kontaminiert mit der sog. Darstellung der Arbeitszuweisung.
[34] Zum Adelfiasarkophag: AGNELLO (1956)

in die Darstellung des Sündenfalles bereits das Ährenbündel miteinbezieht und dann noch eine vollständige Szene der Arbeitszuweisung beinhaltet. Hier dürfte es sich aber eher um eine Kompilation verschiedener Vorlagen handeln, als um die Verwendung eines „auszeichnenden" Attributes. Dafür spricht auch, daß die Szenen auf dem Sarkophag räumlich voneinander getrennt sind.

ERSTER HAUPTTEIL: MATERIALERHEBUNG NACH GATTUNGEN

Fragestellung und Zielsetzung

In den einleitenden Kapiteln wurden Definitionen und Einschränkungen des Begriffs Attribut erörtert. Jetzt ist es an dieser Stelle zweckmäßig, in einem Überblick alle wichtigen Gattungen der frühchristlichen und frühbyzantinischen Kunst bis zum Anfang des achten Jahrhunderts nach dem Vorkommen von Heiligen mit Attributen zu untersuchen. Die in den vorangegangenen theoretischen Überlegungen gewonnenen Definitionen sollen auf ihre praktische Anwendbarkeit hin überprüft werden. So soll zunächst eine möglichst große Anzahl von Heiligendarstellungen, die als Arbeitsmaterial gesammelt und zusammengestellt wurden, auf das Vorhandensein von Attributen hin betrachtet und gegliedert werden. An dieser Stelle werden die Ergebnisse der Auswertung vorgestellt.

Als Arbeitsgrundlage dienen alle Repräsentationsdarstellungen, die Heilige einzeln oder in einem Huldigungsbild bei Christus zeigen. Dabei wird nicht unterschieden zwischen eindeutig benennbaren Heiligen und unbekannten Heiligen, die nur an allgemeinen Attributen, wie dem Nimbus als solche zu erkennen sind. Verzichtet wurde auf die Aufnahme jeglicher szenischen Darstellung, selbst wenn dort ein Attribut enthalten ist; also auch auf die Traditio legis, die in der Arbeit generell nicht berücksichtigt wird und ebenso auf die im Kapitel „Sonderfälle von Attributen" besprochenen Situationen. Diese Sonderfälle werden erst im Katalog zu einzelnen Heiligen erörtert.

Das Bildmaterial wurde den wichtigsten Corpuswerken und Ausstellungskatalogen zur frühchristlichen und frühbyzantinischen Kunst entnommen. Sarkophagskulptur, Katakombenmalerei, Monumentalmalerei und -mosaik, Buch- und Tafelmalerei, Elfenbein und Goldgläser sowie kleinere Gruppen, wie Reliquiare und Pilgerampullen aus Metall wurden auf das Vorkommen von Heiligen hin geprüft. Andere Bereiche der sogenannten Kleinkunst, wie Glyptik oder Keramik waren nur in verstreuten Publikationen und Katalogen zugänglich und können deshalb auch nicht vollständig vertreten sein.

Aus Gründen der leichteren Handhabung und besseren Übersichtlichkeit sind die Tabellen im Anhang gebündelt. Die Zusammenstellung der Heiligen in den einzelnen Bildgattungen erhebt in keiner Weise Anspruch auf Vollständigkeit. Der Zweck dieser Zusammenschau ist vorrangig der, Tendenzen der Attributverteilung und Schwerpunkte der Heiligendarstellungen innerhalb der verschiedenen Kunstgattungen aufzuzeigen sowie etwaige chronologische Entwicklungen festzumachen. Dazu genügt es jedoch bereits, wenn als Arbeitsgrundlage ein Großteil der existierenden Heiligenbilder gesammelt wird. Schließlich kann so das früheste Vorkommen der einzelnen Attribute in der christlichen Kunst abgelesen werden.

Aus praktischen Gründen wurde auf den gesamten, eigenständigen und daher gesondert zu betrachtenden Zweig der koptischen Stoffe und Reliefskulptur verzichtet; ebenso auf Teilbereiche wie Terra sigillata, Knochenschnitzerei oder Glasschliff, in denen nur vereinzelt Heiligendarstellungen auftreten und die deshalb wenig ergiebig sind.

Gefragt wurde nach dem Vorkommen von allgemeinen Attributen der Heiligkeit, also dem Nimbus, nach Gattungsattributen, wie Kranz oder Buch, nach individuellen Attributen und nach der Verwendung von Namensbeischriften. Zusätzlich wurden Angaben hinsichtlich der Gewandung und zur Darstellungsform der Heiligen gemacht. Für eine kleine Gruppe von Heiligen wurde zusätzlich das Vorhandensein ihrer individuellen Porträtzüge untersucht. Dabei gilt das Kriterium, daß sie in einem gegebenen Darstellungszusammenhang allein anhand ihrer physiognomischen Charakteristika zu erkennen sein müssen. Nach diesem strengen Maßstab konnten zu diesem Punkt nur Petrus und Paulus, Andreas, Johannes der Täufer, Theodor sowie — innerhalb „ihres" Darstellungszusammenhangs, der Commodilla-Katakombe in Rom, — die beiden Märtyrer Felix und Adauctus in diese Gruppe miteinbezogen werden. Andere Heilige folgen zwar ebenfalls einem festen Darstellungstypus, der jedoch jeweils nicht individuell ist, sondern auf den sozialen und beruflichen Stand zugeschnitten zu sein scheint. Die Frage ist bisher in der Forschung nur ungenügend untersucht worden. So ist Zacharias, Vater Johannes des Täufers, immer als ehrwürdiger Greis mit langem, in der Mitte gescheiteltem Haar und spitz zulaufendem langen Bart wiedergegeben. Die gleichen physiognomischen Kennzeichen werden in der Kunst aber auch für Melchisedek verwendet, sie zeichnen folglich allgemein alttestamentliche Priestergestalten aus und können nicht zur Identifizierung von Individuen herangezogen werden.[35]

Das in Tabellen geordnete Bildmaterial wurde systematisch nach mehreren Gesichtspunkten abgefragt, die im folgenden vorgestellt werden:

Fragenkatalog zu den einzelnen Kunstgattungen
Gibt es in allen frühchristlichen und frühbyzantinischen Kunstgattungen Darstellungen von Heiligen?

Sind alle Heiligengruppen (AT, NT, Märtyrer) in allen Kunstgattungen vertreten?

Welche individuellen Attribute kommen im Untersuchungszeitraum vor? Wie ist das Verhältnis zwischen allgemeinen Attributen, Gattungsattributen und individuellen Attributen?

---

[35] Zu Zacharias s. *Katalog*, ZACHARIAS. Melchisedek ist in der beschriebenen Weise z.B. in der Apsis von S. Apollinare in Classe bei Ravenna, datiert ins 7. Jahrhundert, dargestellt.

Was ist die notwendige ikonographische „Minimalausstattung", damit ein Heiliger als solcher erkannt werden kann?

In der vergleichenden Zusammenschau
Gibt es Schwerpunkte in der Verteilung der Attribute zwischen Osten und Westen?

Ist eine chronologische Reihenfolge in der Verwendung von allgemeinen und Gattungs- beziehungsweise individuellen Attributen zu konstatieren? Sind im sechsten und siebten Jahrhundert, der Epoche eines stark ausgeprägten Heiligenkultes, mehr Attribute vorhanden als vorher?

Ist bei der Attributverwendung eine Funktion (Identifizierung einzelner Heiliger, Ersatz für Namensbeischrift) abzulesen?

Sarkophage[36]

Die bekannten Themenkreise der frühchristlichen Sarkophagskulptur ließen das Vorkommen von nicht-biblischen Heiligen in dieser Gattung nicht erwarten. Die einzige hier vertretene Gruppe von Heiligen sind die zwölf Apostel, unter denen allein Petrus und Paulus durch ihre ausgeprägte Physiognomie hervorgehoben sind. Hintergrundfiguren in der Gruppe der Friessarkophage fungieren als Zeugen der Wunder Christi und bleiben in dieser Rolle vollständig anonym. Sie sind nicht als Heilige aufzufassen und werden daher in der Auflistung nicht berücksichtigt.

Die Apostel können — außer durch den gesamten Darstellungszusammenhang des Sarkophagreliefs und ihrer jeweiligen Orientierung zu Christus hin — nur durch die Gattungsattribute von Kranz oder Buchrolle als Heilige identifiziert werden. Sie sind nicht individualisiert. Dementsprechend wird der Nimbus als Zeichen der Heiligkeit nirgends verwendet und auch erläuternde Namensbeischriften fehlen gänzlich.

Bedeutungs- oder Rangattribute, wie das Stabkreuz, kommen vereinzelt für Petrus, seltener für Paulus oder Andreas vor. Petrus erhält das Stabkreuz erstmals innerhalb der Szene der Traditio legis in Rom. Während er dieses Attribut auf römischen Sarkophagen jedoch nirgends unabhängig von der Traditio-legis-Szene trägt, bekommen Petrus, Paulus und Andreas es hingegen in Gallien, Ravenna und Konstantinopel als von dieser Szene losgelöstes Attribut.[37]

Die Sarkophagskulptur, die in der frühchristlichen Kunst und für die Entwicklung ihrer Ikonographie eine der wichtigsten Positionen einnimmt, spielt für

---

[36] Vgl. *Anhang* A) Steinrelief.
[37] Zur Wertigkeit des Attributes Stabkreuz, s. *Katalog,* PETRUS und *Ergebnisse,* Zur Verwendung des Stabkreuzes, S. 324f.

die Entstehung der Heiligenikonographie und der Attributverwendung nur eine untergeordnete Rolle.

Katakombenmalerei[38]

Innerhalb der Katakombenbilder gibt es keine Darstellungen von Gestalten des Alten Testamentes *in ihrer Eigenschaft als Heilige*. Sie sind, wie weiter oben bereits ausgeführt wurde, nur als Beispiele des göttlichen Erlösungswirkens angeführt. Der Schwerpunkt der Heiligenikonographie liegt bei den Bildern von Aposteln und Märtyrern.

Die Gruppe der Apostel ist — ähnlich wie innerhalb der Sarkophagskulptur — selten durch einen Nimbus ausgezeichnet und auch nicht namentlich gekennzeichnet. Die Apostel sind gemeinsam mit Christus wiedergegeben und erhalten als Attribut häufig nur den Rotulus. Auch sie sind, streng genommen genau wie die Personen des Alten Testaments, nicht um ihrer selbst willen dargestellt. Sie fungieren als erforderliches „Begleitpersonal" für Christus.

Für die Gruppe der Märtyrer konnten weitergehende Beobachtungen gemacht werden. Häufig ist eine Unterscheidung in eine der zwei folgenden Gruppen möglich: Entweder sind die Märtyrer nimbiert und so unmittelbar als Heilige zu erkennen und zusätzlich mit einer Namensbeischrift versehen oder aber sie bleiben mangels Namensbeischrift anonym und müssen dann auch oft auf den Nimbus verzichten.

Im ersten Fall handelt es sich um individualisierte Heiligendarstellungen, in denen ein bestimmtes Individuum in Erinnerung gerufen und geehrt werden soll. Hier zeichnen sich Züge des Heiligenkultes ab.

Im zweiten Fall hingegen ist wohl pauschal *der Heilige* gemeint. Hier ist eine Einstufung der Dargestellten als Heilige auch nur durch den Kontext zu leisten, etwa wenn sie akklamierend bei Christus stehen (Domitilla 39) oder als Assistenzfiguren dem Gericht über Verstorbene beiwohnen (Domitilla 69). Gerade im sepulkralen Bereich kann ohne die Zugabe von Attributen eine absolute Sicherheit bei der Unterscheidung zwischen Heiligen und Verstorbenen jedoch nicht gewährleistet werden.

In Rom ist das Vorkommen von individuellen Attributen sehr gering und beschränkt sich auf drei Beispiele in der Commodillakatakombe. Hier sind Agnes, bereits in damasianischer Zeit, sowie Paulus und Lukas im siebten Jahrhundert jeweils mit ihrem individuellen Attribut versehen.

Die Situation in neapolitanischen Katakomben verhält sich teilweise konträr zu den oben geschilderten römischen Verhältnissen. Es ist auffällig, daß der Nimbus bei den namentlich bezeichneten Heiligen fehlt. Die unbezeichneten Figuren

---

[38] Vgl. *Anhang* B) Katakomben.

dagegen können hier oft anhand des Nimbus als Heilige identifiziert werden. Protasius ist in einem Beispiel durch das Stabkreuz besonders hervorgehoben.

Mosaiken und Fresken[39]

Rom

In Rom ist der Mosaikschmuck der Kirchen zum größten Teil nur in den Apsiden erhalten geblieben. Hier sind entsprechend dem Anbringungsort des Bildprogrammes vorwiegend Repräsentationsbilder zu erwarten. Nicht-szenische, repräsentative Darstellungen von alttestamentlichen Heiligen fehlen im heutigen Erhaltungszustand der römischen Wandmosaiken ganz. Die römischen Hauptheiligen Petrus und Paulus dagegen sind hier in beinahe jeder Kirche, mit Ausnahme von S. Stefano Rotondo und S. Agnese fuori le mura, vertreten. Oftmals führen die Apostelfürsten die Patrone der jeweiligen Kirche bei Christus ein.

Während der Nimbus für Heilige in den Mosaikausstattungen des fünften Jahrhunderts, in S. Pudenziana und am Triumphbogen von S. Maria Maggiore, aber auch später in SS. Cosma e Damiano noch fehlt, wird er im sechsten Jahrhundert zum festen Bestandteil der Heiligenikonographie, sofern es sich um ganzfigurige Darstellungen und nicht um Medaillonbilder handelt. Bei letzteren scheint das Fehlen des Nimbus jedoch durch die Bildform bedingt zu sein. Auch hier ist zu beobachten, daß Nimbus und Namensbeischrift bei Märtyrern kombiniert werden. Bei den Apostelfürsten Petrus und Paulus, die immer ihre Porträtzüge haben, kann die Inschrift weggelassen werden. Petrus ist ferner in fast allen Beispielen durch die Attribute Stabkreuz oder Schlüssel ausgezeichnet. Die Vertrautheit mit dem ikonographischen Typus eines Heiligen kann zum Verzicht auf die Namensbeischrift führen.

In den meisten Fällen tragen die Heiligen einen Kranz oder einen Codex beziehungsweise Rotulus in der Hand. Individuelle Attribute kommen hier in vielen Fällen vor, es ist jedoch keine chronologische Entwicklung festzumachen.

Möglicherweise waren in S. Maria Maggiore bereits im fünften Jahrhundert mehrere Heilige mit den Instrumenten ihres Martyriums dargestellt, die ihnen als Attribute zu ihren Füßen beigeordnet waren. Grundlage für diese Vermutung stellt die Textüberlieferung eines frühmittelalterlichen Rompilgers dar. Dieser hatte eine Inschrift kopiert, die Papst Xystus an der inneren Fassadenwand von S. Maria Maggiore in Mosaik hatte anbringen lassen. Der in vier Distichen verfaßte Text umfaßte eine Widmung des Papstes und eine Ekphrasis zu einem Mosaikbild, das die Wand über der Inschrift geschmückt haben muß.[40]

---

[39] Vgl. *Anhang* C) Mosaiken und Fresken.
[40] Vgl. dazu auch *Katalog*, PAULUS, PA 41*.

Er lautet:

Virgo Maria, tibi Xystus nova tecta dicavi
digna salutifero munera ventre tuo.

Tu genetrix ignara viri, te denique feta
visceribus salvis edita nostra salus.
Ecce tui testes uteri praemia portant
sub pedibusque iacet passio cuique sua:

ferrum flamma ferae fluvius saevumque venenum.
Tot tamen has mortes una corona manet.[41]

Das Mosaikbild selbst wurde als Prozession der Märtyrer hin zu einer zentral thronenden Gottesmutter mit Kind rekonstruiert, uneinig ist man sich jedoch über den genauen Anbringungsort der Darstellung. Wilpert versuchte, die Märtyrer anhand der aufgezählten Attribute zu identifizieren, konnte damit aber nicht überzeugen.[42] Angesichts der Tatsache, daß Marterinstrumente vor dem siebten Jahrhundert so gut wie nie Verwendung als Attribute gefunden haben, ist die hier beschriebene Häufung erstaunlich. Wegen der unbefriedigenden Dokumentationslage ist es jedoch problematisch, das Mosaik in die Argumentation um die Attributverwendung miteinzubeziehen.

Insgesamt kann man ab dem sechsten Jahrhundert von einer entwickelten Heiligenikonographie sprechen, in der alle Komponenten zur Auszeichnung der sakralen Personen verwendet werden. Werden jedoch, wie in S. Maria Antiqua, Heilige ohne Namensbeischrift und individuelles Attribut dargestellt, kann man sie nur anhand des Nimbus als heilig identifizieren und sie aufgrund eines Gattungsattributes einer bestimmten Kategorie von Heiligen zuordnen; so kann man etwa wegen des Handkreuzes von Märtyrern sprechen. Genauere Eingrenzungen und Zuweisungen sind jedoch nicht möglich.

Ravenna

Innerhalb der ravennatischen Wandmosaiken sind alle Gruppen von Heiligen vertreten. Die Kündergestalten, die fester Bestandteil der Mosaikprogramme sind, können allerdings nicht individualisiert, sondern nur in ihrer Gesamtheit als Propheten des Alten Testamentes interpretiert werden. Nur Jeremias und Jesaias in S.

---

[41] Zitiert nach: KLAUSER, T., Rom und der Kult der Gottesmutter Maria, in: JbAChr 15, 1972, S. 120-135, hierzu S. 131, mit anschließender deutscher Übersetzung.

[42] Dazu: WILPERT, J., La proclamazione efesina e i musaici della basilica di S. Maria Maggiore, in: Analecta Sacra Tarraconensia 7, 1931, S. 197-213, bes. S. 210; außerdem: BRENK, B., Die frühchristlichen Mosaiken in S. Maria Maggiore zu Rom, Wiesbaden 1975.

Vitale sind namentlich bezeichnet und hervorgehoben. Der Schwerpunkt liegt bei den Aposteln und Märtyrern.

Der Nimbus wird den ganzfigurig dargestellten Heiligen in Ravenna, wie es auch in Rom zu beobachten ist, generell ab dem sechsten Jahrhundert verliehen. Während er bei den Aposteln und Kündern in Galla Placidia fehlt, wird hier jedoch — bereits im zweiten Viertel des fünften Jahrhunderts — der heiligen Laurentius damit ausgezeichnet.

Die Namensbeischriften sind bei allen Heiligen angeführt, meist mit dem Epitheton SCS oder SCA. In Galla Placidia und auch bei den Aposteln im Baptisterium der Arianer fehlen sie noch.

Individuelle Attribute werden nur an wenige Heilige vergeben. Kranz oder Buch dagegen sind immer vorhanden. Die Heiligkeit wird ferner eindeutig durch den Nimbus ausgedrückt, die Namensbeischriften schließlich erlauben die zweifelsfreie Identifizierung auch ohne Zuweisung weiterer Attribute.

Übriges Italien; Parenzo; Toulouse

Unter dieser Überschrift wurden zeitlich und geographisch weit auseinanderliegende Monumente erfaßt. Dennoch können auch hier Parallelen zu den vorher besprochenen Denkmälergruppen gezogen werden. Es sind zwar alle Gruppen von Heiligen vorhanden, die Vertreter des Alten Testamentes bleiben jedoch weitgehend anonym, sofern sie nicht als Einzelfiguren wiedergegeben sind, wie Zacharias und Johannes der Täufer in Parenzo.

Der Nimbus wird ab dem sechsten Jahrhundert zum festen Bestandteil der Heiligenikonographie. Die Namensbeischrift kann bei Petrus und Paulus weggelassen werden, während sie sonst regelmäßig Verwendung findet.

Kranz oder Buch als Attribute sind oft zu beobachten, ohne daß man Regelmäßigkeiten bei ihrer Vergabe feststellen könnte. Individuelle Attribute sind nicht besonders zahlreich, im sechsten und siebten Jahrhundert ist jedoch auch hier eine leichte Häufung zu konstatieren.

Griechenland; Kleinasien; Sinai

Im Osten können nur wenige noch erhaltene vorikonoklastische Mosaikausstattungen für die vergleichende Betrachtung herangezogen werden. Mit zwei ausgeschmückten Kirchenräumen, in denen allein jedoch mehr als zwanzig Heilige versammelt sind, liegt ein thematischer Schwerpunkt in Thessaloniki. Dargestellt wurde eine Vielzahl von Märtyrern, wohingegen die Apostel und Apostelfürsten weniger häufig vertreten sind als im Westen. Alttestamentliche Heilige fehlen in Griechenland ganz.

Während die Heiligen in dem frühen Bildzyklus von Hagios Georgios in Thessaloniki noch unnimbiert sind, wird dieses allgemeine Attribut der Heiligkeit zumindest bei ganzfigurigen Darstellungen später immer verliehen, ebenso wie auch die erklärende Namensbeischrift immer hinzutritt. Bedingt durch den bevorzugt angewandten Darstellungstyp mit aneinander gereihten Einzelbildern von Oranten kommen Kränze, Bücher und auch individuelle Attribute bei den Heiligen nirgends vor.

In der Theotokoskirche des Katharinenklosters auf dem Sinai ist das Hauptbild der Apsis, in der die Verklärung Christi dargestellt ist, von Bildmedaillons mit den alttestamentlichen Propheten eingesäumt.

Allgemein ist zu beobachten, daß die Heiligen durch den Nimbus ausgezeichnet und durch die Namensbeischrift individualisiert sind, daß individuelle Attribute hingegen nur vereinzelt eingesetzt werden und seltener als im Westen vorkommen.

Tafelmalerei[43]

In der Gattung der frühchristlichen Tafelbilder sind alle Gruppen von Heiligen vertreten.

Bemerkenswert ist, daß hier in allen Fällen, in denen die Heiligen ganz- oder halbfigurig dargestellt wurden, der Nimbus vorhanden ist. Allerdings stammen die frühesten erhaltenen Tafelbilder erst aus dem sechsten Jahrhundert, einer Epoche also, in der die Nimbierung nichts Außergewöhnliches mehr ist.

Es handelt sich im Gegensatz zur Monumentalmalerei überwiegend um Einzelbilder, in denen die Heiligen isoliert, meist ohne Bezug zu Christus und ohne den ihm dargebrachten Kranz dargestellt sind. Attribute können der Rotulus beziehungsweise der Codex sein, das Handkreuz der Märtyrer oder häufig — in mehr als einem Drittel der Beispiele — ein individuelles Attribut.

Eine Namensbeischrift ist — oder war ursprünglich — in den meisten Fällen vorhanden. Fehlt sie, wie etwa bei Theodor (B 14) oder Petrus (B 5), sind die Dargestellten durch ihre Porträtzüge und ein individuelles Attribut ausreichend gekennzeichnet.

Der Nimbus kann innerhalb der Gattung Tafelmalerei als entscheidendes Kriterium herangezogen werden, wenn es um die Identifizierung eines Dargestellten als Heiligen geht. So handelt es sich bei dem auf einem in Paris befindlichen Tafelbild[44] wiedergegebenen Markus trotz des inschriftlichen Zusatzes „Unser Vater, Markus der Evangelist" und trotz des Codex, den er in Händen hält, nicht um ein Evangelistenbild. Der Dargestellte kann mit sehr hoher Wahrscheinlichkeit als ein Bischof benannt werden, der, mit der Gewandung seines

---

[43] Vgl. *Anhang* D) Tafelmalerei.

[44] Tafelbild aus Ägypten, datiert in das späte 6. Jahrhundert; Paris, Bibliothèque Nationale, Cabinet des Medailles, KATALOG NEW YORK (1979) S. 553, Kat. Nr. 498. Siehe auch Diskussion in: *Entwicklung*, Porträtbild und Ikone, S. 46f.

Amtes und mit seinen individuellen Gesichtszügen ausgestattet, zu seinen Lebzeiten porträtiert wurde. Dabei handelt es sich eher um ein Amtsbildnis, als um eine „Ikone". Indizien für eine Verehrungspraxis sind aus dem Bildnis nicht abzulesen. Es ist kein Nimbus vorhanden.

Bei dem auf einem Tafelbild in Kairo[45] dargestellten bärtigen Mann mit einem (Toten-)Kranz oder einer Girlande in der Hand genügen die ikonographischen Angaben nicht aus, um hier einen Heiligen sehen zu wollen. Auch wenn der Dargestellte nicht, wie bei Mumienbildnissen üblich, unmittelbar porträtähnlich, sondern abstrahiert und streng frontal wiedergegeben ist, fehlen doch die eindeutigen Attribute der Heiligkeit, vor allem der Nimbus.

Alle untersuchten Beispiele von Tafelbildern stammen aus der östlichen Reichshälfte.

Buchmalerei[46]

Die Buchmalerei nimmt in dieser Untersuchungsreihe insofern einen Sonderplatz ein, als hier — außer einigen Darstellungen der Apostelfürsten — nur Heilige des Alten Testamentes auftreten. Entsprechend dem Charakter der Buchmalerei als Bibelillustration ist der Kreis der dargestellten Personen thematisch vorgegeben. Überwiegend sind es Prophetengestalten, die in Illustrationen zu Büchern des Alten Testamentes als Autorenbildnisse wiedergegeben sind oder als Randfiguren in Kanontafeln von Evangeliaren fungieren.

Der Nimbus wird ihnen in fast allen Schriften verliehen. Eine wichtige Ausnahme stellen die Illustrationen der Syrischen Bibel von Paris dar. Generell jedoch ist der Nimbus ab dem sechsten Jahrhundert vorhanden.

Häufig wird der Rotulus verwendet; dennoch tragen einige Heilige des Alten Testamentes manchmal einen Codex. Kränze, die ein Attribut der Märtyrer sind, kommen entsprechend der repräsentierten Heiligenkategorie in der Buchmalerei nicht vor.[47]

Individuelle Attribute sind, gemessen an der Vielzahl von Repräsentationsbildern relativ selten. Einzig der Prophet Daniel ist immer individualisiert. Allerdings muß an dieser Stelle auch an die häufiger vorkommenden szenisch erwei-

---

[45] Tafelbild aus einer Nekropole in Antinoe, Ägypten, datiert 5./6. Jahrhundert; Kairo, Ägyptisches Museum. In KATALOG NEW YORK (1979) S. 551-552, Kat. Nr. 496, überschrieben mit *„Portait of a saint"*.

[46] Vgl. *Anhang* E) Buchmalerei.

[47] Der Siegeskranz der Märtyrer kommt in Verbindung mit dem Propheten Daniel vor, wenn dessen „Eigenschaft" als Vorbild der christlichen Märtyrer besonders unterstrichen werden soll, s. dazu *Katalog*, DANIEL, DA 2.

terten Repräsentationsbilder erinnert werden, die hier nicht berücksichtigt werden können.[48]

In der Buchmalerei stellt sich nicht die Frage, welche Darstellungskriterien erfüllt sein müssen, damit ein Heiliger als solcher auch erkannt werden kann. Dies ist durch den zu illustrierenden Text bereits vorgegeben. Das Problem liegt vielmehr darin, ob man ein Bild als Heiligenbild ansprechen darf oder es eher in die Gruppe der narrativen Darstellungen einordnen muß.[49]

Bis auf den Codex von St. Paul stammen alle Miniaturen aus der östlichen Reichshälfte.

Elfenbein[50]

Auf Elfenbeinreliefs kommt nur ein kleiner Personenkreis von Heiligen zur Darstellung. Dies sind an erster Stelle die Apostelfürsten Petrus und Paulus, seltener auch nicht identifizierbare Apostel, ferner, in wenigen Beispielen, Johannes der Täufer, Zacharias und Joseph als biblische Heilige des Alten Testamentes und außerdem Menas als einziger Vertreter der Märtyrer innerhalb der Gattung.

Bei der Nimbierung ist keine chronologische Entwicklung oder andere Regelmäßigkeit abzulesen, wie es zum Beispiel bei den Mosaiken der Fall ist. In etwa einem Drittel der Beispiele ist der Nimbus vorhanden, und zwar bei einer Reihe von Kunstwerken, die in das fünfte Jahrhundert datiert werden. Im sechsten Jahrhundert dagegen ist sehr häufig das Fehlen dieses Attributes zu bemerken. Dieses Phänomen kann hier nur konstatiert, nicht aber befriedigend erklärt werden. In keinem Fall wird einem Heiligen ein Kranz verliehen oder von diesem dargebracht, jedoch tragen zwei Drittel der Dargestellten einen Rotulus oder Codex in der Hand.

Individuelle Attribute sind relativ häufig, in fast der Hälfte der Fälle, anzutreffen. Das bemerkenswerteste, weil hier einmalig auftauchende Attribut ist die Säge, die Joseph bei der Geburt Jesu in der Hand hält.[51] Des weiteren kommt der Schlüssel des Petrus auf vier Elfenbeinen vor, darunter sind in zwei Fällen Petrus

---

[48] Vgl. die Diskussion der Problematik in *Umfang und Abgrenzung*, Einschränkungen und in *Katalog*, PROPHETEN PRO 4, Syrische Bibel von Paris.

[49] Vgl. dazu *Umfang und Abgrenzung*, Einschränkungen, S 10f.

[50] Vgl. *Anhang* F) Elfenbein.

[51] Joseph wird nicht eigens im Katalog besprochen, deshalb soll dieses Attribut hier zumindest Erwähnung finden, obwohl die Darstellung des Joseph mit dem individuellen Attribut der Säge in der Hand in die szenische Darstellung der Geburt Christi eingebunden ist. Zu frühen Darstellungen des heiligen Joseph s.: TESTINI, P., Alle origini dell'iconografia di Giuseppe di Nazareth, in: RACr 48, 1972, S. 271-347, bes. S. 315-316, mit fig. 25 und 26. Der Ursprung dieses Attributes der Säge ist in der koptischen Schrift *Historia Iosephi fabri lignarii* zu suchen, die um 400, vielleicht zunächst in griechischer Sprache, verfaßt wurde und zahlreiche Details zum Beruf des Joseph gibt. Vgl.: SCHNEEMELCHER, W., (Hg.), Neutestamentliche Apokryphen in deutscher Übersetzung, Tübingen ⁵1987, S. 384.

und Paulus gemeinsam dargestellt. Paulus erhält hier als Pendant den Codex, der dann in den Rang eines individuellen Attributes aufsteigt.[52]

Namensbeischriften dagegen kommen so gut wie nicht vor. Wenn doch, sind sie in jedem Fall mit dem Epithet SCS verknüpft.

Trotz der meist fehlenden Namensbeischriften können Petrus und Paulus anhand ihres Porträttypus identifiziert werden. Andere Heilige können wegen des Darstellungszusammenhanges (Zwölfzahl, Christus in der Mitte) als Apostel benannt werden. Bei Einzelfiguren ohne besondere Porträtgestaltung ist nur eine allgemeine Einordnung als Apostel aufgrund des Gewandes (Pallium) und eines Gattungsattributes (Rotulus) möglich.

Die Frage der Provenienz vieler Elfenbeine aus verschiedenen östlichen und westlichen Werkstätten ist in der Forschung umstritten, deshalb bleibt die Frage der Zuordnung hier ausgeklammert.

Goldfoliengläser[53]

Fast alle Goldgläser stammen aus dem vierten Jahrhundert, einer Epoche, in der — der Blick auf Katakomben und Sarkophage zeigte es — der Entwicklungsstand der Heiligenikonographie in der christlichen Kunst noch nicht sehr stark ausgeprägt ist. Bei den Goldgläsern handelt es sich jedoch um die zahlenmäßig am stärksten mit Heiligendarstellungen vertretene Gattung innerhalb der frühchristlichen Kunst. Die große Anzahl von Exemplaren hat jedoch keine Entsprechung im Motivfundus, denn einige wenige Heilige sind wiederholt dargestellt.

Unter den gezählten 163 Beispielen kommt Petrus achtundvierzigmal, Paulus fünfundvierzigmal vor. Agnes ist fünfzehnmal, Sixtus achtmal und Laurentius sechsmal vertreten. Alle genossen in Rom eine besonders starke Verehrung. Da auch die Goldgläser meist aus Rom stammen, ist ein Zusammenhang mit der lokalen Heiligenverehrung sicher. Alttestamentliche Personen werden auf Goldgläsern nicht in ihrer Eigenschaft als Heilige, sondern in paradigmatischer Funktion dargestellt.

Das Verhältnis der einzelnen verwendeten Attribute zueinander ist hier besonders deutlich ausgeprägt. Eine Namensbeischrift ist, bis auf ganz wenige Ausnahmen, immer vorhanden. Der Nimbus dagegen wird nur vereinzelt den beiden Heiligen Agnes und Laurentius verliehen und taucht sonst nirgends auf. Innerhalb der 163 Goldgläser mit einer Heiligenthematik hat nur Laurentius in einem einzigen Fall ein Stabkreuz als Rang- oder Bedeutungsattribut. Kranz und Rotulus befinden sich manchmal ins Bildfeld eingestreut. Zahlreiche Heilige werden von der Hand Gottes bekrönt, tragen aber nirgends selbst den Kranz.

---

[52] Vgl. *Katalog*, PAULUS, PA 5 und PA 6.
[53] Vgl. *Anhang* G) Goldfoliengläser.

Bemerkenswert ist ferner, daß Petrus und Paulus auch auf zahlreichen Beispielen, die bereits in die zweite Hälfte des vierten Jahrhunderts datiert werden, noch auf die individuelle Charakterisierung durch ihre Porträtzüge verzichten müssen, während die Apostelfürsten in anderen Gattungen der frühchristlichen Kunst bereits seit der Mitte des vierten Jahrhunderts an ihrem Porträttypus zu erkennen sind. Bei Agnes wurde hingegen auf eine starke Individualisierung in Gewand und Frisurgestaltung Wert gelegt.

Vor allem die Tatsache, daß immer Namensbeischriften vorhanden sind, läßt darauf schließen, daß bei der Goldglasproduktion durchaus Wert darauf gelegt wurde, bestimmte, individuelle Heilige darzustellen. Die mitunter formelhaft anmutende Wiederholung bestimmter Gesichtstypen und ikonographischer Versatzstücke jedoch führt zu der Vermutung, daß in so früher Zeit das ikonographische Repertoire der Heiligendarstellungen noch unvollständig war.

Metall[54]

Reliquiare

Insgesamt wurden elf Reliquienbehälter erfaßt, die mit Heiligendarstellungen geschmückt sind. Allein Petrus und/oder Paulus kommen auf neun Reliquiaren vor, insgesamt sind sie elfmal vertreten, allein, mit weiteren Aposteln oder mit Märtyrern. Alttestamentliche Heilige fehlen auch in dieser Gattung ganz.

Der Nimbus wurde in einem Drittel der vertretenen Heiligendarstellungen vergeben, dabei handelt es sich um die Reliquiare, die in das sechste Jahrhundert oder später datiert werden. Die zeitliche Grenze verläuft ähnlich wie bei der Monumentalmalerei. Eine Namensbeischrift kommt weniger oft vor, was vielleicht mit der Auswahl der dargestellten Personen zusammenhängt: Petrus und Paulus erhalten auch in anderen Gattungen seltener den Namen beigefügt als andere Heilige, weil sie bereits anhand ihres Porträttypus zu erkennen sind. Besonders hinzuweisen ist auf das Reliquiar B 3, das in Sofia aufbewahrt wird. Obwohl es bereits in das zweite Viertel des vierten Jahrhunderts datiert wird, sind alle Apostel einzeln durch eine Namensbeischrift gekennzeichnet. Es dürfte sich um das früheste Vorkommen von Namensinschriften beim Apostelkollegium überhaupt handeln.

Individuelle Attribute finden sich bei Thekla und bei dem Styliten Simeon. Die Apostel Petrus und Andreas haben mehrfach das Rangattribut Stabkreuz. Hierbei ist keine chronologische Entwicklung festzustellen.

Die Provenienz der meisten erhaltenen Metallreliquiare liegt in der Osthälfte des Reiches.

---

[54] Vgl. *Anhang* H) Metall.

Unsicherheit bezüglich der Identifizierung besteht in einigen Fällen, in denen nur allgemein die Heiligkeit ausgedrückt ist, das individuelle Attribut oder die Namensbeischrift jedoch fehlen. Dies ist der Fall bei den Medaillonbildern zweier nimbierter Heiliger auf dem Reliquiar B 21 aus Chersonnes. Sie sind mit einer Chlamys bekleidet und scheiden wegen dieser Gewandung als Apostel aus. Weitergehende Angaben sind jedoch nicht zu machen.

Einen Sonderfall stellt die sogenannte *capsella africana* im Vatikan dar (B 15). Ein stehender, unnimbierter, jugendlicher Palliatus hält mit unverhüllten Händen vor sich einen Kranz, während er von oben durch die Hand Gottes mit einem zweiten Kranz bekrönt wird. Die Gestalt wird flankiert von zwei brennenden Kerzen. Das Besondere an der Darstellung ist, daß der Heilige auf dem Paradiesesberg steht, aus dem die vier Ströme fließen. Die eine Wandung des ovalen Reliquiars ist mit einer Darstellung des Gotteslammes geschmückt, zu dem aus zwei Architekturabbreviaturen je drei Lämmer hinzutreten. Auf der gegenüberliegenden Seite befindet sich eine Darstellung von Hirsch und Reh, die den Paradiesesberg flankieren, auf dem sich ein Christogramm erhebt.

Handelt es sich hier um die Darstellung eines anonymen Märtyrers, worauf das Attribut Kranz und die zusätzliche Bekrönung durch die Dextera Dei schließen lassen oder muß man wegen des Stehens auf dem Paradiesesberg hier Christus sehen? Buschhausen spricht von der „Frontalgestalt eines Heiligen, wahrscheinlich eines Märtyrers".[55] Grabar dagegen deutet den Dargestellten als Christus, weil er auf dem Paradiesesberg steht und von zwei brennenden Kerzen flankiert ist wie der irdische Herrscher oder dessen Bild im Kaiserzeremoniell. Grabar räumt aber ein, daß die Bedeutung des Kranzes in den Händen Christi unsicher ist. Es wird nicht klar, ob er selbst den Kranz empfangen hat oder ob er im Begriff ist, ihn einem Märtyrer zu überreichen. Grabar sieht hier die weitestgehende Assimilierung der Ikonographie Christi mit der des Märtyrers vollzogen und spricht vom Bild des Christus-Märtyrer.[56]

Gegen diese Interpretation ist einzuwenden, daß brennende Kerzen m. W. in der Christus-Ikonographie sonst nicht belegt sind, wohingegen Darstellungen von Heiligen von Kerzen flankiert werden können. So ist der heilige Januarius in einem Fresko der Katakombe S. Gennaro in Neapel, das wie die capsella africana ins fünfte Jahrhundert zu datieren ist,[57] von zwei brennenden Kerzen eingerahmt, die übrigens ebenso wie bei der capsella africana auf hohe Kandelaber mit Dreifuß gesteckt sind. Erstaunlicherweise ist hier ein Märtyrer mit einem eindeutig christusbezogenen Attribut, dem Monogramm-Nimbus ausgezeichnet. An der Identität des Dargestellten als eines Märtyrers kann in diesem Fall wegen der vorhandenen Namensbeischrift nicht gezweifelt werden.

---

[55] BUSCHHAUSEN (1971) S. 243.
[56] GRABAR (1946) S. 56-57.
[57] FASOLA (1975) Abb. 70.

Diese bemerkenswerte Parallele ermutigt zu der Hypothese, daß im Fall der capsella africana der Paradiesesberg, der tatsächlich immer für Christus selbst reserviert ist, unbedacht als Standfläche für den Heiligen benutzt wurde. Eigentlich würde der Paradiesesberg zum Lamm Gottes gehören, das an der Mitte der Wandung angebracht ist — besonders, weil symmetrisch dazu an der ihm gegenüberliegenden Seite Hirsch und Reh ebenfalls den Paradiesesberg flankieren. Trotz des Abweichens vom gängigen ikonographischen Schema stellt sich der Darstellungszusammenhang durchaus harmonisch dar: der Paradiesesberg ist ein Hinweis auf den Ort, an dem sich der Märtyrer in Gemeinschaft mit Christus befindet.

Der Kranz ist ein Attribut der Märtyrer, das ihnen von Christus verliehen wird und das sie ihm wieder zurückbringen. Er ist jedoch nicht Attribut Christi. Die bekrönende Hand Gottes spricht mindestens ebenso für eine Deutung des Dargestellten als Märtyrer wie für die Ikonographie Christi, der seltener als Heilige von der Dextera Dei bekrönt wird.

Liturgisches Gerät

Hier ist ebenfalls zu konstatieren, daß Petrus und Paulus zu zweit oder mit weiteren Aposteln sehr häufig vertreten sind, daß aber auch verschiedene Märtyrer vorkommen. Alttestamentliche Heilige gibt es nicht.

Namensbeischriften sind in dieser heterogenen Gruppe von Gegenständen selten. Nur in wenigen Fällen werden sie mit einem Nimbus kombiniert. Keiner der Heiligen trägt einen Kranz, Bücher kommen als Attribut — überwiegend in der Form des Codex — häufiger vor. Der Nimbus fehlt — erwartungsgemäß — auf allen Beispielen, die noch in das fünfte Jahrhundert datiert werden, er fehlt aber auch noch bei einigen Stücken, die aus dem sechsten Jahrhundert stammen. Die Provenienz der meisten Stücke ist wiederum der Osten, zahlreiche Beispiele stammen aus Syrien.

Viele der dargestellten Märtyrer sind durch ihr individuelles Attribut besonders gekennzeichnet, während bei den Aposteln wiederum nur Petrus in einigen Fällen ein Stabkreuz als Attribut hält. In manchen Fällen ist dem gegenüber stehenden Paulus dann ein Codex beigegeben, der durch diese Parallelität als individuelles Attribut des Völkerapostels interpretiert werden kann.[58]

Monza-Ampullen

Die Gruppe der aus Palästina stammenden Monza- und Bobbio-Ampullen, deren Ikonographie überwiegend christologisch ausgerichtet ist, enthält nur vier Exemplare, auf denen die zwölf Apostel in nicht-szenischem Zusammenhang wiederge-

---

[58] Vgl. *Katalog*, PAULUS, PA 8 und PA 9.

geben sind. Dabei handelt es sich um Medaillonbilder, bei denen ausschließlich die beiden Apostelfürsten und Andreas durch ihre Porträtzüge individualisiert sind. Die Apostel sind weder nimbiert, noch durch ihren Namen gekennzeichnet. Eine in Bobbio befindliche Ampulle hingegen stellt Johannes den Täufer und seinen Vater Zacharias dar. Beide sind nimbiert, beide sind auch durch ein individuelles Gewand sowie ein individuelles Attribut hervorgehoben.

Gemmen, Ringe, Enkolpien[59]

Unter dieser Überschrift wurden Heiligendarstellungen unterschiedlicher Herkunft und Verwendung zusammengefaßt, deren gemeinsames Merkmal ist, daß sie ein repräsentatives Heiligenbild tragen. Hier liegt ein Schwerpunkt des Interesses. Auf Medaillen und anderen Erzeugnissen der Wallfahrtskunst sind frühe Heiligenbilder überliefert, die an ihrem ursprünglichen Entstehungsort oftmals unwiederbringlich verloren sind. Entsprechend der Kleinheit des Bildträgers sind hierbei keine Gruppen von Heiligen zu finden, sondern nur Paare (Petrus und Paulus) oder Einzelfiguren. Diese sind nur in zwei Fällen mit einem Kranz ausgestattet, der immer auf Christus Bezug nimmt (Thekla wird von der Dextera Dei bekrönt, zwei Märtyrer verehren das Kreuz). Ein Codex als Attribut kommt einmal bei Paulus vor, wo er den Rang eines individuellen Attributes einnimmt, einmal wird er von einem Mann in Chlamys gehalten, der deswegen als „Heiliger?" angesprochen wird. Zur Identifizierung der Dargestellten müssen entweder die Namensbeischriften oder ein individuelles Attribut herangezogen werden.

Keramik[60]

Ton-Ampullen

Die Pilger-Ampullen, die die Gläubigen vom jeweiligen Wallfahrtsort mitnahmen, tragen in der überwiegenden Mehrzahl Bildnisse von verehrten Märtyrern. Die Menas-Ampullen machen den Großteil des erhaltenen Materials aus. Während Gattungsattribute wie Kranz und Buch fast ganz fehlen und auch der Nimbus nicht konsequent verliehen wird, obwohl man letzteres wegen der späten Entstehungszeit und der Funktion der Ampullen als Pilgerandenken gerade hier erwarten könnte, sind in dieser Gruppe individuelle Attribute sehr zahlreich vertreten. Häufig kann die dargestellte Person bei fehlender Namensbeischrift nur anhand des individuellen Attributes identifiziert werden.

Alle bekannten Beispiele stammen aus der Osthälfte des Reiches.

---

[59] Vgl. *Anhang* I) Gemmen, Ringe, Enkolpien.
[60] Vgl. *Anhang* J) Keramik.

Tonlampen

Es konnten nur wenige Beispiele für Tonlampen mit Heiligendarstellungen gefunden werden. Kranz, Buch oder Namensbeischrift kommen nie vor, der Nimbus nur etwa in einem Drittel der Beispiele. Individuelle Attribute sind jedoch, wie bereits bei den Ampullen festzustellen war, im Verhältnis häufig anzutreffen. Die Darstellungen von Heiligen auf Tonlampen folgen ikonographisch den Vorbildern aus anderen Gattungen der Kleinkunst.

Terrakotta-Kacheln

Reliefierte Terrakotta-Kacheln gibt es in drei unterschiedlichen Kunstlandschaften. Für alle zwölf Heiligendarstellungen auf diesen Kacheln verschiedener Herkunft sind dennoch ähnliche Charakteristika festzustellen. Der Name des dargestellten Heiligen ist in elf von zwölf Beispielen beigefügt, der Nimbus dagegen nur in einem einzigen Fall. Diesem Beispiel fehlt hingegen die Namensbeischrift. Ein Kranz findet sich ebenso nur einmal, ein Buch nie. Individuelle Attribute sind in zehn der zwölf Beispiele vorhanden. Zweimal sind die Heiligen als Reiter gekennzeichnet, ohne daß jedoch ihre genaue Identität zu bestimmen wäre.

Zusammenfassung

In allen Gattungen der frühchristlichen Kunst sind Repräsentationsdarstellungen von Heiligen vorhanden. Es ist dabei dennoch eine bemerkenswerte „Spezialisierung" festzustellen. Alttestamentliche Heilige kommen, von einzelnen Ausnahmen abgesehen, nur in der Wand-, vor allem jedoch in der Buchmalerei vor. Apostel sind in allen Gattungen die bei weitem am häufigsten vertretenen Heiligendarstellungen. Sie sind als einzige in der Sarkophagskulptur anwesend und überwiegen in den Gattungen der Elfenbeine, der Goldgläser und der Toreutik. Nichtbiblische Märtyrer wurden, außer in Wandmalerei- und -mosaik, vor allem auf Tafelbildern und Erzeugnissen der Keramik dargestellt.

Aus diesen Beobachtungen zu einer deutlichen Schwerpunktsetzung in verschiedenen Bereichen lassen sich einige Thesen zur Genese der Heiligenikonographie aufstellen, die im einzelnen untersucht werden müssen.

Die Heiligen des Alten Testamentes sind nur in der Buchmalerei vertreten, die Genese der Bildfindung fand auch dort statt. Die Apostel wurden vor allem in Rom, auf Sarkophagen und in Katakomben des vierten Jahrhunderts als undifferenzierte Zwölfergruppe bei Christus dargestellt. Einzig Petrus und Paulus treten aus der Anonymität heraus, nur sie werden hier bereits um ihrer selbst willen, als verehrte Heilige, dargestellt. Dies wird besonders in der Kleinkunst sichtbar, wo ihr Überwiegen, so bei den Goldgläsern und vor allem bei den Elfenbeinen, eklatant ist. Märtyrerbilder sind verstärkt in den Gattungen zu finden, die der privaten oder öffentlichen Erinnerung oder Andacht dienen konnten: auf Goldgläsern, Pilgerampullen und in der Tafelmalerei.

Zur Funktion der Attribute kann folgendes festgehalten werden: In einigen Bildgattungen, vorwiegend im Sepulkralbereich, bedarf es einer unzweifelhaften Kennzeichnung der Heiligen, damit Darstellungen sakralisierter Personen von profanen Erinnerungsbildern Verstorbener unterschieden werden können. Als Heilige an sich werden sie durch den Darstellungszusammenhang, etwa die Nähe zu Christus und durch Gattungsattribute, wie den Rotulus, sichtbar gemacht. Zur wirklichen Individualisierung wird für die meisten Heiligen die Namensbeischrift gebraucht, der ein Epithet, wie MART oder SANCTUS vorangestellt ist. Nur einige wenige Heilige und Märtyrer verfügen bereits frühzeitig über eine ausgeprägte Ikonographie, etwa feste physiognomische Züge oder ein individuelles Attribut, anhand derer sie sicher identifiziert werden können.

Individuelle Attribute können zur Identifizierung bestimmter Heiliger dienen und somit die Namensbeischrift ersetzen, sie können aber auch mit einer Namensbeischrift kombiniert werden. In diesem Fall werden sie nicht zur Identifizierung gebraucht, sondern erweitern die Darstellung um einen Blickpunkt aus der Vita. Das individuelle Attribut allein tritt in einem Drittel der untersuchten Heiligendarstellungen auf, in zwei Dritteln wird es mit weiteren Elementen der Heiligenikonographie verbunden, nämlich mit dem Nimbus und/oder der Namensbeischrift.

Zwischen Osten und Westen zeichnen sich keine deutlichen Unterschiede in der Attributverwendung auf.

Eine chronologische Weiterentwicklung in der Verwendung von Attributen wird nicht deutlich. Der Nimbus ist im fünften Jahrhundert generell noch zögernd, im sechsten Jahrhundert dann konsequent verliehen, wobei auch hier krasse Ausnahmen, wie sie beim Elfenbein erwähnt wurden, zu konstatieren sind. Individuelle Attribute treten eher gattungsspezifisch auf.

Zwischenergebnis

Die im vorangehenden Kapitel erwähnte „Spezialisierung" oder Uneinheitlichkeit der beobachteten Phänomene bei den verschiedenen Gattungen ist erstaunlich. Abgesehen von der prinzipiellen methodischen Schwierigkeit, unterschiedliche Kunstgattungen miteinander zu vergleichen, konnte dennoch erwartet werden, daß es bei einer so großen Anzahl an Heiligendarstellungen in einem Zeitraum von vier Jahrhunderten doch gewisse Regelmäßigkeiten bezüglich der Attributverwendung gibt.

Das erwartete Ergebnis im Hinblick auf eine chronologische Entwicklung der Attribute erbrachte die Untersuchung nur sehr bedingt. Der Nimbus wird Heiligen tatsächlich ab dem sechsten Jahrhundert mit großer Regelmäßigkeit verliehen. Bei der Verwendung von individuellen Attributen hingegen kann weder eine zeitliche Entwicklung hin zu einer Intensivierung noch irgendeine Regelmäßigkeit abgelesen werden.

Dagegen fällt auf, daß Konstanten nicht in einem Zeitabschnitt zu beobachten sind, sondern vielmehr bei den Darstellungsformen für einzelne Heilige. Die heilige Agnes etwa kann in mehreren Hinsichten als „Ausreißerin" angesprochen werden. Sie kann bereits im vierten Jahrhundert mit einem Nimbus ausgezeichnet werden — der sonst erst im sechsten Jahrhundert auftaucht —, sie kann ebenso bereits im vierten Jahrhundert ein individuelles Attribut erhalten und beispielsweise auf Goldgläsern, wo sonst mit physiognomischen Kennzeichnungen sehr sparsam umgegangen wird, ein besonders sorgfältig gestaltetes Äußeres aufweisen.

Ähnliche Beobachtungen lassen sich auch für einige andere Heilige machen. So gibt es diejenigen, die niemals ohne ihr individuelles Attribut dargestellt werden, wie Menas, der immer von zwei Kamelen begleitet ist, oder Sergius, der auf jedem Bild das Maniakion trägt. Im Gegensatz dazu gibt es eine Gruppe mit denjenigen Märtyrern, die nie ein individuelles Attribut erhalten, auch wenn sie noch so oft dargestellt werden, wie der heilige Demetrius, Patron von Thessaloniki. Schließlich existieren solche, die allein anhand ihrer porträthaften Züge zu identifizieren sind, die darüber hinaus aber kein Attribut bekommen.

Die Frage, woher dann die großen Unterschiede in der künstlerischen Gestaltung rühren, kann noch nicht beantwortet werden. Frühzeitig, bereits im vierten Jahrhundert, dargestellte Heilige können eine entwickeltere Ikonographie aufweisen als andere, von denen erst im sechsten Jahrhundert Bilder überliefert sind. Auch eine größere Volkstümlichkeit scheint nicht unbedingt zu einer bildhafteren Ikonographie mit mehr Attributen zu führen. Beim bisherigen Stand der Ergebnisse sind keine Kunstlandschaften einzugrenzen, in denen die Attributverwendung beliebter wäre als anderswo.

Wenn auch keine zeit- und gattungsübergreifenden Konstanten in der frühchristlichen und frühbyzantinischen Heiligenikonographie festzumachen sind, so sind solche Konstanten dennoch deutlich für einzelne Heilige festzustellen.

An diesem Punkt läßt sich nun die These aufstellen, daß die ikonographischen Merkmale einzelner Heiliger, die oft schon bei den frühesten erhaltenen Denkmälern vorhanden sind und meist bei allen Darstellungen wieder auftauchen, an ihrem jeweiligen Kultort an einem Urbild entwickelt wurden und von dort aus die gesamte Ikonographie des einzelnen prägen.

Im weiteren Verlauf der Arbeit muß zunächst das Umfeld des Heiligenkultes theoretisch beleuchtet werden, danach wird im Katalog der Denkmälerbestand zu ausgewählten Heiligen auf diese These hin zu überprüfen sein.

ENTWICKLUNG EINER BESONDEREN IKONOGRAPHIE DER HEILIGEN INNERHALB DER FRÜHCHRISTLICHEN KUNST

Der Vergleich des Denkmälerbestandes von Heiligendarstellungen im Hinblick auf die Attributverleihung erzielt allein noch kein Ergebnis, was eine Systematik, eine Regelmäßigkeit bei der Anwendung oder ähnliches betrifft. Einige Heilige haben fast immer, schon beim ersten für uns faßbaren Vorkommen in der Kunst, ihr eigenes, individuelles Attribut, andere haben auch im sechsten und siebten Jahrhundert noch keines.

Als weitere Arbeitsthese ist im folgenden anzunehmen, daß es an der Kultstätte eines jeden Heiligen ein Urbild gab, das die gesamte weitere Ikonographie des dort verehrten Protagonisten prägte. Die tatsächliche Existenz feststehender Bildtraditionen für einzelne Heilige ist durch verschiedene Quellen belegt. Den Wunderberichten über Cosmas und Damian ist beispielsweise zu entnehmen, daß Heilungssuchende in ihren Traumerscheinungen die Anargyroi daran erkannten, daß sie den gängigen Porträts entsprachen, die von ihnen im Umlauf waren.[61]

Wie und aus welchen Wurzeln entstanden solche Heiligenbilder? Ist die Attributverwendung schon zwangsläufig durch die Entstehung des Heiligenbildes bedingt? Um den Gebrauch der Attribute, ihre mögliche Funktion im Bild und ihren Stellenwert innerhalb des Heiligenbildes insgesamt beurteilen zu können, sollen an dieser Stelle der Anfang des christlichen Heiligenkults im allgemeinen und die Genese des christlichen Heiligenbildes bis hin zur beginnenden Praxis der Bilderverehrung im besonderen beleuchtet werden.

Grundsätzliches zu den Anfängen des Heiligenkultes

Vorbemerkung: Als Heilige galten innerhalb der frühchristlichen Kirche zunächst nur die Märtyrer, in der Friedenszeit auch die Bekenner, Asketen, Mönche und Bischöfe. Als „Vorläufer" der christlichen Heiligen wurden auch die Patriarchen und Märtyrerpropheten des Alten Testamentes verehrt, wenngleich deren Stellung innerhalb der Gruppe der Heiligen umstritten war.[62]

Überblick der Forschungsthesen

In diesem kurzen Überblick werden die wichtigsten Forschungsthesen zusammengefaßt, die sich mit den Wurzeln und Vorläufern des christlichen Heiligenkultes auseinandersetzen.

---

[61] Vgl. weiterführende Lit. bei KOLLWITZ (1953) S. 6.
[62] S. Ausführungen im Kapitel *Einleitender Teil*, Definitionen, S. 3f.

Innerhalb der frühchristlichen Kirche stellt das erste Anzeichen für einen Heiligenkult, der zunächst ausschließlich ein *Märtyrer*kult ist, der Bericht der Gemeinde von Smyrna über das Martyrium des Bischofs Polykarp dar, der um das Jahr 160 datiert wird. Dort wird die Beisetzung der Märtyrergebeine geschildert und die Absicht geäußert, den *dies natalis* in der Gemeinde zu begehen.[63] Aus dem Westen des Reiches fehlen ähnliche Schriftquellen aus dem zweiten Jahrhundert. Deshalb ging die ältere Forschung davon aus, daß sich die Praxis des Heiligenkultes dort erst mit einer zeitlichen Verzögerung von hundert Jahren durchgesetzt habe. Klauser gab jedoch mit Recht zu bedenken, daß die Kirche im zweiten und dritten Jahrhundert noch nicht in eine griechisch sprechende östliche und eine lateinisch sprechende westliche Hälfte zerfallen war und deswegen eine so starke Abweichung in den Gebräuchen nicht anzunehmen sei. Er entschied sich jedoch für keines der beiden Daten und wollte beide kritisch überprüft wissen.[64]

Baumeister setzte sich ausführlich mit der Datierung des Polykarpberichtes auseinander und kam zu dem Schluß, daß dieser um 160 datiert werden muß. Auch im Westen ist zumindest vereinzelt ein so früher Beginn des Märtyrerkultes anzunehmen; für Rom sind diesbezüglich die Nachrichten über die Tropaia der Apostelfürsten zu bedenken. Jedoch muß generell berücksichtigt werden, daß die Märtyrerverehrung in vielen Gemeinden erst nach der diokletianischen Verfolgung einsetzen konnte, weil es erst zu diesem Zeitpunkt Märtyrer in den eigenen Reihen gab.[65]

Bei der Frage nach den Wurzeln des christlichen Heiligenkultes wurden zwei mögliche Traditionsstränge vorgeschlagen, die hier mit ihrem jeweiligen Exponenten referiert werden.

Klauser untersuchte vor allem die möglichen Wurzeln aus der Praxis des jüdischen Heiligenkultes.[66] Um die Zeitenwende wurden über fünfzig jüdische Heiligengräber verehrt, besonders die der Patriarchen und der Märtyrerpropheten. Ein wichtiger Unterschied zur späteren christlichen Märtyrerverehrung bestand jedoch darin, daß es im Judentum keinen offiziellen liturgischen Gemeindekult gab, sondern nur eine private Form der Verehrung, die unter anderem in der — auch architektonischen — Ausschmückung des Grabes und im Gebet bestand. So konnten die Christen zwar die Idee, aber nicht die Form des Kultes von den Juden übernehmen.

Die Herkunft aus dem heidnischen Heroenkult lehnte Klauser zunächst mit dem Argument ab, daß die antiken Heroen aktive Persönlichkeiten waren, die christlichen Märtyrer sich jedoch gerade durch ihr passives Dulden auszeichneten. Auf diese These wird noch einzugehen sein. Später nuancierte er diesen Stand-

---

[63] BAUMEISTER (1986) bes. S. 12-14.
[64] KLAUSER (1974) S. 223.
[65] BAUMEISTER, T., Heiligenverehrung I, in: RAC 14, 1988, Sp. 96-150, bes. 112-113.
[66] KLAUSER (1974) bes. S. 224-229.

punkt leicht, indem er einräumte, daß sich die christlichen Bräuche der Heiligenverehrung nicht völlig unabhängig von den heidnischen Sitten entwickelt haben können.

Die Initiative zum öffentlichen Kult innerhalb der Gemeinde gaben nach Klauser die Bischöfe, die in ihren Gemeinden das Bewußtsein für Märtyrergräber aufrechterhalten wollten. Der Grund lag in dem Bemühen um den Nachweis der apostolischen Sukzession des jeweiligen Bischofsitzes, deren sichtbarer Beweis überall die Apostel- und frühen Bischofsgräber waren.

Die Initiative für den Heiligenkult wäre nach dieser Überlegung von der „offiziellen" Kirche, nicht vom Volk der Gläubigen ausgegangen.

Die gegenteilige Meinung vertrat Baumeister, der darauf hinwies, daß der Märtyrerkult eine Steigerung des Totenkultes darstellte und dabei seit dem vierten Jahrhundert auch Anleihen an den paganen Heroenkult gemacht wurden.[67] Im Lauf des vierten Jahrhunderts wurden die Märtyrer zu christlichen Heroen stilisiert, mit denen man die Bedeutung der heidnischen Helden zu überbieten suchte. Eine Gemeinsamkeit mit dem Heroenkult bestand darin, daß auch dieser ursprünglich eine Steigerung des Totenkultes war.

Im weiteren Sinne wäre die Heiligenverehrung Kultersatz für vorangegangene und verdrängte heidnische Vorbilder.

Die These vom jüdischen Ursprung der christlichen Heiligenverehrung stellte Baumeister mit dem Hinweis in Frage, daß es nach der Quellenlage zweifelhaft sei, ob es zur Zeit Jesu überhaupt eine ausdrückliche jüdische Heiligenverehrung gegeben habe. Außerdem sei es unwahrscheinlich, daß der neubeginnende christliche Märtyrerkult noch um das Jahr 160 auf jüdische Anregungen zurückgegriffen haben sollte.

Zusammenfassend können beide Thesen in Nuancen korrigiert werden: Klauser lehnt den Einfluß des antiken Heroenkultes mit dem Argument ab, daß ein fundamentaler Unterschied in der Auffassung zwischen dem aktiven paganen Helden und dem passiven christlichen Dulder bestanden hätte. Jedoch sind die Hinweise in der frühkirchlichen Literatur zahlreich, in denen die Märtyrer als die wahren Kämpfer und Helden für den Glauben gefeiert wurden.[68]

Baumeisters Zweifel an einer möglichen Beeinflussung der Christen durch die jüdische Heiligenverehrung wegen des großen zeitlichen Abstandes scheint nicht stichhaltig: warum hätten die Christen um die Mitte des zweiten Jahrhunderts keine Einflüsse aus ihrer jüdischen Umgebung mehr aufnehmen sollen?[69]

---

[67] BAUMEISTER (1986) bes. S. 10-11.
[68] Sie beruhen unter anderem auf dem Text von 1. Kor 9, 24-27, in dem der Kampf um das Ewige Leben mit dem sportlichen Wettstreit um den Siegeskranz verglichen wird.
[69] Auf die Frage nach der Praxis der jüdischen Heiligenverehrung wird ausführlicher in *Katalog, Heilige des Alten Testamentes* einzugehen sein.

Formen des frühchristlichen Heiligenkultes

Was die Frage nach den Anfängen betrifft, so läßt sich diese, wie so oft, nur negativ beantworten: bis weit in das dritte Jahrhundert hinein gab es keine festen Einrichtungen oder Kulträume und nur ein kleiner Kreis der Gemeinde versammelte sich zum jeweiligen Gedenken am Todestag eines Heiligen.[70] Wichtig ist jedoch in dem Zusammenhang der Hinweis Klausers, daß der Märtyrerkult an das Märtyrergrab gebunden war. Ohne Märtyrergrab gab es auch keinen Kult, weder einen offiziellen noch einen privaten.[71] Am Jahrestag der Hinrichtung, dem *dies natalis*, wurde unter der Leitung des Bischofs eine liturgische Feier vollzogen, die das Verlesen der Märtyrerakte enthielt. Es folgte eine Lobrede durch den Bischof, Gebete und Bitten um die Fürsprache des Märtyrers und schließlich die gemeinsame Eucharistiefeier. Daneben war die private Verehrung durch die Gläubigen üblich, die sich der Form nach nicht vom allgemeinen Totenkult unterschied: man hielt ein Refrigerium, schmückte das Grab mit Blumen und zündete Lampen davor an.[72] Im vierten Jahrhundert werden Spannungen zwischen der privaten Praxis des Totenmahls und der kirchlich organisierten liturgischen Feier bemerkbar und durch den Einfluß der Kirchenoberen wie Ambrosius und Augustinus zugunsten der Gemeindefeierlichkeiten entschieden. Die kirchlichen Autoritäten kontrollieren und steuern somit die Heiligenverehrung.[73] Hierin widerspricht Baumeister wohl zurecht der oben erwähnten These Klausers, nach der die Heiligenverehrung auf eine Initiative der Bischöfe zurückging. Die Verehrung der Heiligen wurde jedoch regional unterschiedlich gestaltet. So fand zum Beispiel das Märtyrergedenken in Nordafrika zunächst im Rahmen und am Ort des Gemeindegottesdienstes statt und wurde erst später an die Stätte des Grabes verlegt, während es sich anderorts immer an der Grabstätte konzentrierte.[74]

Die Fragen nach der architektonischen Ausgestaltung der Gräber und der Entwicklung des Wallfahrtswesens können und brauchen an dieser Stelle nicht beantwortet zu werden, vielmehr soll das Augenmerk gleich auf die Entstehung der Heiligendarstellungen gerichtet werden.

Das Heiligenbild

Abgrenzung vom Repräsentationsbild

Die Diskussion um die Bilderverehrung und das Heiligenbild beschäftigt sich nicht generell mit der Darstellung, sondern immer mit dem Abbild des Heiligen.

---

[70] So DEICHMANN, F. W., Einführung in die Christliche Archäologie, Darmstadt 1983, S. 55.
[71] KLAUSER (1974) S. 222.
[72] KLAUSER (1974) S. 221-222.
[73] BAUMEISTER (1986) S. 24-25.
[74] BAUMEISTER (1986) S. 16-17.

Nur davor konnte eine Verehrung stattfinden und um dessen Legitimation konnte sich ein Streit entzünden. Eine Definition des Begriffs Heiligenbild gibt Belting-Ihm.[75] Diese wird im folgenden erläutert und liegt im vorliegenden Kapitel der Arbeit zugrunde, während sonst die Betrachtung auf alle repräsentativen Darstellungen ausgeweitet ist: Das Heiligenbild als Abbild mit Porträtanspruch ist per definitionem nicht nur eine Veranschaulichung, sondern eine Vergegenwärtigung des Dargestellten. So kann das Bild zum Ansprechpartner für den Betrachter werden, zum Träger übernatürlicher Kräfte. Diese Charakterisierung schließt Darstellungen der Heilsgeschichte von der Definition aus, ebenso zyklische Darstellungen von Märtyrerviten. Auszuschließen sind auch Darstellungen von huldigenden oder kranzbringenden Heiligen in (apsidialen) Herrlichkeitsbildern, weil die Protagonisten nicht auf den Betrachter bezogen sind, sondern auf Christus oder die Gottesmutter im Zentrum. Heiligenbilder sind prinzipiell Einzelbilder, auch dann, wenn sie auf additive Weise mehrere Heilige darstellen. Ihr zentrales Thema ist der Heilige als Individuum, als erhöhte und ausgezeichnete Person, die durch Haltung und Blick dem Betrachter zugewandt und zugleich entrückt ist. Die Darstellungen haben Bildnischarakter und prätendieren Porträthaftigkeit und Authentizität.

Vor den Bildern

Die Diskussionen um die Rechtmäßigkeit konnten sich erst am fertigen Bild entzünden. Hier soll der Frage nachgegangen werden, wie und wann es überhaupt zu einer christlichen Toleranz des Abbildes von sakralisierten Personen kam. Es ist hinreichend bekannt, daß sich die Christen während der ersten beiden Jahrhunderte überwiegend an das alttestamentliche Bilderverbot hielten und ein Gottesbild ablehnten. Gleichzeitig verzichteten sie in der Regel auf jedes porträthafte Bild einer heiligen Gestalt.

Erste Nachrichten über Bilder

Die früheste Verwendung von Bildern ist jedoch bereits für das zweite Jahrhundert bezeugt, gleichzeitig erfährt man von der vehementen Ablehnung durch die Kirche selbst. Es handelt sich bei dieser Quelle um eine Episode in den apokryphen Johannes-Akten, die um das Jahr 200 entstanden sind. Darin wird berichtet, daß der neubekehrte Lykomedes heimlich ein Bildnis seines Lehrers, des Apostels Johannes, malen ließ, es mit Kränzen schmückte und vor dem Bild einen Altar aufstellte, an dem er Lichter entzündete. Als der Apostel erfuhr, daß er selbst

---

[75] BELTING-IHM, C., Heiligenbild, in: RAC 14, 1988, Sp. 66-96.

dargestellt und Objekt der Verehrung war, lehnte er diesen Brauch strikt ab mit den Worten: „Ich sehe ja, daß du noch heidnisch lebst."[76]

Die Anfänge einer Heiligenbildtradition liegen also in der „Grauzone" vor der konstantinischen Zäsur, in der sich jeglicher Märtyrerkult im Privatbereich abspielte und sich dementsprechend der gängigen privaten Porträtkunst bediente, weil es noch keine offizielle Formulierung für den Bildtypus des Märtyrers gab. Die Verehrung von Heiligenporträts auf Tafelbildern blieb lange der Privatinitiative der Gläubigen vorbehalten. Was die ikonographische Ausgestaltung betrifft, kann nur gemutmaßt werden, daß auf überlieferte oder konventionelle Porträtzüge Wert gelegt wurde, aber kein Bedürfnis nach einer weitergehenden Auszeichnung der Person, etwa durch Attribute, bestand.

Der wichtigere Traditionsstrang ist aber zunächst nicht das Porträt im Tafelbild, sondern die Darstellung des Märtyrers als Orans, weil dieses zum offiziellen Heiligenbild avanciert.

Literarische Überlieferung zu Bildern innerhalb der Kirche

Die Existenz von Bildern nicht mehr nur in gnostischen Gemeinden, sondern im Gebrauch der offiziellen christlichen Kirche wird von Eusebius bestätigt: Es gab zu seiner Zeit Tafelbilder von Christus und den Aposteln.[77]

Bilderzyklen in Kirchen, die das Martyrium eines Heiligen in mehreren Episoden narrativ schilderten, gab es der Überlieferung nach wenigstens seit der zweiten Hälfte des vierten Jahrhunderts.[78]

Indirekten Aufschluß über die Existenz von Bildern geben die vier Schriften des Epiphanios von Salamis (gest. 403) gegen die Bilder. Er lehnt jede Herstellung und Verehrung von Bildern ab, nicht nur die Christus selbst betreffenden, sondern auch die der Engel und Heiligen. Erwähnt werden in dem Zusammenhang Darstellungen in Kirchen und an Grabstätten, und zwar in Wandmalerei und Mosaik sowie auf Vela, die Epiphanios, wenn er sie irgendwo sah, herabriß, ohne sie vorher genauer anzusehen.[79]

Dagegen sind aus dem Westen Stellungnahmen überliefert, die zwar auch die Bilderverehrung ablehnen, den didaktischen Nutzen der Kunst hingegen positiv einschätzen[80]. Die Bilderfrage wurde durchgängig kontrovers diskutiert.

---

[76] Acta Johannis, Kap. 26-27, vgl. WESSEL, K., Bild, in: RBK I, 1966, Sp. 616-662, bes. Sp. 617.
[77] Eusebius, hist. eccl. 7,18, vgl. WESSEL (RBK), wie Anm. 76, Sp. 618.
[78] Gregor von Nyssa berichtet über einen Bildzyklus zum Martyrium des hl. Theodor, P. G. 46, 737 C-D, vgl. dazu und weitere Beispiele: WESSEL (RBK), wie Anm. 76, Sp. 618-619.
[79] Zu den einzelnen Schriften des Epiphanios mit Quellenangaben s. ausführlich WESSEL (RBK), wie Anm. 76, Sp. 621-622.
[80] Vgl. Beispiele bei WESSEL (RBK), wie Anm. 76, Sp. 624-625.

Die ersten repräsentativen Heiligendarstellungen

Die frühesten erhaltenen Beispiele von Heiligendarstellungen sind noch ohne Kultanspruch. Das Bild wird zwar betrachtet, aber es wird nicht davor gebetet.

Grabar untersuchte ausführlich den Beginn der Heiligendarstellungen innerhalb der frühchristlichen Kunst.[81] Seine Erkenntnisse sollen hier zunächst kurz vorgestellt werden:

In der vorkonstantinischen Zeit sind keine Spuren von Märtyrerbildern festzustellen, weder in Katakomben noch in anderen Bereichen der Kunst. Die Wurzeln des ersten ikonographischen Typus einer Heiligen- und besonders einer Märtyrerdarstellung liegen im privaten Sepulkralporträt der Spätantike.

Die frühesten öffentlichen Märtyrerbilder entstanden am Ort der Verehrung, das heißt am Heiligengrab. Dabei bestand zunächst formal kein prinzipieller Unterschied zwischen dem allgemein verbreiteten spätantiken Brauch, Totenporträts am Grab anzubringen und den Märtyrerbildern, die eben dort geschaffen wurden. Die Christen hatten aus der heidnischen Antike die Orans als Symbol der Pietas übernommen[82] und zunächst typisiert an den Gräbern ihrer Verstorbenen angebracht. Im Laufe des vierten Jahrhunderts wurde die Figur des Beters zunehmend individuell mit den Zügen des Verstorbenen ausgestattet. Die Orans wurde zur Personifikation des frommen Toten. Analog zu den einfachen Gläubigen wurden auch die Märtyrer vom Ende des vierten Jahrhunderts an an ihrer Grabstätte in den Katakomben und später in ihren Memorialkirchen als Oranten abgebildet.[83] Nach Grabar ist die Orans als der erste ikonographische Typus des Heiligenbildes anzusehen, der sich direkt aus der Grabkunst entwickelt hat. So wie der Märtyrerkult in seinen Anfängen nur eine gesteigerte, öffentliche Form des verbreiteten Totenkults war, so unterschied sich das Märtyrerbild allein in der erfahrenen Verehrung vom Gedächtnisbild der Verstorbenen.

Diese These Grabars bedarf der genaueren Überprüfung, denn hier liegt nun das Kernproblem der Fragestellung: Wie lange konnten beide Bildtypen nebeneinander existieren? Wie unterschied man formal das Heiligenbild vom einfachen Gedächtnisbild? Wurden Attribute eingesetzt?

In der Forschung wurden verschiedene Thesen und Vermutungen darüber aufgestellt, von denen die wichtigsten besprochen werden sollen.

Grabar stützt die These, daß das Märtyrerbildnis, das seit dem dem vierten Jahrhundert nachweisbar ist, aus dem christlichen Sepulkralporträt hervorgegangen sei, mit einem Negativbeweis: In dem Moment, in dem Kultbilder für Märtyrer geschaffen wurden, brach die Tradition des Gedächtnisbildes für einfache Gläubige ab. Ungefähr seit dem sechsten Jahrhundert ist das Oransbild nur noch

---

[81] GRABAR (1946) Kap. I, bes. S. 19 f.
[82] Vgl. ausführlich dazu KLAUSER, T., Entstehungsgeschichte der frühchristlichen Kunst, in: JbAChr 2, 1959, S. 115ff; JbAChr 3, 1960, S. 112ff.
[83] GRABAR (1946) S. 25.

in der Heiligenikonographie zu finden. Ausschlaggebend dürfte der Wandel der Jenseitsvorstellungen gewesen sein. Zunächst glaubte man an das direkte Übergehen des Verstorbenen ins Paradies, die Orans drückte den Zustand der Seligkeit aus. Dann nahm man einen Zwischenzustand an, von dem nur die Märtyrer ausgenommen seien, die direkt nach ihrem Tod dahin gelangen, Gott zu schauen. Fortan war der Orantentyp ihnen vorbehalten und dieses Motiv konnte dann von den Gläubigen als Geste der Fürbitte gedeutet werden.[84]

Unbeantwortet bleibt jedoch die Frage, wie der Übergang geschah. Wenn, wie Grabar sagt, das Oransbild erst seit dem sechsten Jahrhundert dem Märtyrerbild vorbehalten war, konnten Gedächtnis- und Heiligenbild eine ganze Zeit hindurch parallel existieren: Welche ikonographischen Mittel dienten dazu, das Heiligenbild als ein solches zu signalisieren?

Als Zeitpunkt der Ablösung des Gedächtnisbildes durch das Heiligenbild kann das Edikt des Theodosius von 392, das neben allen heidnischen Kulten auch den Ahnenkult verbot, geltend gemacht werden. Die kultische Totenverehrung blieb nunmehr den Heiligen vorbehalten, das Totenporträt konnte nur noch als Heiligenbild weiterexistieren. Der Bildtyp der Orans blieb so mit dem Grab verbunden.[85]

Vielleicht gab es also in vorkonstantinischer Zeit eine erste, für uns nicht durch Denkmäler dokumentierte Phase, in der zwischen Darstellungen von verstorbenen Gläubigen und solchen von Märtyrern nicht unterschieden wurde, weil beide Bilder dem Totengedächtnis dienten und für alle Verstorbenen gleichermaßen das Paradies erhofft wurde. Daraus kann man indirekt schließen, daß das Märtyrerbild in dieser Phase noch keinen Kultcharakter besaß. Die für uns greifbaren Heiligenbilder befinden sich jedoch nicht unmittelbar am Grab, sondern in den für die Märtyrer errichteten Memorialkirchen neben und später über den Gräbern. Die Lösung wäre dann, daß in einer ersten Phase ohne weitergehende ikonographische Auszeichnung allein durch den Anbringungsort des Bildes eine Verwechslung ausgeschlossen war.

Die ersten offiziellen und öffentlichen Heiligenbilder entstanden in den römischen Martyria der konstantinischen Zeit, also in den Petrus, Paulus, Laurentius und Agnes geweihten Memorialbasiliken.[86] Einen Reflex des konstantinischen Apsisbildes von S. Agnese stellt vielleicht das bekannte Agnesrelief dar, das die Heilige als Orans, aber ohne weitere Attribute darstellt.[87] Die Existenz eines autonomen Heiligenbildes in St. Peter muß hingegen bezweifelt werden,[88] obwohl die zahlreichen Werke der Kleinkunst mit petrinischer Ikonographie im Anschluß

---

[84] GRABAR (1946) S. 28.
[85] BELTING-IHM (RAC), wie Anm. 75, Sp. 73.
[86] GRABAR (1946) S. 19.
[87] S. *Katalog*, AGNES, AG 16
[88] Zum Apsisbild von St. Peter: IHM (1992) S. 120.

an die Weihe der konstantinischen Peterskirche entstanden sind.[89] Die ikonographische Vielfalt der Petrusdarstellungen weist allein schon darauf hin, daß hier nicht ein einziges, im Mittelpunkt stehendes Kultbild vervielfältigt wurde.

Grabar diskutiert ausführlich die frühe „Ikonographie der Heiligkeit" und seine Abgrenzung vom Gedächtnisbild. Er betont, daß in der frühchristlichen und später in der byzantinischen Kunst ein Märtyrerbildnis nicht den irdischen Aspekt der Person wiedergibt, sondern den im Paradies Gott Schauenden. Um diese gesteigerte Spiritualität zum Ausdruck zu bringen, wandten die Christen das Darstellungsmittel der weit geöffneten Augen an, die in die Ferne blicken.[90] Der Ausdruck der Heiligkeit könne sich bei den Märtyrerbildnissen tatsächlich auf die Darstellung der geweiteten Augen beschränken, während Haltung und Gestik nicht von Profanbildern verschieden seien. Grabar zieht zum Vergleich die Mosaikbilder von Ambrosius und Felix in Mailand heran und stellt ihnen die Darstellungen von Verstorbenen auf den spanischen und nordafrikanischen Grabmosaiken gegenüber. Die Heiligen erfahren weder in Haltung oder Gestik, noch in der Gewanddarstellung eine Hervorhebung.[91]

Dem ist entgegen zu halten, daß es sich bei dem sogenannten expressiven Blick um ein allgemein verbreitetes Darstellungsmittel der Spätantike handelt, das nicht nur in Heiligen- und Kaiserbildern Anwendung fand, sondern auch in Mumienporträts — und in den von Grabar zitierten nordafrikanischen Grabmosaiken! Es genügt bei weitem nicht als Kriterium, um ein Märtyrerbild als solches zu identifizieren. Grabar räumt dann auch ein, daß frühe Darstellungen von Märtyrern als Oranten noch sehr nahe am sepulkralen Ursprung haften und sucht nach weiteren Indizien, die den religiösen Charakter solcher Bilder untermauern und den Heiligen hervorheben sollen.

Im Sucessamedaillon mit der Darstellung des Laurentiusmartyriums symbolisiert die Oransgestalt die Seele des Gemarterten, die ins Paradies aufgenommen wird. In einem verschollenen Wassereimer aus Karthago ist die Orans von einer palmtragenden Nike begleitet, die ihren Triumph über den Tod anzeigen soll. Noch deutlicher ist der religiöse Bezug bei Darstellungen, in denen Christus selbst die Orans bekrönt, etwa im unterirdischen Felicitas-Oratorium der Massimo-Katakombe in Rom.[92] Alle von Grabar angeführten Beispiele kommen nicht ohne eine weitere Gestalt oder ein ergänzendes Symbol aus. Die Zeichen der Heiligkeit werden sozusagen von außen an den Protagonisten herangetragen. Die

---

[89] Vgl. KATALOG NEW YORK S. 566, dazu ausführlicher in *Katalog*, PETRUS.
[90] GRABAR (1946) S. 40.
[91] GRABAR (1946) S. 43. Zum Vergleich kann jedoch die Orans mit weitgeöffneten Augen auf einem Grabmosaik aus Tabarka herangezogen werden: DUVAL, N., La mosaique funéraire dans l'art paléochrétien, Ravenna 1976, S. 49, fig. 22.
[92] GRABAR (1946); Sucessa-Medaillon s. *Katalog*, LAURENTIUS, LA 18*, Bleieimer aus Karthago bei GARRUCCI, Storia VI, Taf. 428, fig. 1 u. 2; Fresko mit der hl. Felicitas bei GRABAR (1946) S. 48f und Taf. XIX,1.

Frage nach einer personenimmanenten Ikonographie der Heiligkeit wird nicht beantwortet.

Für den Osten postuliert Grabar jedoch als wichtigstes Darstellungselement der Märtyrerikonographie die Immobilität als Zeichen der paradiesischen (Seelen-) Ruhe.[93] Um jede Betonung des irdischen Daseins zu vermeiden, werde daher auf Attribute verzichtet, die an Episoden des Erdenlebens oder des Martyriums erinnern könnten. Diese Beobachtung kann aber erst auf die Epoche nach dem Bilderstreit zutreffen, denn Grabar stellt dann selbst fest, daß es gerade in Kleinasien bereits ab dem vierten Jahrhundert szenische Martyriumsschilderungen gegeben hat.[94]

Mit wenigen Ausnahmen weisen alle Forscher darauf hin, daß das wichtigste Darstellungsmittel zur Kennzeichnung eines Heiligen ganz einfach die beigefügte Namensinschrift mit dem Epitheton *Märtyrer* war. Namensbeischriften gehen zeitlich der Verwendung des Nimbus und aller anderen Attribute voran.[95] Das bekannteste Beispiel ist wohl das Bild der inschriftlich so bezeichneten *Petronella Mart* im Cubiculum der Veneranda der Domitillakatakombe, das nach 356 zu datieren ist.[96] Der Zusatz MART bei ihrem Namen schließt jeden Zweifel an ihrem Rang aus, durch diese Beifügung erst wird der Charakter der Heiligkeit unmißverständlich deutlich.

Wenn aber die monumentalen Darstellungen der Heiligen in ihrer Kultstätte allein durch ihren Anbringungsort vor einer Verwechslung mit einfachen Sepulkralporträts geschützt waren und anderenfalls nicht auf die klärende Namensbeischrift verzichtet wurde, muß noch ein anderer Grund als das Bedürfnis nach der genauen Identifizierungsmöglichkeit für die weitere ikonographische Entwicklung hin zur Attributverwendung ausschlaggebend gewesen sein. Diese ausgebildete Form des Heiligenbildes läßt sich nicht auf das schlichte Orantenbild zurückführen, denn es ist deutlich geworden, daß das früheste Märtyrerbild sich wohl nur durch die Namensbeischrift vom Gedächtnisbild unterscheidet und daß von dort aus kein Weg zur Bereicherung der Ikonographie durch Attribute führt.

Entscheidend war, daß die Gläubigen in die kultische Verehrung des Märtyrers schließlich auch sein Bild mit einbezogen: Ein Kultbild stellt aber weitergehende Erfordernisse an die Ausgestaltung als ein einfaches Gedächtnisporträt. Der Heilige muß sowohl überwirklich entrückt wirken, als auch den Bitten der Gläubigen gegenüber offen sein und er muß sein außergewöhnliches Verdienst in Erinnerung bringen, beispielsweise durch ein auf sein Leben oder Martyrium hinweisendes Attribut.

---

[93] GRABAR (1946) S. 63.
[94] GRABAR (1946) S. 73.
[95] Vgl. z.B. BELTING-IHM (RAC), wie Anm. 75, Sp. 73; ENGEMANN, J., Heilige. Westkirche, in: LMA 4, 1990, Sp. 2017.
[96] Abb. GRABAR (1946) Taf. XXXIV, 1.

Daraus kann man die Schlußfolgerung ziehen, daß das Attribut sich noch nicht parallel zur Entstehung der *Heiligendarstellung* entwickelt, sondern erst parallel zum *verehrten Kultbild* eines Heiligen, weil es nicht primär zur Identifizierung gebraucht wird, sondern zur Bedeutungssteigerung.

Die Überprüfung der einzelnen Denkmälergruppen konnte dafür den Beweis erbringen: In einigen Bereichen der Kunst, in denen Heilige im Mittelpunkt der Darstellung stehen, treten häufiger Attribute auf, als in den Gattungen, die allein auf Christus konzentriert sind. Wenn Heilige in christozentrischen Apsisbildern, in dem sie also nicht selbst das zentrale Thema sind, mit einem individuellen Attribut auftreten, dann handelt es sich bereits um den Reflex eines vorher geschaffenen selbständigen Heiligenbildes. Als Beispiel seien die Ärztetaschen von Cosmas und Damian in der gleichnamigen Kirche in Rom genannt.[97]

Anfänge der Bilderverehrung

Quellen

Obwohl die Wissenschaft längst nicht alle Probleme geklärt hat, die diesen komplexen Themenbereich betreffen, scheint sich eine opinio communis herausgebildet zu haben, die den Zeitpunkt des Beginns der christlichen Bilderverehrung betrifft. Als erstes zweifelsfreies Zeugnis für die Existenz eines christlichen Bilderkultes gilt die Stelle bei Augustinus, in der er von *sepulcrorum et picturarum adoratores* spricht.[98] Bereits Ernst Lucius deutete diese Stelle des Augustinus so, daß die Bilder zusammen mit den Gräbern verehrt wurden, und daß deshalb Märtyrerbilder gemeint sein müssen, die im sepulkralen Zusammenhang standen. Diese Meinung teilen die meisten Wissenschaftler.[99] Nur Kollwitz wies darauf hin, daß es sich um bemalte Grabtücher gehandelt haben muß. Er will das *adorare* auf die Verstorbenen, nicht auf die Bilder bezogen wissen und betont, daß es bis ins fünfte Jahrhundert hinein keine Anzeichen für Bilderverehrung gibt.[100] Dagegen sprechen jedoch einige andere Indizien. Auch wenn die Praxis der Bilderverehrung anfangs auf den Grabkult beschränkt war, weitete sich der Brauch bald auf andere Bereiche des Lebens aus.

So berichtet Theodoret um 440, überall in Rom seien über den Eingängen der Werkstätten kleine Bilder des Simeon Stylites zum Schutz angebracht wor-

---

[97] S. *Katalog*, COSMAS UND DAMIAN, C/D 3.
[98] Augustinus, De moribus eccl. cathol. 1, 34, 75; P. L. 32, 1342.
[99] LUCIUS, E., Die Anfänge des Heiligenkultes in der christlichen Kirche, Tübingen 1904, S. 196. Dieser Meinung sind auch WESSEL (RBK), wie Anm. 76, Sp. 626, GRABAR, A., Le portrait en iconographie paléochrétienne, in: L'art de la fin de l'antiquité et du moyen-âge 1, Paris 1968, S. 602-605, KITZINGER (1954) S. 92 mit Anm. 25.
[100] KOLLWITZ, J., Bild III, christlich, in: RAC II, 1954, Sp. 318-341, hierzu Sp. 322.

den.[101] Bereits um das Jahr 400 setzte sich die Vorstellung durch, daß der Heilige im Bild stellvertretend gegenwärtig sei. Die Benutzung von Bildern im Heiligen- und Wallfahrtswesen weitete sich dementsprechend aus.

Erhaltene Bilder: Der Heilige in Orantenhaltung

Belting-Ihm nennt als frühestes Bildzeugnis, dem ein Kultcharakter anhaftet, das Fresko an der Stirnwand einer Memoria unter SS. Giovanni e Paolo aus dem späten vierten Jahrhundert.[102] Es wurde wahrscheinlich unter Papst Damasus (366-84) geschaffen. Dargestellt ist eine frontal stehende Gestalt in Orantenhaltung, vor der sich zwei weitere Personen verehrend niedergeworfen haben. Die zentrale Gestalt der Orans ist links und rechts von gerafften Vela eingerahmt. Indizien für die Einstufung der Darstellung als Kultbild sind der geöffnete Vorhang, der die Oransgestalt flankiert, und die beiden Personen in Proskynesehaltung, die Adoranten. Eine Namensbeischrift oder ein weitergehendes Attribut sind hingegen nicht vorhanden. Die Proskynese der beiden Assistenzfiguren ist nach Belting als eine Korrektur gemeint, die den offiziellen Status des dargestellten Mannes als den eines Heiligen bestimmt und einer Verwechslung mit privaten Bildnissen vorbeugen sollte.[103]

Belting führt als Beispiel für den Übergang zwischen Gedächtnis- und Kultbild ein Fresko aus der zweiten Katakombe von S. Gennaro in Neapel an, wo der heilige Januarius als Orans zwischen zwei verstorbenen, ebenfalls in Orantenhaltung wiedergegebenen Frauen steht. Belting betont, daß nur die brennenden Kerzen und die Figurengröße den Heiligen auszeichnen.[104] Die ausschlaggebenden Kennzeichen der Heiligkeit des Januarius in dem besprochenen Bild sind jedoch sein Nimbus, dem sogar ein Christogramm einbeschrieben ist, ein sogenanntes allgemeines Attribut, und die Beischrift SANCTO+MARTYRI IANUARIO.

Festzuhalten ist, daß sich bei der Genese des Heiligenbildes ein Entwicklungsprozeß abzeichnet, innerhalb dessen mit verschiedenen „Hoheits- und Identifizierungsmerkmalen", wie Vorhängen, Kerzen, Adoranten und maßstäblicher Hervorhebung experimentiert wurde. Erst später wurden wenige, klare Kennzeichnungselemente eingesetzt, etwa der Nimbus oder der Märtyrerkranz. Ein durch individuelle Attribute bereichertes Bild ist am ehesten im Kultzusammenhang möglich, wo Legenden zur Bildfindung beitragen konnten.

---

[101] vgl. HOLL (1928); hier *Katalog*, STYLITEN.
[102] BELTING-IHM (RAC), wie Anm. 75, Sp. 75.
[103] BELTING (1992) S. 95.
[104] BELTING (1992) S. 95 und Anm. 12. Zu dem Fresko in Neapel siehe FASOLA (1975) Taf. VII u. Abb. 70.

Kollwitz[105] vertritt hingegen die Ansicht, daß eine neue Epoche im Verhältnis der Kirche zum Bild wohl erst im sechsten und siebten Jahrhundert einsetzte. Der Beweis dafür ist, daß sich seit dieser Zeit die Quellenzeugnisse häufen: Erst jetzt gebe es Bilder am Grab eines verehrten Heiligen, in Mönchszellen und in Häusern, auf Schiffen und in Gefängnissen. Die Bilder erfahren Verehrung durch Kuß, Bekränzung, Lichter und Weihrauch. Die Grenze gegenüber älteren Einzelbildern von Heiligen, die diesen Verehrungscharakter noch nicht erkennen lassen, ist fließend und nicht genau zu determinieren. Die Vorformen der verehrten Bilder sieht Kollwitz in den Imagines clipeatae Christi und der Apostel, die unter anderem in Gemeinde- und Memorialkirchen Verwendung fanden. Durch ihre Isolation, den Bildausschnitt und die Frontalität des Dargestellten bereiten sie das Kultbild vor. Das Hauptthema des vierten und fünften Jahrhunderts ist das christozentrische Repräsentationsbild, in dem Apostel und Heilige dem Herrn akklamieren oder ihm Kränze darbringen. Auch derartige Darstellungen fördern nach Kollwitz die Entstehung des Kultbildes.

Als frühestes indirekt erhaltenes Beispiel für ein Heiligenbild, das die Verbindung mit dem Grab und den Ursprung aus der Funeraltradition noch bewahrt, führt Grabar dessen Reflex in den Mosaiken in Hagios Demetrius in Thessaloniki an, die alle auf ein verlorenes Urbild des Heiligen zurückgehen, das im Martyrion angebracht war.[106]

Diese Tradition eines Kultbildes an der Grabmemoria eines Heiligen ist auch für andere Märtyrer nachvollziehbar, wenn auch das Urbild nirgends mehr erhalten ist. Am bekanntesten ist das mehrfach kopierte Menasbild, das in seinem Heiligtum angebracht war und nicht nur in Marmorreliefs, sondern auch in Elfenbein und in unzähligen Pilgerampullen verbreitet wurde. Es weist immer den gleichen Bildtyp auf, nämlich Menas-Orans von adorierenden Kamelen flankiert. Eine feste Bildtradition, die auf das Kultbild im Heiligtum zurückgeführt werden kann, läßt sich zum Beispiel auch für Sergius nachvollziehen, der als Attribut immer das Maniakion erhielt.[107]

Das Urbild eines Heiligen in seinem Kultzentrum, in der Regel der Grabmemoria, war von immenser Bedeutung für die gesamte ikonographische Gestaltung des Protagonisten.

Belting betont dann auch, daß sich der Wandel vom Totenbildnis zur Heiligenikone, vom privaten Gedächtnisbild zum offiziellen Kultbild im Bereich des Grabes vollzog. So, wie der Heiligenkult aus dem privaten Grabkult hervorgegangen sei, habe auch das Bildnis seine eigentliche Existenzbasis im antiken Totenkult.[108]

---

[105] KOLLWITZ (RAC), wie Anm. 100, passim.
[106] GRABAR (1946) S. 25.
[107] Beispiele sind die Ikone vom Sinai, in Kiew, sowie die Silberschale aus Zypern in London, British Museum, s. *Katalog*, SERGIUS UND BACCHUS, S/B 4 und S/B 6.
[108] BELTING (1992) S. 103.

Porträtbild und Ikone

Die Bildtypen von Imago und Orans sind als Varianten des spätantiken Totenporträts im Rahmen des Toten- und Ahnenkultes etabliert. Der Oranstyp wird als Märtyrerporträt in den Apsisbildern der Heiligenmemorien monumentalisiert. Der Imagotyp dagegen wird auch im privaten Bereich als Bildnisikone verehrt. Zur Charakterisierung dient weniger die (meist idealtypische) Physiognomie, als das Gewand, das Attribut und — auch hier — vor allem die Namensbeischrift.

Ein weiterer Typus des porträthaften Heiligenbildes sepulkralen Ursprungs ist der halbfigurige, frontale Heilige, meist mit Segensgestus oder mit Rolle oder Codex ausgestattet. Ein Beispiel ist das Bildnis des heiligen Viktor in S. Vittorio in Ciel d'Oro in Mailand.[109]

Belting[110] untersuchte den Zusammenhang zwischen dem Privatporträt auf Tafelbildern und dem christlichen Heiligenbild. Seine Vergleiche zeigen, daß das Heiligenbild direkt vom antiken Porträt herkommt und sich auch der gleichen Stilmittel bedient. Die Grenzen zwischen Bildnis und Ikone sind nach Belting jedoch fließend, auf die gewählte Bildniskonvention ist nicht unbedingt Verlaß. Als Beispiele führt er das Porträt des Apa Abraham in Berlin und das Markosbildnis in Paris an. Ersteres sei ein Gedächtnisbild, trotz des verwendeten Nimbus, letzteres ein Heiligenbild, obwohl kein Nimbus vorhanden ist. Für Beltings Interpretation sind die Inschriften ausschlaggebend, die bei Abraham von einem Abt, bei Markos von UNSEREM VATER, DEM EVANGELISTEN sprechen.

Die starke Porträthaftigkeit, das Gewand — der Dargestellte trägt ein Omophorion statt des für einen Evangelisten zu erwartenden Pallium — sowie der verallgemeinernde Sprachgebrauch der Kopten im sechsten Jahrhundert, die die Bezeichnung Evangelist weiter faßten und auch Kleriker so bezeichneten, sprechen jedoch hier eher für das Gedächtnisporträt eines lokal verehrten Klerikers als für ein Bild des Evangelisten Markus. Ein ikonographischer Vergleich der erhaltenen frühchristlichen Tafelbilder zeigt zudem, daß alle Heiligenbilder den Nimbus aufweisen und in den allermeisten Fällen weitergehende Indizien, wie die Bezeichnung *hagios* bei der Namensbeischrift, oder ein Attribut vorkommen.[111] Dies läßt die Interpretation des Markos als einen lokalen Bischof oder Abt wahrscheinlicher werden. Der Nimbus, der den asketischen Apa Abraham umgibt, kennzeichnet ihn deutlich als heiligmäßig verehrten Bischof.

Die Untersuchung der frühen Typen von Heiligendarstellungen erbrachte als Ergebnis: Es gibt anfangs keine Indizien für eine Attributverwendung. Das Gedächtnisbild eines Märtyrers bezieht sich zunächst auf den Zustand des Dargestellten im Jenseits, es führt das in der Spätantike geläufige Sepulkralbild der Orans weiter, einen Bildtypus, in dem Attribute nicht in Gebrauch waren. Auch

---

[109] S. dazu BELTING-IHM (RAC), wie Anm. 75, Sp. 78.
[110] BELTING (1992) bes. S. 104-107.
[111] Vgl. *Materialerhebung*, Tafelmalerei, S. 22f.

die Heiligendarstellung als Bestandteil eines übergeordneten christozentrischen Bildprogrammes kann ohne kennzeichnende, individuelle Attribute auskommen. Eine Bereicherung erfährt die ikonographische Gestaltung des Heiligenbildes erst, wenn es zum Kultbild avanciert. Jetzt kommen häufiger Attribute vor, die den sakralen Charakter des Dargestellten unterstreichen, etwa ein Nimbus, der vorher nur vereinzelt an Heilige verliehen wurde.

Kann auch der Weg der individuellen Attribute, die ja bald Bestandteil der Heiligendarstellungen wurden, zu ihrem Ursprung zurückverfolgt werden?

Entwicklung des Repräsentationsbildes aus der Szene

Die frühesten erhaltenen Darstellungen von Märtyrern stammen aus dem vierten Jahrhundert und geben in szenischer Weise das Martyrium selbst wieder. Beispiele für solche Sujets sind etwa das schon erwähnte Sucessa-Medaillon mit dem Laurentiusthema oder die Szene der Verhaftung des Petrus auf konstantinischen Sarkophagen. Dabei handelt es sich um Kurzbilder, die in einen übergeordneten Zusammenhang eingebettet sind. Grabar sieht in diesen Bildern noch den inhaltlichen Zusammenhang mit den bekannten Heilsparadigmen des Alten und Neuen Testamentes wirksam, die dem Gläubigen die Gewißheit der göttlichen Rettung vor Augen halten sollen. Dabei handelt es sich um eine Aktualisierung der Heilstaten Gottes bis in die frühchristliche Gegenwart hinein.[112] Diese Bilder leisten somit noch keinen Beitrag zu einer eigenständigen Ikonographie der Heiligen.

Anders verhält es sich wohl mit den nur literarisch überlieferten narrativen Bildzyklen, die in den Memorialkirchen angebracht waren und in szenischer Folge das Martyrium des Ortsheiligen schilderten. Sie müssen seit dem letzten Viertel des vierten Jahrhunderts existiert haben. So verfaßte Gregor von Nyssa ein Enkomium auf den Märtyrer Theodor, in dem er Malereien erwähnt, die mit der seligsten Vollendung des Kämpfers enden.[113] Bischof Asterios von Amaseia am Schwarzen Meer (gestorben um 410) beschrieb in einer Rede einen vierteiligen Bildzyklus, der das Martyrium der heiligen Euphemia schilderte: Zu sehen war die Heilige vor dem Richter, unter der Folter, im Gefängnis und schließlich im Augenblick des Todes auf dem Scheiterhaufen. Wichtig ist nun an dieser letzten Episode, daß sie nicht den leiblichen, womöglich unter Qualen erfolgenden Tod verbildlicht, sondern daß die Märtyrerin gezeigt wird, wie sie ohne Schmerz, mit heiterem Antlitz, auf dem Scheiterhaufen steht und die Hände im Gebet zum Himmel emporstreckt.[114]

---

[112] GRABAR (1946) S. 13-15.
[113] P. G. 46, 736.
[114] P. G. 40, 333-337; vgl. dazu SPEYER, W., Die Euphemia-Rede des Asterios von Amaseia, in: JBAChr 14, 1971, S. 39-47.

Es handelt sich also um den oben ausführlich besprochenen Bildtyp des Märtyrers in Orantenhaltung, der hier aber umgeben ist von Elementen aus seinem irdischen Leben, respektive seinem Martyrium. Wenn ein solches Bild aus dem erzählerischen Zusammenhang der vorangehenden Episoden gelöst und isoliert betrachtet wird, hat man ein Repräsentationsbild, angereichert mit individuellen Attributen, vor sich.

Es ist durchaus vorstellbar, daß bei der Ausschmückung von Apsiden in Memorialkirchen, für die ja das Bild des Märtyrer-Orans üblich war, auch solche geeigneten, weil repräsentativen Darstellungen aus bereits existierenden narrativen Zyklen ausgewählt wurden, um den Heiligen in einem zusammenfassenden Bildnis hervorzuheben. Bei dieser Isolierung wurde der szenische Anklang endgültig zum Attribut.[115] Dabei handelt es sich unter Umständen um die zweite Generation von Apsisdekorationen, während die erste schlicht noch die Orans thematisierte. Ein Beispiel für eine solche zweite Bildausstattung bietet S. Agnese in Rom aus dem siebten Jahrhundert mit der Einschränkung, daß zu dem Zeitpunkt auf die Orantenhaltung der Heiligen zugunsten eines weiteren Attributes verzichtet wurde. Agnes steht frontal dem Betrachter zugewandt und hält einen Rotulus in Händen. Zu ihren Füßen liegt ein Schwert, sie ist flankiert von zwei Feuern. Dieses Mosaik ersetzte ein früheres, von dem nichts erhalten ist. Den einzigen Reflex des konstantinischen Bildes stellt eventuell die Agnes-Orans auf einem Marmorrelief dar, das in S. Agnese gefunden wurde. Dort hat sie keine Attribute.[116]

Die Repräsentationsbilder von alttestamentlichen Heiligen, in denen diese mit einem individuellen Attribut versehen sind, haben sich ebenfalls aus vorangegangenen Szenen entwickelt, zum Teil ist der narrative Zusammenhang noch sichtbar.[117] Hier geschah die ikonographische Ausbildung des Typus wohl nicht an der Kultstätte am Grab[118], sondern es ist eher an die Buchmalerei zu denken. Als biblische Personen waren die Heiligen des Alten Testamentes Bestandteil der Bibelillustrationen, es gab einen narrativen Bildbestand, aus dem bei Bedarf repräsentative Darstellungen quasi herausgelöst werden konnten. Diese Loslösung einer individuellen Gestalt aus einem narrativen Kontext führt zu einer abgekürzten und repräsentativen Darstellung, die meist die zweite Stufe in der ikonographischen Entwicklung darstellt. Auch diese ist innerhalb der Buchmalerei, zum Beispiel in der Form der Autorenporträts, erhalten.[119]

---

[115] Diese Entwicklung vom Bild innerhalb der Szene bis hin zum Repräsentationsbild ist anhand der Thekla-Ikonographie besonders gut nachzuvollziehen, s. *Katalog*, THEKLA.
[116] Zum Mosaik s. *Katalog*, AGNES, AG 22, zum Relief s. AG 16.
[117] Vgl. z.B. die Ausführungen in *Katalog*, ZACHARIAS.
[118] Vgl. die einleitenden Erläuterungen in *Katalog*, HEILIGE DES ALTEN TESTAMENTES.
[119] Vgl. *Katalog*, PROPHETEN PRO 4.

Im folgenden Katalog soll die Entwicklung der Heiligenikonographie individuell an ausgewählten Personen untersucht werden. Die Bildwerdung wird möglichst weit zurückverfolgt, um die Wurzeln der Heiligenikonographie aufzuzeigen. Es soll geprüft werden, ob die Ikonographie und besonders die Verwendung von Attributen jeweils auf ein einziges konstituierendes Urbild zurückgeführt werden können.

ZWEITER HAUPTTEIL: KATALOG

Vorbemerkungen

Der Katalog besteht aus drei Hauptgruppen. Diese sind jeweils weiter unterteilt.

1. An erster Stelle stehen die Heiligen des Alten Testamentes *en globe*. Aus dieser Gruppe werden im Anschluß drei Vertreter einzeln betrachtet.

2. Den zweiten Teil des Kataloges bilden die Apostel. Es werden jedoch nur diejenigen berücksichtigt, die in der frühchristlichen und frühbyzantinischen Epoche eine Individualisierung erfahren haben.

3. Die größte Gruppe bilden die außerbiblischen Heiligen. Sie werden in der Reihenfolge Erzmärtyrer, Märtyrer und Asketen des Ostens, Märtyrer des Westens behandelt. Ausschlaggebend für die Aufnahme in den Katalog war die Anzahl der erhaltenen Darstellungen, die sich aus der im Anhang gebündelten Materialsammlung ergibt. Dabei wurde die Untergrenze bei zehn Darstellungen gewählt, einer Zahl, die es erlaubt, bereits eine Entwicklung oder etwaige Gesetzmäßigkeit abzulesen.[120]

Der Katalog zu den einzelnen Heiligen ist im Prinzip immer nach dem gleichen Schema aufgebaut. Zuerst wird die Vita und die Legenden- beziehungsweise Kultsituation dargelegt. Dabei konnte auf die Beiträge der unterschiedlichen Lexika — mit möglichen Varianten und Abweichungen — zurückgegriffen werden. Ein besonderes Augenmerk wird auf Beginn und geographische Schwerpunkte der kultischen Verehrung gelegt.

Die Ordnung der einzelnen Denkmäler im Katalog und zum Teil auch die Auswahlkriterien sind nicht starr gehandhabt. Entsprechend der unterschiedlichen Denkmälerlage sind unterschiedliche Gliederungsansätze, nach Bildtypen oder nach Kunstgattungen, sinnvoll, um den Bestand zu erarbeiten und Besonderheiten zu verdeutlichen. Die gewählte Form ist jeweils in der Einleitung vermerkt.

Bei der Beschreibung der einzelnen Denkmäler wird der gesamte Bildzusammenhang nur erwähnt, der Schwerpunkt liegt auf der Beschreibung des jeweiligen interessierenden Heiligen. Aus Gründen des Umfanges, insgesamt wurden über 390 Katalognummern erfaßt, mußte auf einen Abbildungsteil verzichtet werden. Die bibliographischen Angaben zu jedem Denkmal enthalten in allen Fällen jedoch mindestens einen Abbildungshinweis, ihnen sind auch Maß- und Inventarangaben zu entnehmen. Generell handelt es sich um bekannte und in der Literatur oft abgebildete Werke.

---

[120] Eine Ausnahme wurde bei Sergius und Bacchus gemacht, sie wird dort begründet.

Zweifelhafte Darstellungen oder unsichere Zuschreibungen sind zur Diskussion mit in den Katalog aufgenommen, jedoch von voneherein mit einem Asteriskus nach der Katalognummer gekennzeichnet.

Wenn in einem Denkmal mehrere im Katalog vertretene Heilige dargestellt sind, wie beispielsweise in S. Apollinare Nuovo in Ravenna, wird das Monument unter den verschiedenen Heiligen jeweils mit eigener Nummer, in der Regel ohne einen Verweis auf die anderen Heiligen, aufgeführt. Das Augenmerk liegt nicht auf dem gesamten Bildprogramm, sondern auf der Ikonographie der einzelnen Heiligen.

HEILIGE DES ALTEN TESTAMENTES

Im vorangehenden Kapitel wurde bereits der mögliche Ursprung der christlichen Märtyrerverehrung aus der jüdischen Praxis des Heiligenkultes hervorgehoben. Nun wurden von den Christen nicht nur die Formen der Verehrung, sondern zum Teil auch die zu verehrenden Personen selbst aus dem Judentum übernommen. Die Gräber der Patriarchen und besonders der Märtyrerpropheten wurden sowohl von Juden als auch von Christen verehrt.

Wie die Kultstätten jedoch aussahen und ob es dort vielleicht Bilder gab, ist m. W. nicht geklärt. Erhaltene Bilder von Heiligen des Alten Testamentes sind innerhalb der frühchristlichen Kunst vor allem in der Buchmalerei, aber auch in den monumentalen Wanddekorationen der Kirchen erhalten.[121] Gerade hier treten die Propheten meist nicht als Einzelgestalten auf, sondern sind in ein übergreifendes, das Alte und Neue Testament umfassendes Bildprogramm einbezogen.

Prophetenporträts gab es auch innerhalb der jüdischen Kunst selbst, zumindest sind aus der Synagoge in Dura-Europos zwei ganzfigurige stehende Palliati bekannt, die als Propheten gedeutet werden.[122]

Im ersten Teil des Kataloges werden zunächst Repräsentationsbilder von Propheten und Patriarchen in einer Übersicht vorgestellt und dann Einzelgestalten exemplarisch vertieft betrachtet. Zu diesem Teil gehören Daniel, der zu den bevorzugten alttestamentlichen Personen innerhalb der frühchristlichen Frömmigkeit und Ikonographie zählt, Zacharias, weil anhand seiner Ikonographie der Zusammenhang von Szene und Attribut besonders deutlich wird und schließlich Johannes der Täufer, der den Übergang vom Alten zum Neuen Bund darstellt.

Propheten und Patriarchen innerhalb der frühchristlichen Kunst

Der Untersuchung liegen die nicht-szenischen Bilder von alttestamentlichen Patriarchen und Propheten in der frühchristlichen Kunst zugrunde. Individualisierte Darstellungen finden sich überwiegend in der Buchmalerei, wobei der Typus des Autorenbildes vorherrscht. In Wandmalerei und Mosaik kommen dagegen meist Prophetenreihen vor, in denen der Einzelne weder namentlich gekennzeichnet noch durch ein Attribut besonders charakterisiert ist. Der Darstellungszusammenhang ist hier häufig durch die Gegenüberstellung von Gestalten des Alten mit denen des Neuen Testamentes gegeben, wobei es wohl genügte, Gruppen von Heiligen zu bilden, die ihre Epoche und ihren Stand innerhalb der Heilsgeschichte verträten, man denke etwa an S. Apollinare Nuovo in Ravenna.

---

[121] Vgl dazu *Materialerhebung*: Buchmalerei, S. 23 und Mosaiken, S. 19f.

[122] Dazu: KESSLER, H. L., Prophetic Portraits in the Dura Synagogue, in: JBAChr 30, 1987, S. 149-155.

A. KATALOG

Im folgenden wird übersichtsartig das Vorkommen von Propheten zunächst innerhalb der Buch- und Wandmalerei aufgelistet. Für jede Person ist das allgemeine beziehungsweise das Gattungsattribut und, wenn vorhanden, ihr individuelles Attribut angegeben. Am Schluß wird ein frühchristlicher Sarkophag vorgestellt, der durch seine Ikonographie aus dem üblichen Bildrepertoire herausfällt und deshalb in diesem Zusammenhang diskutiert werden soll.

Buchmalerei

PRO 1   Codex Rossanensis
Provenienz: „östliche Reichshälfte"
Aufbewahrungsort: Rossano, Diözesanmuseum
dat.: 1. H. 6. Jh.
Lit.: SÖRRIES (1993) S. 70-77, Taf. 38-40

Die Propheten sind zu viert auf den Bildseiten jeweils unterhalb der neutestamentlichen Szenen plaziert. Sie sind als nimbierte Halbfiguren dargestellt, mit Tunika und Pallium bekleidet. Über ihnen steht ihr Name. Sie halten mit der Linken eine Schrifttafel vor sich, auf der ihre Prophezeiung steht. Die Rechte haben sie im Redegestus erhoben. Keiner hat ein individuelles Attribut. David, der mehrfach dargestellt ist, trägt jeweils eine Krone und ist damit besonders hervorgehoben.

PRO 2   Codex Sinopensis
Provenienz: „östliche Reichshälfte"
Aufbewahrungsort: Paris, Bibliothèque Nationale, Cod. Suppl. grec. 1286
dat.: 6. Jh.
Lit.: SÖRRIES (1993) S. 78-80, Taf. 41-42

Jedes der fünf erhaltenen Bildfelder mit Szenen des Neuen Testamentes wird von zwei Prophetendarstellungen flankiert. Diese sind, wie im Codex Rossanensis, als nimbierte Halbfiguren mit einem Schrifttext vor sich wiedergegeben. Die Rechte haben sie im Redegestus erhoben. Sie sind in Tunika und Pallium gewandet. Davon ausgenommen sind David, der eine Chlamys und ein Perlendiadem trägt, und Daniel (fol. 30v) mit einer gemmenbesetzten phrygischen Mütze und einer mit einem Perlenband vor der Brust geschmückte Lacerna. Diese Kleidung und seine Kopfbedeckung sind zu den individuellen Attributen des Daniel zu zählen, weil er als einziger unter den Propheten derart ausgezeichnet ist.

PRO 3 Rabbulacodex
Provenienz: Mesopotamien, Johanneskloster von Zagba
Aufbewahrungsort: Florenz, Biblioteca Medicea Laurenziana, Cod. Plut. 1, 56
dat.: 586
Lit.: SÖRRIES (1993) S. 94-100, Taf. 51-57

Die Prophetendarstellungen sind als Randminiaturen den Kanontafeln beigeordnet. Jeder einzelne ist durch eine Namensbeischrift gekennzeichnet.

Fol. 3b zeigt links oben Moses in der szenischen Darstellung der Gesetzesübergabe und rechts Aaron, der in der Linken als Attribut den grünenden Stab hält. Beide sind nimbiert. Der grünende und blühende Mandelzweig kommt Aaron als Attribut zu, weil er durch dieses Zeichen unter den zwölf Stämmen Israels als erster Hoherpriester erwählt wurde (Num 17, 16-25).

Fol. 4a beinhaltet links Samuel, der in der Linken als sein Attribut das Salbhorn trägt, mit dem er Saul (1. Sam 10) und David (1. Sam 16,13) zu Königen salbte; rechts steht Josua, im Soldatengewand und eine Lanze in der Linken haltend. Mit der Rechten deutet er nach oben auf Sonne und Mond (bezugnehmend auf Jos 10, 12-14). Weder er noch Samuel sind nimbiert.

Auf fol. 4b ist links der thronende Salomo dargestellt, der in der Linken eine Sphaira hält und die Rechte erhoben hat, ihm gegenüber steht David, dem als Verfasser der Psalmen als Attribut eine Lyra beigegeben ist. Beide tragen den Nimbus.

Fol. 5a und 5b zeigen die Propheten Joel und Hosea, bzw. Obadja und Amos. Alle vier sind nimbiert, tragen aber außer der Schriftrolle kein Attribut.

Auf fol. 6a steht links oben der Prophet Micha mit einer Schriftrolle in der Hand, rechts liegt Jonas schlafend unter der Kürbislaube. Hier wurde, wie auch bei Moses, der geläufige szenische Bildtypus gewählt.

Fol. 6b, 7a und 7b wiederholen die Darstellungsform, die schon bei fol. 5 angewendet wurde: Die Propheten Nahum und Zephanja, Hiob und Jesaja, Habakuk und Haggai sind stehend wiedergegeben, mit Namensbeischrift, Nimbus und Rotulus ausgezeichnet.

Fol. 8a variiert das Schema wieder: Links sitzt Jeremia, rechts steht Sacharja, der auf die Sichel hinweist, die ihm als Attribut beigegeben ist. Beide sind nimbiert. Die Sichel als Attribut des Sacharja beruht auf einem Übersetzungsfehler der Stelle Zach 5, 1 in der Septuaginta, in der die Vision des Propheten statt mit *volumen* mit *Sichel* übersetzt wurde.

Fol. 8b zeigt links Daniel mit der für ihn typischen persischen Tracht mit phrygischer Mütze und rechts den stehenden Ezechiel, der im Gegensatz zu Daniel nimbiert ist.

Fol. 9a schließlich zeigt die beiden Propheten Elisa und Maleachi, beide mit Redegestus, Schriftrolle und Nimbus.

PRO 4 Syrische Bibel von Paris
Provenienz: Mesopotamien
Aufbewahrungsort: Paris, Bibliothèque Nationale, Cod. syr. 341
dat.: 6. Jh.
Lit.: SÖRRIES (1991); SÖRRIES (1993) S. 89-93, Taf. 47-50

Die Handschrift beinhaltet Titelminiaturen zu den einzelnen Prophetenbüchern, die zum Teil als einfache Autorenporträts, mit oder ohne Attribut des dargestellten Propheten angesprochen werden können, zum Teil als szenisch erweiterte Miniaturen.[123]

Die Propheten Hosea, Joel, Obadja, Jona, Micha, Nahum, Habakuk, Zephanja, Haggai, Esra und Jesus Sirach sind alle stehend, mit Redegestus der Rechten und in der Linken eine Schriftrolle haltend, wiedergegeben. Sie sind nicht nimbiert, aber bis auf Esra und Sirach, die unter einem Ziborium stehen, durch eine Namensbeischrift gekennzeichnet.

Fol. 36v stellt Moses dar. Auch er ist wie die Propheten stehend, in ein weißes Pallium gekleidet, nicht nimbiert, mit Namensbeischrift wiedergegeben. Hinzu kommen hier die Attribute des Stabes in seiner Rechten und der geöffneten Thorarolle in seiner Linken. Die Thorarolle ist das Gesetz, das Gott dem Moses übergeben hatte. Der Stab kann die Virga sein, mit der Moses Wunder tat oder als Herrschaftssymbol verstanden werden.[124]

Fol. 182r zeigt den Propheten Sacharja, der neben dem Gattungsattribut Schriftrolle die Sichel als ein weiteres, individuelles Attribut in der Hand hält.

Auf fol. 186r ist Daniel abgebildet. Er steht in Orantenhaltung, bekleidet mit persischem Gewand und phrygischer Mütze, auf einem Sockel, der in der Mitte einen dunklen Kreis aufweist und wohl die Löwengrube darstellen soll. Daniel folgt hier einem anderen Bildtypus als die anderen Propheten, er wird in der persischen Tracht wiedergegeben, die ihn als sein individuelles Attribut auszeichnet. Die Darstellung der Löwengrube ist von der Szene abgeleitet, wegen der Umformung der Grube als Sockel und der frontalen und hieratischen Ausrichtung des Dargestellten selbst kann jedoch von einem Autorenbild mit Attribut gesprochen werden. Der szenische Anklang ist bei der Bewertung des Bildes zu vernachlässigen.

Die folgenden Autorenbilder der Syrischen Bibel von Paris können als „erweiterte Autorenbilder"[125] oder im vorliegenden Zusammenhang als „repräsentative Darstellungen mit szenischen Elementen" definiert werden. Grundsätzlich gilt die der ganzen Arbeit unterlegte Definition, wonach Repräsentationsbilder mit Atttribut die Bedingung voraussetzen, daß kein kompositioneller Bezug zwischen der dargestellten Person und dem beigeordneten Objekt bestehen darf. Die drei folgenden Bilder sind daher keine Heiligendarstellungen mit Attribut.

Szenische Anklänge bestehen bei fol. 52v. Josua, mit Rüstung und Schwert angetan, blickt zu Sonne und Mond auf und deutet zu den Gestirnen hin. In Kurzfassung wird hier die Stelle Jos 10,12-14 verbildlicht, wo Josua während der Schlacht gegen die Amoriter bei Gibeon den Lauf von Sonne und Mond anhält.

---

[123] Vgl. SÖRRIES (1991) S. 19.
[124] S. dazu ausführlicher SÖRRIES (1991) S. 28-29.
[125] Vgl. SÖRRIES (1991) S. 16 und 19.

Fol. 143v setzt ebenfalls mit Hilfe von szenischen Elementen die Berufung des Jeremia ins Bild. Der Prophet blickt nach oben, wo die Hand Gottes erscheint, darunter befindet sich ein senkrecht stehender Stab, der als Mandelzweig zu verstehen ist (Jer 1,11).

Fol. 162r zeigt Ezechiel, der mit einem Stab am Boden verstreute Totengebeine berührt und wiedererweckt (Ez 37). Dabei blickt er nach oben zur Hand Gottes, die aus einem Wolkensegment heraus auf ihn gerichtet ist.

PRO 5   Alexandrinische Weltchronik
         Provenienz: Oberägypten
         Aufbewahrungsort: Moskau, Staatliches Museum der bildenden Künste
         dat.: 5. Jh.
         Lit.: SÖRRIES (1993) S. 81- 86, Taf. 43-46

Die Papyrushandschrift ist stark fragmentiert. Taf. IIIr enthielt in drei Registern übereinander angeordnet Darstellungen von Propheten, denen jeweils eine Namensbeischrift zugeordnet ist. Erhalten ist die Standfigur des Obadja und die szenische Darstellung des Jona, der vom Ketos ausgespieen wird.

Auf Taf. IIIv ist der Prophet Nahum erhalten, und links, bereits fragmentiert, die Standfigur des Joel. Rechts ist noch die ausgestreckte Hand einer Gestalt in Orantenhaltung zu erkennen, die man zum Bild des Daniel ergänzen kann.

Taf. VIIr, Fragment C zeigt schließlich einen stehenden bärtigen Mann, der in der Linken einen Codex hält. Es handelt sich um Zacharias, den Vater Johannes des Täufers.

PRO 6   Cosmas Indicopleustes
         Provenienz des Originals: Alexandria
         Aufbewahrungsort der nachantiken Kopien: Vatikan, Biblioteca Apostolica
         Vaticana. Cod. Vat. gr. 699 (dat.: 9. Jh.); spätere Kopien am Sinai und in
         Florenz
         dat. (des Originals): 547-549
         Lit.: SÖRRIES (1993) S. 143-146, Taf. 76-80

Fol. 67 bis 75 enthalten die ungerahmten Darstellungen der Propheten, durch Namensbeischriften kenntlich gemacht. Josua, Amos, Micha, Joel, Obadja, Nahum, Habakuk, Zephanja, Haggai, Maleachi und Jeremia sind stehend dargestellt. Alle sind mit dem Pallium bekleidet, tragen einen Codex und sind nimbiert. Den Bildern des Jesaia, Daniel und Ezechiel ist ihre Vision beigefügt. Individualisiert ist das Bild des Jona, das szenisch mit den Episoden des Meerwurfes, der Ausspei und der Ruhe unter der Kürbislaube dargestellt wurde, sowie des Sacharja, der der sein individuelles Attribut, die Sichel, hält, und schließlich des Daniel, der als Orans zwischen den Löwen steht und mit dem persischen Gewand bekleidet ist.

Wandmalerei und Mosaiken

Die Denkmäler sind in chronologischer Reihenfolge aufgeführt. An erster Stelle stehen die des Westens, dann die Beispiele aus dem Osten und anschließend die nur literarisch überlieferten Bilder.

PRO 7   Mailand, S. Aquilino, Atrium
Wandmosaik
dat.: 3. V. 4. Jh.
Lit.: BOVINI, G., I mosaici di S. Aquilino di Milano, in: Corsi di cultura sull'arte ravennate e bizantina 17, 1970, S. 61-82

Im Atrium von S. Aquilino befinden sich Reste eines Wandmosaiks, das ursprünglich zwei übereinander angeordnete, gefelderte Register umfaßte. In der unteren Reihe sind Propheten, in der oberen Apostel und Märtyrer dargestellt.

Links steht ein Mann, der in der Linken einen Kranz emporgehalten haben muß. Er ist inschriftlich gekennzeichnet als *De tribu Symeon*. Daneben ist die Büste eines zweiten Patriarchen angebracht, bei dem die Inschrift *De tribu (Zabu)lon* steht. Von der weiter rechts stehenden Gestalt ist nichts erhalten außer den Worten *De tribu*.

An der Westwand befindet sich das Fragment einer weiteren Patriarchendarstellung. Man erkennt Kopf und Oberkörper eines bärtigen Mannes mit weißem Haar. Die Beischrift, die vielleicht links oben angebracht war, ist verloren. Rechts oben ist ein gerahmtes quadratisches Bild angebracht, auf dem zwei stehende und zwei sitzende Figuren dargestellt sind. Bei den Stehenden handelt es sich um eine Frau und einen Mann, bei den Sitzenden um zwei Kinder. Schuster hatte bereits vorgeschlagen, in den Personen den Patriarchen Juda mit seiner Schwiegertochter Tamar und ihren Zwillingen Fares und Zara zu sehen.[126] Hier wäre dann der bislang einmalige Fall aufgetreten, daß einem dargestellten Heiligen ein gesondert gerahmtes Bild als erläuterndes und zur Identifizierung seiner Person dienendes Attribut beigegeben wäre.

PRO 8   Ravenna, sog. Mausoleum der Galla Placidia
Gewölbemosaiken in den Kreuzarmen
dat.: 2. V. 5. Jh.
Lit.: DEICHMANN (1974) S. 61-90; DEICHMANN (1958) Taf. 16-17

In den Tonnen des westlichen und östlichen Kreuzarmes sind jeweils zwei von Rankenwerk umgebene Figuren einander gegenüber gestellt. Sie tragen Tunika und Pallium, sind jung und bartlos und halten mit beiden Händen eine Buchrolle. Aufgrund der Vierzahl werden sie als die vier Großen Propheten gedeutet.

---

[126] Vgl. die Übersicht bei: BOVINI, G., I mosaici di S. Aquilino di Milano, in: Corsi di cultura sull'arte ravennate e bizantina 17, 1970, S. 61-82, bes. S. 66-67.

PRO 9   Ravenna, Baptisterium des Neon
Wandmosaiken und Stuckreliefs
dat.: 3. V. 5. Jh.
Lit.: DEICHMANN (1974) S. 15-47; DEICHMANN (1958) Taf. 72-79 und 88-95

In der unteren Zone sind in den Bogenzwickeln zwischen Rankenmustern acht Palliati dargestellt, die entweder einen Rotulus oder einen Codex halten. Im darüberliegenden Register der Wand, dem Fenstergeschoß, sind, diesmal in Stuckrelief, sechzehn jugendliche, bartlose Männer mit Pallium und Rolle oder Buch abgebildet, die unter Ädikulen stehen. Man kann wegen der fehlenden Beischriften und Attribute nicht mit Sicherheit sagen, welche Gruppen gemeint sind. Die sechzehn oberen werden im allgemeinen als die vier Großen und zwölf Kleinen Propheten bezeichnet.

PRO 10   Ravenna, S. Vitale
Wandmosaik
dat.: vor 547
Lit.: DEICHMANN (1976) S. 47-230; DEICHMANN (1958) Taf. 316-321

Auf der linken Presbyteriumswand ist im linken Zwickel der Bogenlünette der Prophet Jeremia dargestellt. Er ist nimbiert und hält vor sich mit beiden Händen eine geöffnete Rolle. Er steht in einer exedra, die man als rostra ansprechen kann,[127] neben ihm liegt ein Kranz. Dieser wurde von Garrucci[128] als Märtyrerkranz, der ein Siegeskranz ist, bezeichnet. Der Kranz kam auch den alttestamentlichen Propheten und Patriarchen zu, denn auch sie galten in der Kirche als Heilige, er wurde ihnen aber faktisch nicht verliehen. Parallel dazu ist an der nördlichen Presbyteriumswand in der gleichen Weise Jesaias wiedergegeben, ebenfalls nimbiert. Er trägt eine geschlossene Schriftrolle. In den den Prophetengestalten gegenüberliegenden Zwickeln finden sich Moses-Szenen. Der Gesetzesempfang befindet sich auf der linken Presbyteriumswand. Gegenüber ist Moses zweimal dargestellt, im oberen Teil, wie er seine Sandalen angesichts des brennenden Dornbusches löst und unten, wie er die Herde weidet. Dabei ist er jedesmal mit dem Nimbus ausgestattet und trägt beim Weiden der Herde in der linken Hand einen geschlossenen Rotulus, als das Attribut der alttestamentlichen Heiligen.

PRO 11   Ravenna, S. Apollinare Nuovo
Mosaiken im Hochschiff
dat.: 1. V. 6. Jh.
Lit.: DEICHMANN (1974) S. 171-200; DEICHMANN (1958) Taf. 136-153

An den Hochwänden des Mittelschiffs sind in der mittleren Zone zwischen den Fenstern insgesamt 32 Männer dargestellt, alle auf Goldgrund, zum Teil unter Muschelkonchen stehend. Sie sind mit Tunika mit Clavi und Pallium bekleidet und tragen einen Nimbus. Sie halten einen Codex beziehungsweise eine offene oder geschlossene Buchrolle in den Händen. Keiner ist durch eine Namensbeischrift oder ein Attribut gekennzeichnet. Die

---

[127] Vgl. DEICHMANN (1976) S. 174.
[128] Vgl. DEICHMANN (1976) S. 162.

Deutungen gehen darin auseinander, ob es sich ausschließlich um Propheten und Patriarchen des Alten Testamentes handelt, oder um alt- und neutestamentliche Gestalten gemeinsam. Man muß wegen der allgemein gehaltenen Gestaltung Deichmann zustimmen, der auf eine genauere Bezeichnung verzichtet und nur von Kündern Christi spricht.[129]

PRO 12   Thessaloniki, Hosios David
         Apsismosaik
         dat.: um 500
         Lit.: IHM (1992) S. 182-184 mit weiterer Literatur, Taf. XIII, 1

In der Apsis thront Christus, umgeben von den vier geflügelten Tieren, nach der Vision des Ezechiel. Er wird flankiert von zwei Männern, die als Propheten gedeutet werden. Ihre Identität ist jedoch weder durch Beischrift, noch durch Attribut gesichert. Vorgeschlagen wurden Ezechiel und Habakuk beziehungsweise Ezechiel und Jesaia.

PRO 13   Sinai, Theotokoskirche des Katharinenklosters
         Apsismosaik
         dat.: 565-566
         Lit.: IHM (1992) S. 195-198 mit weiterer Literatur; FORSYTH/WEITZMANN,
         Sinai, Taf. CIII, CLXII-CLXIX

Das Apsisbild stellt die Szene der Verklärung Christi auf dem Berg Thabor dar, der neben Elias und Moses auch Petrus, Johannes und Jakobus als Zeugen beiwohnen. Der umlaufende Medaillonfries zeigt außer den Aposteln auch die Bildnisbüsten von 16 Propheten und dem König David.[130] Dargestellt sind, von links nach rechts, Daniel, der mit phrygischer Mütze und einem vor der Brust geschlossenem Gewand bekleidet ist, also der für ihn üblichen persischen Tracht, dann folgen Jeremia, Maleachi, Haggai, Habakuk, Jona, Joel und Amos. David nimmt das Mittelmedaillon ein, er trägt eine Purpurchlamys und eine Krone. Rechts befinden sich Hosea, Micha, Obadja, Nahum, Zephanja, dann Sacharja, der als einziger mit einem individuellen Attribut, der Sichel, ausgestattet wurde. Diese ist hier mißverstanden wie ein Schaft mit gekrümmter Spitze dargestellt. Das dürfte der Grund sein, warum dieses Attribut bisher in der Forschung unbeachtet geblieben ist.[131] Aufgrund der im vorliegenden Katalog zusammengestellten Vergleichsbeispiele kann der Gegenstand jedoch zweifelsfrei als Sichel identifiziert werden. Den Abschluß bilden die Medaillons mit Jesaia und Ezechiel.

Keiner der Propheten ist nimbiert, alle sind durch die Beischrift namentlich gekennzeichnet. Die Porträts sind individualisiert.

---

[129] DEICHMANN (1974) S. 152.
[130] VAN BERCHEM/CLOUZOT (1924) vergessen in ihrer Aufzählung den Propheten Jona. IHM (1992) kommt unverständlicherweise auf die Zahl von sieben Propheten.
[131] Detailabbildung des Sacharja-Medaillons bei: FORSYTH/WEITZMANN, Sinai, Taf. CLXV, A.

PRO 14   Bawit, Apollonkloster, Kapelle XII
          Fresko
          dat.: 6./ 7. Jh.
          Lit.: CLEDAT (1904/06) 1904/06, S. 39; 1916, Taf. 32

In der Kapelle XII stehen in der oberen Bildzone die sechzehn Propheten des Alten Testaments. Sie halten in der Linken eine offene Schriftrolle mit dem Text ihrer jeweiligen Prophezeiung und haben die Rechte im Redegestus erhoben. Alle sind nimbiert und durch eine Namensbeischrift gekennzeichnet. Bis auf Daniel und Ezechiel, die die persische Tracht tragen, sind alle in ein Pallium gekleidet. Daniel trägt die phrygische Mütze.

PRO 15   al-Ahbariya, Ägypten
          Wandmalerei, fragmentiert
          dat.: 6. Jh.
          Lit.: SEVRUGIAN (1992) S. 70

Die Fensterzone der Obergadenwände dieser Kirche war beidseits mit je drei oder vier stehenden Prophetenfiguren versehen. Jesaia ist nahezu vollständig erhalten. Die Propheten stehen — beziehungsweise standen- frontal vor einer Architektur, in der Linken einen Rotulus, die Rechte im Sprechgestus erhoben. Sie sind durch Namensbeischriften gekennzeichnet.

PRO 16   Rom, Alt St. Peter
          Hochwandmosaik
          dat.: 5. Jh.
          Lit.: SEVRUGIAN (1992) S. 67-68, mit Literaturangaben

In der Fensterzone befanden sich stehende Figuren von Propheten und Heiligen.

PRO 17   Rom, S. Paolo fuori le mura
          Hochwandmosaik
          dat.: 5. Jh.
          Lit.: SEVRUGIAN (1992) S. 67-68, mit Literaturangaben

In der Fensterzone standen die zwölf Apostel und zwölf Propheten einander gegenüber.

PRO 18   Rom, Lateransbasilika
          Hochwandmosaik
          dat.: 5. Jh.
          Lit.: SEVRUGIAN (1992) S. 67-68, mit Literaturangaben

In der Fensterzone standen die zwölf Apostel und zwölf Propheten einander gegenüber. Die Propheten trugen Rollen oder Codices.

PRO 19   Toulouse, Notre-Dame de La Daurade (überliefert)
           dat.: 5./6. Jh.
           Lit.: WOODRUFF (1931); MALE (1949)

Bei dem frühchristlichen Kirchenbau handelte es sich um ein Dekagon mit einem offenen Okulus im Zenit. Er wurde im 18. Jahrhundert vor der Revolution von Benediktinern abgetragen. Erhalten ist eine ausführliche Beschreibung von Dom Odon Lamotte aus dem Jahr 1633 (Bibliothèque Nationale, Cod. lat. 12.680, fol. 231v-235r).

Das Bildprogramm war in Mosaik auf Goldgrund ausgeführt (daher der Name „La Daurade") und umfaßte drei Register: ganz oben waren Szenen der Kindheit Christi dargestellt, in der mittleren und unteren Zone Apostel, sowie vier Erzengel, die Propheten des Alten Testaments und Patriarchen beziehungsweise die Vertreter der zwölf Stämme Israels. Alle waren namentlich gekennzeichnet und darin eher der oben besprochenen Tradition der Buchmalerei verwandt als etwa den Mosaikzyklen in Ravenna. Als Parallele kann man auch die Mosaiken in S. Aquilino in Mailand (**PRO 7**) heranziehen, sowohl die beigefügten Inschriften, als auch die Übereinanderordnung von Vertretern des Alten und Neuen Testamentes betreffend. Sporadisch wird in der Beschreibung ein Nimbus erwähnt, jedoch außer für Petrus und Paulus, kein individuelles Attribut.

Die Datierung des Kirchenbaus schwankt zwischen dem fünften Jahrhundert, also während der Zeit, als Toulouse die Hauptstadt des westgotischen Reiches war, und dem beginnenden sechsten Jahrhundert, als Chlodwig Südgallien eroberte und für die Orthodoxie gewann.

PRO 20   Capua Vetere, S. Maria Maggiore
           dat.: 5./6. Jh.
           Lit.: KOROL (1994) S. 138

An der Apsisstirnwand war nach einer Überlieferung von G. P. Pasquale aus dem Jahr 1666 auf jeder Seite eine Prophetengestalt mit einem Rotulus in Händen dargestellt.

PRO 21   Prisco bei S. Maria in Capua Vetere
           dat.: A. 6. Jh.
           Lit.: IHM (1992) S. 178-179 mit weiterer Literatur

Die Mosaiken der Kuppel und der Apsisnische bestanden bis zum Jahr 1759. Das Dekorationsprogramm ist durch Michael Monachus aus dem 17. Jahrhundert überliefert.

In der Apsis waren Heilige dargestellt, die Schriftrollen mit Inschriften darauf in Händen hielten. Es handelte sich dabei wahrscheinlich um die vier Großen Propheten und um die vier Evangelisten. Auch in der Kuppel waren die vier Evangelisten und vier Propheten des Alten Testamentes abgebildet.

Sarkophagskulptur

PRO 22   Arles, sog. Eucharistischer Sarkophag
Aufbewahrungsort: Arles, Musée paléochrétien
dat.: E. 4. Jh.
Lit.: BENOIT (1954) S. 37, Kat. Nr. 9, Taf. VI, 2

Die Sarkophagfront ist durch sieben Arkaden untergliedert, der Hintergrund durch Quadermauerwerk strukturiert. Das Mittelfeld nimmt der stehende Christus ein, der die Rechte im Sprechgestus erhoben hat, während er in der Linken einen Rotulus hält. In der darauffolgenden Arkade zu seiner Rechten steht ihm zugewandt ein Apostel mit einem hohen Brotkorb in den verhüllten Händen, zu seiner Linken ein weiterer Apostel, der ihm, ebenfalls auf verhüllten Händen, Fische auf einem Teller darreicht. Die nächsten Arkaden links und rechts von Christus werden jeweils von einem bärtigen Palliatus, der einen Rotulus in der Hand hält, eingenommen. In der linken äußeren Arkade, vom Betrachter aus gesehen, steht Abraham. Er ist bärtig, mit einem Pallium bekleidet, blickt hin zu Christus und hat die Rechte akklamierend erhoben. Abraham ist zu identifizieren an dem Schwert, das er in der linken Hand hält, an dem Widder, der ihm zu Füßen steht und zu ihm aufschaut und schließlich an dem Brandaltar neben ihm. Isaak fehlt hier. Als Pendant zu Abraham steht in der Arkade ganz rechts außen der Prophet Daniel, auch er mit einem Pallium bekleidet, jedoch jung und bartlos wiedergegeben. Er blickt zur Mitte hin und hat die Hand im Akklamationsgestus erhoben. Auch neben ihm steht ein Altar, um den sich hier eine große Schlange windet. Erinnert wird an die Vernichtung der Schlange von Babylon (Dan 14, 23).

    Abraham und Daniel sind zwar nicht um ihrer selbst, als Heilige und Vorbilder des Alten Bundes repräsentiert, sondern in das Bildprogramm einbezogen, aber sie sind auch nicht, wie sonst in der frühchristlichen Kunst, in einer verknappten Szene wiedergegeben, die in der Regel als Rettungsparadigma fungiert. Die Elemente Altar, Schwert und Widder, beziehungsweise Altar und Schlange sind als Attribute zu bewerten, die der Identifizierung der Gestalten dienen sollen. Trotzdem handelt es sich hier nicht um die persönliche Hervorhebung als Heilige.

B. ANALYSE DER VORKOMMENDEN BILDTYPEN UND ATTRIBUTE

Die hier erfaßten Darstellungen von alttestamentlichen Personen innerhalb der frühchristlichen Buch- und Wandmalerei und auf einem Sarkophag zeigen, daß individualisierte Bilder von Propheten und Patriarchen überwiegend in der Miniaturmalerei vorkommen, wo sie als Einzelpersonen auch betont sind. Dies ist der Fall, wenn sie nach der gängigen antiken Art als Autoren ihrem jeweiligen Text porträthaft vorangestellt sind. Aber auch in Randminiaturen, zum Beispiel im Rabbulacodex, sind sie zum Teil mit individuellen Attributen dargestellt. Eine derart vielfältige ikonographische Tradition ist jedoch nur in der Buchmalerei faßbar. Die einzige Ausnahme stellt das Porträtmedaillon des Sacharja mit dem Attribut der Sichel im Katharinenkloster auf dem Sinai dar und auch hier wurde es bereits unverstanden von einer Vorlage kopiert. Es ist daher anzunehmen, daß diese reichen Bildformulierungen innerhalb der Miniaturmalerei entwickelt wurden.

Es muß jedoch auch die zweite theoretische Möglichkeit geprüft werden, nach der die Bildgenese vom jeweiligen Kultort eines Heiligen ausgeht. Dabei handelt es sich in den meisten Fällen um das Grab beziehungsweise die daran angeschlossene Memoria. Dieser Fall ist für die christlichen Märtyrer bezeugt.

Ist die Existenz von Bildern an den Kultstätten der Patriarchen und Propheten überhaupt denkbar? Es sind m. W. keinerlei archäologischen Zeugnisse auf uns gekommen, die darüber etwas aussagen würden, weder Mosaikreste, noch Pilgereulogien, wie etwa Ampullen, die sonst häufig Bildandenken tragen.[132] Auch die Schriftquellen schweigen zu diesem Punkt. Die Pilgerberichte, angefangen bei dem des Pilgers von Bordeaux bis zum Bischof Arkulf im siebten Jahrhundert, erwähnen zwar alle, daß im Heiligen Land auch die Verehrungsstätten der alttestamentlichen Heiligen besucht wurden, manchmal sind auch kurze Beschreibungen der Stätten angefügt. Nirgends jedoch gibt es den geringsten Hinweis auf bildliche Darstellungen.

Die jüdische Tradition der Verehrung von Patriarchen- und Prophetengräbern ist seit vor- bzw. frühchristlicher Zeit bezeugt.[133] Herodes der Große schmückte als erster das Davidsgrab in Jerusalem und die Patriarchengräber in Hebron mit prächtigen Grabbauten. Zur Zeit Jesu waren es vor allem die Gräber der Märtyrerpropheten, die durch Bauten geehrt wurden. Joachim Jeremias veröffentlichte die Lage und Beschreibung von insgesamt 52 Gräbern, von denen 31 in Judäa lagen, die übrigen in der Diaspora, wie das Jeremiagrab in Taphnai in Ägypten, das Hesekielgrab in Mesopotamien oder die Gräber der Makkabäer in Antiochia. Jeremias wies ausdrücklich auf die Unterschiede im Verständnis der Heiligen hin, die Judäa von der Diaspora trennten. Während in Judäa selbst die Heiligen als Interzessoren betrachtet wurden, galten sie den Diasporajuden auch als Thaumaturgen. Es war diese letztere Anschauung, die die Christen in ihrer Praxis der Heiligenverehrung beeinflussen konnte.[134]

Für die architektonische Gestaltung der Grabmäler wählte man die Pyramidenform, für einige Beispiele sind außerdem Inschriften überliefert.[135] Der christliche Pilger von Bordeaux, der das Heilige Land im Jahr 333 bereiste, erwähnt, die Grabmäler des Jesaia und Hiskia seien „von wunderbarer Schönheit" und die Grabmäler Davids und Salomos in Bethlehem trügen „die Namen in hebräischen Buchstaben".[136] Für das Josuagrab bezeugt eine mittelalterliche jüdische Traditi-

---

[132] Eine Ausnahme stellen einige Daniel-Ampullen dar. Zur Sonderstellung des Daniel s. Kat. DANIEL, zu den Ampullen s. DA 6 und DA 7.
[133] Vgl. JEREMIAS (1958) S. 118.
[134] JEREMIAS (1961) S. 95-101.
[135] JEREMIAS (1958) S. 123.
[136] Bericht des Pilgers von Bordeaux (333), Kap. 17/18 und 20. Vgl. DONNER (1979) S. 59/60 und 63.

on, daß dort eine Sonne dargestellt gewesen sei, die an Jos 10, 12-14 erinnern sollte.[137] Sonst ist nirgendwo eine bildliche Darstellung überliefert.

Daß die Heiligen des Alten Bundes schließlich auch von den Christen verehrt, manchmal sogar beschlagnahmt wurden, steht außer Zweifel. Ein christliches Mosesheiligtum existierte bereits im vierten Jahrhundert auf dem Berg Nebo.[138]

Einige Passagen aus den frühen Pilgerberichten sollen die Situation in Palästina stichpunktartig umreißen. Sie sollen aber auch gleichzeitig illustrieren, wie allgemein die Beschreibungen gehalten sind, die von den Pilgern auf uns gekommen sind. Die Gräber der makkabäischen Märtyrer in Antiochia wurden um 370 durch einen Kirchenbau überhöht, ihr Gedenktag ist im Syrischen Martyrologium verzeichnet.[139] Interessant ist hierzu die Stelle beim Anonymus von Piacenza, in der er berichtet, daß über den Gräbern der Makkabäer in Antiochia ihre Marterwerkzeuge hingen.[140] Der Pilger von Piacenza berichtet ebenfalls, daß David und Salomo eine halbe Meile von Bethlehem entfernt bestattet seien und daß die dortige Basilika dem David geweiht sei.[141] Derselbe Pilger spricht auch von der kultischen Verehrung der Patriarchengräber in Hebron durch Juden und Christen. Die Gläubigen der beiden Religionen waren im dortigen gemeinsamen Sakralbau durch eine Schranke voneinander getrennt.[142]

Zusammenfassend ergibt sich, daß die kultische Verehrung der alttestamentlichen Heiligen in der frühchristlichen Kirche praktiziert wurde und daß, wie für die christlichen Märtyrer auch, Memorialbauten errichtet wurden. Die Vermutung liegt nahe, daß es auch Bilder gegeben haben könnte. Ihre Existenz ist jedoch nirgends beschrieben, noch archäologisch bewiesen. Vielleicht wurde das jüdische Bilderverbot speziell hier auch von den Christen beachtet, besonders an Stätten, die nicht ausschließlich von Christen okkupiert worden waren, sondern an denen, wie es für Hebron beschrieben wurde, eine Schranke die Religionen im simultan verwendeten Kultbau trennte.

Alles deutet darauf hin, daß sich die ikonographische Tradition der Prophetendarstellungen anderweitig entwickelt haben muß.

Es wurde bereits betont und es ist anhand des Denkmälerkataloges verdeutlicht worden, daß die überwiegende Zahl von individualisierten Prophetenbildern aus der Buchmalerei stammt und daß dort oft noch der verkürzte szenische Zusammenhang erkennbar ist, der die einzelnen Bildelemente lieferte. So ist es naheliegend, die Genese für die Repräsentationsbilder der alttestamentlichen

---

[137] JEREMIAS (1958) S. 40.
[138] SIMON (1954) S. 111.
[139] SIMON (1954) hierzu S. 103.
[140] Pilger von Piacenza, Kap. 47. Vgl. DONNER (1979) S. 313, mit Anm. 226: In der Fassung B des Textes ist zu lesen, daß über jedem Grab die Leidensgeschichte aufgeschrieben sei.
[141] Pilger von Piacenza (um 570), Kap. 29, vgl. DONNER (1979) S. 291.
[142] Pilger von Piacenza, Kap. 30, vgl. DONNER (1979) S. 292.

Heiligen in narrativen Zyklen zum Alten Testament in der Buchmalerei selbst zu vermuten. Sörries postuliert eine früh im Osten des Reiches ausgebildete individuelle Ikonographie der Propheten, die durch den Bilderstreit unterbrochen wurde.[143]

Im Zuge der Weiterentwicklung und Verknappung der Bilder wurden die charakteristischen Szenen nur mehr im jeweiligen Autorenbild angedeutet.

Daniel

A. VITA, KULT UND LEGENDE

Vita und Legende:

Daniel ist einer der vier Großen Propheten des Alten Testamentes. Alle Nachrichten über ihn entstammen dem Buch Daniel, das im jüdischen Kanon zu den Hagiographen zählt und in der Vulgata als viertes Buch zu den Großen Propheten gehört. Der Name Daniel bedeutet im Hebräischen „mein Richter ist Gott". Den Angaben von Josephus Flavius zufolge gehörte er einer vornehmen Familie an, nach Hieronymus der Königsfamilie von Juda. Nach seiner Entführung nach Babylon unter Nebukadnezar im Jahr 605 v. Chr. erlernte er am dortigen Königshof die babylonische Sprache und Schrift und erhielt den Namen Belsazar/Baltassar. Er wurde mit anderen Jünglingen für den Dienst am babylonischen Hof ausgebildet und nahm wegen seiner Weisheit und Rechtschaffenheit unter mehreren Königen eine einflußreiche Stellung ein. Daniel machte Weissagungen über die Zukunft, seine letzte Prophetie stammt aus dem Jahr 536.[144] Unter König Darius wurde Daniel zum ersten Mal in die Löwengrube geworfen, weil er trotz eines königlichen Ediktes nicht vom Kult des Wahren Gottes abgelassen hatte. Er überlebte die Nacht bei den wilden Tieren ohne Schaden und wurde am Morgen vom König selbst befreit (Dan 6, 5-24). Das zweite Mal ließ Cyrus Daniel für sechs Tage in die Löwengrube werfen. Habakuk wurde von einem Engel herbei gebracht, um Daniel mit Brot zu versorgen. Am siebten Tag befreite der König Daniel (Dan 14, 22-41).[145]

Nach dem Martyrologium Romanum soll er in Babylon, nach einer anderen Überlieferung in Susa begraben sein.[146]

---

[143] Vgl. SÖRRIES (1991) S. 59.
[144] Vgl. SCHLOSSER, H., Daniel, in: LCI 1, 1968, Sp. 469-473 und FELDBUSCH, H., Daniel, in: RDK 3, Stuttgart 1954, Sp. 1033-1049, bes. Sp. 1033-1034.
[145] Ausführlich bei LECLERCQ, H., Daniel, in: DACL IV, 1, 1920, Sp. 221-248, bes. Sp. 221.
[146] DINGERMANN, F., Daniel, in: LTHK 3, ²1959, Sp. 150-153, bes. Sp. 150.

Verehrung:

Daniel spielt in der frühchristlichen Patristik eine bedeutende Rolle. Das Hauptinteresse der patristischen Literatur gilt der Episode in der Löwengrube: Clemens Romanus erwähnt Daniel als Bild des verfolgten und von Gott erhöhten Gerechten (1 Clem 45,6-8).[147] Hippolyt nennt Daniel in der Löwengrube ein Vorbild der Auferstehung Christi (Daniel-Kommentar 2, 28; 3, 31). Origines stellt Daniel in der Löwengrube als Vorbild des Triumphes Christi dar, der die Macht des Feindes mit Füßen tritt (Origines, Contra Celsum VII 57) und als Beispiel für die Macht des Gebetes (Origines 13). Zu den Heiligen des Alten Testamentes wird Daniel bei Cyprian (De lapsis 19) und Gregor von Nazianz (or. 43, 74) gezählt. Daniel erscheint als das Bild des Glaubens, er gilt als Vorbild der Märtyrer bei Cyprian (ep. 57, 8). Daniel ist ferner das Muster der Weisheit (Justin dial. 87, 4).[148]

Kult:

Als Stätte des Todes und der Bestattung Daniels galt in der Antike Susa. Hieronymus erwähnt diese Grabtradition, ohne sie jedoch anzuerkennen. Mehr Wahrscheinlichkeit hat dagegen die Überlieferung des Todes in Babylon. Das Martyrologium Romanum verzeichnet das Fest des Daniel am 21. Juli mit dem Eintrag *Babylone sancti Danielis prophetae*.[149] Im Osten erscheint er zuerst im Synaxar von Konstantinopel am 17. Dezember.

B. MONUMENTE

Daniel gehört in die Reihe der Propheten, die bereits in einem zusammenfassenden Überblick im vorangegangenen Kapitel behandelt wurden. Dennoch gibt es zwei Gründe, Daniel einen eigenen Katalogpunkt zu widmen. Zum einen überstieg das Interesse an seiner Person und der Kult, der ihm von seiten der frühen Christen entgegengebracht wurde, das Normalmaß, mit dem andere Heilige des Alten Testamentes bedacht wurden. Zahlreiche Zeugnisse der frühkirchlichen Literatur belegen dies. Sie wurden im vorangegangenen Abschnitt unter der Überschrift KULT UND LEGENDE kurz behandelt. Zum anderen sind die zahlreichen Darstellungen des Daniel in der Löwengrube innerhalb der frühchristlichen Kunst für die Problemstellung der vorliegenden Arbeit von besonderem Interesse. Eines der Anliegen dieser Arbeit ist es, die Abgrenzung zwischen dem Repräsentationsbild eines Heiligen, in dem er mit seinen individuellen Attri-

---

[147] Vgl. FISCHER, J. A., Die apostolischen Väter, München 1956, S. 82; alle weiteren Nachweise in: SCHLOSSER (LCI), wie Anm. 144, Sp. 469.

[148] DANIELOU, J., Daniel, in: RAC 3, 1957, Sp. 575-585, hierzu bes. 579-580.

[149] ORBISO, T. G. de, Daniele, profeta, santo, in: BiblSS 4, 1964, Sp. 448-464, bes. Sp. 463.

buten auftritt, auf der einen Seite, und der ganz ähnlich gestalteten, verknappten narrativen Darstellung einer Episode seines Lebens auf der anderen, deutlich zu machen. Diese Problematik kann anhand der Daniel-Ikonographie besonders gut exemplifiziert werden.

Ausgeklammert sind hier generell alle eindeutig szenischen Bilder und alle Darstellungen, die kürzelhaft eine Szene *meinen*, ohne deshalb alle szenischen Requisiten auch mit ins Bild zu nehmen. Dies sind vor allem die Darstellungen mit paradigmatischer Funktion, wie sie in der Sepulkralkunst zu finden sind. Im zweiten Kapitel, in dem die Rede von der Einschränkung der Thematik war, wurde bereits ausgeführt, daß die Bilder mit paradigmatischer Funktion den Dargestellten nicht um seiner selbst willen abbilden, sondern ihn in einen übergeordneten Ideenzusammenhang einbinden, innerhalb dessen er nur ein Beispiel unter vielen und somit austauschbar ist.

Das Interesse hier gilt vielmehr den Bildern, die Daniel als heiligen Propheten des Alten Testamentes wiedergeben und dementsprechend in repräsentativer Art und Weise darstellen. Trotzdem gibt es gerade innerhalb der Daniel-Ikonographie Zwischenpositionen. Das sind zum einen Bilder, in denen er mit Attributen der Heiligkeit ausgezeichnet ist, bei denen aber dennoch szenische Elemente mit hineinspielen, zum anderen solche, in denen eindeutige Attribute der Heiligkeit fehlen. Die hier ausgewählten Beispiele sollen daher verschiedene Nuancen dieser möglichen Bildauffassungen aufzeigen.

Es stellt sich heraus, daß Daniel fast immer mit seinem individuellen Attribut, dem persischen Gewand mit der phrygischen Mütze, dargestellt ist und meistens auch mit den beiden ihn begleitenden Löwen. Diese Attribute genügen jedoch allein noch nicht aus, um in einer Darstellung Daniel als einen Heiligen zu identifizieren. Weitere Bedingungen müssen hinzukommen.

Das eindeutigste Attribut der Heiligkeit ist der Nimbus, deshalb werden alle Darstellungen des nimbierten Daniel miteinbezogen.

Ein zweites Kriterium ist der Darstellungszusammenhang. Wenn Daniel etwa in der Reihe der Propheten steht, ist er zwangsläufig als heilige Person des Alten Testamentes aufgefaßt, auch wenn er keinen Nimbus tragen sollte.

Als schwieriger für die Einordnung erweisen sich hingegen die Bilder, die Daniel isoliert, vielleicht sogar in einem gerahmten Einzelbild, darstellen, was primär für eine Darstellung um seiner selbst willen spricht, die aber auf das Attribut Nimbus oder die Beischrift *sanctus* verzichten und ihm die Löwen beigeben. Handelt es sich um Bilder mit paradigmatischer Funktion oder nicht?

Ähnlich ambivalent können die Bilder beurteilt werden, die Daniel in die Ikonographie des Heiligen kleiden, ihm also Attribute der Heiligkeit, wie den Nimbus verleihen, ihm aber noch mehr oder weniger deutliche szenische Elemente beifügen.

KATALOG

Die Darstellungen sind nach ikonographischen Gruppen geordnet, sie sind vom eindeutigen Heiligenbild hin zu eher ambivalenten Denkmälern abgestuft.

Repräsentationsbilder: Daniel als Heiliger mit individuellen Attributen

In dieser ersten Gruppe ist Daniel nicht nur anhand seines Gewandes und den attributiv beigegebenen Löwen zu identifizieren, er ist auch ganz eindeutig als Heiliger charakterisiert: durch den Nimbus, in einigen Fällen durch die Namensbeischrift, der ein *sanctus* vorangestellt ist, in einem Fall durch den Codex, den er hält. Die Kränze im Beispiel **DA 2** erinnern daran, daß er in der frühen Kirche als Vorbild der Märtyrer galt.

DA 1   Goldblechmedaillon
        Provenienz: Palästina
        Aufbewahrungsort: früher Berlin, Kaiser-Friedrich-Museum, Kriegsverlust
        dat.: 6. Jh.
        Lit.: VOLBACH (1922); MAJESKA (1974) S. 362-363

Daniel steht in der Mitte des Medaillons in Orantenhaltung, bekleidet mit persischer Tracht. Er trägt keine Kopfbedeckung, ist nimbiert. Zwei Löwen sitzen in von ihm abgewandter Position, haben ihm aber die Köpfe zugedreht. Von einer ehemals vorhandenen Inschrift sind nur noch die Buchstaben OC zu lesen. Darüber und links davon ist jeweils ein Kreuz angebracht.

DA 2   Terrakottakachel
        Provenienz: Hadjeb-el-Aioun, Tunesien
        Aufbewahrungsort: Tunis, Bardo
        dat.: 6. Jh.
        Lit.: SCHURR (1991) S. 22-26, Taf. 4 a

Die quadratische Kachel wird seitlich durch schmale Säulchen, oben und unten durch dünne Leisten begrenzt. Daniel steht in der Mitte in Orantenhaltung, bekleidet mit einer kurzärmeligen, eng gefältelten, ungefähr knielangen Tunika. Er trägt keine phrygische Mütze und hat keinen Nimbus. Er hält in jeder Hand einen Kranz empor. Die Löwen sind symmetrisch links und rechts von ihm angeordnet, sie stehen steil kopfunter. Die Inschrift lautet S C S oben und Δ A N I E Λ unten.

Ebenfalls im Musée du Bardo in Tunis werden drei weitere Terrakottakacheln aufbewahrt, deren Ausführung mit der hier besprochenen identisch ist. Eine stammt aus der Gegend von Hadjeb-el-Aioun, eine zweite aus Henchir-Naja und eine dritte aus Cherichera, also ebenfalls aus dem Gebiet des heutigen Tunesien.

DA 3   Terrakottakachel
            Provenienz: Vinicko Kale, Makedonien
            Aufbewahrungsort: Skopje, Museum von Makedonien
            dat.: 6. Jh.
            Lit.: KATALOG MÜNCHEN (1993) S. 65, Kat. Nr. 81, Taf. 4

Im Zentrum steht Daniel in Orantenhaltung, bekleidet mit einer gegürteten, dreizipfelig herabhängenden Tunika, ohne Kopfbedeckung. Er ist nicht nimbiert. Die Löwen sind von ihm abgewandt, ihre Köpfe jedoch rückwärts in Daniels Richtung gedreht. Beidseits von Daniel verläuft die Inschrift: SCS DA NIEL. Der Text, der auf der Rahmenleiste angebracht ist, lautet: +ADDOMINOC(R?) (oben), SUSHOMI (rechts) NI (links) CICUMTUR (unten). Er ist nicht deutbar.

DA 4   Terrakottakachel
            Provenienz: Lebrija (Sevilla)
            Aufbewahrungsort: Lebrija, Privatsammlung
            dat.: 2. H. 6. Jh.-1. H. 7. Jh.
            Lit.: SCHLUNK/HAUSCHILD (1978) S. 61, Abb. 39

Die fragmentierte Terrakottakachel zeigt in der oberen Hälfte zwischen zwei Christogrammen Daniel-Orans, mit einer Tunika bekleidet, flankiert von zwei Löwen, die ihren Kopf zu ihm zurückwenden. Daniel ist nimbiert. Die untere Bildhälfte zeigt das Martyrium der heiligen Eulalia. Hier werden Protomärtyrer und christliche Märtyrerin auch bildlich in einen Zusammenhang gebracht.

DA 5   Tonreliefplatte
            Provenienz: Ägypten
            Aufbewahrungsort: unbekannt, ehem. Kunsthandel, Berlin
            dat.: 6. Jh.
            Lit.: KÜHN H., Die Danielschnallen der Völkerwanderungszeit, in: Jahrbuch für prähistorische und ethnographische Kunst, 15/16, 1941-1942, S. 140-169, Taf. 75, Abb. 49

Die viereckige, nur unten links leicht beschädigte Platte zeigt Daniel in Orantenhaltung, bekleidet mit Tunika und einem Mantel, der vorne geschlossen ist und im Rücken lang herabfällt. Er trägt eine hohe, spitz zulaufende Kopfbedeckung, die eine phrygische Mütze darstellen soll. Die Perlen um sein Haupt sind als stilisierte Haarlocken zu verstehen. Er ist von zwei steil aufgerichteten und zu ihm aufblickenden Löwen flankiert und trägt einen großen Nimbus. Links und rechts von ihm befindet sich je ein Kreuz im Bildfeld.

DA 6   Terrakotta-Ampulle
       Provenienz: Smyrna
       Aufbewahrungsort: Paris, Louvre
       dat.: 6. Jh.
       Lit.: METZGER (1981) S. 46-47, Kat. Nr. 117, fig. 99

Eine Seite der Ampulle zeigt einen — nach der Beschreibung bei Metzger — bartlosen, unnimbierten Mann, der mit einer langen Tunika bekleidet ist und vor sich mit beiden Händen ein Buch hält, das mit einem diagonal angebrachten Kreuz verziert ist. Er wird von zwei symmetrisch angeordneten Löwen flankiert. Dieses Attribut ist fest dem Propheten Daniel zugeordnet, so daß die Gestalt auch ohne Namensbeischrift als Daniel identifiziert werden kann. Einmalig ist die Verwendung des Buches als weiteres Attribut. Es erlaubt jedoch, hier keine angedeutete Szene des Daniel in der Löwengrube, sondern ein Repräsentationsbild des Heiligen mit seinen Attributen zu erkennen, wie es für Ampullen verbreitet ist.

DA 7   Terrakotta-Ampulle
       Provenienz: Aphrodisias/Caria
       Aufbewahrungsort: unbekannt
       dat.: 6. Jh.
       Lit.: CAMPBELL, S. D., Armchair Pilgrims. Ampullae from Aphrodisias in Caria; In: Mediaeval Studies 50, 1988, S. 539-545, Kat. Nr. 4, Fig. 4 a-b

Die Darstellung entspricht der auf der Pariser Ampulle (**DA 6**), Campbell beschreibt Daniel jedoch als bärtig, was äußerst ungewöhnlich ist. Die Beobachtung beruht wohl auf dem unzureichenden Erhaltungszustand.

DA 8   Glasschale
       Provenienz: Concordia Sagittaria
       Aufbewahrungsort: Portogruaro, Museo Nazionale
       dat.: 5. Jh.
       Lit.: SQUACIAPINO, M. F., Coppa cristiana da Ostia, in: Bollettino d' Arte 37, serie 4, Rom 1952, S. 204-210, fig. 7

Daniel nimmt die Mitte der runden Bildfläche ein. Er steht in Orantenhaltung in einem konisch zulaufenden Behältnis, das ihm bis zu den Unterschenkeln reicht und das die Löwengrube vorstellt. Bekleidet ist Daniel mit Hosen, die quer vor dem Körper verlaufende Stoffbahn eines Mantels, der über den linken Arm geworfen ist, ist trotz der Beschädigung der Schale noch zu erkennen. Die Löwen sitzen außerhalb der angedeuteten Grube von ihm abgewandt, aber zu ihm aufblickend. Daniel hat einen Nimbus.

Die räumliche Absonderung der Löwen von der stilisierten Grube und der große Nimbus geben der Darstellung trotz der szenischen Erinnerung an die Löwengrube einen überwiegend repräsentativen Charakter.

DA 9   Gemme
            Provenienz: Cividale
            Aufbewahrungsort: unbekannt
            dat.: 5. Jh.?
            Lit.: LECLERCQ, H., Gemmes, in: DACL VI,1, Nr. 187, Abb. 5066; GARRUCCI, Storia VI, S. 119, Nr. 25, Taf. 478, fig. 25

Die hochovale Gemme zeigt Daniel in Orantenhaltung, bekleidet mit gegürteter Tunika, vor der Brust gefibeltem Mantel und phrygischer Mütze. Er hat einen Nimbus. Zwei kleine Löwen flankieren ihn kopfunter.

DA 10   Danielbrunnen in Konstantinopel (überliefert)
            dat.: konstantinisch
            Quelle: Euseb, Vita Const. 3,49[150]
            Lit.: WESSEL, K., Daniel, in: RBK 1, 1966, Sp. 1113-1120, hier: Sp. 1113

Nach dem Bericht des Eusebius ließ Kaiser Konstantin in Konstantinopel Brunnenfiguren aufstellen, zu denen auch die Gruppe von Daniel zwischen den Löwen gehörte.

Dabei handelte es sich um eine autonome Figurengruppe, in der Daniel — ob er nun bereits als Heiliger aufgefaßt war oder nicht — sicherlich um seiner selbst willen dargestellt war.

Daniel individualisiert in der Reihe der Propheten

In der zweiten Gruppe sind nicht-isolierte Danielbilder zusammengefaßt, in denen er in einer Reihe mit den übrigen alttestamentlichen Propheten steht. In derartigen Darstellungen wird generell die individuelle Ikonographie zugunsten der einheitlichen Erscheinung der Gesamtgruppe zurückgedrängt. Daniel bildet jedoch eine Ausnahme: Er muß zwar auf die Löwen verzichten, nicht aber auf sein individuelles Gewand, an dem er eindeutig zu identifizieren ist, während die anderen in der Regel einheitlich mit dem Pallium bekleidet sind.

DA 11   Codex
            Syrische Bibel von Paris
            Provenienz: Syrien
            Aufbewahrungsort: Paris, Bibliothèque Nationale, Cod. syr. 341
            dat.: 6./7. Jh.
            Lit.: SÖRRIES (1991) S. 44-47, Abb. 22

Fol. 186r zeigt Daniel innerhalb der Reihe der Titelminiaturen zu den Büchern des Alten Testamentes. Er steht in Orantenhaltung, bekleidet mit der persischen Tracht und einer phrygischen Mütze, auf einer angedeuteten Löwengrube, die in Form eines Blocks mit

---

[150] Vgl. KOLLWITZ (1953) S. 3: Euseb bezeichnet die Brunnenfiguren als *symbola*. Sie hatten wohl keinen Kultbildcharakter.

runder Öffnung wiedergegeben ist und ihm hier als Standsockel dient. Die beiden Löwen sind jedoch nicht dabei. Daniel trägt keinen Nimbus. In der linken oberen Ecke befindet sich die Namensbeischrift.

DA 12	Codex
	Rabbulacodex
	Provenienz: Zagba, Mesopotamien
	Aufbewahrungsort: Florenz, Biblioteca Medicea Laurenziana, Cod. Plut. 1, 56
	dat.: 586
	Lit.: SÖRRIES (1993) S. 94-100, Taf. 54

Fol. 8b beinhaltet eine zweispaltige Kanontafel, die mit Randminiaturen versehen ist. Die obere linke Randminiatur zeigt Daniel, frontal stehend. Er hat die Rechte im Redegestus erhoben, in der Linken hält er eine geschlossene Buchrolle. Er ist bekleidet mit der persischen Tracht, bestehend aus Hosen, kurzer Tunika und vor der Brust geschlossenem Mantel. Daniel hat keinen Nimbus. Rechts oben ist die Namensbeischrift angebracht. Die Löwen sind nicht dargestellt.

DA 13	Bawit, Apollonkloster, Kapelle XII
	Fresko, Westwand, Abschnitt f
	dat. 6.-7. Jh.
	Lit.: CLEDAT (1904/06) 1904/06, S. 53-63; 1916, Taf. 32

Daniel steht in der Reihe der Propheten, mit im Redegestus erhobener Rechter, in der Linken hält er eine geöffnete Rolle mit dem Text seiner Prophezeiungen nach Dan 7, 13. Er trägt die persische Tracht und ist nimbiert. Links von seinem Haupt befindet sich eine Namensbeischrift. Das untere Bilddrittel ist zerstört, es ist jedoch sehr fraglich, ob sich dort die Löwen befunden haben.

Isolierte Repräsentationsbilder — Daniel ist durch das persische Gewand individualisiert

In den folgenden Beispielen ist Daniel zwar nicht explizit durch einen Nimbus als Heiliger ausgezeichnet, es sind aber auch keine szenischen Elemente dabei, die auf etwas anderes als allein den Dargestellten verweisen könnten.

DA 14	Relieffragment
	Provenienz: Konstantinopel
	Aufbewahrungsort: Istanbul, Archäologisches Museum
	dat.: um 400
	Lit.: GRABAR (1963) Taf. XII, 4; FIRATLI (1990), S. 62-63, Kat. Nr. 105, Taf. 40

Daniel steht in Orantenhaltung unter einer Arkade, in der ein gerafftes Velum befestigt ist. Er ist bekleidet mit einem langärmeligen, eng gefälteten Gewand und der phrygischen

Mütze, er hat keinen Nimbus. Der untere Teil des Reliefs, der eventuell die Löwen enthielt, ist abgebrochen.

Die rahmende Arkade und das Velum dienen zur besonderen Hervorhebung des Dargestellten.

DA 15   Relieffragment, Marmor
              Provenienz: Antiochia
              Aufbewahrungsort: Princeton University, The Art Museum
              dat.: E. 5. Jh.
              Lit.: KATALOG PRINCETON (1986) S. 44-45, Kat. Nr. 5, Abb. S. 44

Das gerahmte, hochrechteckige Bildfeld ist von der stehenden Gestalt des Daniel fast völlig ausgefüllt. Daniel ist frontal in Orantenhaltung wiedergegeben. Er ist bekleidet mit einer gegürteten, dreizipfelig herabhängenden Tunika, einem vor der Brust gefibelten Mantel und der phrygischen Mütze. Er hat weder einen Nimbus noch Löwen als Attribut.

DA 16   Terra-Sigillata-Schale
              Fundort: Tipasa
              Aufbewahrungsort: Tipasa
              dat.: 6. Jh.
              Lit.: BARADEZ (1967) S. 231-250; Nr. 1, fig. 1; BEJAOUI (1982) S. 341-343, Nr. 118

In der Mitte der Bildfläche ist ein Mann frontal stehend und in Orantenhaltung abgebildet. Er ist mit Hosen, einer kurzen Tunika und einem vor der Brust gefibelten Mantel bekleidet und trägt eine phrygische Mütze. Links und rechts von ihm befindet sich je ein Kreuz mit einer Taube darauf. Eine weitere Taube ist über dem Haupt des Dargestellten angebracht. Er hat keinen Nimbus. Obwohl er nicht von Löwen begleitet wird, kann er anhand seiner individuellen Kleidung als Daniel identifiziert werden. Der Vorschlag von Baradez, hier Saulus zu sehen, der auf dem Weg nach Damaskus ist und erschrocken die Hände hebt, entbehrt jeder Grundlage und ist abzulehnen.

DA 17   Terra-Sigillata-Schale
              Fundort: Tipasa
              Aufbewahrungsort: Tipasa
              dat.: 6. Jh.
              Lit.: BARADEZ (1967) S. 231-250, Nr. 2, fig. 2

Die figurale Darstellung wurde mit dem gleichen Model geschaffen wie die oben beschriebene Schale (**DA 16**), das Randdekor variiert.

Repräsentationsbilder mit szenischen Elementen

Diese Gruppe zeigt die Ambivalenz in der Daniel-Ikonographie auf. Handelt es sich um szenische Darstellungen des Daniel in der Löwengrube, erweitert um

Habakuk, der herbeigebracht wird, um den Propheten mit Nahrung zu versorgen, so ist es ungewöhnlich, daß Daniel in narrativem Kontext durch einen Nimbus als Heiliger gekennzeichnet wird. Die andere mögliche Interpretationsweise ist die, hier Repräsentationsbilder mit — noch vorhandenen — szenischen Anklängen zu sehen.

DA 18 Codex
Cosmas Indicopleustes
Provenienz des Originals: Alexandria
Aufbewahrungsort: Vatikan, Cod. Vat. gr. 699
dat.: älteste Kopie: 9. Jh., nach einem Vorbild von 547-549
Lit.: SÖRRIES (1993) S. 143-146, Taf. 79, 40

Fol. 75r zeigt im oberen Bildteil Daniel stehend in Orantenhaltung. Die Löwen kauern neben ihm in „heraldischer Position", also symmetrisch angeordnet, mit abgewandtem Körper, einer erhobenen Vordertatze und zu Daniel zurückgewandtem Kopf. Von oben rechts schwebt Habakuk mit ausgestreckter Rechter heran, er ist nimbiert. Daniel ist bekleidet mit der persischen Tracht, die aus Hosen, einer kurzen, zipfelig herabhängenden, gegürteten Tunika und einem vor der Brust geschlossenem Mantel besteht sowie der phrygischen Mütze, die hier aber als runde Kappe gestaltet ist. Er hat kurzes, dunkles, lockiges Haar und einen Nimbus. Oben links im Bildfeld befindet sich eine griechische Namensbeischrift. Die untere Bildzone wird von der bildlichen Darstellung der Danielvision von den vier Tieren (= vier Weltreichen) nach Dan 7 eingenommen.

DA 19 Stein-Relief
Provenienz: el-Minya (Oberägypten)
Aufbewahrungsort: Recklinghausen, Ikonenmuseum
dat.: 2. H. 6.-7. Jh.
Lit.: Ikonenmuseum Recklinghausen (Hg.), Beiträge zur Kunst des christlichen Ostens, Bd 3, Recklinghausen 1965, S. 118, Abb. S. 134/1

Daniel steht frontal in Orantenhaltung zwischen zwei Löwen, die ihm die Füße lecken. Von links nähert sich Habakuk mit einem Brotkorb. Sein Blick ist starr dem Betrachter zugewandt. Daniel ist bekleidet mit einer gegürteten Tunika und vor der Brust geschlossenem Mantel, der auf dem Rücken herabhängt und bis zu den Knöcheln reicht. Er hat lockiges, kinnlanges Haar und einen Nimbus.

DA 20 Koptischer Stoff
Provenienz: Achmim-Panopolis
Aufbewahrungsort: Berlin, Staatliche Museen
dat.: 6./7. Jh.
Lit.: GRABAR (1946) Taf. XIX, 2

Daniel steht frontal in Orantenhaltung zwischen zwei Löwen, die mit abgewandtem Körper, aber zurückgedrehtem Kopf neben ihm lagern. Von links nähert sich Habakuk und bringt Speisen auf einer Schale. Daniel ist bekleidet mit einer reich bestickten persischen

Tracht, bestehend aus gemusterten Hosen, Tunika und langem Mantel sowie der phrygischen Mütze. Er hat lockiges, kinnlanges Haar und einen Nimbus. Oben im Bildfeld sind Inschriften angebracht.

Nicht eindeutige Bilder: Heilsparadigma oder Heiligendarstellung?

Einige Darstellungen können nicht zweifelsfrei der Gruppe der Heiligenbilder zugewiesen werden. Bei ihnen fehlt der Nimbus als eindeutiges Attribut der Heiligkeit und die Möglichkeit der Zuordnung zu einem repräsentativen Gesamtkontext.

DA 21*   Elfenbeinpyxis
          Provenienz: unbekannt
          Aufbewahrungsort: London, British Museum
          dat.: 6. Jh.
          Lit.: VOLBACH (1976) S. 107, Kat. Nr. 167, Taf. 85

Daniel steht in Orantenhaltung zwischen zwei Löwen, die von ihm abgewandt stehen, aber zu ihm aufblicken. Er ist bekleidet mit persischer Tracht und phrygischer Mütze. Er hat zwar keinen Nimbus, die Gruppe wird jedoch überfangen von einem säulengetragenen, muschelförmigen Baldachin. Von links kommen Habakuk und ein geflügelter schwebender Engel mit einem Brotkorb heran.

Auch wenn in diesem Beispiel auf den Nimbus verzichtet wird, dient der Muschelbaldachin dazu, Daniel repräsentativ zu überhöhen. Die Säulen des Baldachins trennen gleichzeitig die szenischen Komponenten noch stärker ab, denn der von einem Engel geführte Habakuk befindet sich außerhalb der Architekturstellung. Dennoch ist die Ikonographie der Heiligkeit hier nicht so deutlich ausgeprägt, wie es beispielsweise bei dem vergleichbaren Menasbild auf der Elfenbeinpyxis in London der Fall ist. Auch dort steht der Heilige in Orantenhaltung unter einer Arkade, er ist jedoch nimbiert und wird zudem von vier Adoranten umgeben.[151]

DA 22 *   Holz-Konsolbalken
          Provenienz: Bawit?
          Aufbewahrungsort: Berlin, Museum für Spätantike und Byzantinische Kunst
          dat.: 6./7. Jh.
          Lit.: EFFENBERGER/SEVERIN (1992) S. 182, Kat. Nr. 96

Daniel steht frontal in Orantenhaltung unter einer von Säulen getragenen Muschelarkade. Er trägt Hosen, eine gegürtete, dreizipfelig herabhängende Tunika und einen auf der rechten Schulter gefibelten Mantel, sowie die phrygische Mütze. Die beiden Löwen flankieren ihn in nicht symmetrischer Haltung. Daniel ist nicht nimbiert.

---

[151] Zu der Pyxis, s. Kat. MENAS, ME 7

DA 23 *   Holzkamm
           Provenienz: Achmim-Panopolis
           Aufbewahrungsort: früher Berlin, verschollen
           dat.: 5./6. Jh.
           Lit.: EFFENBERGER (1974) S. 198, Taf. 85; NAUERTH/WARNS (1981) S. 51-53, Taf. XII

Der hochformatige Holzkamm trägt auf jeder Seite ein quadratisches Bildfeld, in dem jeweils unter einer säulengetragenen Arkade eine Orans steht. Beide Figuren sind von zwei Löwen symmetrisch flankiert. Die eine Gestalt ist anhand ihres Gewandes mit kurzer Tunika und phrygischer Mütze und wegen der Löwen unschwer als Daniel zu identifizieren. Ihm gegenüber steht eine weibliche Orans, die als Thekla gedeutet werden kann.[152]

Nun kann man die von schrägkannelierten Säulen getragene Arkade, die die beiden Oranten einrahmt und hervorhebt, sowie den nicht-sepulkralen Darstellungszusammenhang als genügende Indizien dafür betrachten, daß Daniel hier als Vorbild der christlichen Märtyrer, zusammen mit einer vielverehrten christlichen Heiligen dargestellt ist.

Es spricht jedoch auch viel dafür, daß Daniel und Thekla als Beispiele für den Rettungsgedanken zitiert werden, vor allem eben die Tatsache, daß sie als Paar auftreten und dem gleichen ikonographischen Schema unterliegen.

C. ANALYSE DER VORKOMMENDEN BILDTYPEN UND ATTRIBUTE

In der vorliegenden Aufstellung der frühchristlichen und frühbyzantinischen Darstellungen, die Daniel als Heiligen auffassen, sind per definitionem die Szenen und die Bilder mit paradigmatischer Funktion (Sepulkralkunst!) ausgeschlossen. Insgesamt konnten dennoch zwanzig eindeutige Beispiele erfaßt werden, weil die Deutungsmöglichkeiten der frühen Danielbilder ein weites Spektrum umgreifen und Daniel in der frühchristlichen Kunst auch als Heiliger „um seiner selbst willen" betrachtet werden konnte: Die Danielgeschichte erfuhr in der Alten Kirche mehrere Auslegungen.[153]

Die hier erfaßten Danielbilder sind nicht nuancenlos als Darstellungen des alttestamentlichen Heiligen zu bewerten, sondern zeigen zum Teil mehr oder weniger deutlich ihre Abhängigkeit von szenischen Vorbildern. Immer wieder ist jedoch auch der Versuch der repräsentativen Überhöhung des Danielbildes zu beobachten, etwa durch die Verwendung von Motiven wie dem Velum, so bei dem Relief in Istanbul (**DA 14**). Es ist notwendig, jede einzelne Darstellung in ihrem Gesamtkontext zu betrachten.

Eine Zwitterstellung nimmt diesbezüglich das Danielbild auf zwei Denkmälern der südgallischen Sepulkralkunst ein: Der Deckel des Sarkophages von Saint-Guilhem-le-Désert (Hérault)[154] und die rechte Seite des Sarkophags von

---

[152] S. Kat. THEKLA, THEKLA 3*.
[153] Vgl. oben KULT.
[154] Abb. bei: GRABAR (1967) Nr. 295, 297.

Mas St. Antonin[155] zeigen das gewohnte Bild des Daniel, der nackt zwischen zwei Löwen steht. Die Darstellung ließe sich ohne weiteres in die Reihe der Paradigmenbilder der Sepulkralkunst einreihen, wären nicht die gerafften Vela, die die Szene einrahmen und die sonst für Repräsentationsbilder typisch sind. Die beiden Sarkophage werden in das beginnende sechste Jahrhundert datiert. Der Vergleich mit anderen Szenen der gleichen Sarkophage und weiteren Sarkophagreliefs des gleichen Kunstkreises zeigen jedoch, daß hier häufig Vela verwendet werden, und zwar sowohl für Szenen, als auch für repräsentative Darstellungen. Es handelt sich demnach wohl nicht um eine besondere Hervorhebung des Daniel, sondern eher um ein Charakteristikum der südgallischen Sarkophagkunst. Es ist wichtig, hervorzuheben, daß solche ikonographische Kennzeichen nicht pauschal betrachtet werden dürfen und unreflektiert zu einer Einordnung in bestimmte Schemata benutzt werden sollten, sondern daß der Kontext der Darstellung sowie die Besonderheiten der Kunstlandschaft jeweils geprüft werden müssen.

In der ersten Gruppe der untersuchten Darstellungen ist Daniel durch seinen Nimbus oder die Beischrift SANCTUS als Heiliger ausgezeichnet, die Löwen und auch die Tracht sind ihm als seine individuellen Attribute zugeordnet. Die zweite Gruppe zeigt Daniel als Heiligen ohne seine individuellen Attribute, die Löwen. Dies ist in Darstellungszusammenhängen der Fall, in denen Daniel nicht isoliert ist, sondern in der Reihe der Propheten des Alten Testamentes steht. Trotzdem muß er auch hier nicht gänzlich auf eine Hervorhebung verzichten: Daniel ist oftmals als einziger durch die persische Tracht gekennzeichnet, während die anderen Propheten ohne Unterschied das Pallium tragen. In diesem Zusammenhang kann das Gewand eindeutig als individuelles Attribut klassifiziert werden. Ausschließlich an seiner Gewandung kann Daniel auch in der dritten Kataloggruppe identifiziert werden, in der er ohne Löwen in isolierten Darstellungen auftritt. In der vierten Gruppe ist trotz der Hervorhebung des Daniel in repräsentativer Weise der szenische Rahmen noch deutlich: Habakuk ist im Begriff, den Propheten in der Löwengrube durch Speise zu stärken. In einem gewissen Anachronismus dazu steht die Tatsache, daß Daniel immer nimbiert ist. Die letzten Beispiele, die nicht zweifelsfrei dem Katalog beigeordnet werden können, legen den Akzent nicht eindeutig auf Daniel als Heiligen.

Die konstatierte Sonderstellung des Daniel, die sich in der Ikonographie widerspiegelt, beruht auf der Wertschätzung und dem Kult, die ihm von der Alten Kirche entgegengebracht wurden. Die Bildformel „Daniel zwischen zwei Löwen" bleibt im Prinzip die gleiche. Die Löwen wandeln sich aber vom „szenischen Beiwerk" zum individuellen Attribut, wenn weitere Elemente der Heiligenikonographie hinzutreten, wie Namensbeischrift, Nimbus oder Kränze, und wenn die Gesamtbedeutung des Bildes repräsentativ geworden ist.

---

[155] Abb. BARATTE/METZGER (1985) S. 322, Nr. 218.

Ein eigenes Kultzentrum des Daniel, das als Ausgangspunkt für die Ikonographie gelten dürfte, konnte nicht nachgewiesen werden.[156] Das Grab des Daniel wurde in byzantinischer Zeit in Konstantinopel[157] verehrt, in der frühchristlichen Epoche ist darüber jedoch m. W. nichts bekannt. Es wäre jedoch generell zweifelhaft, ob für die Daniel-Ikonographie ein Prototyp an einem Kultort ausgemacht werden könnte, denn Daniel gehört zu den frühesten christlichen Bildschöpfungen überhaupt. Im fünften und sechsten Jahrhundert war der Bildtyp so weit verbreitet, daß keine einzelne Quelle als Vorbild bestimmt werden kann. Die Entwicklung vom abgekürzten szenischen Bildvorwurf zum Repräsentationsbild mit Attributverwendung ist oben geschildert worden.

Zacharias, Vater Johannes des Täufers

A. VITA, KULT UND LEGENDE

Vita und Legende:

Die einzige Quelle über Zacharias ist die Stelle im Lukas-Evangelium Lk 1. Er war der Gemahl der Elisabeth und stammte wie sie aus der Priesterklasse Abibas. Beide werden als gerecht beschrieben (Lk 1,6), das heißt, fromm, die Gebote Gottes haltend. Sie waren bereits in hohem Alter und kinderlos geblieben. Zacharias war im priesterlichen Dienst durch das Los dazu bestimmt worden, den Weihrauch im Heiligtum auf dem Altar darzubringen — eine Ehre, die jedem Priester nur einmal im Leben zuteil werden konnte — als der Erzengel Gabriel zu ihm kam und die Geburt eines Sohnes verkündete. Diesen sollte er Johannes nennen. Wegen seines Zweifels an der Erscheinung des göttlichen Boten mit Stummheit geschlagen, erhielt er die Sprache erst bei der Namengebung des Johannes wieder.[158] Nach seiner Heilung sprach er das Benediktus.

Die späteren Zacharias-Apokryphen berichten, daß er auf Befehl des Herodes im Tempel ermordet worden sei. Dabei liegt jedoch eine Verwechslung mit dem Sohn des Baruch vor.[159]

---

[156] Zu dem Medaillon DA 1 merkt VOLBACH an: „Wo der Prototyp in den Kirchen des Heiligen Landes sich befand, wird man schwer entscheiden können. Möglicherweise ist der Typus aus der jüdischen Kleinkunst übernommen worden. Damit kommt man zu der schwierigen und ungeklärten Frage der Typenentstehung in der frühchristlichen Kunst..." s. VOLBACH (1922) S. 83.

[157] MAJESKA (1974) S. 362-363.

[158] MARIANI, B., Zaccaria, in: BiblSS. 12, 1969, Sp. 1443-1446.

[159] KASTER, G., Zacharias, Vater Johannes des Täufers, in: LCI 8, 1976, Sp. 634-636.

Kult:

Im Martyrologium Romanum von 498 ist sein Festtag am 5. November verzeichnet. In der Lateranbasilika in Rom werden als Reliquien Teile seines Hauptes aufbewahrt.

415 wurden Reliquien des Zacharias nach Konstantinopel transferiert, ihm wurde dort eine Kirche geweiht. Woher diese Reliquien stammen, ist nicht bekannt.

KATALOG

Die vorliegenden Denkmäler sind nach Kunstgattungen geordnet.

B. MONUMENTE

Für die Entstehung der Ikonographie, die den in den vorliegenden Katalog aufgenommenen Repräsentationsbildern von Zacharias als Heiligen zugrunde liegt, ist eine häufig dargestellte Szene aus seiner Vita von Belang: Es ist die Episode von der Verkündigung der Geburt eines Sohnes durch den Erzengel Gabriel, während Zacharias gerade den Dienst am Rauchaltar im Tempel vollzieht. Die Kennzeichnung des Protagonisten als Priester durch das entsprechende Gewand und vor allem die liturgischen Geräte, Weihrauchfaß und Weihrauchbehältnis (Thuribulum und Acerra), verfestigt sich im sechsten Jahrhundert zum ikonographischen Bildtypus des Zacharias und bleibt auch dann gültig, wenn er losgelöst von der Szene dargestellt wird.

Mosaik

ZA 1 Parenzo, Basilica Eufrasiana
      Mosaik in der Apsislaibung
      dat.: um 540
      Lit.: VAN BERCHEM/CLOUZOT (1924) S. 175-182, Abb. 227; MOLAIOLI
      (1943); IHM (1992) S. 167-169, Taf. XV, 2

Zacharias ist in der Fensterzone der Apsis, neben einem Erzengel (Gabriel?) und seinem Sohn, Johannes dem Täufer, stehend dargestellt. Der Erzengel steht in der Mitte, Johannes zu seiner Linken, Zacharias zu seiner Rechten. Zacharias trägt weißes, gescheiteltes Haar und einen weißen Spitzbart. Er ist bekleidet mit einer weißen, am Saum verzierten Tunika und vor der Brust geschlossener Lacerna. Er trägt *campagi*. Auf dem Haupt hat er das Priesterdiadem, er hat einen Nimbus. In der Linken hält er eine Schatulle zur Aufbewahrung von Weihrauch, die Acerra, die mit drei Figuren geschmückt ist, in der Rechten das Rauchfaß, Thuribulum. Ihm ist keine Namensbeischrift beigegeben.

Fresko

ZA 2   Bawit, Apollonkloster, Kapelle LI
             Apsisfresko
             dat.: 6. Jh.
             Lit.: GRABAR (1946) S. 216-219, Taf. 55, 1 und 2; IHM (1992) S. 204-205

Das Thema des stark fragmentierten Apsisbildes ist die Majestas Domini. Christus thront in einer von Engeln getragenen Mandorla. Er hat die Rechte zum Segnen erhoben und weist mit der Linken einen offenen Codex vor. Die Mandorla ist umgeben von den vier Wesen mit augenbesetzten Flügeln, nach der Vision des Ezechiel, darunter befinden sich Feuerräder. Unter dem Wagen liegt eine menschliche Gestalt. Dieses Mittelbild wird flankiert von Sol und Luna, ganz außen stehen zwei Palliati. Von dem vom Betrachter aus gesehen rechts Stehenden ist nur die untere Körperhälfte erhalten. Er deutet mit der Rechten auf die unter der Mandorla liegende Gestalt. Die Person auf der linken Seite, mit langem, weißem Haar und Bart, ist mit Tunika und Pallium bekleidet. Der Dargestellte hat einen Nimbus und trägt in der verhüllten Linken ein Weihrauchfaß, das an Ketten befestigt ist und ein rundes Deckelgefäß, die Acerra. Aufgrund dieser Attribute kann er als Zacharias identifiziert werden.

Bei der Analyse der Bildtypen unter Punkt C. wird noch ausführlicher auf diese Darstellung eingegangen.

Buchmalerei

ZA 3   Codex
             Alexandrinische Weltchronik
             Provenienz: Kloster in Oberägypten?
             Aufbewahrungsort: Moskau, Staatliches Museum der bildenden Künste
             dat.: wohl 5. Jh.
             Lit.: SÖRRIES (1993) S. 81-86, Taf. 46

Das Fragment C auf Tafel VII recto zeigt einen stehenden Mann mit dunklem Haar und Bart, der mit einem Pallium bekleidet ist. Er hat die Rechte erhoben und hält in der Linken einen Codex. Er ist nicht nimbiert. Nur aus dem textlichen Kontext kann die Gestalt als Zacharias gedeutet werden.

ZA 4/5   Codex
             Cosmas Indicopleustes
             Provenienz des Originals: Alexandria
             Aufbewahrungsort: Vatikan, Cod. Vat. gr. 699
             dat.: älteste Kopie: 9. Jh., nach einem Vorbild von 547-549
             Lit.: STORNAJOLO, C., Le miniature della topografia cristiana di Cosma Indicopleuste. Mailand 1908; SÖRRIES (1993) S. 143-146, Taf. 79, 41

Fol. 48r stellt Zacharias und Abias dar, die die Bundeslade flankieren. Das Blatt ist im Codex Vaticanus nicht beschriftet, im Codex Laurentianus ist der linke als Abia, der rechte als Zacharias benannt. Dieser ist mit brauner, langer Haartracht und kurzem, ebenfalls dunklem Bart wiedergegeben. Er ist nimbiert. In der Linken hält er ein Priesterszepter, mit seiner Rechten berührt er die Bundeslade.

Fol. 76r zeigt die „Heilige Sippe": In der Mitte steht Johannes der Täufer, rechts seine Eltern Zacharias und Elisabeth, links Christus mit seiner Mutter Maria. Darüber befinden sich zwei Imagines clipeatae mit Anna und Simeon. Zacharias steht frontal, bekleidet mit Tunika und auf der rechten Schulter gefibelter Chlamys, statt der Lacerna. In der Rechten hält er das Weihrauchfaß, in der Linken den Weihrauchbehälter. Auf dem Haupt trägt er das priesterliche Diadem. Er hat weißes, gescheiteltes, langes Haar und einen weißen, spitz zulaufenden Vollbart. Alle Dargestellten tragen den Nimbus und sind durch Namensbeischriften bezeichnet.

Elfenbein

ZA 6   Elfenbeintafel (verloren)
Maximianskathedra
Provenienz: umstritten, östliche Reichshälfte
Aufbewahrungsort: Ravenna, Erzbischöfliches Museum
dat.: M. 6. Jh.
Lit.: CECCHELLI, C., La cattedra di Massimiano ed altri avorii romano-orientali. I, Rom 1936-44, Abb. S. 182

Die verlorene, nur in einer seitenverkehrten Zeichnung Bacchinis aus dem Jahr 1708 überlieferte Elfenbeintafel von der Maximianskathedra hatte die Heimsuchung zum Thema. Im Vordergrund ist die Begegnung von Maria und Elisabeth dargestellt, während Joseph und Zacharias im Hintergrund dabeistehen. Joseph steht vor einem Torbogen, mit einem Wanderstab in der Hand, Zacharias trägt eine Pyxis mit einem spitzen Deckel, die auf der Vorderseite mit einem Kreuz verziert ist. Dabei handelt es sich wohl um das Weihrauchbehältnis. Er ist mit einer Tunika bekleidet. Keine der dargestellten Personen ist nimbiert.

ZA 7   Elfenbeintafel
Lorscher Buchdeckel
Provenienz: Lorsch ?
Aufbewahrungsort: London, Victoria and Albert Museum
dat.: 9. Jh., nach einer Vorlage um 500 kopiert
Lit.: VOLBACH (1976) S. 133, Kat. Nr. 224, Taf. 104

Das Mittelfeld der Elfenbeinplatte ist in drei Teile gegliedert. In der Mitte thront unter einer Arkade die Gottesmutter mit dem Kind, sie wird flankiert von Zacharias zu ihrer Linken und Johannes zu ihrer Rechten. Die beiden stehen jeder unter einer Arkade, die von kannelierten Säulen gestützt wird. Zacharias ist bekleidet mit einer Tunika und vor der Brust geschlossener Lacerna. Auf dem Haupt trägt er das Priesterdiadem. Er hält in der Rechten das Thuribulum, in der angewinkelten Linken die Acerra. Er hat langes Haar und einen spitzen Vollbart. Nur die Gottesmutter und Christus haben einen Nimbus.

Metall

ZA 8 Ampulle
Provenienz: Palästina
Aufbewahrungsort: Bobbio
dat.: 6. Jh.
Lit.: GRABAR (1958) S. 43-44, Kat. Nr. 20, Taf. LIII

Die Ampulle ist mit einem hier einmalig auftretenden Sujet geschmückt: In einer von vier Engeln emporgetragenen Mandorla thront der segnende Christus. Vom unteren Rand der Mandorla gehen Flammen aus, dazwischen, genau in der Mitte, befindet sich ein achtstrahliger Stern. Ihn flankieren zwei Büsten mit Fackeln, die Personifikationen von Sonne und Mond. In der unteren Bildhälfte steht genau in der Mittelachse die nimbierte Gottesmutter in Orantenhaltung. Ihr zugewandt stehen links — vom Betrachter aus gesehen — Zacharias und rechts sein Sohn Johannes. Auch sie tragen beide einen großen Nimbus. Hinter Zacharias und Johannes befindet sich je ein Engel. Zacharias trägt eine Tunika und die vor der Brust geschlossene Lacerna. In der Rechten hält er ein Weihrauchfaß. Er hat langes Haar und einen Vollbart.

Grabar umschreibt das Bildthema, das auf kein biblisches Ereignis Bezug nimmt, generell mit dem Erlösungsgedanken. Die obere Bildhälfte und die Gottesmutter sind aus den Himmelfahrtsdarstellungen übernommen, die Apostel der Himmelfahrt sind durch Johannes und Zacharias sowie zwei adorierende Engel ersetzt. Das mittlere, als der Stern von Bethlehem gedeutete Gestirn, verdrängt durch sein Strahlen die anderen von ihrem Platz. Es deutet auf die Inkarnation des Logos hin. Zacharias und Johannes sind die letzten der Propheten und stehen bereits an der Schwelle zum Neuen Bund. Sie zeugen vom Kommen Christi.[160]

C. ANALYSE DER VORKOMMENDEN BILDTYPEN UND ATTRIBUTE

Es sind nur wenige selbständige, nicht-szenische Bilder des Zacharias überliefert. Bis ins Mittelalter kommen keine Einzeldarstellungen vor, sondern nur die hier besprochenen Bilder, in denen Zacharias gemeinsam mit Johannes dem Täufer dargestellt wird.

Das verlorene Elfenbeinrelief der Maximianskathedra zeigt Zacharias als Assistenzfigur bei der Heimsuchung (**ZA 6**). Obgleich es kein Repräsentationsbild ist, wurde es berechtigterweise in den Katalog aufgenommen, denn die Pyxis ist bei der Heimsuchung nicht szenisch motiviert. Zacharias ist hier anhand seines Attributes zu erkennen.

Häufiger jedoch findet man im fünften und sechsten Jahrhundert szenische Darstellungen, die die Verkündigung an Zacharias im Tempel nach dem Bericht des Evangeliums (Lk 1, 11-20) beinhalten. Nachdem die Szene die ikonographische Grundlage des Repräsentationsbildes ist, muß sie hier kurz skizziert werden. An dieser Stelle ist nochmals zu betonen, daß Zacharias in einem wichtigen Mo-

---

[160] GRABAR (1958) S. 60-61.

ment seines Priesterlebens vom Engel begrüßt wurde, nämlich als er das Rauchopfer im Heiligtum vollzog. Diese ehrenvolle Tätigkeit wurde durch das Los zugeteilt und konnte von jedem Priester nur einmal im Leben ausgeübt werden. Hierin mag die Begründung für die Auswahl der Darstellungsform liegen.

Der nur wenig variierte Bildtypus zeigt Zacharias im Priestergewand, wie er mit dem Rauchfaß in der rechten Hand den Altar beweihräuchert, während er in der Linken die Acerra hält. Von links tritt der Erzengel Gabriel auf ihn zu, meist mit im Sprechgestus ausgestreckter Rechter. Beide sind in der Regel nimbiert.

Die Verkündigung an Zacharias ist in der Monumentalmalerei in Deir Abu Hennis bei Antinoe aus dem sechsten Jahrhundert und in der Kirche des heiligen Mercurius in Deir Abu Makar zu finden. Im Saal II der unterirdischen Kirche von Deir Abu Hennis steht der Erzengel leicht erhöht links von Zacharias und wendet sich ihm zu. Beide sind nimbiert. Zacharias ist dabei, den Altar zu beweihräuchern. Trotz der Beschädigung des Freskos sind noch die drei Ketten des Rauchfasses in seiner Rechten zu erkennen.[161]

In der Buchmalerei ist die Verkündigung an Zacharias in dem oben geschilderten Schema im Rabbulacodex auf fol. 36 dargestellt. Der Engel steht links, er streckt die Rechte im Redegestus zu Zacharias aus, der mit der Lacerna bekleidet ist und in der Rechten ein Rauchfaß hält. Seine Linke ist wegen des am Rand beschnittenen Blattes nicht erhalten. Zwischen den beiden Figuren befindet sich ein Blockaltar, beide sind nimbiert.[162] Im Evangeliar von Etschmiadzin, auf fol. 228r, spielt sich die Szene vor einer repräsentativen Architekturstellung ab. Wiederum steht links vom Altar der sprechend dargestellte Erzengel und rechts Zacharias. Bei diesem Beispiel ist nur der Engel nimbiert. Zacharias trägt das Priestergewand, eine flache Kopfbedeckung und die Lacerna. In der Rechten hält er das Weihrauchfaß, in der Linken die Acerra.[163] Im Augustinus-Evangeliar ist die Verkündigung an Zacharias auf fol. 129v enthalten.[164] Auch in diesem Beispiel tritt der Engel von links an den Blockaltar heran, an dem rechts Zacharias steht. Dieser trägt hier keine spezifische Gewandung, sondern ein langes, undifferenziertes Gewand. Er hat keine Geräte in der Hand. Weder er noch der Engel sind nimbiert.

Alle szenischen Darstellungen der Verkündigung an Zacharias im Tempel folgen ausschließlich dem Bibeltext und zeigen Zacharias in priesterlicher Gewandung beim Beweihräuchern des Altares. Weihrauchfaß und -behältnis werden in Einzeldarstellungen zu individuellen Attributen des Zacharias. Das Gewand zeichnet ihn als alttestamentlichen Priester aus. Nach Graeven werden die Priester des Alten Bundes in der frühchristlichen Kunst zunächst mit dem Pallium dargestellt und erst später durch die Gewandung mit Chiton und Lacerna, Schu-

---

[161] Abbildung bei: CLEDAT, J., Notes archéologiques et philologiques, in: Bulletin de l' Institut français d' archéologie orientale 2, Kairo 1902, S. 53-54, Taf. V.
[162] SÖRRIES (1993) S. 94-100, Taf. 52, 3b.
[163] Vgl. SÖRRIES (1993) S. 108-110, Taf. 62.
[164] Vgl. SÖRRIES (1993) S. 34-36, Taf. 14.

hen und Diadem ausgestattet.[165] So ist Zacharias in der Alexandrinischen Weltchronik, die aus dem fünften Jahrhundert datiert, mit dem Pallium bekleidet und mit einem Codex versehen, der ganz allgemein eine heilige Person kennzeichnet. In den Beispielen des sechsten Jahrhunderts dagegen ist er durch die besondere Gewandung als Priester charakterisiert.

So läßt sich als Ergebnis folgendes festhalten: Auch wenn von Zacharias nur wenige Bilder überliefert sind, wobei die frühesten erhaltenen aus dem fünften und sechsten Jahrhundert datieren, und er nicht als selbständig verehrter Heiliger auftritt, sondern immer im Zusammenhang mit seinem Sohn dargestellt ist, ist die Betrachtung der frühen Zacharias-Ikonographie interessant. Es konnte deutlich gemacht werden, daß hier die szenische Darstellung, die möglicherweise zunächst in der Buchmalerei entwickelt wurde, die unmittelbare Voraussetzung für die Ikonographie des Repräsentationsbildes ist.

Ferner konnten einige Attribute enger als bisher mit der Person des Zacharias verknüpft werden: Wenn Weihrauchfaß und Acerra als Attribute auch theoretisch allen Priestern zukämen, wird dennoch in bildlichen Darstellungen in der Regel nur Zacharias damit ausgestattet, weil der Bildtypus für ihn durch die szenischen Darstellungen vorgeprägt war.[166]

Physiognomisch ist Zacharias immer durch langes, meist weißes Haar und einen langen Bart gekennzeichnet. Dieser markante Gesichtstypus ist jedoch nicht auf ihn alleine beschränkt, sondern charakterisiert auch andere Priestergestalten des Alten Testamentes, wie beispielsweise Melchisedek.[167]

Am Schluß soll nun die Diskussion um das Apsisbild in Bawit (**ZA 2**) angeschlossen werden:

Grabar deutet das Bild in Beziehung zu dem 110. Psalm, in dem von der Einsetzung des priesterlichen Königs auf dem Zion die Rede ist. Dementsprechend sollen die beiden Männer seitlich des Hauptbildes Melchisedek und Paulus sein. Denn im 110. Psalm heißt es: „Du bist Priester auf ewig nach der Ordnung Melchisedeks" (Ps 110, 4). Paulus wiederum zitierte den 110. Psalm unter anderem im Hebräerbrief (10, 12-14). Das Apsisfresko verbildlicht nach Grabar die Stiftung des Neuen Bundes. Der thronende Christus ist der Sieger über den Tod (= die unter der Mandorla liegende Gestalt), während zu seiner Rechten Melchisedek als Typus des Priesterkönigs steht, erkenntlich an einer Hostienpyxis in der Hand, und zu seiner Linken Paulus, der Autor der christlichen Auslegungen zum Priesterkönigtum des Messias.[168]

---

[165] Vgl. GRAEVEN (1901) S. 2-3.
[166] Vgl. GRAEVEN (1901) S. 6. Ein weiteres Beispiel für einen Priester mit Rauchfaß und Acerra liegt bei fol. 50r des Cosmas Indicopleustes vor. Dort handelt es sich um Aaron.
[167] Vgl. dazu auch *Materialerhebung*.
[168] GRABAR (1946) S. 216-219.

Auch wenn hier auf jeden theologischen Deutungsversuch des Bildprogrammes verzichtet werden soll, ist gegen Grabars Vorschlag einzuwenden, daß die ikonographische Gestaltung einer Identifizierung des fraglichen Dargestellten als Melchisedek widerspricht. Dieser wurde in der frühchristlichen Zeit mit dem unblutigen Opfer von Brot und Wein dargestellt.[169] Das Weihrauchfaß hingegen ist für ihn nicht nachgewiesen.[170] Grabar bezeichnet den runden Behälter bereits typologisch deutend als Eucharistiepyxis, geht aber mit keinem Wort auf das Weihrauchfaß ein, das der Heilige ebenfalls in der Hand hält. Wenn beide Attribute berücksichtigt werden, kann aber das Gefäß — eben im Zusammenhang mit dem Rauchfaß — nur als Acerra, als Weihrauchbehälter, angesprochen werden.

Diese beiden Attribute jedoch — ebenso wie die physiognomische Ausprägung — deuten auf Zacharias hin. Er allein wurde in der bildenden Kunst als Priester des Alten Testamentes immer auf diese Weise dargestellt. Grabar erwähnt zwar in seiner Abhandlung kurz die Möglichkeit, es könne Zacharias oder Aaron dargestellt sein, verwirft sie jedoch wegen des Gewandes: ein Priester müsse mit dem entsprechenden Gewand, der Lacerna, bekleidet sein, nicht mit dem Pallium. Das sei nur bei Melchisedek denkbar, weil dieser kein Tempelpriester war. Dazu ist zweierlei anzumerken: Melchisedek wurde durchaus mit der Lacerna dargestellt.[171] Für Zacharias ist die Lacerna zwar die übliche Gewandung, es gibt jedoch auch Darstellungen, in denen er mit dem Pallium oder mit einer Chlamys bekleidet ist. (ZA 3, ZA 4). Die These Grabars steht im Widerspruch zum ikonographischen Bestand.

Zur Klärung der Identität der beiden Assistenzfiguren kann die Ampulle in Bobbio beitragen (ZA 8). Die Apsisdarstellung in Bawit zeigt Parallelen zu der ebenfalls ungewöhnlichen Komposition, die diese Ampulle aufweist. Hier wie dort ist eine von Engeln getragene Mandorla mit dem thronenden Christus der Mittelpunkt, dem zusätzliche Bildelemente aus unterschiedlichen Zusammenhängen, der Himmelfahrt und der Ezechielvision, beigefügt werden. Sol und Luna kommen in beiden Bildern vor, ebenso wie die flankierenden, nimbierten Gestalten, die auf der Bobbio-Ampulle eindeutig als Zacharias und Johannes identifiziert werden konnten. Auch in Bawit spricht die Ikonographie ganz zweifellos für Zacharias. So ist in der anderen, nur teilweise erhaltenen Gestalt wegen der Parallele zu Bobbio und wegen des für den Täufer typischen hinweisenden Gestus, Johannes zu sehen.

---

[169] Beispiele sind das Mosaik in S. Maria Maggiore in Rom und die Mosaiken in S. Vitale in Ravenna und in S. Apollinare in Classe bei Ravenna.
[170] Vgl. hierzu nochmals GRAEVEN (1901) S. 6.
[171] Vgl. die beiden in Anm. 169 genannten Beispiele!

Johannes der Täufer

A. VITA, KULT UND LEGENDE

Vita und Legende:

Den betagten Eltern Elisabeth und Zacharias verkündete der Engel Gabriel die Geburt eines Sohnes. Johannes wurde sechs Monate vor Christus geboren. Die Heimat des Täufers war eine Stadt im Bergland von Judäa. Nach einer seit dem sechsten Jahrhundert nachweisbaren Überlieferung war es ‚enkarim, etwa 7,5 Kilometer westlich von Jerusalem gelegen.[172] Er zog sich schon in jugendlichem Alter zu asketischem Leben in die Wüste zurück. Im Alter von dreißig Jahren trat er im Jordantal als Bußprediger, Täufer und Wegbereiter des Messias auf. Das öffentliche Wirken des Johannes begann im 15. Jahr der Herrschaft des Tiberius, 28-29 n. Chr. (Lk 3,1). Er verkündete das Kommen des Reiches Gottes und predigte Buße und Umkehr. Nach Mt 3,4 bestand sein Gewand aus Kamelhaar und einem Ledergürtel, seine Nahrung aus Heuschrecken und wildem Honig. Johannes wurde unter König Herodes hingerichtet.

Verehrung:

Johannes wurde als letzter und größter Prophet des Alten Testamentes verehrt. Christus bezeichnete ihn als den Größten unter den von einer Frau Geborenen (Mt 11,11). Unter dem Eindruck des Herrenwortes Mt 11,11 wurde Johannes zum ersten überregional verehrten Heiligen der christlichen Kirche im Osten und Westen.

Mit dem Beinamen „Täufer" ist Johannes schon bei den Synoptikern und Josephus Flavius bezeichnet.[173]

Johannes steht an der Spitze in der Hierarchie der Heiligen. In den Litaneien wird er direkt nach den Erzengeln angerufen.[174]

Johannes der Täufer hat als einziger Heiliger zwei Festtage, den seiner Geburt am 24. Juni und den seiner Enthauptung am 29. August. Diese Tatsache ist insofern bemerkenswert, als außer ihm nur noch Christus und die Gottesmutter mehrere Festtage haben.

Das älteste, erstmals durch einen ägyptischen Papyrus des vierten Jahrhunderts bezeugte Johannesfest liegt auf dem 5. Januar. Während im Osten das Fest des Täufers bereits im vierten Jahrhundert gefeiert wurde, erwähnt der Chronograph von 354 darüber noch nichts. Donckel vermutete ferner, daß die Entwei-

---

[172] MICHL, J., Johannes der Täufer, I. Leben, in: LTHK 5, ² 1960, Sp. 1084-1086. Vgl. auch WEIS, E., Johannes der Täufer, in: LCI 7, 1974, Sp. 164-190.

[173] MICHL (LTHK), wie Anm. 172, Sp. 1084.

[174] REAU, Iconographie, Saint Jean-Baptiste, S. 431-463, hierzu S. 434.

hung des Johannesgrabes in Sebaste unter Kaiser Julianus Apostata die Verehrung des Vorläufers im Westen nicht in demselben Maße wie im Osten förderte.[175]

Die Festlegung des Geburtsfestes auf dem 24. Juni beruht auf Lk 1, 36, wonach Elisabeth zum Zeitpunkt der Empfängnis Christi im sechsten Monat schwanger war, und auf der römischen Zeitberechnung. Der Termin muß also im Westen entstanden sein. Die erste zuverlässige Nachricht über einen Festtag des Johannes im Westen stammt von Augustinus, der auch die symbolische Begründung im Sinne von Joh 3, 30 lieferte. Er stellte den Zusammenhang zwischen dem „Abnehmen" des Johannes und den nach der Sonnenwende abnehmenden Tagen her.[176]

Der 29. August war das Dedikationsfest der Grabkirche des Johannes in Samaria. Es wird in Rom erst im sechsten Jahrhundert begangen.

Kult:

Der Bericht der Evangelien über die Hinrichtung Johannes des Täufers schließt mit dem Satz, daß seine Jünger den Leichnam holten und ihn in ein Grab legten (Mt 14, 12; Mk 6, 29), während das Haupt in den Händen des Herodes zurückblieb. Da der Täufer auch nach seinem Tod sehr verehrt wurde, ist kaum daran zu zweifeln, daß die Stätte seines Grabes bekannt blieb und verehrt wurde. Fest steht, daß die Verehrung des Täufers im vierten Jahrhundert in Samaria-Sebaste in vollem Gang war. Damals war die Tradition bereits fest eingewurzelt, die Stätte hatte — im Gegensatz zur Reliquie des Hauptes — keine Konkurrenz.[177]

Die Tradition, die das Grab des Johannes in Sebaste-Samaria lokalisiert, kam im vierten Jahrhundert auf. Sie entbehrt jedoch der Glaubwürdigkeit; das Grab ist dort nicht belegt. Dennoch tat auch die Zerstörung der Anlage durch Julianus Apostata dem Kult dort keinen Abbruch.[178] Für die Reliquie des Hauptes hingegen liegen zwei unterschiedliche Traditionsstränge vor: Nach dem einen Bericht veranlaßte Theodosius 391 die Translation nach Konstantinopel in eine neu errichtete Kirche im Hebdomon. Eine andere Tradition spricht davon, daß das Haupt des Johannes 453 wunderbarerweise von Marcellus, dem Archimandriten des Klosters von Emesa, ebendort aufgefunden worden sein soll,[179] oder aber, daß Mönche die Kopfreliquie im Heiligen Land wiederentdeckt hätten und nach Emesa brachten.[180]

---

[175] DONCKEL Kap. XXVI, Der hl. Johannes der Täufer aus Palästina, S. 57-59.
[176] FISCHER, B., Johannes d. T., II. Verehrung, in: LThK 5, ²1960, Sp. 1086-1088, hierzu Sp. 1087.
[177] JEREMIAS (1961) S. 95-101, bes. S. 96-98.
[178] Im 4. Jh. erwähnen Hieronymus, Rufinus und Theodoret Sebaste als Ort des Johannesgrabes, s. STRAMARE, T., Giovanni Battista, in: BiblSS. 6, 1965, Sp. 599-616, hierzu bes. Sp. 611-613.
[179] KENNEDY (1963) S. 149-152, hierzu S. 151.
[180] STRAMARE (BiblSS), wie Anm. 178, Sp. 614-615.

Der über das übliche Maß hinausgehende Kult, der dem Johannes zuteil wurde, geht auf das Mönchtum zurück, von dem Johannes als Vorbild des asketischen Lebens verehrt wurde. Es gibt unzählige Kirchen mit seinem Patrozinium, gerade auch an den Stätten seines Wirkens in Palästina. Als Beispiele seien die Kirche am Ostufer des Jordan genannt, die Kaiser Anastasius (491-518) errichten ließ, diejenige in Gerasa, die 529-533 erbaut wurde und die spätere Omaijaden-Moschee in Damaskus, die im fünften Jahrhundert dem Täufer geweiht war.[181] Es beruht jedoch auf einer Verwechslung, daß das Grab des heiligen Johannes Damascenos in der Omaijaden-Moschee in Damaskus zu einer Kultstätte des Täufers wurde.[182]

Für den Westen überliefert der Liber Pontificalis, daß Konstantin zwei Johanneskirchen errichten ließ: eine in Ostia, die außerdem ein Petrus-und-Paulus-Patrozinium hatte und eine zweite in Albano. Die Lateransbasilika erhielt ihr Johannespatrozinium hingegen nicht vor dem siebten Jahrhundert.

B. MONUMENTE[183]

Johannes der Täufer war bereits in frühchristlicher Zeit als der letzte Prophet des Alten und der erste Märtyrer des Neuen Testamentes ein vielverehrter Heiliger. Es ist nun naheliegend, nach der ikonographischen Gestaltung des Johannesbildes schon im ersten Jahrhundert des christlichen Kunstschaffens zu suchen. Während im Rahmen dieser Arbeit sonst auf die Einbeziehung szenischer Darstellungen verzichtet wird, muß hier eine Ausnahme gemacht werden. Johannes wurde im Bild der Taufe Christi schon in der ersten Hälfte des dritten Jahrhunderts bildwürdig, wenn auch der inhaltliche Akzent natürlich nicht auf ihm, sondern auf der Taufhandlung liegt. Dennoch wurden gerade innerhalb dieser Szene eine individuelle Gewandung und ein bestimmter physiognomischer Typus ausgebildet, die in der Folgezeit gültig bleiben sollten. Ferner hat Johannes auch in den Taufszenen, noch abgesehen vom Stabkreuz, ein Gattungsattribut, den Rotulus und ein individuelles Attribut, das Pedum, das allerdings in den Repräsentationsbildern nicht übernommen wird. Die frühchristlichen Baptisterien tragen das Johannespatrozinium und als Patron der Taufstätten ist er im Bild der Taufe Christi auch um seiner selbst willen dargestellt. Besonders deutlich kommt dies bei Tauf-

---

[181] STRAMARE (BiblSS), wie Anm. 178, Sp. 607.
[182] REAU, Iconographie Bd II, 1, 1956, S. 435.
[183] Die Dissertation von MAYNIAL, D., L'iconographie de saint Jean-Baptiste depuis les origines jusqu'au XIVème siècle. Ecole du Louvre, Paris 1943 war mir nicht zugänglich. Das Werk von PLUS, R., Jean-Baptiste dans l'art, Paris 1937 und von MASSERON, A., Saint-Jean-Baptiste dans l'art, Paris 1957, ebenso wie von EMMINGHAUS, J. H., Johannes der Täufer, Recklinghausen 1966, sind für den Untersuchungszeitraum dieser Arbeit unergiebig.

bildern zum Ausdruck, in denen Johannes nimbiert ist, so im Fresko der Ponziano-Katakombe in Rom, **JOH 6**.[184]

Es werden jedoch nur die Taufdarstellungen in den Katalog aufgenommen, in denen Johannes ein Attribut trägt. Ausschlaggebend ist hierbei, daß es sich um Gegenstände handelt, die nicht für die Taufhandlung notwendig und somit nicht szenisch begründet sind, sondern Johannes selbst auszeichnen.

KATALOG

Die Gliederung erfolgt nach ikonographischen Gesichtspunkten, innerhalb der Gruppen sind die Denkmäler chronologisch geordnet.

Johannes in der Taufszene

Johannes mit Rotulus bei der Taufe Christi

JOH 1   Sarkophag von der Via Lungara
               Aufbewahrungsort: Rom, Museo Nazionale
               dat.: um 280
               Lit.: WILPERT (1929-1936) Taf. XIX, 3; DEICHMANN (1967) Rep. 777, 2

Die linke Schmalseite des Sarkophages zeigt zwischen einem belaubten und einem verdorrten Baum die Taufszene. Johannes steht links und legt die Rechte auf das Haupt des kleiner neben ihm dargestellten Christus. Er trägt nach Art der Philosophen das Pallium ohne Tunika darunter, so daß der Oberkörper teilweise entblößt ist und hält in der Linken eine halbgeöffnete Schriftrolle. Der Täufer hat eine volle, buschige Haar- und Barttracht. Er ist nicht nimbiert.

JOH 2   Sarkophag von Aire-sur-l'Adour
               Aufbewahrungsort: Aire-sur-l'Adour, Eglise Sainte-Quitterie
               dat.: E. 3. Jh.
               Lit.: WILPERT (1929-1936) Taf. LXV, 5; DEICHMANN F. W., KLAUSER, T.,
               Frühchristliche Sarkophage in Bild und Wort, Olten 1966, S. 24, Nr. 3, Taf. 5,1
               und 6

Am rechten Rand der Frontseite des einzonigen Friessarkophages ist eine Taufhandlung dargestellt: daß es sich um die Taufe Christi handelt, wird durch die Geisttaube verdeutlicht, die herabkommt. Johannes hat die ausgestreckte Rechte auf Christi Haupt gelegt, in der angewinkelten Linken hält er eine geschlossene Buchrolle. Bekleidet ist er mit Tunika und Pallium, er trägt Stiefel und ist unnimbiert. Johannes ist hier bartlos und mit kurzem Haar wiedergegeben. Er ist nur durch den szenischen Zusammenhang zu erkennen.

---

[184] Ein weiteres Beispiel für den Nimbus in einer Taufdarstellung ist ein Goldmedaillon aus Zypern, um 600 datiert, das bei RISTOW (1965) auf S. 26, Abb. 14a, abgebildet ist. Dort hat Johannes jedoch kein Attribut, das Medaillon erscheint deshalb nicht im Katalog.

Johannes mit Pedum bei der Taufe Christi

JOH 3   Elfenbein
         Teil eines Diptychons
         Provenienz: Rom oder Mailand
         Aufbewahrungsort: Berlin, Museum für Spätantike und Byzantinische Kunst
         dat.: 1. Dr. 5. Jh.
         Lit.: VOLBACH (1976) S. 80-81, Kat. Nr. 112, Taf. 60; EFFENBERGER/SEVERIN (1992) S. 135-136, Kat. Nr. 49

Johannes ist mit der Tunica exomis bekleidet, er legt die Rechte auf das Haupt Christi und trägt in der Linken den Hirtenstab. Johannes hat kurzes Haar und einen kurzen Vollbart. Er hat keinen Nimbus.

JOH 4   Elfenbein
         Fünfteiliges Diptychon
         Provenienz: Oberitalien (?)
         Aufbewahrungsort: Mailand, Domschatz
         dat.: 5. Jh.
         Lit.: VOLBACH (1976) S. 84-85, Kat. Nr. 119, Taf. 63

Johannes steht in der rechten Bildhälfte am Jordan. Er legt die Rechte auf Christi Scheitel, in der Linken hält er das Pedum. Bekleidet ist der Täufer mit einer Tunica exomis, die dreizipfelig herabhängt. Johannes hat hier langes, in den Nacken fallendes Haar und einen spitzen Vollbart. Er hat keinen Nimbus.

JOH 5   Ravenna, Baptisterium der Arianer
         Kuppelmosaik
         dat.: um 500
         Lit.: DEICHMANN (1974) S. 254; DEICHMANN (1958), Taf. 252 und 255

Johannes steht rechts auf dem Uferfelsen. Er hat die Rechte auf Christi Haupt gelegt, während er mit der Linken ein Pedum hält. Seine Kleidung besteht aus einem getupften Leopardenfell, das wie eine Tunica exomis gestaltet ist und zipfelig herabhängt. Johannes hat langes, in den Nacken fallendes Haar und einen spitzen Vollbart. Er hat keinen Nimbus.

JOH 6   Rom, Ponziano-Katakombe
         Fresko
         dat.: 6. Jh.
         Lit.: WILPERT (1903) Taf. 259, 2

Johannes steht rechts von Christus auf einem Felsen und legt ihm die Hand auf das Haupt. In der Linken hält er ein Pedum. Das Gewand ist eine dreizipfelig herabhängende Tunica exomis, wohl aus Leopardenfell, wie die Tupfen erkennen lassen. Johannes hat langes, in den Nacken fallendes Haar und einen kurzen Vollbart, er hat einen Nimbus.

Johannes mit Stabkreuz bei der Taufe Christi

JOH 7 Ravenna, Baptisterium der Orthodoxen
       Kuppelmosaik
       dat.: 3. V. 5. Jh.
       Lit.: DEICHMANN (1974) S. 32-38; DEICHMANN (1958) Taf. 41

Johannes steht links auf einem Felsen. Er muß ursprünglich, vor der Restaurierung, bei der fälschlich eine Schale ergänzt wurde, wie auf allen anderen frühchristlichen Darstellungen auch, die Hand auf das Haupt Christi gelegt haben. In der Linken hielt er ursprünglich nicht ein Vortragekreuz, sondern ein langes, gemmenbesetztes Stabkreuz. Er war nicht nimbiert. Sein Gewand besteht aus der Tunica exomis. Johannes hat langes, in den Nacken fallendes Haar und einen spitzen Vollbart.

Johannes ganzfigurig in isolierten Heiligenbildern

Mosaik und Fresko

JOH 8 Rom, Lateransbaptisterium, Oratorium des Heiligen Kreuzes
       Wandmosaiken, überliefert von O. Panvinio
       dat.: 461-468
       Lit: WILPERT/SCHUMACHER (1976) S. 91

Panvinio beschrieb die Mosaiken, die zwischen den Fenstern angebracht waren, nur sehr knapp. Er zählt die Dargestellten namentlich auf: Petrus und Paulus, Johannes der Täufer und Johannes der Evangelist, Laurentius und Stephanus, Jakobus und Philippus.

Wilpert/Schumacher folgern zu Recht, daß die Figuren mit Namensbeischriften versehen gewesen sein müssen, denn sonst hätte Panvinio die einzelnen Personen — besonders Jakobus und Philippus — sicherlich nicht erkannt. In der zweiten Hälfte des fünften Jahrhunderts waren die aufgezählten Heiligen, bis auf die Apostelfürsten und Johannes den Täufer physiognomisch noch nicht ausreichend differenziert.

JOH 9 Parenzo, Basilica Eufrasiana
       Mosaik in der Apsis
       dat.: um 540
       Lit.: MOLAIOLI (1943); VAN BERCHEM/CLOUZOT (1924) S. 175-182, Abb. 228

Johannes ist in der Fensterzone der Apsis, neben einem Erzengel (Gabriel?) und seinem Vater Zacharias stehend dargestellt. Er trägt eine Tunika mit Clavi, darüber einen Fellüberwurf aus Leopardenfell und ein Pallium. In der Linken hält er ein Stabkreuz, die Rechte hat er vor der Brust erhoben. Er hat langes, schwarzes Haar und einen langen, spitzen Vollbart. Er hat einen Nimbus.

JOH 10   Gaza, Hagios Stephanos (nicht erhalten)
          Apsismosaik
          dat.: vor 548
          Lit.: IHM (1992) S. 194, Nr. XLVIII

Eine Beschreibung des Apsisbildes in der Stephanus-Kirche ist im 2. Loblied des Chorikios auf den Bischof Markian enthalten. Danach befand sich Johannes Prodromos mit anderen Heiligen in einer Huldigungsszene vor Christus. Aus der Quelle sind keine näheren Angaben zur Gestaltung des Johannes zu erschließen.

JOH 11   Rom, S. Venanzio am Lateransbaptisterium
          Mosaik
          dat.: 642-650
          Lit.: IHM (1992) S. 144-145, Taf. 23,2; mit weiterer Literatur

Johannes befindet sich in der Reihe der Heiligen an zweiter Stelle nach Petrus, vom Betrachterstandpunkt aus gesehen rechts von der Gottesmutter. Sein Pendant gegenüber ist Johannes der Evangelist. Der Täufer ist mit einer Tunika und einem Pallium bekleidet, in der Linken hält er ein Stabkreuz, während die Rechte vor der Brust erhoben ist. Johannes hat langes, dunkles, welliges, in den Nacken fallendes Haar und einen spitzen Vollbart. Er hat einen Nimbus und ist durch eine Namensbeischrift gekennzeichnet.

JOH 12   Rom, S. Maria Antiqua
          Fresko
          dat.: 649
          Lit.: GRÜNEISEN (1911) S. 105, Fig. 79; WILPERT (1916) II, S. 665-666,
          WILPERT (1916) IV, Taf. 145,3

Christus nimmt die Mitte der Darstellung ein, neben ihm steht zu seiner Rechten die Gottesmutter, zu seiner Linken Johannes. Alle drei sind nimbiert. Johannes trägt eine weiße Tunika und ein dunkles Pallium. Weitere Details des Gewandes sind jedoch wegen des schlechten Erhaltungszustandes nicht zu erkennen. Er hat langes dunkles Haar und einen Vollbart. In einer Hand hält er eine geschlossene Rolle, mit der anderen weist er auf Christus hin. Er ist durch eine Namensbeischrift gekennzeichnet.

JOH 13   Bawit, Apollonkloster, Kapelle XII
          Fresko, Westwand, Abschnitt f
          dat. 6.-7. Jh.
          Lit.: CLEDAT (1904/06) S. 53-63

Johannes steht in der Reihe der alttestamentlichen Propheten. Er trägt eine weiße Tunika und ein weißes Pallium, er ist nimbiert. Die Rechte ist im Sprechgestus erhoben, in der Linken hält er eine offene Schriftrolle mit einem Schrifttext darin.

Tafelbilder

JOH 14 Tafelbild
Provenienz: Palästina (nach Weitzmann)
Aufbewahrungsort: Kiew, Museum westlicher und orientalischer Kunst
dat.: 6. Jh.
Lit.: WEITZMANN (1976) S. 32-35, Kat. Nr. B 11, Taf. XIV; BELTING (1991) S. 162, Abb. 85

Johannes steht ganzfigurig, frontal dem Betrachter zugewandt. Er ist bekleidet mit einem ockerfarbenen Himation und ebensolchem Chiton, darüber trägt er einen hellen Fellüberwurf und einen schwarzen Gürtel. In der Linken hält er eine abgewickelte Schriftrolle, auf der die Worte Joh 1,29 (Seht das Lamm Gottes, das die Sünden der Welt trägt) standen, die Rechte ist im hinweisenden Gestus erhoben. Sein Blick geht ebenfalls leicht nach oben zu einem Medaillon mit der Büste Christi. Johannes hat lange, schwarze, zottelige Haar- und Barttracht. Er hat einen Nimbus.

Nach H. Belting ist Johannes hier nicht um seiner selbst willen dargestellt, sondern in seiner Eigenschaft als Zeuge der göttlichen Natur Christi. Der Schrifttext, der hinweisende Gestus und der Blick des Heiligen zum Christus-Medaillon stellen ihn in Bezug zu dem, den er verkündete.

In der Tat unterscheidet sich dieses Tafelbild von einer Ikone mit Kultfunktion darin, daß Johannes nicht den Betrachter anblickt und sich der Verehrung durch die Gläubigen stellt, sondern daß er auf Christus hin ausgerichtet ist. Dennoch ist Johannes um seiner selbst willen, als Hauptthema des Bildes dargestellt, denn seine Persönlichkeit ist historisch und theologisch durch seine Vorläuferschaft Christi geprägt.

Buchmalerei

JOH 15 Codex
Cosmas Indicopleustes
dat.: älteste Kopie: 9. Jh., nach einem Vorbild von 547-549
Provenienz des Originals: Alexandria
Aufbewahrungsort: Vatikan, Cod. Vat. gr. 699
Lit.: SÖRRIES (1993) S. 143-146, Taf. 79, 41

Fol. 76r zeigt Johannes in der Mitte der Heiligen Sippe, links von ihm, vom Betrachterstandpunkt aus gesehen, stehen Maria und Christus, rechts Zacharias und Elisabeth, in Medaillons darüber die Brustbilder von Anna und Simeon. Johannes ist bekleidet mit Tunika und Pallium, er hält in der Linken ein Stabkreuz. Er hat langes, dunkles Haar und einen zottigen Vollbart. Er ist wie alle Dargestellten nimbiert und durch eine Namensbeischrift gekennzeichnet.

Elfenbein

JOH 16   Elfenbein
Maximianskathedra
Provenienz: umstritten, östliche Reichshälfte
Aufbewahrungsort: Ravenna, Erzbischöfliches Museum
dat.: M. 6. Jh.
Lit.: MORATH, G. W., Die Maximianskathedra in Ravenna, Freiburg 1940;
VOLBACH (1976) S. 93-94, Kat. Nr. 140, Taf. 73

Die Frontseite der Sitzfläche der Kathedra ist mit fünf Einzelfiguren geschmückt. In der Mitte steht Johannes ganzfigurig, frontal unter einer Rundbogenarkade, die auf schräg kannelierten Säulen ruht. Sein Haupt wird von einer Muschelnische hinterfangen. Links und rechts von ihm stehen die vier Evangelisten. Er ist bekleidet mit einem gegürteten Chiton und einer Art Lacerna aus Fell, die vor der Brust geknotet ist. In der verhüllten Linken trägt er einen Diskus mit dem Lamm darauf, was wiederum einen Hinweis auf die Schriftstelle Joh 1, 29 darstellt. Die Rechte ist im Sprechgestus erhoben. Johannes hat langes, welliges, in den Nacken fallendes Haar und einen spitzen Vollbart. Er hat keinen Nimbus.

JOH 17   Elfenbein
Lorscher Buchdeckel
Provenienz: Lorsch?
Aufbewahrungsort: London, Victoria and Albert Museum
dat.: 9. Jh., nach einer Vorlage um 500 kopiert
Lit.: VOLBACH (1976) S. 133, Kat. Nr. 224, Taf. 104

Das Mittelfeld der Elfenbeinplatte ist in drei Teile gegliedert. In der Mitte thront unter einer Arkade die Gottesmutter mit dem Kind, sie wird flankiert von Johannes zu ihrer Rechten und Zacharias zu ihrer Linken. Jeder der beiden steht unter einer Arkade, die von kannelierten Säulen gestützt wird. Johannes ist mit Tunika und Pallium bekleidet, er hat buschiges Haar und einen Vollbart. Mit der Linken weist er eine offene Schriftrolle vor, die Rechte hat er im Redegestus erhoben. Nur die Gottesmutter und Christus sind nimbiert.

Metall

JOH 18   Ampulle
Provenienz: Palästina
Aufbewahrungsort: Bobbio
dat.: 6. Jh.
Lit.: GRABAR (1958) S. 43-44, Kat. Nr. 20, Taf. LIII

In einer von vier Engeln emporgetragenen Mandorla thront der segnende Christus. Von dem unteren Rand der Mandorla gehen Flammen aus, dazwischen, genau in der Mitte, befindet sich ein achtstrahliger Stern. Diesen flankieren zwei Büsten mit Fackeln, die Personifikationen von Sonne und Mond. In der unteren Bildhälfte steht genau in der Mittelachse die nimbierte Gottesmutter in Orantenhaltung. Ihr zugewandt steht links — vom Betrachter aus gesehen — Zacharias und rechts Johannes. Auch sie tragen beide einen großen Nimbus. Hinter Zacharias und Johannes befindet sich je ein Engel.[185] Johannes ist mit Tunika und einem vor der Brust geknoteten Fellmantel bekleidet. In der Linken hält er eine entrollte Schrift mit mit dem Text von Joh 1, 29. Die Rechte hat er im Redegestus erhoben. Er hat langes Haar und einen Vollbart.

Wessel merkt dazu an, daß als monumentales Vorbild dieser Komposition am ehesten die Apsiskomposition einer Kirche in Jerusalem in Frage kommt, die dem Täufer geweiht war.[186]

JOH 19   Silberstatue (überliefert)
              dat.: 4. Jh.
              Quelle: Liber Pontificalis I 174
              Lit.: DONCKEL S. 57

Im Liber Pontificalis wird berichtet, daß es im Lateransbaptisterium neben einer Christusstatue und einem goldenen Lamm auch eine Silberstatue von Johannes dem Täufer gab. Er hielt eine Schriftrolle, auf der die Worte *ecce agnus Dei, ecce qui tollit peccata mundi* standen.

Darstellungen des Johannes in Medaillonbüsten

JOH 20   Sinai, Katharinenkloster
              Mosaik-Medaillon im Zwickel des Triumphbogens
              dat.: 565-566
              Lit.: IHM (1992) S. 195-197, mit weiterer Literatur; FORSYTH/WEITZMANN, Sinai, Taf. CLXXVI

Insgesamt sind am Triumphbogen drei Medaillons verteilt: Im Scheitel befindet sich das apokalyptische Lamm vor dem Kreuz, links vom Betrachterstandpunkt aus gesehen die Büste Johannes des Täufers, rechts die der Gottesmutter. Johannes, mit strengem Gesichtsausdruck, hat lange dunkle Haare und einen langen spitzen Vollbart.[187]

---

[185] Die von GRABAR vorgeschlagene Deutung des Bildthemas wurde bereits im Kat. ZACHARIAS, ZA 4, referiert.

[186] WESSEL, K., Johannes Baptistes (Prodromos), in: RBK III, 1978, Sp. 616-647, hierzu Sp. 636.

[187] Bei dieser Komposition handelt es sich um die Vorform der Deesis.

JOH 21   Bawit, Apollonkloster, Kapelle XXXII
              Fresko
              dat.: 5.-7. Jh.
              Lit.: CLEDAT (1904/06) Taf. 10

Es handelt sich hier um ein Medaillonbild des Johannes, der in der Linken den Diskus mit der Darstellung des Lammes trägt. Johannes ist bärtig. Details sind wegen des ungenügenden Erhaltungszustandes nicht zu erkennen.

JOH 22   Emesa-Vase
              Provenienz: Gegend von Homs (antik: Emesa)
              Aufbewahrungsort: Paris, Louvre
              dat.: E.6./A.7. Jh.
              Lit.: KATALOG PARIS (1992) S. 115, Kat. Nr. 62

Die Vase ist mit einem Fries von acht Medaillons dekoriert, die Christus zwischen Petrus und Paulus, die Gottesmutter zwischen zwei Engeln, sowie Johannes den Täufer und Johannes den Evangelisten darstellen. Die Personen sind nicht nimbiert. Die Heiligen sind mit dem Pallium bekleidet. Johannes ist an seiner charakteristischen Physiognomie mit dem asketischen Gesichtsausdruck und der langen Bart- und Haartracht zu erkennen.

C. ANALYSE DER VORKOMMENDEN BILDTYPEN UND ATTRIBUTE

Der ikonographische Typus des Johannes setzt sich aus der prägnanten Physiognomie des Asketen, der Gewandung mit dem Fellmantel und seinen unterschiedlichen individuellen Attributen zusammen.

Der strenge, asketische Gesichtstypus, der für den Täufer charakteristisch wird, ist ansatzweise schon im Taufbild des Sarkophags von S. Maria Antiqua, datiert um 270[188], zu erkennen. Zu seiner Physiognomie gehören auch die langen, manchmal wirren Haare und der lange, strähnige Vollbart, wie sie ebenfalls schon auf dem Sarkophag von S. Maria Antiqua ausgebildet sind. Diese Porträtzüge fehlen nur auf wenigen der hier besprochenen Johannesbilder, wie beim Sarkophag von Aire-sur-l'Adour (**JOH 2**) und dem Elfenbein in Berlin (**JOH 3**).

Das Gewand des Täufers wird in den Evangelien ausdrücklich beschrieben: Bei Mt 3, 4 und bei Mk 1, 6 ist von einem aus Kamelhaar gefertigten Gewand und einem Ledergürtel die Rede. Diese Gewandform tritt zunächst — bis zum fünften Jahrhundert — in der Kunst überhaupt nicht in Erscheinung. Später trägt Johannes eine Felltunika oder einen Fellumhang, beides jedoch in Material und Form weit entfernt vom biblischen Kamelhaargewand.

In der gallienischen Zeit, um 270, wird in Anlehnung an den Typus des kynischen Wanderphilosophen ein Johannesbild entwickelt, das ihn mit langem Vollbart, langem Haar und Pallium ohne Untergewand zeigt. Der Philosophen-

---

[188] Vgl. DEICHMANN (1967) Rep. 747,1.

mantel soll seine prophetische Würde kennzeichnen. In tetrarchischer und konstantinischer Zeit trägt Johannes eine Tunika unter dem Pallium oder eine gegürtete Exomis, die aus Fell gearbeitet sein kann.[189] Das Fellgewand in den verschiedenen Ausführungen wird zum individuellen Attribut des Täufers, das an sein asketisches Leben in der Wüste erinnert.[190] Bemerkenswert ist, daß Johannes in den Fällen, in denen er mit anderen Propheten (Bawit, **JOH 13**), der Heiligen Sippe (Cosmas Indicopleustes, **JOH 15**), oder Aposteln und Märtyrern (S. Venanzio, **JOH 11**) gemeinsam dargestellt ist, meistens mit Tunika und Pallium bekleidet ist und sich so in die Gemeinschaft einordnet.

Johannes hat schon Ende des dritten Jahrhunderts auf zwei der frühen Sarkophage (**JOH 2**; **JOH 3**) ein Gattungsattribut, den Rotulus. Er soll Johannes als Lehrer kennzeichnen und darauf hinweisen, daß er die wahre Philosophie verkündete.[191] Bereits hier wird die besondere Würde des Täufers durch ein Attribut unterstrichen.[192]

Seit dem fünften Jahrhundert wird Johannes bei der Darstellung der Taufe Christi zuweilen mit dem Pedum ausgestattet. Dabei handelt es sich nach Schäfer[193] um ein Attribut als Hinweis auf seinen Aufenthalt in der Steppe, ohne daß der Gedanke des Weidens ausgedrückt werden solle. Johannes war aber nie Hirte, deswegen ist das Pedum als Hirtenstab für ihn nicht plausibel. Sdrakas sieht darin gar die ersten Ansätze zur späteren Darstellung mit dem Kreuz, das sich aus dem formlosen Stab entwickelt habe. Damit sei eine Symbolik auf den Kreuzestod Jesu geschaffen worden, die sich auf die Johannesworte Joh 1, 29 beziehe.[194] Diese These kann mit dem Hinweis zurückgewiesen werden, daß Pedum und Stabkreuz nicht zeitlich verschoben auftreten, sondern gleichzeitig, im fünften Jahrhundert. Sowohl von der äußeren Form her, als auch von der inhaltlichen Bedeutung sind Pedum und Stabkreuz — vor allem das Gemmenkreuz — grundverschieden.

Die Zusammenstellung der Bildtypen und Attribute des Johannes führt zu einem neuen Erklärungsvorschlag. Er liegt in der Verknüpfung des Philosophentypus des Johannes mit der Tatsache, daß der Krummstab ursprünglich als Stützhilfe bei den kynischen Philosophen in Gebrauch war.[195] Johannes wurde ja im dritten Jahrhundert in Gestalt und Gewand der kynischen Philosophen wiedergegeben. Offen bleibt dabei allerdings die Frage, warum das Pedum erst im fünften

---

[189] RISTOW (1965) S. 12.
[190] Vgl. dazu WESSEL (RBK), wie Anm. 186, Sp. 616.
[191] RISTOW (1965) S. 14.
[192] Dieses Attribut wurde bislang meistens übersehen. DEICHMANN (1974) S. 38 schreibt, daß Johannes bis zum fünften Jahrhundert ohne Attribut sei und dann mit Pedum und dem Stabkreuz auftrete.
[193] SCHÄFER (1936) S. 99.
[194] SDRAKAS, E. D., Johannes der Täufer in der Kunst des christlichen Ostens, München 1943, S. 47.
[195] Vgl. VORETZSCH, A., Stab, in: LCI 4, 1972, Sp. 193.

Jahrhundert als Johannes-Attribut auftaucht. Möglicherweise lebte die Erinnerung an die ältere Johannes-Ikonographie darin noch weiter.

Seit dem sechsten Jahrhundert wird Johannes als Heiliger isoliert oder in Repräsentationsbildern in einer Reihe mit anderen dargestellt. Sein physiognomischer Typus ist festgelegt: Johannes hat einen dunklen, oft strähnigen Vollbart und langes Haar, das manchmal ungepflegt sein kann. Er ist als älterer Mann mit strengem und asketischem Gesichtsausdruck wiedergegeben. Die Gewandung kann variieren zwischen dem Pallium, das Johannes in die Gruppe der mit ihm dargestellten Propheten oder Heiligen einbezieht,[196] und einem Fellgewand, das unterschiedlich kombiniert werden kann. Er hat in allen untersuchten Fällen von ganzfigurigen Repräsentationsdarstellungen ein Attribut bei sich, in vier Beispielen das Stabkreuz, in zweien den Diskus mit dem Agnus Dei, in fünf Darstellungen eine geöffnete, einmal eine geschlossene Schriftrolle.

Das Gemmenkreuz beziehungsweise das einfache Stabkreuz wird in der Forschung als Hinweis auf die Passionsprophetie des Johannes gedeutet.[197] Mehr Wahrscheinlichkeit hat jedoch der Gedanke Schäfers[198] für sich, daß durch die Beifügung des Kreuzattributs der hohe Rang des Täufers und — wie auch sonst durch das Kreuz bei Heiligen — die Nachfolge Christi des Märtyrers ausgedrückt werden sollte. Schäfer schlug auch vor, den Ursprung des Kreuzattributes für Johannes im Zentrum seiner Verehrung zu suchen, in der Johanneskirche im Hebdomon in Konstantinopel, wo die Reliquie seines Hauptes aufbewahrt wurde.[199] Dieses Ehrenattribut wäre dem Johannes demnach zuerst in Konstantinopel — und zwar in theodosianischer Zeit — verliehen worden. Den frühesten faßbaren Reflex dieser Ikonographie stellt die Taufdarstellung im Baptisterium der Orthodoxen in Ravenna dar.[200]

Den Nimbus hat Johannes seit dem sechsten Jahrhundert in den meisten Repräsentationsbildern, aber auch in einigen Taufdarstellungen.

Als abschließendes Ergebnis soll festgehalten werden, daß die besondere Stellung und Wertschätzung des Täufers in der Vielzahl der Attribute zum Ausdruck kommt, die vor allem in den Repräsentationsbildern Verwendung fanden. Die Tatsache, daß Johannes schon in der Szene der Taufe Christi herausgehoben werden sollte, wird dadurch verdeutlicht, daß er auch dort mit Attributen und einer besonderen Physiognomie und Gewandung ausgezeichnet wurde. Die Johannes-Ikonographie ist aus unterschiedlichen Traditionssträngen zusammengesetzt und zu komplex, als daß sie auf ein einziges Urbild zurückgeführt werden könnte.

---

[196] Vgl. WESSEL (RBK), wie Anm. 186, Sp. 616.
[197] WEIS (LCI), wie Anm. 172, Sp. 168.
[198] SCHÄFER (1936) S. 101.
[199] SCHÄFER (1936) S. 101-102 und DEICHMANN (1974) S. 35 und 38.
[200] DEICHMANN (1974) S. 38.

APOSTEL

In der frühchristlichen Kunst werden die Apostel meist als geschlossene Gruppe dargestellt, die Christus, oftmals ihm akklamierend, umgibt. Dabei werden die einzelnen nicht individualisiert, nur Petrus und der ja eigentlich nicht zur Gruppe der Zwölf gehörige Paulus sind vor den anderen herausgehoben. In allen repräsentativen Darstellungen sind die Apostel in Tunika und ein — fast immer weißes — Pallium gekleidet. Gattungsattribute sind meistens vorhanden. Den Aposteln werden, je nach Bildzusammenhang, ein Rotulus oder Codex beziehungsweise die Märtyrerkrone zugewiesen. Petrus und Paulus sind seit der Mitte des vierten Jahrhunderts durch eine besondere Physiognomie individualisiert, meist wird ihre besondere Bedeutung zusätzlich durch eine hervorgehobene Position kenntlich gemacht. Das sind die Ehrenplätze rechts und links von Christus und in einigen Fällen das Recht, neben Christus zu sitzen, während die anderen Apostel stehen, so wie es zum Beispiel auf der Berliner Pyxis[201] der Fall ist.

Bedingt durch die hier vorgegebene Thematik werden im Katalog nur drei Apostel, unter Einbeziehung von Paulus, vorgestellt, denn nur drei aus der Gruppe der Jünger wurden in der frühchristlichen und frühbyzantinischen Zeit bis zum Anfang des achten Jahrhunderts durch Attribute besonders gekennzeichnet. Dieses besondere Interesse, das schon innerhalb der frühen Heiligenikonographie für die Apostelfürsten und den erstberufenen Jünger Andreas konstatiert werden kann, drückt sich auch dadurch aus, daß jeder dieser drei eine unverwechselbare Physiognomie erhielt.

PETRUS

A. VITA, KULT UND LEGENDE

Es geht an dieser Stelle in erster Linie darum, skizzenhaft die Geschichte und die Entwicklung der kultischen Verehrung aufzuzeigen, die dem Apostel Petrus zuteil wurde. Die Fragen nach der Historizität des Aufenthaltes Petri in Rom sowie nach Ort und Datum seines Martyriums bleiben ausgeklammert.

Vita und Legende:

Das Leben des Petrus kann nach den Quellen in drei Abschnitte untergliedert werden: Die Evangelien berichten über Petrus zu Lebzeiten Jesu und bis zu dessen Himmelfahrt, in der Apostelgeschichte ist dann sein Wirken in Jerusalem bis zu seiner Einkerkerung durch den Tetrarchen Herodes Agrippa überliefert. Der

---

[201] VOLBACH, Elfenbeine (1976), S. 104, Kat. Nr. 161.

hagiographischen Literatur mit Legenden und Apokryphen schließlich gehören die Berichte über den Aufenthalt des Petrus in Rom an, dessen erster Bischof er war, bis zur Gefangennahme und seinem Martyrium unter Nero.[202] Ein außerbiblisches Zeugnis für den Aufenthalt und den Tod des Petrus in Rom bietet Clemens I. (1 Clem 5-6, um 96).[203]

Simon wurde als Sohn des Jonas in Bethsaida in Galiläa geboren. Bei seiner Berufung zum Jünger Jesu lebte er, wie sein Bruder Andreas, als Fischer in Kapharnaum.

Im Kreis der Jünger Jesu nahm er eine Sonderstellung als Wortführer der Apostel ein. Wichtig wurden die Auszeichnung Simons mit dem Beinamen Kephas/Petrus, der Fels, durch Christus selbst, dann die Beauftragung nach Mt 16,18f und die Ersterscheinung des Auferstandenen. Nach dem Pfingstgeschehen war Petrus das Haupt der Jerusalemer Urgemeinde, bis er eine Missionstätigkeit im Orient und dann in Rom begann.

In den Apostellisten wird Petrus als erster genannt, in den Evangelien und der Apostelgeschichte wird er hundertfünfzigmal erwähnt.

Kult:

Zu Beginn des dritten Jahrhunderts war in Rom der Martyriumsort des Petrus — wahrscheinlich nicht das Grab — bekannt. Der Ort in der Vatikanischen Nekropole ist unter dem Begriff Τροπαιον = Siegesstätte überliefert. Belegt ist dieses Tropaion durch eine Notiz des Presbyters Gaius, die von Eusebius in seiner Kirchengeschichte festgehalten ist (Hist. eccl. II, 25-7).

Seit der Mitte des dritten Jahrhunderts ist eine kultische Verehrung des Petrus in Rom nachgewiesen: Petrus genoß als Gründer der dortigen Kirche eine besondere Verehrung. Hunderte von Sgraffiti unter S. Sebastiano an der Via Appia besagen, daß dort Refrigerien zu Ehren von Petrus und Paulus gehalten wurden. Man vermutete dort vielleicht auch die Gebeine der Apostel. Die Frage nach dem Kern dieser Kultstätte ist nicht befriedigend gelöst. Die konstantinische Petrusbasilika am Vatikan orientierte sich an der Ädikula an der Roten Mauer, die demnach zu Beginn des vierten Jahrhunderts als Grabstätte des Petrus galt. Diese doppelte Grabtradition an S. Sebastiano und am Vatikan führte in der Wissenschaft zu verschiedenen Translationstheorien.[204]

---

[202] REAU, Iconographie Bd III, 3, 1959, Pierre, S. 1076-1085, hierzu S. 1076-1080 und BRAUNFELS, W., Petrus, Apostel, Bischof von Rom, in: LCI 8, 1976, Sp. 158-174, hierzu Sp. 158-159.

[203] BÄUMER, R., Petrus, Apostel, in: LTHK 8, ²1963, Sp. 334-343, bes. Sp. 340.

[204] Vgl. BRAUNFELS (LCI), wie Anm. 202, hierzu Sp. 160.

Der erste Hinweis auf einen offiziellen Kult befindet sich in der *Depositio Martyrum* im Kalender von 354, die den 29. Juni des Jahres 258 besonders für ein Apostelfest des Petrus und Paulus vermerkt.[205]

Aus dem vierten Jahrhundert sind Petrusmemorien in Nordafrika und nach ihm benannte Kirchen in Konstantinopel und Ravenna bezeugt. „Wo immer genaue Untersuchungen vorliegen, wird die Verbreitung des Kultes augenfällig, die den jedes anderen Heiligen überragt."[206]

Petrus wird, als „Moses des neuen Bundes" früh zum „universellen" Heiligen, der überall Verehrung genießt.[207]

Aus dem oben Gesagten ergibt sich ohne Zweifel, daß der Ursprung der Petrusverehrung in Rom zu suchen ist.

B. MONUMENTE

Die ältesten Petrusdarstellungen sind nicht erst an seiner eigentlichen Kultstätte, der konstantinischen Peterskirche am Vatikan entstanden und sind auch keine repräsentativen Einzelbilder, sondern stammen bereits aus dem dritten Jahrhundert. Das früheste Auftreten des Petrus in der Kunst zeigt ihn als anonyme Gestalt in einer kleinen Gruppe von sechs Aposteln bei dem lehrenden Christus.[208] Erst seit der Mitte des vierten Jahrhunderts wird Petrus, und gleichzeitig mit ihm auch Paulus, durch einen charakteristischen Porträttypus hervorgehoben. Petrus trägt volles, weißes oder graues Haar und einen kurzen Vollbart, während Paulus eine Stirnglatze und einen schwarzen Spitzbart hat. Es handelt sich bekanntermaßen weder um eine überlieferte Porträtähnlichkeit, noch um eine spezifisch christliche Erfindung, sondern um die Übernahme einer Gepflogenheit der heidnisch-antiken Kunst, in einem Doppelbildnis zwei unterschiedliche Typen zu verwenden, um die Darstellung zu beleben.[209]

Von Petrus gibt es innerhalb des für die Arbeit abgesteckten Zeitraumes, vom vierten bis zum beginnenden achten Jahrhundert, eine nahezu unübersehbar große Zahl von Darstellungen.[210] Deshalb ist eine Auswahl und Gliederung nach Gruppen notwendig. Während bei anderen Heiligen trotz der Vielzahl der Darstellungen ein einziges konstituierendes Urbild postuliert werden kann, ist dies

---

[205] KENNEDY (1963) bes. S. 104.
[206] Vgl. BRAUNFELS (LCI), wie Anm. 202, Sp. 160.
[207] So REAU, Iconographie Bd III, 3, 1959, S. 1081.
[208] Vgl. SOTOMAYOR, M., Petrus und Paulus in der frühchristlichen Ikonographie, in: KATALOG FRANKFURT (1983) S. 199-210.
[209] Vgl. SOTOMAYOR, M., Petrus und Paulus in der frühchristlichen Ikonographie, in: KATALOG FRANKFURT (1983) , S. 204-205.
[210] Nach TESTINI (1968) S. 108, gibt es im 4. und 5. Jh. 533 gesicherte und 205 wahrscheinliche Petrusdarstellungen.

bei Petrus nicht möglich. Seine Ikonographie umfaßt so viele narrative und repräsentative Elemente und Aspekte nebeneinander, daß eine selektive Schwerpunktsetzung für den vorliegenden Katalog unumgänglich ist.

Ausgeschlossen werden, mit einer Ausnahme, alle szenischen Darstellungen, auch wenn sie ein Attribut beinhalten, wie es bei der Traditio legis der Fall ist, in der Petrus immer durch das geschulterte Stabkreuz ausgezeichnet ist. Die Traditio legis zeigt einen konstanten Petrustypus ohne irgendwelche Besonderheiten seiner Ikonographie. Das ihm einmal in dem Zusammenhang verliehene Attribut, das Stabkreuz, erfährt keine Veränderung mehr.

Ausgeklammert werden müssen ebenso diejenigen Bilder, in denen Petrus gewissermaßen nur der Zeugenjünger, die Assistenzfigur für Christus ist und schließlich die, in denen Petrus und Paulus die Gesamtheit der Apostel bei Christus vertreten. In diesen sehr zahlreichen Bildern ist Petrus nicht um seinetwillen als Heiliger dargestellt, sondern nur als Sekundärfigur, die meist recht stereotyp mit Buch oder Rolle in der Hand neben oder hinter Christus steht. Gattungsattribute, wie Buchrolle oder Codex, können bei Petrus wegen der fast unübersehbaren Vielzahl nicht berücksichtigt werden.

Es soll vielmehr versucht werden, möglichst vollständig die autonomen Petrusbilder zu erfassen, das heißt, die Fälle, in denen Petrus tatsächlich um seiner selbst willen dargestellt ist und in denen er durch ein individuelles Attribut ausgezeichnet ist.

Ziel der Untersuchung ist es, die verschiedenen Facetten der frühen Ikonographie des Petrus zu erfassen, in denen Petrus als Heiliger dargestellt wurde und die verschiedenen Attribute als Elemente der Hervorhebung aufzuzeigen. Dies sind, in der chronologischen Ordnung ihres Auftretens, die Virga thaumatourga, der Hahn, das Stabkreuz und der Schlüssel.

Am Anfang stehen, als die oben angedeutete Ausnahme und darum auch nicht in den Katalog mit aufgenommen, die Szenen der sogenannten Petrustrilogie in der Sarkophagkunst, in denen Petrus jedoch bereits ganz klar durch ein individuelles Attribut ausgezeichnet sein kann.

Die Virga thaumatourga

Der Wunderstab in der Hand des Petrus verdeutlicht das in den nichtkanonischen Petrusakten berichtete Geschehen beim Quellwunder. Die Virga dient in der Hand des Apostels dazu, Wasser aus der Kerkermauer sprudeln zu lassen, damit die bekehrten Wachsoldaten getauft werden können. Der Stab ist hier somit ein notwendiges szenisches Darstellungselement. Petrus hält die Virga aber häufig bereits in der vorangehenden Szene seiner Gefangennahme und in der sogenannten Hahnszene. Hier erfüllt die Virga aber keine Funktion, sondern hat ausschließlich Attributcharakter.

Beispiele für das Vorkommen der Virga in der Hahnszene sind die Sarkophage Rep. 40, 53, 77, 98, 177, 188, 376, 621, 665, 770, 840, 984,6, zwei Sarkophage in S. Felix in Gerona, sowie der Adelfiasarkophag. Bis auf das Beispiel Rep. 665 hält Petrus die Virga jeweils in der gesenkten linken Hand.[211] Das Halten in der „passiven" Linken zeigt, daß die Virga nicht benutzt wird.

Bei der Gefangennahme hält Petrus die Virga in der Rechten auf den Reliefs von Rep. 6, 7 und 23. Bei Rep. 17, 22, 42, 43, 220, 241, 369, 625, 630, 770, 772 und auf den beiden Sarkophagen in S. Felix in Gerona hält Petrus die Virga in der linken Hand.

In der Forschung wurde schon früh bemerkt, daß die Virga thaumatourga dem Petrus mitunter außerhalb ihrer eigentlichen Funktion in die Hand gegeben wurde, dies wurde jedoch unterschiedlich beurteilt.

Joseph Wittig fand eine ganz funktionelle, aber zu vereinfachte Erklärung: Bei der Begegnungsszene — Wittig deutete die Hahnszene als „Petre, quo vadis?" — trägt Petrus oftmals einen Stab in der Hand, der bisher als Machtzeichen des Ersten der Apostel gedeutet wurde, der nach Wittig aber vielleicht nichts anderes sei, als sein Wanderstab.[212]

Paul Styger beurteilte die Virga expressis verbis als Attribut: Auf einem Relieffragment in der spelunca magna in der Praetextatkatakombe, das die Lesezene darstellt, hält Petrus statt eines Rotulus die Virga in der Hand. Styger stellte fest, daß Petrus auch bei anderen Szenen, in denen kein Wunder vollbracht wird, etwa in der Hahnszene oder der Gefangennahme, mit der Virga ausgestattet sein könne: er werde „durch dieses Attribut einfach als der Wundermann aufgefaßt."[213]

Es war zuerst Georg Stuhlfauth, der die Sonderstellung der Virga bei Petrus ganz richtig beurteilte: Christus und Moses führen den Stab immer als eigentlichen Wunderstab, und nur als solchen; außerhalb der Wundertat tragen ihn — bis auf Ausnahmefälle[214] — weder Christus noch Moses. Petrus dagegen hat ihn auch bei der Verleugnungsansage, der Gefangenführung und im Kreis der Apostel bei Christus auf der Berliner Elfenbeinpyxis. Dann aber verschwindet der einfache Stab aus der Hand des Apostels vollständig, und es erscheinen Schlüssel und Kreuz.[215]

---

[211] Vgl. DEICHMANN (1967); Sarkophage in Gerona bei: SOTOMAYOR, M., Datos historicos sobre los sarcofagos romano-cristianos de España, Granada 1973, Taf. III, fig. 7 und 9; Adelfiasarkophag bei: AGNELLO (1956).
[212] WITTIG (1906) S. 116.
[213] STYGER (1913) bes. S. 52.
[214] Christus hält in einigen Darstellungen der Hahnszene allerdings einen Stab in der Linken. Vgl. DEICHMANN (1967): Rep. 770, Rep. 807 und Rep. 948. Im Beispiel Rep. 770 haben sowohl Christus als auch Petrus den Stab.
[215] STUHLFAUTH (1925) S. 122, Anm. 1.

Dinkler[216] wies darauf hin, daß Petrus in den älteren Beispielen der Trilogie die Virga trägt, auf jüngeren Beispielen hingegen das Gattungsattribut der Apostel, die Buchrolle. Auch Stommel betonte, daß die Darstellungen der Gefangenführung Petri, in denen er die Virga trägt, älter seien als diejenigen, in denen er die Buchrolle hält.[217]

Dies läßt den Schluß zu, daß diese „unorthodoxe" Verwendung der Virga als Attribut des Petrus dann aufgegeben wurde, als sich die Buchrolle allgemein als Gattungsattribut der Apostel etabliert hatte. Die Virga gehört der Experimentierphase der Petrus-Ikonographie an. Alle oben aufgezählten Sarkophage, auf denen bei Gefangennahme oder Hahnszene die Virga auftaucht, werden im Repertorium spätestens in das zweite Viertel des vierten Jahrhunderts datiert.

Dinkler stellte auch erneut die Frage nach der Funktion: die Virga könne zum einen ein Amtssignum sein, oder andererseits Petrus in Parallele zu Christus rücken. Er fügte eine Aufzählung von Beispielen in der heidnischen Antike an, in denen die Virga bei Beamten, bei Philosophen und als Götterstab des Hermes vorkommt. Dinkler wies eine mögliche Herleitung der Virga bei Christus und Petrus, des „fast schon zum Attribut gewordenen" Stabes, vom Caduceus zurück, weil dieser im Westen meist die Schlangenform aufweist. Wahrscheinlicher ist für ihn die Wurzel aus dem Philosophenstab: Petrus erhält die Virga in Analogie zu Christus, sie ist Attribut seiner Stellung als Lehrer.

Diese Interpretation hat sonst keine Anhänger gefunden, denn es ist allgemein anerkannt, daß der Stab die Virga thaumatourga, also ein Zauberstab ist, der ja auch nicht in Lehrszenen verwendet wird, sondern bei Wundern zum Einsatz kommt. Als einzige Ausnahme muß die schon von Stuhlfauth erwähnte Berliner Elfenbeinpyxis[218] gelten. Sie zeigt die Lehrversammlung des thronenden Christus inmitten der zwölf Apostel. Petrus und Paulus sitzen, die übrigen Apostel stehen. Petrus hält in der Linken einen Stab, Christus, Paulus und die anderen Jünger haben einen Codex oder Rotulus in der Hand. Der Darstellungskontext der Lehrversammlung, der sich bekanntlich an antike Philosophenbilder anschließt, erlaubt es nun, in dem Stab des Petrus hier den Philosophenstab zu sehen. Es ist m. W. das einzige derartige Beispiel in der frühchristlichen Kunst.

Der Hahn

Die bildliche Funktion des Hahnes in der Szene ‚Christus und Petrus mit dem Hahn' in der Sarkophagskulptur hat in der Forschung stark kontroverse Interpretationen erfahren.

---

[216] DINKLER (1939) bes. S. 63-64.
[217] STOMMEL (1954) S. 89.
[218] STUHLFAUTH (1925) S. 122. Zur Berliner Pyxis: VOLBACH (1976) Nr. 161, S. 104.

Wittig[219] interpretierte die sogenannte Hahnszene als die Begegnung von Christus und Petrus, die unter der Bezeichnung „Petre, quo vadis?" bekannt ist. Der Hahn nun sei auf den ältesten Sarkophagen nichts anders als ein „Merkzeichen für Petrus". Mit anderen Worten, ein Attribut. Allerdings beantwortete Wittig nicht die brisante Frage, warum ausgerechnet der Hahn, Symbol der Verleugnung durch Petrus, zu seinem auszeichnenden Attribut werden sollte.

Styger[220] und Dinkler[221] deuteten die Szene als Verleugnungsansage durch Christus und den Hahn als erläuterndes Kennzeichen der Redesituation, somit als Bildchiffre für den Inhalt des Gesprächs.

Stommel[222] interpretierte die Hahnszene nicht als Verleugnungsansage, sondern als Beauftragung Petri. Die Betrübnis des Petrus bei der Bestellung zum Hirten durch Christus, der ihm die Frage dreimal stellt, so wie Petrus ihn dreimal verleugnet hat, könne am einfachsten durch die Beifügung des Hahnes apostrophiert werden. „Die Hahnszene erscheint in ihrem Aufbau regelrecht konstruiert; sie erzählt das Ereignis nicht mehr, sondern deutet es aus."

Dassmann[223] legte die Bedeutung der Szene nicht genau fest. Die Hahnszene stehe wohl im Zusammenhang mit der Verleugnung (Ansage, Verleugnung selbst oder Zusammentreffen Jesu mit Petrus danach) und ihrer übergreifenden Bedeutung für die Thematik der Sündenvergebung. Diese Interpretation im Hinblick auf die Sündenvergebung erkläre am einfachsten den Hahn, der als Bindeglied zwischen Christus und Petrus unwillkürlich die Erinnerung an eine bestimmte biblische Begebenheit wachruft. Der Hahn erinnert an Petrus, so daß er auf einigen Sarkophagen als Identifizierungsmerkmal gleichsam zu einem Petrusattribut zu werden scheint. Der Hahn sei jedoch auch durchaus ambivalent zu verstehen, er könne auch als Symbol der Wachsamkeit Christus selbst zugeordnet werden.[224]

Sotomayor[225] bezeichnete den Hahn als das aufschlüsselnde und „erinnernde" Moment der Darstellung. Szenen eines Zwiegespräches, in denen der Hahn fehlt, dürfen nicht zwangsläufig als Petrusszenen interpretiert werden.

Zusammenfassend läßt sich sagen, daß das Problem darin liegt, daß es keine konkrete biblische Szene gibt, in der die Konstellation Christus — Petrus — Hahn beschrieben ist. Der Hahn muß also beim dargestellten Gespräch zwischen Christus und Petrus als ein Zeichen eingesetzt sein, das auf den Inhalt des Gespräches verweist. Welche Gesprächssituation gemeint ist, ist für heutige Betrachter nicht eindeutig, woraus die Vielzahl der Interpretationsvarianten resul-

---

[219] WITTIG (1906) S. 114.
[220] STYGER (1913) S. 64.
[221] DINKLER (1939) S. 62.
[222] STOMMEL (1954) S. 97.
[223] DASSMANN (1980) S. 525-526.
[224] DASSMANN (1980) S. 526.
[225] SOTOMAYOR (1962) S. 50.

tiert. Daß der Hahn etwas anderes als ein Attribut des Petrus ist, wird aufgrund der in dieser Arbeit applizierten Definition klar, nach der kein kompositioneller Bezug zwischen Person und Objekt existieren darf, wenn ein Gegenstand als Attribut angesprochen werden soll. In einer Vielzahl von Beispielen weist Petrus jedoch auf den Hahn zu seinen Füßen hin.

Ein Attribut kann der Hahn nur dann sein, wenn keine Gesprächssituation mehr vorliegt, sondern ein repräsentativer Bildaufbau.

Der Katalog wird eingeleitet durch zwei Sarkophage, die die Huldigung der Apostel vor Christus in Form der Kranzdarbringung zum Thema haben. Die Apostelfürsten sind hier nicht, wie in zahlreichen anderen, in der vorliegenden Arbeit unberücksichtigt gebliebenen Beispielen, anonym wiedergegeben. Jedem der beiden wurde ein Attribut zugeordnet, das zu ihren Füßen zu stehen kommt. Diese Besonderheit — das Vorkommens eines Attributes in einer christozentrischen Sarkophagszene — läßt nun den Schluß zu, daß hier die huldigenden Apostel quasi namentlich charakterisiert und damit als individualisierte Persönlichkeiten thematisiert werden sollten.

KATALOG

Im Katalog wird zunächst nach den vorkommenden Petrusattributen unterschieden, innerhalb der Gruppen nach weiteren ikonographischen Gesichtspunkten.

Vorbemerkung: Ist Petrus in einem Monument mit mehreren unterschiedlichen Attributen, etwa Stabkreuz und Schlüssel, wiedergegeben, wird das Monument zweimal im Katalog erfaßt, jeweils unter der Überschrift des behandelten Attributes. Dabei wird beim zweiten Vorkommen die zuerst vergebene Katalognummer wieder aufgegriffen.

PE 1 Sarkophag
    Aufbewahrungsort: Narbonne, Museum
    dat.: 4. Jh.
    Lit.: WILPERT (1929-1936) Taf. 45,2

Auf dem Baumsarkophag in Narbonne steht Christus in der Mitte, Petrus nähert sich von links und Paulus von rechts. Beide bringen das aurum coronarium dar. Ungewöhnlich ist nun, daß zu Füßen des Petrus ein Hahn steht, während dem Paulus ein Bündel Schriftrollen beigeordnet ist. Der Hahn hat in dieser Huldigungsszene keine szenische Begründung mehr, er wird zum Attribut des Petrus. Eine Deutung, die bestätigt wird durch die formale Parallelität zu den Buchrollen, die Paulus beigegeben sind.

PE 2 Sarkophagfragment
Aufbewahrungsort: Arles, Musée paléochrétien
dat.: E. 4. Jh.
Lit.: WILPERT (1929-1936) Taf. 26, 2; BENOIT (1954) S. 46, Kat. Nr. B 41

Das Fragment in Arles zeigt in der Mitte der Komposition Christus auf dem Caelus thronend, während Petrus und Paulus die Kränze darbieten. Vor Petrus steht wiederum der Hahn, vor Paulus ein Bündel mit Buchrollen.

Bereits Wilpert merkte an, daß gallische Bildhauer den Hahn in den beiden angeführten Beispielen einfach als Attribut des Petrus verwendeten.[226] Ähnlich äußerte sich Weigand: Auf einigen wenigen Sarkophagen dient der Hahn als bloßes Attribut zur äußerlichen Kennzeichnung des Petrus, wie in anderen Szenen das geschulterte Kreuz.[227] Auch Sotomayor[228] bezeichnete den Hahn zu Füßen des Petrus hier als Überbleibsel mit dem Stellenwert eines Attributes.

Handelt es sich hier um einen neuen Bildgehalt oder einfach um das gedankenlose Weiterschleppen eines Darstellungselementes hinein in einen geänderten ikonographischen Kontext?

Stommel[229] sieht in der historischen Beauftragung Petri, die seiner Meinung nach durch die Hahnszene ausgedrückt wird, den Vorläufer der Traditio-legis-Darstellung. Der Hahn, seines ursprünglichen Sinnes beraubt, habe sich dann — nach Stommel — in den Phönix des Traditio-legis-Bildes verwandelt. Hier wäre dann ein Zwischenstadium festzustellen.

Dassmann wendet dagegen mit Recht ein, daß die Hahnszene zusätzlich zur Traditio legis auf ein und demselben Sarkophag vorkommen kann. Es gibt keine kontinuierliche Entwicklung von der Hahnszene zur Traditio legis, vielmehr kann die Hahnszene selbständig „neben der großen Christusszene mit oder ohne Hahn bzw. Phönix" erhalten bleiben.[230] Die oben besprochenen Beispiele in Narbonne und Arles will Dassmann „trotz des großen Hahns zu Füßen des Petrus nur noch bedingt als Hahnszene ansprechen (…) Mit dem formalen Charakter scheint sich auch der Bedeutungsinhalt der Szene zu ändern."[231] Wie er sich jedoch ändert, bleibt unbeantwortet.

Die Tatsache, daß der Hahn nur auf zwei Sarkophagen losgelöst vom szenischen Zusammenhang als Attribut fungiert und dabei als gleichwertiges Pendant zum Rollenbündel bei Paulus gesetzt wird, macht die Annahme wahrscheinlich,

---

[226] WILPERT (1929-1936) Bd 1, S. 120.
[227] WEIGAND, E., Die spätantike Sarkophagskulptur im Lichte neuerer Forschungen, in: ByzZ 41, 1941, S. 104-164, hierzu S. 134-135.
[228] SOTOMAYOR (1962) S. 88.
[229] STOMMEL (1954) S. 124.
[230] DASSMANN (1980) S. 516-517 und S. 523.
[231] DASSMANN (1980) S. 519.

daß es sich hier um ein gedankenlos tradiertes Relikt handelt, das dann auch sehr bald verschwindet.

Das Stabkreuz

Das Stabkreuz ist in der frühchristlichen Kunst gesondert zu betrachten. Man kann es weder als rein individuelles Attribut einordnen, noch als Gattungsattribut, denn es zeichnet nur einige besonders verehrte Heilige aus.[232] Als erster bekommt Petrus, bereits kurz nach der Mitte des vierten Jahrhunderts, das Kreuzattribut, das ihn im Zusammenhang mit der Traditio legis als vertrauten Zeugen Christi kennzeichnet. Allgemein ist die Crux gemmata oder das einfache Stabkreuz, wenn es von Heiligen getragen wird, das Zeichen ihrer Nachfolge Christi, dem sie bis in den Tod hinein treu geblieben waren. Das Stabkreuz bezeichnet nicht, wie es manchmal in der älteren Forschung zu lesen ist, das Marterwerkzeug, etwa des Petrus oder Andreas.

Petrus ist nicht nur der erste Heilige, der das Kreuzattribut erhält, und zwar schon kurz nach 350, sondern er trägt es schon, bevor Christus selbst mit der Crux gemmata dargestellt wird. Christus hat das Kreuz erst gegen Ende des vierten Jahrhunderts, auf dem Paradiesesberg stehend und meist neben sich auf dem Boden aufgestellt, wie zum Beispiel auf dem Sarkophag Rep. 57.[233]

Hier wird darauf verzichtet, alle Darstellungen des kreuztragenden Petrus in der Traditio-legis-Szene aufzuführen,[234] es muß jedoch die Frage nach dem frühesten Vorkommen dieses Themas in der Kunst und nach dem möglichen Urbild gestellt werden, weil mit dieser Szene das Stabkreuz als Attribut in die Kunst eingeführt wird.

Als die ältesten erhaltenen Darstellungen der Traditio legis gelten das Mosaik in S. Costanza in Rom, datiert kurz nach Mitte des vierten Jahrhunderts, und der Säulensarkophag in S. Sebastiano in Rom (Rep. 200), datiert um 370. In beiden Bildern trägt Petrus bereits das Stabkreuz geschultert. Dies führte in der For-

---

[232] S. *Ergebnisse*, Zur Verwendung des Stabkreuzes, S 324.

[233] Diese Tatsache, daß Petrus noch vor Christus das Stabkreuz als Attribut hat, scheint CHATZINIKOLAOU (RBK), wie Anm. 7, Sp. 443 zu mißfallen. Denn dort heißt es, daß Christus das Stabkreuz häufig auf den Darstellungen des **5. und 6. Jahrhunderts** trägt, als erster d a n a c h dann Petrus, auf Passions- oder Traditio-legis-Sarkophagen des **4. Jahrhunderts.** Allerdings gibt es eine Kalksteinnische in Kairo mit einer Darstellung von Christus mit Stabkreuz, für die eine Datierung ins frühe 4. Jahrhundert vorgeschlagen wurde, s. VOLBACH, W. F., LAFONTAINE-DOSOGNE J., Byzanz und der christliche Osten. Propyläen-Kunstgeschichte, Bd 3, Nachdruck Frankfurt, Berlin, Wien 1984, S. 358 und Abb. 400. Diese frühe Datierung ist von ikonographischen Erwägungen her zweifelhaft. Im Katalog L' Exposition de l' art copte, Kairo 1944 wird das Relief in das 4. oder 5. Jh. datiert. Die Publikation von PATRICOLO, A., The Church of Sitt Burbâra in Old Cairo, Florenz 1922 war mir nicht zugänglich.

[234] Alle Darstellungen der frühchristlichen Zeit sind zu finden bei SOTOMAYOR (1962) im Katalogteil.

schung schon bald zu der Feststellung, daß das Kreuzattribut dem Petrus im Zusammenhang mit der Traditio legis verliehen wurde, um ihn so als vertrauten Zeugen Christi zu charakterisieren. Der Anlaß war die besondere Petrusverehrung gerade in Rom, wo ja auch der Ursprung des Traditio-legis-Motives liegt.[235]

Die Frage nach dem Urbild der Szene in Rom wurde in der Forschung jahrzehntelang kontrovers diskutiert. W. N. Schumacher sprach sich für die Entstehung der Darstellung in der Apsis von Alt-St. Peter aus, wofür neben der Betonung der Gestalt des Petrus das schlagartige Auftreten des Themas nach Mitte des vierten Jahrhunderts in Rom selbst sprechen. Schumacher dachte dabei nicht an das Hauptbild der Apsis, sondern an den unteren Bildstreifen als Ort der Traditio-legis-Szene.[236]

Die Traditio legis als Hauptthema der Apsis von Alt-St. Peter postulierte dagegen Kollwitz mit dem Argument, daß die Berufung des Petrus zum Apostolat in *seiner* Kirche auch zentral dargestellt wurde, vor allem, wenn man die besondere Stellung des Petrus in Rom berücksichtige.[237]

Gegen die Annahme, daß das Urbild in der Apsis einer Kirche entstanden sei, sprach sich Sotomayor[238] aus: die Darstellung der Traditio legis habe keine Spuren in der Ikonographie der frühen Basiliken hinterlassen, aber umso mehr in der Sarkophagkunst, nämlich in insgesamt 23 Reliefs. Als Urbild der Traditio legis sei daher wahrscheinlich der Sarkophag Rep. 677 in den Vatikanischen Grotten anzusehen, der um 360 datiert wird, und der nahe verwandt ist mit einem Fragment in New York[239] und mit dem Sarkophag von S. Sebastiano Rep. 200. Von den meisten anderen Forschern wird jedoch dieser letztere als frühestes Beispiel zu diesem Thema angeführt.

Auffallend ist, daß Petrus weder auf dem Sarkophag Rep. 677 noch auf dem New Yorker Fragment das Stabkreuz als Attribut trägt, das später in allen Darstellungen der Szene vorkommt. Diese noch unvollständige Ikonographie ist in der Tat ein gewichtiger Grund für die Frühdatierung der beiden Stücke.

Davis-Weyer[240] wies ausführlich nach, daß auf den Sarkophagen jedoch mit der Anordnung der Traditio-legis-Szene experimentiert wurde, was deutlich für die These einer Übernahme des fertigen Bildes aus der Monumentalkunst spricht. So wird das Thema, entgegen der sonst üblichen engen Szenenfolge in der römischen Reliefplastik, weitläufig und flächig über drei Arkaden ausgebreitet.

---

[235] SCHÄFER (1936) bes. S. 80-82.
[236] SCHUMACHER (1959).
[237] KOLLWITZ (1936) bes. S. 62-64.
[238] SOTOMAYOR, M., Über die Herkunft der „Traditio legis", in: RömQSchr 56, 1961, S. 215-230.
[239] Vgl. KATALOG NEW YORK (1979) S. 558-559, Kat. Nr. 502.
[240] DAVIS-WEYER, C., Das Traditio-Legis-Bild und seine Nachfolge, in: MüJb 12, 1961, S. 7-45.

Insgesamt erscheint das Argument, die Traditio legis tauche nicht in der basilikalen Monumentalkunst auf, nicht stichhaltig: Es handelt sich um ein Christus-Petrus-Thema und ist gerade in Petruskirchen gerechtfertigt. Die Annahme, der Bildvorwurf sei für Alt-St. Peter konzipiert worden, erscheint am plausibelsten. Zur Datierung des Mosaiks lieferte 1987 Richard Krautheimer einen wichtigen Beitrag, in dem er das Mosik dem Sohn Konstantins Constantius zuwies und es damit in die Zeit zwischen 352 und 361 ansetzte.[241] Dann hätte das neue Bildthema eine sofortige weite Verbreitung in unterschiedlichen Kunstgattungen erfahren.

Im vorliegenden Zusammenhang ist es wichtig, festzuhalten, daß das Attribut des Stabkreuzes dem Apostel Petrus um die Mitte des vierten Jahrhunderts im Zusammenhang der Traditio-legis-Darstellung verliehen wurde, um seine besondere Stellung innerhalb dieses Themas zu unterstreichen. Im Traditiobild fehlt, bis auf zwei Ausnahmen der Frühzeit, das Kreuz nie. Von dort ging es als situationsungebundenes Attribut für Petrus auch auf andere — durchwegs später als die frühesten Traditio-legis-Bilder zu datierende — Darstellungen über, die im folgenden katalogmäßig erfaßt werden sollen.

Petrus mit Kreuz in einer Huldigungsszene, „Traditio-legis-Ableger"

In einer Gruppe von überwiegend ravennatischen Sarkophagen und auf einem Silberreliquiar mit dem Thema der Majestas Domini, Beispiele, die formal eine Abwandlung der Traditio-legis-Komposition darstellen, trägt der noch jeweils unnimbierte Petrus das Kreuz.

PE 3   Rinaldosarkophag
            Aufbewahrungsort: Ravenna, Kathedrale
            dat.: A. 5. Jh.
            Lit.: KOLLWITZ/HERDEJÜRGEN (1979) S. 65-66, Kat. B 14, Taf. 53,1

Christus thront auf dem Paradiesesberg, während sich von links, nach dem Betrachterstandpunkt, Paulus nähert. Von rechts tritt Petrus heran. Beide bringen auf verhüllten Händen einen Kranz dar, Petrus hat ein Kreuz geschultert.

---

[241] KRAUTHEIMER, R., A Note on the Inscription in the Apse of Old St. Peter's, in: DOP 41, 1987, S. 317-320.

PE 4   Zwölf-Apostel-Sarkophag
          Aufbewahrungsort: Ravenna, S. Apollinare in Classe
          dat.: 5. Jh.
          Lit.: KOLLWITZ/HERDEJÜRGEN (1979) S. 66-67, Kat. B 15, Taf. 53,3

Der thronende Christus übergibt Paulus, der sich zu seiner Rechten nähert, das Gesetz, gegenüber bringt Petrus auf verhüllten Händen einen Schlüssel dar. Er trägt ein Kreuz auf der linken Schulter. Im Anschluß folgen die anderen Apostel akklamierend oder Kränze darbringend.

PE 5   Sarkophag
          Aufbewahrungsort: Ferrara, Kathedrale
          dat.: um 470
          Lit.: KOLLWITZ/HERDEJÜRGEN (1979) S. 68-69, Kat. B 17, Taf. 53,3

Die Sarkophagfront wird von Eckpilastern gerahmt. In der Mitte sitzt Christus auf einem Thron mit hoher Rückenlehne. Die Rechte hat er im Sprechgestus erhoben, mit der Linken weist er ein aufgeschlagenes Buch vor. Von links und rechts nähern sich je drei Apostel, angeführt von Petrus zur Linken Christi und von Paulus zu seiner Rechten. Die Apostelfürsten sind durch ihren Porträttyp gekennzeichnet, beide tragen ein Stabkreuz geschultert und akklamieren Christus. Die nachfolgenden Apostel akklamieren ebenfalls, die beiden am äußeren Rand bringen Kränze auf verhüllten Händen dar.

PE 6   Exuperantius-Sarkophag
          Aufbewahrungsort: Ravenna, Kathedrale
          dat.: 6. Jh.
          Lit.: KOLLWITZ/HERDEJÜRGEN (1979) S. 61-62, Kat. B 9, Taf. 45,3

Christus steht frontal in der Mitte, er ist als einziger nimbiert und hat die Rechte im Segensgestus erhoben, in der Linken hält er eine Buchrolle. Zu seiner Rechten steht Paulus, in der gleichen Haltung wie Christus, akklamierend, mit einem Codex in der Linken. Gegenüber steht Petrus, ebenfalls akklamierend und in der Linken ein Kreuz vor sich haltend. Obwohl die Apostel nicht durch ihre typische Physiognomie gekennzeichnet sind, kann man sie wegen des Attributes Stabkreuz als Petrus und Paulus ansprechen.

PE 7   Barbatianus-Sarkophag
          Aufbewahrungsort: Ravenna, Kathedrale
          dat.: 6. Jh.
          Lit.: KOLLWITZ/HERDEJÜRGEN (1979) S. 63-64, Kat. B 10, Taf. 49,1

Die Sarkophagfront ist in fünf Muschelnischen unterteilt. In der mittleren steht Christus, mit Monogramm-Nimbus und einem Buch, auf das er mit der Rechten weist. In der Nische zu seiner Rechten steht der akklamierende Paulus mit einem Codex als Attribut, in der Nische gegenüber befindet sich Petrus, der in der Linken ein Kreuz hält und ebenfalls akklamiert. In den beiden äußeren Nischen sind zwei Kantharoi angebracht.

PE 8   Geminus-Sarkophag
            Aufbewahrungsort: Arles, Saint-Trophime
            dat.: 5. Jh.
            Lit.: BENOIT (1954) S. 44, Nr. 37, Taf. VIII, 1

Christus thront in der Mittelnische, mit offener Buchrolle in der Linken und Segenshaltung der Rechten. In der Nische zu seiner Rechten nähert sich Paulus in Adorationshaltung, in der zu seiner Linken Petrus, der mit der Rechten einen Akklamationsgestus macht und in der Linken ein Kreuz vor sich hält. Beide Apostel sind durch ihren üblichen physiognomischen Typus gekennzeichnet.

PE 9   Silberreliquiar
            Provenienz: Kleinasien?
            Aufbewahrungsort: Sofia, Archäologisches Museum
            dat.: 2. V. 4. Jh. (Buschhausen); um 400 (Grabar); 2. H. 5. Jh. (Volbach)
            Lit.: BUSCHHAUSEN (1971) S. 181-190, Kat. Nr. B 3, Taf. 9; GRABAR (1964);
            VOLBACH, W. F., Silber-, Zinn- und Holzgegenstände aus der Kirche St.
            Lorenz bei Paspels, in: ZSchA 23, 1963/64, S. 75-82

Auf der Vorderseite des Kästchens ist der thronende Christus zwischen den Apostelfürsten Petrus und Paulus dargestellt, auf den anderen drei Seiten sind weitere sieben stehende, durch griechische Namensbeischriften gekennzeichnete Apostel angebracht. Durch die kleinen Dimensionen (die Maße betragen 4,8 x 3,1 x 2,2 cm) und die Mängel der Qualität lassen sich Details der Darstellung nicht ausreichend erkennen. Nach den Angaben von Grabar ist niemand nimbiert, nach Buschhausen trägt Christus einen Nimbus. Grabar beschreibt, daß Christus mit der Rechten den Segensgestus vollzieht, während die Position der Linken verunklärt sei, Buschhausen glaubt zu erkennen, daß die Rechte Christi auf seinem rechten Knie ruhe. Eindeutig ist hingegen, daß sich Petrus und Paulus in Proskynese dem Thronenden nähern, wobei Paulus zur Rechten Christi steht. Paulus bringt auf verhüllten Händen einen Kranz[242] dar, Petrus auf der verhüllten Linken ein Stabkreuz, wobei er die Rechte zu Christus ausstreckt. Die Szene wird von Volbach als Traditio legis benannt, die der Szene der Gesetzesübergabe auf ravennatischen Sarkophagen des fünften Jahrhunderts ähnlich sei. Grabar ordnet die Darstellung ebenfalls der Traditio-legis-Thematik zu, während Buschhausen nur von Akklamation beziehungsweise von Kreuz- und Kranzdarbringung spricht. In der Tat gehört die vorliegende Darstellung in die Gruppe der Huldigungsszenen an Christus, denn Petrus empfängt das Gesetz nicht, sondern akklamiert.

Petrus mit Kreuz in der Gruppe Christus — Petrus — Paulus

Auch in Denkmälern anderer Kunstgattungen ist das Kreuz als Attribut des Petrus in der repräsentativen Drei-Figuren-Komposition mit dem — meist thro-

---

[242] Von GRABAR (1964) S. 62 wird der Gegenstand als „phylactère ouvert" (?!) beschrieben.

nenden — Christus zwischen den Apostelfürsten häufig. Die Gestalt Christi kann auch durch das Kreuz symbolisiert werden, dem die Apostelfürsten huldigen.

PE 10　　　S. Salvatore bei Trevi, sog. Clitumnustempel
　　　　　　Apsismosaik
　　　　　　dat.: kontrovers: wohl 6./7. Jh.
　　　　　　Lit.: JÄGGI (1995); IHM (1992) S. 160; DEICHMANN (1943)

In der Apsiskalotte des Oratoriums sind Fragmente eines Christusbildes erhalten. In der unteren Wandzone sind in Halbfigur Petrus mit Stabkreuz in der Linken und Schlüsseln in der Rechten, sowie Paulus mit Buch dargestellt, beide nimbiert und mit ihren typischen Porträtzügen versehen. Belting vermutet, daß die beiden isolierten, gerahmten Wandbilder, die an Ikonen erinnern, wohl berühmte römische Vorbilder im Fresko nachahmten.[243]

PE 11　　　Codex
　　　　　　Ambrosius, De fide catholica
　　　　　　Provenienz: Italien
　　　　　　Aufbewahrungsort: St. Paul in Lavanttal (Kärnten)
　　　　　　dat.: schwankend, zwischen 5. und 7. Jh.
　　　　　　Lit.: SÖRRIES (1993) S. 41-42, Taf. 17

Der Codex enthält nur eine einzige Miniatur auf fol. 72v. Christus thront auf der Sphaira, in der Linken hält er einen geöffneten Codex, mit der Rechten weist er auf den neben ihm sitzenden Paulus hin. Zu seiner Linken sitzt Petrus, als Pendant zu Paulus und wie dieser auf einem Hocker. Die Apostel sind an ihrer typischen Physiognomie zu erkennen. Beide tragen in der Linken eine Crux gemmata, auf die sie mit der Rechten hinzuweisen scheinen. Sie sind nicht nimbiert.

PE 12　　　Relieffragment
　　　　　　Provenienz: Konstantinopel
　　　　　　Aufbewahrungsort: Istanbul, Archäologisches Museum
　　　　　　dat.: 5. Jh.
　　　　　　Lit.: GRABAR (1963) Taf. XVI,1; FIRATLI (1990) S. 58-59, Kat. Nr. 100, Taf. 38

An der Platte ist links eine Bruchkante zu sehen, die linke Fortsetzung der Darstellung fehlt demnach. Erhalten ist der auf einem Hocker mit Suppedaneum thronende Christus, mit einem geöffneten Codex in der Linken, die Rechte hat er vor der Brust gehalten. Zu seiner Linken steht Petrus, mit kurzem Haar und Vollbart, nicht nimbiert. Er hat die Rechte akklamierend erhoben und trägt in der Linken ein Kreuz mit geschweiften Enden aufrecht neben sich. Die Szene wird rechts durch einen Baum und einen gerafften Vorhang abgeschlossen.

---

[243] BELTING (1992) S. 163 und Abb. 84.

PE 13   Silberreliquiar
             Provenienz: Kilikien
             Aufbewahrungsort: Adana, Eski Eserler Müzesi
             dat.: M. 5. Jh.
             Lit.: BUSCHHAUSEN (1971) S. 190-207, Kat. Nr. B 4, Taf. 13

Die Mitte der Vorderseite wird von einem Bildmedaillon eingenommen. Darin thront Christus mit einer geöffneten Rolle in der linken Hand, die Rechte hat er im Segensgestus erhoben. In kleinerem Maßstab dargestellt sind die beiden ihn flankierenden, unnimbierten Apostelfürsten. Zu seiner Rechten steht Petrus, die Rechte im Akklamationsgestus erhoben, in der Linken ein langes Stabkreuz haltend. Paulus akklamiert ebenfalls. Bei ihm ist der übliche Porträttypus deutlicher ausgeprägt als bei Petrus.

PE 14   Silbernes Weihrauchfaß
             Provenienz: Konstantinopel
             Aufbewahrungsort: London, British Museum
             dat.: 602-610
             Lit.: KATALOG NEW YORK (1979) S. 625-626, Kat. Nr. 562

Auf allen sechs Seiten des Gefäßes ist eine Medaillonbüste graviert. Christus wird flankiert von Petrus und Paulus, die Apostel sind an ihren typischen Porträtzügen erkenntlich, beide nimbiert. Petrus zur Rechten Christi, vom Betrachterstandpunkt aus gesehen, hält einen Kreuzstab in der Linken.

PE 15   Onyxgemme
             Provenienz: Palästina oder Konstantinopel
             Aufbewahrungsort: Wien, Kunsthistorisches Museum, Antikensammlung
             dat.: A. 6. Jh.
             Lit.: KATALOG NEW YORK (1979) S. 586-587, Kat. Nr. 525

Petrus und Paulus flankieren ein großes Kreuz, das von einer Christusbüste bekrönt ist. Petrus, rechts vom Betrachter aus gesehen stehend, hält in der Linken ein Stabkreuz, er ist akklamierend zur Mitte gewandt. Paulus hält einen Codex. Die Apostel sind nicht nimbiert.

PE 16   Bronzemedaillon
             Provenienz: unbekannt
             Aufbewahrungsort:Vatikan, Museum der Vatikanischen Bibliothek
             dat.: 5./6. Jh
             Lit.: GARRUCCI, Storia VI, 480,6

Zwei nicht inschriftlich bezeichnete, unnimbierte Heilige flankieren ein lateinisches Kreuz, das von einer Christusbüste bekrönt ist. Der linke trägt einen Spitzbart, der rechte einen Vollbart, was die Identifizierung als Petrus und Paulus nahelegt. Beide akklamieren und halten jeder ein langes Stabkreuz geschultert.

PE 17 Tonlampe
       Lampenreflektor
       Provenienz: wahrscheinlich Karthago
       Aufbewahrungsort: Karthago, Museum
       dat.: 6. Jh.?
       Lit.: BEJAOUI (1982) Kat. Nr. 87

In der Mitte des Bildfeldes erhebt sich ein lateinisches Gemmenkreuz. Links davon steht Paulus, mit einem Pallium bekleidet, in das er mit der Linken greift, während er mit der Rechten auf das Kreuz hinweist. Ihm gegenüber steht Petrus, ebenfalls mit einem Pallium bekleidet und mit der Rechten auf das Kreuz deutend. Er hält in der Linken ein langes Monogrammkreuz, das mit Gemmen besetzt ist. Keiner der beiden Apostelfürsten ist nimbiert. Sie sind deutlich anhand ihrer Porträtzüge zu unterscheiden.

PE 18 Horn-Bulla
       Provenienz: Achmin
       Aufbewahrungsort: unbekannt
       dat.: unbekannt
       Lit.: FORRER (1893) S. 21, Taf. XI, 4

Auf der Vorderseite ist ein Reiterheiliger dargestellt, auf der Rückseite flankieren zwei nimbierte Heilige, die beide mit einem Stabkreuz ausgezeichnet sind, ein großes lateinisches Kreuz, das auf einem Felsen steht. Die mangelhafte Abbildungsqualität läßt keine sicheren Aussagen darüber zu, ob die typische Physiognomie von Petrus und Paulus vorliegt. Der Vergleich mit der oben besprochenen Onyxgemme (**PE 15**) macht diese Ikonographie jedoch wahrscheinlich.

Petrus mit Kreuz als Zeugenapostel in einer Wunderszene

Petrus steht bei den folgenden Darstellungen zwar in einem szenischen Zusammenhang, sein Attribut ist aber nicht durch die Erzählung bedingt, sondern „fakultativ" und dient dazu, ihn besonders hervorzuheben.

PE 19 Fragment einer Schrankenplatte (?)
       Provenienz: Konstantinopel
       Aufbewahrungsort: Berlin, Museum für Spätantike und Byzantinische Kunst
       dat.: 3. Dr. 5. Jh.
       Lit.: EFFENBERGER/SEVERIN (1992) S. 112, Kat. Nr. 34

Rechts steht Petrus, ohne Nimbus, in der Linken ein großes Kreuz mit geschweiften Enden haltend, die Rechte im Gestus der Akklamation (oder des Staunens) erhoben. Er blickt nach links zu einem Mann in gebückter Haltung, der mit kurzer Tunika bekleidet ist. Es handelt sich wahrscheinlich um das Fragment einer Blindenheilung.

Petrus mit Kreuz als Zeuge der Himmelfahrt Christi

PE 20   Rabbulacodex
        Provenienz: Mesopotamien, Kloster Zagba
        Aufbewahrungsort: Florenz, Biblioteca Medicea Laurenziana
        dat.: 586
        Lit.: SÖRRIES (1993) S. 94-100, Taf. 57

Petrus steht vorne in der rechten Apostelgruppe, die der Himmelfahrt Christi beiwohnt. Er ist erkennbar an seiner typischen Physiognomie, sowie an dem geschulterten Kreuz und an den Schlüsseln, die er in der rechten Hand trägt.

PE 21   Staurothek von Pliska
        Provenienz: Konstantinopel
        Aufbewahrungsort: Sofia, Archäologisches Nationalmuseum
        dat.: 7. Jh.
        Lit.: DONTCHEVA (1976); TSCHILINGIROV (1982) S. 76-89

Die Rückseite der kreuzförmigen Staurothek ist unten mit einer Darstellung der Anastasis geschmückt, darüber mit der Szene der Himmelfahrt Christi. Die Gottesmutter-Orans steht im Schnittpunkt der Kreuzarme, die Apostel sind auf den Querarmen aufgereiht. Rechts befindet sich direkt neben der Gottesmutter Petrus mit einem Stabkreuz.

Isolierte Petrusdarstellungen mit Kreuzattribut

PE 22   Tafelbild des Petrus
        Provenienz: Konstantinopel?
        Aufbewahrungsort: Sinai, Katharinenkloster
        dat.: 7. Jh.
        Lit.: WEITZMANN (1976) S. 23-26, Kat. Nr. B 5, Taf. VIII

Petrus ist in Halbfigur dargestellt, er blickt aus dem Bild heraus. Sein Haupt ist von einem großen Nimbus hinterfangen. Er trägt kurzes graues Haar und einen kurzen grauen Vollbart. Bekleidet ist er mit Tunika und Pallium. Er hält in der Linken ein langes Stabkreuz, in der Rechten drei Schlüssel.

Problematisch ist die Einordnung einer Reihe von fragmentierten Elfenbeinen in die Gruppe der isolierten Petrusdarstellungen: Sie waren ursprünglich wohl nicht autonom, können aber in ihrem Bildzusammenhang nicht mehr rekonstruiert werden und sind deshalb nach ihrem heutigen Erscheinungsbild dieser Gruppe beigeordnet.

PE 23　　　　Elfenbeintafel
　　　　　　　Provenienz: Ravenna (?)
　　　　　　　Aufbewahrungsort: Bryn Athyn, Pennsylvania, Glencairn Foundation
　　　　　　　dat.: 6. Jh.
　　　　　　　Lit: VOLBACH (1976) S. 90-91, Kat. Nr. 134, Taf. 69; KATALOG NEW YORK
　　　　　　　(1979) S. 539-540, Kat. Nr. 485; NIKOLAJEVIC, I., Un San Pietro inconsueto. La
　　　　　　　Placa d'avorio della Glencairn Foundation, Bryn Athin (Penn.), in: Studi in
　　　　　　　memoria di Giuseppe Bovini, Ravenna 1989, S. 429-441

Unter einer auf zwei Säulen ruhenden Muschelarkade schreitet Petrus nach rechts. In der vorgestreckten Rechten hält er ein großes Stabkreuz, in der Linken einen Schlüssel. Er hat keinen Nimbus. Das Stabkreuz steht auf dem Hügel mit den vier Paradiesesflüssen. Diese Ikonographie ist ohne Parallelen. Üblicherweise trägt Petrus das Stabkreuz geschultert, hier dagegen setzt er es vor sich am Boden auf, so daß es sogar auf dem Paradiesesberg zu stehen kommt. Die Schrittstellung nach rechts läßt zudem vermuten, daß die Platte nicht autonom zu denken ist, sondern eine Fortsetzung haben mußte. Was jedoch insgesamt dargestellt war, ist nicht zu rekonstruieren. Die Hypothese Nikolajevics[244], es handele sich um ein Werk der karolingischen Zeit, ist nicht ausreichend begründet. Die Vermutung, der karolingische Künstler sei ein Bewunderer der frühchristlichen Kunst gewesen, der aber den Geist dieser Epoche nicht verstanden habe und deswegen den großen Fehler begangen habe, das Kreuz des Petrus nicht als Zeichen seines Martyriums zu verstehen, wie es üblich war(!), sondern als Symbol Christi mißzudeuten, liegt vollkommen falsch: Das Kreuz, das Petrus hält, ist nie sein Marterinstrument gewesen, sondern immer das Siegeszeichen Christi, für das auch er durch seinen Tod Zeugnis abgelegt hat. So dürfte auch diese Darstellung zu deuten sein.

PE 24　　　　Elfenbeintafel
　　　　　　　Provenienz: unbekannt
　　　　　　　Aufbewahrungsort: Kikkos, Zypern, Kloster
　　　　　　　dat.: 6. Jh.
　　　　　　　Lit.: VOLBACH (1976) S. 91, Kat. Nr. 135, Taf. 69

Es handelt sich um ein Fragment, das beschnitten und in eine Altarfront eingepaßt wurde. Unter einer Arkade auf gedrehten Säulen steht frontal ein unnimbierter bärtiger Apostel in Tunika und Pallium. Die Rechte ist erhoben, in der Linken hält der Dargestellte ein Stabkreuz vor sich. Der Kopftypus und das Stabkreuz sprechen für eine Petrusdarstellung.

---

[244] NIKOLAJEVIC, I., Un San Pietro inconsueto. La Placa d'avorio della Glencairn Foundation, Bryn Athin (Penn.), in: Studi in memoria di Giuseppe Bovini, Ravenna 1989, S. 429-441, hier S. 439.

PE 25   Silberner Buchdeckel
           Provenienz: Syrien
           Aufbewahrungsort: New York, Metropolitan Museum
           dat.: 2. H. 6. Jh.
           Lit.: KATALOG NEW YORK (1979) S. 618-619, Kat. Nr. 554

Petrus steht unter einer von gedrehten Säulen getragenen Arkade. Er hat die Rechte akklamierend erhoben, in der angewinkelten Linken hält er ein auf einen Stab gestecktes Prozessionskreuz. Das Pendant bildet Paulus, ebenfalls unter einer Arkade stehend, mit einem Codex als Attribut. Beide Apostel sind nimbiert.

PE 26   Tonampulle
           Provenienz: Smyrna
           Aufbewahrungsort: Paris, Louvre
           dat.: 6./7. Jh.
           Lit: METZGER (1981) S. 46, Kat. Nr. 116, fig. 98

Auf der Vorderseite der Ampulle sitzt Petrus unter einer Ädikula mit gedrehten Säulen, die Rückenlehne seines Stuhles ist links zu erkennen. In der Rechten hält er vor sich ein Kreuz, am linken Handgelenk hängt an einer langen Kordel ein Schlüssel herab. Er hat keinen Nimbus.

PE 27   Tonampulle
           Provenienz: Smyrna
           Aufbewahrungsort: Berlin
           dat.: 6. Jh.
           Lit.: GRIFFING (1938) S. 266-279, fig. 5

Dargestellt ist das gleiche Bildmotiv wie bei der Ampulle im Louvre (**PE 26**).

PE 28   Tonlampe
           Provenienz: Nordafrika
           Aufbewahrungsort: Rom, Antiquarium Comunale
           dat.: 6. Jh.?
           Lit: MERCANDO, L., Lucerne greche e romane dell'Antiquarium comunale,
           Rom 1962, S. 23, Kat. Nr. 25

Dargestellt ist der unnimbierte Petrus in Halbfigur. Er ist anhand seiner typischen Physiognomie zu erkennen. Mit der Rechten hält er ein Stabkreuz geschultert.

PE 29 Petrusstatuette
       Provenienz: Rom
       Aufbewahrungsort: Berlin, Staatliche Museen Preußischer Kulturbesitz
       Material: Bronze
       dat.: E. 4./A. 5. Jh.
       Lit.: KATALOG NEW YORK (1979) S. 571-572, Kat. Nr. 509

Nach der Angabe im New Yorker Katalog handelt es sich um den Teil einer Lampe oder um eine autonome Statuette in der römischen Tradition der Götterstatuetten. Die Frage der Echtheit der Statuette ist nicht unumstritten.

Petrus ist im Kontrapost stehend wiedergegeben, mit einem Monogrammkreuz in der angewinkelten Linken, während er die Rechte im Redegestus erhoben hat. Er ist an seinem üblichen Kopftypus und der kurzen Haar- und Barttracht zu erkennen.

PE 30* Gemme, (evtl. Fälschung??)
        Provenienz: unbekannt
        Aufbewahrungsort: unbekannt
        dat.: 5. Jh.
        Lit.: GARRUCCI, Storia VI, S. 120, Taf. 478, 37; CECCHELLI, C., San Pietro, Iconografia dei Papi I, Rom 1938, S. 62

Petrus thront, vollzieht den lateinischen Segensgestus mit der Rechten und hält in der Linken ein Stabkreuz. Er hat einen Nimbus.

Petrus mit Kreuz in einer Gruppe mit anderen Heiligen

PE 31 Rom, S. Lorenzo fuori le mura
       Mosaik, Triumphbogen
       dat. 579-590
       lit.: VAN BERCHEM/CLOUZOT (1924) S. 189-193, Abb. 242; IHM (1992) S. 138-140, mit weiterer Literatur

Christus thront auf der Sphaira, er vollzieht den Segensgestus und hält in der Linken ein Stabkreuz. Zu seiner Rechten steht Petrus, durch seinen Typus und eine Namensbeischrift gekennzeichnet. Er hält ebenfalls ein Stabkreuz in der Linken, mit der Rechten macht er einen auf Christus hinweisenden Gestus. Neben Petrus ist auch der Titelheilige Laurentius mit dem Stabkreuz ausgezeichnet. Paulus zur Linken Christi hält eine Rolle, Stephanus und Hippolytus haben keine Attribute. Die Heiligen sind nimbiert.

PE 32   Rom, S. Venanzio in Laterano
           Mosaik
           dat.: 642-650
           Lit.: IHM (1992) S. 144-145, Taf. 23, 2, mit weiterer Literatur

Petrus, Paulus, die beiden Johannes, Domnus und Venantius, sowie weitere acht nimbierte Märtyrer stehen neben der Gottesmutter. In der Zone darüber erscheint Christus. Petrus und Paulus haben ihre üblichen Porträtzüge, Petrus, an erster Stelle zur Linken der Gottesmutter stehend, hat als Attribute ein Stabkreuz und Schlüssel.

PE 33   Silberkelch
           Provenienz: Syrien
           Aufbewahrungsort: Baltimore, The Walters Art Gallery
           dat.: 6. Jh.
           Lit.: KATALOG NEW YORK (1979) S. 599-600, Kat. Nr. 532; ELBERN, V. H., Ein christliches Kultgefäß aus Glas in der Dumbarton Oaks Collection, in: JbBerlMus 4, 1962, S. 38

Die Kuppa des Kelches ist durch sechs, auf kannelierten Säulen ruhenden Arkaden gegliedert. Unter den Arkaden sind zwei Kreuze dargestellt, die jeweils von zwei Heiligen flankiert werden. Die vier unnimbierten, männlichen, bärtigen Figuren sind in ein Pallium gewandet, drei von ihnen halten in der linken verhüllten Hand einen Codex, der vierte jedoch ein Stabkreuz. In der Beschreibung im New Yorker Katalog werden sie als Apostel bezeichnet, von Elbern werden die vier Evangelisten vorgeschlagen. Gegen diese Deutung ist einzuwenden, daß es m. W. nicht vorkommt, daß ein einziger Evangelist vor den anderen mit einem Stabkreuz ausgezeichnet wird. Die Palliati müssen eher als Apostel angesprochen werden. Dann jedoch kann der Kreuztragende als Petrus identifiziert werden, denn wenn in einer Gruppe nur ein einziger so hervorgehoben wird, handelt es sich in der Regel um Petrus. Auch die Tatsache, daß nicht alle zwölf Apostel dargestellt sind, ist nicht singulär. Auf dem hexagonalen Silberreliquiar aus Pula oder auf dem Antiochia-Kelch (**PE 53**) sind insgesamt zehn Apostel dargestellt.[245]

PE 34   Drei Silberkelche
           Provenienz: Syrien
           Aufbewahrungsort: Cleveland, The Cleveland Museum of Art
           dat.: 6. Jh.
           Lit: KATALOG NEW YORK (1979) S. 608-609, Kat. Nr. 544; BREHIER (1951) Taf. 17-20; DOWNEY (1953)

Es handelt sich um drei gleichartig gestaltete Silberkelche aus dem gleichen Fund. Die Kuppa jedes Kelches ist mit vier Medaillons verziert, die eine Büste enthalten. Dargestellt sind Christus und die Gottesmutter sowie Petrus und Paulus. Alle sind nimbiert, bei Petrus und Paulus sind jeweils ihre Porträtzüge ausgebildet. Petrus hält ein Stabkreuz als Attribut, Paulus einen Codex.

---

[245] BUSCHHAUSEN (1971) Kat. Nr. B 20, vgl. Kat. ANDREAS, AN 29.

PE 35   Bronzekreuz
           Provenienz: Palästina
           Aufbewahrungsort: New York, Metropolitan Museum
           dat.: 6./ 7. Jh.
           Lit.: KATALOG NEW YORK (1979) S. 621-622, Kat. Nr. 557

Auf dem oberen Kreuzarm ist die thronende Gottesmutter mit Kind dargestellt, auf dem linken Kreuzarm steht Paulus mit Codex und Akklamationsgestus, auf dem gegenüberliegenden Petrus, mit Stabkreuz in der Linken und ebenfalls mit Akklamationsgestus. Im Schnittpunkt steht Stephanus mit Codex und Weihrauchbehälter, am Kreuzfuß die beiden Ärzteheiligen Cosmas und Damian mit Instrumentenkästchen. Alle Heiligen sind namentlich bezeichnet und nimbiert.

PE 36   Silberreliquiar
           Provenienz: unbekannt, Osten
           Aufbewahrungsort: Schweiz, Privatbesitz
           dat.: 610-641
           Lit.: KATALOG FRANKFURT (1983) S. 570-571, Kat. Nr. 171

Auf den Wandungen und dem Deckel des Kästchens sind Medaillonbüsten der zwölf nimbierten Apostel angebracht. In der Mitte jeder Längsseite ist ein Apostel durch ein auf einen Stab gestecktes Prozessionskreuz ausgezeichnet. Die ikonographische Tradition und die Ähnlichkeit mit dem Porträttypus lassen nur die Deutung auf Petrus und Andreas zu.

Zusammenfassend läßt sich festhalten: Petrus erhält das Kreuz als Attribut als erster Heiliger überhaupt, noch vor Christus. Er wird am häufigsten damit ausgezeichnet. Das Stabkreuz trägt Petrus zunächst in der Szene der Traditio legis, dann aber auch in verschiedenen anderen Bildprogrammen und Darstellungszusammenhängen. Es ist, ein Jahrhundert vor dem Auftreten des Schlüssels, als das erste verbreitete Attribut des Petrus zu werten. Es handelt sich um ein Rangattribut.

Der Schlüssel

Der Schlüssel als Petrusattribut wird häufig als das früheste individuelle Attribut innerhalb der christlichen Kunst angeführt.[246] In der Forschung wurden die Fragen diskutiert, ob die szenische Darstellung als der Ursprung des Attributes zu gelten hat und ob die Anfänge dieser Ikonographie im Osten oder im Westen liegen. Die Frage ist insofern wichtig, als der Petrusschlüssel als das früheste individuelle Attribut überhaupt gilt: Kann nun der Westen (Rom) oder der Osten den Vorrang beanspruchen, das individuelle Attribut in die Kunst eingeführt zu haben?

---

[246] VOLP, R., KAUTE, L., (LCI) , wie Anm. 8, Sp. 190.

Die Artikel „Schlüssel" bzw. „Schlüsselübergabe" in den Standardlexika, wie DACL, Réau, LCI und LTHK sind für die frühchristliche Zeit nicht sehr ergiebig und äußern sich überhaupt nicht zur Herkunftsfrage.

Die kontroversen Meinungen und Äußerungen zu den beiden Komplexen *Schlüsselübergabe* und *Schlüssel als Attribut* sollen hier zunächst in chronologischer Ordnung zusammengestellt werden, weil auf diese Weise die häufig fehlende Differenzierung klar wird. In einer anschließenden Zusammenfassung werden die Thesen kritisch überprüft.

Baumstark[247] unterscheidet zwischen der Szene der Schlüsselübergabe auf römischen Sarkophagen, in der nur Christus und Petrus beteiligt sind und dem „ideellen Typ der Schlüsselübergabe" mit Christus, Petrus und Paulus, der nur in Ravenna und Syrien belegt ist, bei dem es sich also um einen orientalischen Kompositionstypus handelt. Der Schlüssel als Attribut komme aus dem Osten des Reiches. Baumstark resümiert: „Das späterhin kanonische Abzeichen kennen ja im Abendlande weder Katakombengemälde, noch Goldgläser, noch Sarkophage." Dabei beachtet er weder ikonographische noch chronologische Unterschiede.

Auf ihn stützt sich noch R. P. Griffing[248], der pauschal Petrusdarstellungen mit Kreuz beziehungsweise mit Schlüssel als Attribut dem östlichen Einflußbereich zuordnet.

Styger[249] unterscheidet bei der Schlüsselübergabe drei mögliche Stufen der Darstellung. In der ersten hat Christus den Schlüssel in der Hand, Petrus eilt heran. In der zweiten übergibt Christus den Schlüssel gerade, Petrus empfängt ihn im Bausch seines Palliums. In der dritten schließlich ist Petrus noch in empfangender Gebärde wiedergegeben, aber bereits im Besitz des Schlüssels. Styger betont ausdrücklich, daß auch in der dritten Szene das Halten des Schlüssels nicht „bloß zu einem symbolischen Attribut erstarrt" sei. Die Differenzierung der Szenen ist notwendig, aber in den drei von Styger erläuterten Stufen nicht stimmig.

De Jerphanion[250] unterscheidet das Attribut Schlüssel von der Szene der Schlüsselübergabe, von der es eindeutig abzuleiten sei. Das Zwischenglied bildet der ravennatische Zwölf-Apostel-Sarkophag, wo die Schlüsselübergabe gerade schon erfolgt sei: Petrus hält den Schlüssel in der Hand. Der Schlüssel als Attribut taucht vor der Mitte des fünften Jahrhunderts auf, zuerst im sogenannten Mausoleum der Galla Placidia, dann in S. Paolo fuori le mura und in S. Agata dei Goti. Jerphanion betont den östlichen Einfluß auf dieses Attribut. Es wurde, wahrscheinlich im fünften Jahrhundert, im Osten „erfunden". Derselbe Autor

---

[247] BAUMSTARK, A., Eine syrische „Traditio legis" und ihre Parallelen, in: Oriens Cristianus 3, 1903, S. 173-200.

[248] GRIFFING (1938).

[249] STYGER (1913).

[250] JERPHANION, G. de, Le calice d'Antioche (=Orientalia Cristiana vol. 7, Nr. 27), Rom 1926.

betont jedoch zwölf Jahre später[251], daß der Petrusschlüssel das älteste individuelle Attribut sei, das in Rom seit der Mitte des fünften Jahrhunderts existiert und im Osten erst ein Jahrhundert später vorkomme, zum Beispiel im Rabbulacodex oder in Bawit.

Auch hier, am Beispiel des Zwölf-Apostel-Sarkophages, wird Übergabe an und Darbringung durch Petrus verwechselt.

Nordström[252] stellt bei der Besprechung des Petrusbildes mit Schlüssel im Mosaik von Galla Placidia fest, daß Petrus die Züge des östlichen Typus mit kurzem weißem Haar und Bart trage, wie gewöhnlich auf den Mosaiken Ravennas. Nordström erwähnt zwar den Schlüssel, macht aber keine weiteren Angaben zu diesem Attribut, das hier mit zum ersten Mal auftaucht. Der sogenannte „östliche Typus" wird nicht erläutert.

Erst Sotomayor[253] differenziert korrekt zwischen der Szene der Schlüsselübergabe einerseits, die in Rom seit 370 häufig auf Sarkophagen vorkommt und dem repräsentativen Bild mit Attribut andererseits, das erst im fünften Jahrhundert Bedeutung erlangt. Er steuert damit wesentlich zur Erweiterung des Blickwinkels bei.

Chatzinikolaou[254] zählt den Schlüssel zu den ältesten persönlichen Attributen der frühchristlichen Kunst und betont, er sei von der Traditio clavium abzuleiten.

Während die ältere Forschung ohne ausreichende Begründung und durch einseitige Auswahl der Monumente den Ursprung des Attributes im Osten annimmt und zwischen ideellen und historischen Bildern unterscheidet, weist Jerphanion 1938 auf die Vorreiterrolle Roms bei dieser ikonographischen Erfindung hin. Dieser Standpunkt wird akzeptiert, in der späteren Forschung findet diese Frage nach dem Vorrang des Westens oder Ostens kaum mehr Erwähnung. Kötzsche[255] resümiert in der Beschreibung einer Darstellung: Die Szene der Schlüsselübergabe wurde im Westen, wohl in Rom, geschaffen und nur dort entwickelt.

Wenn man annimmt, daß das Attribut aus der Szene entwickelt wurde, kann es nur aus dem westlichen Kunstkreis stammen, weil die Episode nur dort ins Bild umgesetzt wurde.

Zur Szene der Schlüsselübergabe selbst gibt es genügend Literatur. Die Forschung stimmt darin überein, daß die Szene in Rom in der zweiten Hälfte des vierten Jahrhunderts geschaffen wurde. Die Darstellung ist auf den Westen beschränkt geblieben.[256] Trotz der Ausführungen Sotomayors zur Notwendigkeit der Differenzierung zwischen Szene und Bildern mit attributiver Bedeutung des

---

[251] JERPHANION (1938).
[252] NORDSTRÖM (1953) S. 29.
[253] SOTOMAYOR (1962) S. 70-72.
[254] CHATZINIKOLAOU (RBK), wie Anm. 7, hier Sp. 445.
[255] Kötzsche, L., in: KATALOG NEW YORK (1979) S. 441-442, Kat. Nr. 400.
[256] KOLLWITZ (1936) S. 45-66.

Schlüssels wird nicht immer klar getrennt: Deichmann[257] zum Beispiel betrachtet Szene und Attribut so sehr als gleichwertig, daß er als unmittelbaren Vorläufer des Schlüsselattributes im Mosaik von Galla Placidia die Übergabeszene in Santa Costanza angibt.

Die Szene der Schlüsselübergabe kommt fast ausschließlich auf Sarkophagen vor. Es handelt sich immer um eine Zwei-Figuren-Komposition, in der Christus und Petrus stehend einander zugewandt sind und letzterer im Bausch des Palliums den oder die Schlüssel empfängt.[258] Alle entsprechenden Darstellungen stammen aus dem westlichen Kunstkreis und sind in das letzte Drittel des vierten Jahrhunderts zu datieren. Ein einziges Beispiel, ein Fresko in der Commodilla-Katakombe aus dem siebten Jahrhundert, zeigt eine zentrale Komposition mit mehreren beteiligten Heiligen. Petrus empfängt die Schlüssel, während Paulus als Pendant dazu Christus ein Bündel mit Buchrollen darbringt.[259] Dabei handelt es sich jedoch um einen erheblich späteren, nicht vergleichbaren Bildtypus.

Davon zu unterscheiden sind die Bilder, die die Darbringung der Schlüssel durch Petrus an den thronenden Christus zum Thema haben. Es handelt sich immer um ein zentral komponiertes Bild mit Christus in der Mitte und mindestens einem weiteren Apostel, meistens aber dem Apostelkollegium, das akklamiert oder Kränze darbringt. Die frühesten Bildbeispiele sind in das fünfte Jahrhundert zu datieren[260]. Während Styger die Interpretation, es könne sich hier um ein Attribut handeln, strikt ablehnt, zählt Sotomayor[261] den Sarkophag der zwölf Apo-

---

[257] DEICHMANN (1969) S. 160ff.

[258] Die Beispiele sind nach SOTOMAYOR (1962) S. 71, Anm. 136: Rep. 200 als das früheste Beispiel, um 370. WS 39,1; 114,4; 143,3; I-160-93; Fragmente: WS 140,3; 140,6; 140,8, alle römisch. Gallische Sarkophage mit Schlüsselübergabe nach SOTOMAYOR: WS 39,2; 111,3; 120,1; 146,2; 148,2; Fragmente: WS 140,4; 140,5; 145,4. Dazu kommt ein Fragment im Archäologischen Museum in Aquileia (SOTOMAYOR Kat. Nr. 5). Bei ihm nicht aufgeführt ist der Säulensarkophag im Rijksmuseum in Leyden (Abb. bei: LAWRENCE, M., Columnar Sarcophagi, in: ArtB 14, 1932, S. 103 ff. Abb. 41). Bis zum 5. Jh. ist das einzige Beispiel für eine Schlüsselübergabe außerhalb der Sarkophagskulptur eine Silbervase in London, British Museum, s. KATALOG NEW YORK (1979) Kat. Nr. 400. Dem Mosaik in S. Costanza in Rom steht SOTOMAYOR skeptisch gegenüber. Die Zwei-Figuren-Komposition paßt zwar genau zur frühen Ikonographie der Schlüsselübergabe, jedoch ist Christus — vor dem in Anm. 259 genannten Beispiel in der Commodilla-Katakombe — nie thronend dargestellt.

[259] Rom, Commodillakatakombe, Fresko der Traditio clavium in der sogenannten basilichetta, dat.: 2. H. 7. Jh. Vgl.: DECKERS/MIETKE/WEILAND (1994) S. 52-57, Farbtafeln 3-6.

[260] Z.B. Apsisbild aus S. Agata dei Goti (in subura) in Rom, dat. 460-470 (verloren) (hier: PE 37); Zwölf-Apostel-Sarkophag in S. Apollinare in Classe, Ravenna, mit der Traditio legis an Paulus, dat. nach 440 (hier: PE 4); Kuppelmosaik im Baptisterium der Arianer, Ravenna, um 500 (hier: PE 38).

[261] Vgl. SOTOMAYOR (1962) S. 71, Anm. 140: die frühesten Darstellungen von Petrus mit dem Schlüssel als Attribut sind der Sarkophag in S. Apollinare in Classe (als einziges Beispiel aus der Gattung der Sarkophagskulptur, die jedoch fast alle Darstellungen der Übergabe enthält), die Elfenbeintafel aus Kranenburg, VOLBACH (1976), Kat. Nr. 147 (hier: PE 40), das Diptychon in Rouen, ebda. Kat. Nr. 146 (hier: PE 49), das Pitcairn-Elfenbein, ebda., Kat. Nr. 134 (hier: PE 23),

stel in S. Apollinare in Classe in Ravenna und das verlorene Mosaik in S. Agata in subura in Rom zu den frühesten Darstellungen des Petrus mit dem Schlüsselattribut.

Beide Standpunkte bedürfen einer Differenzierung: Es ist durchaus gerechtfertigt, dieses Motiv nicht mit den Darstellungen, die den Schlüssel als Attribut beinhalten, gemeinsam zu betrachten, sondern es in einer eigenen Gruppe festzuhalten, denn es besteht eine kompositionelle Verknüpfung zwischen Christus und Petrus. Es handelt sich nicht um die szenische Wiedergabe der gerade vollzogenen Übergabe der Schlüssel, die, wie oben besprochen, eine feste Bildtradition besitzt. Es ist vielmehr ein Huldigungsbild vor Christus. Ausschlaggebend ist aber, daß Petrus innerhalb der Apostelgruppe individualisiert ist, indem er Christus nicht den Siegeskranz der Allgemeinheit, sondern die ihm eigenen Schlüssel darbringt. Er ist somit innerhalb der Gruppe hervorgehoben. Diese Bilder werden der größeren Übersichtlichkeit und Differenzierung wegen unter einer eigenen Überschrift zusammengefaßt. Wichtig ist, daß diese Bilder den unabhängigen Petrusdarstellungen mit Schlüsselattribut nicht zeitlich vorangehen. Sie stellen demnach kein Bindeglied zwischen der Übergabe und dem Attribut dar. Der Schlüssel wird in der Oblatio-Szene attributiv gebraucht.

Petrus mit Schlüsseln in einer Huldigungsszene bei Christus

PE 4   Zwölf-Apostel-Sarkophag
            Aufbewahrungsort: Ravenna, S. Apollinare in Classe
            dat.: nach 440
            Lit.: KOLLWITZ/HERDEJÜRGEN (1979) S. 66-67, Kat. Nr. B 15, Taf. 53,2

Christus thront in der Mitte und übergibt das Gesetz an Paulus zu seiner Rechten. Petrus nähert sich von der anderen Seite mit einem Stabkreuz und einem Schlüssel auf verhüllten Händen. Die anderen Apostel akklamieren oder bringen Kränze dar.

---

der Antiochia-Kelch, KATALOG NEW YORK (1979), Kat. Nr. 542 (hier: PE 53), das Mosaik in Galla Placidia in Ravenna (hier: PE 41), das verlorene Apsisbild in S. Agatha in subura (hier: PE 37), die verlorene Darstellung in La Daurade in Toulouse (hier: PE 44) und schließlich die Bronzestatuette aus Charsada in Indien (hier: PE 57*).

PE 37   Rom, S. Agata dei Goti
             Apsisbild (verloren)
             dat.: 460/70
             überliefert in Zeichnungen Ciacconios (Cod. Vat. lat. 5407)
             Lit: IHM (1992) S. 153-54 und Taf. IV,1; WAETZOLDT (1964) S. 28-29, Kat. Nr. 8

Christus thront auf der Sphaira. Er ist nimbiert. Von links und rechts nahen je sechs huldigende Apostel, alle mit dem Pallium bekleidet und nicht nimbiert. Während Petrus, als erster in der Reihe links von Christus, auf verhüllten Händen einen Schlüssel trägt, haben die übrigen Buchrollen.

PE 38   Ravenna, Baptisterium der Arianer
             Kuppelmosaik
             dat: um 500
             Lit.: DEICHMANN (1974) S. 251-255; DEICHMANN (1958) Taf. 257 und 268

Petrus und Paulus stehen an der Spitze der Apostelprozession, die auf die Hetoimasia zugeht. Alle Apostel tragen ein weißes Pallium und sind nimbiert. Petrus hält in verhüllten Händen zwei Schlüssel, Paulus zwei geschlossene Buchrollen. Alle übrigen haben Kränze.

PE 39   Parenzo, Basilica Eufrasiana
             Triumphbogenmosaik
             dat.: 540/560
             Lit.: VAN BERCHEM/CLOUZOT (1924) S. 175-182; MOLAIOLI (1943) Abb. 39, S. 50; IHM (1992) S. 167-169, Taf. XV, 2

Am Triumphbogen thront in der Mitte Christus mit Kreuznimbus auf der Sphaira, von beiden Seiten nähern sich die Apostel, nimbiert, mit Pallium bekleidet. Zum Teil bringen sie Kränze dar, zum Teil Rollen oder Codices. Petrus, zur Rechten Christi, trägt auf beiden Händen einen Schlüssel, Paulus gegenüber eine Buchrolle. Alle Apostel sind durch eine Namensbeischrift gekennzeichnet.

PE 40   Elfenbein
             Provenienz: Gallien (?)
             Aufbewahrungsort: früher Kranenburg; jetzt New York, Metropolitan Museum
             dat.: 5. Jh.
             Lit.: VOLBACH (1976) S. 98, Kat. Nr. 147, Taf. 78; DELBRUECK S. 186-187

Es handelt sich um zwei zum Diptychon zusammengefügte, hochrechteckige Platten. Auf der linken steht unter einer von Säulen getragenen Arkade, auf der je zwei Lämmer von Bethlehem und Jerusalem aus zu einem im Scheitel befindlichen Kreuz hingehen, ein barfüßiger, bartloser, nimbierter Palliatus, nach rechts gewandt, mit zwei Schlüsseln auf verhüllten Händen. Gegenüber steht unter einer ebensolchen Arkade ein zweiter Mann, nach links gewandt, ebenfalls mit Nimbus, Pallium und barfuß, der in verhüllten Händen eine Buchrolle trägt. Die Attribute Schlüssel und Buch erlauben die Deutung der beiden jugendlichen, bartlosen Männer als Petrus und Paulus. Sehr merkwürdig ist dennoch der

Verzicht auf die gängige physiognomische Typisierung der Apostelfürsten ebenso wie die Tatsache, daß sie ohne Sandalen dargestellt sind.

Nach Volbach fehlt möglicherweise als Mittelstück eines Triptychons ein thronender Christus, dem sich die Apostel in der Darstellung der „Traditio clavium" nahten. Es würde sich dann aber m.E. nicht um eine Traditio clavium handeln, sondern um eine Huldigungsszene vor Christus.

Petrus mit Schlüssel als Attribut

Das Mosaik im sogenannten Mausoleum der Galla Placidia in Ravenna aus dem zweiten Viertel des fünften Jahrhunderts zeigt erstmals Petrus eindeutig unabhängig von einer Oblatio mit dem Schlüssel in der unverhüllten Hand als seinem individuellen Attribut.

Während er auf den oben besprochenen Darstellungen den oder die Schlüssel auf beiden verhüllten Händen darbringt, zeigen die folgenden Beispiele das Attribut jeweils in einer Hand.

Mosaiken und Wandfresken

PE 41   Ravenna, sog. Mausoleum der Galla Placidia
         Mosaik der Gewölbelünetten
         dat.: 2. V. 5. Jh.
         Lit.: DEICHMANN (1974) S. 63-90; DEICHMANN (1958) Taf. 13

In den vier Lünetten sind beiderseits der Fenster je ein unnimbierter Apostel dargestellt, also insgesamt acht Apostel. Nur Petrus und Paulus sind anhand ihrer Physiognomie zu identifizieren. Beide blicken nach oben zum Kreuz im Zenith, sie machen mit der Rechten den Akklamationsgestus. Petrus hält in der Linken einen Schlüssel, Paulus eine Buchrolle.

PE 42   Rom, S. Paolo fuori le mura
         Triumphbogenmosaik
         dat.: 460/61
         Lit.: IHM (1992) S. 135-137, mit weiterer Literatur; WILPERT/SCHUMACHER
         (1976) S. 87-88

Das stark restaurierte Triumphbogenmosaik zeigt im Bogenscheitel Christus, flankiert von den 24 Ältesten. In den Bogenzwickeln stehen — dem Betrachterstandpunkt entsprechend — links Paulus und rechts Petrus. Beide sind nimbiert. Petrus trägt einen Schlüssel in der Linken und akklamiert mit der Rechten, Paulus hält ein Schwert. In der Forschung[262] wird das Schwert des Paulus als spätere Restaurierungszutat erkannt, der Petrusschlüssel ist in seiner Authentizität jedoch nicht anzuzweifeln.

---

[262] So bei VAN BERCHEM/CLOUZOT (1924) S. 89; LECLERCQ, H., Mosaique, in: DACL XII, 1, 1935, Sp. 289-290. Vgl. zu der Diskussion Kat. PAULUS, PA 38.

PE 43   Rom, S. Teodoro
              Apsismosaik
              dat.: 6./A. 7. Jh.
              Lit.: IHM (1992) S. 140-141 und Taf. VI,2

In der Apsis thront Christus auf der Sphaira, flankiert von Petrus und Theodor zu seiner Linken sowie von Paulus und einem zweiten Märtyrer zu seiner Rechten. Petrus hält in der Rechten einen Schlüssel, Paulus einen Rotulus. Die Apostelfürsten führen die beiden Märtyrer bei Christus ein. Alle Heiligen sind nimbiert.

PE 32   Rom, S. Venanzio in Laterano
              Apsismosaik
              dat.: 642-650
              Lit.: IHM (1992) S. 144-145 und Taf. XXIII,2

Petrus steht in der Reihe der Heiligen und Märtyrer zur Linken der zentralen Gottesmutter-Orans. Er ist mit dem Pallium bekleidet und wie alle anderen nimbiert. In der Rechten hält Petrus einen Schlüssel und in der Linken ein Stabkreuz.

PE 44   Toulouse, Notre-Dame de la Daurade
              Wandmosaiken (verloren)
              dat.: 5./6. Jh.
              Lit.: WOODRUFF (1931)

Das Bildprogramm umfaßte Darstellungen der Apostel und Propheten, die jeweils stehend in Reihen übereinander angeordnet waren. Petrus trug einen Schlüssel, Paulus ein Buch, die übrigen Apostel waren ohne Attribute.

PE 10   S. Salvatore bei Trevi, sog. Clitumnustempel
              Apsismosaik
              dat.: kontrovers: wohl 6./7. Jh.
              Lit.: JÄGGI (1995); IHM (1992) S. 160; DEICHMANN (1943)

In der Apsiskalotte des Oratoriums sind Fragmente eines Christusbildes erhalten. In der unteren Wandzone sind in Halbfigur Petrus mit Stabkreuz in der Linken und Schlüsseln in der Rechten, sowie Paulus mit Buch dargestellt, beide nimbiert und mit ihren typischen Porträtzügen versehen.

PE 45   Bawit, Apollonkloster, Kapelle VI
              Apsisfresko
              dat.: 6./7. Jh.
              Lit.: IHM (1992) S. 198-200 und Taf. XXV,1 mit weiterer Literatur

In der unteren Zone des zweigeteilten Apsisbildes thront in der Mitte die Gottesmutter mit dem Kind. Links und rechts davon stehen die zwölf Apostel und die zwei nichtapostolischen Evangelisten. Alle sind mit einem weißen Pallium bekleidet, nimbiert und durch Namensbeischriften gekennzeichnet. Jeder trägt einen Gemmencodex. Petrus, unmittelbar zur Rechten der Gottesmutter stehend, hat zusätzlich einen Schlüssel in der linken Hand.

PE 46   Bawit, Apollonkloster, Kapelle XVII
         Apsisfresko
         dat.: 6./7. Jh.
         Lit.: IHM (1992) S. 201-202 und Taf. XXIII,1 mit weiterer Literatur

In der unteren Zone steht die Gottesmutter in Orantenhaltung in der Mitte, flankiert von dreizehn ebenfalls stehenden männlichen Gestalten, die inschriftlich als „Unsere Väter Apostel" gekennzeichnet sind. Alle sind nimbiert und tragen einen gemmengeschmückten Codex. Der erste Apostel zur Rechten der Gottesmutter ist grauhaarig und bärtig, er trägt einen Schlüssel in der Linken: Auch ohne Namensbeischrift kann er als Petrus identifiziert werden.

PE 47   Bawit, Apollonkloster, Kapelle XX
         Apsisfresko
         dat.: 6./7. Jh.
         Lit.: IHM (1992) S. 202 mit weiterer Literatur

Das Apsisbild zeigt, wiederum in zwei Zonen unterteilt, oben den thronenden Christus, unten in der Mitte die stehende Gottesmutter-Orans, die von den Aposteln und Lokalheiligen flankiert wird. Die Heiligen tragen alle ein weißes Pallium und sind nimbiert. Die Rechte haben sie im Akklamationsgestus erhoben. Der Apostel zur Rechten der Gottesmutter ist anhand des Schlüssels, den er in der Linken hält, als Petrus zu erkennen.

PE 48   Bawit, Apollonkloster, Kapelle XL
         Fresko Nordwand
         dat.: 6./7. Jh.
         Lit.: MASPERO/DRIOTON (1931) Taf. LIX

Vor einem mit vegetabilen Motiven geschmückten Hintergrund stehen frontal aufgereiht nebeneinander der Erzengel Uriel in der Mitte, und daneben meist koptische Lokalheilige. An zweiter Stelle zur Rechten des Erzengels befindet sich der Apostel Petrus. Er ist namentlich als *heiliger Petrus, Apostel* bezeichnet und trägt zusätzlich zum Gemmencodex, den auch alle anderen haben, einen Schlüssel in der Linken. Alle Heiligen sind nimbiert, durch Namensbeischrift gekennzeichnet und tragen ein weißes Pallium.

Elfenbein

PE 49   Elfenbeindiptychon
Provenienz: Gallien (?)
Aufbewahrungsort: Rouen, Stadtbibliothek
dat.: 2. H. 5. Jh.
Lit.: VOLBACH (1976) S. 97-98, Kat. Nr. 146, Taf. 78

Auf einer der Tafeln steht Petrus in leichtem Kontrapost fast frontal vor einer Ädikula. Er trägt ein Pallium, ist nimbiert und hat kurzes Haar und einen Bart. In der Linken hält er einen großen Schlüssel. Das Pendant bildet auf der anderen Tafel Paulus, ebenfalls unter einer Ädikula, jedoch zur Seite gewandt stehend, mit einer Schriftrolle in der Linken und die Rechte im Redegestus erhoben. Auch er ist nimbiert und an seinem Porträttypus zu erkennen.

PE 23   Elfenbeintafel
Provenienz: Ravenna (?)
Aufbewahrungsort: Bryn Athyn, Pennsylvania, Glencairn Foundation
dat.: 6. Jh.
Lit: VOLBACH (1976) S. 90-91, Kat. Nr. 134, Taf. 69; KATALOG NEW YORK (1979) S. 539-540, Kat. Nr. 485; NIKOLAJEVIC, I., Un San Pietro inconsueto. La Placa d'avorio della Glencairn Foundation, Bryn Athin (Penn.), in: Studi in memoria di Giuseppe Bovini, Ravenna 1989, S. 429-441

Unter einer auf zwei Säulen ruhenden Muschelarkade schreitet Petrus nach rechts. Er hat kurzes Haar und Bart, ist mit einem nach hinten ausschwingenden Pallium bekleidet und trägt in der Linken einen großen Schlüssel. Mit der vorgestreckten Rechten hält er ein hohes Stabkreuz, das auf dem Paradiesesberg steht, aus dem die vier Flüsse strömen.

PE 50   Elfenbeindiptychon
Provenienz: unbekannt
Aufbewahrungsort: Brüssel, Musée du Cinquantenaire
dat.: 6. Jh.
Lit.: VOLBACH (1976) S. 101, Kat. Nr. 154, Taf. 80

Es handelt sich um einen Teil eines Diptychons mit Paulus als Pendant.[263] Unter einer auf kannelierten Säulen ruhenden Muschelarkade, unter der Vorhänge aufgehängt sind, steht Petrus frontal mit angedeutetem Kontrapost. Er trägt ein Pallium, ist nicht nimbiert. Er hat ein breites Gesicht, einen schmalen gelockten Haarkranz, gelockten Bart und eine Tonsur. Mit der Rechten segnend, hält er in der Linken ein kreuzgeschmücktes Buch und am Handgelenk einen Bund mit drei Schlüsseln.

---

[263] VOLBACH (1976), Kat. Nr. 153.

Tafelbilder

PE 22   Tafelbild des Petrus
           Provenienz: Konstantinopel ?
           Aufbewahrungsort: Sinai, Katharinenkloster
           dat.: 7. Jh.
           Lit.: WEITZMANN (1976) S. 23-26, Kat. Nr. B 5, Taf. VIII

Petrus ist in Halbfigur vor einer Architekturnische dargestellt, mit kurzem grauen Vollbart und Haar. Er hält in der Linken einen Kreuzstab, in der Rechten drei Schlüssel.

PE 51   Tafelbild
           Provenienz: Palästina
           Aufbewahrungsort: Sinai, Katharinenkloster
           dat.: 7./8. Jh.
           Lit.: WEITZMANN (1976) S. 58-59, Kat. Nr. B 33, Taf. LXXXV

Die Tafel ist in vier Felder unterteilt. Oben links steht Paulus, rechts Petrus, unten links Nikolaus, rechts Johannes Chrysostomos. Alle vier stehen frontal vor einer angedeuteten Architekturnische. Die Apostelfürsten haben ihren Porträttypus, sie tragen ein Pallium, sind nimbiert und durch eine Namensbeischrift gekennzeichnet. Petrus hält mit beiden Händen eine Buchrolle, zusätzlich in der Linken an einem Ring zwei Schlüssel.

Buchmalerei

PE 52   Cosmas Indicopleustes
           Provenienz des Originals: Alexandria
           Aufbewahrungsort der nachantiken Kopien: Vatikan, Biblioteca Apostolica
           Vaticana.
           Cod. Vat. gr. 699 (dat.: 9. Jh.); spätere Kopien am Sinai und in Florenz
           dat. (des Originals): 547-549
           Lit.: SÖRRIES (1993) S. 143-146, Taf. 79

Auf fol. 81r ist Petrus ganzfigurig stehend mit nach rechts gewandtem Blick wiedergegeben. Er trägt Tunika und Pallium, ist nimbiert und außer durch die Namensbeischrift ΠΕ–ΤΡΟC auch durch seine typische Physiognomie zu identifizieren. In beiden Händen hält er eine geschlossene Buchrolle, an seiner linken Hand hängt ein Ring herab, an dem drei Schlüssel befestigt sind.

PE 20   Rabbulacodex
             Provenienz: Mesopotamien, Johanneskloster von Zagba
             Aufbewahrungsort: Florenz, Biblioteca Medicea Laurenziana, Cod. Plut. 1, 56
             dat.: 586
             Lit.: SÖRRIES (1993) S. 94-100, Taf. 57

Fol. 13b zeigt die Himmelfahrt Christi. Petrus steht gemeinsam mit den anderen Aposteln und der Gottesmutter in der unteren Bildzone. Er ist als erster Apostel der rechten Gruppe deutlich an seinem traditionellen Porträttypus zu erkennen. Er trägt ein Stabkreuz und einen Bund mit zwei Schlüsseln daran in der Linken.

Varia/Kleinkunst

PE 53   Antiochia-Kelch
             Provenienz: Syrien (?)
             Aufbewahrungsort: New York, Metropolitan Museum
             dat.: 5. Jh. (Sotomayor), 1. H. 6. Jh. (Katalog New York)
             Lit.: KATALOG NEW YORK (1979) S. 606-608, Kat. Nr. 542, mit weiterer Literatur

Die Kuppa ist von Weinranken überzogen, in die figürliche Darstellungen eingebettet sind. Auf der Vorder- und Rückseite thront jeweils Christus, umgeben von insgesamt zehn unnimbierten Figuren, die ihm sitzend akklamieren. Sie werden als Apostel gedeutet. Sotomayor[264] bestätigt, daß Petrus anhand des großen Schlüssels zu identifizieren sei, den er in der linken Hand hält.

PE 54   Kalkstein-Fries
             Provenienz: Bawit ?
             Aufbewahrungsort: Leipzig, Ägyptisches Museum der Universität
             dat.: 6. Jh.
             Lit.: KATALOG HAMM (1996) S. 106, Kat. Nr. 51

Der Fries ist mit nebeneinander angeordneten Medaillons dekoriert, von denen noch vier ganz und ein weiteres fragmentiert erhalten sind. Während die mittleren drei ornamental gefüllt sind, ist ganz rechts das Brustbild des Apostels Petrus erhalten. Er ist bärtig, mit einem Pallium bekleidet und nicht nimbiert. Die Rechte hat er erhoben, in der verhüllten Linken hält er einen überdimensionalen Schlüssel. Im fragmentierten Medaillon ganz links ist eine Christus-Darstellung zu ergänzen.

---

[264] SOTOMAYOR (1962) Kat. Nr. 400. Auf den meisten Abbildungen ist Petrus nicht deutlich zu erkennen.

PE 26   Tonampulle
             Provenienz: Smyrna
             Aufbewahrungsort: Paris, Louvre
             dat. 6./7. Jh.
             Lit.: METZGER (1981) S. 46, Kat. Nr. 116, fig. 98

Petrus soll unter einer Ädikula sitzend wiedergegeben sein, das Sitzmotiv ist nicht deutlich ausgebildet, die Lehne des Stuhles ist jedoch links zu erkennen. Er ist bärtig und trägt ein gefälteltes Gewand. In der Rechten hält er ein großes Stabkreuz vor sich, am linken Handgelenk hängt ein Schlüssel an einer langen Schlaufe herab.

PE 27   Tonampulle
             Provenienz: Smyrna
             Aufbewahrungsort: Berlin
             dat.: 6. Jh.
             Lit.: GRIFFING (1938) fig. 5

Dargestellt ist das gleiche Bildmotiv wie bei der Ampulle im Louvre (**PE 26**).

PE 55   Altartuch (Ziborienvorhang) der Hagia Sophia in Konstantinopel
             dat.: justinianisch
             Quelle: Paulos Silentarios
             Lit.: KOLLWITZ (1941) S. 158 mit Anm. 1

Dargestellt war Christus zwischen den Apostelfürsten, wobei Petrus einen Schlüssel als Attribut hatte und Paulus ein Buch.

Am Ende des Kataloges folgen zwei Monumente, deren Verbleib unbekannt ist und die wegen der unzureichenden Publikation, was ihre Echtheit betrifft zumindest mit einem Fragezeichen versehen werden müssen.

PE 56 *   Siegel des Bischofs Macarius von Tripolis
             Provenienz: Syrien
             Aufbewahrungsort: unbekannt
             dat.: 6./7. Jh.
             Lit.: GARRUCCI, Storia, VI, Taf. 479, fig. 16; TESTINI (1969) S. 323, Kat. Nr. 220

Petrus sitzt auf einem Thron, auf dessen rechter Armlehne ein Hahn dargestellt ist. Er ist nimbiert und an seinem Porträttypus erkenntlich. Mit der Rechten vollzieht er den griechischen Segensgestus, in der Linken hält er zwei Schlüssel.

PE 57 *   Bronzestatuette
          Fundort: Charsada, Indien
          Aufbewahrungsort: unbekannt
          dat.: 5. Jh.?
          Lit.: ROWLAND, B., Jr., St. Peter in Gandhara. An Early Christian Statuette in
          India, in: GazBA 23, 1943, S. 65-70; SOTOMAYOR (1962) Kat. Nr. Ap 164

Von Rowland konnten nur zwei Photographien ausgewertet werden, das Original war bereits verschollen. Es handelt sich um eine Sitzstatuette, die dazugehörige Sitzgelegenheit fehlt. Die Figur ist bärtig, mit kurzem Haar und mit einem Pallium bekleidet. Die Rechte hat sie im Sprech- oder Segensgestus erhoben, in der Linken hält sie — nach Rowland „unmistakably" — einen Schlüssel. Er schlägt vor, in der Plastik eine verkleinerte Kopie der berühmten Statue des Petrus in St. Peter in Rom zu sehen, die er in das fünfte oder sechste Jahrhundert datiert. Die Statuette wäre von einem Rompilger dieser Epoche mit nach Nordwestindien genommen worden. Die Vergleichsbeispiele Rowlands sind jedoch nicht unbedingt zuverlässig. Die Bronzeplastik in St. Peter wird von der Forschung mittlerweile dem Trecento, genauer dem Umkreis des Arnolfo di Cambio zugeschrieben.[265]

Die kleine, von Behn veröffentlichte Bronzestatuette aus Straßburg[266], die ebenfalls den thronenden Petrus darstellen soll, ist keinesfalls ein Petrusbild. Die Figur trägt ein Kapuzengewand und Stiefel, Kleidungsstücke, die in frühchristlicher Zeit nie für Apostel verwendet werden. Wenn die Statuette spätantik ist, war sie wahrscheinlich keine autonome Darstellung, sondern eher, wie vielleicht auch die Berliner Petrusplastik (**PE 29**), Teil einer größeren Komposition.

Allein die große Zahl der im Katalog besprochenen Darstellungen, aber auch die der verschiedenen Attribute, unterstreicht die herausragende Bedeutung des Petrus in der frühen Heiligenikonographie. Für Petrus kann jedoch nicht, wie es für einige andere Heilige versucht wird, ein einziges Urbild rekonstruiert werden, das von seiner Memoria ausstrahlte und weitere Darstellungen beeinflußte. Petrus wurde bereits frühzeitig in christozentrischen Bildern dargestellt, ferner als Protagonist in auf ihn selbst bezogenen Szenen, unter anderem in der Petrustrilogie auf Sarkophagen. Er erfuhr bekanntermaßen schon frühzeitig eine physiognomische Kennzeichnung. Bei der Nimbierung hingegen kann keine Sonderstellung vor den übrigen Heiligen festgestellt werden. Petrus wurde jedoch schon frühzeitig mit Attributen ausgestattet, verfestigen konnte sich davon die Tradition des Stabkreuzes und die des Schlüssels. Besonders für den Schlüssel konnte deutlich gemacht werden, daß vor dem Attribut bereits die Szene der Übergabe Bildtradition besaß. Es muß deutlich unterschieden werden zwischen der Übergabe des Schlüssels durch Christus an Petrus, sodann der Oblatio, in der Petrus bereits

---

[265] Vgl. z.B. HOFMANN, K., Petrus, Apostel, in: LTHK 8, ²1963, Sp. 334-347, hierzu Sp. 346.
[266] Vgl. BEHN, F., Frühchristliche Bronzestatuette aus Straßburg, in: Germania, Anzeiger der Römisch-Germanischen Kommission des Deutschen Archäologischen Instituts, Jg 18, 1934, S. 284-286.

durch den ihm allein zukommenden Schlüssel individualisiert ist und schließlich dem Schlüssel als dem unabhängigen, individuellen Attribut des Apostelfürsten.

PAULUS

A. VITA, KULT UND LEGENDE

Vita und Legende:

Die Hauptquelle der Paulusvita für den Lebenslauf und die Bekehrung ist die Apostelgeschichte. Für das Charakterbild des Menschen Paulus sind seine Briefe die aufschlußreichsten Textdokumente. Die Paulusakten liefern vorwiegend Legendenmaterial. Die Lebensdaten des Paulus können erschlossen werden. Paulus ist zwischen 5 und 10 n. Chr. in Tarsos in Kilikien geboren, der Zeitpunkt seiner Bekehrung liegt in den Jahren 33/34 oder 35/36. Als Todesjahr der Apostelfürsten Petrus und Paulus gibt Eusebius 67 n. Chr. an (Hist.Eccl. II, XXV), ebenso Hieronymus (De viris illustribus, XII).[267]

Saulus, so der jüdische Name, stammte aus einer jüdischen Diasporafamilie, die dem Stamm Benjamin angehörte und sich zur streng pharisäischen Richtung bekannte. Von seinem Vater erbte Paulus das römische Bürgerrecht. Paulus erwarb Kenntnisse der griechischen Sprache. Sicher erst nach Jesu Tod ging er nach Jerusalem, um sich bei Gamaliel dem Thorastudium zu widmen. Sein Handwerk war das eines Zeltmachers (Apg 18, 3).[268]

Paulus entwickelte sich zum erbitterten Feind und Verfolger der Christen. Als er nach Damaskus ging, um die dortige Christengemeinde auszurotten, traf ihn der Ruf Gottes, bekannt als sein „Damaskuserlebnis" (Apg 9, 1-9; 22, 6ff; 26, 12-18). Nach der Bekehrung zum Christentum und der Taufe durch Ananias begann Paulus auf zahlreichen Reisen mit der Verkündigung des Evangeliums, unter anderem in Antiochia, Galatien, Makedonien und in Ephesos. Die Jahre 58-60 verbrachte Paulus in Gefangenschaft in Kaisareia, wurde dann als Gefangener nach Rom gebracht, wo er im Jahr 61 ankam und weitere zwei Jahre gefangen war. Hier schließt der Bericht der Apostelgeschichte über das Leben des Paulus.

Die in ihrer Echtheit bestrittenen Pastoralbriefe und Clemens von Rom berichten von weiteren Reisen und einer zweiten römischen Gefangenschaft mit der Erwartung des bevorstehenden gewaltsamen Todes. Die altchristliche Tradition überliefert das Martyrium während der neronischen Verfolgung zwischen 64 und

---

[267] BALBONI, D., Paolo, apostolo, in: BiblSS 10, 1968, Sp. 164-212. Zur Vita sehr ausführlich Sp. 164-184.
[268] LECHNER, M., Paulus, in: LCI 8, 1976, Sp. 128-147, bes. Sp. 129.

68.²⁶⁹ Die apokryphen Paulusakten vom Ende des zweiten Jahrhunderts berichten vom Martyriumsort drei Meilen vor Rom an der Straße nach Ostia.

Kult:

Die früheste Erwähnung eines Pauluskultes in Rom stellt die bekannte Stelle bei Gaius dar, der die Tropaia der Apostelfürsten am Vatikan und an der Via Ostiense erwähnt (Euseb, Historia Eccl. II, 25,7). In der *Depositio Martyrum* von 354 werden Petrus und Paulus im Zusammenhang mit dem Konsulardatum von 258 erwähnt. Dabei handelt es sich um die berühmte Dreiteilung des Kultes für Petrus am Vatikan, für Paulus an der Via Ostiense und für beide *ad catacumbas*. Nach dem Kirchenfrieden manifestierte sich der Apostelkult in der Errichtung der kaiserlichen Basiliken am Vatikan und von S. Paolo fuori le mura.²⁷⁰ Die Hauptstätte der Paulusverehrung in Rom ist S. Paolo fuori le mura an der Via Ostiense.

Dassmann²⁷¹ untersuchte die Häufigkeit der Pauluspatrozinien bei frühchristlichen Kirchen in der ganzen Oikumene und kam zu dem Schluß, daß der Pauluskult zu keiner Zeit sehr entwickelt war. Für die Hauptstadt Konstantinopel selbst ist nur ein Paulusoratorium sicher bezeugt, das im westlichen Teil des Kaiserpalastes gelegen war und wohl identisch ist mit der Pauluskirche, für die Kaiserin Konstantina bei Papst Gregor dem Großen vergeblich um Körperreliquien des Apostelfürsten gebeten hatte. Ebenso spärlich ist die Verbreitung von Pauluskirchen andernorts: In Ravenna trug nur eine einzige von über sechzig bekannten Kirchenbauten bis zum Ende der byzantinischen Herrschaft im Jahr 751 das Pauluspatrozinium. Auch in anderen Gebieten ist diese Unterrepräsentation festzustellen. Allerdings muß natürlich die größere Zahl von Kirchen berücksichtigt werden, die ein Petrus- *und* Pauluspatrozinium haben.

B. MONUMENTE

Paulusdarstellungen sind in der frühchristlichen Kunst weit weniger zahlreich als Petrusdarstellungen. Besonders selten sind im Gesamtbestand autonome Paulusbilder. Trotzdem gehört Paulus zu den Heiligen, die am frühesten in der christlichen Kunst durch eine besondere Porträtbildung charakterisiert werden. Auf den Passionssarkophagen wird Paulus erstmals individualisiert. Hier wird seine typische Physiognomie herausgebildet²⁷² und zwar bekanntermaßen im Zusammenhang und als Gegenstück zur gleichzeitig entstehenden Petrus-Ikonographie. Seit

---

²⁶⁹ SCHMID, J., Paulus, in: LTHK 8, ²1963, Sp. 216-220. Zur Vita mit der Bekehrung Sp. 216, zu den Reisen Sp. 217, zum Martyrium Sp. 218.
²⁷⁰ KENNEDY (1963) S. 101- 111.
²⁷¹ Vgl. DASSMANN (1982) bes. S. 18-23.
²⁷² Vgl. DASSMANN (1982) S. 30.

der Mitte des vierten Jahrhunderts häufen sich die Paulusbilder, weil sie „in den Sog der Petrusikonographie" geraten.[273] Paulus ist das Pendant zu Petrus, er wird vorwiegend im Zusammenhang mit diesem dargestellt, so zum Beispiel in den Darstellungen der Traditio legis oder bei den Bildern, die die Concordia apostolorum versinnbildlichen sollen.[274] Dabei kann Paulus immer allein anhand seiner individuellen Porträtzüge identifiziert werden.

Nun stellt sich die Frage, ob und wann Paulus als eigenständiger Heiliger mit einem individuellen Attribut dargestellt wird. Gibt es im untersuchten Zeitraum überhaupt ein individuelles Paulusattribut?

Um diese Frage zu beantworten, muß das vorhandene Bildmaterial gegliedert werden. Die zahlreichen Darstellungen, in denen Paulus als Begleitapostel bei Christus erscheint, sind hier unerheblich. Es wird nur nach den Bildern gefragt, in denen Paulus als Heiliger um seiner selbst willen dargestellt ist.

Folgende Gesichtspunkte waren bei der Auswahl für den Katalog ausschlaggebend: Berücksichtigt wurden autonome Bilder des Paulus, sodann gemeinsame Darstellungen von Petrus und Paulus, sei es als Apostelfürstenpaar oder bei Christus, sofern beide ein individuelles Attribut haben, schließlich Darstellungen von Paulus gemeinsam mit anderen Aposteln, wenn — neben Petrus — auch Paulus durch ein Attribut vor den anderen herausgehoben ist und endlich Paulus in einer Gruppe mit Märtyrern, wenn alle ihr Attribut haben. Hier werden, wie schon bei Petrus, die Darbringungsszenen mit einbezogen, wenn die Apostelfürsten durch die dargebrachten Gegenstände vor den anderen Heiligen hervorgehoben sind.

Um es vorwegzunehmen: Das einzige Attribut des Paulus in der frühchristlichen Kunst ist das Buch, in Form eines Rotulus oder Codex, das ihn als *doctor mundi* auszeichnet. Nun ist das Buch aber kein ausschließlich dem Paulus vorbehaltenes Attribut, sondern kommt als Gattungsattribut den Propheten und Aposteln genauso wie den Evangelisten zu. Der Unterschied liegt wieder einmal im Darstellungszusammenhang des zu betrachtenden Gesamtbildes: Wenn in einer Darstellung von Christus mit den Aposteln nur Petrus und Paulus durch Attribute hervorgehoben sind, geschieht dies in der Regel durch die Schlüssel für Petrus und das Buch für Paulus. Es ist also in seiner Wertigkeit dem individuellen Petrusattribut gleichgestellt und steigt in diesem Fall selbst in den Rang eines individuellen Attributes auf.

Ausschlaggebend für diese Beurteilung ist die im ersten Hauptteil der Arbeit gewonnene Erkenntnis, nach der das Attribut nicht primär der Identifizierung des Dargestellten, sondern vielmehr der Bedeutungssteigerung dient. Am Attribut ist der Rang des Heiligen abzulesen. Paulus hätte zur Erkennungshilfe

---

[273] Vgl. DASSMANN (1982) S. 30.
[274] Vgl. die Zusammenfassung von SOTOMAYOR, M., Petrus und Paulus in der frühchristlichen Ikonographie, in: KATALOG FRANKFURT (1983) S. 199-210, bes. S. 208-209.

auch kein Attribut nötig gehabt, denn seine besonders charakteristischen Porträtzüge waren allgemein vertraut.

Kollwitz[275] betont zurecht, daß Paulus der Lehrer schlechthin unter den Aposteln ist und deshalb Rolle oder Buch für ihn sehr bald attributäre Bedeutung erlangen, so wie das Kreuz für Petrus. Dieses ist das einzige Attribut, das ihm in frühchristlicher Zeit regelmäßig verliehen wird. Das Schwert als Attribut, das auf sein Martyrium hinweist, gehört erst der mittelalterlichen Ikonographie an.

Von der Betrachtung ausgeschlossen werden demnach alle Darstellungen, in denen Paulus sich, was Attribute anbetrifft, undifferenziert in der Gruppe der Apostel befindet. Das bedeutet, daß alle Apostelreihen ausgeschlossen werden, in denen mehrere oder alle Apostel ein Buch als Attribut tragen. Ein derartiger Fall liegt etwa bei der Berliner Pyxis vor, auf der Christus zwischen den Aposteln thront.[276] Petrus und Paulus sind durch ihre Porträtzüge gekennzeichnet und vor den anderen Jüngern dadurch hervorgehoben, daß sie neben Christus sitzen, alle anderen stehen. Petrus hält eine Virga in der Hand, Paulus ein Buch. Weil aber außer ihm noch mehrere andere Apostel einen Codex haben, ist das Attribut in diesem Fall keine individuelle Auszeichnung für Paulus. Ferner werden im Katalog die Bilder nicht berücksichtigt, in denen Paulus Assistenzfigur des thronenden Christus ist oder die Rolle des Kreuzwächters inne hat: In allen Fällen ist Paulus nicht um seiner selbst willen als erhöhter Heiliger dargestellt. Nicht aufgenommen werden außerdem die szenischen Bilder, in denen Paulus vorkommt, auch nicht die Traditio legis, weder an Petrus, noch wenn sie an Paulus selbst erfolgt.

KATALOG

Der Katalog ist nach inhaltlichen Gesichtspunkten gegliedert und innerhalb der einzelnen Überschriften nach Gattungen geordnet.

Paulus gemeinsam mit Petrus, beide mit Attribut

Sarkophage

PA 1 Sarkophag
Aufbewahrungsort: Narbonne, Museum
dat.: 4. Jh.
Lit.: WILPERT (1929-1936) Taf. 45, 2

Auf dem Sarkophagrelief steht in der Mitte Christus, dem sich von links Petrus und von rechts Paulus nähern. Beide bringen das Aurum coronarium dar. Zu Füßen des Paulus

---

[275] J. KOLLWITZ (1941) S. 158.
[276] Zur Berliner Pyxis s. VOLBACH (1976) S. 104, Kat. Nr. 161.

steht ein Bündel mit Schriftrollen, Petrus ist ein Hahn zugeordnet. Diese Beigabe von individuellen Attributen ist in der Sarkophagplastik äußerst ungewöhnlich.

PA 2   Sarkophagfragment
        Aufbewahrungsort: Arles, Musée paléochrétien
        dat.: E. 4. Jh.
        Lit.: WILPERT (1929-1936) Taf. 26, 2; BENOIT (1954) S. 46, Kat. Nr. B 41

Das Fragment in Arles zeigt in der Mitte der Komposition Christus auf dem Caelus thronend, während Petrus und Paulus die Kränze darbieten. Vor Petrus steht wiederum der Hahn, vor Paulus ein Bündel mit Buchrollen.

PA 3   Barbatianus-Sarkophag
        Aufbewahrungsort: Ravenna, Kathedrale
        dat.: 6. Jh.
        Lit.: KOLLWITZ/HERDEJÜRGEN (1979) S. 63-64, Kat. B 10, Taf. 49,1

Die Sarkophagfront ist in fünf Muschelnischen unterteilt. In der mittleren steht Christus mit Monogramm-Nimbus und einem Buch, auf das er mit der Rechten weist. In der Nische zu seiner Rechten steht der akklamierende, unnimbierte Paulus mit einem Codex als Attribut. In der Nische gegenüber befindet sich Petrus, der in der Linken ein Kreuz hält und ebenfalls akklamiert. In den beiden äußeren Nischen sind zwei Kantharoi angebracht.

Mosaik

PA 4   S. Salvatore bei Trevi, sog. Clitumnustempel
        Apsismosaik
        dat.: kontrovers: wohl 6./7. Jh.
        Lit.: JÄGGI (1995); IHM (1992) S. 160; DEICHMANN (1943)

In der Apsiskalotte des Oratoriums befinden sich die Reste eines Christusbildes. In der unteren Wandzone sind in Halbfigur links Paulus mit Buch, rechts Petrus mit Stabkreuz und Schlüsseln dargestellt, beide sind nimbiert. Paulus weist akklamierend auf Christus hin. Belting vermutet, daß die beiden isolierten, gerahmten Wandbilder, die an Ikonen erinnern, wohl berühmte römische Vorbilder im Fresko nachahmten.[277]

---

[277] BELTING (1992) S. 163 und Abb. 84.

Elfenbein

PA 5   Elfenbein
               Provenienz: Gallien (?)
               Aufbewahrungsort: früher Kranenburg; jetzt New York, Metropolitan Museum
               dat.: 5. Jh.
               Lit.: VOLBACH (1976) S. 98, Kat. Nr. 147, Taf. 78; DELBRUECK S. 186-187

Es handelt sich um zwei zum Diptychon zusammengefügte hochrechteckige Platten. Auf der linken steht unter einer von Säulen getragenen Arkade, auf der je zwei Lämmer von Bethlehem und Jerusalem aus zu einem im Scheitel befindlichen Kreuz hingehen, ein barfüßiger, bartloser, nimbierter Palliatus. Er ist nach rechts gewandt und hält zwei Schlüssel auf verhüllten Händen. Gegenüber steht unter einer ebensolchen Arkade ein zweiter Mann, nach links gewandt, ebenfalls mit Nimbus, Pallium und barfuß, der in verhüllten Händen eine Buchrolle trägt. Die Attribute Schlüssel und Buch erlauben die Deutung der beiden jugendlichen, bartlosen Männer als Petrus und Paulus, obwohl der Verzicht auf die gängige physiognomische Typisierung der Apostelfürsten ebenso wie die Tatsache, daß sie ohne Sandalen dargestellt sind, sehr merkwürdig ist.

    Nach Volbach fehlt möglicherweise als Mittelstück eines Triptychons ein thronender Christus, dem sich die Apostel in der Darstellung der „Traditio clavium" nahten. Es würde sich dann aber m.E. nicht um eine Traditio clavium handeln, sondern um eine Huldigungsszene vor Christus.

PA 6   Elfenbeindiptychon
               Provenienz: Gallien (?)
               Aufbewahrungsort: Rouen, Stadtbibliothek
               dat.: 2. H. 5. Jh.
               Lit.: VOLBACH (1976) S. 97-98, Kat. Nr. 146, Taf. 78

Auf einer der Tafeln ist Paulus unter einer Ädikula dargestellt. Er steht zur Seite gewandt, hat eine Schriftrolle in der Linken und die Rechte im Redegestus erhoben. Er ist nimbiert und an seinem Porträttypus zu erkennen. Das Pendant dazu bildet auf der anderen Tafel Petrus, der in leichtem Kontrapost fast frontal vor einer Ädikula steht. Auch er trägt ein Pallium, ist nimbiert und hat kurzes Haar und Bart. In der Linken hält er einen großen Schlüssel.

Buchmalerei

PA 7   Codex
               Ambrosius, De fide catholica
               Provenienz: Italien
               Aufbewahrungsort: St. Paul in Lavanttal (Kärnten)
               dat.: schwankend, zwischen 5. und 7. Jh.
               Lit.: SÖRRIES (1993) S. 41-42, Taf. 17

Der Codex enthält nur eine einzige Miniatur auf fol. 72v. Christus thront auf der Sphaira, in der Linken hält er einen geöffneten Codex, mit der Rechten weist er auf den neben ihm sitzenden Paulus hin. Zu seiner Linken sitzt Petrus. Beide Apostel sind an ihrer typischen Physiognomie zu erkennen. Beide tragen in der Linken eine crux gemmata, auf die sie mit der Rechten hinzuweisen scheinen. Sie sind nicht nimbiert.

Metall

PA 8   Silberner Buchdeckel
          Provenienz: Syrien
          Aufbewahrungsort: New York, Metropolitan Museum
          dat.: 2. H. 6. Jh.
          Lit.: KATALOG NEW YORK (1979) S. 618-619, Kat. Nr. 554

Paulus steht unter einer von spiralig kannelierten Säulen getragenen Arkade. Er ist mit Tunika und Pallium bekleidet, nimbiert und anhand seiner typischen Physiognomie zu erkennen. Er hält mit beiden unverhüllten Händen einen Codex. Ein zweiter Buchdeckel zeigt als Pendant dazu Petrus, der ebenfalls an seinem Porträttypus zu erkennen ist und ein Stabkreuz hält.

PA 9   Drei Silberkelche
          Provenienz: Syrien
          Aufbewahrungsort: Cleveland, The Cleveland Museum of Art
          dat.: 6. Jh.
          Lit: KATALOG NEW YORK (1979) S. 608-609, Kat. Nr. 544; BREHIER (1951) S. 256-264, Taf. 17-20; DOWNEY (1953) S. 143-145

Es handelt sich um drei gleichartig gestaltete Silberkelche aus dem gleichen Fund. Die Kuppa jedes Kelches ist mit vier Medaillons verziert, die jeweils eine Büste enthalten. Dargestellt sind Christus und die Gottesmutter sowie Petrus und Paulus. Alle sind nimbiert, bei Petrus und Paulus sind jeweils ihre Porträtzüge ausgebildet. Petrus hält ein Stabkreuz als Attribut, Paulus einen Codex.

„Varia"

PA 10   Bronzemedaillon
          Provenienz: unbekannt
          Aufbewahrungsort: Vatikan, Museum der Vatikanischen Bibliothek
          dat.: 5./6. Jh
          Lit.: GARRUCCI, Storia VI, S. 125, Taf. 480,6

Zwei nicht inschriftlich bezeichnete, unnimbierte Heilige flankieren ein lateinisches Kreuz, das von einer Christusbüste bekrönt ist. Der linke trägt einen Spitzbart, der rechte einen Vollbart, was die Identifizierung als Paulus beziehungsweise Petrus nahelegt. Beide akklamieren, jeder hält ein langes Stabkreuz geschultert.

PA 11　　　　Onyxgemme
　　　　　　Provenienz: Palästina oder Konstantinopel
　　　　　　Aufbewahrungsort: Wien, Kunsthistorisches Museum, Antikensammlung
　　　　　　dat.: A. 6. Jh.
　　　　　　Lit.: KATALOG NEW YORK (1979) S. 586-587, Kat. Nr. 525

Petrus und Paulus flankieren stehend ein großes Kreuz, das von einer Christusbüste bekrönt ist. Petrus, rechts vom Betrachter aus gesehen, hält in der Linken ein Stabkreuz, er ist akklamierend zur Mitte gewandt. Paulus hält einen Codex. Die typischen Porträtzüge sind nicht eindeutig zu bestimmen. Die Apostel sind nicht nimbiert.

PA 12　　　　Altartuch (Ziborienvorhang) der Hagia Sophia in Konstantinopel (verloren)
　　　　　　dat.: justinianisch
　　　　　　Quelle: Paulos Silentarios
　　　　　　Lit.: KOLLWITZ (1941) S. 158 mit Anm. 1; FICKER, J., Die Darstellungen der
　　　　　　Apostel in der altchristlichen Kunst, Leipzig 1887, S. 46

Dargestellt war Christus zwischen den Apostelfürsten, wobei Petrus Schlüssel als Attribut hatte und Paulus ein Buch.

Paulus in der Gruppe der Apostel oder mit Märtyrern bei Christus

Sarkophage

PA 13　　　　Sarkophag
　　　　　　Aufbewahrungsort: Istanbul, Archäologisches Museum
　　　　　　dat.: E. 4./A. 5. Jh.
　　　　　　Lit.: FIRATLI (1990) S. 55-56, Kat. Nr. 96, Taf. 37

Auf dem fünfteiligen Säulensarkophag steht Christus in der mittleren Arkade, er hält mit beiden Händen eine geschlossene Buchrolle. Zu seiner Rechten befindet sich Paulus mit Spitzbart und — abweichend von seiner gängigen Frisur — vollem Haupthaar. Er weist mit der Rechten auf Christus und trägt in der Linken einen geschlossenen Rotulus. Ihm entspricht auf der anderen Seite Petrus, der nur an seiner vertrauten Physiognomie zu erkennen ist, jedoch kein Attribut besitzt. In den beiden äußeren Arkaden stehen zwei nicht mit Sicherheit identifizierte Frauengestalten, in denen Firatli die beiden Personifikationen der Juden- und Heidenkirche sehen will.

PA 14　　　　Sarkophag
　　　　　　Aufbewahrungsort: Ferrara, Kathedrale
　　　　　　dat.: um 470
　　　　　　Lit.: KOLLWITZ/HERDEJÜRGEN (1979) S. 68-69, Kat. Nr. B 17, Taf. 53,3

Die Sarkophagfront wird von Eckpilastern gerahmt. In der Mitte sitzt Christus auf einem Thron mit hoher Rückenlehne. Die Rechte hat er im Sprechgestus erhoben, mit der Linken weist er ein aufgeschlagenes Buch vor. Von links und rechts nähern sich je drei unnimbierte Apostel, angeführt von Petrus zur Linken Christi und Paulus zu seiner Rechten.

Die Apostelfürsten sind durch ihren Porträttyp gekennzeichnet, beide tragen ein Stabkreuz geschultert und akklamieren Christus. Die nachfolgenden Apostel akklamieren ebenfalls, die beiden am äußeren Rand bringen Kränze auf verhüllten Händen dar.

PA 15   Marmorrelief, Fragment
Provenienz: Konstantinopel (?)
Aufbewahrungsort: Washington, Dumbarton Oaks Collection
dat.: E. 4. Jh.
Lit.: KATALOG NEW YORK (1979) S. 440-441, Kat. Nr. 399; KITZINGER (1960); DASSMANN (1982) S. 31f.

Das Relief ist sowohl links als auch rechts fragmentiert. Erhalten ist der stehende, nimbierte Christus, der sich leicht nach rechts wendet und seine Hand zu einem gebückt nahenden Blinden ausstreckt. Auf der anderen Seite neben Christus stehen zwei Zeugenjünger. Der eine, von Christus halb verdeckt, ist jung und bartlos, der zweite, vordere, trägt die Porträtzüge des Paulus mit Stirnglatze und langem Spitzbart. Mit der Linken hat er ein Stabkreuz geschultert.

Mosaik und Fresko

PA 16   Ravenna, Baptisterium der Arianer
Kuppelmosaik
dat: um 500
Lit.: DEICHMANN (1974) S. 251-255; DEICHMANN (1958) Taf. 257 und 268

Petrus und Paulus stehen an der Spitze der Apostelprozession, die auf die Hetoimasia zugeht. Alle Apostel tragen ein weißes Pallium und sind nimbiert. Paulus hält auf verhüllten Händen zwei geschlossene Buchrollen, sein Pendant ist Petrus mit den Schlüsseln, während alle anderen Apostel Kränze darbringen.

PA 17   Rom S. Lorenzo fuori le mura
Triumphbogenmosaik
dat.: 578-590
Lit.: VAN BERCHEM/CLOUZOT (1924) S. 189-192, Abb. 242; IHM (1992) S. 138-140, mit weiterer Literatur

Christus thront auf der Sphaira, die eine Hand im Segensgestus erhoben, in der anderen ein Stabkreuz haltend. Zu seiner Rechten steht Petrus, durch seinen Typus und eine Namensbeischrift gekennzeichnet. Er hält ebenfalls ein Stabkreuz in der Linken, mit der Rechten macht er einen auf Christus hinweisenden Gestus. Paulus steht zur Linken Christi, er hält eine Rolle als sein Attribut. Neben Petrus ist auch der Titelheilige Laurentius mit dem Stabkreuz ausgezeichnet. Stephanus und Hippolytus haben keine Attribute. Die Heiligen sind nimbiert.

PA 18   Rom, S. Teodoro
             Apsismosaik
             dat.: 6./A. 7. Jh.
             Lit.: IHM (1992) S. 140-141 und Taf. VI,2

In der Apsis thront Christus auf der Sphaira, flankiert von Petrus und Theodor zu seiner Linken sowie von Paulus und einem zweiten Märtyrer zu seiner Rechten. Petrus hält einen Schlüssel, Paulus einen Rotulus. Die Apostelfürsten führen die beiden Märtyrer bei Christus ein. Alle Heiligen haben einen Nimbus.

PA 19   Rom, Commodillakatakombe
             Fresko der Traditio clavium in der sogenannten basilichetta
             dat.: 2. H. 7. Jh.
             Lit.: DECKERS/MIETKE/WEILAND (1994) S. 52-57, Farbtaf. 3-6

In der Mitte thront Christus auf der Sphaira. Er übergibt Petrus zu seiner Rechten die Schlüssel, während sich gegenüber Paulus mit einem Bündel Buchrollen nähert. Hinter den Apostelfürsten kommen die beiden Märtyrer Felix und Adauctus mit Kränzen zu Christus. Ganz links außen, von der Aktion ausgenommen, steht in Orantenhaltung die heilige Merita, ihr entspricht rechts außen der heilige Stephanus. Paulus trägt hier, ähnlich wie im Baptisterium der Arianer in Ravenna, bei der Oblatio Buchrollen zu Christus hin, nicht wie die anderen einen Kranz. Alle Heiligen sind nimbiert.

PA 20   Toulouse, Notre-Dame de la Daurade
             Wandmosaiken (verloren)
             dat.: 5./6. Jh.
             Lit.: WOODRUFF (1931) S. 80-104

Das Bildprogramm umfaßte Darstellungen der Apostel und Propheten, die jeweils stehend in Reihen übereinander angeordnet waren. Petrus trug einen Schlüssel, Paulus ein Buch, die übrigen Apostel waren ohne Attribute.

Tafelbilder

PA 21   Tafelbild
             Provenienz: Palästina
             Aufbewahrungsort: Sinai, Katharinenkloster
             dat.: 7./8. Jh.
             Lit.: WEITZMANN (1976) S. 58-59, Kat. Nr. B 33, Taf. LXXXV

Die Tafel ist in vier Felder unterteilt. Oben links steht Paulus, rechts Petrus, unten links Nikolaus, rechts Johannes Chrysostomos. Alle vier stehen frontal vor einer angedeuteten Architekturnische. Die Apostelfürsten haben ihren Porträttypus, sie tragen ein Pallium, sind nimbiert und durch eine Namensbeischrift gekennzeichnet. Paulus trägt als Attribut einen geschlossenen Codex, Petrus hält mit beiden Händen eine Buchrolle, zusätzlich in der Linken an einem Ring drei Schlüssel.

Buchmalerei

PA 22   Rabbulacodex
             Provenienz: Mesopotamien, Johanneskloster von Zagba
             Aufbewahrungsort: Florenz, Biblioteca Medicea Laurenziana, Cod. Plut. 1, 56
             dat.: 586
             Lit.: SÖRRIES (1993) S. 94-100, Taf. 57

Fol. 13b stellt die Himmelfahrt Christi dar. Paulus steht in der linken Gruppe der Apostel an vorderster Stelle, größer als die anderen Apostel dargestellt. Er ist durch seine Porträtzüge charakterisiert und hält einen Codex in der linken Hand. Ihm gegenüber steht Petrus, ebenfalls mit seiner typischen Physiognomie, mit den Attributen Stabkreuz und Schlüssel. Die übrigen Apostel halten nichts in Händen.

Metall

PA 23   Emesa-Vase
             Provenienz: Gegend von Homs (antik: Emesa)
             Aufbewahrungsort: Louvre
             dat.: E. 6./A. 7. Jh.
             Lit.: KATALOG PARIS (1992) S. 115, Kat. Nr. 62

Die Vase ist mit einem Fries von acht Medaillons dekoriert, die Christus zwischen Petrus und Paulus, die Gottesmutter zwischen zwei Engeln, sowie Johannes den Täufer und Johannes den Evangelisten darstellen. Die Figuren sind nicht nimbiert, Petrus und Paulus sind an ihren geläufigen Porträtzügen erkenntlich. Paulus hält ein Buch, Petrus dagegen hat kein Attribut.

PA 24   Bronzekreuz
             Provenienz: Palästina
             Aufbewahrungsort: New York, Metropolitan Museum
             dat.: 6./ 7. Jh.
             Lit.: KATALOG NEW YORK (1979) S. 621-622, Kat. Nr. 557

Auf dem oberen Kreuzarm ist die thronende Gottesmutter mit Kind dargestellt, auf dem linken Kreuzarm steht Paulus mit Codex und Akklamationsgestus, auf dem gegenüberliegenden Petrus mit Stabkreuz in der Linken und ebenfalls mit Akklamationsgestus. Im Schnittpunkt steht Stephanus mit Codex und Weihrauchbehälter, am Kreuzfuß die beiden Ärzteheiligen Cosmas und Damian mit Instrumentenkästchen. Alle Heiligen sind namentlich bezeichnet und nimbiert.

Goldglas

PA 25 Goldglas
Provenienz: unbekannt
Aufbewahrungsort: Rom, Museo Sacro Vaticano
dat.: 4. V. 4. Jh.
Lit.: MOREY (1959) Kat. Nr. 75, Taf. XII; ZANCHI ROPPO (1969) S. 173-174, Kat. Nr. 202

Agnes steht frontal in Orantenhaltung zwischen Petrus zu ihrer Rechten und Paulus zu ihrer Linken. Nur Paulus trägt als Attribut einen Rotulus in der Hand. Keiner der Dargestellten ist nimbiert. Die Inschriften lauten links PETRUS, oben ANNES, rechts PAULUS und unten ZESES.

Autonome Paulusbilder

Elfenbein

PA 26 Elfenbein-Buchdeckel
Provenienz: Rom (?)
Aufbewahrungsort: Luzern, Sammlung Kofler
dat.: 4. Jh.?
Lit.: BAUM, J., Avori sconosciuti in Isvizzera. Estratto da „Arte del primo millennio", Pavia 1950, S. 139 und Taf. XLV

Paulus steht in leichtem Kontrapost vor einer tempiettoartigen Architektur. Er ist mit Tunika und Pallium bekleidet, unnimbiert und eindeutig anhand seiner Porträtzüge zu identifizieren. Die Rechte hat er im Segensgestus erhoben, in der Linken präsentiert er ein geöffnetes Buch.

PA 27 Elfenbeinrelief
Provenienz: westlich (?)
Aufbewahrungsort: London, Victoria and Albert Museum
dat.: 1. H. 5. Jh.
Lit.: VOLBACH (1976) S. 86, Kat. Nr. 122, Taf. 65

Der Apostel Paulus steht frontal, segnet mit der Rechten und hält in der Linken eine geschlossene Rolle. Er ist mit einem Pallium bekleidet und nimbiert. Der Spitzbart und das längliche Gesicht sprechen zwar für Paulus, das volle Haupthaar jedoch rückt die Gestalt von der eindeutigen Paulusphysiognomie ab. Das Elfenbeinrelief **PA 28**, das etwas später datiert wird, zeigt Paulus ebenfalls mit vollem Haar. Dort ist die Identität durch eine Namensbeischrift gesichert. Eine Abänderung der gängigen Haartracht allein ist demnach noch kein ausreichender Grund, im vorliegenden Beispiel jemand anderen als Paulus erkennen zu wollen.

PA 28 Elfenbeinrelief
Provenienz: Metz?
Aufbewahrungsort: Paris, Musée Cluny
dat.: 2. H. 6. Jh.
Lit.: VOLBACH (1976) S. 99, Kat. Nr. 150, Taf. 79; KATALOG PARIS (1992) S. 77-78, Kat. Nr. 28

Paulus steht frontal unter einer von kannelierten Säulen getragenen Muschelarkade, unter der Vorhänge aufgespannt sind. Auf dem Kämpferfries befindet sich eine Tabula ansata mit der Inschrift SCS PAULUS, die wohl ursprünglich ist. Paulus ist mit Tunika und Pallium bekleidet, er hält in der Linken aufrecht ein kreuzgeschmücktes Buch, die Rechte hat er vor der Brust im Segensgestus erhoben. Er hat ein langes, schmales Gesicht und einen Spitzbart, jedoch keine Stirnglatze, sondern eine eng anliegende Haarkalotte. Er ist nicht nimbiert.

PA 29 Elfenbeinrelief
Provenienz: unbekannt
Aufbewahrungsort: Tongern, Notre-Dame, Schatzkammer
dat.: 6. Jh.
Lit.: VOLBACH (1976) S. 100, Kat. Nr. 153, Taf. 80

Paulus steht, wie im Beispiel **PA 28** frontal unter einer von kannelierten Säulen getragenen Muschelarkade, unter der Vorhänge aufgespannt sind. Er ist mit Tunika und Pallium bekleidet und hält in der Linken aufrecht ein kreuzgeschmücktes Buch, die Rechte hat er vor der Brust im griechischen Segensgestus erhoben. Er ist nicht nimbiert. Der Apostel hat einen Spitzbart, aber nicht das für Paulus übliche schmale lange Gesicht. Trotzdem kann man ihn in Analogie zu einer Petrusplatte in Brüssel mit Sicherheit als Paulus bezeichnen.[278]

Buchmalerei

PA 30 Codex
Cosmas Indicopleustes
Provenienz des Originals: Alexandria
Aufbewahrungsort: Vatikan, Cod. Vat. gr. 699
dat.: älteste Kopie: 9. Jh., nach einem Vorbild von 547-549
Lit.: SÖRRIES (1993) S. 143-146, Taf. 80

Fol. 83v zeigt die Bekehrung des Paulus vor Damaskus in mehreren simultan gezeigten Episoden: Links weicht Paulus vor dem göttlichen Lichtstrahl zurück, während zwei Begleiter Zeugen des Geschehens sind. Im Hintergrund befindet sich die Stadt Jerusalem. Darunter kauert der erblindete Paulus am Boden, ganz rechts schreitet er im Gespräch mit Ananias nach rechts, über ihnen ist die Stadtvignette von Damaskus dargestellt. In der Bildmitte, im Maßstab vergrößert, erscheint Paulus nochmals frontal in leichtem Kontra-

---

[278] Vgl. VOLBACH (1976) Kat. Nr. 153 und 154.

post stehend. Er trägt eine hellblaue Tunika mit doppelten clavi und ein hellrotes Pallium. In der verhüllten Linken hält Paulus einen großen rot eingebundenen Codex, auf den er mit der Rechten hinzuweisen scheint. Er ist, wie in den anderen Episoden auch, nimbiert, hat Spitzbart und Stirnglatze. Diese Mitteldarstellung ist trotz des insgesamt narrativen Bildcharakters aufgrund der Isolierung, der Frontalität und maßstäblichen Hervorhebung der Gestalt als repräsentatives Bild des heiligen Paulus mit seinem Attribut, dem Codex, einzustufen.

Goldgläser

PA 31 Goldglas
Provenienz: unbekannt
Aufbewahrungsort: Rom, Vatikanische Museen
dat.: M. 4. Jh.
Lit.: MOREY (1959) Kat. Nr. 131, Taf. XXI; ZANCHI ROPPO (1969) S. 112-113, Kat. Nr. 125, mit weiterer Literatur

Dargestellt ist die im Profil nach links gewandte, unnimbierte Büste des Paulus, der mit Tunika und Pallium bekleidet ist. Er hat eine Stirnglatze und einen Spitzbart, also den seit der Mitte des vierten Jahrhunderts nachweisbaren Porträttypus. Die umlaufende Inschrift lautet: PAULUS.

PA 32 Goldglas
Provenienz: unbekannt
Aufbewahrungsort: Rom, Vatikanische Museen
dat.: M. 4. Jh.
Lit.: MOREY (1959) Kat. Nr. 54, Taf. IX; ZANCHI ROPPO (1969) S. 132, Kat. Nr. 152 mit weiterer Literatur

Das Bildfeld wird von einem frontal dargestellten Brustbild des Paulus eingenommen. Er ist mit dem Pallium bekleidet, sein Porträttypus mit Stirnglatze und Spitzbart ist vorhanden. Er hat keinen Nimbus. Die umlaufende Inschrift lautet: PAU / LUS.

PA 33 Goldglas
Provenienz: unbekannt
Aufbewahrungsort: Rom, Vatikanische Museen
dat.: 4. Jh.
Lit.: MOREY (1959) Kat. Nr. 52, Taf. VIII; ZANCHI ROPPO (1969) S. 185, Kat. Nr. 218 mit weiterer Literatur

Das zentrale Medaillon zeigt die nach links gewandte, unnimbierte Profilbüste des Paulus. Er ist mit Tunika und Pallium bekleidet, hat eine Stirnglatze und einen langen Spitzbart. Umlaufend die Namensbeischrift: PAUL/ US. Zwei der ursprünglich wohl vier Randmedaillons zeigen weitere männliche Profilbüsten, denen jeweils ein stark stilisiertes Palmblatt beigefügt ist. Der untere trägt ebenfalls die paulinischen Porträtzüge.

„Varia"

PA 34   Bronzetäfelchen
            Provenienz: unbekannt
            Aufbewahrungsort: London, British Museum
            dat.: 6. Jh. ?
            Lit.: DALTON (1901) III, Nr. 547, ohne Abb.

Die rechteckige Platte zeigt die Büste des heiligen Paulus, mit Tunika und Pallium bekleidet, nimbiert und in der Linken ein Buch haltend. Seitlich ist die Namensbeischrift: A ΠΑΥ ΛΟC zu lesen.

PA 35   Bronzehenkel (von einer Vase?)
            Provenienz: unbekannt
            Aufbewahrungsort: Rom, Thermenmuseum
            dat.: 6. Jh. ?
            Lit.: TESTINI, Pietro e Paolo (1969) S. 241-323, Kat. Nr. 67

Dargestellt ist Paulus mit erhobener Rechter und einem Rotulus in der linken Hand.

PA 36   Gemmenfingerring
            Provenienz: unbekannt
            Aufbewahrungsort: Washington, Dumbarton Oaks Collection
            dat.: 4. Jh.
            Lit.: ROSS (1962) S. 94, Kat. Nr. 111, Taf. LVII

Die hochovale Gemme zeigt in Intaglio die nach links gewandte Büste eines Mannes mit Stirnglatze und Spitzbart, also den Porträtzügen des Paulus. Er ist nicht nimbiert und hat keine Namensbeischrift.

PA 37   Pilgerflasche
            Provenienz: Nordafrika
            Aufbewahrungsort: Köln, Sammlung Löffler
            dat.: 6. Jh.?
            Lit.: LA BAUME, P., SALOMONSON, J. W., Römische Kleinkunst Sammlung
            Löffler (= Wissenschaftliche Kataloge des Römisch-Germanischen Museums
            Köln, Bd III), Köln 1977, S. 157-158, Kat. Nr. 611, Taf. 62,4

Die einhenkelige, plattbauchige Flasche hat einen runden Gefäßkörper. Das Bildfeld der Vorderseite wird von einem Fischgrätmuster gerahmt. Die Darstellung zeigt den nach rechts schreitenden Paulus. Er ist bekleidet mit Tunika und Pallium, in der Linken hält er eine Buchrolle, während die Rechte im Akklamationsgestus nach vorne gestreckt ist. Er hat eine Stirnglatze und einen Spitzbart, keinen Nimbus. Die Namensbeischrift bezeichnet ihn als PAU / LUS.

PA 38 Tonampulle
Provenienz: Ägypten
Aufbewahrungsort: Paris, Louvre
dat.: 6./7. Jh.
Lit.: KATALOG NEW YORK (1979) S. 576-578, Kat. Nr. 516; KATALOG PARIS (1992) S. 516-517, Kat. Nr. 106

Auf der Vorderseite ist Thekla zwischen den wilden Tieren wiedergegeben, eine Inschrift benennt sie selbst, eine zweite, im Rahmen umlaufende lautet ΕΥΛΟΓΙΑ ΤΟΥ ΑΓΙΟΥ ΜΗΝΑ ΑΜΗ(ν). Auf der Rückseite ist ein Mann in Orantenhaltung wiedergegeben. Er ist mit Tunika und Pallium bekleidet und nicht nimbiert. Während die Frisur abgerieben ist, ist ein spitz zulaufender Bart noch gut zu erkennen. Links befindet sich eine Art Stele oder Muschelnische, in der zwischen Vorhängen eine Lampe aufgehängt ist, rechts eine große Vase mit kuppelförmigem, von einem Kreuz bekrönten Deckel.[279] Auch auf der Rückseite läuft die Inschrift ΕΥΛΟΓΙΑ ΤΟΥ ΑΓΙ(ου) ΜΗΝΑ ΑΜΗ(ν) um. Während einige Autoren aufgrund dieser Inschrift den Dargestellten als Menas deuten, spricht für eine Paulusdarstellung zum einen sein biographischer Zusammenhang mit Thekla und zum anderen ikonographische Gesichtspunkte wie der Spitzbart, der für Menas absolut ungewöhnlich wäre, außerdem das Pallium, eine Bekleidung, die für Menas nicht üblich ist.

PA 39 Tonlampe
Provenienz: Sousse, Tunesien
Aufbewahrungsort: Paris, Louvre
dat.: 5./6. Jh.
Lit.: Musée du Louvre, Catalogue des lampes en terre cuite grecques et chrétiennes, Paris 1986, S. 103, Kat. Nr. 51

Paulus ist in frontaler Haltung als Halbfigur dargestellt, der Kopf ist leicht nach rechts gewandt. Er hat eine Stirnglatze und einen langen Spitzbart, keinen Nimbus. Mit der Rechten deutet er einen Segensgestus an.

PA 40 Tonlampe
Provenienz: unbekannt
Aufbewahrungsort: Berlin, ehem. Kaiser-Friedrich-Museum
dat.: 4./5. Jh.
Lit.: WULFF (1909) Kat. Nr. 1250

Paulus ist als nach links gewandte Profilbüste mit Vorderglatze und langem Spitzbart wiedergegeben. Er hat keinen Nimbus.

---

[279] Auf einem Brotstempel, KATALOG NEW YORK (1979), Kat. Nr. 530, der ebenfalls ins 6./7. Jh. datiert wird, wird der heilige Philippus von zwei Architekturgebilden flankiert, die einige Ähnlichkeit mit den beiden Gefäßen auf der Ampulle aufweisen. Möglicherweise liegen die gleichen abgewandelten Vorbilder zugrunde.

Umstrittene Darstellungen: Paulus mit dem Schwert

Pasquale Testini, der sich in verschiedenen Publikationen mit der frühchristlichen Petrus- und Paulus-Ikonographie befaßt hat, vertritt die Ansicht, daß das individuelle Attribut des Paulus bereits im ausgehenden vierten Jahrhundert das Schwert, Instrument seines Martyriums, sei.[280] Er unterstützt seine These mit einigen Bildbeispielen, die im folgenden vorgestellt werden sollen.

PA 41*   Rom, Katakombe ad decimum, Grottaferrata, Via Latina
           Fresko
           dat. E. 4./A. 5. Jh
           Lit.: TESTINI, Paolo (1969) S. 72, Taf. VII, 1

In der Katakombe ad decimum bei Grottaferrata befindet sich eine Darstellung der Traditio legis an Petrus, die in das Ende des vierten oder den Beginn des fünften Jahrhunderts datiert wird. Wie es dem gängigen ikonographischen Schema der Traditio legis entspricht, steht Paulus akklamierend zur Rechten des erhöht stehenden Christus. Er ist im Profil wiedergegeben, seine Rechte ist ausgestreckt, die Linke nicht mehr sichtbar, weil sich das Fresko in keinem besonders guten Erhaltungszustand befindet.

Testini beschreibt das Bild kurz in den *Studi Petriani* 1968, ohne ein Attribut des Paulus zu erwähnen. In den *Studi Paolini* 1969 [281] bestätigt der Autor dann die Existenz eines Schwertes, das Paulus in der, allerdings nicht erhaltenen, linken Hand halte und das er mit eigenen Augen gesehen habe. Außer von Testini selbst sei das Schwert nur von einem einzigen Wissenschaftler bemerkt worden, selbst dem scharfen Auge Wilperts sei es entgangen.[282]

Testini argumentiert damit, daß die Existenz von individuellen Attributen, die das Marterwerkzeug des jeweiligen Heiligen darstellen, am Ende des vierten Jahrhunderts nichts ungewöhnliches sei. Er führt die berühmte Inschrift des Papstes Xystus (432-440) ins Feld, die aus S. Maria Maggiore überliefert ist und dort an der inneren Fassadenwand angebracht gewesen sein muß.[283]

Es wird angenommen, daß die kranzdarbringenden Heiligen in diesem nur durch die Inschrift überlieferten Bild zu ihren Füßen bereits die Attribute ihres Martyriums hatten. Testini setzt voraus, daß Petrus und Paulus in dieser Reihe nicht fehlen konnten und erhält damit zugleich das zeitlich nächstliegende Vergleichsbeispiel für Grottaferrata, in dem Paulus das Schwert haben mußte. Die Einschätzung dieses nur anhand einer überlieferten Inschrift rekonstruierten Mosaiks ist nicht unproblematisch: Es muß an dieser Stelle betont werden, daß im vorliegenden Untersuchungszeitraum Marterwerkzeuge so

---

[280] TESTINI (1968) S. 105-130; TESTINI, Pietro e Paolo (1969) S. 241-323; TESTINI, Paolo (1969).

[281] TESTINI (1968) S. 120 und Abb. Taf. IX; TESTINI, Paolo (1969) S. 72 und Abb. Taf. VII, 1.

[282] Erwähnt wird das Schwert von BORDA (1954-55) S. 219. WILPERT bespricht das Fresko von Grottaferrata in : WILPERT (1916) S. 269 und Taf. 132.

[283] Zur Problematik der Rekonstruktion dieses Mosaiks s. *Materialerhebung*, Mosaiken und Fresken; Rom, S. 19f.

gut wie nicht als Attribute auftreten, eine Ausnahme stellt Thekla mit den Bestien dar, die sie bedrohten, ohne sie zu töten, eine weitere ist der Rost des Laurentius in Galla Placidia in Ravenna.[284]

Des weiteren führt der Autor das leonianische Triumphbogenmosaik von S. Paolo fuori le mura in Rom an. Es zeigt die akklamierenden Apostelfürsten, die in der Hand ihr jeweiliges individuelles Attribut, Schlüssel beziehungsweise Schwert, tragen. Testini nimmt an, daß diese ikonographische Ausstattung der Apostelfürsten mit Schlüssel und Schwert die ursprüngliche des fünften Jahrhunderts sei und nicht erst eine Hinzufügung der Restaurierungen des 18. Jahrhunderts.

PA 42*   Rom, S. Paolo fuori le mura
            Triumphbogenmosaik
            dat.: 460/61
            Lit.: IHM (1992) S. 135-137, mit weiterer Literatur; WILPERT/SCHUMACHER (1976) S. 87-88

Das stark restaurierte Triumphbogenmosaik zeigt im Bogenscheitel Christus, flankiert von den 24 Ältesten. In den Bogenzwickeln stehen vom Betrachter aus gesehen links Paulus, rechts Petrus. Petrus trägt einen Schlüssel in der Linken und akklamiert mit der Rechten, Paulus hält ein Schwert. Die Mosaiken entsprechen nur sehr bedingt ihrem ursprünglichen Zustand, sie wurden unter Klemens XII (1730-1740) restauriert. Dabei wurde auch die Paulusfigur verändert. Ursprünglich hielt er in der Linken den Bausch des Palliums und hatte die Rechte akklamierend erhoben, jetzt hält er die Rechte in waagerechter Position ausgestreckt und hat in der Linken ein Schwert.[285]

Wilpert-Schumacher erwähnen die Kopie, die Ciampini von dem Mosaik anfertigte. Auf der Zeichnung ist deutlich zu erkennen, daß die Hand des Paulus, die jetzt ein Schwert trägt, fehlt.[286]

PA 43*   Silberreliquiar
            Provenienz: Kilikien
            Aufbewahrungsort: Adana, Eski Eserler Müzesi
            dat.: M. 5. Jh.
            Lit.: BUSCHHAUSEN (1971) S. 190-207, Kat. Nr. B 4, Taf. 14

Auch auf dem Silberreliquiar in Adana erkennt Testini auf der Darstellung der Rückseite, die in einem Medaillon die Kreuzwache der Apostelfürsten zeigt, ein Schwert. Er umschreibt diese Vermutung jedoch in sehr vorsichtiger Weise: „Paolo...sembra avere un og-

---

[284] Vgl. Kat. LAURENTIUS, LA 10 und Kat. THEKLA, THEKLA 9.

[285] Vgl. dazu WILPERT/SCHUMACHER (1976) S. 87-88. IHM (1992) S. 136, vermutet, daß der schwerttragende Apostel dem Ideenkreis der karolingischen Renaissance in Rom entsprungen sei. Das Schwert als Attribut des Paulus entstammt aber frühestens dem 12. Jahrhundert, dazu s. unten. Auch VAN BERCHEM/CLOUZOT (1924) S. 89 weisen darauf hin, daß das Schwert eine „adjonction récente" sei.

[286] WILPERT/SCHUMACHER (1976) S. 90 mit Anm. 28. Vgl. die Ciampini-Zeichnung auch bei: WAETZOLDT (1964) S. 64, Kat. Nr. 835, Abb. 453.

getto...molto simile a una spada."²⁸⁷ Zwei Probleme sind anzumerken. Erstens sind die beiden Apostelfürsten hier physiognomisch nicht voneinander unterschieden, beide tragen einen Spitzbart und glattes Haar. Zweitens ist bei dem Reliquiar die Position der Apostel zur Rechten und zur Linken Christi nicht eindeutig festgelegt. Auf dem Medaillonbild der Vorderseite, das die Apostelfürsten beim thronenden Christus zeigt, haben Petrus und Paulus die Seiten getauscht. Es herrscht keine absolute Sicherheit darüber, welcher der beiden Apostel bei der Kreuzwache Petrus und welcher Paulus ist. Buschhausen beschreibt in seiner Untersuchung den fraglichen Gegenstand, der bei beiden zu sehen ist, wohl zurecht als Pallium, das in einem langen, schmalen Zipfel herabfällt.²⁸⁸ Die rechte Hand, die das fragliche Schwert halten müßte, ist zudem vorgestreckt, denn beide Apostel halten mit zwei Händen einen Rotulus vor sich.

PA 44*   Tonlampe
           Provenienz: nach Forrer: „Von Köln"
           Aufbewahrungsort: unbekannt
           dat.: 6. Jh.?
           Lit.: FORRER (1893) Taf. V, Nr. 2

Das letzte frühchristliche Beispiel Testinis, an dem er das Schwert als Paulusattribut ausmacht, ist eine Tonlampe des sechsten (?) Jahrhunderts. Sie wurde von Forrer nur in einer Zeichnung publiziert und folgendermaßen beschrieben: „Tonlampe mit Petrus und Paulus; Petrus mit Schlüssel, Paulus mit Schwert oder Kreuzstab; von Köln." An einer anderen Stelle in der gleichen Publikation fügte Forrer selbst den Zusatz „(Copie?)" an.²⁸⁹ Auf der Zeichnung sind keine physiognomischen Unterscheidungen zwischen Petrus und Paulus zu erkennen, beide tragen ungewöhnlicherweise einen Kreuznimbus. Petrus hält in der Rechten einen Schlüssel, Paulus hat einen langen Gegenstand, der nach unten zu undeutlich verläuft und oben drei nebeneinander liegende Ringe aufweist.

M.E. genügen die von Testini angeführten Beispiele nicht für den Beweis, das Schwert sei bereits Ende des vierten Jahrhunderts zum individuellen Attribut des Paulus geworden. Erstens hätte er sein Attribut schon ganz außergewöhnlich früh erhalten, noch vor Petrus, der wohl erstmals in Galla Placidia mit dem Schlüssel als Attribut auftritt.²⁹⁰ Das Schwert als individuelles Attribut des Paulus wäre ein Unikat in der frühchristlichen und frühmittelalterlichen Kunst, es kommt sonst erst erheblich später, nämlich ab dem 12. oder 13. Jahrhundert, in der Kunst vor.²⁹¹

Zweitens sind die Vergleichsbeispiele allesamt nicht eindeutig in ihrer Authentizität zu bestimmen. Das Triumphbogenmosaik von S. Paolo fuori le mura unterlag zu vielen Restaurierungen, als daß man darauf einen Beweis stützen könnte. Die Öllampe ist nur ein

---

[287] TESTINI, Paolo (1969) S. 74 und Anm. 49.
[288] BUSCHHAUSEN (1971) S. 190 — 193, Kat. Nr. B 4, Taf. 13-14.
[289] FORRER (1893) S. 12.
[290] Vgl. Kat. PETRUS, PE 41.
[291] So DOBSCHÜTZ (1928) S. 10: eines der frühesten Beispiele für einen schwerttragenden Paulus ist ein Relief an der Kathedrale von Maguelonne 1178, s. Abb. 34; REAU, Iconographie Bd III, 3, 1959, S. 1039: das Schwert als Paulusattribut ist erst seit dem 13. Jh. nachweisbar. Ebenso: LIVERANI, M., Paolo, VI. Iconografia, in: BiblSS 10, 1968, Sp. 212 und LECHNER (LCI), wie Anm. 268, Sp. 132.

einziges Mal am Ende des vergangenen Jahrhunderts in einer Zeichnung publiziert worden und in ihrer Glaubwürdigkeit nicht überzeugend. Von der Existenz des Schwertes auf dem Silberreliquiar in Adana scheint auch Testini nicht völlig überzeugt gewesen zu sein, denn er formuliert seine Beobachtung sehr vorsichtig und fügt sie nur in einer Fußnote an. Es bleibt seine Behauptung, das Schwert existiere in Grottaferrata. Es ist nicht auszuschließen, daß Testini, bedingt durch den schlechten Erhaltungszustand des Freskos, eine dunkle Stelle als Schwert deutete. Der immer sehr genau beobachtende Wilpert, zu dessen Zeit dieses Bild noch wesentlich besser erhalten war als heute, sagt jedenfalls nichts von einem Schwert des Paulus.[292] Auch Borda erwähnt ausdrücklich die Schäden, die durch eindringende Feuchtigkeit verursacht wurden und die den Zustand des Freskos seit der Farbabbildung Wilperts deutlich verschlechtert haben.[293]

Man kann sich Testini nicht anschließen, wenn er abschließend sagt, die Forschungsmeinung, nach der Paulus das Schwert erst im 12. Jahrhundert erhalten habe, sei mit seiner Beobachtung in Grottaferrata definitiv zu Fall gebracht worden.

C. ANALYSE DER VORKOMMENDEN BILDTYPEN UND ATTRIBUTE

Die Problematik der frühen Paulusikonographie und der dazu vorgelegten Materialsammlung liegt darin, daß Rolle und Codex in der frühchristlichen Kunst Gattungsattribute der Apostel, aber auch anderer Heiliger sind, bei Paulus jedoch den Charakter von individuellen Attributen haben können.[294] Dies ist zum einen der Fall, wenn Codex oder Rolle parallel zu Kreuz und Schlüssel des Petrus verliehen werden, wenn die Apostelfürsten miteinander in adäquater Position stehen, zum anderen bei Darstellungen der Zwölf, wenn nur Petrus und Paulus ein Attribut haben, die anderen Apostel jedoch keines. Ob Codex oder Rolle des Paulus als sein individuelles oder ein Gattungsattribut zu bewerten sind, kann in der frühchristlichen und frühbyzantinischen Zeit nur im jeweiligen Kontext von Fall zu Fall entschieden werden.

Das Kreuz, das Paulus in einigen Darstellungen hält, ist ihm ebenfalls nur als Pendant, sozusagen aus Symmetriegründen zu Petrus verliehen worden. Wenn Paulus ein Kreuz hat, hat Petrus immer auch eines.

Eine Ausnahme stellt das theodosianische Relief mit der Szene der Blindenheilung dar (**PA 15**), auf dem rechts außen ein Jünger, der durch die Porträtzüge eindeutig als Paulus identifizierbar ist, ein Kreuz geschultert hält. Kitzinger erklärt die ungewöhnliche Ikonographie des Paulus als Zeugenjünger in einer Szene des Evangeliums mit der besonderen Verehrung des Paulus in Konstan-

---

[292] WILPERT (1916) S. 269.
[293] BORDA (1954-55) S. 218.
[294] Vgl. DOBSCHÜTZ (1928) S. 10: „Die Attribute des Paulus sind im Mittelalter Buch und Schwert. Ein Buch oder eine Rolle kann aber jeder Apostel haben. Es ist jedoch beachtenswert, daß dieses Attribut mit Paulus besonders fest verbunden ist." Ein wirkliches individuelles Attribut sieht v. DOBSCHÜTZ aber erst, wenn ein paulinisches Schriftzitat darauf zu lesen ist oder wenn es mehrere Rollen sind, die auf die Anzahl der von ihm verfaßten Schriften weisen.

tinopel in theodosianischer Zeit. Die theologische Begründung für seine Anwesenheit bei einer Blindenheilung liegt in der Geschichte des Paulus selbst: Auch er wurde von seiner Blindheit geheilt und konnte dann selbst heilen.[295]

Lucchesi-Palli lehnt den Vorschlag Kitzingers ab, der in dem Zeugenjünger mit Kreuz Paulus sieht, da gewöhnlich Petrus mit dem Kreuz ausgezeichnet ist. Es sei auch möglich, daß kein bestimmter Apostel gemeint ist.[296] Dem widersprechen jedoch die deutlich ausgeprägten paulinischen Porträtzüge.

Dassmann führt zur Erklärung der Darstellung nochmals die theologische und kirchliche Bedeutung des Paulus für Konstantinopel an. Ferner erwägt er die Möglichkeit, daß Paulus wegen seiner Rolle für die Tauftheologie ausgewählt wurde, denn das Relief soll aus dem Fries eines Baptisteriums stammen. Er räumt ein, daß beide Vorschläge nicht unanfechtbar seien, da eine Bevorzugung des Paulus weder in Ravenna noch in Konstantinopel konsequent zu beweisen sei. Auch die Idee, daß Paulus durch seine eigene Erfahrung der Heilung von Blindheit als besonders kompetenter Zeugenjünger bewußt ausgewählt worden sein könnte, ist nicht durch andere Beispiele in der Kunst zu erhärten. Am sympathischsten scheint Dassmann die Möglichkeit zu sein, das Stück sei eine Fälschung, denn dann würden sich die aufgezeigten Schwierigkeiten von selbst lösen.[297]

Eine befriedigende Antwort auf die Frage kann jedoch auch gefunden werden, wenn man die frühe Entstehung des Werkes berücksichtigt. In der theodosianischen Zeit ist es eher denkbar, daß das Kreuz, das Paulus hält, nicht sein Attribut, sondern Symbol für die Macht Christi ist. Es zeichnet innerhalb der vorliegenden christologischen Szene dann nicht den Apostel aus, sondern wird nur von einem Jünger wie eine Standarte Christi getragen. Dieser Jünger kann Paulus sein, weil auch dieser von seiner Blindheit geheilt wurde und deswegen „ideeller" Zeuge des Geschehens sein kann. Das Kreuz in Wunderszenen ist verschiedentlich belegt, auf anderen Beispielen, zum Beispiel auf dem Blindenheilungsrelief der Maximianskathedra,[298] trägt Christus sein Kreuzszepter selbst.

Als Ergebnis ist festzuhalten, daß sich die Paulus-Ikonographie innerhalb der frühchristlichen Kunst aus dem Kontext und bezogen auf die Petrus-Ikonographie entwickelt hat. Die Ausbildung einer individuellen Physiognomie, die Häufigkeit der Darstellungen und das Auftauchen eines nur bedingt — nämlich in genau zu bestimmenden Fällen — als individuell anzusprechenden Attributes hängen stark von den Petrusdarstellungen ab. In einigen Darstellungen, vor allem innerhalb der Gruppe der Elfenbeinreliefs, ist Paulus allein noch nicht iden-

---

[295] KITZINGER (1960), S. 33.
[296] LUCCHESI-PALLI, E., in: KATALOG FRANKFURT (1979) S. 440-441, Kat. Nr. 399.
[297] DASSMANN (1982) S. 31-32.
[298] Zur Maximianskathedra: VOLBACH (1976) S. 93-94, Kat. Nr. 140.

tifizierbar. Es bedarf des Petrus-Pendants, um auch Paulus deuten zu können, so zum Beispiel bei **PA 5** und **PA 29**.

In einigen wenigen Fällen, bei der sogenannten Emesa-Vase (**PA 23**), auf einem Goldglas (**PA 25**) und einem Sarkophag in Istanbul (**PA 13**), trägt Paulus einen Codex, während Petrus kein Attribut hat.

In der Gruppe der autonomen Paulusdarstellungen gehören meistens der paulinische Porträttypus und das Attribut Codex oder Rolle zur ikonographischen Ausstattung. In einigen Fällen wird auf das Attribut verzichtet, wenn nur der Büstenausschnitt abgebildet ist, wie bei den Goldgläsern (**PA 31, 32, 33**) einer Gemme (**PA 36**) und bei einigen Öllämpchen (**PA 39, 40**). Hier dient das Porträt zur Kennzeichnung des Paulus. Eine Ausnahme stellt die Thekla-Ampulle (**PA 38**) dar, die Paulus in Orantenhaltung zeigt. Hier ist er nur durch seine physiognomischen Züge zu identifizieren.

ANDREAS

A. VITA, KULT UND LEGENDE

Vita und Legende:

Die Nachrichten über das Leben des Andreas stammen aus dem Johannes-Evangelium: Andreas und sein jüngerer Bruder Simon kamen aus Bethsaida (Joh 1, 44), sie arbeiteten als Fischer in Kapharnaum. Andreas war ein Jünger Johannes des Täufers (Joh 1, 35-42). Von Christus wurde er als erster Jünger berufen. Er gehört mit Petrus, Jakobus d. Ä. und Johannes dem Evangelisten zu den ersten vier Aposteln, in der Apostelreihe erscheint er an zweiter oder vierter Stelle.[299]

In späteren Berichten erscheint Andreas als Missionar in Pontos, Bithynien, Skythien, Thrakien, Epirus und Achaia. Die Überlieferung, wonach Andreas am 30. November 60 in Patras unter dem Statthalter Aegeas am schrägen Kreuz den Märtyrertod erlitt, stammt aus dem vierten Jahrhundert. Die Kreuzigung als Martyrium des Andreas wurde in Anlehnung an den Kreuzestod seines Bruders Petrus zuerst in gnostischen Akten verbreitet. Zur Unterscheidung von Petrus soll Andreas hingegen an eine *crux decussata* gebunden worden sein.[300]

Aus der zweiten Hälfte des zweiten Jahrhunderts stammen die apokryphen Actae Andreae, die nach Eusebius (hist. eccl. III 25,6) zu den „von den Häretikern verbreiteten Büchern" gerechnet werden.[301]

---

[299] LECHNER, M., Andreas (Apostel), in: LCI 5, 1973, Sp. 138-152.
[300] REAU, Iconographie, Bd III, 1, 1958, André, S. 76-78.
[301] PESCH, R., Andreas, in: LTHK 1, ³1993, Sp. 625-626.

Kult:

Im Meßkanon steht Andreas unmittelbar nach Petrus und Paulus.[302]

Das Martyrologium Hieronymianum vermerkt am 5. Februar die Weihe des Andreas zum Bischof von Patras.[303]

Der Festtag des Andreas am 30. November ist schon bei Gregor von Nazianz (329/30-390) bezeugt. Über die Reliquientranslation von Patras nach Konstantinopel in die Apostelkirche berichtet Euseb. Die besondere Verehrung des Andreas als des Erstberufenen (Protoklitos) in Konstantinopel rührt von dem Bestreben her, einen dem römischen Petrus- und Pauluskult ebenbürtigen Apostelkult in Ostrom zu etablieren.

Paulinus von Nola (Carmen XIX, 231) berichtet, daß Kaiser Constantius II., nachdem er die Hoffnung auf eine Translation der Reliquien der Apostelfürsten Petrus und Paulus aufgegeben hatte, im Jahr 357 die Reliquien von Andreas und Lukas in die Hauptstadt überführen und in der Apostelkirche beisetzen ließ. Damit wurde der Erstberufene unter den Aposteln der Haupttheilige des Neuen Rom. Die Legende machte ihn bald zum Begründer der christlichen Gemeinde von Byzanz.[304] Nicetas Paphlagonius berichtet in „In laudem S. Andreae" die Legende, Andreas habe als Gründer von Byzanz in der Marienkirche der Akropolis Stachys als ersten Bischof eingesetzt.[305] Vom vierten Jahrhundert an muß in Konstantinopel das Fest des Apostels Andreas gefeiert worden sein, während es in Rom erst ein Jahrhundert später eingeführt wurde.

Der römische Kalender von 354 erwähnt Andreas noch nicht, in den Sakramentarien Leonianum, Gelasianum und Gregorianum und im Martyrologium Hieronymianum ist Andreas an seinem *dies natalis*, dem 30. November verzeichnet.[306]

Im Westen hat Ambrosius den Andreaskult eingeführt. Reliquien wurden zur Zeit des Ambrosius bereits in Mailand in der Kirche *ad Portam Romanam* verehrt. Unter Gaudentius (ca. 410) hat es bereits Reliquien in Brescia und Rouen gegeben.[307] Ein Andreas-Patrozinium gibt es seit dem fünften Jahrhundert in Ravenna (Oratorium des Andreas = Erzbischöfliche Kapelle), Reliquien wurden im sechsten Jahrhundert unter Maximianus beigefügt. Papst Simplicius (468-483) führte am Ende des fünften Jahrhunderts durch die Weihe der Kirche S. Andrea in Catabarbara den Andreaskult in Rom ein.[308]

---

[302] WIMMER, E., Andreas, II. Verehrung, in: LThK 1, ³1993, Sp. 626.
[303] GORDINI, G. D., Andrea, apostolo, in: BiblSS. I, 1961, Sp. 1094-1100, hierzu Sp. 1097.
[304] PILLINGER (1994) S. 30-32.
[305] Quellennachweise bei LECHNER (LCI), wie Anm. 299, Sp. 139.
[306] Vgl. PILLINGER (1994) S. 31.
[307] GORDINI (BiblSS), wie Anm. 303, Sp. 1098.
[308] LECHNER (LCI), wie Anm. 299, Sp. 139.

B. MONUMENTE

Andreas ist neben Petrus und Paulus der einzige Apostel, der bereits in der frühchristlichen Zeit durch eine eigene Physiognomie charakterisiert wurde und der darüber hinaus ein Attribut, das Stabkreuz, bekam.[309]

In den vorliegenden Denkmälerkatalog sind alle Repräsentationsbilder des Andreas aufgenommen. Dabei handelt es sich um die wenigen autonomen Darstellungen, sodann um Andreas als Mitglied in der Apostelreihe, in Form von Imagines clipeatae oder ganzfigurig bei Christus, wobei auch die Huldigungsszenen einbezogen werden. Dazu kommen Darstellungen des Andreas in szenischen Bildern, sofern er darin durch sein Attribut, das Stabkreuz, besonders gekennzeichnet ist.[310]

KATALOG

Die Gliederung der Monumente erfolgt nicht nach Gattungen, sondern richtet sich nach den Varianten der Andreas-Ikonographie, wobei von den am wenigsten deutlichen Bildern hin zu den ausgeprägtesten Typen fortgeschritten wird.

Nicht durch Namensbeischrift belegte, porträt-unspezifische Andreas-Darstellungen ohne Attribut

AN 1 Ravenna, Baptisterium der Arianer
Kuppelmosaik
dat.: um 500
Lit.: DEICHMANN (1974) S. 251-255; DEICHMANN (1958) Taf. 272; PILLINGER (1994) S. 10, Abb. 8

Der Apostel, der in der Prozession an zweiter Stelle hinter Petrus schreitet, wird als Andreas identifiziert. Er ist nimbiert und mit einem weißen Pallium und Sandalen bekleidet. In den verhüllten Händen trägt er die Märtyrerkrone. Den Aposteln ist keine Namensinschrift beigegeben. Andreas hat ein ovales Gesicht mit zweigeteiltem, kurzem Vollbart und grauem Haar.

M.E. gibt es außer der Position an zweiter Stelle hinter Petrus keinen Grund, den Apostel als Andreas zu deuten. Nach Pillinger ist er durch seine Physiognomie zu identifizieren, obwohl sie im nächsten Satz einräumt, daß Andreas hier noch ohne wirklich individuelle Züge sei. Dies ist eine Tatsache, die besonders deutlich wird, wenn man die Dar-

---

[309] Zur Wertigkeit des Attributes Stabkreuz s. Diskussion Kat. PETRUS und *Ergebnisse*, Zur Verwendung des Stabkreuzes, S. 324.

[310] Zahlreiche weitere Andreasdarstellungen innerhalb christologischer Szenen, in denen er durch seinen Porträttypus hervorgehoben ist, bei PILLINGER (1994). Dazu kann man noch ein weiteres Monument anfügen: In der Taufszene auf dem Kästchen von Sancta Sanctorum in Rom tritt Andreas, an seinem Porträttyp erkennbar, als Zeuge der Taufe Christi auf (vgl. Joh 1, 35-40). Abb. z.B. in: BELTING (1991) Abb. 72.

stellung mit der gleichzeitig entstandenen Imago clipeata in der Erzbischöflichen Kapelle vergleicht (**AN 11**). Wessel identifiziert Andreas in diesem Bild anhand des „östlichen Typus".[311] Frühere Beispiele des Vorkommens dieses östlichen Typs werden jedoch nicht genannt, Gegenbeispiele sind hingegen so häufig, daß diese These der Überprüfung bedarf.[312]

Durch Namensbeischrift belegte, aber porträt-unspezifische Darstellungen ohne Attribut

Mosaik

AN 2   Ravenna, Baptisterium der Orthodoxen
       Kuppelmosaik
       dat.: um 450
       Lit.: DEICHMANN (1974) S. 38-40; DEICHMANN (1958) Taf. 43; PILLINGER (1994) S. 9-10

Andreas steht in der Prozession der Apostel hinter Petrus, also an der zweiten Stelle der Reihe. Er trägt kurzes Haar, keinen Bart und hat keine individualisierten Gesichtszüge. Bekleidet ist er mit einem weißen Pallium und Sandalen, in den verhüllten Händen trägt er die Märtyrerkrone. Keiner der Apostel ist nimbiert, aber hinter dem Haupt eines jeden hängt ein weißes Velum herab. Die Beischrift lautet: ANDREAS.

Metall

AN 3   Silberreliquiar
       Provenienz: Kleinasien
       Aufbewahrungsort: Sofia, Archäologisches Nationalmuseum
       dat.: 4. Jh.
       Lit.: BUSCHHAUSEN (1971) S. 181-190, Kat. Nr. B 3, Taf. 9; PILLINGER (1994) S. 7-8, Abb. 2

Die vier Seiten des Kästchens sind mit der Darstellung von Christus zwischen den Aposteln geschmückt. Auf der Vorderseite thront Christus zwischen den Apostelfürsten, die ihm Stabkreuz respektive Kranz darbringen, auf den anderen Seiten befinden sich sieben weitere, namentlich bezeichnete Apostel. Andreas steht auf der rechten Schmalseite, an zweiter Stelle nach Petrus. Er ist mit einem Pallium bekleidet, nicht nimbiert und hält einen Rotulus in Händen. Die griechische Namensbeischrift bezeichnet ihn: ANΔPE / AC.

---

[311] Vgl. WESSEL, K., Andreas, in: RBK I, 1966, Sp. 154-156, hierzu Sp. 154-155: Im Baptisterium der Arianer ist Andreas grauhaarig, das ovale Gesicht mit dem zweigeteilten kurzen Vollbart ist sehr viel ruhiger (als in S. Apollinare Nuovo). Dieser ruhigere Greisentyp scheint östlichen Ursprungs zu sein, man findet ihn auch im Codex Rossanensis (6. Jh.).

[312] Östliche Beispiele mit dem asketischen Kopftyp und dem wirren, abstehenden Haar des Andreas sind in Bawit zu finden (AN 19), ebenso in Lythrankomi auf Zypern (AN 18) sowie auf der Riha-Patene, s. PILLINGER (1994) Abb. 27. Ausführlicher dazu unten im Text.

AN 4 Bronzeeimer
Provenienz: unbekannt
Aufbewahrungsort: Vatikanische Museen
dat.: 370-440
Lit.: BURKE, W. L. M., A Bronze Situla in the Museo Cristiano of the Vatican Library; in: ArtB 12, 1930, S. 163-78; PILLINGER (1994) S. 8, Abb. 3, 4

Die Darstellung zeigt wiederum den nimbierten Christus in der Mitte auf einem Thron sitzend, während auf beiden Seiten die Apostel, getrennt durch Palmen, aufgereiht stehen. Sie tragen ein kurzes Pallium über einer langen Tunika und haben einen Codex oder Rotulus in der Hand. Sie sind nicht nimbiert, aber über jedem ist die griechische Namensbeischrift angebracht. Andreas steht an zweiter Stelle nach Petrus zur Linken Christi, bezeichnet mit ANΔP^{E}AC.

Ampullen

AN 5 Terrakotta-Ampulle
Provenienz: Smyrna
Aufbewahrungsort: Paris, Louvre
dat.: 6. Jh.
Lit.: METZGER (Paris 1981) S. 49, Kat. Nr. 123, fig. 104

Die Vorderseite der Ampulle trägt die Büste eines bärtigen Mannes, der mit beiden Händen vor sich ein Buch hält. Die Haare sind nur durch parallel verlaufende Striche angedeutet, der Vollbart ist gerade geschnitten. Der Dargestellte ist mit einem langärmeligen, gefältelten Gewand bekleidet. Eine Inschrift bezeichnet ihn als AΠOC / TOΛOC. Die Rückseite der Ampulle zeigt eine gleichartig gestaltete Büste, die inschriftlich als O AΓIOC / (αν)ΔPEAC bezeichnet ist. Die Heiligen sind nicht nimbiert.

AN 6 Terrakotta-Ampulle
Provenienz: Smyrna
Aufbewahrungsort: Paris, Louvre
dat.: 6. Jh.
Lit.: METZGER (1981) S.49, Kat. Nr. 124, fig. 105

Die Ampulle gleicht der vorhergehenden (**AN 5**). Beide Exemplare stammen wahrscheinlich aus dem gleichen Model.

AN 7 Terrakotta-Ampulle
Provenienz: Smyrna
Aufbewahrungsort: Paris, Louvre
dat.: 6. Jh.
Lit.: METZGER (1981) S. 49, Kat. Nr. 125, fig. 106

Die Ampulle gleicht den vorhergehenden (**AN 5** und **6**). Von den Inschriften ist nur noch rechts der Büste auf der Vorderseite OC lesbar.

AN 8 Terrakotta-Ampulle
Provenienz: Dvin/Armenien
Aufbewahrungsort: Dvin/Armenien
dat.: 6. Jh.
Lit.: KALANTARJAN, A., Ampula s izobrazeniem sv. Andreja iz Dvina, in: Sovetskaja Archeologija 1968, 1, S. 274-276, Abb. 1-2; PILLINGER (1994) S. 21-22, Abb. 31

Die Darstellung der beiden Büsten bärtiger Männer auf der Vorder- und Rückseite der Ampulle ist unmittelbar mit den drei vorangehenden im Louvre vergleichbar. Wieder ist einer (hier als Vorderseite bezeichnet) inschriftlich als Andreas benannt, der andere nur als Apostel.

AN 9 Terrakotta-Ampulle
Provenienz: Kleinasien
Aufbewahrungsort: Princeton University, The Art Museum
dat.: 6. Jh.
Lit.: KATALOG PRINCETON (1986) S.121, Kat. Nr. 149, mit Abbildung

Die Ampulle trägt wiederum die gleichen Darstellungen wie die vorangegangenen, mit den Inschriften ΑΠΟC / ΤΟ / (ΛΟ) / C auf der einen und Ο ΑΓΙ / Ο C ΑΝ / ΔΡ / Ε / Α C auf der anderen Seite.

Nicht durch Namensbeischrift belegte, aber durch den Porträttypus gesicherte Andreas-Darstellungen ohne Attribut

AN 10 Monza-Ampulle
Provenienz: Palästina
Aufbewahrungsort: Monza, Domschatz
dat.: 6. Jh.
Lit.: GRABAR (1958) S. 58, Kat. Nr. 3, Taf. 9; PILLINGER (1994) S. 20, Abb. 28

Auf der Rückseite der Ampulle sind in einem Mittelbild die Frauen am Grabe dargestellt. Außen sind kreisförmig dreizehn Büsten in Medaillons angebracht. Oben am Scheitelpunkt ist Christus dargestellt, umgeben von den zwölf Aposteln. Direkt zu seiner Rechten befindet sich Andreas, erkennbar an seinem wirren, abstehenden Haar und dem spitz zulaufenden Vollbart. Die Apostel sind unnimbiert.

AN 11 Monza-Ampulle
Provenienz: Palästina
Aufbewahrungsort: Monza, Domschatz
dat.: 6. Jh.
Lit.: GRABAR (1958) S. 60, Kat. Nr. 13, Taf. 25

Das Mittelbild der Ampullenrückseite zeigt ein Kreuz, umlaufend sind wiederum kreisförmig Medaillons der zwölf unnimbierten Apostel angeordnet. Christus fehlt auf diesem

Beispiel, er ist durch das Kreuz symbolisiert. Andreas ist an seinem Porträttypus zu identifizieren.

AN 12	Bobbio-Ampulle Provenienz: Palästina Aufbewahrungsort: Bobbio dat. 6. Jh. Lit.: GRABAR (1958) S. 33-34, Kat. Nr. 2, Taf. 33

Das Bildfeld ist in drei konzentrische Kreise unterteilt. In der Mitte befindet sich die Darstellung des von zwei Engeln in der Mandorla erhöhten Christus, ganz außen eine umlaufende Inschrift und dazwischen zwölf Büstenmedaillons mit den Aposteln. Petrus ist am oberen Scheitelpunkt dargestellt, Andreas als nächster zu seiner Rechten. Beide sind an ihrem üblichen Porträttypus zu erkennen. Sie sind nicht nimbiert.

Durch Namensbeischrift belegte Darstellungen, mit Andreas-Physiognomie, ohne Attribut

Mosaik

AN 13	Rom, S. Agata dei Goti Apsismosaik (verloren) überliefert bei Ciacconio (Cod. Vat. lat. 5407, p. 64) dat.: 460-470 Lit.: WAETZOLDT (1964) S. 28, Kat. Nr. 9, Abb. 9; IHM (1992) S. 153-154, Taf. IV, 1; PILLINGER (1994) S. 8-9, Abb. 6

In der Mitte thronte der nimbierte Christus auf der Sphaira, links und rechts standen je sechs unnimbierte Apostel, mit dem Pallium bekleidet, denen jeweils eine Namensbeischrift zugeordnet war. Andreas befand sich zur Linken Christi an zweiter Stelle nach Petrus, er trug, wie die anderen Apostel mit Ausnahme des Petrus, einen Rotulus in der Hand. Auf dem bei Waetzoldt veröffentlichten Stich ist deutlich die typische Frisur des Andreas mit den abstehenden Haaren zu erkennen.

AN 14	Ravenna, Erzbischöfliche Kapelle Mosaik am nordöstlichen Bogen dat.: um 500 Lit.: DEICHMANN (1974) S. 203; DEICHMANN (1958) Taf. 234; PILLINGER (1994) S. 10, Abb. 9

Medaillonbilder der Apostel flankieren eine Christusbüste. Andreas ist mit grauem, „flammendem" Haar, einem kurzen Bart und expressivem Gesichtsausdruck, mit weit geöffneten Augen und asketischen Zügen wiedergegeben. Er hat keinen Nimbus. Die Beischrift lautet: ANDREAS.

AN 15   Ravenna, S. Vitale
           Triumphbogen-Mosaik
           dat.: 547
           Lit.: DEICHMANN (1974) S. 299; DEICHMANN (1958) Taf. 337; PILLINGER (1994) S. 14-15, Abb. 15

Das Medaillonbild befindet sich an zweiter Stelle nach dem des Petrus. Andreas hat graues, sich sträubendes Haar und einen Vollbart sowie die Gesichtszüge eines „visionären" Asketen mit weit geöffneten Augen. Er hat einen Nimbus, beigefügt ist die Namensbeischrift: ANDR / EAS.

AN 16   Parenzo, Basilika Eufrasiana
           Triumphbogenmosaik
           dat.: um 550
           Lit.: IHM (1992) S. 167-169 mit weiterer Literatur; PILLINGER (1994) S. 15, Abb. 16

Am Triumhbogen befindet sich die Darstellung des thronenden Christus mit dem Zug der zwölf Apostel, die ihm auf verhüllten Händen einen Codex, eine Rolle oder einen Kranz darbringen. Zur Rechten Christi an zweiter Stelle nach Petrus steht Andreas. Er ist wie alle anderen in ein weißes Pallium mit clavi gekleidet und nimbiert. Auf verhüllten Händen trägt er einen Codex. Er hat längeres, grau meliertes Haar und einen spitz zulaufenden Vollbart. Die Namensbeischrift lautet: SCS AND/REA.

AN 17   Sinai, Theotokos-Kirche des Katharinenklosters
           Apsismosaik
           dat.: 565-566
           Lit.: FORSYTH/WEITZMANN, Sinai, Taf. CLIV, A.; PILLINGER (1994) S. 16-17, Abb. 18

Das Hauptbild der Apsis ist von einem Fries mit 31 Büstenmedaillons umrahmt. Ein weiteres Medaillon im Scheitel enthält ein griechisches Kreuz. Direkt anschließend folgt auf der rechten Seite Paulus und auf der linken Andreas.[313] Er hat ein längliches, vergleichsweise grimmig wirkendes Gesicht, volles, von der Mitte der Stirn zur Seite und nach hinten gekämmtes Haar und einen spitz zulaufenden Vollbart. Er hat keinen Nimbus. Die Namensbeischrift lautet AN ΔP EAC.

---

[313] An dieser Stelle wäre üblicherweise der Platz des Petrus, dieser ist jedoch im Apsisbild selbst, der Verklärung Christi, dargestellt.

AN 18   Zypern, Lythrankomi, Panhagia Kanakaria
             Mosaik im Apsisbogen
             dat.: 6. Jh.
             Lit.: SACOPOULO, M., La Theotokos à la mandorle de Lythrankomi, Paris,
             1975, Taf. XXVIII, fig. 54; PILLINGER (1994) S. 16, Abb. 17

Die Laibung des Triumhbogens enthält Medaillonbüsten der zwölf Apostel. Andreas hat volles, graues Haar, das zu den Seiten hin absteht, einen spitz zulaufenden Vollbart und weit geöffnete Augen. Er ist nimbiert. Die Namensbeischrift lautet ANΔPE AC.

AN 19   Bawit, Apollonkloster, Kapelle VI
             Apsisfresko
             Aufbewahrungsort: Kairo, Koptisches Museum
             dat.: 6. Jh.
             Lit.: IHM (1992) S. 206; PILLINGER (1994) S. 19-20, Abb. 26

Andreas steht zur Rechten der Gottesmutter in der Reihe der Apostel an zweiter Stelle nach Petrus. Er ist mit dem Pallium bekleidet, nimbiert und hält, wie alle Apostel dieser Darstellung, in den Händen einen gemmenverzierten Codex. Andreas ist durch das weiße „flammende" Haar und den weißen spitz zulaufenden Vollbart gekennzeichnet. Die Namensbeischrift lautet: ANΔPEAC.

AN 20   Rom, S. Maria Antiqua
             Fresko an der linken Presbyteriumswand
             dat.: 705
             Lit.: ROMANELLI, P., NORDHAGEN, P. J., S. Maria Antiqua, Rom 1964, S. 59,
             Taf. 24 B und Farbtafel IV

Die Apostel sind in nebeneinander aufgereihten Medaillonbüsten dargestellt, Andreas befindet sich links neben Paulus. Er ist gekennzeichnet durch sein langes, weißgesträhntes, leicht gelocktes Haar, das in den Nacken fällt, den weißen Vollbart und den strengen Gesichtsausdruck. Die Apostel tragen keine Nimben. Die Namensbeischrift lautet: +ANDRE / AS.

Andreas-Darstellungen ohne Namensbeischrift, aber durch die Physiognomie gesichert und mit Attribut Stabkreuz

AN 21   Monza-Ampulle
             Provenienz: Palästina
             Aufbewahrungsort: Monza, Domschatz
             dat.: 6. Jh.
             Lit.: GRABAR (1958) S. 29-30, Kat. Nr. 14, Taf. 27

Das Thema der Ampullenrückseite ist die Himmelfahrt Christi. Christus in der Mandorla wird von vier Engeln emporgetragen, während unten die Gottesmutter und die Apostel zu ihm aufblicken. Andreas ist zum einen physiognomisch durch das struppige Haar und den

Bart gekennzeichnet, zum anderen kommt hier für die Identifizierung das Attribut Stabkreuz hinzu, das er mit der Linken geschultert hält. Er ist nicht nimbiert.

AN 22   Monza-Ampulle
                 Provenienz: Palästina
                 Aufbewahrungsort: Monza, Domschatz
                 dat.: 6. Jh.
                 Lit.: GRABAR (1958) S. 31, Kat. Nr. 15, ohne Abb.

Die Ampulle beinhaltet die gleiche Darstellung wie die vorangehende, **AN 21**.

AN 23   Monza-Ampulle
                 Provenienz: Palästina
                 Aufbewahrungsort: Monza, Domschatz
                 dat.: 6. Jh.
                 Lit.: GRABAR (1958) S. 31, Kat. Nr. 16, Taf.29

Die Ampulle beinhaltet die gleiche Darstellung wie die vorangehenden, **AN 21** und **AN 22**.

AN 24   Reliquienkästchen aus Silber
                 Provenienz: unbekannt, Ostreich
                 Aufbewahrungsort: Schweizer Privatbesitz
                 dat.: Zeit des Herakleios (610-641)
                 Lit.: KATALOG FRANKFURT (1983) S. 570-571, Kat. Nr. 171

Auf der Wandung der ovalen Pyxis befinden sich acht Medaillons, die jeweils die Büste eines nimbierten Apostels mit Pallium darstellen. Auf dem Deckel befindet sich ein großes Kreuz und in den Ecken vier weitere Apostelbüsten. Die zwei mittleren Figuren der Längsseiten tragen jeweils ein Stabkreuz. Im Katalog findet man folgende Beschreibung: „Der eine hat langsträhniges Haar und einen Bart, ein Kopftypus, der an dem Kästchen nicht noch einmal wiederkehrt, der andere kurzes Haar und kurzen Bart. Ob man die beiden als Petrus und Paulus bezeichnen darf, ist der unüblichen Ikonographie der Köpfe wegen ungewiß."[314] Man darf nicht! Der Vergleich mit allen bisher besprochenen Andreasdarstellungen läßt keinen Zweifel daran, daß der durch buschiges, „flammendes" Haar und spitz zulaufenden Vollbart charakterisierte Apostel nur Andreas sein kann. Der ihm gegenüber angebrachte Apostel mit Stabkreuz entspricht durchaus dem gängigen Petrustypus. Ein Beispiel für die gemeinsame Darstellung von Petrus und Andreas liegt bei dem im folgenden besprochenen Stempel (**AN 27**) vor. In zahlreichen Beispielen von Apostelparstellungen konnte zudem beobachtet werden, daß Andreas im Rang direkt auf Petrus folgt, eine Gegenüberstellung der Brüder an den hervorragenden Plätzen auf dem Reliquiar ist deshalb plausibel. Schließlich kommt als Attribut das Stabkreuz hinzu, das dem Andreas bereits auf den Monza-Ampullen zur besonderen Auszeichnung beigegeben wurde.

---

[314] S. KATALOG FRANKFURT (1983) S. 570.

Andreas-Darstellungen mit Namensbeischrift, Porträttypus und dem Attribut Stabkreuz

AN 25　　　Tonmedaillon
　　　　　　Provenienz: unbekannt
　　　　　　Aufbewahrungsort: Athen, Byzantinisches Museum, Inv. Nr. 255
　　　　　　dat.: 6. Jh.?
　　　　　　Lit.: unveröffentlicht

Das kreisrunde Tonmedaillon trägt ein frontales Brustbild des Andreas, der mit dem Pallium bekleidet ist und von der Kopfmitte ausgehende, abstehende Haarsträhnen hat. Der Vollbart ist durch ebensolche Strähnen wiedergegeben. Er ist nicht nimbiert. Zur linken Seite des Apostels ist ein Stabkreuz angebracht, das er in der nicht gezeigten Hand hält. Das Mittelbild ist durch eine schmale Linie von dem umlaufenden Rahmenstreifen getrennt, in dem oben, von zwei griechischen Kreuzen eingefaßt, die griechische Inschrift ANDREAS verläuft. Im restlichen Rahmenstreifen wechseln sich griechische Kreuze mit achtstrahligen Rosetten ab.

AN 26　　　Latmos bei Herakleia, Pantokratorhöhle
　　　　　　Fresko an der Apsiswand
　　　　　　dat.: 7. Jh.[315]
　　　　　　Lit.: IHM (1992) S. 190-191; WIEGAND (1923) S. 90-91 u. S. 200-201, Abb. 114 auf S. 90

Die Höhlenkirche ist in der Apsispartie freskiert. Die Apsis ist in zwei Register unterteilt. Oben thront Christus in der Mandorla, umgeben von den vier Wesen, unten sitzt die Gottesmutter Galaktotrophousa auf einem Gemmenthron. Zu ihren beiden Seiten stehen links fünf, rechts drei Heilige. Wegen des schlechten Erhaltungszustandes sind nicht alle zu identifizieren. Andreas steht zur Linken der Gottesmutter an dritter Stelle. Die ihn bezeichnende Inschrift ist vollständig erhalten. Er ist mit kurzem Bart und dichtem, abstehendem Haar wiedergegeben und hält ein Stabkreuz in der Hand. Er ist nimbiert.

Diese Beispiele erlauben es, auch in weiteren Darstellungen den kreuztragenden Apostel an einer sekundären Stelle[316] als Andreas zu identifizieren, selbst wenn er nicht immer durch seinen Typus hervorgehoben wird oder wenn die Darstellung nur fragmentarisch erhalten ist.

---

[315]Ein anderer Datierungsvorschlag setzt die Malereien erst in der Mitte des 9. Jh. an, s. die Übersicht zur Forschung bei PESCHLOW, U., Latmos, in: RBK 5, Stuttgart 1995, Sp. 651-716, bes. Sp. 707-708.

[316] Bei der Darstellung eines kreuztragenden Apostels auf dem Ehrenplatz, d.h. neben Christus, oder z.B. bei der Himmelfahrt in der Mitte handelt es sich in den meisten Fällen um Petrus, ganz vereinzelt um Paulus.

Fragmente

AN 27　　　　Steinstempel
　　　　　　　Provenienz: unbekannt
　　　　　　　Aufbewahrungsort: Thessaloniki, Hagios Demetrius
　　　　　　　dat.: 6. Jh.
　　　　　　　Lit.: PILLINGER (1994) S. 22-23, Abb. 32, mit weiterer Literatur

Der Stempel ist nur als Fragment erhalten, oben rechts ist ein Teil ausgebrochen.
　　Über einem lateinischen Kreuz erhebt sich ein Medaillon mit einer Christusbüste. Es wird von zwei stehenden Palliati flankiert. Diese können als Petrus und Andreas identifiziert werden. Zur Rechten Christi befindet sich Petrus, der anhand seines Porträttypus, besonders der Lockenfrisur, zu erkennen ist.[317] Er ist nicht nimbiert und hat in der linken Hand einen Codex als Attribut. Ihm gegenüber steht Andreas, dessen Kopf und Schultern weggebrochen sind. Er hält vor sich einen Stab, der mit Sicherheit oben zu einem Stabkreuz ergänzt werden kann. Eine umlaufende, griechische Inschrift lautet: (EYΛ)OΓIA K(YPIO)Y EΦ IMAC KAI (TωN A)ΓIωN ANΔPeOY = „Der Segen des Herrn und der Heiligen Andreas…über uns." Der Rest der Inschrift, in dem Petrus erwähnt gewesen sein muß, ist weggebrochen.

AN 28　　　　Relieffragment einer Gesetzesübergabe
　　　　　　　Provenienz: Konstantinopel
　　　　　　　Aufbewahrungsort: Istanbul, Antikenmuseum
　　　　　　　dat.: theodosianisch
　　　　　　　Lit.: KOLLWITZ (1941) S. 153-161, Taf. 48

Die Reliefplatte ist stark fragmentiert. Der linke Rand und das obere Viertel sind weggebrochen, rechts schließt eine gerade Schnittfläche das Relief ab, nur unten ist die Rahmenleiste erhalten. Dargestellt sind vier Palliati, deren Kopf jeweils fehlt, der vierte von links hält in der Linken einen Stab oder Schaft. Ganz rechts wurde eine fünfte Figur abgemeißelt, wobei noch zu erkennen ist, daß sie nach rechts gewandt war und die Hände ausstreckte, um etwas darzubringen oder in Empfang zu nehmen. Kollwitz entwickelte überzeugend die Rekonstruktion der verlorenen Teile zu einer Traditio-legis-Szene: Christus stand inmitten der Apostel und überreichte das Gesetz an Paulus. Der rechts stehende Apostel muß ein Kreuz gehalten haben, von dem nur der Schaft erhalten ist. Nachdem er aber erst an zweiter Stelle nach dem vermuteten Paulus kommt, muß es sich auch hier zwangsläufig um Andreas handeln. Petrus hatte den Platz direkt neben Christus auf der gegenüberliegenden Seite inne.

---

[317] Darauf geht GALAVARIS, G., Bread and Liturgy. The Symbolism of the Early Christian and Byzantine Bread Stamps, Madison, Milwaukee, London 1970, S. 140-143, näher ein.

Unspezifischer Andreas-Typ ohne Namensbeischrift, anhand des Stabkreuzes zu identifizieren

Am Ende der Reihe stehen die Bilder, die aufgrund der bislang gewonnenen Erkenntnisse als Andreasbilder angesprochen werden können.

AN 29 Silberreliquiar
Provenienz: Oberitalien ? (Fundort: Pula)
Aufbewahrungsort: Wien, Kunsthistorisches Museum
dat.: A. 5. Jh. (Katalog New York datiert ins 4. Jh.)
Lit.: BUSCHHAUSEN (1971) S. 249-252, Kat. Nr. B 20, Taf. 58; KATALOG NEW YORK (1979) S. 630-631, Kat. Nr. 568

Der hexagonale Behälter ist mit je einer reliefierten, unnimbierten Figur auf jeder Seite geschmückt. Dargestellt ist Christus mit fünf Aposteln, wobei Petrus links und Paulus rechts, von Christus aus gesehen, stehen. Die Apostelfürsten sind an ihrer typischen Physiognomie zu erkennen, während alle anderen jugendlich-bartlos und mit kurzer Haartracht wiedergegeben sind. Der Apostel hinter Petrus trägt eine lange Crux hastata. Trotz fehlender Beischrift kann man ihn als Andreas benennen. In der Forschung wird kein Versuch gemacht, den kreuztragenden Apostel zu identifizieren,[318] oder aber er wird erst gar nicht erwähnt.[319] Am Deckel ist die gleiche Figurenkonstellation noch einmal wiederholt, Petrus und Paulus sind wiederum porträthaft gestaltet. Attribute sind hier nicht vorhanden.

AN 30 Staurothek von Pliska
Provenienz: Konstantinopel
Aufbewahrungsort: Sofia, Archäologisches Nationalmuseum
dat.: 7. Jh.
Lit.: DONTCHEVA (1976) S. 59-60; TSCHILINGIROV (1982) S. 76-89

Auf der Rückseite der kreuzförmigen Staurothek befindet sich unten eine Darstellung der Anastasis und darüber die Himmelfahrt Christi. Die Gottesmutter-Orans steht im Schnittpunkt der Kreuzarme, die Apostel sind auf den Querarmen aufgereiht. Rechts, an erster Position neben der Gottesmutter, befindet sich Petrus mit einem Stabkreuz, links als dritter Andreas, ebenfalls erkenntlich an einem Stabkreuz.

---

[318] So bei BUSCHHAUSEN (1971) S. 251; KATALOG FRANKFURT (1983) S. 571-573, Kat. Nr. 172.

[319] So bei ARNASON, H., Early Christian Silver of north Italy and Gaul, in: ArtB 20, 2, 1938, S. 193-226; KATALOG NEW YORK (1979), Kat. Nr. 568, wo auch Petrus und Paulus in der Beschreibung verwechselt sind.

AN 31   Staurothek von Vicopisano
             Provenienz: Konstantinopel (?)
             Aufbewahrungsort: Vicopisano (Provinz Pisa)
             dat.: 7. Jh.
             Lit.: LUCCHESI-PALLI, E., Der syrisch-palästinensische Darstellungstypus der
             Höllenfahrt Christi, in: RömQSchr 57, 1962, S. 250-267; TSCHILINGIROV
             (1982) S. 76-89

Die Ikonographie der Rückseite dieser Staurothek ist die gleiche wie bei der von Pliska. Im unteren Kreuzarm ist die Anastasis dargestellt, darüber die Himmelfahrt Christi. Wiederum steht die Gottesmutter in der Mitte, während die Apostel links und rechts auf den Querarmen des Kreuzes aufgereiht sind. Hier trägt der zweite Apostel rechts neben der Gottesmutter ein Stabkreuz. Dabei kann es sich nur um Andreas handeln, denn Petrus käme immer an erster Stelle zu stehen.

C. ANALYSE DER VORKOMMENDEN BILDTYPEN UND ATTRIBUTE

Andreas ist nach Petrus und Paulus der dritte Apostel, der schon in frühchristlicher Zeit mit individuellen Zügen ausgestattet wurde. Alle anderen Apostel erfuhren noch keine besondere Auszeichnung. Er ist — außer den Apostelfürsten — auch der einzige, der als besonderes Attribut das Stabkreuz verliehen bekommt.[320]

Diese Ausarbeitung einer besonderen Physiognomie für Andreas muß im fünften Jahrhundert stattgefunden haben. Im frühesten ravennatischen Mosaik, im Baptisterium der Orthodoxen, um 450, ist Andreas noch nicht individualisiert. In den Mosaiken der Erzbischöflichen Kapelle, um 500, und in den szenischen Darstellungen in S. Apollinare Nuovo, um 520, ist Andreas als Mann mit grauen, wirren Haaren und leidenschaftlichem Blick wiedergegeben. Im Baptisterium der Arianer und im Medaillonporträt in S. Vitale im sechsten Jahrhundert ist Andreas mit gemäßigten, ruhigeren Gesichtszügen ausgestattet. Das wirre Haar ist in S. Vitale jedoch beibehalten. Wessel[321] unterscheidet demzufolge den westlichen fanatischen Typus und den ruhigen Greisentypus, dessen Ursprung er im Osten vermutet und der in der Folgezeit maßgeblich bleibe. Als Beispiel für den ruhigen Greisentyp im Orient führt er die Malereien des Codex Rossanensis an. Diese Differenzierung kann jedoch nicht beibehalten werden, denn das wirre Haar zeichnet Andreas auch in zahlreichen anderen Beispielen — auch östlicher Provenienz — aus, zum Beispiel bei dem Mosaikmedaillon in Lythrankomi (**AN 18**), den Monza-Ampullen (**AN 10-12** und **21-23**) und dem Reliquiar aus der Zeit des Herakleios (**AN 24**). Wessels Unterscheidung zwischen „flammendem" Haar und „sich sträubendem, aber nicht mehr flammendem Haar" ist außerdem recht vage.

Ein zweites, wichtiges Element der Andreas-Ikonographie ist das Stabkreuz als Attribut. Wessel merkt dazu an, daß Andreas seit dem zwölften Jahrhundert

---

[320] S. dazu *Ergebnisse*, Zur Verwendung des Stabkreuzes, S. 324.
[321] WESSEL (RBK), wie Anm. 315, Sp. 154-155.

häufig in der Linken ein Stabkreuz trage, nicht als individuelles Attribut seines Martyriums, sondern als allgemeines Märtyrerkreuz, dem Zeichen des Todes für Christus.[322] Eine Datierung in das neunte und zehnte Jahrhundert für das Vorkommen von Andreas mit Stabkreuz vertritt auch Dontcheva.[323] Sie meint zudem, daß dieser ikonographische Typus nach dem zehnten Jahrhundert wieder verschwinden würde (byzantinische Beispiele, die Andreas mit Stabkreuz zeigen, werden unten noch aufgeführt). Die im Katalog besprochenen Denkmäler beweisen jedoch zur Genüge, daß Andreas das Stabkreuz bereits um die Wende des vierten zum fünften Jahrhundert verliehen bekam.

Ernst Schäfer[324] weist auf die große Verehrung hin, die der Apostel Andreas im Osten und besonders in Konstantinopel genoß, dessen Gemeindegründer er der Legende nach war. Kaiser Constantius II. ließ die Reliquien des Andreas im Jahre 357 in der Apostelkirche beisetzen. Aufgrund dieser besonderen Wertschätzung erhielt Andreas im Osten das Märtyrerkreuz als Attribut. Er sollte dem Petrus gleichgestellt werden und die „höchste attributive Auszeichnung" erhalten, die in der frühchristlichen Zeit für einen Apostel denkbar war. Trotz der noch spärlichen Denkmälerlage bei Schäfer ist seine Beobachtung richtig, daß Andreas im Osten schon früh durch das Kreuz besonders ausgezeichnet wurde, im Westen dagegen erst seit dem Mittelalter. Das einzige Denkmal, das Andreas mit dem Stabkreuz auszeichnet und westlicher Provenienz sein soll, ist das hexagonale Silberreliquiar in Wien (**AN 29**), das in das fünfte Jahrhundert datiert wird. Wenn es tatsächlich aus Oberitalien stammt, ist das Stabkreuz bei dem Apostel im Westen bereits sehr früh belegt. Die Hervorhebung in der Ikonographie ginge dann der Verbreitung des Kultes voran. Für das Reliquiar muß deshalb wohl eher eine östliche Vorlage angenommen werden.

Als frühestes Beispiel für diese Auszeichnung gilt das theodosianische Relieffragment in Istanbul (**AN 28**), auf dem der Kreuzträger aufgrund seiner Stellung zu Christus eben nicht Petrus oder Paulus sein kann, sondern Andreas sein muß.

Den Ursprung der hier beobachteten Individualisierung beziehungsweise Hervorhebung des Andreas innerhalb der frühchristlichen Ikonographie vermutet Kollwitz im Dekorationsprogramm der Kirche, die Arkadia, die Tochter Theodosius' I. dem Apostel im Jahre 396 in Konstantinopel stiftete. Die so an prominenter Stelle festgelegte Heiligenikonographie mit dem Stabkreuz als besonderer Auszeichnung hat sich dann im Osten verbreitet, während der Westen zunächst nur die physiognomische Individualisierung übernahm.[325]

---

[322] WESSEL (RBK), wie Anm. 315, Sp. 155.
[323] DONTCHEVA (1976) S. 65.
[324] SCHÄFER (1936) S. 95-98
[325] KOLLWITZ (1941) S. 159-160.

Weitere Beispiele eines kreuztragenden Andreas können nun angeführt werden, auch wenn nur in drei Fällen — bei dem Stempel in Thessaloniki (**AN 27**), dem Fresko auf dem Latmos (**AN 26**) und schließlich bei dem Tonmedaillon in Athen (**AN 25**), das alle ikonographischen Kennzeichen des Andreas in sich vereint — eine Namensbeischrift bestätigend hinzutritt. Die gesicherte Ikonographie der Physiognomie mit den wirren Haaren und dem asketischen Gesichtstyp des Andreas müssen als Beweis dafür genügen, daß der kreuztragende Apostel auf den Monumenten des fünften bis siebten Jahrhunderts, wenn er nicht Petrus oder Paulus bezeichnet, immer Andreas sein muß. Die Monza-Ampullen (**AN 21, AN 22, AN 23**) sowie das Reliquienkästchen (**AN 24**), vom Anfang des siebten Jahrhunderts, bilden den Beweisgrundstock, auf dessen Basis andere frühe Werke, wie das Istanbuler Relief (**AN 28**) und das Reliquiar aus Pula (**AN 29**) eingeordnet werden können.

Kollwitz führt die Ziboriumssäule von S. Marco, die Monza-Ampullen und das Silberreliquiar aus Pula als Beleg an, um die Ikonographie des Istanbuler Reliefs einzuordnen und den Kreuztragenden als Andreas zu identifizieren.[326] Heute kann man außerdem das Reliquiar in Schweizer Privatbesitz (**AN 24**) beifügen.

Die soeben erwähnte Ziboriumssäule von S. Marco in Venedig, die in der Himmelfahrtsszene ebenfalls den kreuztragenden Andreas beinhaltet, wird von Volbach unter Vorbehalt in das fünfte und von Schäfer in das sechste Jahrhundert datiert. Lucchesi-Palli ordnet das Monument dagegen erst der Mitte des 13. Jahrhunderts zu.[327] Die von ihr ausgeführten Argumente, die für eine Tradierung frühchristlicher ikonographischer Elemente und für eine Datierung dieser Säulen in das Mittelalter sprechen, sind sehr einleuchtend.

Andreas ist auf den Monza-Ampullen **AN 21, AN 22, AN 23** bei der Darstellung der Himmelfahrt Christi durch ein Stabkreuz hervorgehoben. Grabar weist ausdrücklich auf diese ikonographische Besonderheit hin, denn sie verdeutlicht die Beeinflussung der Ampullen durch die Kunst der Hauptstadt Konstantinopel. Es ist allgemein anerkannt, daß die besondere Andreas-Verehrung ihren Ausgang in Konstantinopel genommen hat und dort sein Bildtypus geprägt und verbreitet wurde.

Die Staurotheken von Pliska (**AN 30**) und Vicopisano (**AN 31**) konnten von Tschilingirov einer hauptstädtischen Goldschmiedewerkstatt des siebten Jahrhunderts zugewiesen werden.[328] Damit wurden die früheren Vorschläge einer späteren Datierung und syrisch-palästinensischen Herkunft korrigiert. Dontcheva[329] hatte bereits die Staurothek von Pliska einer Werkstatt in Konstantinopel

---

[326] Vgl. KOLLWITZ (1941) S. 159-160.
[327] Vgl. VOLBACH, W. F., HIRMER, M., Frühchristliche Kunst. Die Kunst der Spätantike in West- und Ostrom, München 1958, S. 60; SCHÄFER (1936); wichtig ist die Arbeit von LUCCHESI-PALLI (1942).
[328] TSCHILINGIROV (1982) S. 76-89.
[329] DONTCHEVA (1976) S. 65.

zugeordnet, unter anderem mit dem ikonographischen Hinweis auf das Stabkreuz des Andreas in der Himmelfahrtsszene. Sie setzt die Entstehung dieser Ikonographie allerdings erst im neunten und zehnten Jahrhundert in Konstantinopel an. Die früheren Beispiele, in denen Andreas mit einem Stabkreuz im Himmelfahrtsbild vorkommt, wie etwa auf den Monza-Ampullen, erwähnt sie nicht.

Das Stabkreuz als sein Attribut behält Andreas auch in der mittelbyzantinischen Kunst bei. Kollwitz vermutet darin zurecht eine Kontinuität, die sich über den Bilderstreit hinweg seit theodosianischer Zeit erhalten hat. [330] Seiner Liste von Beispielen können noch einige hinzugefügt werden. Im Kuppelmosaik der Hagia Sophia in Thessaloniki, [331] das in das neunte Jahrhundert datiert werden kann, trägt Andreas bei der dargestellten Himmelfahrt ein Stabkreuz, ebenso in Hosios Lukas, in der Apostelreihe der Apsis von Torcello[332] und im Dom von Cefalù,[333] beide aus dem zwölften Jahrhundert, sowie auf der schon erwähnten Ziboriumssäule in S. Marco in Venedig.[334] Außerdem ist Andreas mit dem Stabkreuz in der Hand in zahlreichen Werken byzantinischer Goldschmiedekunst, zum Beispiel auf einer Votivkrone in S. Marco in Venedig und drei Buchdeckeln in der Biblioteca Marciana in Venedig,[335] dargestellt. Die Reihe könnte, sowohl in Byzanz als auch in der romanischen Kunst des Westens, fortgesetzt werden.

Die zur frühen Andreas-Ikonographie erzielten Ergebnisse machen deutlich, daß einige feste Bestandteile, wie Physiognomie und Attribut bereits im ausgehenden vierten Jahrhundert an der Kultstätte des Andreas entwickelt gewesen sein müssen. Von dort aus konnte sich der Typus in alle Kunstgattungen verbreiten. Auch wenn in einem Kunstwerk nicht sämtliche ikonographischen Bestandteile vorliegen, kann unter Berücksichtigung des Gesamtkontextes eine sichere Zuschreibung erfolgen.

---

[330] Vgl. KOLLWITZ (1941) S. 159 und Anm. 6.

[331] Vgl. GRABAR, A., Les voies de la création en iconographie chrétienne. Antiquité et moyen-âge, Paris 1979, Nr. 106.

[332] Vgl. SCHRADE, H., Romanische Malerei, Köln 1963, Abb. S. 131.

[333] KAFTAL, G., Iconography of the Saints in Central and South Italian Schools of Painting = Saints in Italian Art, Florenz 1965, S. 60, Abb. 23 (d).

[334] LUCCHESI-PALLI (1942) Taf. V b.

[335] Beispiele bei WESSEL, K., Die byzantinische Emailkunst vom 5. bis 13. Jahrhundert, Recklinghausen 1967, Nr. 12 (Krone), 13, 27 und 58 (Bucheinbände).

MÄRTYRER UND ASKETEN

Wie in der Einleitung zum Katalog bereits erläutert wurde, sind im folgenden Katalogteil alle Märtyrer und Asketen erfaßt, die in der frühchristlichen und frühbyzantinischen Zeit nicht nur in der Frömmigkeit, sondern auch in der Kunst eine Rolle spielten. Dabei darf die Willkür des erhaltenen Denkmälerbestandes nicht außer acht gelassen werden, die uns heute sicherlich ein verzerrtes Bild der damaligen Situation wiedergibt.

Für die meisten der bereits behandelten biblischen Heiligen konnte ein Zusammenhang zwischen den narrativen Bildredaktionen und der daraus erwachsenen Attributzuweisung hergestellt werden. Bei den frühchristlichen Märtyrern stellt sich die Lage anders dar. Am Anfang kann ein narrativer Vitenzyklus stehen, aus dessen Ikonographie dann geschöpft wird. Dieser Fall ist aber nur für einige wenige Heilige überliefert, erhalten ist davon nichts. Es kann aber auch ein Gedächtnisbild an der Grabmemorie zum Kultbild der Verehrungsstätte avancieren und in diesem Prozeß mit Attributen angereichert werden, die die Persönlichkeit und Heiligkeit des Dargestellten unterstreichen sollen.

Die Frage nach den verschiedenen Varianten der Heiligenikonographie steht im folgenden Kapitel im Mittelpunkt.

STEPHANUS, ERZMÄRTYRER DES OSTENS

A. VITA, KULT UND LEGENDE

Vita und Legende:

Der Text der Apostelgeschichte berichtet weniger zur Biographie des Stephanus, als vielmehr über seine Persönlichkeit und Fähigkeiten. Der griechische Name — *Stephanus* bedeutet *der Gekrönte* — weist auf seine Zugehörigkeit zu den Hellenisten hin.[336]

Die Apostelgeschichte erzählt in den Kapiteln 6,1-8, 2 von einer Auseinandersetzung zwischen den ‚Hellenisten' (griechisch sprechende Judenchristen) und den ‚Hebräern' (gesetzesstrenge Judenchristen aramäischer Sprache) innerhalb der Urgemeinde um die Witwenversorgung, worauf sieben Männer von den Aposteln gewählt wurden, um sie beim täglichen Tischdienst zu entlasten. Stephanus war der bedeutendste unter diesen Diakonen. Er geriet mit Mitgliedern der hellenistisch-jüdischen Synagogen in Streit, wurde vor das Synedrium gebracht, wo

---

[336] GORDINI, G. D., Stefano, protomartire, santo, in: BiblSS 11, 1968, Sp. 1376-1387; vgl. Sp. 1376.

falsche Zeugen gegen ihn aussagten. Seine Verteidigungsrede führte dazu, daß er vom Hohen Rat der Blasphemie angeklagt und gesteinigt wurde.

Eine präzise Ortsangabe des Martyriums fehlt, es wird nur gesagt, daß es vor der Stadt passiert sei. Genauso verhält es sich mit dem Bericht über die Bestattung des Stephanus: der Ort des Grabes wird nicht erwähnt. Nach der Apostelgeschichte war dies der erste Märtyrertod eines Christen. Im Anschluß an dieses Ereignis zerstreuten sich die Mitglieder der Urgemeinde „mit Ausnahme der Apostel in die Gegenden von Judäa und Samaria" (Apg 8,1).[337]

Kult:

Aus dem vierten Jahrhundert sind nur wenige Nachrichten über einen Stephanuskult überliefert. Im Osten hielten zum Beispiel Gregor von Nyssa, Asterius von Amasea und Basilius von Seleukeia Predigten zu Ehren des Erzmärtyrers. Im Westen dagegen ist dergleichen nicht bekannt. Im römischen Kalender von 354 fehlt Stephanus. Um so erstaunlicher ist die explosionsartige Verbreitung des Kultes im fünften Jahrhundert, die sicherlich in Zusammenhang gebracht werden muß mit den zahlreichen Berichten über Wunder, die Stephanus wirkte.

Das Stephanusfest am 26. Dezember ist seit Ende des vierten Jahrhunderts für den Osten, wo es später auf den 27. Dezember verlegt wurde, und seit Anfang des fünften Jahrhunderts für den Westen als schon bestehend bezeugt. Sein Festtag wurde auf den 26. Dezember gelegt, um den *dies natalis* des ersten christlichen Märtyrers im Anschluß an das Geburtsfest Christi zu feiern. Unter diesem Tag ist er auch im syrischen und im karthagischen Kalender verzeichnet.

Zur Erklärung des erst spät einsetzenden Stephanuskultes gibt es widersprüchliche Thesen. Gordini führt zwei Gründe für das Vergessen der Grabstätte des ersten christlichen Märtyrers an: zum einen sei das generelle Desinteresse der ersten Christen an den Gräbern, das auf ihrer Erwartung der Parusie in unmittelbarer Zukunft beruhte, dafür verantwortlich und zum anderen die Zerstörungen Jerusalems im Jahr 70 und im Jahr 135.[338] Kötting dagegen vermutet, daß die Erinnerung an den Protomärtyrer Stephanus in der Kirche nicht verloren gehen konnte, da die Apostelgeschichte selbst davon berichtet.[339]

Einen eigentlichen, an einen bestimmten Ort gebundenen Kult erhielt Stephanus jedoch erst, als im Dezember 415 in Kaphar Gamala zu Jerusalem seine Gebeine gefunden wurden, ein Ereignis, das von dem Entdecker des Grabes selbst, dem Priester Lucian, schriftlich festgehalten wurde. Der Bericht des Lucian beschreibt die wunderbaren Umstände der Auffindung: Dem Priester erschien im

---

[337] MUSSNER, F., Stephanus, Erzmärtyrer, in: LTHK 9, 1964, Sp. 1050-1051. BEITL, K., Stephanus, Verehrungsgeschichte, ebda., Sp. 1051-1052.
[338] GORDINI (BiblSS), wie Anm. 336, Sp. 1380.
[339] KÖTTING (1950) S. 259-266.

Traum Gamaliel, der Lehrer des Paulus, und forderte ihn dreimal, am 3., 10. und 17. Dezember 415 auf, die Reliquien zu erheben und ihnen Ehre zu erweisen.[340] Nachdem dies geschehen war, wurde der Leib des Stephanus am 26. Dezember nach Jerusalem in die Zionskirche überführt, wo man auch die Steine seiner Hinrichtung verehrte. Dem Priester Lucian wurden einige Reliquienpartikel überlassen, von denen er Teile noch weiter verschenkte. So konnte sich der Kult rasch verbreiten. Der griechische Text des Lucian wurde von Avitus von Braga sofort ins Lateinische übersetzt (P. L. XLI, 807-18), ebenso erfolgten Übersetzungen ins Syrische und Koptische.[341]

An der Stätte des Martyriums selbst wurde eine Basilika errichtet und 439 eingeweiht. Kaiserin Eudokia errichtete dann nach 444 die große Stephanusbasilika ungefähr 450 Meter nördlich des Damaskustores, die mit ihren Klosteranlagen bis zum Bau der *Nea Theotokos* Justinians (542) der größte Kirchenkomplex Jerusalems gewesen ist. Am 15. Mai 460 erfolgte die feierliche Überführung der Reliquien in diese Basilika. Von den Persern wurde sie 614 gründlich zerstört und ist dann vergessen worden.[342]

In Konstantinopel wurde 428 die Reliquie der rechten Hand in einer neuen Stephanuskirche bestattet.

In Nordafrika entstanden mehrere Zentren der Verehrung, von denen die wichtigsten Uzalum, Calama und Hippo waren. Dort wurde der Kult durch Augustinus besonders gefördert, was zur schnellen und umfangreichen Verbreitung der Stephanuskultstätten beitrug.[343] Bekannt sind die dortigen Mirakelsammlungen, auf die später noch zurückzukommen sein wird.

Von Nordafrika aus verbreitete sich der Kult nach Italien und Rom. Eine gewisse Demetria stiftete zur Zeit des Papstes Leo I. eine Stephanusbasilika an der Via Latina. Innerhalb von zwanzig Jahren wurden in Rom noch zwei weitere Stephanskirchen errichtet. Unter Papst Simplicius, 461-468, wurde S. Stefano Rotondo erbaut, ebenfalls im fünften Jahrhundert entstand eine Kirche an der Via Tiburtina, in der Nähe von S. Lorenzo fuori le mura. Stephanus ist im Sacramentarium Leonianum, Gelasianum und Gregorianum verzeichnet.[344]

---

[340] Von BEITL (LTHK), wie Anm. 337, Sp. 1051-1052, wird als Datum der Reliquienauffindung der 3. August 415 angegeben.
[341] Vgl. GORDINI (BiblSS), wie Anm. 336, Sp. 1380.
[342] DONNER (1979) S. 287 mit Anm. 116.
[343] NITZ, G., Stephan, Erzmart., in: LCI 8, 1986, Sp. 395-403, hierzu Sp. 395.
[344] KENNEDY (1963) S. 152-155.

B. MONUMENTE

KATALOG

Die bildlichen Darstellungen des Stephanus bis zum beginnenden achten Jahrhundert werden im Katalog nach Kunstgattungen geordnet. Dabei wird wegen der geringen Anzahl von Beispielen darauf verzichtet, in der Gliederung zusätzlich zwischen den erhaltenen und den nur in Zeichnungen oder Beschreibungen überlieferten Denkmälern zu unterscheiden.

Mosaik

ST 1   Rom, Lateransbaptisterium, Oratorium des Heiligen Kreuzes
Wandmosaiken, überliefert von O. Panvinio
dat.: 461-468
Lit: WILPERT/SCHUMACHER (1976) S. 91

Panvinio beschrieb die Mosaiken, die zwischen den Fenstern angebracht waren, nur sehr knapp. Er zählt die Dargestellten namentlich auf: Petrus und Paulus, Johannes der Täufer und Johannes der Evangelist, Laurentius und Stephanus, Jakobus und Philippus.

    Wilpert/Schumacher folgern zurecht, daß die Figuren mit Namensbeischriften versehen gewesen sein müssen, denn sonst hätte Panvinio sie — besonders Jakobus und Philippus — sicherlich nicht erkannt. In der zweiten Hälfte des fünften Jahrhunderts waren die hier dargestellten Heiligen, bis auf die Apostelfürsten Petrus und Paulus sowie Johannes den Täufer, physiognomisch noch nicht ausreichend differenziert.

ST 2   Rom, S. Lorenzo fuori le mura
Mosaik, Triumphbogen
dat. 579-590
lit.: VAN BERCHEM/CLOUZOT (1924) S. 189-193, Abb. 242; IHM (1992) S. 138-140, mit weiterer Literatur

In der Mitte thront Christus, ein Stabkreuz haltend und segnend, auf einer Sphaira, zu seiner Rechten steht Petrus, ebenfalls mit Stabkreuz. Er führt Laurentius und den Stifterpapst Pelagius bei Christus ein. Zur Linken Christi stehen Paulus, Stephanus und Hippolytus. Die beiden Erzmärtyrer Stephanus und Laurentius sind als Pendants aufgefaßt. Alle Heiligen sind durch eine Namensbeischrift gekennzeichnet, so auch SCS STEPHANUS. Er ist mit Tunika und Pallium bekleidet, nimbiert und hält in der Linken ein geöffnetes Buch mit der Inschrift A(d) DE(um) SIT A NI MA MEA, eine Anspielung auf seinen in der Apostelgeschichte 7,59 überlieferten Ausruf während der Steinigung: *In die Hand Gottes empfehle ich meinen Geist*. Stephanus ist jung und bartlos wiedergegeben, mit dunklem Haarkranz und einer Tonsur.

ST 3   Capua Vetere, SS. Stefano e Agata
               Apsismosaik (verloren)
               dat.: 6. Jh.
               Lit.: KOROL (1994)

Das verlorene Apsisbild ist in einem Stich von Ciampini aus dem Jahr 1699 überliefert und zeigt in der Mitte die thronende Gottesmutter mit dem Kind, flankiert von den akklamierenden Apostelfürsten, Petrus zur Rechten, Paulus zur Linken. Auf Petrus folgt außen der heilige Stephanus, neben Paulus steht die heilige Agata. Alle sind nimbiert und durch eine Namensbeischrift gekennzeichnet. Stephanus, frontal stehend, ist mit einer Dalmatik bekleidet und hält in der Linken einen geschlossenen Codex.[345]

Fresko

ST 4   Neapel, Capodimonte, Katakombe S. Gennaro
               Fresko (Fragment)
               dat.: E. 5. Jh.
               Lit.: FASOLA (1975) S. 123, fig. 83

Stephanus war zur Linken des heiligen Januarius gemeinsam mit einem weiteren Heiligen dargestellt. Erhalten ist allerdings nur der obere Teil seines roten Nimbus und das Fragment der Namensbeischrift (Ste)FANUS.

ST 5   Bawit, Apollonkloster, Kapelle VII
               Fresko
               dat.: 6./7. Jh.
               Lit.: CLEDAT (1904/06) S. 38

Im Zentrum der Ostwand thront die Gottesmutter mit dem Kind, rechts neben ihr stehen der Erzengel Gabriel und der heilige Stephanus, links der Erzengel Michael und Apa Kyriakos.

---

t zum Vergleich für die Stephanusdarstellung mit dem Codex u.a. die
o heran, s. dort S. 140 mit Anm. 94. Da er keine näheren Angaben dazu
en, daß er von dem **unbezeichneten** Heiligen spricht, der im Apsismo-
en der Gottesmutter an zweiter Stelle steht. Er ist jung und bartlos,
lium bekleidet und bringt auf verhüllten Händen einen geschlossenen
) S. 41, zu Abb. 43 schlägt die Deutung des Heiligen als S. Projectus,
der Stadt, vor, womit auch die anderen beiden Heiligen erklärt wären.
er könnten die anderen sein? Die ikonographischen Merkmale erlau-
zweifelsfrei als Stephanus zu bezeichnen.

ST 6   Rom, Commodillakatakombe, sogenannte *basilichetta*
       Fresko
       dat.: 2. H. 7. Jh.
       Lit.: DECKERS/MIETKE/WEILAND (1994) S. 52-57, Farbtaf. 3-6

In der Mitte thront Christus auf der Sphaira. Er übergibt Petrus, der zu seiner Rechten steht, die Schlüssel. Gegenüber nähert sich Paulus mit einem Bündel Buchrollen. Hinter den Apostelfürsten kommen die beiden Märtyrer Felix und Adauctus mit Kränzen zu Christus. Ganz links außen, von der Aktion ausgenommen, steht in Orantenhaltung die heilige Merita, ihr entspricht rechts außen der heilige Stephanus. Er ist frontal in Orantenhaltung wiedergegeben, bekleidet mit einer langärmeligen Tunika und einem Pallium und nimbiert. Die Namensbeischrift lautet SCS STHEFANUS (sic!), das H und das E sind in Ligatur geschrieben.

ST 7   Rom, S. Maria Antiqua, Kapelle rechts der Apsis, „Kapelle der Ärzte"
       Fresko
       dat.: 705
       Lit.: WILPERT (1916) Bd II, S. 676; WILPERT (1916) Bd IV, Taf. 145,4;
       GRÜNEISEN (1911) S. 163, Taf. E II, 2-c und 2-d

Das gerahmte quadratische Bildfeld zeigt fünf nebeneinander stehende Heilige. Nur die linke Figur ist ganz erhalten, die rechte Hälfte des Bildes ist weitgehend zerstört. Die fünf Heiligen sind frontal, in Isokephalie, nebeneinander angeordnet, alle sind nimbiert. Über ihren Köpfen sind am oberen Bildrand die Namensbeischriften angebracht, von links nach rechts: +ΟΑΓΙΟC ΚΟCΜΑC + ΟΓΙΟC ΑΒΒΑΚΥΡΟ + ΟΑΓΙΟC CΤΕΦΑΝΟC + ΟΑ−ΓΙΟC ΠΡΟΚΟΠΙC + ΟΑΓΙΟC ΔΑΜΗΑΝΟC. Kosmas und Abbakyros sind mit dem Pallium bekleidet, Stephanus mit einer Dalmatik, die weite lange Ärmel hat und schmale, längs verlaufende Streifen in Rot, Grün und Blau trägt. In der gesenkten Rechten hält er an Schnüren ein Rauchfaß, in der zerstörten linken Hand trug er wohl eine Pyxis.

Metall

ST 8   Silberkelch
       Provenienz: Phela-Schatz, Syrien ?
       Aufbewahrungsort: Bern, Abegg-Stiftung
       dat.: Zeit Justins II. (565-578)
       Lit.: MANGO (1986) S. 232-233, Kat. Nr. 62, fig. 62,1; CRUIKSHANK DODD
       (1993) S.17-24, Kat. Nr. 5, Taf. X

Die vorliegende Beschreibung folgt der von Mango: Der stark beschädigte und restaurierte Kelch zeigt Reliefschmuck auf der Cuppa. Dargestellt sind zwei Figurengruppen: zum einen Christus, von zwei Engeln flankiert, zum anderen die Gottesmutter in Orantenhaltung, flankiert von einem unbärtigen Heiligen, der ein Rauchfaß hält und von einem Soldatenheiligen, mit Chlamys bekleidet und Schild und Lanze haltend. Am oberen Rand läuft eine Votivinschrift um, die sich an die Gottesmutter wendet. Der Heilige mit dem

Rauchfaß kann, analog zu der Darstellung auf dem Bronzekreuz (ST 9), als Stephanus bezeichnet werden.

ST 9 Bronzekreuz
Provenienz: Palästina
Aufbewahrungsort: New York, Metropolitan Museum of Art
dat: 6.-7. Jh.
Lit.: KATALOG NEW YORK (1979) S. 621-622, Kat. Nr. 557; VIKAN (1984)

Eine Bronzehand mit einer Kugel, auf der ein Kreuz befestigt ist. Das Kreuz ist mit eingeritzten Darstellungen und Inschriften versehen. Am oberen Kreuzarm thront die Gottesmutter mit dem Kind, am linken steht Paulus, am rechten Petrus. Unten befinden sich die beiden Ärzteheiligen Cosmas und Damian. Am Schnittpunkt der Kreuzarme steht Stephanus. Er trägt in der Rechten ein Weihrauchfaß, in der Linken eine Pyxis (nach Vikan) oder einen Codex (nach Katalog New York). Aufgrund des sicher zu identifizierenden Weihrauchfasses kann man davon ausgehen, daß Stephanus entsprechend in der anderen Hand eine Pyxis (die Acerra, zur Aufbewahrung des Weihrauches) trägt. Alle Heiligen sind mit ihrem Namen bezeichnet und nimbiert.

Goldglas

ST 10 Goldglas
Provenienz: unbekannt
Aufbewahrungsort: Rom, Vatikanische Museen
dat: M. 4. Jh.
Lit.: MOREY (1959) Kat. Nr. 187, Taf. XXII; ZANCHI ROPPO (1969) S.138, Kat. Nr. 159

Das Goldglas ist schlecht erhalten, die Darstellung nur mehr undeutlich zu erkennen. Die Beschreibung Moreys folgt der von Buonarroti, der das Goldglas noch in besser erhaltenem Zustand sah.[36] Christus krönt zwei einander gegenübersitzende, bartlose Heilige, die beide mit Tunika und Pallium bekleidet sind. Der linke, neben dem die Inschrift CRISTUS steht, hält in der Linken eine Buchrolle, die Rechte ist im Redegestus erhoben. Zu seinen Füßen steht ein runder Gegenstand. Bei dem rechts Sitzenden steht die Beischrift STEFANUS. Am Rand läuft eine weitere Inschrift um, die DIGNITAS AMICORUM VIVAS. CUM TUIS FELICITER lautet.

C. ANALYSE DER VORKOMMENDEN BILDTYPEN UND ATTRIBUTE

Insgesamt stehen zehn Darstellungen des Erzmärtyrers Stephanus zur Verfügung. Die meisten stammen aus dem sechsten oder siebten Jahrhundert. Stephanus war nach dem Bericht der Apostelgeschichte Diakon und wurde dementsprechend mit

---

[36] BUONARROTI, F., Osservazioni sopra alcuni frammenti di vasi antichi di vetro ornati di figure trovati nei cimiteri di Roma, Florenz 1716.

liturgischen Gerätschaften dargestellt. Am häufigsten hält er das Weihrauchfaß, wie es der Fall ist in S. Maria Antiqua (**ST 7**), auf dem Silberkelch (**ST 8**) und auf dem Bronzekreuz (**ST 9**). Manchmal hat er zusätzlich eine Pyxis in der Hand, so auf dem gerade erwähnten Bronzekreuz. Eine andere Möglichkeit ist die, daß Stephanus mit einem Codex ausgestattet ist, der eine auf ihn bezogene Inschrift trägt und somit individualisiert ist, beispielsweise in S. Lorenzo fuori le mura (**ST 2**).

Die Gewandung der heiligen Diakone unterscheidet sich in den ersten christlichen Jahrhunderten auf bildlichen Darstellungen noch nicht unbedingt von der anderer Heiliger. Auch sie sind überwiegend mit Tunika und Pallium dargestellt. Feste Regeln für die Darstellung gab es anscheinend nicht. In S. Maria Antiqua beispielsweise, datiert 705, trägt Stephanus die Dalmatik, das liturgische Gewand des Diakons, ebenso wie in der — allerdings nur durch einen Stich Ciampinis überlieferten — Kirche in Capua Vetere, die im sechsten Jahrhundert entstand.[347]

Individuelle Attribute im strengen Sinn werden dem Erzmärtyrer des Ostens nicht verliehen. Trotzdem kann man ihn in der Regel auch ohne Namensbeischrift identifizieren, wenn er mit Rauchfaß und Pyxis dargestellt wird. Diese Gattungsattribute der Priester und Diakone teilt er zwar in den ersten Jahrhunderten mit einem Priester des Alten Testamentes, mit Zacharias, dem Vater Johannes des Täufers, er ist aber physiognomisch von Zacharias zu unterscheiden: Dieser ist als bärtiger Greis dargestellt, Stephanus dagegen jung und bartlos, zum Teil bereits mit der Tonsur der Kleriker. Sonst spielt das Weihrauchfaß in der Heiligen-Ikonographie der ersten Jahrhunderte der christlichen Kunst noch kaum eine wichtige Rolle, es taucht in der Ikonographie der Styliten auf, jedoch nicht als Attribut.[348]

Zusammenfassend kann festgestellt werden: Das Gattungsattribut Weihrauchfaß tritt im untersuchten Zeitraum regelmäßig nur bei zwei Heiligen auf, bei Stephanus und bei Zacharias. Diese beiden sind jedoch wegen ihrer unterschiedlichen physiognomischen Ausprägung — jugendlicher Diakon beziehungsweise Greisentyp — und in der Regel auch unterschiedlichen Gewandung — Pallium respektive Priestermantel — nicht miteinander zu verwechseln. Damit rückt das Weihrauchfaß bei Heiligendarstellungen an die Wertigkeit eines „quasi-individuellen" Attributes heran.

Insgesamt sind vergleichsweise wenige Darstellungen des ersten christlichen Märtyrers erhalten. Dies fällt umso mehr auf, wenn man die Berichte über die Auffindung der Reliquien im Jahr 415 berücksichtigt, den sofort einsetzenden und kaiserlich geförderten Kult — man denke an die große Basilika, die Eudokia

---

[347] Der kurze Beitrag von PAULUS, H., Diakon, in: LCI 1968, Sp. 505-506 ist wohl zu pauschal: Heilige Diakone werden in frühchristlicher Zeit mit Tunika und Pallium dargestellt, die Darstellung in der Tracht des Diakons verbreitet sich erst im Mittelalter.

[348] Vgl. Kat. DIE STYLITEN.

in Jerusalem errichten ließ — und die besondere Verehrung, die dem Erzmärtyrer in Afrika zuteil wurde. Von dort sind auch Mirakelsammlungen überkommen. Darunter befindet sich eine sehr interessante Nachricht über ein Bild, die hier kurz angesprochen werden soll.

In Uzalis befand sich ein bedeutender Kultort des Stephanus. Der dortige Bischof, Evodius (+424) hatte die Kirche zu Ehren von Reliquien des Heiligen erbauen lassen und veranlaßt, daß alle Wunder, die an dem Ort geschahen, in einem Mirakelbericht festgehalten würden. In *De miraculis S. Stephani protomartyris*[349] wird berichtet, daß in Uzalis ein Velum mit folgender Darstellung aufgetaucht sei: Stephanus steht mit einem geschulterten Kreuz über einem Drachen, der zermalmt unter den Füßen des Heiligen liegt. Weiter wird berichtet, daß das Bild vor der Kirche angebracht wurde. Bereits Wilpert erkannte, daß die Darstellung mißdeutet worden war: die Ikonographie ist die des Christus-Victor nach Psalm 91,13.[350] Auch wenn es sich in diesem besonderen Fall gerade nicht um ein Stephanusbild gehandelt hat, ist aus der Erzählung ablesbar, daß Bilder des Heiligen im Zusammenhang mit seinem Kult durchaus Verbreitung gefunden haben müssen.

Stephanus nimmt auf den wenigen erhaltenen Darstellungen zweimal den Ehrenplatz ein, nämlich in S. Maria Antiqua (**ST 7**), so daß vermutet wurde, die Kapelle sei ihm geweiht gewesen, und auf dem Leuchterkreuz (**ST 9**), wo er im Schnittpunkt der Kreuzarme steht. In zwei römischen Beispielen ist er als Pendant zum Erzmärtyrer des Westens, zum heiligen Laurentius, dargestellt. Dies ist der Fall im verlorenen Mosaik im Lateransbaptisterium (**ST 1**) und in S. Lorenzo fuori le mura (**ST 2**).

Das Goldglas (**ST 10**) mit der Erwähnung des Stefanus gibt wegen des fragmentarischen Erhaltungszustandes keinen Aufschluß über die frühe Stephanus-Ikonographie. Obwohl es bereits ins vierte Jahrhundert datiert wird, also einige Zeit vor der Reliquienauffindung, ist mit dem im Bildfeld bezeichneten ISTEFANUS der Protomärtyrer gemeint. Seine Verehrung, wenn auch in kleinerem Umfang, hat wohl bereits vor 415 eingesetzt.

Die Votivhand mit dem Bronzekreuz (**ST 9**) zeigt Stephanus an hervorgehobener Stelle, im Schnittpunkt der Kreuzarme. Deér führte aus, daß bereits in der Spätantike der Treffpunkt der Balken die ikonographisch wichtigste Stelle eines mit figürlichen Darstellungen ausgestatteten Kreuzes war. Die ‚Vierung' war immer dem „Höchsten und Heiligsten" vorbehalten, die Balkenflächen und deren Enden konnten frei gestaltet werden. Er fügt hinzu, daß die Darstellung eines Heiligen in der Kreuzmitte selten sei und kann dafür nur mittelalterliche Beispiele

---

[349] P. L. 41, 850f.
[350] WILPERT (1916) Bd II, S. 1095-1097; weiterhin SCHÄFER (1936) S. 89; KOLLWITZ (1953) S. 8.

aus dem Westen und aus Byzanz anführen.[351] Das aus Palästina stammende Bronzekreuz wird in das sechste oder siebte Jahrhundert datiert. Der Hinweis Deérs, der Schnittpunkt der Balken sei die prominenteste Stelle eines Kreuzes, legt nun die Vermutung nahe, daß es für ein Stephansheiligtum in Palästina, vielleicht in Jerusalem selbst, gestiftet wurde. Vikan vermutet hingegen nur allgemein, daß Stephanus gerade wegen seines Attributes, dem Weihrauchfaß, für das Bildprogramm des Votivkreuzes gewählt wurde, denn die Verwendung von Weihrauch gehörte zum Ritual der Wallfahrtsstätten, an denen Heilung durch die Fürbitte von Heiligen erfleht wurde.[352] Diese Erklärung ist jedoch zu pauschal, wenn man die Bedeutung des Bildortes im Kreuzschnittpunkt berücksichtigt, wie sie von Deér unterstrichen wurde.

Die im Vergleich mit dem Protomärtyrer des Westens, Laurentius, spärlich ausgebildete Ikonographie und der geringe Bestand an (erhaltenen) Bildern des heiligen Stephanus ist auffällig, besonders, wenn man die schnelle Verbreitung und massive Förderung des Kultes in allen Ländern im fünften Jahrhundert berücksichtigt.

Vielleicht liegt der Grund für die — für einen Erzmärtyrer doch schwache — ikonographische „Ausstattung" gerade darin, daß sich sein Kult nicht an einer Stätte als dem Kulminationspunkt der Verehrung konzentrierte, sondern daß es viele lokale Verehrungsorte mit geringerer künstlerischer Ausstrahlung gab. Die Kirche in Jerusalem war somit nicht der einzige Ort, an dem man Stephanus um Hilfe und Fürbitte anzurufen pflegte.

---

[351] DEER, J., Das Kaiserbild im Kreuz, in: Schweizerische Beiträge zur Allgemeinen Geschichte 13, 1955, S. 48-110, hierzu bes. S. 49-52.
[352] VIKAN (1984) S. 85.

LAURENTIUS, ERZMÄRTYRER DES WESTENS

A. VITA, KULT UND LEGENDE

Vita und Legende:

Laurentius wurde in Aragon als Sohn des Märtyrerpaares Orientus und Patientia geboren. Papst Sixtus II., der auf dem Weg zum Konzil in Toledo auf ihn aufmerksam wurde, weihte ihn zum Diakon. Dem Martyrium des Sixtus am 6. August 258 fügt der — hier nicht ganz zuverlässige — Liber Pontificalis unter dem 10. August den Zeugentod des Laurentius und vier weiterer Kleriker hinzu. Sie starben wohl alle durch das Schwert. Die Hervorhebung des Laurentius aus der Gruppe ist auffallend. Vor seinem Tod hatte Sixtus ihm das Kirchenvermögen übergeben, dessen Auslieferung Kaiser Valerian verlangte. Laurentius verteilte das Vermögen an die Armen und führte diese mit dem Hinweis vor, sie seien der Schatz der Kirche. Die Legende seines Martyriums auf dem Rost ist wohl eine Zutat des vierten Jahrhunderts unter dem Einfluß phrygischer Martyriumsberichte.

Eine Hervorhebung des Laurentius und die dramatische Ausgestaltung der Passio finden sich schon bei Ambrosius, De Officiis I 41, II 8, bei Prudentius, Peristephanon II und bei Augustinus, Sermo 302-305, ferner bei Damasus und Maximus von Turin.[353]

Legende:

Wenn es jemals Akten des Martyriums gegeben hat, müssen sie bereits vor der Zeit des Augustinus und des Maximus von Turin verloren gegangen sein, denn diese berufen sich auf die Tradition. Details über das Martyrium berichtet hingegen Ambrosius.

Laurentius war unter Papst Sixtus II. Erzdiakon der römischen Gemeinde. Als der Papst mit sechs Diakonen in einem Coemeterium einen liturgischen Dienst vollzog, wurden sie gefangengenommen und zum Tod verurteilt. Auf dem Weg des Sixtus zur Hinrichtung beklagt sich Laurentius bei ihm, daß er alleine zurückbleiben müsse. Daraufhin sagt Sixtus voraus, daß auch Laurentius das Martyrium innerhalb der nächsten drei Tage erleiden werde. Nach der Verhaftung des Laurentius wurde von ihm verlangt, er solle den Kirchenschatz ausliefern. Der Richter, der über Laurentius erzürnt war, weil der die Armen als den Schatz der

---

[353] PETZOLDT, L., Laurentius, in: LCI 7, 1974, Sp. 374-380, sowie KÖTTING, B., Laurentius, in: LThK 6, 1961, Sp. 830-831.

Kirche vorgeführt hatte, ordnete an, Laurentius solle lebendig auf einem Rost verbrannt werden.

Diese Version der Legende kann zwar schon bis in das vierte Jahrhundert zurückverfolgt werden, zeigt aber gravierende historische Unstimmigkeiten. Kennedy[354] zieht deshalb aus der Diskrepanz zwischen den bekannten Fakten über den Ablauf der Valerianischen Verfolgung, in der die Direktive galt, daß Kleriker sofort hingerichtet werden sollten, und der Legende des Laurentius, der die Schätze der Kirche ausliefern sollte und Foltern unterworfen wurde, den Schluß, daß Laurentius erst unter Diokletian hingerichtet wurde, in dessen Christenverfolgung sowohl Kirchengut eingezogen als auch Christen gefoltert wurden. Das — unten zitierte — Lobgedicht des Damasus erwähnt zwar das Feuer, aber keinen Rost.

Kult:

Sein Grab befindet sich im Coemeterium Cyriacae an der Via Tiburtina. Darüber wurde im vierten Jahrhundert die Basilica S. Laurentius extra muros errichtet. Das Laurentiusgrab gehörte zu den meistbesuchten Stätten Roms.

Sein Fest am 10. August wird schon in der Mitte des vierten Jahrhunderts in der römischen *Depositio Martyrum* erwähnt.

Bei Kennedy[355] findet sich eine Zusammenfassung aller Schriftquellen vom vierten bis zum siebten Jahrhundert. Hervorzuheben ist die Inschrift, die Damasus am Grab hatte anbringen lassen. Sie lautet:

> Verbera carnificis, flammas, tormenta, catenas
> vincere Laurenti sola fides patuit.
> haec Damasus cumulat supplex altaria donis.
> martyris egregium suscipiens meritum.

Kennedy betont, daß die Geschichte des Laurentiuskultes in Rom während der ersten sieben Jahrhunderte für die Forschung keine Schwierigkeiten aufwirft. Alle liturgischen Quellen geben als Datum des Festes den zehnten August an, als Stätte des Grabes die Via Tiburtina. Dort wurde unter Konstantin die erste Kirche errichtet. Die wachsende Verehrung des Heiligen veranlaßte Papst Sixtus III. dazu, in der unmittelbaren Nähe eine zweite Basilika zu erbauen. Kennedy unterstreicht, daß kein anderer Heiliger — außer Petrus und Paulus — schon seit konstantinischer Zeit in Rom eine so große Verehrung erfahren hat, wie Laurentius.[356]

---

[354] KENNEDY (1963) S. 132-136.
[355] KENNEDY (1963) S. 132-133.
[356] KENNEDY (1963) S. 134.

Prudentius gesteht in seinem *Peristephanon* Laurentius bereits den Rang zu, der erste unter den sieben Diakonen Roms gewesen zu sein.[357]

Der Laurentiuskult wurde in Mailand von Ambrosius favorisiert und kam mit dem Hauptstadtwechsel im Jahr 402 nach Ravenna. Dort wurde dem Heiligen eine Kapelle geweiht.

In Rom bezeugt das Sacramentarium Leonianum die Bedeutung des Laurentius. Laurentius hat darin 14 Messen, wobei für die Auswahl die persönliche Frömmigkeit der Päpste eine Rolle spielte.

Die Frömmigkeitstradition hob für Laurentius besonders seine virtus hervor, wichtig war vor allem seine Eigenschaft als Intercessor.[358]

B. MONUMENTE

Die Ursache für die besondere ikonographische Auszeichnung des Laurentius liegt in der intensiven Verehrung, die ihm entgegengebracht wurde. In Rom waren ihm bereits im vierten Jahrhundert zwei Kirchen geweiht: S. Lorenzo fuori le mura und S. Lorenzo in Damaso. Im fünften Jahrhundert kam S. Lorenzo in Lucina dazu. Laurentius soll nach den Aposteln der erste Heilige gewesen sein, dessen Bild die altchristliche Kunst geschaffen hat, der erste auch, der seit dem fünften Jahrhundert auch außerhalb der ihm geweihten Stätten dargestellt wurde.[359]

KATALOG

Die Bedeutung des Erzmärtyrers des Westens spiegelt sich auch in der großen Zahl von erhaltenen Denkmälern wider, die ihn als Heiligen, isoliert oder in einer Gruppe mit anderen Märtyrern bei Christus, darstellen. Es wurde versucht, diese möglichst vollständig zu erfassen. Am Schluß des Kataloges stehen zwei Denkmäler mit der szenischen Darstellung des Martyriums, die am Rande mit besprochen werden sollen, weil Martyriumsbilder innerhalb der frühchristlichen Zeit selten sind. Anhand von Darstellungen, die zu Unrecht als Laurentiusbilder gedeutet wurden beziehungsweise zweifelhaften Zuordnungen sollen am Schluß einige ikonographische Probleme skizziert werden.

Die Gliederung erfolgt nach Gattungen und innerhalb der Gruppen in chronologischer Folge.

---

[357] CARLETTI, S., Lorenzo, in: BiblSS 8, 1966, Sp. 108-121, vgl. Sp. 109.
[358] NORDSTRÖM (1953) S. 17-19.
[359] SCHÄFER (1936) S. 82-89. Vgl. dazu WILPERT (1916) S. 953.

Goldfoliengläser

Laurentius in einer Gruppe von Heiligen

LA 1   Goldglas
       Provenienz: Slg. Chigi 1756
       Aufbewahrungsort: Rom, Vatikanische Museen
       dat.: 3. V. 4. Jh.
       Lit.: MOREY (1959) Kat. Nr. 36, Taf. VI; ZANCHI ROPPO (1969) S. 146, Kat. Nr. 168

Laurentius und Cyprianus sind nebeneinander stehend, ganzfigurig und frontal dem Betrachter zugewandt wiedergegeben. Beide sind jung, bartlos, mit Tunika und Pallium bekleidet, jeder hält eine geschlossene Rolle in den Händen. Zwischen den beiden Heiligen befindet sich oben im Bildfeld ein Lorbeerkranz, darunter das Christogramm, auf der angedeuteten Bodenfläche eine weitere geschlossene Rolle. Sie sind nicht nimbiert. Die umlaufende Inschrift links bezeichnet LAURENTIUS, die rechts CRIPRANUS (sic!).

LA 2   Goldglas
       Provenienz: unbekannt
       Aufbewahrungsort: Pesaro, Museo Oliveriano
       dat.: 4. V. 4. Jh.
       Lit.: MOREY (1959) Kat. Nr. 283, Taf. XXVIII; ZANCHI ROPPO (1969) S. 53-54, Kat. Nr. 45

In der Mitte der Komposition steht Agnes frontal in Orantenhaltung. Links und rechts neben ihr stehen zwei Männer, der linke ihr zugewandt, der rechte frontal aus dem Bild blickend. Der links Dargestellte hat kurzes Haar, die linke Hand ist im Gewand verborgen, die Rechte weist auf Agnes hin. Der rechts Dargestellte hat langes, in Locken auf die Schultern fallendes Haar, er hält in der Linken eine geschlossene Rolle und hat die Rechte im Redegestus erhoben. Keiner der Dargestellten ist nimbiert. Die Inschrift links lautet CRISTUS, oben in der Mitte AGNES und rechts LAURENTIUS. Demzufolge müßte links Christus und rechts Laurentius stehen, die Frisur und der Rotulus, ebenso wie die frontale Position lassen jedoch eher in der rechten Person Christus vermuten. Die Darstellung einer Orans zwischen zwei Begleitfiguren ist aus der Sepulkralkunst bekannt. Es ist ungewöhnlich, daß Christus hier eine Heilige flankiert und nicht selbst in der Mitte steht.

LA 3   Goldglas
       Provenienz: unbekannt
       Aufbewahrungsort: London, British Museum
       dat.: 4. Jh.
       Lit.: MOREY (1959) Kat. Nr. 344, Taf. XXX

In zwei Registern übereinander sind insgesamt sieben nicht nimbierte Heilige dargestellt. Oben stehen ganzfigurig vier Palliati, jeder mit einer geschlossenen Buchrolle in der Hand, unter einer Kolonnade mit spiralkannelierten korinthischen Säulen. Sie sind jung und bartlos wiedergegeben. Darunter, durch eine schmale Horizontallinie abgetrennt, sind drei weitere Männer in Büsten abgebildet. Der mittlere, mit einem Rotulus in beiden Händen, ist frontal, die beiden ihn flankierenden sind im Profil dargestellt. Die Namensbeischriften lauten oben, von links nach rechts: PAU LUS; SUSTUS; LAU REN TIUS; unten, ebenfalls von links nach rechts: IPPOLITUS; CRISTUS; TIMOTEUS.

LA 4   Goldglas
          Provenienz: unbekannt
          Aufbewahrungsort: Florenz, Nationalmuseum
          dat.: E. 4. Jh.
          Lit.: MOREY (1959) Kat. Nr. 240, Taf. XXVI; ZANCHI ROPPO (1969) S. 44-45, Kat. Nr. 34

In radialer Anordnung zu einem zentralen Medaillon, das ein von Christus bekröntes Ehepaar darstellt, stehen ganzfigurig und frontal sechs männliche Palliati zwischen sechs Säulen, die eine Tabula ansata tragen. Jeweils zwei weisen mit der rechten Hand auf die zwischen ihnen stehende Säule hin, mit der Linken halten sie einen Gewandbausch. Alle sind mit Tunika und Pallium bekleidet, jugendlich-bartlos und nicht nimbiert. Die Tabulae ansatae tragen die Namensinschriften: EPOLITUS; PETRUS; PAULUS; LAURENTIUS; SUSTUS CIPRIANUS. Trotz des nur hinweisenden Gestus liegt es nahe, die Personen mit den inschriftlich fixierten Heiligennamen zu identifizieren.

Laurentius isoliert dargestellt

LA 5   Goldglas
          Provenienz: unbekannt
          Aufbewahrungsort: Rom, Vatikanische Museen
          dat.: E. 4. Jh.
          Lit.: MOREY (1959) Kat. Nr. 40, Taf. VI

Laurentius ist ganzfigurig stehend, in leichter Schrittstellung, wiedergegeben. Er ist mit kurzer Tunika und einem Pallium bekleidet, jung, bartlos und nicht nimbiert. Vor sich hält er mit beiden Händen eine geschlossene Buchrolle. Im Bildfeld sind links einzelne Blätter verstreut, rechts ist die Inschrift LAURETI angebracht.

LA 6   Goldglas
          Provenienz: Rom
          Aufbewahrungsort: New York, Metropolitan Museum of Art
          dat.: A. 5. Jh.
          Lit.: MOREY (1959) Kat. Nr. 460, Taf. XXXVI; KATALOG NEW YORK (1979) S. 572-573, Kat. Nr. 511

Es handelt sich um ein Fragment, das diagonal gebrochen ist, die linke untere Hälfte fehlt.
   Trotz der Beschädigung ist die Halbfigur des Laurentius zu erkennen, der nach links gewandt ist und auf der rechten Schulter ein großes Stabkreuz trägt. Er ist kurzhaarig, bärtig(?). Anstelle eines Nimbus befindet sich hinter seinem Haupt ein Christo-

gramm, zu dem ursprünglich ein Alpha gehörte, das Omega ist noch rechts unter der Inschrift erhalten. Die umlaufende Inschrift lautet ANE VIV ASINCR..., rechts neben der Figur steht LAURENTIO.

Katakomben

LA 7   Albano Laziale, Katakombe S. Senatore
        Fresko
        dat.: 3. V. 5. Jh.
        Lit.: MARINONE (1972/1973) S. 103-138, fig. 17 und fig. 20; FIOCCHI-NICOLAI (1994) S. 53-60, mit weiterer Literatur

Das Fresko stellt die dritte von insgesamt fünf Malschichten dar. Es zeigt in der Mitte den jugendlich-bartlosen, nimbierten Christus stehend, die Rechte im Redegestus erhoben, die Linke im Bausch des Palliums. Zu seiner Rechten steht Paulus, zu seiner Linken Petrus. Beide sind in eine Tunika und ein weißes Pallium gewandet und an ihrem üblichen Porträttypus zu erkennen, außerdem ist über ihrem Kopf jeweils eine Namensinschrift angebracht. Sie sind nicht nimbiert. Die Apostelfürsten sind Christus zugewandt, sie akklamieren ihm mit der Rechten. Neben Petrus steht rechts außen Laurentius, bekleidet mit Tunika und gelbem Pallium, sowie der Diakonsstola, die nur auf der linken Schulter sichtbar ist. Er hat eine Tonsur und einen sehr kurzen Bart. Er ist mit Nimbus, sowie Stabkreuz und Buch ausgezeichnet, die er in der linken Hand hält. Die Rechte ist im Sprechgestus erhoben. Ihm gegenüber, neben Paulus, steht eine weitere männliche Gestalt, die anhand des Inschriftenrestes als der heilige SMARA (gdus) zu identifizieren ist. Der Rest einer weiteren Inschrift, von der nur die Buchstaben GNIS oder ONIS lesbar sind, gehört zu einer links anschließenden Gestalt, die ihrerseits ebenfalls, ganz rechts neben Laurentius, ein Pendant hatte.

LA 8   Neapel, Katakombe S. Gennaro
        Fresko, Cubiculum A 22
        dat.: 5. Jh.
        Lit.: FASOLA (1975) S. 102, Abb. 69

Das rechte Arkosol des Cubiculum ist mit einem Fresko geschmückt, welches die Kranzdarbringung des Laurentius zum Thema hat. Es ist Teil eines — verlorenen — Gesamtprogrammes, in dem Christus, ursprünglich im mittleren Arkosolium dargestellt, Ziel der Oblatio war. Laurentius ist in Schrittstellung nach links gewandt, er bringt auf beiden unverhüllten Händen einen Kranz dar. Der nicht nimbierte Heilige ist jung und bartlos wiedergegeben, er trägt eine Tunika und ein Pallium. Eine Inschrift bezeichnet ihn als LAUR(entius). Vor ihm, zu Christus überleitend und den Märtyrer einführend, steht Paulus, auch er ist inschriftlich bezeichnet.

LA 9 Rom, S. Valentino an der Via Flaminia
Fresko
dat.: 7. Jh. (oder 8.!?)
Lit.: GARRUCCI, Storia II, S. 92-93, Taf. 84

Das Zentralbild stellt die Kreuzigung dar. Im gleichen Cubiculum ist auf der linken Seite Laurentius frontal stehend wiedergegeben. Er ist in ein Pallium gekleidet, mit Tonsur, ein Bartansatz ist zu erkennen. In der verhüllten Linken und gestützt von der Rechten hält er eine Crux gemmata und ein gemmenverziertes Buch. Der Heilige ist nimbiert. Die Inschrift bezeichnet SCS LAURE TI. Hinter ihm sind Mauerzüge dargestellt, die nach der Meinung Garruccis die Stadtmauern Roms verbildlichen sollen.

Mosaiken und Fresken

LA 10 Ravenna, sog. Mausoleum der Galla Placidia
Mosaik, Südlünette
dat.: 2. V. 5. Jh.
Lit.: DEICHMANN (1969) S. 162-165, Taf. 5-7; DEICHMANN (1974) S. 75-79, mit weiterer Literatur; DEICHMANN (1958), Taf. 5-7

Laurentius wendet sich in Schrittstellung zur Mitte. Er ist mit leicht bläulicher Tunika und weißem Pallium bekleidet. Er ist jugendlich, mit kurzem Haar und kurzem Bart dargestellt. Sein Haupt ist von einem großen, goldenen Nimbus umgeben. In der Linken hält er ein offenes Buch, mit der Rechten hat er ein Stabkreuz geschultert. Links von ihm, in der Bildmitte, steht der brennende Grillrost, ganz außen links befindet sich ein offener Bücherschrank, in dem die vier beschrifteten Evangelien liegen.

LA 11 Ravenna, S. Apollinare Nuovo
Mosaik, Mittelschiff, rechte Hochwand
dat.: 556-569
Lit.: DEICHMANN (1974) S. 149-150; DEICHMANN (1958), Taf. 120;
NORDSTRÖM (1953) S. 82-83

Laurentius steht in der Reihe der männlichen Heiligen, die auf den thronenden Christus zugehen, an vierter Stelle. Er ist vor den anderen durch eine goldene statt der üblichen weißen Tunika ausgezeichnet. Er hat blondes Haar und einen Bartansatz. Er ist, wie alle anderen auch, nimbiert. Die Märtyrer sind jeweils durch eine Namensbeischrift mit dem Epitheton SCS gekennzeichnet, so auch Laurentius: SCS LAURENTIUS.

LA 12 Rom, S. Lorenzo fuori le mura
Mosaik, Triumphbogen
dat.: 579-590
lit.: VAN BERCHEM/CLOUZOT (1924) S. 189-193, Abb. 242; IHM (1992) S. 138-140, mit weiterer Literatur

In der Mitte thront Christus, ein Stabkreuz haltend und segnend, auf einer Sphaira. Zu seiner Rechten steht Petrus, ebenfalls mit Stabkreuz. Der Apostelfürst führt Laurentius und den Stifterpapst Pelagius bei Christus ein. Zur Linken Christi stehen Paulus, Stephanus und Hippolytus. Alle Heiligen sind durch eine Namensbeischrift gekennzeichnet, so auch SCS LAURENTIUS. Laurentius ist durch seine Größe leicht hervorgehoben. Er ist mit einer goldbestickten Dalmatik mit Purpurclavi bekleidet, mit kurzem Haar und bärtig dargestellt. Die Rechte ist verdeckt, mit der Linken weist er ein offenes Buch mit der auf den Psalm 112, 9 bezogenen Inschrift DISPERSIT DEDIT PAUPERIBUS vor und hält außerdem ein Stabkreuz. Er hat einen Nimbus.

LA 13   Rom, S. Lorenzo fuori le mura, sacellum H9
         Fresko an der Nordwand
         dat.: A. 8. Jh.
         Lit.: FRANKL, W., JOSI, E., KRAUTHEIMER, R., S. Lorenzo fuori le mura in Rome: Excavations and observations, in: Proceedings of the American Philosophical Society, 96, 1952, S. 20-21; CARLETTI, S., Lorenzo, in: BiblSS 8, 1966, Abb. Sp. 110

Laurentius ist in einer Reihe mit drei weiteren, inschriftlich mit ihrem Namen bezeichneten, nimbierten Heiligen, nämlich Andreas, Johannes dem Evangelisten und Katharina, stehend dargestellt. Er ist mit Tunika und Pallium bekleidet. Mit der Linken weist er ein geöffnetes Buch vor, in dem die Inschrift: DISPERSIT DE....PA.., also Psalm 112, 9, wie auf dem Pelagiusmosaik, zu lesen ist. Mit der Rechten vollzieht er den griechischen Segensgestus. Zu seinen Füßen befindet sich ein Rost.[360]

Überlieferte Laurentiusdarstellungen

LA 14   Silberner Grabverschluß (überliefert)
         Provenienz: Rom
         dat.: konstantinisch
         Lit.: WILPERT (1916) S. 953 mit Quellenangaben

Laut eines Eintrags im Liber Pontificalis stiftete Konstantin für das Märtyrergrab einen silbernen Verschluß (eine Platte?), der mit Medaillons versehen war: *(posuit) ante corpus beati laurenti martyris argentoclusas sigillis passionem ipsius cum lucernas binixes argenteas.*

LA 15   Rom, Lateransbaptisterium, Oratorium des Heiligen Kreuzes
         Wandmosaiken, überliefert von O. Panvinio
         dat.: 461-468
         Lit: WILPERT/SCHUMACHER (1976) S. 91

Panvinio beschrieb die Mosaiken, die zwischen den Fenstern angebracht waren, nur sehr knapp. Er zählt die Dargestellten namentlich auf: Petrus und Paulus, Johannes der Täufer und Johannes der Evangelist, Laurentius und Stephanus, Jakobus und Philippus.

---

[360] Der Rost zu Füßen des Laurentius wird bei FRANKL- JOSI- KRAUTHEIMER nicht beschrieben und ist auf der dort vorhandenen Abbildung nicht im Bildausschnitt enthalten.

Wilpert/Schumacher folgern zurecht, daß die Figuren mit Namensbeischriften versehen gewesen sein müssen, denn sonst hätte Panvinio sie — besonders Jakobus und Philippus — sicherlich nicht erkannt. In der zweiten Hälfte des fünften Jahrhunderts waren die Heiligen, bis auf Petrus, Paulus und Johannes den Täufer physiognomisch noch nicht ausreichend differenziert.

LA 16 Rom, S. Lorenzo in Lucina
Apsismosaik (überliefert)
dat.: 5. Jh.
Lit.: IHM (1992) S. 241; MOREY (1915) S. 8-15, Taf. I; WAETZOLDT (1964) S. 43-44, Kat. Nr. 296, Abb. 170

Die verlorengegangene Darstellung ist von Eclissi in einer um 1640 datierten Zeichnung überliefert. Es handelt sich hierbei jedoch um die Kopie eines Freskos aus dem zwölften Jahrhundert, das von Papst Coelestin III. geschaffen wurde, wie eine Weihinschrift von 1196 bezeugt. Dargestellt sind Christus, flankiert von Petrus und Paulus, sowie Laurentius mit dem Rost zu seinen Füßen und Stephanus mit Steinen auf dem Haupt. Außen stehen die Stifter Lucina und Papst Sixtus III. Nach Ihm geht das Bildprogramm aber bereits auf das fünfte Jahrhundert zurück.

LA 17 S. Prisco di Capua Vetere
Apsismosaik (überliefert)
dat.: A. 6. Jh.
Lit.: GRABAR (1946) S. 37 u. Pl. XLIV, 1; IHM (1992) S. 178-179

Die Darstellung ist verloren, das Apsisprogramm nur in einer Zeichnung des 17. Jahrhunderts von Michael Monachus überliefert.
Dargestellt waren zwei aufeinander zulaufende Reihen von je acht inschriftlich bezeichneten, kranzdarbringenden, nicht nimbierten Heiligen, dabei befand sich Laurentius an zweiter Stelle nach Petrus.

Szenische Laurentiusdarstellungen

LA 18 * Sucessa-Medaillon
Original Bronze, Kopie Blei
Provenienz: Rom ?
Aufbewahrungsort: ehem. Rom, Vatikanische Museen, verschollen
dat.: spätes 4. Jh.
Lit.: KATALOG NEW YORK (1979) S. 566; PILLINGER (1984) S. 40-41, Taf. 41, Abb. 91

Auf dem Avers des Medaillons ist eine Martyriumsszene dargestellt. Eine nackte Figur ist auf einem brennenden Grill ausgestreckt, dieser wird flankiert von zwei Folterknechten, links außen sitzt eine Amtsperson als Zeuge des Geschehens. Genau über dem Märtyrer erhebt sich eine mit einer Tunika bekleidete weibliche Orans, die von der Dextera Dei mit einem Lorbeerkranz bekrönt wird. Im Bildfeld sind Alpha und Omega, sowie das Christogramm angebracht.

Das Revers zeigt ein Ciborium mit vier gedrechselten Säulen, zwischen denen Girlanden aufgespannt sind. Von links naht eine Gestalt mit einer brennenden Kerze. Auf beiden Seiten lautet die Inschrift SUCESSA VIVAS.

LA 19 * Siegelring
Provenienz: unbekannt
Aufbewahrungsort: unbekannt
dat.: keine Datierungsvorschläge in der Literatur
Lit.: Garrucci, Storia IV, S. 121, Taf. 478, 43; GRABAR (1946) S. 79

Eine nackte Figur ist nach links auf einem brennenden Grill ausgestreckt. Sie ist von drei Menschen umgeben, links einem, rechts zweien, die das Feuer schüren.

Zweifelhafte Laurentiusbilder

LA 20 * Bronzemedaillon/Devotionalmedaillon
Provenienz: Oberitalien (Gerke)
Aufbewahrungsort: ehem. Sammlung Zurla, Rom, Campo Santo Teutonico
dat.: 4. oder 5. Jh.
Lit.: MARUCCHI (1887); LECLERCQ H., Laurent, in: DACL VIII,2, Paris 1929, Sp.1928-1929; IHM (1992) S. 140; GERKE (1965) S. 17

Auf dem Avers ist ein großes, lateinisches Gemmenkreuz mit zwei Sternen dargestellt, das von zwei kranzdarbringenden, nimbierten Palliati flankiert wird. Gerke bezeichnet sie als Petrus und Paulus.

Das Revers zeigt einen nimbierten Heiligen (?) mit geschultertem Stabkreuz unter einem Ciborium mit seitlichen Cancelli stehen. Seine Haltung ist der des Laurentius in Galla Placidia vergleichbar. Unter seinen Füßen windet sich eine Schlange.

LA 21* Tonlampen
Provenienz: Karthago
Aufbewahrungsort: Museum Karthago
dat.: 5.-7. Jh.
Lit: ENNABLI (1976) Nr. 71, pl. II, Nr. 72 ohne Abb.; BEJAOUI (1982)

Auf der Lampe ist ein Relief mit der Büste eines Mannes angebracht, der in der Linken ein Stabkreuz hält. Rechts im Bildfeld befindet sich ein Palmzweig. Der Dargestellte wird von Fathi Bejaoui, der die Lampe mit dem Mosaik von Galla Placidia vergleicht, als Laurentius gedeutet.

Ein Stabkreuz allein genügt jedoch nicht zur sicheren Identifizierung als Laurentius. Der Palmzweig ist in der frühchristlichen und frühbyzantinischen Zeit noch kein Attribut der Märtyrer. Er ist hier wohl als dekoratives Füllwerk auf dem Bildgrund angebracht worden.

C. ANALYSE DER VORKOMMENDEN BILDTYPEN UND ATTRIBUTE

Insgesamt wurden 17 gesicherte Darstellungen erfaßt, dazu kommen die szenischen Bilder. Die unsichere Zuschreibung **LA 20** ist gesondert zu behandeln. Der zeitliche Rahmen reicht vom vierten bis zum achten Jahrhundert.

Folgende Kennzeichen der Laurentius-Ikonographie innerhalb dieser Zeitspanne können festgestellt werden:

Bei vierzehn Darstellungen, das heißt, bei allen erhaltenen Bildern, mit Ausnahme des Mosaiks in Galla Placidia in Ravenna, ist eine Namensbeischrift vorhanden.

Der Nimbus zeichnet Laurentius in sieben Beispielen aus, darunter sind drei aus dem fünften Jahrhundert. Es handelt sich um das New Yorker Goldglas (**LA 6**), das Fresko in Albano (**LA 7**), und in S. Valentino (**LA 9**), die beiden ravennatischen Mosaiken (**LA 10** und **LA 11**), sowie die beiden Darstellungen in S. Lorenzo fuori le mura in Rom (**LA 12** und **LA 13**).

An sogenannten Gatttungsattributen wird dem Erzmärtyrer dreimal der Kranz verliehen, den er jeweils innerhalb eines größeren Gesamtprogramms Christus darbringt, so in der Katakombe in Neapel (**LA 8**), in S. Apollinare Nuovo (**LA 11**) und in S. Prisco (**LA 17**). Bei drei Goldgläsern hält er einen Rotulus (**LA 1, LA 3, LA 5**). Ein derartiges Gattungsattribut fehlt nur auf zwei Goldgläsern des vierten Jahrhunderts (**LA 2, LA 4**). Das Stabkreuz, das in seiner Wertigkeit gesondert betrachtet werden muß und als Rang- oder Bedeutungsattribut einzustufen ist, hält er insgesamt fünfmal, darunter viermal zusammen mit einem Codex: bei dem New Yorker Goldglas (**LA 6**), in Albano (**LA 7**), in S. Valentino (**LA 9**), in Galla Placidia (**LA 10**) und in S. Lorenzo (**LA 12**).

Als individuelles Attribut des Laurentius ist der Rost im Mosaik von Galla Placidia (**LA 10**) und im Fresko des achten Jahrhunderts in S. Lorenzo fuori le mura (**LA 13**) einzustufen.

In der Gruppe der Goldgläser bieten die Beispiele, die Laurentius zusammen mit anderen Heiligen darstellen, keine individuelle Gestaltung der einzelnen Personen. Im vierten Jahrhundert sind die Heiligen noch durchweg als junge, bartlose Männer wiedergegeben. Nur zwei von insgesamt sechs Beispielen zeigen Laurentius alleine.

Das Goldglas in New York (**LA 6**) ist wichtig für die frühe Laurentius-Ikonographie, weil es die Komposition des Mosaiks in Galla Placidia vorwegnimmt. Vergleichbar sind in beiden Darstellungen die Schrittstellung beziehungsweise Wendung des Heiligen nach links, das geschulterte Stabkreuz und der Nimbus, der beim Goldglas als Christogramm erscheint. Die Möglichkeit eines gemeinsamen, verlorenen Urbildes, auf das beide Darstellungen zurückgehen, wird weiter unten zu diskutieren sein. Die meiste Beachtung fand immer der Monogrammnimbus, der eigentlich ja ein Attribut Christi ist, das hier einem Heiligen zugestanden wird.³⁶¹ Eine Parallele bietet das Fresko des hl. Januarius in S. Gennaro in Neapel, in dem der heilige Januarius als Orans mit einem Monogrammnimbus dargestellt ist.³⁶² Die Datierungsvorschläge für das Goldglas reichen vom vierten Jahrhundert, wegen der Form des Monogrammnimbus und des Alpha und Omega, wie es Vopel anmerkt,³⁶³ über ‚sicher älter als das Mosaik von Galla Placidia' bei Nordström³⁶⁴ bis zur allgemeinen Angabe ‚fünftes Jahrhundert' von N. P. Sevcenko im New Yorker Katalog³⁶⁵. Diese bezieht sich auf die Bärtigkeit des Dargestellten, den Figurenstil, die Buchstabengröße der Inschrift und den besonders dunklen Grünton des Glases. Pillinger untersucht das Vorkommen des Monogrammnimbus generell und kann feststellen, daß dieses Attribut fast ausschließlich im fünften Jahrhundert vorkommt und somit einen Anhaltspunkt für die Datierung der Laurentiusdarstellung liefern kann. Die Angaben über das Vorhandensein eines Bartes bei Laurentius auf dem Goldglas sind uneinheitlich. Morey beschreibt ihn als „apparently beardless", N. P. Sevcenko im New Yorker Katalog und Pillinger als bärtig. Die Bärtigkeit würde die Datierung ins fünfte Jahrhundert stützen, denn wie oben festgestellt wurde, sind die Heiligen auf den Goldgläsern des vierten Jahrhunderts meist undifferenziert bartlos wiedergegeben. Die Frage der Echtheit oder Fälschung des Goldglases schneidet Pillinger an, ohne eine Entscheidung treffen zu können. Zur Übersetzung der fragmentarischen Inschrift nimmt man den Vokativ der Endung ...ANE an, so daß die Wunschformel lauten kann: „...anus, leben magst du in Christus (und in) Laurentius".³⁶⁶

Das Goldglas in New York ist das einzige Beispiel innerhalb dieser Kunstgattung, das die beschriebene Ikonographie aufweist.³⁶⁷

Innerhalb der Katakombenmalerei gibt es drei gesicherte Laurentiusbilder. Die Darstellung des kranzbringenden Laurentius in Neapel (**LA 8**) beweist die Verbreitung seines Kultes auch außerhalb Roms. In der Katakombe S. Senatore in Albano (**LA 7**) ist Laurentius sogar gegenüber Petrus und Paulus durch den Nimbus und das Stabkreuz ausgezeichnet, die hier ihm allein vorbehalten sind. Außerdem sind Tunika und Pallium des Laurentius gelb, statt weiß, was im Fresko die Goldfarbe bezeichnen soll. Diese ungewöhnliche Attributverteilung beziehungs-

---

³⁶¹ Vgl. PILLINGER (1984) S. 39-40 mit weiterführender Literatur.
³⁶² ACHELIS (1936) Taf. 38.
³⁶³ VOPEL, H., Die altchristlichen Goldgläser, Freiburg 1899, Nr. 404.
³⁶⁴ NORDSTRÖM (1953) S. 16.
³⁶⁵ KATALOG NEW YORK (1979) Kat. Nr. 511.
³⁶⁶ PILLINGER (1984) S. 39.
³⁶⁷ CELLETTI, M. C., Lorenzo, Iconografia in: BiblSS 8, 1966, Sp. 121-129, hierzu Sp. 122, merkt an, daß im Nationalmuseum Florenz Goldgläser aufbewahrt seien, auf denen der kreuztragende Laurentius zwischen Petrus und Paulus erscheine. Leider verzichtete die Autorin auf Literaturverweise. Bei ZANCHI ROPPO (1969) und bei ROSSI, F., Vetri dorati cristiani nel museo Nazionale di Firenze, in: Miscellanea di Storia dell'Arte in onore di I. B. Supino, Florenz 1933, S. 1-22, finden sich für die Existenz von derartigen Goldgläsern in Florenz keinerlei Hinweise.

weise Hervorhebung des Laurentius selbst gegenüber Petrus und Paulus weist darauf hin, daß es für den römischen Erzmärtyrer einen feststehenden ikonographischen Typus gab, zu dem Nimbus und Stabkreuz gehörten und der ohne Abwandlung übernommen wurde. Ein bewußter Vorrang vor den Apostelfürsten erscheint dagegen unwahrscheinlich. Für eine Kompilation verschiedener Vorlagen spricht auch der Bruch innerhalb der Komposition. Petrus und Paulus sind zur Mitte, zu Christus ausgerichtet, Laurentius dagegen steht frontal dem Betrachter zugewandt und hat die rechte Hand im Redegestus erhoben.[368]

Von besonderem Interesse sind die Mosaikdarstellungen des Laurentius, besonders natürlich das Laurentiusbild im sogenannten Mausoleum der Galla Placidia (LA 10). Dieses soll hier seiner Bedeutung gemäß etwas ausführlicher behandelt werden. Zunächst muß die Frage diskutiert werden, ob es sich um eine Laurentiusdarstellung handelt oder nicht. Die diesbezüglichen kontroversen Forschungspositionen werden zusammengefaßt. Dann soll das Mosaik im Vergleich mit der Laurentius-Ikonographie des fünften Jahrhunderts betrachtet werden. Schließlich muß die Frage erörtert werden, ob das Mosaik den Gang des Laurentius zum Martyrium darstellt oder den Heiligen in einer Triumphpose: mit anderen Worten, ob es als eine irdische Szene oder ein jenseitiges Repräsentationsbild einzustufen ist.

ZUR DEUTUNG DES DARGESTELLTEN, FORSCHUNGSPOSITIONEN

Courcelle faßt die drei wichtigsten Interpretationen, die das Mosaik in der Forschung erfahren hat, zusammen.[369] Sie sollen hier kurz skizziert werden, ohne daß jedes Detail einer erneuten kritischen Beurteilung unterzogen wird.

Die ältere Forschung, unter anderem De Rossi, sah in dem Mosaik der Südlünette bereits Laurentius dargestellt, der seinem Martyrium auf dem Rost entgegenschreitet. Das „Prozessionskreuz" und das liturgische Buch wurden als Attribute eingestuft, die den Heiligen als Diakon bezeichnen. Kritik an dieser Deutung bezog sich vor allem auf den Anbringungsort. Warum hätte Laurentius einen Ehrenplatz innerhalb des Bildprogrammes erhalten sollen, obwohl das Mausoleum spätestens seit dem neunten Jahrhundert den Heiligen Celsus und Nazarius geweiht war? Was bedeutet weiterhin der Schrank mit den Evangelienbüchern? In der Legende des Laurentius wird zwar erwähnt, daß er die Armen als den Schatz der Kirche vorgeführt hatte, aber nicht, daß die Evangelien als Schatz der Kirche ins Spiel gebracht worden seien.

Eine andere Deutung kam unter anderem von Charles Diehl, der im Dargestellten Christus oder einen Heiligen sehen wollte, der ein häretisches Buch dem

---

[368] Vgl. dazu MARINONE (1972/1973) S. 122. Die Autorin merkt ausdrücklich an, daß das Laurentiusbild dem Fresko nicht später hinzugefügt worden sei.
[369] COURCELLE (1948) S. 29-39.

Feuer übergibt.[370] Courcelle wendet ein, daß für ein derartiges Autodafé ein Rost über dem Feuer überflüssig sei und daß das geöffnete, mit der linken Hand gehaltene Buch nicht gut geworfen werden könne.

Eine dritte Möglichkeit hatte Seston vorgeschlagen, der in der Darstellung die Wiederkunft Christi am Jüngsten Gericht sah. Der Codex ist das Buch des Lebens, das Feuer der Holocaust-Altar, in dem die Sünder enden, während das gegenüberliegende Bild des Guten Hirten das Paradies der Seligen symbolisiert.[371] Courcelle kritisiert, daß der Evangelienschrank unerklärt bleibt, ferner zweifelt er an, daß der von Seston postulierte syrische Künstler einen typisch römischen Bildvorwurf, wie den des Guten Hirten, verwendet haben soll und wendet schließlich ein, daß der Dargestellte, wenn er Christus wäre, auch deutlicher in der Ikonographie bezeichnet wäre.

Courcelle geht ausführlich auf die Form von Brandaltären ein, die in nichts dem dargestellten Grillrost gleichen und stellt dann die Frage, wie wohl der Martyriumsrost des Laurentius beschaffen war, der im fünften Jahrhundert als Reliquie verehrt wurde. Der Autor zieht eine Stelle aus Pseudo-Fulgentius heran: *craticula habebat rotas*[372], eine Eigenart, die auch auf dem Mosaik wiedergegeben ist. Courcelle betont dann, daß das Bild kein historisches Ereignis wiedergibt, sondern symbolhaft zu verstehen ist: In den drei Bildelementen Märtyrer mit Triumphkreuz, Rost als Martyriumsinstrument und Evangelienschrank als *testamentum Christi* wird die Idee ausgedrückt, daß der Märtyrer durch das Instrument des Rostes auf die Vollendung zugeht. Courcelle stellt am Ende die Frage, ob es sich um Laurentius oder einen anderen Heiligen handelt: Die Berühmtheit des Laurentius als des einzigen westlichen Märtyrers, der durch das Feuer umgekommen ist, die Verbreitung seines Kultes und der Text von Pseudo-Fulgentius untermauern die Deutung auf diesen Heiligen. Auch im Gesamtzusammenhang des Bildprogrammes spricht nichts gegen diese Interpretation: die Standhaftigkeit des Zeugnisses für Christus ist Voraussetzung für die Erlangung der Seligkeit im Paradies, wie es auf der gegenüberliegenden Wand mit dem Bild des Guten Hirten dargestellt ist.

Bovini[373] entscheidet sich ebenfalls bei der Deutung des Mosaiks für Laurentius. Er weist auf die Attribute hin, die solche des Diakons seien, das „Prozessionskreuz" und das Buch der Psalmen, sowie auf den Rost als Marterinstrument, der nur Laurentius als Attribut zukommt. Zum Vergleich bringt Bovini, wie es schon Ricci tat,[374] das Goldglas in New York — welches von ihm allerdings immer noch im Museo Sacro der Vatikanischen Bibliothek vermutet wird — in des-

---

[370] DIEHL, C., Ravenne, Paris 1903.
[371] SESTON, W., Le jugement dernier au mausolée de Galla Placidia à Ravenne, in: CArch 1, 1945, S. 37-50.
[372] Vgl. COURCELLE (1948) S. 36 mit Anm. 8.
[373] BOVINI (1950) S. 50.
[374] RICCI, C., Il Mausoleo di Galla Placidia in Ravenna, Rom 1914.

sen Darstellung der Heilige die gleiche Körperhaltung und die gleichen Attribute aufweist, wie im Mosaik in Galla Placidia. Ikonographisch vergleichbar sei auch das Mosaik des Pelagius in S. Lorenzo fuori le mura. Bovini untermauert seine Interpretation mit dem Hinweis, das Mausoleum sei ja dem Laurentius geweiht gewesen. Der Evangelienschrank symbolisiert den Glauben, für den Laurentius gestorben ist.

Nordström[375] faßt zunächst die wichtigsten Argumente zusammen, die für eine Identifizierung des Dargestellten als Laurentius sprechen. Das ist erstens die ähnliche Ikonographie auf dem Goldglas, das nach Nordström sicher älter ist als das Mosaik, sowie diejenige des Pelagius-Mosaiks in S. Lorenzo, zweitens der legendarische Martertod auf dem Rost und das davon abgeleitete Attribut, das ausschließlich dem Laurentius vorbehalten sein dürfte und schließlich drittens die wahrscheinliche Weihe des Gebäudes an Laurentius. Um diese Möglichkeit der Deutung zu begründen, geht Nordström ausführlich auf die Verbreitung des Laurentiuskultes ein und forscht auch nach den Motiven für eine derart intensive Verehrung: Laurentius habe als außergewöhnliches Beispiel für virtus und patientia gegolten und als sehr effektiver Fürbitter bei Christus, was seine Popularität gefördert haben dürfte. Nordström bindet die einzelnen Bildelemente in seine Deutung mit ein: die Haltung des Märtyrers ist die eines siegreichen Helden, das Gehen ist eine reine Ausdruckshandlung, die die virtus symbolisiert. Der Schrank mit den Evangelien ist die Aufforderung zur imitatio im Glauben. Nordström konzentriert sich auf die Idee der Fürbitte, die er in dem Bild verkörpert sieht.

Deichmann faßt nochmals knapp die Forschungsmeinungen zusammen und leitet den diesbezüglichen Abschnitt mit der Bemerkung ein, die Deutung auf Laurentius sei die älteste und richtige. Er weist auf die für Laurentius relevanten patristischen Stellen hin.[376]

1990 versuchte G. Mackie eine Neudeutung des Dargestellten als Vincentius von Zaragoza.[377] Mackie schlägt vor, in dem Mosaik die bildliche Umsetzung der *Passio Sancti Vincenti Martyris* aus dem Peristephanon des Prudentius zu sehen. Den äußeren Anlaß für die Darstellung eines spanischen Heiligen in Ravenna würde die dynastische Verbindung der Galla Placidia mit Spanien gegeben haben. Mackie bemüht sich nun, die Argumente, die für Laurentius sprechen, zu entkräften und ihnen eine Neuinterpretation zugunsten des heiligen Vincentius entgegenzuhalten. Er prüft zunächst, ob jedes Bildelement in den Texten des Prudentius seine Bestätigung findet. Der Dargestellte entspricht nach Mackie genau der Ikonographie des Diakons, in der typischen Gewandung sowie mit den Attri-

---

[375] NORDSTRÖM (1953) S. 15-26.
[376] DEICHMANN (1974) S. 75. Die für Laurentius relevanten patristischen Stellen sind in der vorliegenden Arbeit im Abschnitt KULT aufgezählt.
[377] MACKIE, G., New Light on the So-Called Saint Lawrence Panel at the Mausoleum of Galla Placidia, Ravenna, in: Gesta. Annual of the International Center of Romanesque Art 29, New York 1990, S. 54-60.

buten des liturgischen Buches und des „Prozessionskreuzes". Dem ist entgegen zu halten, daß der Heilige ein Pallium trägt, was keinerlei Hinweis auf das Diakonamt darstellt, daß kein Anlaß besteht, das Buch als ein bestimmtes liturgisches, speziell von Diakonen verwendetes zu verstehen und daß schließlich kein Prozessionskreuz eines Diakons vorliegt, sondern das goldene, geschulterte Kreuzattribut. Der Bücherschrank mit den vier Evangelien sei nach den Quellen dem Vincentius zuzuordnen, der vor seinem Martyrium dazu aufgefordert worden war, die heiligen Schriften auszuliefern. Bei der Darstellung seien nicht der geistige Gehalt des Glaubens, sondern die realen Bücher gemeint. Der Rost mit dem lodernden Feuer darunter spreche ebenfalls gegen eine Wiedergabe des Laurentiusmartyriums, denn in seiner Passio ist ausdrücklich überliefert, daß das Feuer nur glühen sollte, um die Qualen des Heiligen zu verlängern. Bei der Schilderung des Vincentiusmartyriums spricht Prudentius dagegen explizit vom hell flammenden Feuer, wie es auch im Bild dargestellt ist. Ferner stehe nirgends, Laurentius sei dem Martertod eifrig, so wie dargestellt, gar im Laufschritt, zugestrebt; auch sei nicht einzusehen, warum er ein Evangelienbuch mit in den Tod genommen haben soll.

Es ist überflüssig, auf die Widersprüche der Argumentation Mackies einzugehen, der einmal das Buch als Attribut des Diakon deutet, um es kurz darauf real zu verstehen und gar die Frage stellt, warum Laurentius ein Buch mit in den Feuertod genommen haben soll!

Auch die ikonographischen Vergleiche Mackies können nicht überzeugen: der Rost sei zwar in der Laurentius-Ikonographie belegt (Sucessa-Medaillon, **LA 18***), gerade das Abweichen in Galla Placidia von der dort gefundenen Bildformel spreche jedoch gegen eine Laurentiusdarstellung. Die Abwesenheit von charakteristischen ikonographischen Merkmalen schließe ein Laurentiusbild aus. Die Einzigartigkeit der Komposition des Mosaiks zwinge zur Annahme, daß hier ein Heiliger dargestellt ist, der noch keine Standard-Ikonographie besitzt, eben wie Vincentius, der sonst nur selten und undifferenziert dargestellt ist.

Mackie geht mit keinem Wort auf vergleichbare Laurentiusdarstellungen ein, die den Heiligen ebenfalls mit Nimbus und geschultertem Stabkreuz zeigen, wie etwa das besprochene Goldglas in New York (**LA 6**). Im folgenden sollen vergleichbare Darstellungen des Heiligen betrachtet werden.

DIE TRADITION DER LAURENTIUS-IKONOGRAPHIE IM FÜNFTEN JAHRHUNDERT

Bei allen Begründungen der Interpretation des Dargestellten als Laurentius fällt auf, daß sich die Forscher recht wenig um vergleichbares Bildmaterial aus der Entstehungszeit kümmern, sowohl bei der Frage nach dem Bildthema, als auch bei der Diskussion, ob es der Gang des Laurentius zum Martyrium ist, oder ob es sich um einen symbolisch zu verstehenden Bildzusammenhang handelt.

Am nähesten steht der Mosaikkomposition der oben besprochene Goldglasboden in New York (**LA 6**), auf dem der Heilige ein Stabkreuz geschultert hat und sich nach links wendet. Das Goldglas wird ins fünfte Jahrhundert datiert, es kann also gleichzeitig mit dem Mosaik in Galla Placidia entstanden sein und auf das gleiche Vorbild zurückgehen. Die Goldgläser des vierten Jahrhunderts bieten keine Vergleichsmöglichkeiten, weil auf ihnen Laurentius, wie alle anderen Heiligen, undifferenziert als junger, bartloser Palliatus erscheint. Laurentius ist auch in der Katakombe S. Senatore in Albano, ebenfalls im fünften Jahrhundert, mit Stabkreuz, Buch und Nimbus dargestellt und so selbst gegenüber Petrus und Paulus herausgehoben, die im gleichen Fresko unnimbiert sind. Die gleichen Attribute, Codex, Stabkreuz und Nimbus hat Laurentius auch im Mosaik des Triumphbogens in S. Lorenzo fuori le mura in Rom, das 579-590 geschaffen wurde. Die angeführten Monumente zeigen, daß der ikonographische Typus für Laurentius im fünften Jahrhundert die Attribute Codex, Nimbus und Stabkreuz beinhaltete.

Der Rost dagegen taucht in der frühchristlichen Kunst nur einmal, in Galla Placidia, auf, dann erst wieder im achten Jahrhundert im Fresko in S. Lorenzo in Rom (**LA 13**). Das ravennatische Mosaik zeigt hingegen als einziges keine Namensbeischrift, was die Vermutung nahelegt, daß hier das individuelle Attribut die Inschrift ersetzen konnte. Eine weitere Besonderheit ist, daß der Heilige hier nicht ruhig unfd frontal dem Betrachter gegenübertritt, sondern in einer bewegten Schrittstellung wiedergegeben ist. Diese Tatsache vor allem führte zu weiteren Interpretationsansätzen.

SZENE ODER REPRÄSENTATIONSBILD MIT ATTRIBUTEN?

André Grabar[378] diskutiert die Frage, ob es sich um ein historisch aufzufassendes Bild handelt oder nicht. Der Heilige schreite auf sein Martyrium zu, das die Passion Christi wiederholt oder komplettiert. Dieser Gedanke werde durch das Kreuztragen ausgedrückt, in dem der Märtyrer die Passion Christi wiederhole. Der Glaube, für den Laurentius starb, wird ebenfalls symbolisch durch die Evangelienbücher ausgedrückt, während der brennende Rost das reale, unmittelbar bevorstehende Martyrium verdeutliche. Grabar sieht eine Verknüpfung von realen und symbolischen Bildelementen, von Bild und Kommentar. Für Grabar besteht kein Zweifel, daß Laurentius noch vor dem Martertod dargestellt ist.

Courcelle betont das „travestissement perpétuel de la réalité en allégorie" innerhalb des Mosaiks.[379] Er betont sodann, daß das Bild weder realistisch, noch historisch aufzufassen sei und der Dargestellte nicht wirklich auf den Rost zugehe. Das Feuer brenne ohne menschliches Zutun. Die drei Bildelemente symboli-

---

[378] GRABAR (1946) S. 35-36.
[379] COURCELLE (1948) S. 37.

sieren vielmehr das Zeugnis des Märtyrers für Christus, durch seinen Feuertod, und die versprochene Vollendung in Christus, durch das testamentum Christi, in seinem Evangelium. So ist das Kreuz des Laurentius auch kein Prozessionskreuz, sondern das Siegeszeichen Christi und aller Märtyrer.

Bovini dagegen interpretiert alle Bildelemente als unmittelbare Attribute des Laurentius: das „Prozessionskreuz" und der als Psalmenbuch gedeutete Codex sind Berufsattribute des Diakons, der Rost ist ein individuelles Attribut.[380]

Nordström weist darauf hin, daß alle drei Teile des Mosaiks additiv zusammengefügt seien und keine realistische historische Darstellung geben wollen. Deshalb kann das Buch in der Hand des Heiligen trotz der Tatsache, daß schon alle vier Evangelien im Schrank liegen, nochmal ein Evangelienbuch sein. Die Bücher im Schrank stellen den bezeugten Glauben dar, ferner weisen sie auf das Amt des Diakons hin. Die Haltung des Märtyrers ist für Nordström die des sieghaften Helden, das Gehen nicht etwa das Zuschreiten auf den Rost, sondern eine reine Ausdruckshandlung, die das Sieghafte in der Nachfolge Christi veranschaulicht.[381]

Deichmann betont, daß nicht das Martyrium selbst dargestellt ist, sondern Laurentius nur auf den brennenden Rost als das *testamentum* seines Glaubens hinweist, während die Evangelienbücher im Schrank einerseits auf das Diakonamt des Laurentius anspielen, andererseits aber, weil eben nur die Schriften des Evangeliums selbst dargestellt sind, das *testamentum* Christi bedeuten, für das Laurentius gestorben ist.[382] Deichmann formuliert diese Vielschichtigkeit des Bildverständnisses folgendermaßen: „Die Darstellung ist nicht in einem historisch-realistischen Sinne zu verstehen, etwa als das Zugehen auf den Rost, vor dem Erleiden des Martyriums [....] nicht eine einmalige Handlung, sondern zeitloses Verharren; Gestalt und Attribute veranschaulichen dahinter liegende, tiefere Bedeutungen."[383] Deichmann untermauert diese Einschätzung des Bildes dann mit dem Hinweis auf die vollkommen verschiedene, andersartige Bildtradition, die für Martyriumsdarstellungen existierte. Rost und Evangelienschrank seien eindeutig als Attribute zu bewerten, die darüber hinaus auf das testamentum des Märtyrerglaubens und das testamentum Christi verweisen.

Zusammenfassend läßt sich die Frage „Gang zum Martyrium oder siegreicher Heiliger" wie folgt beantworten: Für die Vermutung, Laurentius sei unmittelbar vor dem Martertod dargestellt, könnte einmal die Tatsache sprechen, daß unter dem Grill ein Feuer lodert, zum zweiten, daß Laurentius in einer Bewegungshaltung, sogar mit flatterndem Gewand, wiedergegeben ist und scheinbar auf den Rost zuschreitet. Die Schrittstellung kann aber auch als Zeichen seiner

---

[380] BOVINI (1950) S. 50.
[381] Zu den antiken Vorbildern, die Nordström heranzieht, s. NORDSTRÖM (1953) S. 25-26; zur Kritik Deichmanns daran: DEICHMANN, F. W., Rezension zu C. O. NORDSTRÖM, Ravennastudien. In: ByzZ 48, 1955, S. 410f.
[382] DEICHMANN (1969) S. 162.
[383] DEICHMANN (1969) S. 165.

inneren gläubigen Erregung[384] aufgefaßt werden. Ferner kann man die kompositionellen Bedingungen für das Mosaik in Betracht ziehen: die Bildmitte war durch das Fenster nicht nutzbar, die drei Bildelemente mußten auf den Seiten verteilt werden. So erscheint es naheliegend, daß der Künstler der Laurentiusgestalt eine Bewegung zur Mitte gab, um eine gewisse Verschmelzung der paratoktisch angeordneten Teile zu erzielen.

Für eine Deutung der Darstellung, die den Märtyrer nach dem Tod wiedergibt, also bereits im Triumph mit Christus vereinigt, sprechen ganz deutlich das als Symbol der Reinheit aufzufassende weiße Gewand, der große goldene Nimbus und vor allem das Stabkreuz. Dieses ist ja das Zeichen der Christusnachfolge im Tod und in der Auferstehung. Als Attribut von Märtyrern bedeutet es ein besonderes Würdezeichen. Szenische Martyriumsschilderungen verwenden zwar ebenfalls Elemente der Triumph-Ikonographie, wie die den Märtyrer bekränzende Dextera Dei, aber sie zeigen auch drastisch die Bedingungen, unter denen der irdische Mensch leiden muß, um dann die Herrlichkeit des Paradieses zu verdienen. Deichmann verweist auf die unterschiedliche Bildtradition, die Martyriumsdarstellungen von Repräsentationsbildern trennt. Das deutlichste Beispiel dafür ist das Sucessa-Medaillon (**LA 18**), das das Martyrium auf dem Rost selbst zeigt und keinerlei Ähnlichkeit mit dem Bildschema von Galla Placidia aufweist.[385] Die Reihe solcher Beispiele läßt sich erweitern. Man kann auf Darstellungen der heiligen Thekla verweisen, deren Martyriumsbilder sie, umgeben von wilden Tieren, halbnackt und mit gefesselten Händen darstellen.[386]

Deichmann hat sicher recht bei seinem Einwand gegenüber Nordström, daß bei dem Laurentiusbild in Galla Placidia nicht die Intercessio-Idee im Vordergrund steht, sondern der Triumphalgedanke.[387] Nordström räumt ein, daß die Darstellung in Galla Placidia die Interzession nicht so handgreiflich ausdrückt wie auf Bildern an Märtyrergräbern selbst. Laurentius handele nicht als Intercessor auf dem Bild selbst, sondern sozusagen nur im Himmel.[388] Dagegen spricht jedoch deutlich, daß der Gedanke der Fürbitte immer durch den Orantengestus ausgedrückt wurde oder noch deutlicher durch die Einführung des Bittenden unter dem Schutz des Märtyrers bei Christus. Das Bildschema war festgelegt und ist weit verbreitet. Beispiele für die Formulierung des Fürbittgedankens in bildlichen Darstellungen sind das Fresko der Veneranda und Petronilla in der Domitillakatakombe oder die Mosaiken mit dem heiligen Demetrius in Hagios Demetrius in Thessaloniki.[389]

---

[384] DEICHMANN (1974) S. 79.
[385] DEICHMANN (1974) S. 76-78.
[386] Vgl. z.B. Kat. THEKLA, THEKLA 5.
[387] DEICHMANN (1974) S. 76.
[388] NORDSTRÖM (1953) S. 22.
[389] Das Venerandafresko ist abgebildet bei GRABAR (1946) Taf. XXXIV, 1; zu Demetrius s. Kat. DEMETRIUS.

Deichmann führt die Bildtradition auf den Typus des sich präsentierenden Heiligen zurück. Am Grab des Laurentius oder in der daneben liegenden Gedenkkirche könne ein derartiges Bild entstanden und durch die Frömmigkeit der Pilger über Rom hinaus verbreitet worden sein.[390]

Dieses postulierte Bild, das — vielleicht um 400[391] — in Rom, dem Zentrum des Laurentius-Kultes entstanden sein muß, war der Prototyp, der bereits die konstitutiven Elemente der Laurentius-Ikonographie vereinte: den Nimbus, das Stabkreuz und das Buch. Reflexe davon sind im Goldglas (**LA 6**), im Katakombenbild in Albano (**LA 7**), in Galla Placidia (**LA 10**) und im Triumphbogenmosaik in S. Lorenzo fuori le mura (**LA 12**) erhalten. Die Schrittstellung, wie sie in Galla Placidia zu finden ist, gehörte jedoch wahrscheinlich nicht zu dem Repräsentationsbild.

Auch in der monotonen Reihe von Märtyrern in S. Apollinare Nuovo in Ravenna (**LA 11**) macht Laurentius ikonographisch eine Ausnahme. Die Prozession der Märtyrer und Märtyrerinnen wurde unter Erzbischof Agnellus kurz nach der Mitte des sechsten Jahrhunderts in der Kirche angebracht, die das Patrozinium des heiligen Martin erhielt. In der Reihe der 26 gleich gestalteten Märtyrer sind nur zwei hervorgehoben: Martin, der Patron und Anführer der Reihe, durch ein Purpurpallium, und Laurentius, an vierter Stelle, durch eine goldene statt weiße Tunika und die Kostbarkeit seiner Märtyrerkrone. Während die anderen Heiligen mit Gemmen besetzte Blattkränze haben, hat Laurentius ein dreireihig mit Perlen und Edelsteinen besetztes Diadem. Nordström weist auf die Ähnlichkeit der Krone mit dem Diadem des Justinian in S. Vitale hin.[392] Diese Betonung des Laurentius ist auch in Ravenna mit der Kultverbreitung und der besonderen Popularität des Erzmärtyrers zu erklären.

Verlorene Darstellungen

Der Bildtyp auf dem im Liber Pontificalis überlieferten Silberverschluß (**LA 14**) muß nach dem Text zu schließen narrativ gewesen sein. Wilpert vermutet, daß mehrere Medaillons (sigilla) vorhanden waren, aber wegen ihrer geringen Größe nicht für szenische Martyriumsdarstellungen geeignet gewesen sein dürften. Er denkt „eher an die Gestalt des Heiligen".[393] Ebenso äußert er sich weiter oben:

---

[390] DEICHMANN, Ravenna (1974) S. 78.

[391] Die Angabe DEICHMANNs (1969) S. 165, wonach das Bild des Laurentius mit dem Stabkreuz zweifellos schon im vierten Jahrhundert entstanden sein soll, erscheint mir zu früh. Nach aller Wahrscheinlichkeit wurde das Stabkreuz erst am Ende des vierten Jahrhunderts zum Attribut Christi und anderer Heiliger. Nur Petrus hat es bereits um die Mitte des 4. Jahrhunderts. S. dazu Kat. PETRUS und *Ergebnisse*, Zur Verwendung des Stabkreuzes, S. 324.

[392] NORDSTRÖM (1953) S. 82.

[393] J. WILPERT (1916) S. 953.

Das silberne Relief, das Konstantin für das Grab des Laurentius in dessen Kirche fuori le mura gestiftet hatte, dürfte ähnlich ausgesehen haben, wie das Bild in Galla Placidia, denn eine wirkliche Darstellung des Martyriums wäre für den Anfang des vierten Jahrhunderts in Rom ein Anachronismus.[394] Es gab aber mehrere Medaillons, die nicht alle das gleiche Repräsentationsbild enthalten haben können, der Wortlaut des Textes spricht außerdem eindeutig für Szenen.

Auf das verlorene Apsisprogramm von S. Lorenzo in Lucina (**LA 16**) soll hier kurz eingegangen werden, weil es in der Forschung kontrovers beurteilt wurde. Christa Ihm nahm das Monument in die zweite Auflage ihrer Studie zu den Apsisprogrammen auf und ordnet es in das gleiche ikonographische Schema wie SS. Cosma e Damiano ein. Sie gibt weiterhin dazu an, das Programm stamme wohl aus dem fünften Jahrhundert.[395] Erhalten ist nur eine Zeichnung von Eclissi, geschaffen um 1640, die Morey 1915 publizierte.[396] Morey diskutiert die Frage, wann das Vorbild für die Zeichnung zu datieren sei und spricht sich gegen die Annahme aus, es handele sich um die Zeit Sixtus III. Er führt folgende, wichtige ikonographische Argumente ins Feld: Zum einen hat das Kirchenmodell, das Lucina darbietet, einen Campanile, was im fünften Jahrhundert undenkbar ist, zum anderen kann die Namensbeischrift SANCTUS SYXTUS unmöglich zu Lebzeiten des Papstes angebracht worden sein. Selbst wenn die Inschrift eine spätere Beifügung sein sollte, bleibt noch der runde Nimbus bei Sixtus, statt dem zu erwartenden eckigen für Lebende. Morey schlägt für das der Zeichnung zugrunde liegende Fresko eine Datierung in das zwölfte Jahrhundert vor, macht aber keine Angaben zu dem anzunehmenden Vorgängerprogramm des fünften Jahrhunderts. Wellen bezieht sich auf das Werk von Morey, gibt aber dessen Daten falsch wieder. Er spricht von einer Zeichnung Eclissis aus dem zwölften Jahrhundert, die ein Fresko des fünften Jahrhunderts darstelle.[397]

Für die Laurentius-Ikonographie des fünften Jahrhunderts kann die überlieferte Zeichnung nicht verläßlich herangezogen werden: ob der Rost ursprünglich oder später ist, muß offen bleiben. Wenn man die Darstellung des Stephanus berücksichtigt, der die Steine seines Martyriums auf dem Haupt trägt, muß man stark an der Möglichkeit zweifeln, daß hier ikonographische Vorbilder des fünften Jahrhunderts verarbeitet sein könnten.

---

[394] J. WILPERT (1916) S. 47.
[395] IHM (1992) S. 241.
[396] MOREY (1915) S. 8-15.
[397] WELLEN, G. A., Theotokos, Utrecht-Antwerpen 1961, S. 123, 126.

Szenische Darstellungen

Die Katalognummern **LA 18**, das Sucessa-Medaillon, und **LA 19**, der Siegelring, weisen die szenische Darstellung des Martyriums auf, sind also eine besondere Variante der Heiligenikonographie, die nur am Rande berücksichtigt werden soll.

Im Sucessa-Medaillon liegt eine szenische Darstellung des Laurentiusmartyriums selbst vor, bereits verknüpft mit der Aufnahme der Seele in das Paradies. Beachtung findet die narrative Bildgestaltung des Themas Märtyrer, die nach Grabar die erste Stufe der Heiligenikonographie überhaupt darstellt.[398] Die Beischrift SUCESSA VIVAS und das Revers der Medaille mit dem Heiligengrab deuten auf die Entstehung solcher Monumente im Pilgerwesen und den Gebrauch als Prophylaxe- und Schutzmedaillen hin. Das Grabmonument der Rückseite mit gewundenen Säulen, die einen Baldachin tragen, wurde bisher meist, analog zur Thematik der Vorderseite, als Laurentiusgrab interpretiert.[399] Pillinger hält die Identifizierung des Monumentes als Petrusmemoria aufgrund der ikonographischen Vergleiche für wahrscheinlicher.[400] In diesem Fall würde es sich um die bildliche Kombination mehrerer Erinnerungen an Pilgerstätten in einem Devotionsgegenstand handeln.

Das Bronzemedaillon (**LA 20***) stelle ich als Laurentiusdarstellung in Frage, weil die Ikonographie stärker für Christus spricht. Die Versoseite der Medaille zeigt eine nimbierte Figur mit geschultertem Stabkreuz, die unter einer von Säulen getragenen Arkade mit seitlichen Cancelli steht. Die Haltung des Dargestellten in leichter Schrittstellung und mit dem Kreuz über der Schulter führte zur Deutung als Laurentius und dem Vergleich mit dem Mosaik in Galla Placidia. Mehrere Autoren beachten und erwähnen in ihrer Beschreibung die Schlange unter den Füßen des Dargestellten nicht und können so leicht auf eine Deutung als Laurentius kommen.[401] Marucchi hingegen und im Anschluß daran Cecchelli erklären die Schlange ausdrücklich in Verbindung mit Laurentius als den besiegten Dämon des Heidentums.[402] Gerke führt zur Begründung der Darstellung des auf dem Basilisken stehenden Laurentius Textstellen des Prudentius an.[403]

Naheliegender erscheint es jedoch, die Gestalt nicht als Laurentius zu deuten, der sonst nie in Verbindung mit einer Schlange dargestellt wird, sondern hier Christus-Victor zu sehen. Die Ikonographie des auf Schlangen tretenden Christus nach Psalm 91, 13 ist ein Bildthema, das zum Beispiel in der ravennatischen

---

[398] Vgl. GRABAR (1946) S. 13-15.
[399] So bei GRABAR (1946); KATALOG NEW YORK (1979) S. 566.
[400] PILLINGER (1984) S. 40-41.
[401] So bei LECLERCQ, H., Laurent, in: DACL VIII, 2, Paris 1929, Sp. 1917-1961, hierzu Sp. 1928-1929; IHM (1992) S. 140.
[402] MARUCCHI (1887) Taf. X, 1; CECCHELLI, C., La vita di Roma nel medioevo, 1. Le arti minori e il costume, Rom 1951/1952, S. 120-121.
[403] GERKE (1965) S. 17.

Kunst, im Stuckrelief des Neonbaptisteriums und im Mosaik der Erzbischöflichen Kapelle, begegnet.[404]

Zusammenfassung

Attribute des Laurentius sind schon frühzeitig — im fünften Jahrhundert — der Nimbus als Auszeichnung der Heiligkeit und das Stabkreuz als Rang- oder Bedeutungsattribut. Manchmal wird das Kreuz kombiniert mit dem aufgeschlagenen Buch, das der Heilige vorweist. Der Rost als individuelles Attribut taucht zum ersten Mal in Galla Placidia bereits im fünften Jahrhundert auf, dann erst wieder im achten Jahrhundert in Rom. Diese Tatsache wird jedoch in der Forschung nicht immer ausreichend deutlich gemacht. Wilpert[405] weist etwa darauf hin, daß Laurentius als erster Heiliger außer den Aposteln auch außerhalb der ihm geweihten Stätten dargestellt war, nämlich in Galla Placidia in Ravenna und in S. Clemente in Rom, wobei er jedesmal den Rost als Attribut erhielt. S. Clemente stammt jedoch erst aus späterer Zeit und fällt nicht in den Untersuchungszeitraum. In der Forschung klingt ferner an, daß die Attribute des Laurentius, das geschulterte Kreuz und der brennende Rost, auch über Rom hinaus verbreitet wurden, zum Beispiel in Ravenna, in Galla Placidia.[406] Es gibt jedoch keinen Beweis dafür, daß der Rost auf einem angenommenen Repräsentationsbild in der Apsis der römischen Laurentiusbasilika vorhanden war. Das einzige Beispiel bis zum siebten Jahrhundert ist Galla Placidia. Der Rost wurde allerdings schon früh im Zusammenhang mit den szenischen Martyriumsschilderungen dargestellt.

THEKLA, ERZMÄRTYRERIN

A. VITA, KULT UND LEGENDE

Vita und Legende:

Nach den *Acta Pauli et Theclae* war Thekla eine Schülerin und Gefährtin des heiligen Paulus. Thekla wurde durch die Predigt des Paulus in Ikonium zum Christentum geführt und verpflichtete sich zur Jungfräulichkeit. Sie besuchte den Apostel im Gefängnis. Ihr heidnischer Bräutigam verklagte sie und erreichte ihre Verurteilung zum Feuertod, nachdem Thekla die Verlobung gelöst hatte. Durch ein Wunder wurde der Scheiterhaufen gelöscht, Thekla wurde freigelassen und folgte Paulus. In Antiochia verliebte sich der Syrer Alexander in sie, wurde von ihr abgewiesen und erwirkte daraufhin ihre Verurteilung zum Tierkampf. Die Be-

---

[404] Das Stuckrelief bei DEICHMANN (1958), Taf. 84, das Mosaik in der Erzbischöflichen Kapelle Taf. 217.
[405] WILPERT (1916) S. 953.
[406] Z.B. KATALOG NEW YORK (1979), S. 567.

stien, es ist von Löwen, Bären und Stieren die Rede, ließen sie jedoch unberührt. Als sie darum in einen mit gefährlichen Seetieren gefüllten Graben geworfen wurde, nutzte sie die Gelegenheit und taufte sich schließlich selbst (*Acta*, Kap. 34). Eine vornehme Frau namens Tryphaina, die in späteren Quellen als Königin bezeichnet wird, nahm sie nach ihrer Freilassung — sie war wiederum unversehrt geblieben — bei sich auf. Später ging Thekla mit Paulus nach Myra und wieder nach Ikonium, wo sie ihre Mutter bekehrte. In Seleukeia schließlich starb sie eines friedlichen Todes.[407]

Die Akten gehören zu dem Corpus der *Acta Pauli*, wurden aber frühzeitig als selbständiger Teil herausgelöst und gesondert verbreitet. Der Verfasser war nach Tertullian ein Presbyter in Kleinasien, der zwischen 170 und 180 „aus Liebe zu Paulus" diesen erfundenen romanhaften Bericht über die Reisen des Paulus und über die Bekehrung der Thekla durch den Apostel verbreitet hatte. Der Kleriker mußte die Fälschung zugeben und wurde daraufhin seines Amtes enthoben.

Die Akten wurden von Origines und Hippolytus von Rom zitiert, von Hieronymus dann zu den Apokryphen gerechnet und im Decretum Gelasianum verworfen. Sie sind in griechischer Sprache abgefaßt und auch in lateinischen, syrischen, slawischen, arabischen und koptischen Versionen erhalten.[408] Trotz der Ablehnung von offizieller Seite inspirierten sie unzählige Fassungen der Passio zur heiligen Thekla. Der historische Kern einer wirklichen Persönlichkeit ist aus den vielen legendarischen Notizen nicht herauszuschälen.[409]

Die ältere Forschung vertrat noch eine mittlerweile widerlegte Frühdatierung der Acta: Nach S. Reinach[410] wurde die Urfassung der Theklageschichte schon im ersten Jahrhundert, genauer zwischen 48 und 54, niedergeschrieben. Dafür spreche, nach Reinach, zum einen die darin enthaltene genaue Beschreibung der Paulusphysiognomie, wie sie nur von einem Zeitgenossen gezeichnet werden konnte, zum anderen die in dem Text erwähnte Königin Tryphaina, eine historische Persönlichkeit des ersten Jahrhunderts, deren Existenz durch Münzfunde belegt ist, und schließlich die Überbetonung des christlichen Keuschheitsgedankens, wie sie für die Frühzeit des Paulus typisch sei. Mittlerweile werden die Akten dem zweiten Jahrhundert zugeordnet.

Eine zweite Quelle stellt das Werk des Basilius, Bischof von Seleukeia um die Mitte des fünften Jahrhunderts dar. In zwei Büchern berichtet er von der Vita und den Mirakeln der Thekla an ihrem Kultort. Bei ihm ist auch zum Tod der Heiligen die Erzählung von ihrem Verschwinden in einer Felsspalte vermerkt, in der sie Schutz vor Verfolgern suchte. Nach neueren Forschungen wurden die *Vita*

---

[407] LEIBBRAND, J., Thekla von Ikonium, in: LCI 8, 1976, Sp. 432-436. Die Legende ausführlich bei LECLERCQ, H., Thècle (Sainte). In: DACL XV, 2, Paris 1953, Sp. 2225-2236, hierzu Sp. 2226-2233.

[408] KÖTTING, B., Thekla, „Erzmartyrin", in: LThK 10, ²1965, Sp. 18-19.

[409] FASOLA, U. M., Tecla di Iconio, venerata a Seleucia, in: BiblSS 12, 1969, Sp. 176-177.

[410] REINACH, S., Thékla, in: Cultes, mythes et religions, Bd IV, Paris 1912, S. 229-251.

und die *Mirakel* bislang zu Unrecht dem Basileios von Seleukeia zugeschrieben. Dagron[411] weist sie einem Anonymus des fünften Jahrhunderts zu.

Kult:

Im Martyrologium Hieronymianum ist Thekla mit der Angabe „im Orient", „in Seleukeia", „in Ikonium" oder „in Asien" unter dem 12. und 23. September, am 17. November und am 20 und 21. Dezember verzeichnet. In den byzantinischen Synaxarien ist sie als „Protomärtyrerin" am 24. September eingetragen.

Die Verehrung am Kultort geht nach Kötting bis in die Mitte des vierten Jahrhunderts zurück.[412] Das Grab war zu dieser Zeit nicht bekannt. Dies ist nicht verwunderlich, wenn man bedenkt, daß zum Zeitpunkt des Todes der Thekla im ersten Jahrhundert eine besondere Verehrung von Heiligen am Grab unüblich war. Vom Ende des vierten Jahrhunderts datiert der ausführliche Bericht, den die Pilgerin Egeria anläßlich ihres Besuches in Seleukeia verfaßte. Die Blütezeit des Wallfahrtsortes lag um 500. Die starke Verehrung, die Thekla in der Alten Kirche entgegen gebracht wurde, zeigt sich beispielsweise in den von Hieronymus gewählten Vergleichen, etwa wenn er in einem Brief schreibt, daß Thekla neben der Gottesmutter die jungfräuliche Eustochium begrüßen wird oder Melania d. Ä. in Jerusalem an Tugenden blühe, wie eine neue Thekla.[413]

Über den Vorderen Orient drang der Kult nach Ägypten vor. Um 530 gab es ein Heiligtum in Bethphage bei Jerusalem. In Rom waren vermutlich ein Coemeterium bei S. Paolo fuori le mura und eine Kapelle beim Vatikanhügel Thekla geweiht. In Mailand war sie bereits um die Mitte des vierten Jahrhunderts Patronin des zweiten Domes der Stadt (basilica nova). Über Oberitalien soll ihr Kult bereits im dritten (!) Jahrhundert bis nach Köln vorgedrungen sein.[414] Dieser Zeitpunkt dürfte jedoch um einiges zu früh angesetzt sein.

Thekla fand frühzeitig einen Platz in der Liturgie, sie ist als Beispiel der göttlichen Rettung in der *Ordo commendationis animae* aufgeführt.[415]

Thekla ist keine gewöhnliche Heilige, denn ihre *Vita* und ihre *Mirakelsammlung* haben in der hagiographischen Literatur nicht ihresgleichen.

---

[411] DAGRON, G., Vie et miracles de Saint Thècle. Texte grec, traduction et commentaire (=Subsidia hagiographica 62), Brüssel 1978.

[412] KÖTTING widerspricht sich selbst in seinen Angaben über das Einsetzen des Kultes. In: KÖTTING (1950) S. 145, vermutet er, daß der Kult der Heiligen, einschließlich des Pilgerverkehrs, an der Stätte ihres Wirkens in Seleukeia zeitgleich mit der Redaktion der Acta eingesetzt haben dürfte, also bereits gegen Ende des zweiten Jahrhunderts, was aber zu früh sein dürfte. Nach KÖTTING (LThK), wie Anm. 408, Sp. 19, geht der Kult bis in die Mitte des vierten Jahrhunderts zurück.

[413] S. dazu KÖTTING (LThK), wie Anm. 408, Sp. 19.

[414] So LEIBBRAND (LCI), wie Anm. 407.

[415] H. LECLERCQ, wie Anm. 407, hierzu Sp. 2233.

B. MONUMENTE

Anhand der Thekla-Ikonographie kann die Vielfalt der möglichen Bildtypen aufgezeigt werden, die in der frühchristlichen und frühbyzantinischen Kunst zur Darstellung von Märtyrern Verwendung fanden. Bei Thekla liegt kein einheitlicher ikonographischer Grundtypus vor, der es erlauben würde, alle Bilder auf ein einziges Urbild am Kultort zurückzuführen, wie es beispielsweise bei Menas der Fall ist. Vielmehr lassen sich hier mehrere Gruppen unterscheiden, die zum einen Teil auf narrative Vorlagen zurückzugehen scheinen und zum anderen Teil den Charakter von Repräsentationsbildern haben. Deshalb erschien es nicht sinnvoll, im vorliegenden Katalog die Thekladarstellungen nach Kunstgattungen zu gliedern.

Gewählt wurde eine Ordnung, die zunächst — außer Katalog und deshalb mit Asteriskus gekennzeichnet — diejenigen Darstellungen anführt, in denen Thekla als Bildbeispiel für die göttliche Rettung ausgewählt wurde. Dabei ist sie nicht als Heilige um ihrer selbst willen dargestellt und nicht besonders individualisiert.

In einer zweiten Gruppe werden die Bildtypen zusammengefaßt, die Thekla bereits mit den Attributen einer Heiligen auszeichnen, ohne daß man jedoch schon von eindeutigen Repräsentationsbildern sprechen könnte. Die Herkunft der Bilder aus ursprünglich szenischen Vorlagen ist noch deutlich.

Schließlich gibt es eine dritte Gruppe von Darstellungen, in denen Thekla ohne szenische Anspielungen als Heilige um ihrer selbst willen wiedergegeben ist. Hier kann man den Charakter eines Kultbildes festmachen.

Am Ende stehen vier Darstellungen, in denen sich die Thekla-Ikonographie entweder einem größeren Darstellungszusammenhang unterordnet oder zu knapp ist, als daß man das Bild in eine der Hauptgruppen einfügen könnte.

Narrative Bilder werden nicht berücksichtigt.

KATALOG

Theklabilder als Rettungsparadigmen

Entgegen der sonst in der Arbeit aufgestellten Kriterien für die Bildauswahl, die ja Rettungsparadigmen ausschließen, werden hier einige derartige Bilder besprochen, um an dieser Stelle exemplarisch die Nuancen und die Unterschiede zu den „echten" Heiligenbildern herauszustellen, derer sich die frühchristliche Ikonographie bei den Heiligendarstellungen bediente.

THEKLA 1* Goldglasschale
Fundort: Köln, St. Severin
Aufbewahrungsort: London, British Museum
dat.: 4. Jh.
Lit.: Katalog: Gallien in der Spätantike, Mainz 1980, S. 109, Kat. Nr. 125;
NAUERTH/WARNS (1981) S. 22-24, Taf. III

Die nur in Fragmenten erhaltene Glasschale enthält in den einzelnen eingesetzten Goldglasmedaillons emblematische Bilder mit vorwiegend alttestamentlichen Sujets, wie den Sündenfall, das Opfer Abrahams, das Quellwunder des Moses, Jonas, Daniel, einen der drei Jünglinge im Feuerofen und außerdem eine unbekleidete, weibliche Orantengestalt, die zwischen zwei Flammen steht. Sie hat keinen Nimbus, es gibt keine erläuternde Inschrift. Nauerth identifizierte die Orans als Thekla in einer Darstellung, die sich auf das 22. Kapitel ihrer Acta bezieht. Dort wird berichtet, daß Thekla zur Strafe dafür, daß sie ihre Verlobung gelöst hatte, zum Feuertod im Theater von Ikonium verurteilt worden war, auf wunderbare Weise jedoch von den Flammen verschont blieb.

Die Märtyrerin, die wegen dieses Wunders in den Gebeten der commendatio animae erwähnt wird, reiht sich hier in das Gesamtthema der Schale, die Rettungsparadigmen, ein. Auch ein in derselben Schale benachbartes Goldglasmedaillon mit einem einzelnen Löwen darin gehört nach Nauerth thematisch zu Thekla. Er spielt auf den Tierkampf der Thekla in der Arena von Antiochia nach Kapitel 33 der Acta an.

Die Tatsache, daß die weibliche Beterin unbekleidet dargestellt wurde, spricht für Nauerths Identifizierung als Thekla. Von ihr wird in den Legenden betont, daß sie dem Feuer oder den Bestien nackt ausgeliefert war.

Die Erklärung dafür, daß Thekla als einzige nicht-alttestamentliche Heilige auf der Goldglasschale dargestellt war, ist möglicherweise in dem Textzusammenhang der commendatio animae zu suchen, in dem alle hier Dargestellten genannt werden.

THEKLA 2 * Koptisches Stofffragment
Provenienz: Ägypten
Aufbewahrungsort: unbekannt
dat.: keine Datierungsvorschläge in der Literatur
Lit.: FORRER (1893) S. 28 und Taf. XVI; NAUERTH/WARNS (1981) S. 22-24

Auch dieses Bildbeispiel zeigt eine nackte Gestalt in Orantenhaltung zwischen zwei Flammen. Ein Nimbus oder eine Inschrift sind nicht vorhanden. Während Forrer nur von der Darstellung eines betenden Christen spricht, deutet Nauerth das Bild analog zu dem vorher besprochenen Goldglas wegen der stilisierten Flammen als Thekla.

THEKLA 3 * Holzkamm
Provenienz: Achmim-Panopolis
Aufbewahrungsort: früher Berlin, verschollen
dat.: 5./6. Jh.
Lit.: EFFENBERGER (1974) S. 198, Taf. 85; NAUERTH/WARNS (1981) S. 51-53, Taf. XII

Der hochformatige Holzkamm besitzt auf jeder Seite ein quadratisches Bildfeld, in dem jeweils unter einer säulengetragenen Arkade eine Orans steht. Beide Figuren sind von zwei Löwen symmetrisch flankiert. Die eine Gestalt ist anhand ihres Gewandes mit kurzer Tunika und phrygischer Mütze und wegen der Löwen unschwer als Daniel zu identifizieren. Auf der anderen Seite steht eine weibliche Orans, die als Thekla gedeutet werden kann. Sie ist mit einer Tunika und einer Palla bekleidet. Es gibt weder einen Nimbus noch eine Inschrift.

Die weibliche Orans auf dem Kamm von Achmim wurde sowohl als Thekla als auch als Susanna interpretiert. Die Löwen sprechen jedoch für Thekla. Richtig ist in jedem Fall die Feststellung von Nauerth, daß hier nicht primär an einer Identifizierung der Betenden gelegen war.[416] Dafür spricht zum einen die fehlende Namensbeischrift, zum anderen die Doppelung des Motivs auf Vorder- und Rückseite des Kamms, was auch die Verdoppelung des bei Daniel traditionellen Rettungsgedankens nahelegt. Ein vergleichender Blick auf das Silberreliquiar aus Isaurien (**THEKLA 9**) unterstützt diese These: dort ist Thekla-Orans ebenfalls einem männlichen Pendant gegenübergestellt, aber beide sind als individuelle Heilige ausgezeichnet. Buschhausen hält die Thekladarstellung des Danielkamms für den Reflex der Apsiskomposition eines Theklaheiligtums.[417] Man wird später sehen, daß weitere ikonographische Kriterien erfüllt sein müssen, wenn man ein Kultbild als Vorlage postulieren will.

Theklabilder mit deutlichen szenischen Reminiszenzen

THEKLA 4   Elfenbeinanhänger
Provenienz: unbekannt
Aufbewahrungsort: Berlin, Dahlem, Staatliche Museen
dat.: 4./5. Jh.
Lit.: VOLBACH (1976) S. 126, Kat. Nr. 212, Taf. 100; WARNS (1986) S. 79-83, Taf. 19,2

Es handelt sich um einen durchbrochen gearbeiteten Anhänger aus Elfenbein von nur 2,5 cm Durchmesser. Dargestellt ist eine Frau, frontal in Orantenhaltung stehend. Sie ist bekleidet mit Tunika und Palla. Sie hat keinen Nimbus, es gibt keine Inschrift. Hinter ihr ist ein wildes Tier nach rechts gerichtet, es hat die relativ spitze Schnauze erhoben und einen geringelten Schwanz. Warns erkennt hier die auf einer Löwin reitende Thekla, die repräsentativ bekleidet ist und die Arme im Gebet erhoben hat.

---

[416] Vgl. NAUERTH/WARNS (1981) S. 52-53.
[417] BUSCHHAUSEN (1962/63) S. 149.

THEKLA 5   Menasampulle
            Provenienz: Ägypten
            Aufbewahrungsort: Paris, Louvre
            dat.: E. 5. Jh.-A. 7. Jh.
            Lit.: METZGER (1981) S. 35-36, Kat. Nr. 76, fig. 63; NAUERTH/WARNS (1981) S. 35-42, Taf. VIII, mit weiteren Beispielen dieses Ampullentypus; NAUERTH (1982) S. 14-15

Es gibt eine Reihe von Ampullen, die auf einer Seite den heiligen Menas zwischen zwei Kamelen darstellen, auf der anderen Seite aber Thekla. Die Darstellungen sind jeweils gleich, deshalb wird hier nur ein ausgewähltes Beispiel dazu vorgestellt. Thekla ist frontal stehend wiedergegeben, mit leicht nach rechts gewandtem Kopf. Die Hände sind hinter den Rücken gelegt und als gefesselt zu denken. Bekleidet ist Thekla nur mit einem langen, geknoteten Schurz. Zu beiden Seiten befinden sich je zwei Tiere im Bildfeld. Oben sind es zwei gehörnte Tiere, die zum Teil von der Hauptfigur verdeckt und mit dem Kopf ihr zugewandt sind, dabei handelt es sich um Stiere. Unten stehen zwei kleinere Tiere, die als Löwin und Bärin identifiziert werden können. Die Heilige trägt — entgegen der Vermutung von Nauerth[418], die einen darumgelegten, aber nirgendwo klar unterscheidbaren Nimbus annimmt — wohl keinen Nimbus, der dicke Wulst, der ihren Kopf umrahmt, ist die Haartracht oder, nach Meinung von Metzger, ein Schleier. Es gibt keine Inschrift.

Die Tiere nehmen Bezug auf das legendäre Martyrium in der Arena von Antiochia, als Löwen und Bären auf Thekla gehetzt wurden, sie aber unversehrt blieb.

THEKLA 6   Tonampulle
            Provenienz: Ägypten
            Aufbewahrungsort: Paris, Louvre
            dat.: 6./7. Jh.
            Lit.: KATALOG NEW YORK (1979) S. 576-578, Kat. Nr. 516; KATALOG PARIS (1992) S. 156-157, Kat. Nr. 106; NAUERTH/WARNS (1981) S. 25-30, Taf. VI

Auf der Vorderseite ist Thekla zwischen zwei wilden Tieren wiedergegeben. Eine Inschrift benennt sie selbst, eine zweite, im Rahmen umlaufende lautet: ΕΥΛΟΓΙΑ ΤΟΥ ΑΓΙΟΥ ΜΗΝΑ ΑΜΗ(ν). Auf der Rückseite ist ein Mann in Orantenhaltung wiedergegeben. Er ist mit Tunika und Pallium bekleidet und nicht nimbiert. Trotz der Inschrift auf der Rückseite, die ebenfalls ΕΥΛΟΓΙΑ ΤΟΥ ΑΓΙ(ου) ΜΗΝΑ ΑΜΗ(ν) lautet, ist hier wahrscheinlich der heilige Paulus dargestellt.[419]

Thekla steht in der Mitte des Bildfeldes, sie ist mit einem knöchellangen Gewand bekleidet, ihre Arme sind auf dem Rücken gebunden. Zu ihrer Rechten ist ein großer Löwe dargestellt, von dem nur der Kopf mit der Mähne abgebildet ist, hinter Thekla bewegt sich ein zweites Tier nach rechts. Es hat ein geöffnetes Maul und spitze Ohren. Thekla hat keinen Nimbus. Die Inschrift bezeichnet sie als *Heilige Thekla*.

Während Nauerth als „Gewandung" Theklas einen langen Schurz sieht und in den V-förmig zulaufenden Strichen am Oberkörper Stricke erkennen will, mit denen Thekla

---

[418] C. NAUERTH/WARNS (1981) S. 37.
[419] S. Kat. PAULUS, PA 38.

auf dem Tier festgebunden ist, so daß sie auf der Löwin reitet, macht der Vergleich mit der Thekla-Darstellung auf der Menasampulle (**THEKLA 4**) deutlich, daß hier nicht, wie dort, ein geknoteter Schurz vorliegt, sondern eine Art Tunika, deren zwei vertikal verlaufende Stoffbahnen ein Punktemuster aufweisen. Thekla sitzt nicht auf dem Tier, sondern ist eindeutig stehend wiedergegeben.

Theklabilder mit angedeuteten szenischen Reminiszenzen

THEKLA 7   Steintondo
                    Provenienz: Ägypten
                    Aufbewahrungsort: Kansas-City
                    dat.: 5. Jh.
                    Lit.: KATALOG NEW YORK (1979) S. 574-575, Kat. Nr. 513; NAUERTH/WARNS (1981) S. 31-34, Taf. VII

Thekla steht frontal, mit leicht angedeutetem Stand- und Spielbeinmotiv in der Mitte des runden Bildfeldes. Bekleidet ist sie nur mit einem langen Schurz, der um die Taille und die Hüften geschlungen ist. Um den Hals und vor der Brust verläuft ein Seil, mit dem sie gefesselt ist. Ihre Arme sind auf dem Rücken gebunden. Ihr Haupt ist von einem großen Nimbus umgeben. Die Heilige ist von zwei geflügelten Engeln in Halbfigur flankiert. Zu ihren Füßen stehen zwei Löwen, ein Männchen zu ihrer Rechten, ein Weibchen links, beide von ihr abgewandt, mit erhobener Tatze und zurückgedrehtem Kopf.

THEKLA 8   Tafelbild
                    Provenienz: unbekannt
                    Aufbewahrungsort: Sinai, Katharinenkloster
                    dat.: 6./7. Jh.
                    Lit.: WEITZMANN (1976) S. 44-45, Kat. Nr. B 19-20, Taf. 67; NAUERTH/WARNS (1981) S. 43-47, Taf. IX

Die beiden erhaltenen Flügel des ursprünglich zu einem Triptychon zu ergänzenden Bildes sind zweigeteilt. In den oberen Kompartimenten ist die Verkündigung an die Gottesmutter, unten links Petrus, unten rechts die heilige Thekla mit Paulus dargestellt. Thekla ist ganzfigurig im Zentrum des Bildfeldes stehend wiedergegeben, Paulus befindet sich viel kleiner oben links von ihr. Rechts erscheint auf Hüfthöhe der Heiligen ein Stier, den Kopf zu ihr zurückgewandt. Bekleidet ist Thekla mit einer Tunika und einem gegürteten Obergewand. Die Haltung der Arme ist wegen des sehr schlechten Erhaltungszustandes nicht zu erkennen. Thekla ist mit einem Nimbus ausgezeichnet, eine Inschrift in der oberen rechten Ecke des Bildes bezeichnet sie, eine weitere oben links Paulus.

Theklabilder mit Kultbildcharakter

THEKLA 9   Silberreliquiar
　　　　　　Provenienz: Kilikien
　　　　　　Aufbewahrungsort: Adana, Eski Eserler Müzesi
　　　　　　dat.: M. 5. Jh.
　　　　　　Lit.: BUSCHHAUSEN (1962/63) S. 137-168; BUSCHHAUSEN (1971) S. 190-207, Kat. Nr. B 4, Taf. 14; NAUERTH/WARNS (1981) S. 55-59, Taf. XI

Die beiden Längsseiten des Kastens sind jeweils in der Mitte mit einem runden Bildmedaillon und zwei gleichgestalteten hochrechteckigen Bildfeldern links und rechts davon geschmückt. Auf der Rückseite ist in den beiden Seitenbildern jeweils Thekla dargestellt. Sie steht frontal in Orantenhaltung zwischen zwei aufgerichteten Löwen, denen sie auf den Schwanz tritt. Bekleidet ist sie mit Tunika, Palla und einem Schleier. Über ihren Händen befindet sich je ein Kreuz im Bildfeld. Sie hat keinen Nimbus. Die Inschrift lautet nur HAGIA.

THEKLA 10   Stofffragment
　　　　　　　Provenienz: Ägypten
　　　　　　　Aufbewahrungsort: Washington, The Textile Museum
　　　　　　　dat.: 5./6. Jh.
　　　　　　　Lit.: NAUERTH/WARNS (1981) S. 60-62, Taf. XII, mit weiterer Literatur

Thekla steht frontal in Orantenhaltung neben einem Leuchter mit brennenden Kerzen, zu dem symmetrisch ein zweiter ergänzt werden kann. Bekleidet ist sie mit Tunika und einem über den Kopf gezogenen Schleier, der auch quer über die Brust drapiert ist. Diese Kopfbedeckung rahmt das Haupt so ein, daß die Kontur wie ein Nimbus wirkt. Sie trägt ein Juwel auf der Stirn, außerdem Ohrringe. Rechts befindet sich das Fragment einer Namensbeischrift, das — LA lautet.

THEKLA 11   Reliefplatte
　　　　　　　Provenienz: Rasm al-Qanafez, Nordsyrien
　　　　　　　Aufbewahrungsort: Damaskus, Museum
　　　　　　　dat.: E. 6. Jh.
　　　　　　　Lit.: WARNS (1986) S. 83-84, Taf. 20, mit weiterer Literatur

Die querformatige reliefierte Steinplatte, die möglicherweise als Chorschranke diente, ist an allen vier Seiten von einer Ornamentleiste gerahmt. In der Mitte steht Thekla in Orantenhaltung zwischen zwei Löwen. Sie ist bekleidet mit gegürteter Tunika und Palla und trägt Hals-, Arm- und Ohrschmuck. Die Heilige ist nicht nimbiert, es gibt keine sie bezeichnende Inschrift. Die Mitteldarstellung wird zu beiden Seiten von zwei an Trauben pickenden Tauben gerahmt.

THEKLA 12   Öllampen
            Provenienz: Ägypten
            dat.: 6./7. Jh.
            Aufbewahrungsort:
            a) Trier, Städtisches Museum
            Lit.: NAUERTH (1982) S. 14-18, Taf. VII, Abb. 6
            b) Frankfurt, Liebieghaus
            Lit.: KAUFMANN, C. M., Oriens Christianus, N. S. Bd 3, 1913, S. 108, fig. 3;
            WARNS (1986) Taf. 21, 1
            c) Florenz, Ägyptisches Museum
            Lit.: MICHELUCCI, M., La collezione di lucerne del Museo Egizio di Firenze
            (Accademia Toscana di scienze e lettere „La Colombaria"), Studi 39, Florenz
            1975, S. 113-114, Nr. 398, Taf. 23, 398; WARNS (1986) S. 84-85

Thekla steht frontal in Orantenhaltung zwischen zwei Löwen, die sie kopfunter flankieren. Sie ist bekleidet mit einer Tunika, die mit einem Punktemuster verziert ist, ähnlich wie bei der großen Ampulle in Paris (**THEKLA 6**). Thekla ist hier mit einem Nimbus ausgezeichnet, der ebenfalls mit Perlen besetzt ist. Es gibt keine Inschrift.

THEKLA 13   Fingerring
            Provenienz: Konstantinopel?
            Aufbewahrungsort: Athen, Benaki-Museum
            dat.: 638-639
            Lit.: KATALOG NEW YORK (1979) S. 326-327, Kat. Nr. 305; NAUERTH/WARNS
            (1981) S. 53-54

Der drehbare Fingerring zeigt auf der einen Seite einen Erzengel, auf der anderen die heilige Thekla als Orans. Thekla steht in angedeutetem Kontrapost zwischen zwei Löwen. Sie ist mit Tunika, Palla und einem Schleier bekleidet. Ihr Haupt ist von einem Nimbus umgeben. Beidseits der Figur befindet sich je ein kleines griechisches Kreuz im Bildfeld. Es gibt keine Inschrift.

THEKLA 14   Goldanhänger
            Provenienz: unbekannt
            Aufbewahrungsort: Museum Princeton
            dat.: keine Datierungsvorschläge in der Literatur
            Lit.: NAUERTH (1982) S. 14-18, Taf. VI,3

Es handelt sich um ein ovales, ungerahmtes Goldmedaillon. Thekla steht frontal in der Mitte des Bildfeldes, die Arme sind in Orantenhaltung erhoben. Ihr Blick ist nach rechts oben gewandt, wo ihr von der Dextera Dei ein Lorbeerkranz herabgereicht wird. Thekla ist mit Tunika und Palla, sowie einem über den Kopf gelegten Schal bekleidet, der hinter den Armen seitlich herabfällt. Zu ihren Füßen stehen asymmetrisch die beiden Löwen. Der zu ihrer Rechten, an der Mähne als männlich zu erkennende, hat den Kopf gesenkt und den Schwanz steil in die Höhe gestreckt. Die Löwin zu ihrer Linken sitzt von der Heiligen abgewandt und hat den Kopf zu ihr zurückgedreht. Thekla ist nimbiert. Eine Inschrift ist nicht vorhanden.

Thekla in einer Gruppe mit weiteren Heiligen

THEKLA 15   Latmos bei Herakleia
            Pantokrator-Höhlenkirche
            Fresko
            dat.: 7. Jh.
            Lit.: IHM (1992) S. 190-191; WIEGAND (1923) S. 90-91 und 200-201[420]

Die Apsis ist in zwei Register unterteilt. Oben erscheint Christus in der Mandorla, umgeben von den vier Wesen, unten die thronende Gottesmutter mit dem Kind. Neben ihr stehen links und rechts männliche und weibliche Heilige, von denen die heilige Thekla durch die erhaltene Inschrift eindeutig bestimmt ist. Sie ist frontal stehend und nimbiert wiedergegeben.

Halbfigurige Darstellungen ohne Attribute

THEKLA 16   Bronzekreuz
            Provenienz: Syrien?
            Aufbewahrungsort: Dumbarton Oaks Collection
            dat.: 6./7. Jh.
            Lit.: ROSS (1962) S. 58, Kat. Nr. 67, Taf. XL; WARNS (1986) S. 104-105

Das lateinische Kreuz hat geschweifte Enden, die in kreisförmigen Rundungen auslaufen. In jeder dieser Kreisscheiben ist weiteres kleines Kreuz eingraviert. Figürlichen Schmuck gibt es nur am oberen Kreuzbalken, die übrige Fläche ist von einer Inschrift überzogen. Dargestellt ist eine weibliche Orans in Halbfigur. Sie ist mit einer Tunika und einem über den Kopf gelegten Schleier bekleidet. Sie hat einen Nimbus. Die Inschrift lautet übersetzt: „Heilige Thekla, hilf (dem) Symionios und Synesios und Maria und Thekla!" Wegen dieser Anrufung kann die Heilige auch ohne beigefügte Löwen als Thekla angesprochen werden.

THEKLA 17   Kapitell
            Provenienz: Seleukeia?
            Aufbewahrungsort: Adana, Museum
            dat.: 5. Jh.
            Lit.: NAUERTH/WARNS (1981) S. 8, Taf. I

An der Deckplatte des Kapitells ist zwischen Akanthusblättern ein Brustbild angebracht. Es stellt Thekla dar, die mit einer Tunika bekleidet ist und Halsschmuck trägt. Ein Nimbus ist nicht vorhanden. An der Deckplatte verläuft in griechischen Buchstaben die Inschrift: THEKLA.

---

[420] S. auch den späteren Datierungsansatz bei Kat. ANDREAS, AN 26 mit Anm. 315.

THEKLA 18   Parenzo, Basilika Eufrasiana
            Bogenlaibung der Apsis, Mosaik
            dat. 6. Jh.
            Lit.: MOLAIOLI (1943); IHM (1992) S. 167-169, Taf. VX, 2; Abb. in: BRENK, B.,
            Spätantike und frühes Christentum. Propyläen-Kunstgeschichte,
            Supplementband 1, 1977, Nr. 375

In der Bogenlaibung der Apsis ist um ein mittleres Medaillon mit dem Agnus Dei ein Zyklus von zwölf weiteren Medaillons angebracht. Darin sind Büsten von Märtyrerinnen dargestellt. Thekla befindet sich rechts an zweiter Stelle. Sie ist mit einem goldfarbenen, am Kragen bestickten Gewand und einem weißen Schleier bekleidet und hat — wie alle anderen Heiligen auch — einen Nimbus. Die Inschrift oberhalb des Medaillons bezeichnet SCA TECLA.

C. ANALYSE DER VORKOMMENDEN BILDTYPEN UND ATTRIBUTE

Wenn man die Darstellungen wegläßt, in denen Thekla als Beispiel der göttlichen Rettung und nicht um ihrer selbst willen dargestellt wurde, sind dennoch 15 Denkmäler aus der Zeit vom späten vierten bis zum siebten Jahrhundert erhalten.

Die Hauptmerkmale der Thekla-Ikonographie sind folgende:

Eine Namensbeischrift kommt etwa bei der Hälfte aller Darstellungen vor, vor allem dort, wo Thekla in einer Gruppe mit anderen Heiligen und/oder ohne Attribute ist, wie auf dem Latmos (**THEKLA 15**), bei dem Kapitell (**THEKLA 17**) und in Parenzo (**THEKLA 18**). Einmal, bei dem Bronzekreuz, kommt der Name in der Form einer Votivinschrift hinzu (**THEKLA 16**). Inschriftlich bezeichnet und mit Attributen ausgestattet ist Thekla auf der Pariser Ampulle (**THEKLA 6**) und dem Tafelbild am Sinai (**THEKLA 8**). Dies entspricht der gängigen Praxis bei diesen Gruppen, die im Kreis der Andachtsbilder anzusiedeln sind. Der ägyptische Stoff (**THEKLA 10**) enthielt ebenfalls eine Namensbeischrift. Das Silberreliquiar (**THEKLA 9**) begnügt sich mit der Beischrift HAGIA, ohne den Namen anzufügen.

Mit einem Nimbus als Attribut der Heiligkeit ist Thekla in acht Fällen ausgezeichnet, bei **THEKLA 7, 8, 12, 13, 14, 15, 16, 18**, also vor allem in solchen Bildern, bei denen die szenischen Elemente reduziert sind oder ganz fehlen.

Gattungsattribute kommen nicht vor. Nur in einem Beispiel, dem goldenen Anhänger, wird der Heiligen der Märtyrerkranz von der Hand Gottes herabgereicht (**THEKLA 14**).

Das individuelle Attribut der Thekla sind die Tiere, die sie in der Arena töten sollten, sie jedoch verschonten. Thekla ist in fast allen Darstellungen von wilden Tieren begleitet. In den meisten Fällen handelt es sich um Löwen, auf dem Tafelbild am Sinai um einen Stier (**THEKLA 8**).

Auch wenn die ikonographischen Grundbestandteile der vorgestellten Theklabilder kaum variieren — „Thekla frontal zwischen wilden Tieren stehend" — zeigt sich sofort, daß keine einheitliche Bildauffassung vorliegt. Vor allem die

Körperhaltung der Heiligen — Gefesselte oder Orans — und ihre Gewandung — knapper Schurz und Fesseln oder Tunika — können unterschiedlich gehandhabt werden. Auch die Tiere verharren nicht immer ruhig in „heraldischer" Position, sondern können noch in Bewegung begriffen sein.

Nun stellt sich die Frage, ob Vorlagen nachweisbar sind, ob es irgendwo konkrete Spuren für szenische oder repräsentative Vorbilder der erhaltenen Monumente gibt.

Nauerth weist ausführlich auf den Einfluß der apokryphen Acta Theclae hin, die viel gelesen wurden und weit verbreitet waren. Zu diesem Text muß es einen Miniaturzyklus gegeben haben, der in szenischer Folge die Etappen der Vita und des Martyriums der Thekla illustrierte. Nauerth untersucht für alle Bilder die entsprechende Textpassage in den Acta und stellt jedesmal die Frage nach der Textnähe der Bilder und ihrer Details. Es erscheint jedoch unwahrscheinlich, daß gerade repräsentative Bilder der Heiligen sich eng an Geschriebenes anlehnen. Vielmehr folgt diese Darstellungsgattung eigenen ikonographischen Topoi, deren Zweck es ist, die Heiligkeit der Person **an sich** vorzustellen. Die der Vita entnommenen Attribute dienen beim Repräsentationsbild nicht mehr zur Erläuterung der Geschichte, sondern zur weiteren Aufwertung des durch das Martyrium erworbenen Verdienstes.

Diese unterschiedliche Bildauffassung bekommt einen zusätzlichen verkomplizierenden Aspekt dadurch, daß sich eigentlich narrative Bilder auf Bildträgern wiederfinden, die normalerweise für Repräsentationsbilder verwendet werden, oder anders ausgedrückt: Darstellungen, die die Heilige nicht in der üblichen Weise als im Paradies lebende Märtyrerin zeigen, sondern den Moment des Martyriums selbst noch anklingen lassen. Das beste Beispiel dafür sind die Ampullen (**THEKLA 5**), die auf einer Seite ein Repräsentationsbild des Menas zwischen seinen Kamelen zeigen und auf der anderen ein — auf den ersten Blick ähnlich aufgebautes — Bild mit Thekla zwischen den Tieren. Während man die Menasdarstellung ohne Probleme auf ein Repräsentationsbild in seinem Heiligtum zurückführen kann, ist es kaum vorstellbar, daß Thekla an ihrem Kultort an hervorgehobener Stelle nur knapp bekleidet und mit gebundenen Händen den Betenden gegenüberstand. Man muß annehmen, daß hier, entgegen der sonstigen Gewohnheiten, für Ampullen repräsentative Darstellungen auszuwählen, ein narratives Vorbild verarbeitet wurde. Es handelt sich keinesfalls um die Wiederholung einer Kultbildvorlage, wie Nauerth annimmt.[421] Das Moment der Erhöhung der Märtyrerin fehlt bei diesem Bildtyp noch ganz.

Der Elfenbeinanhänger in Berlin (**THEKLA 4**) betont trotz des szenischen Momentes des Reitens das Repräsentative stärker, denn Thekla ist vollständig bekleidet und hat die Arme im Orantengestus erhoben.

---

[421] NAUERTH/WARNS (1981) S. 41 mit Anmerkung 5. Dieses Problem wird weiter unten noch ausführlicher erörtert.

Bei der weiteren Durchsicht der Bilder häufen sich die Fragen und Schwierigkeiten jedoch noch mehr. Das runde Steinrelief (**THEKLA 7**) zeigt Thekla in der prekären Situation der gefesselten Märtyrerin, aber durch einen Nimbus deutlich als Heilige gekennzeichnet und von zwei Engeln begleitet. Die Löwen sind ihr in schöner Symmetrie beigefügt. Wurde hier der Versuch gemacht, eine szenische Vorlage in ein repräsentatives Bild umzuwandeln, indem man Attribute der Heiligkeit einfach dazugab? Es liegt tatsächlich ein Mischtypus vor, denn Thekla ist — wie während ihres Martyriums — nur mit einem Schurz bekleidet und gefesselt, was auf ein narratives Vorbild hinweist. Sie ist aber nimbiert und von Engeln flankiert, was auf ein Kultbild als Vorlage schließen läßt. Hierfür sprechen auch die heraldisch angeordneten Löwen und die Rahmung des Tondos durch einen Lorbeerkranz. Nauerth interpretiert zu undifferenziert alle Bildelemente als Textillustrationen. In den Engeln sieht sie gar die Umbildung der ursprünglich dargestellten Frauen, die nach dem Bericht der Acta in der Arena um Thekla klagten.[422]

Der Vergleich mit anderen Bildern, deren repräsentativer Kontext nicht angezweifelt werden kann, zeigt, daß es durchaus den repräsentativen Bildtypus gibt, in dem Thekla auch wie eine Heilige bekleidet und frei dargestellt werden kann. Dies ist bei dem Tafelbild am Sinai (**THEKLA 8**) bedingt und bei dem Silberreliquiar (**THEKLA 9**) deutlich der Fall.

Man muß nach diesen Beobachtungen davon ausgehen, daß *das* Theklabild nicht von vorneherein festgelegt war, sondern in verschiedenen Redaktionen vorlag, die einander beeinflußten. Eine chronologische Aufeinanderfolge der Bildtypen läßt sich nicht nachweisen.

Das Tafelbild auf dem Sinai (**THEKLA 8**) ist nach Nauerth noch kein Repräsentations- oder gar Kultbild. Thekla ist, nach Nauerth, gefesselt dargestellt, während von rechts ein Wildstier herangaloppiert. Weitere Tiere müssen auf der heute schadhaften Ikone ergänzt werden. Die unhistorische, auch in den *Acta* nicht erwähnte Anwesenheit des Paulus in der Arena von Antiochia erklärt Nauerth damit, daß bei der Umwandlung des narrativen Vorbildes in ein Repräsentationsbild ein Zuschauer in die Paulusfigur umgewandelt wurde. Als Vorlage für die Ikone sieht Nauerth eine Miniatur an, die das 35. Kapitel der Acta Theclae illustriert.[423] Neben diesen szenischen Elementen, die anhand photographischer Reproduktionen schon wegen des schlechten Erhaltungszustandes des Bildes nicht unbedingt nachvollziehbar sind, gibt es auf dem Tafelbild zumindest einige ikonische Elemente, auf die hingewiesen werden soll. Thekla ist mit einer Tunika bekleidet, nicht nur mit dem Schurz, sie ist nimbiert und durch eine Inschrift namentlich identifiziert. Die schmale Silhouette der Figur allein, von der aus Nauerth den Schluß zieht, daß Thekla gefesselt ist, kann isoliert ohne das übrige

---

[422] NAUERTH/WARNS (1981) S. 33.
[423] NAUERTH/WARNS (1981) S. 43-47.

Martyriumsszenario von einem Vorbild übernommen sein. Der repräsentative Gesamtzusammenhang der Ikone mit der Gottesmutter, dem Erzengel Gabriel und Petrus sprechen gegen eine einzelne beigefügte szenische Darstellung. Trotzdem ist es wohl nicht so, daß hier ein Apsisbild widergespiegelt ist. Der asymmetrische Bildaufbau mit der kleinen Paulusgestalt und einem Stier — etwa anstelle von zwei Löwen — spricht nicht für die Übernahme eines bekannten Vorbildes.

Sehr früh in der Chronologie der Theklabilder steht das Silberreliquiar aus Isaurien. Hier liegt gleichzeitig ein reines Repräsentationsbild vor (**THEKLA 9**). Als Pendant zu zwei Darstellungen des heiligen Konon auf der Vorderseite erscheint auf der Rückseite des Kästchens zweimal Thekla mit zwei Löwen als Attributen. Alle Kriterien der Gattung Repräsentations- oder Kultbild sind erfüllt. Es fehlt nur der Nimbus, was aber mit dem frühen zeitlichen Ansatz zusammenhängt: Auch Konon und die Apostel sind noch nicht mit dem Nimbus ausgezeichnet. Thekla ist hier bereits mit ihrem individuellen Attribut dargestellt, was auf eine fertig ausgebildete Bildredaktion dieser Heiligen bereits im vierten Jahrhundert schließen läßt.

Die vergleichbare Komposition auf dem Fingerring in Athen (**THEKLA 13**), der wesentlich später datiert ist, weist den Nimbus auf. Bei den anderen angeführten Darstellungen fällt auf, daß die Heilige entweder durch ihre reiche Kleidung und Schmuck hervorgehoben wird, was stark mit dem Schurz des Martyriums kontrastiert, oder durch Hinweise auf ihren Glauben oder das Paradies, wie die Dextera Dei, die Kreuze im Bildfeld oder an Trauben pickenden Tauben. Ein Nimbus tritt hier häufig hinzu.

Die Dextera Dei auf dem goldenen Anhänger in Princeton kommt vielleicht von dem Apsisvorbild des Heiligtums von Daphne bei Antiochia her, das aufgrund einer Beschreibung in einer Lobrede auf Thekla rekonstruiert wurde.[424] Bei der Textquelle handelt es sich um eine Homilie des Pseudo-Chrysostomus, deren Entstehungsort und -zeit nicht bekannt sind, für die aber das fünfte Jahrhundert vorgeschlagen wurde. Dort wird eine bildliche Darstellung beschrieben, aus der versuchsweise eine Apsiskomposition rekonstruiert wurde. Thekla stand demnach in der Bildmitte und erhob zwei Kränze, den des Martyriums und den der Jungfräulichkeit. Sie ist im Begriff, diese der über ihr schwebenden Halbfigur Christi zu übergeben. Statt der Löwen als Attribut werden in der Rekonstruktion zwei Feuer angenommen, die beiderseits der Heiligen emporflammen.

Zusammenfassend läßt sich sagen, daß es für die untersuchten Theklabilder sowohl szenische als auch repräsentative Bildvorlagen gegeben haben muß. Nauerth versucht m.E. zu stark, für alle Bildelemente eine konkrete Textvorlage zu finden.

---

[424] WARNS (1986) S. 91-94, Taf. 24,1. Die Homilia de Sancta Thecla ist in P. G. 50, 745-748 enthalten.

Buschhausen unterscheidet zwei Arten von Theklabildern, einen realistischen und einen abstrakten Typ.[425] Der realistische Typ schildert das Martyrium der Heiligen in der Arena in Antiochia, wie sie von Löwen, Bären und Stieren bedroht wird. Thekla ist mit gefesselten Händen und nur mit Schurz bekleidet dargestellt. Bildbeispiele dieser Variante sind die Menasampullen (**THEKLA 4**) und das Steinrelief (**THEKLA 7**). Buschhausen hält wegen der Provenienz der Objekte den naturalistischen szenischen Darstellungstyp für eine ägyptische Lokalvariante des allgemeinen Theklabildes.

Der abstrakte Typ Buschhausens zeigt die Heilige als Orantin, der zwei Löwen zugeordnet sind. Als Beispiele dafür führt er die Öllämpchen (**THEKLA 12**) und den Kamm aus Achmim-Panopolis (**THEKLA 3***) an.

Das Urbild muß nach Buschhausen dem abstrakten Typus entsprechen, mit Thekla als Orantin in der Mitte, die vollständig bekleidet und von zwei heraldisch angeordneten Löwen umgeben ist. Einen Nachklang dieses postulierten Urbildes stellt seiner Meinung nach der eben erwähnte Kamm aus Achmim dar (**THEKLA 3***). Gerade auf diesem Kamm ist Thekla jedoch nicht als Heilige um ihrer selbst willen aufgefaßt, sondern nur formelhaft als Betende in der Not vor Gott.

Ein Repräsentationsbild in der Apsis ihres Heiligtums zeigte zwar sicher auch Thekla als Orantin, umgeben von ihrem individuellen Attribut, den Löwen, bekleidet mit Tunika und Palla und wohl mit Schmuck angetan, aber auch — was auf dem Kamm noch fehlt — nimbiert.

Buschhausen betonte zurecht, daß eine Apsiskomposition repräsentativen Charakter haben müsse, differenziert aber nicht genau genug zwischen den einzelnen Bildtypen.

Nach der Analyse der einzelnen Bildtypen ist als Ergebnis festzuhalten, daß es mehrere Bildvorwürfe gegeben haben muß. Wahrscheinlich gab es einen textillustrierenden, narrativen Zyklus, der aber nicht als unmittelbare Quelle für die Repräsentationsbilder gelten kann. Gerade die Vielfalt der Attribute macht es schwierig, noch überzeugend ein wahrscheinliches Urbild zu rekonstruieren — wie der oben besprochene Versuch zeigt, der Flammen statt Löwen als Attribute einsetzt, obschon in fast allen erhaltenen Bildern Thekla mit wilden Tieren als ihren Attributen wiedergegeben ist.

---

[425] BUSCHHAUSEN (1962/63) S. 148-150.

COSMAS UND DAMIAN

A. VITA, KULT UND LEGENDE

Vita und Legende:

Sichere Nachrichten zur Vita fehlen. Nach der Legende waren Cosmas und Damian christliche Ärzte im Vorderen Orient, die zur Ehre Gottes kranke Menschen und Tiere unentgeltlich behandelten. In den verschiedenen Versionen der in griechischer, lateinischer und syrischer Sprache erschienenen Passio werden Cosmas und Damian als Zwillingsbrüder und Ärzte in Aigai in Kilikien bezeichnet, die unter dem Präfekten Lysias während der Diokletianischen Verfolgung gefoltert wurden und das Martyrium durch Enthaupten erlitten. Später wurde ihnen, bedingt durch das hohe Ansehen der arabischen Medizin im Mittelalter, arabische Abstammung zugeschrieben.[426]

Nach einer anderen Legendenfassung wurden Cosmas und Damian in Arabien geboren und gingen zum Medizinstudium nach Syrien. Sie ließen sich in Aigai in Kilikien als Ärzte nieder und bekehrten dort viele zum Christentum. Das Martyrium erlitten sie im Jahr 303 unter Lysias, ihre Körper wurden nach Syrien gebracht und in Kyros bestattet.[427] Diese Fassung verschmilzt bereits die verschiedenen Legendenstränge der Passio und des Berichtes von Theodosius Archidiaconus, der Kyros in Syrien als Ort des Martyriums bezeichnet.[428]

Im Osten gibt es verschiedene Legendenkreise: Das Synaxarium von Konstantinopel verzeichnet drei Brüderpaare gleichen Namens, mit drei verschiedenen Festtagen: „die aus Arabien, die unter Diokletian enthauptet wurden, die aus Rom, die unter Carinus gesteinigt wurden und die Söhne der Theodote, die eines friedlichen Todes starben." Die westliche Überlieferung bezieht sich auf das arabische Brüderpaar, das durch den Statthalter Lysias in Aigai in Kilikien verhört und enthauptet wurde.[429]

Die heutige Einschätzung und Beurteilung der Legenden faßte Skrobucha[430] zusammen: Irrtümer und Fehler bei der Redaktion der Martyrologien und Synaxarien haben dazu beigetragen, daß in den ostkirchlichen Synaxarien drei Brüderpaare unter den Namen Cosmas und Damian geführt wurden. Herkunft und wirkliche Geschichte sind weitgehend unbekannt. Dennoch wird angenommen, daß es sich um historische Persönlichkeiten handelt, die in Phereman bei Kyros bestattet wurden. Von dort aus verbreitete sich der Kult. Die Heiligen stammten aus Asien, vielleicht aus Aigai, waren als Ärzte tätig und halfen den

---

[426] SCHREIBER, G., Kosmas und Damianos, in: LThK 6, ²1961, Sp. 566-567.
[427] CARAFFA, F., Cosma e Damiano, in: BiblSS IV, 1964, Sp. 223-225.
[428] SCHREIBER (LThK), wie Anm. 426, Sp. 566.
[429] ARTELT, W., Kosmas und Damian, in: LCI 7, 1974, Sp. 344-352.
[430] SKROBUCHA (1965) bes. S. 12-16.

Kranken unentgeltlich. Sie starben eines friedlichen Todes. Die Martyriumsberichte sind in freier Anlehnung an die Martyriumsberichte anderer Heiliger verfaßt worden. In der syrischen Legendenfassung steht nicht der Tod der beiden am Ende der Geschichte, sondern Heilungswunder und Bekehrungen. Als sie wegen ihrer Weigerung, das Götteropfer zu vollziehen, das Martyrium erleiden sollten, wurde der verantwortliche König durch einen Engel Gottes mit einer Krankheit bestraft. Als Cosmas und Damian ihn daraufhin heilten, bekehrte sich der König zum Christentum.

Kennedy[431] faßte alle Schriftquellen des fünften bis siebten Jahrhunderts zu Cosmas und Damian zusammen. Leben und Martyrium der Anargyroi stellten schon früh ein beliebtes Sujet für die Hagiographen dar. Die zahlreichen voneinander abweichenden Legendenvarianten führten in der Forschung zu Mißtrauen gegenüber der Existenz der Heiligen. Es kann jedoch Kennedy zufolge nicht bezweifelt werden, daß die Heiligen bei Kyros das Martyrium erlitten, dort wo auch ihre Gräber im fünften und sechsten Jahrhundert verehrt wurden. Die älteste Fassung der Passio stammt aus Syrien und wird ins fünfte oder sechste Jahrhundert datiert.

Kult:

Der Festtag im Westen ist der 27. September, in der Ostkirche der 17. Oktober, der 1. November und der 1. Juli.

Der Ausgangsort für die Kultverbreitung war die Basilika am Grab in Kyros. Dort wurde eine Kirche errichtet, die als Wallfahrtskirche das Ziel für kranke Pilger wurde. Die Kultstätte über dem Grab des Cosmas ist schon durch Theodoret (gest. 458) bezeugt. Justinian, der durch die Fürbitte der Anargyroi von einer schweren Krankheit geheilt worden war, ließ die Stadt vergrößern und befestigen. Die Verehrung verbreitete sich auch in Kleinasien und in Jerusalem.

In Konstantinopel wurde der Kult schon in der ersten Hälfte des fünften Jahrhunderts eingeführt — die Kirchenweihe fand unter Proclus, 434-447, statt — und verbreitete sich von dort nach Ravenna und weiter nach Rom. Mitte des fünften Jahrhunderts gab es in Konstantinopel bereits zwei Kirchen zu Ehren der beiden Heiligen, unter Justinian kamen im sechsten Jahrhundert noch zwei weitere dazu. Die bedeutendste im Blachernengebiet wurde ein bekanntes Pilgerziel, an dem im Heilungsbetrieb die Inkubation üblich war. Die meisten griechischen Wunderberichte beziehen sich auf diese Kirche.[432]

Die Übernahme des Kultes der beiden Anargyroi in die römische Kirche wird verschieden dargestellt, deshalb sollen die unterschiedlichen Varianten hier

---

[431] KENNEDY (1963) S. 145-148.
[432] ARTELT (LCI), wie Anm. 429, Sp. 344.

vorgestellt werden: Im LCI[433] wird über Cosmas und Damian berichtet, daß sie im *vierten Jahrhundert* als *erste* orientalische Heilige in den römischen Meßkanon aufgenommen wurden. Von Papst Symmachus (498-514) wurde ein Oratorium errichtet, von Papst Felix IV. (526-530) die Kirche am Forum gestiftet. Auch im Westen breitete sich der Kult schnell aus: so besaß Gregor von Tours bereits Reliquien der Heiligen. 560 gab es ein Oratorium der beiden Heiligen in Lüttich.

In der Bibliotheca Sanctorum[434] hingegen wird die Situation anders dargestellt. Die Namen der beiden orientalischen Märtyrer wurden in den Kanon der römischen Messe aufgenommen: Sie waren die *letzten* Heiligen, denen diese Ehre zugestanden wurde. An der gleichen Stelle des Kanons wurde — neben den Aposteln und römischen Märtyrern — auch Cyprian als Vertreter der afrikanischen Kirche geehrt.

Nach Kennedy[435] erreichte der Kult der heiligen Anargyroi Rom erst am Anfang des sechsten Jahrhunderts. Die Errichtung des Oratoriums in der Nähe von S. Maria Maggiore durch Papst Symmachus ist das früheste Indiz für den Kult dort. Gleichzeitig mit der Kirchenstiftung durch Papst Felix datiert wohl der Eintrag in das Sacramentarium Gelasianum, ebenso in das Martyrologium Hieronymianum, der sich auf die Kirchenweihe am 27. September bezieht. In den Meßkanon dürften die Namen von Kosmas und Damian um 530 aufgenommen worden sein, also ebenfalls parallel zur Kirchenweihe. Die Ostkirche kennt den 27. September nicht als Feiertag. Wahrscheinlich ist der *dies natalis* der 1. November.

Zusammenfassend läßt sich feststellen: In der Forschung sind die Angaben über die Einführung von Cosmas und Damian in den römischen Meßkanon uneinheitlich. Artelt gibt bereits das vierte Jahrhundert als Termin an, Kennedy vermutet den Eintrag in der Zeit um 530 im Zusammenhang mit der Kirchenweihe durch Papst Felix, was mehr Wahrscheinlichkeit für sich beanspruchen kann. Artelt setzt hinzu, daß Cosmas und Damian als erste orientalische Heilige in den Meßkanon aufgenommen wurden, Caraffa präzisiert im Gegenteil, die Orientalen Cosmas und Damian seien die letzten Märtyrer gewesen, denen diese Ehre widerfuhr. Tatsache ist, daß Cosmas und Damian die einzigen östlichen Heiligen im römischen Meßkanon sind und damit sowohl die ersten als auch die letzten.

Eine zusammenfassende Beurteilung des Kultes findet man bei Skrobucha.[436] Die Verehrung der Anargyroi ist schon früh in der ganzen Christenheit bezeugt. Ihre Namen finden sich am Ende des Communicantes der Römischen Messe in der Reihe der Märtyrer. Im Pilgerhandbuch „De Situ Terrae Sanctae" des Theodosius (um 530) ist das Grab verzeichnet, die Wallfahrtsbewegung dorthin

---

[433] ARTELT (LCI), wie Anm. 429, Sp. 344.
[434] CARAFFA (BiblSS), wie Anm. 427, Sp. 224.
[435] Vgl. KENNEDY (1963) Sp. 146.
[436] SKROBUCHA (1965) bes. S. 9-12.

ist bereits seit dem fünften Jahrhundert belegt. In Konstantinopel stiftete Paulinos, ein Freund des Kaisers Theodosius II. (408-450) eine Kirche. Dort erschienen Cosmas und Damian dem Kaiser Justinian und heilten ihn, worauf der Kaiser die Kirche vergrößern und reich ausschmücken ließ. Die Heilung Justinians führte zu einem weiteren Kultaufschwung und damit einhergehend zu Kirchenneugründungen.

Die frühe Verehrung der Anargyroi ist bezeugt durch die große Zahl erhaltener Darstellungen vor dem Bilderstreit.

B. MONUMENTE

Alle in den geläufigen Publikationen besprochenen Bilder wurden erfaßt.[437] Die Gliederung des Katalogs erfolgt nach Gattungen.

KATALOG

Mosaik

C/D 1   Thessaloniki, Hagios Georgios
         Mosaikfries in der Kuppel
         dat.: um 390, oder eher um 450
         Lit.: KATALOG NEW YORK (1979) S. 547, Kat. Nr. 491

Das Thema des Kuppelfrieses ist ein in acht Feldern untergebrachter, verkürzter Jahreskalender, bei dem für jeden Monat einige Heilige zur Darstellung ausgewählt wurden. Vor einer dreiteiligen, zweigeschossigen Palastarchitektur stehen neben zahlreichen anderen Heiligen Cosmas und Damian. Sie flankieren ein überkuppeltes, rundes Ziborium, in dem auf einem Altar oder Hocker ein offener Codex liegt. Sie sind frontal stehend und ganzfigurig in Orantenhaltung wiedergegeben. Bekleidet sind sie mit einer Tunika und einem Phelonion. Sie sind nicht nimbiert. Die Namensbeischrift ist nur bei Damian erhalten, sie lautet übersetzt: DAMIANOS; ARZT; MONAT SEPTEMBER. Damian ist mit schwarzem, Cosmas mit grauem Vollbart dargestellt. Ihre Gesichtszüge sind die von älteren Männern und weichen darin von den später gebräuchlichen ab.[438]

---

[437] Nicht erreichbar war für mich das Werk von GONZALEZ, R. J., Iconografia de los Santos Cosme y Damián. Barcelona, Colegio oficial de farmacéuticos, 1973.

[438] Vgl. SKROBUCHA (1965) S. 21-22.

C/D 2 Ravenna, Erzbischöfliche Kapelle
Mosaik an der Fensterseite
dat.: um 500
Lit.: DEICHMANN (1974) S. 203-204

In zwei übereinander angebrachten Medaillonbildern sind Cosmas und Damian zusammen mit vier weiteren männlichen Märtyrern im Büstenausschnitt dargestellt. Sie tragen Tunika und Pallium und sind nicht nimbiert. Beide sind jugendlich und bartlos, mit kurzem, dunklem Haar wiedergegeben. Eine Namensbeischrift oberhalb des Clipeus bezeichnet jeden Heiligen.

C/D 3 Rom, SS. Cosma e Damiano
Apsismosaik
dat.: 526/30
Lit.: MATTHIAE (1967) S. 135-142; IHM (1992) S. 137-138, Taf. XII,2

Das Thema der Apsis ist die Einführung von Cosmas und Damian bei dem erhöhten Christus des secundus adventus durch Petrus und Paulus. Christus steht auf dem roten und blauen Wolkenmeer, er ist als einzige Gestalt nimbiert. Unterhalb, laut einer beigefügten Inschrift am Ufer des Jordan, befinden sich zwei Gruppen von Heiligen: Petrus zur Linken Christi und Paulus zu seiner Rechten führen Cosmas und Damian bei Christus ein. Auf der linken Seite, vom Betrachter aus gesehen, folgt der (im Mosaik erneuerte) Stifterpapst Felix mit dem Kirchenmodell, rechts außen der heilige Theodor mit seiner Märtyrerkrone. Hinter den beiden Heiligengruppen steht jeweils eine Palme, auf der linken sitzt der Phönix, darüber erscheint ein Stern. In einem abgetrennten Fries unterhalb der Szene gehen, aus zwei Stadttoren kommend, je sechs Lämmer zur Mitte hin, wo achsial unterhalb von Christus das nimbierte Gotteslamm auf dem Paradiesesberg steht. Die heiligen Anargyroi bringen auf verhüllten Händen ihre Märtyrerkronen dar. Bekleidet sind sie mit Tunika und Pallium, beide tragen kurzes schwarzes Haar und einen Vollbart. Am Gürtel hat jeder der beiden eine rote Arzttasche befestigt. Die Heiligen sind nicht nimbiert. Es gibt, außer bei Theodor und dem Stifterpapst, keine Namensbeischriften, die die einzelnen Personen benennen, die Anargyroi werden jedoch in der Stifterinschrift, die unter dem Lämmerfries verläuft, erwähnt: „...Martyribus medicis populo spes certa salutis..."[439]

C/D 4 Parenzo, Basilika Eufrasiana
Mosaik, linke Nebenapsis, Fragment
dat.: um 540
Lit.: MOLAIOLI (1943); IHM (1992) S. 169; Skrobucha (1965) Abb. S. 22

Der nimbierte Christus erscheint halbfigurig in einem Himmelssegment. Er bekrönt die unter ihm stehenden Heiligen Cosmas und Damian, die durch Namensbeischriften mit dem vorangestellten Prädikat SCS bezeichnet sind. Auch die Heiligen sind nimbiert, sie sind jung und bartlos wiedergegeben, nach Skrobucha sind sie jugendlicher aufgefaßt als in

---

[439] Vgl. KENNEDY (1963) S. 146.

SS. Cosma e Damiano in Rom (**C/D 3**).[440] Wegen der Zerstörung des Mosaiks in der unteren Partie können über Attribute keine Aussagen gemacht werden.

C/D 5   ehem. Ravenna, S. Michele in Affricisco
Mosaik, Triumphbogen
Aufbewahrungsort: Berlin, Museum für Spätantike und Byzantinische Kunst
dat.: geweiht 545
Lit.: EFFENBERGER, A., Das Mosaik aus der Kirche S. Michele in Africisco zu Ravenna, Berlin 1989; EFFENBERGER/SEVERIN (1992) S. 128-131, Kat. Nr. 47, Abb. 66

Die Beschreibung bezieht sich auf die Aquarellkopie, die E. Pazzi 1843 kurz vor der Abnahme des Mosaiks anfertigte. Im heutigen Erscheinungsbild des Mosaiks zeigen nur heller ausgeführte Silhouetten die ehemals dargestellten Heiligen Cosmas und Damian an. Das Thema der Apsis ist Christus Victor zwischen Erzengeln. Der Triumphbogen zeigt den als Herrscher und Richter über dem gläsernen Meer thronenden Christus zwischen zwei Erzengeln und sieben Posaunen blasenden Engeln. An den Zwickeln des Triumphbogens, ohne direkten Zusammenhang mit dem Apsisprogramm, stehen Cosmas und Damian frontal dem Betrachter zugewandt. Das Aquarell zeigt nur noch die Oberkörper der zwei jugendlichen, unnimbierten Heiligen, die mit Tunika und einem Mantel bekleidet waren.[441] Nach einem Stich von Ciampini, der noch weitere Teile des Mosaiks enthält, waren sie mit langer Tunika und Paenula bekleidet. In den Händen hielten sie ein Buch oder eine Schriftrolle. Die Beischrift bei dem vom Betrachter aus gesehen links dargestellten Heiligen lautet SCS COSMAS und beim rechts stehenden SCS DAMIANUS.[442]

C/D 6   Thessaloniki, Hagios Demetrius
Mosaik an der Hochwand zwischen den nördlichen Seitenschiffen, verloren
dat.: 6. Jh.
Lit.: CORMACK (1969) S. 17-52, Taf. 5 und 9; SPIESER (1984) Taf. 30, 1-2 und 31, 1

Oberhalb einer Darstellung des heiligen Demetrius befinden sich zwei Medaillons mit den Büsten von zwei männlichen, bartlosen, nimbierten Heiligen, die anhand der Inschriftenreste als Cosmas und Damian identifiziert werden, eine Deutung, die jedoch wegen der wenigen erhaltenen Buchstaben unsicher ist.[443]

---

[440] Vgl. SKROBUCHA (1965) S. 24.
[441] EFFENBERGER/SEVERIN (1992) S. 128-131, Kat. Nr. 47, Abb. 66.
[442] Vgl. EFFENBERGER, A., Das Mosaik aus der Kirche San Michele in Africisco zu Ravenna, Berlin 1989, bes. S. 64-65, Stich von Ciampini aus dem Jahr 1699, ebda., Abb. 25.
[443] S. dazu Kat. DEMETRIUS, DE 15.

Fresko

C/D 7   Deir Abu Hennis, unterirdische Kapelle im Kloster St. Johannes
         Fresko im Saal I, Wand 2
         dat.: 6. Jh.
         Lit.: GRÜNEISEN, W. de, Caractéristiques de l'art copte, Florenz 1922, S. 96;
         LECLERCQ, H., Antinoë, in: DACL I, 2, 1924, Sp. 2326-2359

Das Fresko ist stark fragmentiert. Anschließend an das Apsisfresko waren zwölf stehende Heilige dargestellt, darunter ein Heiliger in Orantenhaltung. Cosmas und Damian sind nur durch eine erhaltene Namensbeischrift zu identifizieren.

C/D 8   Fresko
         Provenienz: Wadi Sarga
         Aufbewahrungsort: London, British Museum
         dat.: 6./7. Jh.
         Lit.: DALTON, O. M., A Coptic Wall Painting from Wadi Sarga, in: The Journal of
         Egyptian Archaeology 3, 1916, Abb. 1; SKROBUCHA (1965) S. 24, Abb. S. 25

Cosmas und Damian stehen frontal in Orantenhaltung dem Betrachter zugewandt. Sie sind mit Tunika und Paenula bekleidet. Beide haben kurzes Haar und einen Vollbart. Am linken Arm eines jeden hängt seine Arzttasche. Die Namensbeischrift links bezeichnet den heiligen Cosmas, rechts Damian. Beide sind nimbiert. Zwischen den beiden Heiligen befindet sich im oberen Register, gesondert gerahmt, die Darstellung der drei Jünglinge im Feuerofen. Im unteren stehen nebeneinander, ebenfalls als nimbierte Oranten wiedergegeben, die drei Brüder von Cosmas und Damian, inschriftlich als Anthimos, Leontios und Euprepios bezeichnet.

C/D 9   Bawit, Apollonkloster, Kapelle XXVIII
         Fresko
         6./7. Jh.
         lit.: CLEDAT (1904/06) S. 157, Taf. 97, 2 und Taf. C; IHM (1992) S. 203;
         SKROBUCHA (1965) S. 26

Das Apsisfresko zeigt die thronende Gottesmutter, die das Kind in einem Medaillon präsentiert. Sie wird von zwei Engeln begleitet. An den Wänden außerhalb der Apsis schließt sich auf gleicher Höhe jeweils eine Reihe von Heiligen an. Cosmas und Damian sind die ersten auf der rechten Seite. Nach der Beschreibung von Clédat ist Cosmas mit einer weißen Tunika und einem roten Mantel bekleidet, Damian mit einem gelben Gewand. Sie haben kurzes Haar und einen kurzen, dunklen Vollbart. Sie sind nimbiert und durch Namensbeischriften gekennzeichnet. In den Händen tragen sie einen relativ großen, länglichen, zylindrischen Gegenstand, der von zwei doppelten Bändern umfaßt ist. Dabei könnte es sich um einen — allerdings sehr großen — geschlossenen Rotulus, eher jedoch um einen Instrumentenbehälter handeln. Die beiden Heiligen, die Cosmas und Damian gegenüberstehen, halten Codices. In Bawit sind oftmals alle Heiligen einer Gruppe einheitlich mit dem Codex ausgestattet, es wird innerhalb einer Darstellung nicht zwischen

Codex und Volumen variiert. Diese Beobachtung ist ein Indiz dafür, daß das Attribut der Ärzteheiligen ein Instrumentenbehältnis ist.

C/D 10   Rom, S. Maria Antiqua, Kapelle rechts der Apsis, „Kapelle der Ärzte"
Fresko
dat.: 705
Lit.: WILPERT (1916) S. 677, IV, Taf. 145,1

Die Heiligen Cosmas und Damian sind nebeneinander dargestellt, des weiteren die heiligen Ärzte Johannes, Kelsos und Abbakyros. Alle sind nimbiert und ganzfigurig wiedergegeben. Nur der außen links stehende Johannes ist ganz erhalten, er hält einen Rotulus in der Hand. Die anderen sind fast vollständig zerstört. Alle sind jedoch durch eine Namensbeischrift gekennzeichnet. Cosmas befindet sich außen rechts, er ist mit dunklem Haar und bartlos wiedergegeben.

C/D 11   Rom, S. Maria Antiqua, Kapelle rechts der Apsis, „Kapelle der Ärzte"
Fesko
dat.: 705
Lit.: WILPERT (1916) S. 676, IV, Taf. 145,4; GRÜNEISEN (1911) S. 163, Taf. E. II, 2-c und 2-d; SKROBUCHA (1965) S. 28

Das gerahmte quadratische Bildfeld zeigt fünf nebeneinander stehende Heilige. Nur die linke Figur ist ganz erhalten, die rechte Hälfte des Bildes ist weitgehend zerstört. Die fünf Heiligen sind in Isokephalie frontal nebeneinander angeordnet, alle sind nimbiert. Über ihren Köpfen sind am oberen Bildrand die Namensbeischriften angebracht, von links nach rechts: +ΟΑΓΙΟC ΚΟCΜΑC + ΟΓΙΟC ΑΒΒΑΚΥΡΟ + ΟΑΓΙΟC CΤΕΦΑΝΟC + ΟΑΓΙΟC ΠΡΟΚΟΠΙC + ΟΑΓΙΟC ΔΑΜΗΑΝΟC. Cosmas und Abbakyros sind mit dem Pallium bekleidet. Von der Gestalt des Damian ist kaum etwas erhalten. Cosmas ist mit kurzem Haar und Bart wiedergegeben, in der Rechten hält der Heilige eine geschlossene Buchrolle.[444]

Tafelbild

C/D 12   Tafelbild
Provenienz: unbekannt
Aufbewahrungsort: Sinai, Katharinenkloster
dat.: ca. 7. Jh.
Lit.: WEITZMANN (1976) S. 44, Kat. Nr. B 18, Taf. 65

Nur der rechte Flügel eines Triptychons mit der Darstellung des Damian ist erhalten, der gegenüberliegende, der sicher Cosmas zeigte, ist verloren. Der Heilige steht frontal, er ist mit Tunika und verziertem Pallium bekleidet und nimbiert, hat schwarzes Haar und Voll-

---

[444] CASANOVA, M. L., Cosma e Damiano, Iconografia, in BiblSS IV, 1964, Sp. 225-237, hierzu Sp. 228, meint, daß Cosmas „malamente visibile" in der Rechten eine Schriftrolle *mit Inschrift* trägt. Cosmas hält aber eine geschlossene Rolle.

bart, wie es nach Weitzmann der überlieferten Ikonographie entspricht.[445] Er hält in beiden Händen einen länglichen, runden Instrumentenbehälter. Bezeichnet wird er durch eine griechische Namensbeischrift.

Metall

C/D 13   Bronzekreuz
             Provenienz: Palästina
             Aufbewahrungsort: New York, Metropolitan Museum of Art
             dat.: 6./7. Jh.
             Lit.: KATALOG NEW YORK (1979) S. 621-622, Kat. Nr. 557; VIKAN (1984)

Eine Bronzehand hält eine Kugel, auf der ein Kreuz befestigt ist. Das Kreuz ist mit eingeritzten Darstellungen und Inschriften versehen. Am oberen Kreuzarm thront die Gottesmutter mit dem Kind, am linken steht Paulus, am rechten Petrus. Unten befinden sich die beiden Ärzteheiligen Cosmas und Damian, sie tragen jeder ein Utensilienbehältnis. Am Schnittpunkt der Kreuzarme steht Stephanus. Alle Heiligen sind mit ihrem Namen bezeichnet und nimbiert.

Unsichere und falsche Zuschreibungen

C/D 14*   Thessaloniki
             Agora, Fresko in einer Grabkammer (?)
             dat.: 6./A. 7. Jh.
             Lit.: SPIESER (1984) S. 90

Die Beschreibung folgt den Angaben von Spieser. Es gibt keine Farbabbildung des Ensembles. In einer 1,98 m x 2,56 m großen Kammer befindet sich in der oberen Zone ein in Fragmenten erhaltenes Fresko, das den thronenden, von zwei Engeln begleiteten Christus darstellt. Darunter befinden sich zwei stehende Figuren, die als Cosmas und Damian identifiziert werden. Sie verneigen sich mit verhüllten Händen vor einem Kreuz, das zwischen ihnen in der Mitte steht.

---

[445] Vgl. WEITZMANN (1976) S. 44.

C/D 15*   Elfenbeinrelief
Provenienz: Ägypten
Aufbewahrungsort: Dumbarton Oaks Collection
dat.: 5. Jh.?
Lit.: Bulletin of the Fogg Art Museum, Harvard University, Vol. X, 6, 1947, S. 219; VOLBACH (1976) S. 56, Kat. Nr. 65 a, ehem. Nr. 260, Taf. 37;
WEITZMANN, K., Catalogue of the Byzantine and Early Mediaeval Antiquities in the Dumbarton Oaks Collection, vol. III, Ivories and Steatites, Washington 1972, S. 23-24, Kat. Nr. 11, Taf. XII

Das Elfenbeinrelief zeigt eine frontal stehende männliche Gestalt. Der jugendliche, bartlose Mann ist mit einer Chlamys bekleidet, die mit einem Tablion mit Rosettenmotiv verziert ist. Ein Nimbus ist nicht vorhanden, der rechte Arm abgebrochen. In der angewinkelten Linken hält der Dargestellte an einer Schlaufe eine unten dreieckig zulaufende Tasche. Aufgrund dieses Attributs, das als Ärztetasche identifiziert wurde, wurde er als „Cosmas (?)" bezeichnet.[446] Weitzmann[447] und Volbach[448] wiesen jedoch darauf hin, daß es sich nicht um einen Heiligen, sondern um einen Hofschreiber mit seinen Schreibutensilien handeln muß, denn auf der Tasche sind die Buchstaben NOTAI eingeritzt.

C. ANALYSE DER VORKOMMENDEN BILDTYPEN UND ATTRIBUTE

Erfaßt wurden 13 Darstellungen von Cosmas und Damian, die bis auf wenige Beispiele aus dem sechsten und siebten Jahrhundert datieren.

Folgende ikonographische Merkmale sind wegen ihrer Häufigkeit hervorzuheben:

Namensbeischriften sind in fast allen Denkmälern vorhanden, sie fehlen nur im Apsismosaik von SS. Cosma e Damiano (**C/D 3**). Dort konnte aber ohne weiteres darauf verzichtet werden, die dargestellten Patrone der Kirche zusätzlich mit einer Inschrift zu benennen, zumal in der Stifterinschrift auf sie eingegangen wird.

Mehr als die Hälfte der Darstellungen zeichnen die heiligen Ärzte mit dem Nimbus aus, nämlich die Fresken in Parenzo (**C/D 4**), in Hagios Demetrius, Wadi Sarga und Bawit (**C/D 7, 8** und **9**), in S. Maria Antiqua (**C/D 10** und **11**), ferner im Tafelbild am Sinai (**C/D 12**).

Den Kranz der Märtyrer bringen Cosmas und Damian in der ihnen geweihten Kirche in Rom Christus dar (**C/D 3**), in Parenzo werden sie von Christus selbst bekrönt (**C/D 4**).

---

[446] So in der Notiz in: Bulletin of the Fogg Art Museum, Harvard University, Vol. X, 6, 1947, S. 219; ebenso bei ARTELT (LCI), wie Anm. 429, Sp. 345.

[447] WEITZMANN, K., Catalogue of the Byzantine and Early Mediaeval Antiquities in the Dumbarton Oaks Collection, vol. III, Ivories and Steatites, Washington 1972, bes. S. 23, Kat. Nr. 11.

[448] VOLBACH (1976) S. 56, Nr. 65a, ehem. Nr. 260.

Das Gattungsattribut Buchrolle wird den Heiligen in drei Beispielen gegeben, in S. Michele in Affricisco (C/D 5), in Bawit (C/D 9) und in S. Maria Antiqua (C/D 10).

Das Gattungsattribut der heiligen Ärzte, die Arzttasche oder den Instrumentenbehälter, die ihren Berufsstand anzeigen, tragen Cosmas und Damian fünfmal: (C/D 3[449], 8, 9, 12, 13). Allerdings ist nicht immer eindeutig zu entscheiden, ob es sich um einen Rotulus handelt oder um ein zylindrisches Instrumentenbehältnis, das einer geschlossenen Buchrolle ähnlich ist, wie in Bawit (C/D 9).

Der Porträttypus der beiden Heiligen kann bis zum sechsten Jahrhundert noch schwanken. Die Heiligen werden in einigen Fällen als jugendliche, bartlose Männer dargestellt. Im siebten Jahrhundert wird er dann festgelegt auf einen Typus mittleren Alters, mit kurzem, dunklem Haar und dunklem Vollbart.

Die Quellen bezeugen eine frühe Verehrung der beiden Ärzteheiligen, wie im Kapitel KULT ausgeführt wurde. In Mirakelbüchern wird erwähnt, daß Heilungssuchende Cosmas und Damian in Traumerscheinungen wiedererkannten, weil ihr Aussehen von Ikonen her bekannt war.[450] Anhand der überkommenen Darstellungen ist es jedoch nicht möglich, das Urbild zu rekonstruieren, das an der Wallfahrtsstätte an ihrer Grabmemoria angebracht gewesen sein muß. Auch für die große Wallfahrtskirche in Konstantinopel muß ein Repräsentationsbild angenommen werden. Die überkommenen Bilder stellen die Heiligen oft in einem übergeordneten Gesamtprogramm oder aber in einer Reihe mit anderen Heiligen dar. Wahrscheinlich gehörte ein Gattungsattribut heiliger Ärzte zum ikonographischen Typus, die Tasche oder das Instrumentenbehältnis, wie sie auf den erhaltenen Bildern zu finden sind.

SERGIUS UND BACCHUS

A. VITA, KULT UND LEGENDE

Vita und Legende:

Sergius und Bacchus stammten aus den syrischen Grenzprovinzen. Sie waren Offiziere der kaiserlichen Garde in Konstantinopel und angeblich von hohem Ansehen in der Hauptstadt. Unter Maximian oder unter Maximinus Daja wurden sie als Christen denunziert und zum Opfer vor dem Bild des Jupiter aufgefordert. Als sie das Götteropfer verweigerten, wurden sie mit Ketten um dem Hals durch

---

[449] Die Tasche wurde von M. CASANOVA (BiblSS), wie Anm. 444, Sp. 228 wohl übersehen. Sie betont, daß Cosmas und Damian in der ihnen geweihten Kirche noch ohne Attribute seien.

[450] Vgl. DEUBNER, L., Kosmas und Damian. Texte und Einleitung, Leipzig-Berlin 1907. Bilder der Heiligen werden in folgenden Mirakeln erwähnt: W 3 (D 105, 26ff.), W 13 (D 133, 23), W 30 (D 174, 17ff).

die Stadt geschleppt. Bacchus wurde 303 vom Präfekten der Provinz Syrien und Euphrat im Lager Barbalissus zu Tode gegeißelt, Sergius mußte mit Nägeln unter den Füßen neun Meilen laufen und wurde dann in Resafa (später Sergiopolis) enthauptet.[451]

Eine andere Variante ist in der Bibliotheca Sanctorum[452] beschrieben: Obwohl die beiden Heiligen, besonders Sergius, sowohl im Osten als auch im Westen starke Verehrung erfuhren, ist wenig über sie bekannt, weil die in mehreren Sprachen vorliegende Passio nur geringen historischen Wert besitzt. Danach waren Sergius und Bacchus Soldaten und hatten einen hohen Rang in der Palastgarde des Maximian inne. Sie wurden von Feinden als Christen angeklagt und daraufhin aufgefordert, im Jupitertempel zu opfern. Als sie sich weigerten, wurden sie degradiert und zum Hohn in Frauenkleidern durch die Straßen geschickt. Nach erneuter Opferverweigerung wurden sie in das Lager von Barbalissus überstellt. Dort wurde Bacchus zu Tode gegeißelt. Sein Körper blieb unbestattet, wurde aber nachts von Christen geholt und in einer benachbarten Höhle begraben. Sergius wurde gezwungen, mit Nägeln unter den Füßen das Lager zu durchqueren und wurde schließlich enthauptet. Er wurde am Ort seines Martyriums, im Lager von Resafa, bestattet.

Bis auf die topgraphische Angabe sind alle anderen Nachrichten der Passio unsicher, sie können aber durch weitere Quellen ergänzt und berichtigt werden. Mit großer Wahrscheinlichkeit wurden Sergius und Bacchus nicht unter Maximianus, sondern unter Maximinus Daja gemartert, sie waren den Grenzlegionen zugeordnet. Es ist ferner gesichert, daß in Resafa nur die Reliquien des Sergius bestattet waren und daß sein Kult sich weiter verbreitete und den des Bacchus in den Schatten stellt.

Kult:

In den ältesten Martyrologien ist als Festtag der 7. Oktober verzeichnet, in Syrien jedoch wird der *dies natalis* des Bacchus am ersten, der des Sergius am siebten Oktober gefeiert. Über dem Grab des Sergius wurde nach dem Ende der diokletianischen Christenverfolgung zunächst ein Oratorium gebaut. Zu Beginn des fünften Jahrhunderts wurde in der Nähe eine große Kirche errichtet, in die man die Reliquien übertrug. Dieser Initiative des Bischofs Alexander von Hierapolis ist der immense Kultaufschwung zu verdanken. Neben der Kirche entstand ein bedeutendes Pilgerzentrum, das von Justinian ausgebaut und mit dem Namen Sergiopolis bezeichnet wurde. Die dortige Grabmemoria des heiligen Sergius wurde zu einem bedeutenden Wallfahrtszentrum, das der Menasstadt und dem Stylitenheiligtum auf dem Mons Admirabilis in nichts nachstand.

---

[451] REAU, Iconographie, Bd III, 3, 1959, Serge et Bacchus, S. 1201-1202.
[452] AMORE, A., Sergio e Bacco, santi, martiri, in: BiblSS 11, 1968, Sp. 876-879.

Die Kultausbreitung erstreckt sich von Mesopotamien bis Gallien. Als wichtigstes Heiligtum in Syrien ist neben Resafa/Sergiopolis die Kirche in Bosra (erbaut 512) zu nennen. In der griechischen Kirche tragen die beiden Heiligen den Rang der Megalomärtyrer.[453] Reliquien waren im gesamten Orient verteilt. In Rom und Ravenna gab es Oratorien der beiden Soldatenheiligen, in Konstantinopel weihte ihnen Justinian eine Kirche.

Die Nachricht von den Wundern, die an dem Kultort geschahen, verbreitete sich auch im Westen, wie Gregor von Tours bestätigt, der Reliquien des Sergius im Baptisterium der Kirche S. Perpetua in Tours aufbewahrte.[454]

B. MONUMENTE

Vorbemerkung: Als notwendiger Mindestbestand für den Katalog wurde die Anzahl von wenigstens zehn Denkmälern eines Heiligen festgesetzt, weil nur so gesicherte Aussagen zur Ikonographie gemacht werden können. Sergius und Bacchus stellen hier jedoch eine Ausnahme dar: Es gibt zwar nur sieben Bilder aus frühchristlicher beziehungsweise frühbyzantinischer Zeit, diese beinhalten jedoch fast alle ein individuelles Attribut der beiden. Damit erscheint es gerechtfertigt, sie mit aufzunehmen.

Es wurden alle in der Literatur erreichbaren Darstellungen von Sergius und Bacchus im Katalog erfaßt. In einem Fall, dem Fresko von S. Maria Antiqua in Rom (S/B 3), wird der zeitliche Rahmen, der für die Arbeit mit dem Jahr 726 festgelegt wurde, um dreißig bis vierzig Jahre überschritten. Angesichts der spärlichen Denkmälerlage wurde das Fresko trotzdem mit einbezogen. Die meisten Bilder beziehen sich zudem nur auf Sergius als den mehr verehrten Märtyrer des Paares.

KATALOG

Der Katalog ist nach Gattungen und innerhalb derer chronologisch geordnet.

Mosaik

S/B 1   Gaza, S. Sergius
           Apsisbild (überliefert)
           dat.: vor 536
           Lit.: IHM (1992) S. 193-194, mit weiterer Literatur

Die Nachrichten über diese Kirche sind durch ein Loblied überliefert, das Chorikios von Gaza auf den Bischof Markianos von Gaza verfaßte. Chorikios beschreibt das Mosaikbild

---

[453] Vgl. REAU, Iconographie, Bd III, 3, 1959, S. 1201-1202.
[454] WEIGERT, C., Sergius und Bacchus, in: LCI 8, 1976, Sp. 329-330.

der Hauptapsis. Es zeigte in der Mitte die Theotokos mit Christus auf dem Schoß, umgeben von der „heiligen Schar". Genauer eingegangen wird im Text jedoch nur auf den Stifter, der den „Patron des Tempels", also Sergius, bittet, das Geschenk zu empfangen. Dieser führt den Stifter bei der Gottesmutter ein, indem er die Rechte auf dessen Schulter legt und sich mit diesem empfehlenden Gestus zur Mitte wendet.

Es gibt keinerlei Notizen zur Gestaltung der einzelnen Figuren.

S/B 2   Thessaloniki, Hagios Demetrius
             Mosaik an der Westseite des rechten Pfeilers vor dem Querschiffeingang
             dat.: A. 7. Jh.
             Lit.: SOTIRIOU (1952) Taf. 65 a; HODDINOTT (1963) S. 153-154, Taf. 33 b; XYNGOPOULOS (1969) S. 25-26, Taf. 19-20

Sergius steht frontal in Orantenhaltung vor einem gemmengeschmückten, architektonisch gegliederten Hintergrund, hinter seinem Haupt ist ein Velum aufgespannt. Er hat den Blick auf den Betrachter gerichtet, ist jung, bartlos und mit kurzem, gelocktem Haar wiedergegeben. Bekleidet ist er mit einer Ärmeltunika und einem mit Kreis- und Blattornamenten verzierten Paludamentum mit einer Tabula. Um den Hals trägt er das *Maniakion*[455]. Er ist nimbiert. Oberhalb seines Kopfes verläuft die griechische Namensbeischrift, die ihn bezeichnet.

Fresko

S/B 3   Rom, S. Maria Antiqua
             Fresko
             dat.: 757-767
             Lit.: GRÜNEISEN (1911) S. 113, Taf. IC.XXVIII, IC.XXIX; WILPERT (1916) S. 708-709, Taf. 192-193

Sergius und Bacchus stehen in einer Reihe mit anderen Heiligen frontal dem Betrachter zugewandt. Sie sind mit einer Chlamys bekleidet und tragen das Maniakion mit zwei (?) Steinen um den Hals. Beide haben einen Nimbus und sind durch eine Namensbeischrift gekennzeichnet. Bei Bacchus ist noch deutlich das Handkreuz zu erkennen, das er in der Rechten hält sowie die Krone, die er auf seiner verhüllten Linken trägt. Sergius hatte die gleichen Attribute.

---

[455] Das Maniakion war ein Torques und fungierte als Ehrenabzeichen der imperialen Hofgarde.

Tafelbild

S/B 4 Tafelbild
Provenienz: Konstantinopel?
Aufbewahrungsort: Kiew, Museum für westliche und orientalische Kunst
dat.: 6./7. Jh.
Lit.: WEITZMANN (1976) S.28-30, Kat. Nr. B 9, Taf. XII, LII, LIII; KATALOG NEW YORK (1979) S. 548, Kat. Nr. 492

Auf dem querformatigen Tafelbild sind die beiden Heiligen halbfigurig nebeneinander dargestellt. Zwischen ihnen ist oben in der Mitte ein kleiner Clipeus mit einer Christusbüste darin angebracht. Beide sind jung und bartlos, mit dunklem, gelocktem Haar wiedergegeben. Sie tragen einen goldverzierten Chiton und eine Chlamys mit Tablion, sowie das Maniakion mit drei Steinen, einem ovalen in der Mitte und zwei hochrechteckigen links und rechts. Sie sind nimbiert und halten ein Handkreuz vor der Brust. Die Namensinschriften sind später dazugekommen.

Metall

S/B 5 Ölphiale
Provenienz: Konstantinopel
Aufbewahrungsort: Baltimore, The Walters Art Gallery
dat.: 2. H. 6. Jh.
Lit.: KATALOG NEW YORK (1979) S. 602-603, Kat. Nr. 536; MANGO (1986) S. 108-111, Kat. Nr. 15, fig. 15,4 und fig. 15,6

Auf der silbernen Phiale sind neben Christus und der Gottesmutter zwei jugendliche männliche Oranten dargestellt. Beide sind bartlos und mit kurzem, gelocktem Haar charakterisiert. Sie sind mit einer Tunika und einem Paludamentum mit Tablion bekleidet. Beide tragen ein Maniakion mit einem großen, kreisrunden Stein darin. Die Heiligen sind nimbiert. Obwohl sie inschriftlich nicht bezeichnet sind, handelt es sich wegen des Attributes Maniakion ohne Zweifel um Sergius und Bacchus.

S/B 6 Silberschale
Provenienz: Konstantinopel
Aufbewahrungsort: London, British Museum
dat.: 641-651
Lit.: KATALOG NEW YORK (1979) S. 548-549, Kat. Nr. 493

Die Silberschale ist am Rand mit einem Ornamentband verziert, das Mittelmedaillon zeigt vor glattem Grund einen halbfigurig dargestellten Heiligen. Er ist jung und bartlos und hat kurzes, gelocktes Haar. Bekleidet ist er mit Tunika und Chlamys mit Tablion, um den Hals trägt er ein Maniakion mit fünf großen runden Steinen darin. In der Rechten hält er ein auf einen Stab gestecktes lateinisches Kreuz. Er ist nimbiert. Obwohl keine Namensbeischrift den Heiligen bezeichnet, kann er anhand des Maniakions sicher als Sergius oder Bacchus identifiziert werden.

Pergament

S/B 7   Pergament
         Fragment eines Amuletts
         Provenienz: Ägypten
         Aufbewahrungsort: Privatsammlung Wien, P. Vindob. Barbara 400
         dat.: 7. Jh.
         Lit.: HORAK, U., Ein Amulett aus dem 7. Jahrhundert mit der Darstellung des hl. Sergius, in KATALOG LINZ (1993) S. 194-195, Abb. S. 195

Auf dem Pergament ist eine stehende männliche Figur dargestellt, die mit einer Tunika und einem Mantel bekleidet ist. Der Mann ist jung und bartlos, mit kurzem, gelocktem Haar. Er hat die Rechte vor dem Körper erhoben und trägt in der verhüllten Linken einen Diskus oder eine Sphaira. Er hat einen Nimbus. Links neben dem Kopf ist eine Inschrift angebracht, die den Dargestellten in griechischer Schrift als hagios [S]ergios bezeichnet. Neben der Figur sind die Reste von zwei roten Bäumen mit spitzen Kronen erkennbar. Auf dem fehlenden Teil des Blattes war möglicherweise der heilige Bacchus dargestellt.

C. ANALYSE DER VORKOMMENDEN BILDTYPEN UND ATTRIBUTE

Insgesamt wurden nur sieben Darstellungen von Sergius und Bacchus erfaßt, die alle aus der Zeit des sechsten und siebten Jahrhunderts datieren. Das Fresko in S. Maria Antiqua (S/B 3) stammt sogar erst aus der zweiten Hälfte des achten Jahrhunderts. Die Darstellung des Sergius in Gaza (S/B 1) wird in der Quelle nur erwähnt, nicht jedoch beschrieben und kann somit auch in der ikonographischen Betrachtung nicht berücksichtigt werden.

Als konstantes Bildmerkmal der Sergius und Bacchus-Darstellungen ist zunächst der Porträttypus anzuführen: Die Heiligen sind immer jugendlich und bartlos mit kurzem, gelocktem Haar wiedergegeben. Allerdings ist ein jugendlichbartloser Porträttypus nicht charakteristisch genug, um zur Identifizierung eines Individuums herangezogen werden zu können. Als zweites und wichtigstes Element aber kommt das individuelle Attribut der beiden hinzu: das Maniakion. Dabei handelt es sich um einen Halsreif, der vorne mit einem oder mehreren runden Edelsteinen geschmückt ist. Er war Bestandteil der Tracht der kaiserlichen Leibgarde. Bemerkenswert ist, daß dieses Attribut, bis auf eine Ausnahme (S/B 7), in allen untersuchten Darstellungen zu finden ist. Auch der Nimbus, als allgemeines Heiligenattribut, ist in allen sechs erhaltenen Beispielen vorhanden. Das Gattungsattribut der Märtyrer, das Hand- beziehungsweise das auf einen Stab gesteckte Kreuz, wird den Heiligen zusätzlich verliehen, es kommt in drei Bildern vor: in S. Maria Antiqua (S/B 3), dem Tafelbild vom Sinai (S/B 4) und der Silberschale (S/B 6). Im letzten Beispiel ist es das auf einen Stab gesteckte Vortragekreuz, es handelt sich dabei aber von der Form her nicht um das große Stabkreuz, das nur einigen Heiligen als Rangattribut verliehen wird. Eine Namensbeischrift kommt ebenfalls in drei Fällen hinzu, in Thessaloniki (S/B 1), in S. Maria Antiqua (S/B 3) und auf dem Pergament (S/B 7).

Ein einmalig auftretendes Sonderattribut ist der Diskus oder die Sphaira, die Sergius in der Darstellung des Pergamentamuletts auf verhüllter Hand vorweist. Die Sphaira als Attribut kommt in der Hand heidnischer Gottheiten vor, sie steht als Machtsymbol und Insignie auch dem Kaiser zu. Seit dem fünften Jahrhundert dient die Sphaira als Thronsitz Christi, wo sie das Universum bezeichnet; von den Niken übernommen, wird die Sphaira zum Hauptattribut der Erzengel innerhalb der christlichen Kunst des Ostens.[456]

Horak weist darauf hin, daß dieses Attribut für gewöhnlich weltlichen und himmlischen Herrschern (Kaisern, Christus, Erzengeln) vorbehalten ist und es eine vergleichbare Darstellung des heiligen Sergius mit der Sphaira nicht gibt. — Man kann anfügen, daß Derartiges auch bei keinem anderen Heiligen anzutreffen ist. — Sie erwähnt jedoch einen ägyptischen Papyrus, auf dem der mythische Held Bellerophon mit einer Kugel in der Hand abgebildet ist und ein Pergament mit der Darstellung von Hiob mit einer Kugel.[457] Die Miniatur auf dem Pergament zeigt eine königlich gekleidete männliche Gestalt und drei weibliche Personen. Der gekrönte Mann hält in der Linken einen Diskus beziehungsweise eine Sphaira. Zur Deutung der Dargestellten wird entweder Hiob mit seinen drei Töchtern vorgeschlagen, wobei Hiob als Jobab, König von Edom dargestellt sei, oder aber eine kaiserliche Familie, vielleicht die des Heraklius. Die Sphaira ist hier demnach im ganz geläufigen Sinne als Attribut einer Herrschergestalt verwendet, ob man im Dargestellten nun Hiob als Jobab, König von Edom, Heraklius oder Hiob in der Gestalt des Heraklius sieht. Horak engt die Deutung zu sehr auf einen christlichen Gehalt ein: „Da sich die Kugeln bei diesen beiden Figuren in christlichem Kontext der Weltherrschaft deuten lassen, ist auch die Kugel bei dem Märtyrer Sergius als Symbol für die Weltherrschaft des Christentums deutbar. Allerdings läßt sich die Kugel auch als Verbindung des Soldaten Sergius zum Streiter Gottes Michael darstellen, der ebenfalls eine Kugel als Attribut haben kann."[458] Die Sphaira als Attribut der Erzengel ist jedoch nicht auf den Kriegerzengel Michael beschränkt. Die gedankliche Verbindung vom Erzengel als dem Streiter Gottes zum irdischen Beruf des Soldaten bei Sergius dürfte zu weit hergeholt sein.

---

[456] Diese Ausführungen zur Sphaira als Attribut mit Darstellungshinweisen bei: GERLACH, P., Kugel, in: LCI II, 1970, S. 695-700, bes. Sp. 696-697.
[457] Der erwähnte Papyrus mit Bellerophon ist abgebildet in: KATALOG LINZ (1993) S. 477, Kat. Nr. Pap. 22. Bei dem dort angeführten Hiob-Pergament handelt es sich wohl um den Neapler Hiob, ein koptisches Fragment, dem am Schluß des Buches Hiob eine Zeichnung angefügt ist. S. dazu: SÖRRIES (1993) S. 150-151, Taf. 81.
[458] HORAK, U., Ein Amulett aus dem 7. Jahrhundert mit der Darstellung des hl. Sergius. In: KATALOG LINZ (1993) S. 194-195, das Zitat auf S. 195.

Solange keine weiteren Hinweise dazukommen, muß man sich bei der Deutung dieses in der Hand eines Heiligen einmalig vorkommenden Attributs darauf beschränken, es in der üblichen Weise, als Macht- und Herrschaftssymbol, zu verstehen.

Besonders hervorzuheben ist die Tatsache, daß Sergius und Bacchus nicht einfach in Soldatenkleidung[459] wiedergegeben werden, sondern in der offiziellen byzantinischen Tracht der kaiserlichen Leibgarde, deren Abzeichen das Maniakion ist. Im Synaxarium von Konstantinopel (115) wird ausdrücklich erwähnt, daß den beiden während ihres Martyriums zum Zeichen ihrer Entehrung das Würdesymbol Maniakion abgerissen wurde. Somit kann dieses Darstellungselement, obwohl eigentlich Bestandteil der Tracht, als individuelles Attribut gewertet werden, weil es innerhalb der Vita dieser beiden Heiligen eine Rolle spielte.

Réau und vor ihm schon Wladimir de Grüneisen[460] wiesen darauf hin, daß das Legendenmotiv, wonach Sergius und Bacchus mit Ketten um den Hals gemartert worden seien, von mißverstandenen Darstellungen hergeleitet werden kann. Die Legende entstand als Reaktion auf bereits bestehende Bilder, zu einem Zeitpunkt, als das Maniakion nicht mehr als solches erkannt wurde. Eine Weiterentwicklung der Legende in diese Richtung bedeutet auch die von A. Amore[461] erwähnte Episode aus dem Martyrium, wonach die beiden Soldaten zum Hohn in Frauenkleidern durch die Straßen geschickt wurden. Es handelt sich um ein späteres Mißverständnis, bei dem Halsgeschmeide mit Frauengewand assoziiert wurde.

Weitzmann[462] betont die Bedeutung des Maniakion für die Ikonographie der dargestellten Märtyrer, wenn er darauf hinweist, daß Sergius und Bacchus auf dem Tafelbild (S/B 4) auch ohne die später dazugekommenen Namensbeischriften zu identifizieren wären — eben anhand ihres individuellen Attributs. Dieses unterscheidet Sergius und Bacchus von der gängigen Ikonographie der Soldatenheiligen.

Nicht völlig bestätigt werden kann hingegen seine Beobachtung, daß die beiden Heiligen auch immer gemeinsam dargestellt worden seien. Zwei von fünf untersuchten Bildern zeigen Sergius sicher alleine: das Mosaikbild in Thessaloniki (S/B 2) und die Silberschale (S/B 6), zu der jedoch möglicherweise ein Pendant existiert haben kann. Bei dem ägyptischen Pergament ist Bacchus nicht sicher dabei gewesen. Der Schwerpunkt der Verehrung galt immer dem heiligen Sergius, was sich an der Wallfahrtsentwicklung an seinem Grab in Sergiopolis ablesen läßt.

---

[459] CHATZINIKOLAOU, A., Heilige, in: RBK II, 1971, Sp. 1049-1051 betont, daß Soldatenheilige auf den ältesten Darstellungen „mit dem normalen Hofgewand der Märtyrer bekleidet" seien, nämlich mit dem fußlangen Chiton, reicher Chlamys mit Tablia. Das früheste „normale" Gewand der Märtyrer ist jedoch das Pallium, siehe Kat. DEMETRIUS.
[460] Vgl. GRÜNEISEN (1911) S. 551; sowie REAU, Iconographie, Bd III, 3, 1959, S. 1202.
[461] AMORE (BiblSS), wie Anm. 452, Sp. 876.
[462] WEITZMANN (1976) S. 28-29.

Die besprochenen Darstellungen zeigen eine feststehende Bildtradition, die auf ein prägendes Urbild zurückgehen muß. Es ist anzunehmen, daß dieses, der antiken Tradition der Sepulkralporträts folgend, in der Memoria des Sergius entstanden ist, als die Kirche im fünften Jahrhundert neu erbaut wurde. Dieses Initialbild wurde für alle späteren Darstellungen zum Vorbild genommen. Das Attribut des Maniakion wurde davon ausgehend zum kennzeichnenden Attribut des Sergius.[463] Dort fand sich wohl auch der Nimbus, der sich als Konstante auf allen erhaltenen Darstellungen erwiesen hat, und der beschriebene Porträttypus.

Aufgrund der durch den Vergleich aller Denkmäler erzielten Ergebnisse kann die Darstellung auf einem Silberkelch, der sich in der Abeggstiftung bei Bern befindet, sicher von der Gruppe der Sergiusbilder ausgeschlossen werden. Marlia Mango bezeichnet den mit Lanze und Schild bewaffneten Soldatenheiligen als „Sergius(?)". Sie räumt ein, daß Sergius üblicherweise in zeremonieller Kleidung mit Maniakion und Kreuzstab wiedergegeben werde. Dazu ist anzumerken, daß das Prozessionskreuz nur auf der Silberschale (S/B 6) vorkommt, zweimal handelt es sich hingegen um ein Handkreuz (S/B 3, 4). Dann vergleicht sie unvermittelt den Soldatenheiligen des Kelches mit einer Darstellung von Theodor und Longinus[464], beharrt aber auf ihrer Deutung als Sergius.[465] Es gibt jedoch keine gesicherte Darstellung des Sergius, die mit dem Typus des Soldatenheiligen auf dem Kelch zu vergleichen ist. Aufgrund der hier gemachten Beobachtungen kann man vielmehr ausschließen, daß ein nicht identifizierter Soldatenheilger Sergius bezeichnen soll, wenn sein individuelles Attribut in der fraglichen Darstellung fehlt.

Bei der Beschreibung der beiden Oranten auf der silbernen Ölphiale (S/B 5), die Buschhausen im New Yorker Katalog (1979) gibt, erwähnt er das Maniakion nicht und verzichtet damit zwangsläufig auf eine Deutung als Sergius und Bacchus. Diese Ölphiale fehlt auch bei den von Grabar[466] aufgezählten Sergiusdarstellungen. Dagegen weist Marlia Mango bei der Beschreibung der Phiale auf das Maniakion hin und identifiziert die beiden Heiligen versuchsweise als Sergius und Bacchus.[467] Der Vergleich mit den anderen erhaltenen Darstellungen der beiden Heiligen kann diese Vermutung jetzt bestätigen, womit zugleich das wichtigste Ergebnis der Studie zu Sergius und Bacchus formuliert wird: Das Maniakion ist zwar streng genommen nur ein Gattungsattribut, weil es Bestandteil der Tracht einer bestimmten Soldatengruppe ist, findet aber de facto nur bei Sergius und

---

[463] Vgl. GRABAR (1946) S. 26.
[464] Sandsteinkapitelle aus Aila — Aqaba mit Soldatenheiligen in Rüstung, mit Schild und Lanze. Heute im Archäologischen Museum in Amman. Abbildung im KATALOG SCHALLABURG (1986) S. 251, Kat. Nr. 50, 51,. Vgl. Kat. THEODOR, TH 11.
[465] MANGO (1986) S. 232-233, Kat. Nr. 62. Zu dem Silberkelch vgl. auch Kat. STEPHANUS, ST 8.
[466] GRABAR (1946) S. 26.
[467] MANGO (1986) Nr. 15.

Bacchus Anwendung und kann deshalb als ihr individuelles Attribut gehandhabt werden.

Von den insgesamt sieben bekannten Darstellungen sind sechs östlicher Provenienz, eine Tatsache, die trotz der Herkunft der beiden Heiligen aus Syrien erstaunt, wenn man die Verbreitung ihres Kultes auch im Westen bedenkt. In Anbetracht des Bekanntheitsgrades von Sergiopolis ist anzunehmen, daß besonders im Osten die Anzahl der verlorengegangenen Bilddenkmäler sehr hoch anzusetzen ist.

THEODOR TIRO

A. VITA, KULT UND LEGENDE

Vita und Legende:

Theodor stammte aus dem Orient und war einfacher Soldat (Tiro = Rekrut) im Heer des Kaisers Maximianus. Er war mit seiner Legion im Winterquartier in Amasea (Provinz Pontus), als ein Edikt erlassen wurde, daß alle Soldaten den Göttern opfern sollten. Theodor weigerte sich und nutzte die ihm eingeräumte Bedenkzeit dazu, den Kybeletempel anzuzünden, der mitten in der Stadt stand. Daraufhin wurde er festgenommen, ins Gefängnis geworfen, gefoltert und schließlich lebendig verbrannt.[468] Das Martyrium erlitt Theodor an einem 17. Februar zwischen den Jahren 306 und 311. Sein Grab befindet sich in Euchaita in der Nähe von Amasea.

Zur Legende:

Diese Fakten finden sich am frühesten in der panegyrischen Homilie des Gregor von Nyssa (gestorben um 394) und in einem Enkomium des Chrysippos von Jerusalem, die beide schon zur hagiographischen Literatur gehören. Die Erzählungen weisen Übernahmen aus der Passio des Nestor, des Polykarp und anderer Märtyrer auf.[469] Sie werden in der wenig späteren griechischen Fassung der Passio durch topographische und chronologische Angaben ergänzt.

In weiteren Legendengruppen geschieht eine Ausschmückung der Vita um das Motiv des Drachenkampfes. Seit dem neunten Jahrhundert erscheint im Kult von Euchaita der heilige Theodor Stratelates (= General), dessen Fest am 7. und 8. Februar und am 8. Juni gefeiert wird. Er soll in Euchaita oder Herakleia unter Licinius gemartert worden sein. Seine Akten sind aber nur eine Umbildung der

---

[468] AMORE, A., Teodoro, soldato, santo, martire ad Amasea, in: BiblSS 12, 1969, Sp. 238-241.
[469] WEIGERT, C., Theodor Tiro von Euchaita, in: LCI 8, 1976, Sp. 447-451, bes. Sp. 447.

Passio des Tiro. An der Identität der beiden Theodor und der legalen Priorität und Kultberechtigung des Tiro ist nicht zu zweifeln.[470]

Kult:

Das Fest des Heiligen wird in der Ostkirche am 17. Februar und im Westen am 9. November gefeiert.

Gregor von Nyssa berichtet auch schon von der Wallfahrtsbewegung zum Grab des Heiligen und von den zahlreichen Wundern und Heilungen, die sich dort abspielten.

Von der Verehrungsstätte ist so wenig erhalten geblieben, daß in der Forschung keine Einigkeit darüber besteht, wo sie zu lokalisieren ist. Auch der Ausgangspunkt des Kultes ist nicht unumstritten geblieben: das Martyrium vollzog sich in Amasea, das Grab dagegen befand sich in Euchaita, 50 Kilometer westlich davon gelegen (heute Avkhat). In der Vita ist zu lesen: "Eine Frau namens Eusebia ... holte den Leichnam des hl. Märtyrers Theodor ... und setzte ihn in einem neuen Grabe bei auf ihrem Besitztum, das von der Stadt Amasea eine Tagesreise weit entfernt ist, an dem Ort, der Euchaita heißt." (P.G. 120, 1044). Die größte Wahrscheinlichkeit kann also die Kultlokalisierung nach Euchaita beanspruchen, wo auch Gregor seine Homilie gehalten haben dürfte. Die Homilien des Gregor wurden in der Nähe von Amasea, aber nicht dort selbst gehalten, denn er spricht von Amasea wie von einer anderen Stadt. Demnach befand sich bereits um 400 in Euchaita eine Wallfahrtsstätte des heiligen Theodor. Gregor von Nyssa beschrieb ausführlich die künstlerische Ausstattung der Wallfahrtskirche mit Holz, dem die Gestalt von Tieren gegeben war, mit Stein, Fußbodenmosaik und schließlich mit Malerei. Es gab laut Gregor einen Bildzyklus zur Vita und zum Martyrium des Heiligen, der alle Taten des Märtyrers, seine einzelnen Leiden und Qualen und sein glückliches Ende sowie Christus in menschlicher Gestalt als den Kampfrichter darstellte. Das Grab des Heiligen befand sich vorn im Gotteshaus. Das Verlangen der Pilger ging dahin, die Reliquien oder zumindest den Schrein berühren zu dürfen. Der Staub vom Grab wurde „wie Edelsteine" geschätzt und als Andenken mitgenommen.[471] Das Pilgerbuch des Theodosius (um 530) nennt unter den Pilgerzentren Kleinasiens auch Euchaita.[472]

Kaiser Anastasius (491-518) stiftete eine Kirche an der Stätte des Martyriums in Amasea.

Weitere Kirchen wurden dem heiligen Theodor im gesamten Orient geweiht. Das Dedikationsfest der Kirche in Konstantinopel wurde am 5. September

---

[470] VOLK, O., Theodoros v. Euchaita, in: LTHK 10, ²1965, Sp. 39-40.
[471] S.: Gregor von Nyssa, De S. Theodoro mart. (P. G. 46, 737 C-740 A/B).
[472] Theodosius, De situ terrae sanctae 15. Die Quellennachweise finden sich alle bei KÖTTING (1950) S. 160-166.

452 begangen, insgesamt gab es dort 15 ihm geweihte Kirchen. Theodor gehört neben Georg und Demetrius zu den verehrtesten Soldatenheiligen. Er war Patron des byzantinischen Heeres. Im Osten gab es im fünften Jahrhundert Kirchen in Eaccea in Syrien, in Gerasa und Edessa. In Jerusalem wurde im sechsten Jahrhundert eine Theodorkirche gestiftet.

Das älteste Bildzeugnis für den Kult im Westen ist die Darstellung des Theodor in SS. Cosma e Damiano in Rom (526-530). In Rom wurde dem Heiligen im siebten Jahrhundert eine Kirche am Fuße des Palatin gestiftet, die, wie es im Sacramentarium Gregorianum festgehalten ist, am 9. November geweiht wurde. Bereits am Ende des sechsten Jahrhunderts gab es in Palermo und Messina, in Ravenna und Neapel Monasterien, die Theodor geweiht waren.[473]

Seit dem achten und neunten Jahrhundert erscheint Theodor Tiro auch als Reiterheiliger, zunächst nur literarisch, später auch in der Kunst. Theodor war ein vielverehrter Heiliger, was sich auch in der Legendenbildung niederschlug. Seit dem neunten Jahrhundert läßt sich die Doppelung als Soldat und Feldherr literarisch nachweisen und aus der gleichen Zeit die Verbindung des Drachenkampfmotives mit dem „Soldaten" Theodor.[474]

B. MONUMENTE

In den vorliegenden Katalog wurden alle in der Literatur erreichbaren Repräsentationsbilder des heiligen Theodor Tiro aufgenommen. Am Ende stehen, als abgesonderte Gruppe, einzelne Beispiele, die einem anderen ikonographischen Schema folgen. Es handelt sich um die Darstellungen, die Theodor als Reiterheiligen zeigen, wie er einen Dämon besiegt.

KATALOG

Der Katalog ist nach Kunstgattungen gegliedert.

Mosaik und Fresko

TH 1   Rom, SS. Cosma e Damiano
        Apsismosaik
        dat.: 526/30
        Lit.: MATTHIAE (1967) bes. S. 135-142, IHM (1992) S. 137-138, Taf. XII,2

Das Thema der Apsis ist die Einführung von Cosmas und Damian durch Petrus und Paulus bei dem erhöhten Christus des secundus adventus. Christus steht auf dem roten und blauen Wolkenmeer, er ist als einzige Gestalt nimbiert. Unterhalb, laut einer beigefügten

---

[473] Vgl. AMORE (BiblSS), wie Anm. 468, Sp. 240.
[474] KÖTTING (1950) S. 160-166.

Inschrift am Ufer des Jordan, befinden sich zwei Gruppen von Heiligen: Petrus zur Linken Christi und Paulus zu seiner Rechten führen Cosmas und Damian bei Christus ein. Auf der linken Seite, vom Betrachter aus gesehen, folgt der Stifterpapst Felix mit dem Kirchenmodell, rechts außen der heilige Theodor, der wie Cosmas und Damian eine Märtyrerkrone darbringt. In einem abgetrennten Fries unterhalb der Szene gehen, aus zwei Stadttoren kommend, je sechs Lämmer zur Mitte hin, wo achsial unterhalb von Christus das nimbierte Gotteslamm auf dem Paradiesesberg steht. Die Heiligen sind nicht nimbiert. Theodor trägt eine Tunika und eine reich ornamentierte Chlamys mit einem purpurfarbenen Tablion, also die Tracht der höhergestellten Militärpersonen. Die Märtyrerkrone bringt er auf verhüllten Händen dar. Er hat dunkles, kurzes, gelocktes Haar und einen Spitzbart. Die Inschrift beidseits des Kopfes bezeichnet ihn mit SANC THEODORUS.

TH 2   Thessaloniki, Hagios Demetrius
        Mosaiken an der Hochwand zwischen den nördlichen Seitenschiffen, verloren
        dat.: 6. Jh.
        Lit.: CORMACK (1969) S. 17-52; SPIESER (1984) Taf. 30, 1

Das Thema des Mosaikbildes, das nur in einem Aquarell vom Anfang des 20. Jahrhunderts überliefert ist, ist die thronende Gottesmutter mit dem Christuskind auf dem Schoß. Sie wird von zwei Engeln begleitet. Links und rechts daneben stehen leicht erhöht und in kleinerem Maßstab zwei Heilige, Demetrius zur Rechten der Gottesmutter und Theodor zu ihrer Linken. Theodor steht in Orantenhaltung frontal dem Betrachter zugewandt. Er trägt eine Tunika und ein Paludamentum mit eingesetztem Tablion. Alle Dargestellten sind nimbiert. Theodor ist auch ohne eine Namensbeischrift an seiner Gewandung und ganz eindeutig an seinen Porträtzügen, dem länglichen, schmalen Gesicht und dem kurzen, schwarzen Haar und dem schwarzen Spitzbart zu erkennen.

TH 3   Thessaloniki, Hagios Demetrius
        Mosaik an der Südseite des linken Pfeilers vor dem Querschiffeingang
        dat.: A. 7. Jh.
        Lit.: SOTIRIOU (1952) Taf. 66; XYNGOPOULOS (1969) S. 26-28, Taf. 21-23

Das hochrechteckige Bildfeld wird von zwei Figuren eingenommen, die vor einem architektonisch gegliederten Hintergrund stehen. Theodor ist frontal in Orantenhaltung zur Linken der Gottesmutter wiedergegeben. Diese wendet sich mit einer offenen Schriftrolle in der Hand leicht zur Mitte. Darüber, in der Mittelachse des Bildes, erscheint in einem Himmelssegment eine zur Gottesmutter gebeugte, maßstäblich viel kleiner dargestellte Christusbüste. Von dem Bogensegment aus fallen Strahlen auf die Heiligen. Theodor ist mit einer Tunika und einem Paludamentum mit Tablion bekleidet und nimbiert. Er hat einen dunklen, spitz zulaufenden Bart und schwarzes, kurzes, gelocktes Haar. Am unteren Bildrand verläuft die Stifterinschrift.

TH 4 Rom, S. Teodoro
Apsismosaik
dat.: 6./A. 7. Jh.
Lit.: MATTHIAE, G., SS. Cosma e Damiano e S. Teodoro, Rom 1948; IHM (1992) S. 140-141, Taf. VI, 2

Die dem heiligen Theodor in Rom geweihte Kirche war ursprünglich ein heidnischer Bau, über den keine Quellen existieren. Zur Zeit Gregors des Großen (590-604) war er bereits in eine Kirche umgewandelt. Das Programm des Apsisbildes stellt den auf der Sphaira thronenden Christus dar, der in der Linken ein Stabkreuz hält, mit der Rechten segnet und von den Apostelfürsten flankiert wird. Auf der vom Betrachter aus gesehen rechten Seite führt Petrus den heiligen Theodor zu Christus hin, auf der linken geleitet Paulus einen zweiten Heiligen, ehemals wohl Georg, zu Christus hin. Die Darstellung dieses Heiligen wurde im 17. Jahrhundert erneuert. Theodor ist mit Tunika und Chlamys bekleidet, nimbiert und bringt den Kranz des Märtyrers dar. Er hat dunkles Haar und einen Spitzbart. Es gibt keine Namensbeischriften.

TH 5 Latmos bei Herakleia, Pantokratorhöhle
Fresko an der Apsiswand
dat.: 7. Jh.[475]
Lit.: IHM (1992) S. 190-191; WIEGAND (1923) S. 90-91 u. S. 200-201, Abb. 114 auf S. 90

Die Höhlenkirche ist in der Apsispartie freskiert. Die Apsis ist in zwei Register unterteilt. Oben thront Christus in der Mandorla, umgeben von den vier Wesen, unten sitzt die Gottesmutter Galaktotrophousa auf einem Gemmenthron. Zu ihren beiden Seiten stehen links fünf, rechts drei Heilige. Wegen des schlechten Erhaltungszustandes sind nicht alle zu identifizieren. Theodor steht zur Linken der Gottesmutter an vierter Stelle. Die ihn bezeichnende Inschrift ist fragmentarisch erhalten. Er ist frontal stehend wiedergegeben, hat einen dunklen Spitzbart, sein Gewand ist die Chlamys. Auf seiner verhüllten Linken trägt er einen Kranz. Er ist nimbiert.

Tafelbilder

TH 6 Tafelbild
Provenienz: Konstantinopel
Aufbewahrungsort: Sinai, Katharinenkloster
dat.: 2. H. 6./A. 7. Jh.
Lit.: WEITZMANN (1976) S. 18-21, Kat. Nr. B 3, Taf. IV-VI

Dargestellt ist die zwischen einer Engelgarde und zwei Märtyrern thronende Gottesmutter mit dem Christuskind auf dem Schoß. Genau in der Mittelachse erscheint oben die Hand Gottes, von der Strahlen ausgehen. Der zur Rechten der Mittelgruppe stehende Heilige trägt ein mit kreisförmigen Ornamenten verziertes Paludamentum, in das ein pur-

---

[475] S. auch den späteren Datierungsansatz bei: Kat. ANDREAS, AN 26, mit Anm. 315.

purfarbenes Tablion eingesetzt ist. Er hat schwarzes, kurzes Haar und einen schwarzen Spitzbart und kann wegen seiner Porträtzüge trotz der fehlenden Namensbeischrift mit Sicherheit als Theodor identifiziert werden. Er ist, wie alle Dargestellten, nimbiert und hält in der Rechten ein Handkreuz als Attribut des Märtyrers.

TH 7	Tafelbild Provenienz: Ägypten (?) Aufbewahrungsort: Sinai, Katharinenkloster dat.: 6./7. Jh. Lit.: WEITZMANN (1976) S. 36-37, Kat. Nr. B 13, Taf. XV

Es handelt sich um den linken Flügel eines zum Triptychon zu ergänzenden Bildes. Die schmale, hochrechteckige Tafel zeigt Theodor frontal dem Betrachter zugewandt stehend. Er ist mit einer goldenen Rüstung mit floralem Muster bekleidet, was einen Hinweis auf das hohe Offiziersamt darstellt[476], ferner mit Tunika und Mantel. In der Rechten hält er eine Kreuzlanze, mit der Linken stützt er sich auf einen Schild. Theodor hat einen Nimbus, schwarzes Haar und Spitzbart. Die griechische Inschrift bezeichnet ihn als heiligen Theodor.

TH 8	Tafelbild Provenienz: Faijum Aufbewahrungsort: Berlin, ehem. Kaiser-Friedrich-Museum dat.: 6. Jh. Lit.: WULFF O., ALPATOFF, M., Denkmäler der Ikonenmalerei in kunstgeschichtlicher Folge. Hellerau, Dresden 1925, S. 15, Abb. 5

Es handelt sich um den Flügel eines Triptychons. Die Bildfläche ist zweigeteilt, oben befindet sich das Brustbild einer nimbierten weiblichen Heiligen aus dem Kaiserhaus, die Inschrift ist unvollständig. Darunter ist das Brustbild des Theodor angebracht, der mit einer Chlamys bekleidet ist. Er hat einen Nimbus, kurzes, schwarzes, lockiges Haar und einen kurzen Vollbart. Oberhalb des Kopfes verläuft die griechische Namensbeischrift.

TH 9	Tafelbild Provenienz: unbekannt Aufbewahrungsort: Sinai, Katharinenkloster dat.: 7. Jh. Lit.: WEITZMANN (1976) S. 37-38, Kat. Nr. B 14, Taf. XVI

Erhalten ist das fragmentierte Mittelstück eines Triptychons. Von der Figur des Theodor, heute am linken Bildrand, fehlt mehr als die Hälfte. Ursprünglich befand er sich in der Mitte des Bildfeldes. Er ist frontal stehend wiedergegeben, die Linke auf einen Schild gestützt, während die Rechte mit großer Wahrscheinlichkeit eine Lanze hielt. Er trägt eine Rüstung und darüber eine Chlamys. Theodor hat einen Nimbus, zu erkennen ist noch die schwarze Haar- und Barttracht. Eine Inschrift ist nicht erhalten.

---

[476] Vgl. WEITZMANN (1976) S. 36.

Rechts steht eine zweite, wesentlich kleinere Gestalt in der Gewandung eines weltlichen Beamten und mit dem rechteckigen Nimbus der Lebenden. Eine — ergänzte — Inschrift bezeichnet den Dargestellten als Leo Dekanos. Es handelt sich bei diesem Tafelbild also um eine Votivtafel, in der der Votant beim Heiligen dargestellt ist.

Stoffe

TH 10　　Zwei Stoffe
　　　　　Provenienz: Ägypten
　　　　　Aufbewahrungsort: Cambridge, Massachusetts, Fogg Art Museum
　　　　　dat.: 6. Jh.
　　　　　Lit.: KATALOG NEW YORK (1979) S. 549-550, Kat. Nr. 494

Auf einem der beiden zusammengehörigen Fragmente ist das Brustbild des Heiligen erhalten. Er ist mit einer Chlamys bekleidet. In der Rechten hielt er eine Lanze. Er hat einen Nimbus, kurzes, schwarzes Haar und einen dunklen Spitzbart. Rechts neben ihm ist die Hand eines weiteren Heiligen erhalten, der eine Kreuzlanze trug. Auf dem zweiten, sicher zugehörigen Fragment, ist eine griechische Namensbeischrift erhalten, die Theodor bezeichnet.

Kapitell

TH 11　　Figurenkapitell
　　　　　Provenienz: Aila, Palästina
　　　　　Aufbewahrungsort: Amman, Archäologisches Museum
　　　　　dat.: 6. Jh. (?)
　　　　　Lit.: GLUECK, N., Explorations in Eastern Palestine, in: AASOR 18-19, 1937-39,
　　　　　S. 1-3; KATALOG SCHALLABURG (1986) S. 251, Kat. Nr. 51

Das Sandsteinkapitell stammt wohl aus einer frühbyzantinischen Kirche in Aila, wo es bei einer Ausgrabung zusammen mit einem weiteren Kapitell gefunden wurde. Jedes Kapitell ist an zwei Seiten mit Reliefs geschmückt. Die eine Seite zeigt jeweils einen Erzengel mit Kreuz und Sphaira zwischen zwei Adlern stehend, die gegenüberliegende Seite wird von einem Soldatenheiligen eingenommen. Dieser ist inschriftlich auf dem einen Kapitell als Longinus, auf dem anderen als Theodor bezeichnet. Theodor ist mit einer Rüstung bekleidet, er stützt sich mit der Rechten auf eine Lanze, in der Linken hält er einen ovalen Schild. Links und rechts von ihm sind hohe, gewundene Pflanzen dargestellt. Der Heilige ist nimbiert. Das Relief ist zu stark abgerieben, als daß man Angaben zur Physiognomie des Theodor machen könnte.

Ampulle

TH 12   Tonampulle
           Provenienz: Ägypten
           Aufbewahrungsort: Paris, Louvre
           dat.: 6. Jh.
           Lit.: METZGER (1981) S. 35, Kat. Nr. 74, fig. 61

Auf der Vorderseite der Ampulle steht Theodor frontal in Orantenhaltung. Vor ihm ist im Maßstab stark verkleinert ein nach rechts gewandtes Pferd wiedergegeben. Eine umlaufende griechische Inschrift bezeichnet den Dargestellten als heiligen Theodor. Ein Nimbus ist nicht zu erkennen.

Theodor als Reiterheiliger, ausgewählte Beispiele

TH 13   Terrakottakachel
           Provenienz: Vinicko Kale, Ostmakedonien
           Aufbewahrungsort: Skopje, Museum von Makedonien
           dat.: 5./6. Jh.
           Lit.: KATALOG MÜNCHEN (1993) S. 52, Kat. Nr. 44, Taf. 8

Das rechte Drittel der Kachel fehlt. Dargestellt ist der nach rechts reitende Theodor, der in der Rechten eine Lanze hält, an deren oberem Ende eine Schlange aufgespießt ist. Unter dem Pferd liegt — nach Beschreibung des Katalogs — ein Mensch. Theodor trägt eine Rüstung. Er hat kurzes, gewelltes Haar und einen spitz zulaufenden Bart. Der Heilige ist nicht nimbiert, eine im Bildfeld angebrachte Inschrift bezeichnet ihn als SCS THEODORUS. Im Rahmen ist ein Bittgebet eingeschrieben.

TH 14   Terrakottakachel
           Provenienz: Tunesien
           Aufbewahrungsort: Sousse, Museum
           dat.: 6. Jh.
           Lit.: FOUCHER, L., Guide du Musée de Sousse, Tunis 1967; SCHURR (1991)
           S. 39-41, Taf. 11a

Das ausgewählte Beispiel ist eine unter zahlreichen im Gebiet des heutigen Tunesien aufgefundenen Terrakottakacheln mit dem Bild des Theodor. Das ikonographische Grundschema ist in allen Fällen das gleiche. Der Heilige ist als Reiter auf einem Pferd dargestellt, er durchbohrt mit einer langen Lanze den Kopf einer Schlange, die sich unter den Hufen des Pferdes windet. Auf der hier beschriebenen Kachel ist am oberen Bildrand eine spiegelverkehrte Inschrift angebracht, die den Heiligen als SCS TEODORUS bezeichnet. Vor dem Kopf des Pferdes schwebt ein sechsstrahliger Stern. Der Reiter ist nicht nimbiert, die Qualität und der Erhaltungszustand des Stückes lassen keine Rückschlüsse auf eine mögliche physiognomische Charakterisierung des Theodor zu.

TH 15   Goldmedaillon
              Provenienz: unbekannt
              Fundort: Kalabrien
              Aufbewahrungsort: Reggio Calabria, Museum
              dat.: 7. Jh.
              Lit.: VOLBACH, W. F., Un medaglione d'oro con l'immagine di S. Teodoro nel museo di Reggio Calabria, in: Archivio storico per la Calabria e la Lucania 13, 1943, fasc. 2, S. 65-72, fig.1

Das Goldmedaillon zeigt Theodor nach rechts reitend, aber frontal dem Betrachter zugewandt, während er mit einer Kreuzlanze eine am Boden kriechende Schlange durchbohrt. Der Heilige ist mit einer langen Tunika bekleidet, nimbiert und durch eine griechische Inschrift namentlich bezeichnet. Oberhalb seines Kopfes ist ein achtstrahliger Stern angebracht.

C. ANALYSE DER VORKOMMENDEN BILDTYPEN UND ATTRIBUTE

Für die Untersuchung stehen fünfzehn Darstellungen des Theodor zur Verfügung, alle werden in das sechste und siebte Jahrhundert datiert.

Eine Namensbeischrift ist in zehn von fünfzehn Beispielen vorhanden, sie fehlt in den beiden Mosaiken in Hagios Demetrius (TH 2, 3), in S. Teodoro in Rom (TH 4) und auf zwei Ikonen vom Sinai (TH 6, 9). Auf dem Latmos sind Fragmente davon erhalten. Trotzdem ist der Heilige in jedem Fall zweifelsfrei zu identifizieren.

Der Nimbus ist dem Heiligen in elf Darstellungen verliehen worden. Er fehlt beim Apsisbild von SS. Cosma e Damiano in Rom, in dem nur Christus nimbiert ist (TH 1) und bei drei Werken der Kleinkunst: der Tonampulle (TH 12) und den Terrakottakacheln (TH 13, 15).

In den zwei römischen Apsisbildern und auf dem Latmos ist Theodor Teil eines christozentrischen Bildprogrammes und bringt den Kranz des Märtyrers dar (TH 1, TH 4, TH 5).

Das Handkreuz, das in der byzantinischen Kunst das Gattungsattribut der Märtyrer ist, trägt Theodor bereits auf der Ikone vom Sinai in der Hand (TH 6).

Attribute, die den Beruf des Soldaten bezeichnen, sind die Lanze und/oder der Schild, die Theodor in sieben Darstellungen trägt. Es handelt sich um TH 7, 9, 10, 11, 12, 13 und 14. Theodor ist unter den in den Katalog aufgenommenen Soldatenheiligen der einzige mit kriegerischen Attributen: bei Demetrius, genauso wie bei Sergius und Bacchus, wird darauf verzichtet.

Das einzige tatsächlich individuelle Kennzeichen des heiligen Theodor ist jedoch der für ihn festgelegte Porträttypus. Theodor ist bereits auf den frühesten Darstellungen durch eine bestimmte Physiognomie gekennzeichnet. Diese wird gebildet durch das schmale Gesicht, gerahmt von kurzem, schwarzem, meist lockigem Haar und schwarzem Spitzbart. Davon abweichend erscheint er nur auf dem Tafelbild in Berlin (TH 8), wo er statt des Spitzbartes einen runden Vollbart trägt und außerdem bei den Darstellungen, die ihn als Reiter zeigen.

Er ist zunächst mit der Chlamys beziehungsweise dem Paludamentum bekleidet, das manchmal mit einem Tablion verziert ist, wodurch er als Soldat von gehobenem Rang bezeichnet wird. Dieses Gewand bezieht sich jedoch nicht auf seine Stellung in der irdischen Armee, denn Theodor war einfacher Soldat, sondern auf seine Zugehörigkeit in der himmlischen Garde bei Christus. Ein zweiter, wahrscheinlich etwas späterer Bildtyp zeigt Theodor in Rüstung. In diesem Fall erhält er Lanze und Schild als Attribute, im ersteren Fall nur die Gattungsattribute der Märtyrer, den Kranz oder das Handkreuz.

Auf der Tonampulle im Louvre (TH 12) wird mit dem Pferd das Element eines anderen Darstellungstyps eingeführt, dem des Theodor als Reiterheiligen. Allerdings ist auf der Ampulle Theodor noch nicht als Krieger, sondern als Orans, wohl hinter dem Pferd stehend, abgebildet.[477]

In der Forschung wird meist davon ausgegangen, daß Theodor als Reiterheiliger erst viel später vorkommt als in der oben behandelten repräsentativen Darstellungsform. Dieser zweite für Theodor verwendete Bildtyp soll hier nur kurz behandelt werden.

Volk schreibt in seinem Artikel im LThK, daß in erweiterten Legendengruppen die Person des Heiligen und Begleitumstände der Vita weiter ausgeschmückt werden, etwa um das Drachenkampfmotiv. Seit dem achten und neunten Jahrhundert erscheine Theodor Tiro bereits literarisch als Reiterheiliger, später dann ebenso in der Kunst.[478]

Kötting merkt an, daß Theodor an seinem Wallfahrtsort in Euchaita berühmt dafür war, Dämonen vertrieben zu haben und Besessene heilen zu können wie kein anderer. Daraus folgert er einen Zusammenhang zwischen diesem legendären Ruf und dem Drachenkampfmotiv, das sich später im Mittelalter mit dem Leben des Soldaten Theodor verband.[479] Seit dem neunten Jahrhundert lasse sich die Doppelung als Soldat und Feldherr literarisch nachweisen und aus der gleichen Zeit stamme die Verbindung des Drachenkampfmotives mit dem „Soldaten" Theodor.[480]

Nach Weigert[481] wird Theodor — wie alle wichtigen Krieger — auch zu Pferde dargestellt. Dieser Typus gehe zurück auf den schon früh für Theodor Tiro überlieferten Drachenkampf; als älteste Darstellung führt er eine Sinai-Ikone

---

[477] Das Relief ist stark abgerieben, so daß die Position ist nicht ganz eindeutig zu erkennen ist. METZGER (1981) Kat. Nr. 74, betont jedoch, daß die Füße des Heiligen hinter dem Pferd am unteren Bildrand sichtbar seien, er muß also stehen.
[478] VOLK (LThK), wie Anm. 470, Sp. 39.
[479] KÖTTING (1950), S. 163.
[480] KÖTTING (1950) S. 163 und 166.
[481] WEIGERT (LCI), wie Anm. 469.

an, die er in das siebte Jahrhundert datiert.[482] Aus dem neunten Jahrhundert stammt ein koptisches Fresko des drachentötenden Theodor zu Pferde im Antoniuskloster am Roten Meer, aus dem zehnten Jahrhundert ein Relief in der Kirche von Achtamar.

Diesen Angaben, die die Entstehung des Bildmotives „Reiterheiliger" in das neunte Jahrhundert datieren, steht jedoch der Befund des Denkmälerbestandes entgegen. Allein die drei im Katalog aufgeführten Beispiele genügen zum Beweis, daß Theodor bereits seit dem sechsten Jahrhundert als Reiterheiliger dargestellt wurde. Wo hat dieser zweite Bildtypus seinen Ursprung?

Belting-Ihm[483] zeigt die Existenz von Reiterheiligen allgemein in der christlichen Kunst schon seit dem sechsten Jahrhundert auf, wobei natürlich auch Theodor in diese Gruppe fällt. Bei den Denkmälern nimmt eine Gruppe von Medaillons die wichtigste Position ein, die einen Reiter zeigen, der mit einer (Kreuz-)Lanze eine am Boden liegende Schlange durchbohrt. Dies entspricht der für Theodor beschriebenen Ikonographie (**TH 13, 14, 15**). Der Dargestellte kann bei den Medaillons inschriftlich als Salomon, Sisinnios, Theodor, Georg oder Demetrius bezeichnet werden. Als unmittelbare Vorbilder dieser Gruppe sind die jüdischen Salomon-Enkolpien anzusehen, die einen magischen Verwendungscharakter hatten. Auch die christlichen Enkolpien dienten als Heilszeichen. Einen zweiten Vorläufer hat das Thema in der spätrömischen imperialen Kunst, die auf Münzbildern den kämpfenden Kaiser zu Pferd darstellt. Die Christianisierung des Motives beschränkt sich auf die Einführung der Kreuzlanze.

Wichtig ist die Beurteilung durch Belting-Ihm: „Das Thema des siegreichen Reiters ist vermutlich das extremste und späteste Beispiel für die sinngemäße Weiterverwendung einer bereits in der Antike symbolisch gewordenen Bildformel in der Heiligenikonographie. Es gehört in die Reihe jener Heiligenbilder, die den Bestand an Heilsparadigmen der ältesten christlichen Kunst erweiterten."[484] Mit anderen Worten: Ein einziger ikonographischer Typus kann ohne Änderung für viele Heilige angewandt werden.

Hengstenberg machte bereits 1912 die gleiche Feststellung. Theodor als Drachentöter ist auf spätkoptischen und byzantinischen Kunstwerken durch Namensbeischriftungen sicher belegt, die frühesten Bilder dieser Kategorie gehören jedoch zur umfassenderen Darstellungsgruppe der christlichen Reiterheiligen. Diese Bildformen sind nicht von der Legende der einzelnen Heiligen abzuleiten. Die spezielle „Theodor-Drachen-Legende" wurde erst spät bildlich umgesetzt.

---

[482] WEITZMANN (1976) datiert diese Ikone jedoch erst in das neunte oder zehnte Jahrhundert, vgl. S. 71-73, Kat. Nr. B 43, Taf. XXIX.

[483] BELTING-IHM, C., Heiligenbild, in: RAC 14, 1988, Sp. 90-92.

[484] BELTING-IHM (RAC), wie Anm. 483. Das Zitat Sp. 92. Eine angekündigte Studie von BELTING-IHM lautet: Vom Heros zum Reiterheiligen: Zur Entstehung und Funktion sakraler Reiterbilder.

Literarisch ist sie zum ersten Mal im Jahr 890, in der Handschrift Codex Parisinus 1470, greifbar.[485]

Frühe Darstellungen des heiligen Theodor zu Pferd, der eine Schlange durchbohrt, findet man neben den von Belting-Ihm angeführten Medaillons auch unter den Tonkacheln aus Nordafrika, die ins sechste Jahrhundert datiert werden (**TH 14**). Sie sind jedoch wahrscheinlich ihrerseits von den Reitermedaillons abhängig.[486]

Das gleiche Motiv zeigt die Tonkachel aus Vinicko Kale, die bereits ins fünfte oder sechste Jahrhundert datiert wird (**TH 13**). Bemerkenswert ist, daß Theodor hier nicht seine typischen physiognomischen Kennzeichen, das schmale Gesicht mit kurzem Haar und Spitzbart trägt, sondern mit lockigem Kopf- und Barthaar wiedergegeben ist.

Auch dieses Detail kann als Beweis dafür gewertet werden, daß hier eine andere ikonographische Tradition vorliegt als bei den oben besprochenen repräsentativen Theodordarstellungen, die ihn übereinstimmend mit seinen Porträtzügen ausstatten. Die Reiterbilder sind nicht individualisiert, sondern nur mit Hilfe der Namensbeischriften einem unter mehreren möglichen Heiligen zuzuordnen. Es handelt sich hier ganz deutlich um eine eigenständige Bildgattung, die für die Untersuchung der frühen Theodorikonographie keine neuen Aspekte liefert. Deshalb wurden die Denkmäler, die Theodor als Reiter zeigen, nur in einigen Beispielen in die Untersuchung miteinbezogen. Wichtig ist jedoch festzuhalten, daß für Theodor mindestens seit dem sechsten Jahrhundert zwei unterschiedliche Bildtraditionen vorlagen: ein für ihn konzipiertes Repräsentationsbild und ein auf ihn übertragenes, aber allgemeiner verwendetes Reiterbild. Ein späteres Reiterbild entwickelte sich auf der Basis der Legende im neunten Jahrhundert.

Ein Repräsentationsbild des Heiligen, das vermutlich auch in der Wallfahrtskirche in Euchaita angebracht war, dürfte das Initialbild für die erhaltenen Theodordarstellungen (**TH 1-12**) gewesen sein. Man kann wegen des feststehenden, immer wiederkehrenden Porträttypus davon ausgehen, daß die physiognomische Charakterisierung bereits dort vorlag. Ob Theodor dort auch mit Attributen wie Schild und Lanze ausgestattet war, ist nicht sicher. Er kommt in den erhaltenen Bildern, gerade in den repräsentativen Darstellungen bei der Gottesmutter und Christus, auch häufig ohne sein Kriegswerkzeug vor.

---

[485] HENGSTENBERG, W., Der Drachenkampf des heiligen Theodor, in: Oriens Christianus. N. S. 2, 1912, S. 78-106.
[486] SCHURR (1991) S. 39-41.

DEMETRIUS

A. VITA, KULT UND LEGENDE

Vita und Legende:

Die Person des Heiligen liegt fast völlig im Dunkeln. Nach der Tradition wurde Demetrius, ein Soldat, im Jahr 306 unter Maximianus in seiner Heimat Thessaloniki gemartert.

Es gibt drei zeitlich aufeinander folgende Legendenberichte, die das Martyrium schildern. Der erste erzählt, daß Demetrius mit großem Erfolg das Evangelium in Thessaloniki verkündete, dort aber verhaftet wurde. Kaiser Maximian ließ ihn in einem Verlies zwischen dem Stadion und den Thermen einkerkern. Der Kaiser war über den Tod seines favorisierten Gladiators Lyaios in Wut geraten, der im Kampf von einem gewissen Nestor, der als Schüler des Demetrius galt, besiegt worden war. Maximian ließ daraufhin Demetrius von Soldaten ohne vorangegangenen Prozeß durch Lanzenstiche töten. Christen beerdigten den Heiligen des Nachts an der Stelle, an der er das Martyrium erlitten hatte.[487]

Nach der zweiten Legendenfassung gehörte die Familie des Demetrius dem Senatorenstand an, er selbst bekleidete ein öffentliches Amt als hochrangiger Offizier der Armee. Auch zum Ort des Martyriums gibt es neben Thessaloniki als Ort des Todes eine weitere Angabe: Demetrius erlitt das Martyrium in Sirmium. Von dort wurde sein Kult nach Thessaloniki übertragen, wo im fünften Jahrhundert eine Basilika errichtet wurde.[488]

Zur Legende:

Zu Demetrius gibt es drei umfangreiche Mirakelsammlungen. Die erste mit 15 Wundern wird dem Bischof Johannes von Thessaloniki zugeschrieben. Sie entstand zu Beginn der Herrschaft des Heraklius (610-641), geht aber in ihren Quellen bis ins sechste Jahrhundert zurück.[489] Das zweite Buch stammt von einem Anonymus, bei dem es sich wahrscheinlich um einen Kleriker handelt, vom Ende des siebten Jahrhunderts, das dritte aus der Zeit nach 904. Eine Besonderheit stellt die fast ausschließliche Funktion des Demetrius als Beschützer seiner Stadt dar. Seit dem achten Jahrhundert floß wundertätiges Öl aus seinem Grab, das man um diese Zeit unter dem silbernen Ciborium in der Basilika vermutete.[490]

---

[487] JANIN, R., Demetrio di Thessalonica, in: BiblSS 4, 1964, Sp. 556-564.
[488] MYSLIVEC, J., Demetrius von Saloniki, in: LCI 6, 1974, Sp. 41-45.
[489] Vgl. ausführlich dazu LEMERLE, P., La composition et la chronologie des deux premiers livres des Miracula S. Demetrii, in: ByzZ 46, 1953, S. 349-361.
[490] KÖTTING (1950) S. 222-227.

Kult:

Die Festtage sind der 8. Oktober und der 9. April.

Die Anfänge seines Kultes liegen im Dunkeln. Sein Leib ruhte der Überlieferung nach nicht in Thessaloniki, sondern in Sirmium. Im vierten Jahrhundert erwähnen die Martyrologien nur einen Diakon Demetrius in Sirmium, in Thessaloniki ist er unbekannt. Dennoch wurde sein Kult außerhalb der Begräbnisstätte seit dem fünften Jahrhundert wichtiger. Demetrius „eroberte" im sechsten und siebten Jahrhundert die Stadt völlig für seinen Kult.[491]

Der Präfekt von Illyrien, Leontius[492], ließ im fünften Jahrhundert aus Dankbarkeit dem Heiligen eine Basilika in Thessaloniki und eine zweite in Sirmium errichten. Erstere besaß eine Blutreliquie, letztere den Leib des Märtyrers. Thessaloniki wurde zur wichtigsten Wallfahrtsstätte des Demetrius in Griechenland und stellte Sirmium völlig in den Schatten, besonders seit diese Stadt im Jahr 411 von Attila zerstört worden war. Gegen die einfache Erklärung, daß der Demetriuskult *wegen* der Zerstörung Sirmiums durch Attila 441/442 nach Thessaloniki verpflanzt wurde, spricht jedoch die bedeutende Größe der dort bereits Mitte des fünften Jahrhunderts errichteten Kirche. Es muß auch in Thessaloniki bereits eine Kultpraxis gegeben haben.[493]

Bemerkenswert ist, daß der Brennpunkt der Verehrung nicht mit dem Grab in Zusammenhang steht. Allein die Tatsache, daß die Kirche in Thessaloniki mitten in der Stadt errichtet wurde, spricht dafür, daß es keine Grabmemoria gewesen sein kann. Das Fehlen des Grabes wird auch in den Erzählungen deutlich, nach denen Kaiser Justinian sich vergeblich um Reliquien des heiligen Demetrius bemüht hatte. Ihm wurde berichtet, daß die Männer, die versucht hatten, das „Grab" zu öffnen, um Reliquien zu entnehmen, bei jedem Versuch von übernatürlichen Kräften zurückgeworfen worden seien.[494]

Aus keiner Textquelle geht hervor, warum und wann der ursprüngliche Diakon aus Sirmium zum Soldatenheiligen gewandelt wurde. In der Kunst erscheint Demetrius in der untersuchten Zeit noch nicht als Soldat, sondern als höfischer Würdenträger. Er ist als solcher mit reich verziertem Paludamentum mit Tablion bekleidet.

Die Rolle als Stadtbeschützer übernahm Demetrius frühestens während der Belagerungen Thessalonikis durch die Slawen und Avaren am Ende des sechsten Jahrhunderts. Danach wandelte sich sein Bild und Ansehen zum Soldatenheiligen. Demetrius führt den Titel „Retter der Stadt".

---

[491] LECLERCQ, H., Salonique, in: DACL XV,1, 1950, Sp. 624-713, zu Demetrius Sp. 654-673.

[492] Allerdings ist wahrscheinlich auch diese Persönlichkeit legendär, der Name kann in byzantinischer Zeit eingeführt worden sein. In anderen Quellen wird der Präfekt Apraeemius genannt. Vgl. dazu CORMACK (1985) S. 60.

[493] Vgl. dazu CORMACK (1985) S. 60.

[494] So bei CORMACK (1985) S. 66.

Der im Osten hochbedeutende Kult kam durch die Kreuzfahrer, die Demetrius als Schlachtenhelfer verehrten, auch in den Westen.

B. MONUMENTE

Die meisten Darstellungen des Demetrius sind in der ihm geweihten Kirche in Thessaloniki erhalten. Die fünfschiffige Kirche aus dem fünften Jahrhundert war im Mittelschiff mit Marmor verkleidet und trug nur in den Seitenschiffen bildlichen Schmuck. Es gab keine biblische Thematik, sondern wohl ausschließlich von Pilgern gestiftete Votivmosaiken, die fast alle Demetrius zum Mittelpunkt der Darstellung haben. Die Dekoration wurde in zwei unterschiedlichen Epochen angebracht. Die früheren stammen aus der Zeit vor dem Kirchenbrand im Jahr 620 und sind im sechsten Jahrhundert anzusetzen, die späteren stammen aus der Phase der Wiederherstellung im siebten Jahrhundert.

KATALOG

Die Gliederung erfolgt nach geographischen Schwerpunkten und behandelt an erster Stelle die zahlreichen in Thessaloniki selbst erhaltenen Denkmäler, anschließend diejenigen außerhalb Griechenlands.

Mosaiken in Thessaloniki

DE 1   Thessaloniki, Hagios Demetrius
       Mosaik an der Westwand des nördlichen, inneren Seitenschiffes
       dat.: umstritten: 5. Jh. (Hoddinott); vor 620 (Cormack)
       Lit.: SOTIRIOU (1952) Taf. 60; HODDINOTT (1963) S. 142-143; CORMACK (1985) S. 79-80, Abb. 22

Das unten und rechts fragmentierte Mosaik zeigt einen frontal stehenden, nimbierten Heiligen, der durch den Vergleich mit den anderen Darstellungen als Demetrius identifiziert werden kann. Er ist mit einer Chlamys mit Tablion bekleidet, jung und bartlos, mit einer dichten Haarkalotte wiedergegeben. Die Darstellung ist vom Brustbereich abwärts zerstört. Von oben rechts kommt aus den Wolken ein geflügelter Engel, der in eine Trompete bläst. Der Flügel eines zweiten Engels ist rechts am Rand zu erkennen. Vielleicht zeigt das Fragment eine Episode des Martyriums. Cormack schlägt die Szene aus der Legende vor, in der Demetrius im Gefängnis von einem Engel bekrönt wird. Lemerle sieht darin eine „image de la proclamation, de la glorification, de l'apothéose du Saint".[495] Es handelt sich hier in jedem Fall nicht um den Typus eines Votivbildes.

---

[495] LEMERLE (1980/81) S. 9, Anm. 17.

DE 2   Thessaloniki, Hagios Demetrius
        Mosaik an der Westwand des südlichen, inneren Seitenschiffes
        dat.: vor 620
        Lit.: SOTIRIOU (1952) Taf. 60; XYNGOPOULOS (1969) S. 14-17, Taf. 1-4;
        CORMACK (1985) S. 80-82, Abb. 23

Das Mosaik ist im linken Teil nicht vollständig erhalten. Demetrius steht frontal in Orantenhaltung vor einer spitzgiebelig bekrönten, halbrunden Nische, die spiralig kannelierte, silberne Säulen aufweist. Es handelt sich um das — weiter unten näher besprochene — Ciborium des Heiligen in der Kirche selbst. Er trägt ein goldfarbenes Paludamentum mit dunkelblauem Tablion, ist jung und bartlos und hat einen großen Nimbus. Seine überproportional groß wiedergegebenen Hände sind vergoldet. Von rechts nähert sich, in kleinerem Maßstab als der Heilige dargestellt, eine Gestalt, die ein Kind zum Heiligen führt, links war ein weiterer Votant dargestellt. Im Hintergrund ist eine baumbestandene Landschaft sichtbar, ganz rechts erhebt sich ein Pfeiler, auf dessen Plattform eine Vase steht.

DE 3   Thessaloniki, Hagios Demetrius
        Mosaik an der Nordseite des rechten Pfeilers vor dem Querschiffeingang
        dat.: kurz nach 620
        Lit.: SOTIRIOU (1952) Taf. 60; XYNGOPOULOS (1969) S. 20-23, Taf. 11-14;
        CORMACK (1985) S. 51-52, Abb. 14

Demetrius, bekleidet mit einem gemusterten Paludamentum mit rotem Tablion, jung, bartlos, mit großem Nimbus, steht zwischen zwei Stiftern, die etwas kleiner dargestellt sind als er selbst. Dabei handelt es sich um den Präfekten Leontius und einen Bischof, vielleicht Johannes[496], die beide mit rechteckigen Nimben versehen sind. Der Heilige hat jeweils einen Arm auf die Schulter der beiden Stifter gelegt. Die im unteren Teil des Mosaikbildes angebrachte Inschrift mit Bezug auf die Slaweneinfälle (617-619) erlaubt die Datierung kurz nach 620.

DE 4   Thessaloniki, Hagios Demetrius
        Mosaik an der Westseite des linken Pfeilers vor dem Querschiffeingang
        dat.: (kurz) nach 620
        Lit.: SOTIRIOU (1952) Taf. 65 b; HODDINOTT (1963) S. 153-154;
        XYNGOPOULOS (1969) S. 23-25, Taf. 15-18

Demetrius steht frontal, er blickt den Betrachter an. Wiederum ist er mit Paludamentum mit hier blauem Tablion bekleidet, jung, bartlos und nimbiert. Seine Frisur unterscheidet sich von der der anderen Bilder, denn hier ist der Heilige mit gelocktem Haar wiedergegeben. Die rechte Hand hat er erhoben, den linken Arm auf die Schulter eines ihm anvertrauten Kindes gelegt. Dieses steht, zusammen mit einem zweiten Knaben dicht beim Heiligen. Um die Diskrepanz zwischen dem physiognomischen Typus dieses Bildes und

---

[496] So HODDINOTT (1963) S. 151.

dem der anderen Demetriusporträts in der gleichen Kirche zu erklären, schlägt Hoddinott vor, daß dieses Bild von einem nicht-lokalen Künstler geschaffen sein könnte.

DE 5   Thessaloniki, Hagios Demetrius
Mosaik an der Ostseite des rechten Pfeilers vor dem Querschiffeingang
dat.: kurz nach 620
Lit.: SOTIRIOU (1952) Taf. 67; XYNGOPOULOS (1969) S. 29-30, Taf. 24-26

Die rechte Hälfte des Bildfeldes wird vom nimbierten Heiligen eingenommen, der jugendlich und bartlos dargestellt ist, mit gemustertem Paludamentum mit blauem Tablion bekleidet. Er hat die Linke vor dem Körper erhoben und die Rechte auf die Schulter eines neben ihm stehenden Mannes gelegt. Dieser ist mit Porträtzügen ausgestattet, durch Gewandung und Codex als Diakon gekennzeichnet und mit einem viereckigen Nimbus versehen.

DE 6   Thessaloniki, Hagios Demetrius
Mosaik an der Westwand des Mittelschiffes
dat.: viell. vor dem 7. Jh. (Xyngopoulos); 7./8. Jh.
Lit.: SOTIRIOU (1952) Taf. 69; HODDINOTT (1963) S. 155; XYNGOPOULOS (1969) S. 18-19, Taf. 8-10

Das schlecht erhaltene Mosaik zeigt in der Mitte den nimbierten Demetrius in der üblichen Gewandung mit Paludamentum und Tablion, begleitet von zwei Bischöfen neben ihm und daran anschließend zwei weiteren Klerikern, die jeweils einen eckigen Nimbus haben. Demetrius legt im Beschützergestus die Hände auf die Schultern der neben ihm stehenden Männer. Der Kopf des Demetrius und der beiden Bischöfe wurde zerstört.

DE 7   Thessaloniki, Hagios Demetrius
Mosaik an der Ostseite des linken Pfeilers vor dem Querschiffeingang
dat.: nach 620
Lit.: SOTIRIOU (1952) Taf. 71 a; XYNGOPOULOS (1969) S. 30-31, Taf. 27

Das Mosaik ist von der Taille des Heiligen aufwärts bis zum Gesicht zerstört. Es zeigt Demetrius als Orans, frontal stehend, mit Paludamentum bekleidet und nimbiert. Seine Hände sind vergoldet. Oberhalb des Porträts ist die Stifterinschrift angebracht.

DE 8   Thessaloniki, Hagios Demetrius
Mosaik von der Hochwand zwischen den nördlichen Seitenschiffen
Aufbewahrungsort: Thessaloniki, Museum im Weißen Turm
dat.: 6. Jh.
Lit.: SOTIRIOU (1952) Taf. 71 b; XYNGOPOULOS (1969) S. 31-33, Taf. 29

Das Mosaik ist fragmentiert. Demetrius steht frontal in Orantenhaltung vor einer Muschelnische. Er ist jung und bartlos, mit Nimbus wiedergegeben. Er trägt ein Paludamentum mit Tablion. Unterhalb seines rechten Armes ist ein im Maßstab sehr viel kleiner dargestellter Votant sichtbar. Auf der anderen Seite, neben der linken Hand des Heiligen, ist der Kopf eines zweiten Votanten erhalten.

DE 9-16   Thessaloniki, Hagios Demetrius
Mosaiken an der Hochwand zwischen den nördlichen Seitenschiffen, verloren
dat.: 6. Jh.
Lit.: CORMACK (1969) S. 17-52; SPIESER (1984) Taf. 30, 1-2 und 31, 1

Die erst 1907 aufgedeckten Mosaiken oberhalb der Arkade, die die beiden nördlichen Seitenschiffe voneinander trennt, wurden bei dem Kirchenbrand im Jahr 1917 zerstört. Sie sind in einigen Photographien und in einer Serie von Aquarellen von W. S. George überliefert. Es handelte sich um einen Fries aus einzeln gerahmten, voneinander unabhängigen Votivbildern, die alle in das sechste Jahrhundert datiert werden. Die Angaben zur Anbringung im Kirchenraum und die Beschreibung folgen Cormack.

DE 9   Zwickel A, CORMACK Taf. 2 und 6

Demetrius steht frontal in Orantenhaltung unter einer Muschelarkade. Er ist mit Tunika und Paludamentum mit Tablion bekleidet. Das Bild ist fragmentiert, der Kopf des Heiligen ist zerstört.

DE 10   Zwickel B, CORMACK Taf. 2 und 6

Demetrius steht wiederum in Orantenhaltung frontal vor einer Architekturstellung. Er trägt das Paludamentum mit dem Tablion und ist nimbiert. Von rechts nähert sich, kleiner dargestellt als der Heilige, ein Votant mit verhüllten Händen. Rechts neben dieser Zweiergruppe ist ein Bildmedaillon mit einer Prophetenbüste angebracht.

DE 11   Zwickel C, CORMACK Taf. 3 und 7

Das Bildfeld stellt in der Mitte die thronende Gottesmutter mit dem Christusknaben auf dem Schoß dar, flankiert von zwei Wächterengeln. Links davon, in kleinerem Maßstab dargestellt, führt Demetrius einen Stifter bei der Gottesmutter ein, rechts steht Theodor in Orantenhaltung.[497] Demetrius ist mit seiner üblichen Gewandung und der gängigen Physiognomie wiedergegeben, er ist nimbiert. Es gibt keine Namensbeischriften. Links und rechts von dieser Mittelszene sind fünf Bildmedaillons mit Büsten von Heiligen angebracht. Die zwei rechten weiblichen Heiligen sind durch Inschriften im Medaillon als Pelagia und Matrona bezeichnet.

DE 12   Zwickel D, CORMACK Taf. 3 und 7

Die folgenden zusammengehörigen Mosaiken thematisieren das Verlöbnis einer Votantin zum heiligen Demetrius. Es handelt sich laut Inschrift um das Kind Maria, das im ersten Bild auf den Armen seiner Mutter zum Heiligen gebracht wird. Demetrius sitzt vor einem

---

[497] S.: Kat. THEODOR, TH 2.

polygonalen Gebäude mit pyramidalem Dach, dessen offenstehende Türe mit Bildern geschmückt ist. Damit ist das Ciborium des Heiligen gemeint. Demetrius ist jung und unbärtig, mit einem verzierten Paludamentum bekleidet und nimbiert. Er weist mit der linken Hand nach oben zu einer fragmentierten Imago clipeata, die ein Christusbild enthalten haben muß. Rechts steht eine nimbierte Frauengestalt, die als Gottesmutter zu deuten ist.

Das nächste Bild in der Reihe (Zwickel E, Cormack Taf. 4 und 8) zeigt wiederum Maria auf den Armen ihrer Mutter, diesmal jedoch vor der Gottesmutter, die von Engeln begleitet wird. Demetrius fehlt.

DE 13   Zwickel F, CORMACK Taf. 4 und 8

Demetrius ist der Mittelpunkt der nächsten Episode, in der Maria und ihre Mutter dem Heiligen Kerzen darbringen. Er steht in Orantenhaltung auf einem gemmenverzierten Podest vor einem Architrav, in dem ein Vorhang aufgespannt ist. Er ist mit einem Paludamentum mit Tablion bekleidet und nimbiert. Von links kommt das Kind mit seiner Mutter, von rechts ein weiterer Votant.

DE 14   Zwickel G, CORMACK Taf. 5 und 9

Das letzte Bild zeigt Maria, die, umgeben von ihrer ganzen Familie, dem heiligen Demetrius Tauben opfert. Demetrius steht rechts vor einer Architekturabbreviatur, während sich von links das Kind nähert, begleitet von Vater und Mutter und zwei weiteren Frauen. Im Hintergrund ist Landschaft angedeutet.

DE 15   Zwickel H, CORMACK Taf. 5 und 9

Das Bild ist durch eine eigene Rahmung mit Gemmenborte von der vorangehenden Serie abgetrennt. Demetrius steht in Orantenhaltung vor einer Architekturnische mit Muschelkalotte. Er ist nimbiert und mit verziertem Paludamentum mit Tablion bekleidet. Er wird begleitet von drei in kleinerem Maßstab wiedergegebenen Stiftern. Oberhalb dieser Darstellung befinden sich zwei Medaillons mit Büsten von männlichen, bartlosen, nimbierten Heiligen, die anhand der Inschriftenreste als Cosmas und Damian identifiziert werden, eine Deutung, die jedoch, nach Cormack, wegen der wenigen erhaltenen Buchstaben unsicher ist.

DE 16   Oberhalb der Arkade 6, CORMACK Taf. 4 und 8

Über dem Scheitel der Arkade, zwischen dem zweiten und dem dritten Votivbild der Maria, wurde später, wohl nach 620, eine Folge von drei Medaillons eingefügt. In der Mitte ist der nimbierte Demetrius dargestellt, links und rechts von ihm zwei Kleriker, von denen jeder einen Codex hält.

Demetrius ist auf den zahlreichen Votivmosaiken in seiner Basilika jeweils nach dem gleichen ikonographischen Schema dargestellt. Er trägt ein Paludamentum mit Tablion und ist immer nimbiert. In fünf Beispielen ist er in Orantenhaltung wiedergegeben, sonst legt er meist im Beschützergestus den Arm auf die Schulter des Votanten.

Mosaiken und Fresken außerhalb Griechenlands

DE 17   Rom, S. Maria Antiqua
        Fresko
        dat.: 649
        Lit.: GRÜNEISEN (1911) S. 522, Taf. IC.XX

Demetrius ist ganzfigurig stehend dargestellt, jung und bartlos, bekleidet mit einer weißen Tunika sowie einem verzierten Paludamentum mit Tablion. Er hat einen Nimbus. In der Rechten hält er ein Handkreuz, in der verhüllten Linken bringt er eine Märtyrerkrone dar. Er ist durch eine griechische Namensbeischrift gekennzeichnet.

DE 18   Ravenna, S. Apollinare Nuovo
        Mosaik, Mittelschiff, rechte Hochwand
        dat. 556-569
        Lit.: DEICHMANN (1969) S. 149-150; DEICHMANN (1958) Taf. 123

Demetrius steht in der Reihe der Märtyrer an 18. Stelle zwischen Sebastian und Polykarp. Er hat ein längliches, bartloses Gesicht und eine dunkle Haarkalotte. Er bringt die Märtyrerkrone dar, die als Kranz mit einem Stirnjuwel gebildet ist. Die Namensinschrift lautet SCS DEMITER.

Tafelbild

DE 19   Tafelbild
        Provenienz: Konstantinopel
        Aufbewahrungsort: Sinai, Katharinenkloster
        dat.: 2. H. 6./A. 7. Jh.
        Lit.: WEITZMANN (1976) S. 18-21, Kat. Nr. B 3, Taf. IV-VI; KATALOG NEW
        YORK (1979) S. 533-534, Kat. Nr. 478

Dargestellt ist die zwischen einer Engelgarde und zwei Märtyrern thronende Gottesmutter mit dem Christuskind auf dem Schoß. Genau in der Mittelachse erscheint oben die Hand Gottes, von der Strahlen ausgehen. Zur Rechten der Mittelgruppe steht der heilige Theodor, zur Linken ein zweiter nimbierter Heiliger mit einem Handkreuz in der Rechten, bekleidet mit einer weißen Tunika und verziertem Paludamentum mit Tablion. Er ist jung und bartlos, mit länglicher Gesichtsform und dichtem, gelocktem Haar. Da Namensbeischriften fehlen, kann der Heilige nur anhand der Gewandung und der Physiognomie identifiziert werden. Vorgeschlagen wurden Georg oder Demetrius.

Im KATALOG NEW YORK (1979) ist der jugendliche Heilige als Georg bezeichnet. Weitzmann schließt sich in seiner Benennung an Sotiriou an, der zunächst Georg oder Demetrius vorgeschlagen hatte, um sich später für Georg zu entscheiden. Die Frage kann nicht aufgrund von — nicht vorhandenen — Attributen entschieden werden, ebensowenig anhand eines festgelegten Porträttyps, da Georg und Demetrius in der frühbyzantinischen Kunst die gleichen physiognomischen jugendlich-idealisierten Züge tragen. Die Identifizierung zugunsten des heiligen Georg wurde von Weitzmann mit dem Argument begründet, daß die Kombination von Georg und Theodor Stratelates in der

Kunst zumindest seit dem zehnten Jahrhundert in sechs sicher durch Inschriften benannten Beispielen vorkommt, die Verbindung von Theodor und Demetrius jedoch nicht.

Dagegen ist zweierlei einzuwenden: In diesem ist Tafelbild nicht der heilige Theodor Stratelates gemeint, sondern Theodor Tiro. Dieser wird im sechsten Jahrhundert sehr wohl gemeinsam mit Demetrius dargestellt, und zwar ebenfalls in Begleitung der thronenden Gottesmutter, nämlich im Fresko in Hagios Demetrius (**DE 11**). Theodor ist in Hagios Demetrius auch noch ein zweites Mal, allerdings ohne Demetrius, bei der Gottesmutter stehend wiedergegeben,[498] was die Vermutung nahelegt, daß der Kult dieser beiden Soldatenheiligen verknüpft gewesen sein konnte. Der umstrittene Heilige muß Demetrius sein.

Kitzinger identifiziert den jugendlichen Heiligen auf dem Tafelbild vom Sinai als Demetrius, weil er ihn mit der ikonographisch verwandten Darstellung des Demetrius in S. Maria Antiqua in Rom verglich (**DE 17**), die in die Mitte des siebten Jahrhunderts datiert wird.[499]

Kleinkunst

DE 20   Bronzering
         Provenienz: unbekannt
         Aufbewahrungsort: London, British Museum
         dat.: 6./7. Jh.
         Lit.: DALTON (1901) S. 21, Nr. 126, ohne Abbildung

Dargestellt ist ein stehender Heiliger, der ein Handkreuz in der Rechten hält. Die griechische Inschrift bezeichnet ihn als heiligen Demetrius.

C. ANALYSE DER VORKOMMENDEN BILDTYPEN UND ATTRIBUTE

Es stehen zwanzig erhaltene Demetrius-Darstellungen zur Verfügung, die in das sechste und siebte Jahrhundert zu datieren sind. Allein sechzehn davon befinden sich in der Kirche Hagios Demetrius in Thessaloniki.

Namensbeischriften gibt es nur bei den Darstellungen des Heiligen außerhalb von Thessaloniki. In Thessaloniki selbst waren sie überflüssig, weil der Heilige als Protagonist an seiner Kultstätte hinreichend bekannt war.

Der Nimbus wurde dem Demetrius in allen Darstellungen verliehen.

Mit dem Märtyrerkranz ist Demetrius zweimal, in Ravenna (**DE 18**) und Rom (**DE 17**), dargestellt worden, das Handkreuz als Märtyrerattribut trägt er dreimal (**DE 17, DE 19, DE 20**).

Der Porträttypus ist nicht markant. Demetrius wird jugendlich, unbärtig, mit meist braunem, dichtem, kurzem Haar dargestellt.

---

[498] Vgl. Kat. THEODOR, TH 2.
[499] Vgl. KITZINGER, E., On some Icons of the VII century, in: Late classical studies in honor of Albert Mathias Friend, Jr., Weitzmann, K., (Hg.), Princeton 1955, S. 132-150, bes. S. 137.

Die Gewandung variiert nicht. Abgesehen vom ravennatischen Mosaik (**DE 18**), in dem sich Demetrius dem Gesamtbild der Märtyrerprozession unterordnen muß und das Pallium trägt, ist er immer mit einer Tunika und einem prächtig verzierten Paludamentum mit eingesetztem Tablion, der Gewandung eines ranghohen Offiziers bekleidet.

Individuelle Attribute hat Demetrius nirgends.

Eine Besonderheit liegt in Hagios Demetrius in dem Bild **DE 12** vor, in dem der Heilige vor seinem Ciborium sitzend wiedergegeben ist und nicht, wie sonst, als Orans oder Beschützer der Votanten.

Die Frage, wie das Urbild des Heiligen ausgesehen hat und wo es angebracht war, wird von verschiedener Seite gestellt und unterschiedlich beantwortet.

Grabar sieht in dem postulierten Urbild des Demetrius das älteste Zeugnis für ein „Märtyrerporträt" am Grab selbst, das von den zeitgenössischen Sepulkralporträts abzuleiten sei. Alle in Thessaloniki erhaltenen Darstellungen gehen auf dieses einzige verlorene Urbild zurück. Es muß entweder in der Apsis der Basilika oder im hexagonalen Ciborium im Mittelschiff angebracht gewesen sein.[500] Dazu ist allerdings anzumerken, daß sich das Grab wohl nicht in Thessaloniki befand. Trotzdem muß hier der Ursprung der Demetrius-Ikonographie gesucht werden.

Auch nach Lemerle handelte es sich bei dem Kultbild des Heiligtums um den Archetyp aller Darstellungen. Die Existenz von Bildern ist zwar durch Angaben in der ersten Mirakelsammlung belegt, das Bild selbst wird jedoch nirgends genau beschrieben. Nach Lemerle stellte es Demetrius stehend in Orantenhaltung dar, bekleidet mit einer „simple tunique longue", noch ohne historische Elemente, wie Chlamys oder gar Rüstung und Waffen, die Hinweise auf sein irdisches Leben geben könnten. Es war schlichtweg das Bild des Märtyrers vor Gott.[501]

Lemerle unterscheidet zwischen diesem Prototyp des Heiligenbildes, das vor dem hagiographischen Prozeß entstand, und den narrativen Bildtypen, die den Heiligen in prachtvoller Chlamys, als Reiter oder als Soldat, wiedergaben und von den verbreiteten Legenden in ihrer Entstehung beeinflußt worden waren. In vorikonoklastischer Zeit dürfte der Oranstypus der vorherrschende, wenn nicht der einzige Bildvorwurf gewesen sein. Der ikonographische Wandel hin zu einem mehr individualisierten Demetrius wurde notwendig, als der Heilige die Rolle des Stadtbeschützers in Belagerungszeiten übernehmen mußte. Lemerle gibt als ein mögliches Datum, das den ikonographischen Wandel bedingte, die Belagerung Thessalonikis durch die Slawen und Avaren im Jahr 586 an, ferner die hagiogra-

---

[500] Vgl. GRABAR (1946) S. 25.
[501] Vgl. LEMERLE (1980/81) S. 2 mit den Belegstellen aus der Mirakelsammlung des Bischofs Johannes; S. 3 zur Rekonstruktion des Kultbildes.

phische Arbeit der Bischöfe, allen voran Johannes, dem Bischof von Thessaloniki, der die erste Mirakelsammlung verfaßte.[502]

Dieser sauberen theoretischen Unterscheidung in ein Idealbild des Märtyrers und in spätere, narrativ-historische Bildvorwürfe steht der überkommene Denkmälerbestand entgegen. Alle selbständigen Darstellungen des heiligen Demetrius geben ihn im Prunkgewand des Offiziers, dem Paludamentum wieder, nicht in einer einfachen, langen Tunika, wie Lemerle es vorschlägt. Die Tunika allein wäre auch nicht denkbar, ein Pallium müßte dazukommen. Alle Beweise für ein „Idealbild" mit Tunika und Pallium fehlen. Zum frühesten Darstellungstyp des Demetrius gehört als Konstante das Paludamentum mit Tablion.

Belting beschreibt den ikonographischen Grundtypus des Heiligen richtig als jugendlichen, zeitlos-schönen Oranten im prachtvollen Offiziersmantel. Die Zusammenfassung aller Darstellungen im Katalog bestätigt diese Charakterisierung im wesentlichen, als weiterer Bildbestandteil kann der Nimbus gerechnet werden. Dieser Typus gibt nach Belting die Hauptikone wieder, die in einem silbernen Ciborium im Kircheninnern gehütet wurde. Diese eine Ikone am Grab des Heiligen wurde dann in den vielen Weihebildern vervielfältigt.[503]

Das bereits mehrfach erwähnte silberne Ciborium ist ein besonderer Ausstattungsgegenstand der Kirche von Hagios Demetrius. Es befand sich im Mittelschiff der Kirche, etwa 15 Meter vom Eingang entfernt auf der linken Seite. Das aufgedeckte Fundament zeigt einen hexagonalen Grundriß. Das Aussehen läßt sich nach Beschreibungen und Darstellungen rekonstruieren.[504] Sechs silberne Säulen trugen ein Pyramidendach, das von einer Kugel mit einem Kreuz darauf bekrönt war. Mit Bildern dekorierte Türen erlaubten den Zugang ins Innere. Es war der Brennpunkt der Verehrung, hier wurden Kerzen gestiftet und Gebete verrichtet.

Das Ciborium enthielt nach der Erzählung einer Vision im Mirakelbuch des Johannes zwei Throne und dazwischen ein als *Skimpodion* oder *krabatos* bezeichnetes silbernes Möbel. Die Wörter sind synonym verwendet und bezeichnen eine einfache Bahre, die verwendet wurde, um Verstorbene zum Begräbnis zu transportieren. Das Möbel im Ciborium von Hagios Demetrius wurde im Mirakelbuch mit einem solchen Gegenstand aus dem funeralen Bereich assoziiert, weil man zu der Zeit glaubte, der Leib des Heiligen ruhe in dem Ciborium.[505] Weiter ist im Mi-

---

[502] Vgl. LEMERLE (1980/81) S. 6-10.

[503] BELTING (1992) S. 102.

[504] Dargestellt ist es in der Kirche selbst zum Beispiel im Bildfeld DE 12. Zusammenfassend zur Form, den Quellen, etc.: PALLAS (1979) hierzu bes. S. 4 mit Anm. 1; neuere Forschungen zusammengefaßt bei BAKIRTZIS, C., Le culte de Saint Démétrius, in: Akten des XII. Internationalen Kongresses für Christliche Archäologie (Bonn 1991), Teil I, Münster 1995 (=JbAChr Ergänzungsband 20, 1), S. 58-68.

[505] Zur Problematik des Ciboriums und seiner Einrichtung ausführlich PALLAS (1979) bes. S. 44-47, auf sich die folgenden Ausführungen stützen. CORMACK (1985) S. 63 übersetzt es ins

rakelbuch zu lesen, daß an diesem Möbel ein Bild des Heiligen angebracht war. Es muß sich um eine Imago clipeata gehandelt haben, die wohl an der Mitte der Längsseite fixiert oder graviert war, so daß sie dem Eingang des Ciboriums zugewandt und von außen sichtbar war. Aus den Wunderberichten kann man außerdem schließen, daß im Ciborium ein Tafelbild des Demetrius aufbewahrt wurde, das den Heiligen thronend darstellte. Diese Besonderheit des thronend dargestellten Märtyrers findet sich auch in dem Mosaik **DE 12** wieder, so daß man hier einen Reflex des verlorenen Tafelbildes sehen kann. Grabar wies bereits darauf hin, daß der Typus des sitzenden Märtyrers sein Verweilen im Paradies ausdrücken soll und betonte, daß diese Darstellungsform innerhalb der frühchristlichen Kunst außer in Hagios Demetrius nur im koptischen Bereich für einige Lokalheilige Anwendung fand.[506] Hinzuzufügen sind diesen Beispielen einige römische Goldgläser, auf denen nichtbiblische Heilige sitzend wiedergegeben sind.[507] Neben dem Sitzporträt muß es ein weiteres Bild des stehenden Demetrius in Orantenhaltung gegeben haben, das weite Verbreitung erfuhr.

Die in der Wissenschaft meist pauschal behandelte Gruppe der Soldatenheiligen kann nun abschließend differenzierter betrachtet werden: Oranten in Paludamentum oder Chlamys, wie Demetrius und Georg, können außerhalb eines gesicherten Darstellungszusammenhangs bei fehlender Namensbeischrift und ohne Attribut meist nicht identifiziert werden, da weder für Demetrius, noch für Georg ein bestimmter Porträttypus festgelegt wurde. Anders verhält es sich mit Theodor, der anhand seines physiognomischen Typs identifizierbar ist. Auch Sergius und Bacchus sind als Oranten in Chlamys dargestellt, aber allein an ihrem Maniakion zu erkennen, wie es auf der Silberphiale in Baltimore der Fall ist. Hingegen können Soldatenheilige in Chlamys, aber mit Schild und Lanze als Attributen, gerade wegen des Vorhandenseins militärischer Attribute als potentieller Demetrius ausgeschlossen werden.[508] Für ihn ist der militärische Bildtyp bis zum siebten Jahrhundert nicht belegt. Das gleiche gilt für Sergius und Bacchus, die ebenfalls nie mit Waffen auftreten. Die kriegerische Form ist auf Theodor und Georg beschränkt.

Englische mit „couch"; GRABAR ins Französische mit „lit funéraire", s.: GRABAR, A., Quelques reliquaires de Saint Démétrios et le martyrium du saint à Salonique, in: DOP 5, 1950, S. 3-28, hierzu S. 12.

[506] GRABAR (1946) S. 46-47.

[507] Dabei handelt es sich um die Beispiele im Katalog von MOREY (1959) Kat. Nr. 187, 86, 74 und 258.

[508] Ein solcher Kriegerheiliger kommt beispielsweise in einer Darstellung auf dem Kelch der Abegg-Stiftung vor, s. dazu: MANGO (1986) Kat. Nr. 62, vgl. auch Kat. STEPHANUS, ST 8. Zur Phiale s. Kat. SERGIUS UND BACCHUS, S/B 5.

MENAS

A. VITA, KULT UND LEGENDE

Vita und Legende:

Zur Person des heiligen Menas ist keine authentische Passio erhalten. Die überlieferte griechische Passio und eine panegyrische Hymne von Romanus dem Meloden stimmen in Hauptzügen miteinander überein. Menas stammte aus Ägypten, er schlug die Militärlaufbahn ein und kam nach Cotyaeum, Hauptstadt der Phrygia salutaris. Als zur Zeit der Herrschaft des Diokletian ein christenfeindliches Edikt erlassen wurde, verließ Menas das Militär und zog sich als Einsiedler an einen abgeschiedenen Ort zurück. An einem Festtag jedoch, als die ganze Stadt im Theater von Cotyaeum versammelt war, trat Menas öffentlich auf und bekannte sich als Christ. Daraufhin wurde er verhaftet und verhört, ins Gefängnis geworfen und nach verschiedenen Martern enthauptet.

Im folgenden weichen die Legendenberichte voneinander ab. Nach einer Fassung wurde der Leichnam am Ort des Martyriums verbrannt, nach einer anderen konnten Gläubige die sterblichen Überreste des Menas bergen und auf dem Rücken eines Kamels in seine Heimat Ägypten überführen. Dort, wo das Kamel stehen blieb, wurde der Heilige bestattet. Dies hatte Menas selbst vor seinem Tod vorausgesagt, als er auch den Wunsch geäußert hatte, sein Leib solle in Ägypten beerdigt werden. Eine weitere Variante zum Schicksal der Gebeine des Menas bietet die äthiopische Fassung der Passio: Die Reliquien wurden erst anläßlich einer Militärexpedition von Phrygien in die Mareotiswüste zum Schutz und Beistand mitgenommen. Auf der Seereise tauchten vor dem Schiff plötzlich Ungeheuer mit langen Hälsen und kamel-ähnlichen Köpfen auf. Dank der wunderbaren Hilfe des Menas wurden die Ungeheuer vernichtet. Nach der erfolgreichen Mission wollte der Präfekt der Truppe, Atnasis, die Reliquien wieder mitnehmen, aber kein Kamel, das damit beladen wurde, bewegte sich vom Fleck. Atnasis mußte Menas in der Mareotis bestatten und sich damit begnügen, ein Tafelbild auf Holz anzufertigen, das den Heiligen im Militärgewand und mit zwei adorierenden Kamelen zu seinen Füßen darstellte. Durch die Berührung mit den Reliquien ging die Kraft der Heiligkeit auch auf das Bild über.[509]

Die Episode mit den phantastischen Seeungeheuern zeigt deutlich, daß die bereits existierende Ikonographie des Menas zwischen den Kamelen falsch interpretiert wurde und in einer Legende im Nachhinein eine zweite Deutung fand. Die zeitliche Vorrangstellung der Darstellungen vor den hagiographischen Texten beweist auch die Erzählung über das Tafelbild, das der Präfekt als Ersatz für die Reliquien anfertigen ließ: Die Existenz eines Menas-Kultbildes sollte durch eine Legende erklärt werden.

---

[509] SAUGET, J. M., Menna, santo, martire (?) in Egitto, in: BiblSS 9, 1967, Sp. 324-342.

Zur Legende:

Die historische Persönlichkeit ist nicht faßbar. Mit Hilfe der griechischen Passio des fünften bis siebten Jahrhunderts, die im Hymnus des Romanos und in drei Prosafassungen vorliegt und ursprünglich ein Plagiat der Homilie des Basilios des Großen auf Gordios war, sollte der schon früh belegte Kult trotz fehlender sicherer Überlieferung legendarisch begründet werden. Von der Passio gibt es eine lateinische und eine koptische Version, weiterhin existieren eine Mirakelsammlung sowie nubische und koptische Texte.[510]

Kult:

Das Fest des heiligen Menas wird am 11. November begangen. Die erste Bezeugung des liturgischen Menaskultes liegt im Martyrologium Hieronymianum vor.

Zum Hauptkultort des Menas entwickelte sich die Stätte seines Grabes in der Mareotiswüste. Fast alle Legenden verlegen sein Martyrium nach Cotyaeum in Phrygien und lassen dann seinen Leichnam nach Ägypten übertragen werden. So versuchte man eine Erklärung zu finden für die Verehrung ein und desselben Heiligen an zwei weit von einander entfernt liegenden Orten. Die Anfänge der Menasverehrung am Ort seines Grabes gehen bis in die konstantinische Zeit zurück, der Kult erlangte seine Hochblüte im fünften und sechsten Jahrhundert.[511]

Menas ist der wichtigste Heilige Ägyptens. Sein Kult in der Menasstadt war bedeutendes Wallfahrtsziel für die ganze Oikumene. Dort wurden das Grab des Heiligen und sein Bild verehrt. Timotheus von Alexandrien verfaßte einen Wunderbericht. Menas wird in allen östlichen Synaxarien erwähnt. Kirchenpatrozinien des Menas gibt es in ganz Ägypten, in Palästina, Konstantinopel, Rom, Nordafrika und in Arles.[512]

Menas wurde bereits seit dem späten vierten und dem fünften Jahrhundert in der ganzen christlichen Welt verehrt.

B. MONUMENTE

Darstellungen des Menas sind so überaus zahlreich erhalten, daß sie hier nicht vollständig erfaßt werden können. Einen Großteil davon nehmen jedoch die Pilgereulogien ein, bei denen es sich um zum Teil industriell mit Modeln geschaffene Massenware handelt.

---

[510] SAUER J., SCHUMACHER, W. N., Menas, in: LThK 7, ²1962, Sp. 266-267.
[511] KÖTTING (1950) S. 189-201.
[512] KASTER, G., Menas von Ägypten, in: LCI 8, 1976, Sp. 3-7.

KATALOG

Der Katalog ist nach Gattungen gegliedert.

Menasampullen

Das Bild des heiligen Menas wurde in der Zeit vom fünften bis zum beginnenden siebten Jahrhundert auf unzähligen Ampullen in der ganzen christlichen Welt verbreitet. Hunderte von diesen Tongefäßen sind bis heute erhalten. An dieser Stelle kann wegen der großen Zahl keine auch nur annähernd vollständige Übersicht dieser Denkmälergruppe gegeben werden. Die Ampullen unterscheiden sich weniger in der Thematik der Darstellung als in der Art der Gestaltung. Während Größe, Rahmenornamentik, Stil und Inschriften variieren, bleiben die ikonographischen Charakteristika, die Haltung des Menas, das Gewand und die Attribute konstant. Nimbus und Namensbeischrift sind hingegen keine festen Bestandteile der Ikonographie auf den Ampullen. Es soll an dieser Stelle genügen, je ein Beispiel anzuführen, das die möglichen Varianten der Heiligenikonographie repräsentiert.

ME 1   Menas-Ampulle
       Provenienz: Ägypten
       Aufbewahrungsort: New York, Metropolitan Museum of Art
       dat.: 610-641; allg.: E. 5./M. 7. Jh.
       Lit.: KATALOG NEW YORK (1979) S. 576, Kat. Nr. 515; eine vergleichbare
       Ampulle liegt in Berlin vor: KATALOG HAMM (1996) S. 162-163, Kat. Nr. 137 a

Das runde Bildmedaillon wird von der Darstellung des ganzfigurig frontal stehenden Menas in Orantenhaltung eingenommen. Er ist mit einer kurzen gegürteten Tunika, Chlamys und Stiefeln bekleidet. Er ist nicht nimbiert. Beiderseits des Kopfes befindet sich je ein griechisches Kreuz im Bildfeld. Menas ist flankiert von zwei proportional viel zu klein dargestellten Kamelen, die kopfunter kauern. Es gibt keine Namensinschrift. Das Bildmedaillon ist von einer Perlenrahmung umschlossen.

ME 2   Menas-Ampulle
       Provenienz: Ägypten
       Aufbewahrungsort: Frankfurt, Liebieghaus
       dat.: 5. -7. Jh.
       Lit.: KATALOG FRANKFURT (1983) S. 576-577, Kat. Nr. 175,2; eine
       vergleichbare Ampulle gibt es in Berlin: KATALOG HAMM (1996) S. 162, Kat.
       Nr. 136

Menas steht frontal in der Mitte des Bildes. Er hat die Arme in Orantenhaltung ausgebreitet. Bekleidet ist er mit gegürteter Tunika, Chlamys und Stiefeln. Er ist nimbiert. Im Bildfeld links und rechts seines Hauptes verläuft die Inschrift O ΑΓΙΟC MHNAC. Unten

„prosternieren" sich die beiden Kamele, sie sind in ihrer Haltung dem Format des runden Bildfeldes angepaßt und lagern dementsprechend kopfunter zu Füßen des Heiligen.

ME 3 Menas-Ampulle
Provenienz: Ägypten
Aufbewahrungsort: Paris, Louvre
dat.: 7./8. Jh.
Lit.: METZGER (1981) S. 34, Kat. Nr. 72, fig. 59

Die Darstellung gleicht der von **ME 2**. Um das Bildmedaillon herum verläuft hier jedoch die Inschrift: ΕΥΛΟΓΙΑ ΤΟΥ ΑΓΙΟΥ ΜΗΝΑ.

Zusammenfassend läßt sich sagen, daß die Haltung (frontales Stehen), die Gestik (Orans), die Gewandung (Soldatentracht mit Tunika und Chlamys) und die Attribute (zwei kniende Kamele) fester Bestandteil der Ikonographie sind und nicht variieren, daß jedoch die Nimbierung des Menas auf den Ampullen nicht zwingend ist. Die Inschrift kann horizontal im Bildfeld, im Kreis umlaufend oder auf der Versoseite der Ampulle angebracht sein. Die Kombination von Nimbus, Kreuzen im Bildfeld und Inschrift kann unterschiedlich gehandhabt werden.

Umstrittene Menasdarstellungen auf Ampullen

ME 4 * Profilkopf-Ampulle
Provenienz: Ägypten
Aufbewahrungsort: Paris, Louvre
dat.: 5./7. Jh.
Lit.: METZGER (1981) S. 36, Kat. Nr. 77 mit fig. 64, Kat. Nr. 78, Kat. Nr. 79 mit fig. 65; KISS (1989) Kat. Nr. 133; eine vergleichbare Ampulle in Berlin: KATALOG HAMM (1996) S. 167, Kat. Nr. 145 b

In dem von einem doppelten Perlenkranz eingefaßten Bildmedaillon ist ein nach rechts gewandter Kopf im Profil angebracht, Hals und Gewandansatz sind mit dargestellt. Die Gesichtszüge sind stark schematisiert wiedergegeben. Ins Auge fällt vor allem die Frisur, die durch eng aneinander gereihte „Kugeln" gebildet ist, die den Eindruck von stark gekrausten Locken machen. Auf der Rückseite der Ampulle ist eine den heiligen Menas bezeichnende Inschrift angebracht.

Diese Ampullen werden als Gruppe mit „negroidem Kopftypus" bezeichnet. Die verbreitetste Deutung dieses Bildtypus geht auf Kaufmann zurück, der die These vertrat, daß das Bild des ägyptischen Menas „für die Zwecke der christlich-afrikanischen Neger zum Negerheiligen" umgeprägt worden sei.[513] Ihm folgen Tulli,[514] Kötting[515] und Devis-

---

[513] KAUFMANN (1910) S. 123.
[514] TULLI, A., Ampolle inedite di S. Mena nel Museo Egizio della Citttà del Vaticano, in: Aegyptus 12, 1932, S. 230-242, bes. S. 239-241.
[515] KÖTTING (1950) S. 197.

se.[516] Als Zeugnis der Beeinflussung der koptischen durch die äthiopische Kunst will Miedema diese Ampullen verstanden wissen.[517] Réau sieht darin einen bildlichen Hinweis auf die afrikanische Herkunft des Menas.[518] Kiss entscheidet sich nicht eindeutig für eine Deutung als Menas. Nach seiner Ansicht kann es sich auch nur um das Zeugnis einer Epoche handeln, deren Bekehrungseifer eher nach dem Süden als zum Mittelmeer hin ausgerichtet gewesen sei.[519] Michon wollte, weil der Dargestellte ikonographisch nicht als Heiliger gekennzeichnet ist, darin eher das Abbild der Bewohner Libyens erkennen.[520] Porta sieht in dem Bild einen anderen, nicht zu identifizierenden Heiligen, der mit Menas gemeinsam verehrt wurde.[521]

In der Tat liefert der Profilkopf auf der Vorderseite allein noch keinen Anlaß für eine Identifizierung als Menas. Das Fehlen eines Nimbus gibt zunächst auch keine Berechtigung, in dem Profilbildnis überhaupt einen Heiligen zu erkennen. Einige Exemplare jedoch zeigen auf der Vorderseite den Profilkopf, auf der Rückseite die Inschrift ΕΥΛ/ΟΓΙΑ ΤΟ/Υ ΑΓΙΟΥ ΜΗΝΑ.[522] Diese Kombination von Bildnis und Inschrift spricht für eine Deutung des Dargestellten als Menas. Zu bedenken ist jedoch, daß man in diesem Fall auf die sonst übliche, unverwechselbare Darstellung des Heiligen zwischen seinen Attributen verzichtet hätte, die wohl das am Kultort vorhandene Urbild vertrat. Es ist ferner zu berücksichtigen, daß annähernd die gleiche Inschrift auch auf Bildern anderer Heiliger vorkommt, zum Beispiel bei Thekla.[523] Vom ikonographischen Befund her ist eine Zuschreibung der Profilkopf-Ampullen an Menas nicht zweifelsfrei gerechtfertigt.

Zudem ist die Form der Profildarstellung in der Heiligenikonographie eher ungewöhnlich. Imagines clipeatae zeigen in der Regel frontal dargestellte Büstenausschnitte. Für den Profilausschnitt kann man ein Goldglas des vierten Jahrhunderts zum Vergleich heranziehen, das eine Petrusbüste im Profil nach links zeigt, wobei allerdings die Schulterpartie in einem größeren Ausschnitt frontal wiedergegeben ist.[524] Eine Inschrift im Bildfeld bezeichnet Petrus namentlich. Die römische Silberampulle der Vatikanischen Bibliothek zeigt innerhalb einer breiten Ornamentrahmung die Büsten von Petrus und Paulus ebenfalls im Profil.[525] Beide sind jedoch, im Gegensatz zu dem postulierten Menas, durch einen Nimbus als Heilige ausgezeichnet. Bei dem Profilkopf auf den Menasampullen kann, muß es sich aber nicht um den Heiligen selbst handeln.

---

[516] DEVISSE (1979) S. 41-42.
[517] MIEDEMA, R., De heilige Menas, Rotterdam 1913, S. 45-46.
[518] REAU, Iconographie Bd III, 1958, S. 949.
[519] KISS (1989) S. 18.
[520] MICHON, E., La collection d' ampoules à eulogies du musée du Louvre, in: Mélanges G.B. De Rossi, Ecole française de Rome, suppl. aux Mélanges d'archéologie et d'histoire Ec. fr.,T. XII, Paris/Rom 1892, S. 183-200, bes. S. 188.
[521] Vgl. PORTA (1975/76) S. 43, Anm. 18.
[522] Vgl. METZGER (1981) Kat. Nr. 77, 78, 79.
[523] S. Kat. THEKLA, THEKLA 6.
[524] Vgl. BANK, A., Byzantine Art in the Collection of Soviet Museums, New York/Leningrad 1980, Abb. Nr. 24.
[525] Vgl. ARNASON, H., Early Christian Silver of North Italy and Gaul, in: ArtB 20, 2, 1938, S. 193-226, fig. 35.

ME 5 *   Tonampulle
         Provenienz: Ägypten
         Aufbewahrungsort: Paris, Louvre
         dat.: 6./7. Jh.
         Lit.: KATALOG NEW YORK (1979) S. 576-577, Kat. Nr. 516; KATALOG PARIS
         (1992) S. 156-157, Kat. Nr. 106

Auf der Vorderseite ist Thekla zwischen den wilden Tieren wiedergegeben, eine Inschrift benennt sie selbst, eine zweite im Rahmen umlaufende lautet ΕΥΛΟΓΙΑ ΤΟΥ ΑΓΙΟΥ ΜΗΝΑ ΑΜΗ(ν). Auf der Rückseite ist ein Mann in Orantenhaltung wiedergegeben. Er ist mit Tunika und Pallium bekleidet und nicht nimbiert. Während die Frisur abgerieben ist, ist ein spitz zulaufender Bart noch gut zu erkennen. Links befindet sich eine Art Stele oder Muschelnische, in der zwischen Vorhängen eine Lampe aufgehängt ist, rechts eine große Vase mit kuppelförmigem, von einem Kreuz bekröntem Deckel. Auch auf der Rückseite läuft die Inschrift ΕΥΛΟΓΙΑ ΤΟΥ ΑΓΙ(ου) ΜΗΝΑ ΑΜΗ(ν) um.[526]

Für eine Deutung des Oranten als Menas spricht natürlich die Inschrift, die den Heiligen explizit erwähnt — allerdings taucht dieselbe Inschrift auch auf der „Thekla-Seite" auf, ist also zumindest einmal undifferenziert gehandhabt worden. Eine andere Möglichkeit besteht darin, hier eine Paulusdarstellung zu sehen. Zum einen ist der biographische Zusammenhang zwischen Paulus und Thekla durch die Darstellung auf der anderen Seite der Ampulle hergestellt und zum anderen trägt der Heilige einen Spitzbart. Dies wäre für Menas absolut ungewöhnlich, ebenso wie das Pallium, eine Bekleidung, die für Menas sonst nirgends nachgewiesen ist.

Nauerth, die den Oranten als Menas deutet, führt die Darstellung auf eine sonst unbekannte Darstellungsvariante im Menasheiligtum zurück, wobei die Muschelnische dann eine Kultnische wäre, der überkuppelte Kelch der Brunnen des Menaswassers.[527]

Auffällig ist jedoch die konsequente Einhaltung aller ikonographischen Details — Attribute, Kleidung, physiognomischer Typ und Haltung — bei allen „gesicherten" Menasbildern. Abweichende Gewandung und Frisurtyp sprechen bei der umstrittenen Ampulle stark gegen Menas und eher für Paulus.

ME 6 *   Ampulle
         Provenienz: Ägypten
         Aufbewahrungsort: unbekannt
         dat.: nicht vor E. 5. Jh.
         Lit.: KAUFMANN (1910) S. 135, fig. 80

Ein Mann sitzt mit im Orantengestus ausgebreiteten Armen frontal zum Betrachter gewandt auf einem nach links reitenden Pferd. Seine Gewandung ist nicht eindeutig zu bestimmen. Er ist nicht nimbiert. Es sind keine auf Menas hinweisende Attribute vorhanden.

---

[526] Auf der Rückseite ist mitten im Wort „Eulogie" ein Kreuz in die Inschrift eingefügt. NAUERTH/WARNS (1981) S. 27-28, halten das Kreuz für ein von Menas gehaltenes Handkreuz, mit dem er den in der Umschrift genannten Segen dem Bildbetrachter spende. Am Original ist jedoch gut zu erkennen, daß die Hand das Kreuz nicht berührt. Der Dargestellte muß mit dem inschriftlich gespendeten Segen nichts zu tun haben.
[527] NAUERTH/WARNS (1881) S. 28-29.

Auf der Rückseite dieses Ampullentyps ist ebenfalls eine auf Menas bezogene Inschrift angebracht. Sollte der Dargestellte Menas sein, so weicht der Bildtyp, wie schon bei den Profilkopf-Ampullen, vom gängigen Schema stark ab.

Kaufmann führt dieses Motiv zunächst auf das pagane Bild des siegreichen Reiters bis zu altägyptischen Vorbildern zurück, merkt dann aber richtig an, daß Menas hier nicht kriegerisch mit einer Lanze bewaffnet, sondern als Betender dargestellt und somit der Gehalt in seiner Akzentuierung verschoben ist.[528] Metzger erklärt den Orans-Reiter als Anspielung auf ein Wunder des Menas, schließt aber auch die Möglichkeit nicht aus, daß es sich um einen anderen Heiligen handeln könnte. Der Bildtyp kommt ähnlich auf einer anderen Ampulle im Louvre vor, bezeichnet dort jedoch den heiligen Theodor.[529] Man kann sich vorstellen, daß es sich um eine Variante des verchristlichten Bildes des Reiters handelt, das für verschiedene Heilige anwendbar war. Identifizierbar sind die Reiter nur durch eine Inschrift, während die Ikonographie unabhängig vom Individuum konstant bleibt.

Eine Blei-Ampulle im Louvre in Paris wurde von Coche de la Ferté vorgestellt und aufgrund einer Inschrift als Menas-Ampulle identifiziert. Zur Datierung schlägt der Autor das sechste Jahrhundert vor.[530] Beide Seiten der Ampulle tragen ein gerahmtes Bildmedaillon, darin befindet sich jeweils die Büste eines Heiligen. Dieser trägt eine Chlamys, in der rechten vor der Brust erhobenen Hand hält er eine Lanze, mit der verdeckten Linken einen Schild. Er ist nimbiert. Die Inschrift auf Vorder- und Rückseite gibt Coche de la Ferté an mit: O AH (IOC) (M)ENAC beziehungsweise OA MH H. Bakirtzis wies jedoch in einer Studie über byzantinische Ampullen in Thessaloniki nach, daß diese Gruppe von Bleiampullen zwischen dem 12. und dem 15. Jahrhundert zu datieren ist. Dargestellt ist nicht Menas, sondern laut der — von Coche de la Ferté unrichtig aufgelösten — Inschrift, die beiden Heiligen Demetrius und Nestor.[531]

Elfenbein

ME 7   Pyxis
        Provenienz: Ägypten oder Konstantinopel
        Fundort: Rom, in e. Menasheiligtum bei S. Paolo fuori le mura
        Aufbewahrungsort: London, British Museum
        dat.: 6. Jh.
        Lit.: VOLBACH (1976) S. 113, Kat. Nr. 181, ehem. Nr. 182, Taf. 91; KATALOG NEW YORK (1979) S. 575-576, Kat. Nr. 514; KATALOG FRANKFURT (1983) S. 577-579, Kat. Nr. 176, mit weiterer Literatur

Auf der insgesamt drei Bilder umfassenden Pyxis ist in zwei Szenen das Martyrium des Menas dargestellt: Zunächst ist wohl die Gerichtsverhandlung wiedergegeben, an der ein Thronender, ein Soldat und ein Schreiber teilnehmen. Menas fehlt hier. Dann folgt die Enthauptung des knienden, nur mit einem Schurz bekleideten Menas durch das Schwert,

---

[528] KAUFMANN (1910) S. 128 u. 136.
[529] Vgl. METZGER (1981) Kat. Nr. 73, 74.
[530] COCHE DE LA FERTE (1958) S. 111, Nr. 57, Abb. S. 56.
[531] BAKIRTZIS, Ch., Byzantine Ampullae from Thessaloniki, in: Ousterhout R., (Hg.), The Blessings of Pilgrimage (=Illinois Byzantine Studies 1), Urbana, Chicago 1990, S. 140-149, Abb. 49.

während von rechts bereits ein Engel hinzukommt, um die Seele des Märtyrers aufzunehmen. Das dritte Bild stellt die kultische Verehrung des Heiligen dar. Menas ist in Orantenhaltung in einer Aedikula stehend wiedergegeben, bekleidet mit gegürteter Tunika, Chlamys und Stiefeln. Er ist nimbiert. Außerhalb der Aedikula liegen die beiden zu ihm aufblickenden Kamele. Von links nähern sich dem Heiligen zwei Frauen, von rechts zwei Männer. Diese Figuren können als Pilger interpretiert werden. Es gibt keinerlei Inschriften auf der Pyxis.

In der Menasliteratur der Lexika wird diese Pyxis ohne Begründung sehr unterschiedlich datiert. Celletti setzt sie bereits in das vierte Jahrhundert[532], Kaster datiert das Elfenbein zunächst ins achte, zwei Spalten weiter ins sechste Jahrhundert[533]. Letztere Datierung ist wohl die zutreffende.

Bemerkenswert ist hier die Existenz eines dreiteiligen Heiligenzyklus auf einer Elfenbeinpyxis, wobei das Schwergewicht auf der kultischen Verehrung liegt. Menas wird nicht, wie es zu erwarten wäre, im Paradies dargestellt, wo er von der Hand Gottes bekrönt wird oder ein Stabkreuz als besondere Auszeichnung seiner Nachfolge Christi bis in den Tod hinein hält, vielmehr wird hier das Kultbild in seinem Heiligtum zitiert. Es werden Verhältnisse gezeichnet, die die Pilger im sechsten Jahrhundert mit großer Wahrscheinlichkeit so erleben konnten.

ME 8 Elfenbeinplatte
       Provenienz: Syrien (?)
       Aufbewahrungsort: Mailand, Castello Sforzesco
       dat.: 6. Jh. ? spätes 7. Jh.?
       Lit.: VOLBACH (1976) S. 140, Kat. Nr. 242, Taf. 110; BELLONI G., Gli avori di San Mena fra i cammelli, in: RAChr 28, 1952, S. 133-144; KATALOG NEW YORK (1979) S. 578, Kat. Nr. 517

Die hochrechteckige, gerahmte Platte zeigt Menas als Orans vor einer dreiteiligen Kolonnade stehen, deren Mitte von einer Muschelnische bekrönt ist. In den seitlichen Interkolumnien hängen geknotete Vorhänge und Lampen, im unteren Teil sind Abschrankungen sichtbar. Es handelt sich wohl um den Eingang zum Sanktuarium des Heiligen. Menas steht frontal im Zentrum dieser Anlage, er ist mit einer langen, gegürteten, verzierten Tunika und Chlamys bekleidet. Er ist nimbiert. Zu seinen Füßen liegen die beiden Kamele. Die Inschrift am oberen Bildrand + O A(γιοσ) MHNAC ist eine spätere Zufügung.

Die Datierung des Stückes ist umstritten: Volbach datiert das Werk ins elfte Jahrhundert, „obgleich sich kaum Abweichungen von dem frühchristlichen Vorbild zeigen", weil er sie als zusammengehörig mit den Platten der aus dem elften Jahrhundert stammenden Markuskathedra betrachtet. Belloni hat jedoch herausgefunden, daß die Menasplatte aus dem sechsten Jahrhundert stammt, die Markusplatten dagegen mittelalterliche Kopien früherer Vorbilder sind. Weitzmann dagegen schlug vor, die Elfenbeinplatten

---

[532] CELLETTI, M. C., Menna, VII. Iconografia, in: BiblSS 9, 1967, Sp. 342-343.
[533] KASTER (LCI), wie Anm. 512, Sp. 4 und Sp. 6.

als Dekorationsbestandteil einer Kirchentüre zu sehen und datiert die Platte in das siebte Jahrhundert.[534]

Steinreliefs

ME 9 Marmorrelief
Provenienz: Alexandria (?)
Fundort: Ruinenstätte bei Mex, westl. von Alexandria
Aufbewahrungsort: Alexandria, Griechisch-Römisches Museum
dat.: 5. Jh.
Lit.: KATALOG NEW YORK (1979) S. 573-574, Kat. Nr. 512, mit weiterer Literatur

Menas steht frontal in Orantenhaltung in der Mitte des bis auf eine Standleiste am unteren Rand ungegliederten Bildfeldes. Er ist bekleidet mit gegürteter Tunika, Chlamys und Stiefeln. Er ist nicht nimbiert. Links und rechts neben ihm kauern die beiden Kamele am Boden. Es gibt keine Inschrift.

ME 10 Marmorrelief
Provenienz: unbekannt
Aufbewahrungsort: Wien, Kunsthistorisches Museum
dat.: 5./6. Jh.
Lit.: WESSEL (1963) S. 18, Abb. 13; EFFENBERGER (1976) S. 108, Taf. 21; KATALOG FRANKFURT (1983) S. 579-580, Kat. Nr. 177

Das hochrechteckige Bildfeld zeigt Menas frontal in Orantenhaltung in einer Rundbogen-Aedikula stehend. Er ist mit gegürteter Tunika, auf der Innenseite mit Kreuzmuster bestickter Chlamys und Stiefeln bekleidet. Er hat einen Nimbus. Links und rechts zu seinen Füßen liegen zwei winzige Kamele, darüber stehen in frontaler Haltung innerhalb der Aedikula zwei Figuren, vielleicht Pilger oder ein Stifterehepaar. Ein Inschriftband links und rechts vom Kopf des Heiligen lautet: +ΑΓΙΟΥ ΜΗΝΑ+, *des heiligen Menas*.

ME 11 Kalksteinrelief
Provenienz: unbekannt
Aufbewahrungsort: Kairo, Privatsammlung Mirrit Bey Ghali
dat.: keine Datierungsvorschläge in der Literatur
Lit.: DRESCHER (1946) Taf. 14

Das hochrechteckige Bildfeld wird von der Darstellung des Heiligen eingenommen. Menas steht frontal in Orantenhaltung. Er trägt eine Tunika und eine Chlamys und ist nimbiert. Die beiden Kamele liegen mit abgewandtem Körper zu seinen Füßen, sie drehen den Kopf nach ihm um. Es gibt keine Inschrift.

---

[534] S.: VOLBACH (1976) S. 140, Nr. 242; BELLONI, G., Gli avori di San Mena fra i cammelli, in: RAChr 28, 1952, S. 133-144; WEITZMANN, K., The Ivories of the so-called Grado Chair, in: DOP 26, 1972, S. 43-91, bes. S. 87.

Holzreliefs

ME 12 Fragment eines Friesbalkens
       Provenienz: Ägypten
       Aufbewahrungsort: Berlin, Museum für Spätantike und Byzantinische Kunst
       dat.: 7./8. Jh.
       Lit.: EFFENBERGER/SEVERIN (1992) S. 184, Kat. Nr. 98 b

Der Balken ist links und rechts fragmentiert. Erhalten sind noch sechs Arkaden, in denen Vorhänge aufgespannt sind. Darunter befinden sich Heiligengestalten. Erhalten sind Daniel mit den Löwen, Menas mit den Kamelen und vier Palliati mit Codices. Menas steht frontal in der Mitte der Arkade, die Arme im Orantengestus erhoben. Er ist mit Tunika und Chlamys bekleidet. Ein Nimbus ist nicht zu erkennen. Zu seinen Füßen liegen die beiden Kamele.

ME 13 Fragment eines Sturzbalkens
       Provenienz: Bawit
       Aufbewahrungsort: Paris, Louvre
       dat.: 6. Jh.
       Lit.: RUTSCHOWSCAYA, M., Catalogue des bois de l'Egypte copte, Musée du
       Louvre, Paris 1986, S. 150-151, Kat. Nr. 530

Auf dem Balken ist neben anderen Figuren auch Menas dargestellt. Er steht in einem gerahmten Bildfeld zwischen zwei gerafften Vela frontal in Orantenhaltung. Er ist mit Tunika und Chlamys bekleidet und nimbiert. Rechts neben ihm ist ein fragmentiertes, aber deutlich als solches zu erkennendes Kamel dargestellt. Es gibt keine auf Menas bezogene Inschrift.

Fresken

ME 14 Wandfresko
       Provenienz: ehemals Kom Abu Girgeh, Krypta
       Aufbewahrungsort: Alexandria, Museum
       dat.: 5./6. Jh.
       Lit.: LECLERCQ, H., Girgeh (Kom Abou), in: DACL VI, 1, 1924, Sp. 1246-1258,
       Abb. 5292; RASSART-DEBERGH, M., Peintures coptes de la région
       maréotique: Abou Girgeh et Alam Shaltout, in: AlPhOr 26, 1982, S. 91-107, Taf.
       2 c

Das im oberen Bereich fragmentierte Bild zeigt Menas zwischen zwei Kamelen stehend, die in asymmetrischer Haltung am Boden kauern. Der Heilige ist mit Tunika und Chlamys bekleidet. Eine eventuell vorhanden gewesene Inschrift ist nicht erhalten.

ME 15   Bawit, Apollonkloster, Kapelle XXVII
           Fresko
           dat.: 6./7. Jh.
           Lit.: MASPERO/DRIOTON (1931) Taf. XLI

Von der Darstellung ist nur ein Fragment erhalten. Von Menas sind nur die Stiefel sowie der untere Teil der verzierten Tunika und der Chlamys sichtbar. Links und rechts davon liegen ungewöhnlicherweise je zwei Kamele. Sie sind in zwei Registern übereinander angeordnet. Eine eventuell vorhanden gewesene Inschrift ist nicht erhalten.

ME 16   Kellia, Saal 34
           Fresko an der Westwand
           dat.: 6./7. Jh. (?)
           Lit.: DAUMAS, F., GUILLAUMONT, A., Kellia I. Kom 219, Fouilles exécutées en
           1964 et 1965, fasc. I. (= Fouilles de l' Institut français d' archéologie orientale
           du Caire 28), Kairo 1969, S. 24, Taf. 23 e

Das Fresko ist nur im oberen Teil erhalten, das Gesicht des Heiligen ist zerstört. Dargestellt ist der frontal stehende Menas in Orantenhaltung, mit Tunika und Chlamys bekleidet und nimbiert. Rechts und links seines Kopfes verläuft eine Inschrift, die ihn bezeichnet. Da der untere Teil des Freskos fehlt, sind auch die beiden Kamele nicht mehr vorhanden, die dem Heiligen aber sicher als Attribut beigegeben waren.

Tonlampen und Stempel

ME 17   Tonlampe
           Provenienz: La Malga bei Karthago, aus einem christlichen Friedhof
           Aufbewahrungsort: Karthago, ehem. Musée Lavigerie
           dat.: 6. Jh. ?
           Lit.: DELATTRE, A. L., Musée Lavigerie de Saint-Louis de Carthage III, Paris
           1899, S. 38, Kat. Nr. 3, Pl. IX, 3

Menas steht mit im Orantengestus ausgebreiteten Armen frontal zum Betrachter gewandt. Er ist mit einer kurzen Tunika bekleidet, die Chlamys ist nicht zu erkennen. Er hat einen Nimbus. Zu seinen Füßen sind links und rechts die beiden adorierenden Kamele, wie auf den meisten Ampullen, kopfunter dargestellt. Unter den Füßen des Heiligen befindet sich ein hufeisenförmiger Gegenstand, der auch als Randornament noch auftritt.

ME 18   Gestempelter Gefäßverschluß
           Provenienz: Alexandria
           Aufbewahrungsort: Berlin, ehem. Kaiser-Friedrich-Museum
           dat. 5./6. Jh.
           Lit.: Wulff (1909) S. 278, Nr. 1444 u. 1445

Das Flachrelief in Stuck zeigt den frontal stehenden Menas in Chiton und Chlamys in Orantenhaltung. Er wird von den beiden am Boden liegenden Kamelen flankiert.

Zwei Anmerkungen am Rande seien dem Katalog noch hinzugefügt: Das Tafelbild aus dem Apollonkloster in Bawit, das heute im Louvre in Paris aufbewahrt wird, stellt, wie es inschriftlich in der linken oberen Bildecke festgehalten ist, einen **Abt Menas** neben Christus dar, nicht, wie es häufig zu lesen ist, den Märtyrer Menas.[535]

Die Darstellung eines nimbierten, bärtigen Heiligen vor einer gemalten Nische in der Kirche in Karm-al-Ahbariya in der Nähe von Abu Mena ist nicht inschriftlich als bestimmte Person gesichert. Belting spricht zwar von Menas, aber es gibt weder eine diesbezügliche Beischrift noch andere Indizien für eine derartige Deutung, außer, daß sich der Ort in der geographischen Nähe von Abu Mena befindet. Putzfragmente lassen darauf schließen, daß dort noch mehrere Heilige dargestellt waren. Aufgrund der Tatsache, daß der Dargestellte bärtig und nicht jugendlich ist, ist Menas auszuschließen.[536]

C. ANALYSE DER VORKOMMENDEN BILDTYPEN UND ATTRIBUTE

Es gibt eine unüberschaubare Zahl von Menasdarstellungen auf Ampullen, sowie zwölf weitere hier erfaßte Menasbilder in anderen Kunstgattungen. Bemerkenswert ist die Tatsache, daß alle zweifelsfrei zugeschriebenen Menasdarstellungen einem einzigen Grundschema folgen: Immer ist Menas stehend in Orantenhaltung wiedergegeben, immer ist er mit einer Tunika und einer Chlamys bekleidet, die auf seinen Soldatenberuf hinweist, immer ist Menas an seinem individuellen Attribut, den beiden Kamelen, die zu seinen Füßen knien, zu erkennen.

Dieses konstante Vorhandensein eines individuellen Attributes zeichnet Menas innerhalb der Heiligenikonographie in der untersuchten Zeit besonders aus. Es führt aber auch — zurecht, wie ich meine — dazu, daß Bilder, auf denen Menas zwar inschriftlich genannt ist, jedoch ohne Kamele dargestellt wird, in ihrer Identifikation als Menas umstritten bleiben müssen. Ein Beispiel für eine solche unsichere Zuschreibung ist die Pariser Ampulle (**ME 5***). Das Vorhandensein der Kamele kann als *conditio sine qua non* für die Menas-Ikonographie gelten.

Die Beifügung einer Namensbeischrift oder einer Segensformel auf den Ampullen ist nicht zwangsläufig gegeben. Problematisch ist die Tatsache, daß derartige Segenswünsche bei Ampullen auch mit Darstellungen kombiniert werden können, die nicht Menas selbst, sondern einen anderen Heiligen meinen, wie beispielsweise die heilige Thekla auf der gerade erwähnten Pariser Ampulle. In den anderen Kunstgattungen ist die Namensbeischrift nur in zwei Beispielen vor-

---

[535] Abb. in KATALOG NEW YORK (1979) Kat. Nr. 497. Fälschlich als Bildnis des Märtyrers aufgeführt von KASTER (LCI), wie Anm. 512; von SAUGET (BiblSS), wie Anm. 509, u.a.
[536] Vgl. BELTING (1991) S. 103 mit Abb. 38; MÜLLER-WIENER, W., Die Kirche im Karm al-Ahbariya, in: Müller-Wiener, W., Großmann, P., Abu Mena, 6. Vorläufiger Bericht. In: Archäologischer Anzeiger 1967, Heft 4, (=Beiblatt zum Jahrbuch des DAI, Bd 82), Berlin 1968, S. 457-480, bes. S. 473-480, Abb. 15.

handen, bei dem Marmorrelief in Wien (**ME 10**) und im Fresko in Kellia (**ME 16**). Diese spärliche Verwendung eindeutiger Identifizierungsmöglichkeiten kann als Hinweis darauf gewertet werden, daß das Bild des Menas mit seinem individuellen Attribut derart verbreitet und vertraut war, daß auf solche „Sicherheitsmaßnahmen" verzichtet werden konnte.

Der Nimbus als Attribut der Heiligkeit ist auf den Ampullen nicht zwingend vorhanden. Sonst fehlt er nur auf dem Marmorrelief aus Alexandria (**ME 9**) und auf dem Konsolbalken in Berlin (**ME 12**).

Bedingt durch die immer vorhandene Orantenhaltung des Menas fehlen Gattungsattribute wie der Märtyrerkranz oder eine Rolle beziehungsweise Codex ganz.

Die These von Wacker, daß Menas in phrygischer Tracht dargestellt werde, weil er sein Martyrium in Phrygien erlitten habe und Patron einer phrygischen Stadt sei und die Folgerung, daß die phrygische Tracht bei ihm sozusagen ein Attribut sei, das auf den Ort seines Martyriums hinweise, ist Spekulation, zumal die Autorin keine einzige Darstellung benennt, die Menas in phrygischer Kleidung zeigen würde![537] Die von Kaufmann versuchsweise als Menas gedeuteten Reiterstatuetten, die den Dargestellten mit phrygischer Mütze zeigen, werden in der neueren Forschung vorsichtiger behandelt: sie dürften, genau wie die Frauenstatuetten aus Abu Mena, als Eulogien gedient haben.[538]

Die Frage nach dem Urbild

Das konstante ikonographische Schema, dem alle Menasbilder folgen, geht mit großer Wahrscheinlichkeit auf ein einziges prominentes Urbild zurück, das am Kultort des Heiligen in Abu Mena vermutet werden kann. Die Existenz eines solchen Initialbildes an der Verehrungsstätte eines Heiligen wird für alle Märtyrer postuliert, erhalten ist jedoch keines. Im Fall des Menas wird die Urbild-These durch zwei Faktoren gestützt. Zum einen spricht die bereits mehrfach erwähnte konstante Ikonographie des Heiligen für ein prägendes Vorbild, zum anderen — und das ist nur hier faßbar — gibt es eine mittelalterliche Beschreibung eines Bildes in Abu Mena selbst, das in der Forschung als das Kultbild identifiziert wird. Der arabische Geograph El-Bekri (ca. 1028-1094) lieferte in einem Reisebericht des Jahres 1068 unter anderem die Beschreibung von Abu Mena. Dieser arabische Text wurde im 19. Jahrhundert ins Französische übersetzt und liegt in zwei Fassungen vor, die hier auszugsweise im Wortlaut vorgestellt werden sollen.

---

[537] Vgl. WACKER, G., Ikonographische Untersuchungen zur Darstellung Daniels in der Löwengrube, Diss. Marburg 1954. S. 11, Anm. 1.
[538] Vgl. ENGEMANN, J., Eulogien und Votive, in: Akten des XII. Internationalen Kongresses für Christliche Archäologie (Bonn 1991), Teil I, Münster 1995 (=JbAChr Ergänzungsband 20, 1), S. 223-233, bes. S. 231-233.

Die erste Übersetzung eines in Paris aufbewahrten Manuskripts bot 1811 E. Quatremère, Professor für griechische Literautur in Rouen:

„Delà on arrive à l'église de S. Mina, qui est un vaste bâtiment décoré de statues et de peintures de la plus grande beauté. Des cierges y brûlent jour et nuit sans aucune interruption. A l'extrémité de cet édifice, on voit un grand tombeau et deux chameaux de marbre, sur lesquels est un homme debout, dont les pieds sont appuyés sur ces deux animaux. Il a une main ouverte, et l'autre fermée. Cette figure, qui est également de marbre, représente, dit-on, S. Mina."[539]

Er spricht von einem *Grab am Ende des Gebäudes*, von zwei Kamelen aus Marmor und einem darüberstehenden Mann, der ebenfalls aus Marmor gebildet ist. Daraus folgerten alle Forscher, die sich auf diese Übersetzung stützten, daß unterirdisch, in der Nähe des Grabes, das Kultbild in Form eines großen Marmorreliefs bestanden haben muß. Zudem berichtete Kaufmann, er habe im Hypogäum eine vertiefte Stelle von den Ausmaßen 1,80 m x 1,80 m in der Wand gesehen, an der das Kultbild ehemals eingelassen gewesen sein mußte.[540]

Mac Guckin de Slane zog für seine Edition und Übersetzung vier arabische Manuskripte heran. Der entsprechende Abschnitt in seiner Fassung lautet:

„De là on se rend à Abou-Mîna, grande église qui renferme des images et des sculptures très curieuses. On y tient les lampes allumées jour et nuit; jamais on ne les éteint. Au fond de ce bâtiment se voit une grande coupole renfermant l'image d'un homme qui se tient debout, chaque pied appuyé sur un chameau; une de ses mains est ouverte et l'autre fermée. Ce groupe, tout en marbre, représente, dit-on, Abou-Mîna."[541]

Der wichtigste Unterschied besteht darin, daß hier statt Grab *große Kuppel* übersetzt wurde.

Dieser Übersetzung folgt Jürgen Christern im Frankfurter Katalog[542] und zieht dementsprechend andere Schlußfolgerungen, als es die Autoren taten, die dem Text Quatremères gefolgt waren: Christern interpretiert die Kuppel als Apsiskalotte *mit einem Bild*, „wahrscheinlich das Apsismosaik". Im folgenden erwähnt er allerdings nicht, wie es alle Übersetzungen tun, daß die dargestellten Kamele und der Mann aus Marmor seien. Somit hätte El-Bekri die Apsiskomposition der Großen Basilika beschrieben, wie sie seit dem sechsten Jahrhundert bestanden haben könnte. Aber auch Christern läßt das Kultbild im Hypogäum nicht

---

[539] Der Text wurde publiziert und in französischer Übersetzung vorgelegt von: QUATREMERE, E., in: Mémoires géographiques et historiques sur l'Egypte, Bd I, Paris 1811, S. 489; dt. Übersetzung bei KÖTTING (1950) S. 189-190.
[540] KAUFMANN (1910) S. 96.
[541] MAC GUCKIN DE SLANE, Description de l'Afrique septentrionale par El-Bekri. Edition revue et corrigée, Algier, 1913, S. 8-10.
[542] CHRISTERN, J., Die Pilgerheiligtümer von Abu Mena und Qal´at Sim´an, in: KATALOG FRANKFURT (1983) S. 211-222, hier bes. S. 214.

außer Betracht: „Von diesem Kultbild haben wir die genannten Repliken, und es entspricht der Beschreibung von El-Bekri. Man kann sich auch vorstellen, daß der Hl. Menas im gesamten Baukomplex mehrfach dargestellt war." Das postulierte Apsisbild wäre dann bereits ein Zitat des Urbildes.

Grabar stellt sich das Urbild im Menasheiligtum eher in der Form eines Apsisbildes denn einer Skulptur vor, leider ohne darauf näher einzugehen und dies zu begründen.[543]

Die Datierung dieses ersten Kultbildes ist unklar: Kötting setzt es am Ende des fünften Jahrhunderts an, weil vorher eine Doppelung des Kultobjektes, also Grab und Bild, an einem Wallfahrtsort nicht denkbar sei.[544] Nichts spricht jedoch gegen die Existenz eines Repräsentationsbildes des verehrten Heiligen an seiner Grabstätte, man muß ja nicht von einer Verehrungspolarisierung ausgehen. Andere Autoren datieren diese Darstellung bereits an den Anfang des fünften Jahrhunderts.[545]

Zusammenfassend läßt sich sagen, daß die auf den ersten Blick so hoffnungsvolle, weil einzigartige Beschreibung des Repräsentationsbildes eines Heiligen an seinem Kultort letztendlich so ergiebig nicht ist. Der Text stammt aus dem Mittelalter und kann keine Hilfestellung für die Datierung der Darstellung geben. Die Annahme, es handele sich bei dem beschriebenen Objekt um das Urbild, das Kultbild des Heiligen, ist nicht zu beweisen. Der Anbringungsort, der dafür ein Indiz sein könnte, ist widersprüchlich angegeben. Schließlich muß Mißtrauen bezüglich der Zuverlässigkeit der Beschreibung aufkommen, wenn man Details untersucht. Nach El-Bekri steht der Mann mit beiden Füßen auf den Kamelen und hält eine Hand geöffnet und eine geschlossen. Es ist jedoch nicht anders vorstellbar, als daß Menas zwischen seinen Attributen stand und nicht darauf, und daß er im Orantengestus wiedergegeben war. Trotzdem bestätigt die Beschreibung die — nicht anzweifelbare — Existenz von Bildwerken im Kirchenraum.

Die Kamele als Attribut

Kontrovers diskutiert wird in der Forschung die Bildgenese des Heiligen zwischen zwei Kamelen, sowohl in inhaltlicher als auch in formaler Hinsicht.

Eine These sieht die Darstellung von der Legende her beeinflußt, in der die Kamele als Tragetiere eine Rolle spielten, vertreten zum Beispiel von Kaufmann[546], Schumacher[547], Réau[548] und Leclercq[549].

---

[543] GRABAR (1946) S. 27.
[544] Vgl. KÖTTING (1950) S. 198.
[545] Z.B. WESSEL (1963) S. 18.
[546] Vgl. KAUFMANN (1910) S. 102.
[547] SAUER/SCHUMACHER (LTHK), wie Anm. 510, Sp. 267.
[548] REAU, Iconographie, Bd III, 1958, S. 949.
[549] LECLERCQ, H., Ménas, in: DACL 11, 1, 1933, Sp. 324-397, hierzu bes. Sp. 339-340.

Die Gegenthese, die mehr Wahrscheinlichkeit für sich beanspruchen kann, lautet umgekehrt, daß die Legende im Nachhinein versuchte, die gängige Menas-Ikonographie zu deuten. Schon Murray[550] vertrat 1907 die Ansicht, daß sowohl die Kamele als auch die Seeungeheuer der äthiopischen Legende die bereits existenten Darstellungen rechtfertigen sollten. Kötting[551] erklärt auf diese Weise die Entstehung der Legende mit den Seeungeheuern: Die nur noch schematisch dargestellten Kamele wurden nicht mehr als solche verstanden und verlangten nach einer anderen Interpretation.

Sehr ausführlich befaßt sich mit dem Problem Drescher, der eine dritte These aufstellt. Er hält es für unwahrscheinlich, daß die Legende von bereits existierenden Bildern beeinflußt wurde, vielmehr wurde die Legende eingeführt, um den ungewöhnlichen Ort des Menas-Schreines mitten in der Wüste durch eine Wundererzählung zu rechtfertigen. Diese wiederum genügt allein noch nicht, um die Existenz von zwei Kamelen in der Ikonographie befriedigend zu deuten.[552]

Wie kam Menas nun zu dem Attribut der beiden Kamele? Menas war nach Ansicht Dreschers ursprünglich Kamelhirte, wurde später in den Legenden als Heiliger „sozial aufgewertet", behielt aber in den Darstellungen beharrlich seine Kamele bei. Drescher interpretiert auch die Seeungeheuer als bewußte Umpolung der Kamele in andere, „neutrale" Tiere, die die ungeliebte Erinnerung an den Beruf des Kamelhirten verschütten sollten. Gegen diese Erklärung sprechen sämtliche erhaltene Darstellungen, in denen die Kamele zweifelsfrei als solche zu erkennen sind.

Eine wohl zu stark vereinfachende Erklärung ist die, daß Menas eben ein Wüstenheiliger war, dessen Kultort nur mit Kamelen zu erreichen war, und daß diese Tiere quasi von selbst zu seinen Kennzeichen wurden.[553] Menas sei der Patron der Karawanen gewesen und so zu seinem spezifischen Attribut gekommen[554] oder aber, Menas sei Kamelhirt gewesen, die Tiere seien ein Berufsattribut[555]. Menas war nicht primär Patron der Karawanen, sondern wurde, wenn überhaupt, durch sein vorhandenes Attribut dazu erwählt. Von Beruf war er Soldat.

Die Schwierigkeit, eine befriedigende Begründung zu finden, spiegelt sich in der Vielzahl der vorgeschlagenen Erklärungen wider. Während bei anderen

---

[550] Vgl. MURRAY (1907) S. 25-30, S. 51-60, S. 112-122, hierzu S. 28; ebenso WILBER, D. N., The Coptic Frescoes of Saint Menas at Medinet Habu, in: ArtB 22, 1940, S. 86-103, bes. S. 90/91.
[551] KÖTTING (1950) S. 196; so auch SAUGET (BiblSS), wie Anm. 509, Sp. 326 u. 339; vgl. auch KATALOG NEW YORK (1979) S. 573-574, Kat. Nr. 512.
[552] DRESCHER (1942) S. 19-32.
[553] So beispielsweise KÖTTING (1950) S. 196; SAUER/SCHUMACHER (LTHK), wie Anm. 510, Sp. 267; REAU, Iconographie, Bd III, 1958, S. 949.
[554] DEVISSE (1979) S. 40-41.
[555] Vgl. DRESCHER (1942) S. 30-32; DU BOURGUET, P., Die Kopten (=Kunst der Welt), Baden-Baden 1967, S. 88; SAUGET (BiblSS), wie Anm. 509, Sp. 339; KAUFMANN (1910) S. 104, weist auf mehrere mögliche Gründe hin, die bei der Motivwahl zusammenwirken mußten.

Märtyrern individuelle Attribute auf die Art ihres Martyriums hinweisen, wie die Löwen der Thekla, oder berufsbedingte Attribute für Einzelne reserviert werden und damit die Wertigkeit von individuellen Attributen erhalten, wie das Maniakion bei Sergius und Bacchus, gibt es bei Menas keine eindeutige Lösung. Er wird durch die Gewandung zweifelsfrei als Soldat gekennzeichnet, ein Beruf, der gemeinhin mit Kamelen nicht in Verbindung gebracht wird. Auch das Martyrium steht nicht in Zusammenhang mit Kamelen, denn Menas wurde enthauptet.

Einen Versuch zur formalen Herleitung der beiden symmetrisch neben dem Heiligen kauernden Tiere unternahm bereits Kaufmann[556], der orientalische und besonders indische Vorbilder heranzog, wie Darstellungen von Buddha mit Elephanten, dann aber auch auf Näherliegendes, wie frühchristliche Bilder von Daniel in der Löwengrube, verwies. Auch Kötting[557] verwies pauschal auf das „gewohnte Bild der von Tieren flankierten Göttinnen (Isis, Kybele, Artemis, Dea Syria, Kyrene)", das ebenso wie die heilige Thekla zwischen ihren Tieren den christlichen Künstlern vertraut gewesen sei und zu analogen Bildschöpfungen führte. Dieser Hinweis auf die Vielzahl von Darstellungen innerhalb der christlichen Kunst, in der ein Mensch in Orantenhaltung zwischen symmetrisch angeordneten Tieren steht, trifft wohl bereits das Richtige. Präzise Vorbilder sind nicht zu benennen. Andere Autoren geben zu bedenken, daß in den Texten ja immer nur von einem Kamel die Rede ist, während zwei dargestellt wurden und legen dem Bildentwurf das Symmetriebedürfnis der Epoche zugrunde, das stärker gewesen sein muß, als das (vorausgesetzte!) Einhalten einer literarischen Vorlage.[558]

Zusammenfassend muß man einräumen, daß die Kamele nicht befriedigend erklärt werden können. Tatsache ist, daß sie das ständige individuelle Attribut des Menas sind und er somit zu den wenigen Heiligen gehört, die niemals ohne ein Attribut auftreten.

DIE STYLITEN

A. VITA, KULT UND LEGENDE

SIMEON STYLITES DER ÄLTERE

Vita und Legende:

Ende des vierten Jahrhunderts in Sisa bei Nikopolis in Syrien geboren, wurde Simeon als Kind Schafhirte und trat um 403 in das Kloster Eusebona bei Teleda ein. Wegen seiner zu strengen Askeseübungen mußte er jedoch das Kloster verlassen

---

[556] KAUFMANN (1910) S. 97-102.
[557] KÖTTING (1950) S. 196. KÖTTING weist die unterstellte Abhängigkeit des Menas von Horus mit den Krokodilen zurück. Dazu auch ausführlich MURRAY (1907) S. 29-30.
[558] Vgl. L. REAU, Iconographie, 1958, Bd III, S. 949 und PORTA (1975/76) S. 49.

und lebte seit 410/12 als Eremit bei Teleshin (Der Seman). Später zog er nach Kal'at Sem'an, wo er seit 422 auf einer Säule lebte, um den Belästigungen der Besucher zu entgehen, die sich von der Berührung seiner Kleider Heilung versprachen. Simeon unterbrach sein Stylitenleben bis zu seinem Tod im Jahre 459 nicht mehr, allerdings wurde die Säule von anfänglich 1,80 Meter auf später 18 Meter erhöht. Er wurde bereits zu Lebzeiten als Thaumaturg verehrt und von zahllosen Pilgern aus der ganzen Oikumene aufgesucht.[559]

Kötting[560] verwies auf die wichtigsten Quellen, die über den Styliten berichten: Das ist zunächst Theodoret, im 26. Kapitel seiner *Historia religiosa*, auf die weiter unten noch ausführlicher einzugehen sein wird. Theodoret war ein Zeitgenosse Simeons. Ferner schrieb Antonius ein *Leben des heiligen Symeon* und die *Syrische Vita*, außerdem sind die Schriften und der Briefwechsel des Simeon als Quellen von Bedeutung[561].

Kult:

Das Fest wird in den Ostkirchen am 1. September gefeiert, im Westen am 5. Januar. Simeon wurde in der Kathedrale von Antiochia bestattet, später wurden seine Reliquien von Leon I. nach Konstantinopel transferiert und in einem Martyrion aufbewahrt. Kaiser Zenon (474-491) errichtete in Kal'at Sem'an, dem wichtigsten Heiligtum Syriens, das Martyrion um die Säule, auf der der Asket sein Leben verbracht hatte.

Die spektakuläre Form der asketischen Lebensführung zog viele Menschen an, die Simeon als lebenden Volksheiligen betrachteten. Bemerkenswert ist, daß man nach seinem Tod die Wirkkraft nicht nur an die eigentlichen Reliquien gebunden sah, sondern mindestens ebenso an den Ort der Askese, sprich an die Säule: Diese zog auch weiterhin den größten Teil der Pilger an, obwohl die Reliquien in Antiochia und später in Konstantinopel bestattet waren. Die Säule war die kostbarste Reliquie im Stylitenkult.

Bemerkenswert ist die Tatsache, daß die Säule nicht der Praxis der Reliquienteilung unterworfen wurde, wie es mit den Körperreliquien geschah, sondern bis ins 17. Jahrhundert unversehrt stehen blieb.

---

[559] KASTER, K. G., Simeon Stylites der Ältere, in: LCI 8, 1976, Sp. 361-364.
[560] KÖTTING (1950) S. 113-131.
[561] Ediert wurden die Quellen von LIETZMANN, H., Das Leben des hl. Symeon Stylites (= Texte und Untersuchungen zur Geschichte der altchristlichen Literatur 32,4), Leipzig 1908. Wichtig ferner: DELEHAYE, H., Les Saints Stylites (= Subsidia Hagiographica 14), Brüssel/Paris 1923.

SIMEON STYLITES DER JÜNGERE

Vita und Legende:

Geboren wurde Simeon der Jüngere 521 in Antiochia, seine Mutter war die heilige Martha. Er trat bereits als Kind ins Kloster ein. Simeon bestieg schon mit sechs Jahren die erste Säule in der Nähe seines Meisters Johannes, mit zwölf Jahren eine zweite bei Seleukeia von 40 Fuß Höhe. 533 erfolgte die Diakonsweihe. Um dem Andrang der Pilger zu entgehen, zog er sich im Jahr 541 in die Einsamkeit auf den „Mons Admirabilis" zurück, wo er zehn Jahre auf einem Felsen lebte, bevor er weitere 45 Jahre auf einer dritten Säule stand. Im Umfeld ließ er nach dem Vorbild von Kal'at Sem'an ein Kloster errichten. 554 erhielt er die Priesterweihe, Simeon starb 592.

Simeon verfaßte drei Troparien, mehrere Briefe, darunter einen an Justinian zum Thema Bilderschändung und ungefähr 30 Predigten.[562]

Kult:

Die Festtage des Heiligen sind im Osten der 23. und 24. Mai, im Westen der 3. September. Die Gebeine Simeons wurden in seinem Kloster beigesetzt, die Ausprägung seiner Verehrung war vom Kult des älteren Simeon beeinflußt. Simeon der Jüngere war der bedeutendste Heilige des Patriarchats von Antiochia. Seine Bilder und seine Vita wurden im Bilderstreit von Johannes Damascenus auf dem II. Nicänum erwähnt.[563]

Die zahlreichen Pilger nahmen bereits zu Lebzeiten — und natürlich nach dem Tod — des Heiligen, als Eulogien nicht nur Wasser, sondern auch Reliefbilder des Simeon mit.

B. MONUMENTE

Vorbemerkung: Eulogien mit Darstellungen der beiden Styliten sind in so großer Zahl erhalten, daß sie hier nicht annähernd vollständig erfaßt werden können. Die Kleinteiligkeit der Objekte und die oftmals mangelhafte Abbildungsqualität in den Publikationen erlaubt außerdem keine durchgehende differenzierte Untersuchung. Es handelt sich außerdem mehr oder weniger um für den Pilgerbetrieb angefertigte Massenware, so daß es genügt, wenn zur Bearbeitung der ikonographi-

---

[562] KÖTTING, B., Symeon Stylites d. J., in: LTHK 9, ²1964, Sp. 1216-1217.
[563] SQUARR, C., KASTER, K. G., Simeon Stylites der Jüngere vom Berg der Wunder, in: LCI 8, 1976, Sp. 364-367.

schen Komponenten aus jeder Gruppe von Bildträgern Beispiele herausgegriffen werden.

Die in der Forschung häufig diskutierte Zuweisung einzelner Denkmäler an den älteren beziehungsweise den jüngeren Simeon kann hier weitgehend ausgeklammert werden. So wie der Jüngere den Älteren in seiner Vita und Askeseform nachahmte, so lehnte man sich auch in der Bildschöpfung an das Vorbild von Kal'at Sem'an an. Für beide Styliten wird der gleiche Bildtyp verwendet.

KATALOG

Die Monumente sind zunächst nach Kunstgattungen gegliedert, auf verschiedene weitergehende Klassifizierungsversuche wird weiter unten einzugehen sein.

Basaltreliefs

SYM 1   Basaltrelief
        Provenienz: Qasr Abu Samra (Syrien)
        Aufbewahrungsort: Berlin, Museum für Spätantike und Byzantinische Kunst
        dat.: 5./ A. 6. Jh.
        Lit.: LASSUS (1932) S. 67-82; ELBERN (1965) bes. S. 280-282, Abb. 1; SODINI
        (1989) S. 34; EFFENBERGER/SEVERIN (1992) S. 147, Kat. Nr. 60

Das Flachrelief, das vielleicht Bestandteil einer Schrankenplatte war, zeigt rechts die Säule auf einer zweistufigen Basis, mit einer Fenster(?)öffnung oben im Schaft. Über einer Balustrade erscheint die Büste des Styliten. Er ist bärtig und trägt eine Mönchskapuze, die Cuculla. Er hat keinen Nimbus. Über seinem Haupt fliegt von links ein Vogel heran, der im Schnabel einen Kranz bringt. Links ist eine Leiter an die Säule gelehnt, auf der ein Mönch mit einem Gefäß in der Hand steht. Auch er trägt ein Kapuzengewand. Nach der Beschreibung von Effenberger/Severin handelt es sich bei dem Gefäß um ein Weihrauchfaß, ein Element, das den bereits vorhandenen und ausgeübten Kult des Heiligen anzeigt.

SYM 2   Basaltrelief
        Provenienz: aus der Gegend von Hama, Syrien
        Aufbewahrungsort: Hama, Museum
        dat. 5./6. Jh.
        Lit.: WRIGHT, G. R. H., The Heritage of the Stylites, in: Australian Journal of
        Biblical Archaeology I/3, 1970, S. 82-107; KATALOG LINZ (1993) S. 421-422,
        Kat. Nr. 49; SODINI (1989) S. 34

Rechts befindet sich die Säule, wiederum über einer gestuften Basis, mit drei Öffnungen im Schaft und einer bekrönenden Balustrade. Darüber ragt das bärtige Haupt des Styliten mit einer spitzen Kapuze, ohne Nimbus hervor. Von links kommt ein Vogel herangeflogen, der über dem Styliten einen Kranz hält. Auf der links angelehnten Leiter steht ein Mönch, bekleidet mit einem schräggerippten, kurzen Gewand und einer spitzen Kapuze. Er hält ein bauchiges Henkelgefäß (ein Weihrauchfaß?) in der Rechten.

SYM 3   Basaltrelief
            Provenienz: Djibrin, Nordsyrien
            Aufbewahrungsort: Paris, Louvre
            dat.: E. 5. Jh.
            Lit.: COCHE DE LA FERTE (1958) S. 87, Kat. Nr. 5, Abb. S. 10; ELBERN (1965)
            S. 284-285, Abb. 3

In der Mitte des oben bogenförmig gerahmten Bildfeldes befindet sich die Säule über einer zweistufigen Basis, mit einer Öffnung oben im Schaft. Über der Balustrade erscheint der Stylit mit spitzer Kapuze und ohne Nimbus. Sein Gesicht ist abgemeißelt. Unklar ist, ob der auf dieser Höhe verlaufende „Querbalken" die starr ausgestreckten Arme des Simeon sind, oder ob es sich eher um einen Teil der Rahmenarchitektur handelt. Links ist die Leiter angelehnt. Eine Inschrift oben bezeichnet vielleicht den Stifter ΑΒΡΑΑΜΙΣ ΑΖΙΖΟΝ, beidseits der Säule ist der Heilige genannt: ΑΓΙΟΣ ΣΥΜΕωΝ und das Zeichen ΗΣ, das Coche de la Ferté und Elbern auflösen mit der Jahreszahl 208 der Ära der Märtyrer, also 492. Lafontaine-Dosogne lehnt diesen Vorschlag jedoch als „pure Phantasie" ab.[564]

SYM 4   Basaltrelief
            Provenienz: Saida (Sidon, Libanon, sekundär?)
            Aufbewahrungsort: Paris, Louvre
            dat.: 5./6. Jh. (?)
            Lit.: COCHE DE LA FERTE, E., Acquisitions récentes, in: Revue du Louvre
            1961, 2, S. 75-84, Abb. 2; ELBERN (1965) S. 282-284, Abb. 2; SODINI (1989)
            S. 34

Das hochrechteckige Flachrelief besitzt eine akroterartige Bekrönung. Die Säule befindet sich am linken Bildrand, auf einer mehrstufigen Basis ruhend und mit einer Öffnung oben am Schaft. Über der Balustrade erhebt sich die dreieckige, stark stilisierte Büste des Simeon mit seiner Kapuze, wiederum ohne Nimbus. Von rechts fliegt ein Vogel herbei, der ihm einen Kranz bringt. Darunter ist die Leiter an die Säule gelehnt, rechts daneben, frei im Bildfeld „schwebend" befindet sich der Mönch mit dem Weihrauchgefäß. Zwischen Säule und Leiter windet sich eine Schlange nach oben.

SYM 5   Basaltrelief (Fragment)
            Provenienz: bei Aleppo gefunden
            Aufbewahrungsort: Damaskus, Archäologisches Nationalmuseum
            dat.: 5./6. Jh. (?)
            Lit.: ELBERN (1965) S. 285-286, Abb. 4; SODINI (1989) S. 34

Erhalten ist auf der linken Seite die Abschlußkante mit dem Rahmen des Reliefs, im Bildfeld ist die Säule vorhanden, unten ist die gestufte Basis noch zu erkennen, die Partie mit dem Styliten ist hingegen weggebrochen. Links ist die Leiter angelehnt, auf der ein Mönch emporsteigt, rechts windet sich die Schlange zickzackförmig nach oben.

---

[564] LAFONTAINE-DOSOGNE (1967) S. 190 u. Anm. 6.

Bauplastik

Vorbemerkung: Hierbei handelt es sich um eine Gruppe von Flachreliefs, die Kirchenfassaden in Nordsyrien schmücken. Die Darstellungen sind sehr stark stilisiert, von der üblichen ausführlichen Styliten-Ikonographie ist nur das Kernelement übriggeblieben, der Heilige auf der Säule. Interessant ist die Tatsache, daß diese Stücke im baulichen Zusammenhang mit den Kirchen stehen und somit gleichzeitig wie diese ins fünfte oder frühe sechste Jahrhundert datiert werden können.[565] CASTELLANA (1975)[566] haben in ihrer Publikation zahlreiche Beispiele zusammengetragen, so daß es an dieser Stelle genügt, zwei Reliefs vorzustellen.

SYM 6   Relief
         Qalb Lozé, Westfassade, Nordturm
         dat. um 460
         Lit.: LASSUS, J., Sanctuaires chrétiens de Syrie, Paris 1947, S. 279, Taf. XLVI, 1 u. 2; CASTELLANA (1975) S. 190, fig. 41 und Taf. 40,1

Auf einem kubischen Sockel erhebt sich die Säule mit einer (Fenster-) Öffnung im oberen Teil des Schaftes, darüber ist ein Rechteck ausgebildet, das wohl die Balustrade darstellen soll. Die Stylitenbüste ist abgearbeitet, ein dahinter befindliches Kreuz ist jedoch noch zu sehen. Als Bekrönung diente eine Muschelkonche.

SYM 7   Relief
         Dahes, Ostkirche, neben dem Osteingang
         dat.: 5./A. 6. Jh.
         Lit.: CASTELLANA (1975) S. 185, Taf. 36, Fig. 38

Über einem großen Kubus, der als Basis dient, steht die Säule, wiederum oben mit einer Öffnung versehen. Darüber befindet sich weit ausladend die Plattform und die stilisierte Stylitenbüste. Man erkennt die Umrisse des Hauptes mit der spitzen Kapuze und ein kleines bekrönendes Kreuz darüber.

---

[565] Vgl. ELBERN (1965) S. 280-304, bes. S. 286-287.
[566] CASTELLANA (1975) bes. S. 182-189.

Reliquiarfragment?

SYM 8   Silberrelief
         Provenienz: Syrien, viell. aus Hama
         Aufbewahrungsort: Paris, Louvre
         dat.: 6. Jh. (KATALOG NEW YORK (1979): E. 6./A. 7. Jh.)
         Lit.: BUSCHHAUSEN (1971) S. 257-259, Kat. Nr. B 25, Taf. 62, mit weiterer Literatur; KATALOG NEW YORK (1979) S. 589-590, Kat. Nr. 529; MANGO (1986) S. 240-241, Kat. Nr. 71, fig. 71,1

Das oben und rechts fragmentierte Relief hat die Form einer Schreinfront mit leicht konkav schwingenden Dachschrägen. Ringsum verläuft ein dreiblättriges Ornamentband. Die Darstellung umfaßt die Säule auf dreistufiger Basis, mit einer Öffnung ungefähr in der Mitte des Schaftes, einem korinthisierenden Kapitell und der Balustrade. Oben steht der Stylit, er ist bärtig, ohne Nimbus und trägt eine Kapuze. In den vom Gewand verhüllten Händen hält er vor sich einen Codex oder Rotulus. Er wird von einer Muschelkonche bekrönt, die sich frei im Bildfeld befindet. Von links ist eine Leiter an die Säule gelehnt, um die sich eine sehr große, geschuppte, bärtige Schlange nach oben windet.

Eulogien

Bei den Simeon-Eulogien können zunächst dem Material nach zwei Gruppen unterschieden werden, nämlich Eulogien aus Harz- oder Wachsgemisch und Glas-Eulogien. Diese Gliederung ist sinnvoll, weil auch die Ikonographie jeweils unterschiedliche Varianten aufweist. Die Gruppe der Blei-Eulogien hingegen, die Simeon mit Nimbus zeigen und zusätzlich Konon und Martha als Assistenzfiguren aufweisen, ist erst in die Zeit der byzantinischen Wiedereroberung Syriens im zehnten und elften Jahrhundert zu datieren, ebenso wie zwei Modeln für solche Bleieulogien.[567] Sie werden deshalb in der vorliegenden Arbeit nicht berücksichtigt.

Eulogien aus Harz- oder Wachsgemisch

Hierbei handelt es sich um die zahlenmäßig größte Gruppe der Stylitenbilder. Obwohl die Medaillons mit Hilfe von Modeln hergestellt wurden, weisen sie eine bemerkenswerte Vielfalt in der Ikonographie auf. Allen Bildern gemeinsam ist die Kerndarstellung: die **Säule** mit der **Stylitenbüste** darauf, wobei der Heilige nie nimbiert ist. Bis auf ein Exemplar[568] weisen alle Wachseulogien die beiden schwebenden **Engel** auf, die Simeon bekränzen. Die an die Säule gelehnte **Leiter** fehlt

---

[567] Vgl. LAFONTAINE-DOSOGNE (1967) S. 146-147 und SODINI (1989) S. 29-53, hierzu bes. S. 35-36.
[568] LAFONTAINE-DOSOGNE (1967) Nr. 15, S. 156-157.

nur auf zwei Eulogien.⁵⁶⁹ Das nächsthäufige Element der Darstellung ist das **Weihrauchgefäß**, das entweder von einem Mönch gehalten wird, oder einfach im Bildfeld steht. Der **Mönch** auf der Leiter und die Bittenden oder **Adoranten** am Säulenfuß sind ebenso ziemlich häufig vertreten. Alle anderen Elemente, nämlich eine Inschrift, Kreuze, Sterne, ein Vogel, Baum, eine rankende Pflanze (oder vielleicht die Schlange?) oder von der Säule herabhängende Stricke, sind seltener und wohl fakultativ. Die Figuren und Gegenstände können in unterschiedlichen Kombinationen auftreten. Die folgenden Beispiele wurden so gewählt, daß alle Elemente der Ikonographie zumindest einmal besprochen werden.⁵⁷⁰

SYM 9   Eulogie
        Provenienz: unbekannt
        Aufbewahrungsort: Antiochia, Museum
        Material: rötliche Wachsmasse
        dat.: 5./6. Jh. (?)
        Lit.: MERLAT (1949) S. 720-731, S. 726, Kat. Nr. 10

Auf einem pyramidalen Sockel, der den Mons Admirabilis symbolisiert, erhebt sich die Säule mit einer bekrönenden Balustrade, aus der die Stylitenbüste ragt. Der Heilige ist bärtig und mit Kapuze wiedergegeben, er hat die Hände vor der Brust erhoben. Über dem Haupt befindet sich ein Kreuz, darüber schweben zwei nimbierte und geflügelte Engel, von denen jeder dem Heiligen einen Kranz reicht. Unterhalb der Engel sind zwei weitere Kreuze im Bildfeld angebracht. Im unteren „Register" ist links die Leiter an die Säule gelehnt, am Bildrand befindet sich ein Vogel, über dessen Kopf wiederum ein Kreuz angebracht ist. Rechts steht ein Mönch, an seiner Cuculla zu erkennen, der dem Heiligen ein Weihrauchfaß hinhält. Hinter ihm am rechten Bildrand erscheint ein achtstrahliger Stern.

SYM 10 Eulogie
        Provenienz: unbekannt
        Aufbewahrungsort: Paris, Cabinet des Médailles
        Material: schwärzliche Wachsmasse
        dat.: 5./6. Jh. (?)
        Lit.: LASSUS (1932) S. 71-72, Nr. II

Auf der vergleichsweise hohen Säule „sitzt" direkt, ohne Balustrade, die Stylitenbüste mit der Cuculla auf. Das Haupt des Asketen wird flankiert von zwei fliegenden Engeln, die ihm jeweils einen Kranz darreichen. Unter dem rechten Engel sind ein Stern (Sonne) und eine Mondsichel dargestellt. Die Leiter ist links angelehnt, wiederum links von ihr stehen zwei nimbierte Gestalten. Rechts der Säule stehen zwei Figuren mit spitzen Kopfbedek-

---

⁵⁶⁹ MERLAT (1949) S. 726-728, Nr. 11, mit fig. 1, 11. Die zweite Ampulle ohne Leiter ist publiziert bei: ROSS (1962) Nr. 92.
⁵⁷⁰ Die Forschung zu den Bildzeugnissen des Stylitenkultes ist sehr umfangreich, LAFONTAINE-DOSOGNE (1967) faßt den Kenntnisstand bis 1967 zusammen, SODINI (1989) ergänzt die jüngeren Funde.

kungen. Diese sind ohne Nimbus wiedergegeben, sie haben die Arme zum Styliten ausgestreckt. Am rechten Bildrand befindet sich ein hohes Kreuz.

SYM 11 Eulogien
Provenienz: unbekannt
Aufbewahrungsort: unbekannt
dat.: keine Datierungsvorschläge in der Literatur
Lit.: LASSUS (1932) S. 74-75, Nr. VII und VIII

Die Eulogien weisen in ihrer Komposition die gleichen Figuren auf, wie das vorher besprochene Beispiel (**SYM 10**), aber zusätzlich rankt rechts von der Säule eine Pflanze (?) empor, die von Lassus eher vage als „sous la forme d'une sorte de ruban en zig-zag" beschrieben wird. Hierbei könnte es sich, dem Aussehen nach zu schließen, durchaus um eine Schlange handeln, wie sie auf den Basaltreliefs vorkommt.

SYM 12 Eulogie
Provenienz: Aleppo
Aufbewahrungsort: Privatbesitz Sammlung Seyrig
Material: schwärzliche Wachsmasse
dat.: keine Datierungsvorschläge in der Literatur
Lit.: LASSUS (1932) S. 72-73, Nr. III

Auf der Säule befindet sich die Stylitenbüste. Der Heilige ist bärtig und trägt die Cuculla. Über seinem Haupt befindet sich ein Kreuz, neben ihm schweben zwei Engel, von denen jeder einen Kranz empor hält. Unten links neben der Säule steht das Rauchfaß, rechts die Leiter und eine kleine Gestalt, die dem Heiligen einen Kranz (?) zu reichen scheint. Lassus beschreibt außerdem Bänder, die um die Säule geschlungen sind und sich zweimal überkreuzen, sowie zwei Bänder, die von der Kapuze bis zum Boden herunterhängen.

SYM 13 Eulogie
Provenienz: Syrien
Aufbewahrungsort: Bobbio, S. Colomban
Material: gepresstes Harz-Holz-Gemisch
dat.: E. 6. Jh., seit um 600 in Italien
Insgesamt sind vier Fragmente des gleichen Typs in Bobbio erhalten.
Lit.: CELI, G., Cimeli Bobbiesi, in: Civiltà Cattolica 74, 3, 1923, S. 429-433; CECCHELLI, C., Note iconografiche su alcune ampolle bobbiesi, in: RACr 4, 1927, S. 115-139; ELBERN (1965) S. 289-290; SODINI (1989) S. 37

In der Mitte des Bildfeldes befindet sich die Säule mit ausgebildeter Basis und einer Balustrade, über der sich die Büste des Heiligen erhebt. Er ist bärtig und trägt die spitze Mönchskapuze, die Cuculla. Er hat keinen Nimbus![571] Über ihm schweben zwei Engel, die

---

[571] SODINI (1989) S. 37 beschreibt, daß Simeon nimbiert sei und daß die Engel ein Kreuz quasi in den Nimbus hineinhalten — es handelt sich jedoch zweifellos um einen Kranz, den die Engel erst bringen.

einen Kranz mit einbeschriebenem Kreuz bekrönend über sein Haupt halten. Auf der links angelehnten Leiter steigt ein Mönch empor, der ein Weihrauchfaß trägt. Links am Fuß der Säule kniet eine weitere Gestalt. Innerhalb des Bildfeldes verläuft die griechische Inschrift: „Nimm, o Heiliger den Weihrauch und heile alle". Eine zweite Inschrift umläuft das Medaillonrund: ΕΥΛΟΓΙΑ ΤΟΥ ΑΓΙΟΥ ΣΥΜΕΟΝ/Σ ΘΑΥΜΑΣΤΟΝ ΟΡΟΣ = „Segen vom heiligen Symeon auf dem Berg der Wunder".[572] Damit kann diese Eulogie eindeutig dem jüngeren Simeon vom Mons Admirabilis zugewiesen werden.

Glaseulogien

Es handelt sich um eine zahlenmäßig kleinere Gruppe von Glasmedaillons, die mit einer Öse zum Aufhängen versehen sind.

Lafontaine-Dosogne weist darauf hin, daß die Darstellung der Styliten in Orantenhaltung bis zur mittelbyzantinischen Zeit selten sei. Da weder stilistische noch andere Datierungsmöglichkeiten bestehen, können die Glasamulette nicht sicher der Frühzeit bis zum siebten Jahrhundert zugeordnet werden.

SYM 14   Glasmedaillon
          Provenienz: Antiochia
          Aufbewahrungsort: Antiochia, Museum Hatay
          dat.: keine Datierungsvorschläge in der Literatur
          Lit.: LAFONTAINE-DOSOGNE (1967) S. 158, Kat. Nr. 17

Auf einem kurzen Säulenschaft befindet sich der Stylit als Büste in Orantenhaltung. Er wird von zwei Kreuzen flankiert.

SYM 15   Glasmedaillon
          Provenienz: Antiochia
          Aufbewahrungsort: Antiochia, Museum Hatay
          dat.: keine Datierungsvorschläge in der Literatur
          Lit.: LAFONTAINE-DOSOGNE (1967) S. 158, Kat. Nr. 18

Der Stylit ist ebenso dargestellt wie auf dem vorangehenden Beispiel (**SYM 14**). Neben ihm erscheint eine zweite Büste, vielleicht die der heiligen Martha.

SYM 16   Glasplaketten
          Provenienz: unbekannt, aus dem Kunsthandel
          Aufbewahrungsort: Museum Damaskus
          dat.: 6./7. Jh.
          Lit.: KATALOG LINZ (1993) S. 423, Kat. Nr. 53

Es handelt sich um eine Serie von Glas-Eulogien, die alle die gleiche Darstellung aufweisen. Die ovalen Glasplaketten zeigen den heiligen Simeon Stylites in Frontalansicht auf

---

[572] Übersetzung nach: ELBERN (1965) S. 290.

der Säule stehend. Der Säulenschaft ist mit (palmyrenischen?) Schriftzeichen bedeckt. Der Hals des Heiligen, der zum Teil abnorm lang ausgeführt wurde, ist direkt am Säulenschaft angesetzt, der dadurch ein körperartiges Aussehen gewinnt. Die Gesichtszüge sind sehr einfach durch Striche und Kreise charakterisiert. „Zweigartig" gestaltete Arme setzen direkt an den Kanten der Säule an.

Ampullen

SYM 17   Tonampulle
Provenienz: Antiochia
Aufbewahrungsort: Princeton N. J., Sammlung Elderkin, ehem. Sammlung Serrafian, Beirut
dat.: keine Datierungsvorschläge in der Literatur
Lit.: LASSUS (1932) S. 75-76, Kat. Nr. 11; ELBERN (1965) S. 297, Abb. 11

Auf einer Basis erhebt sich in der Mitte der Bildfläche die Säule, darüber scheint direkt die Stylitenbüste aufzusitzen. Eine erhabene Kontur um Büste und Haupt, die oben spitzwinklig zuläuft, stellt die Cuculla dar. Links und rechts von der Säule ranken zwei zum Teil sich kringelnde Pflanzen[573] nach oben, flankiert von zwei griechischen Kreuzen mit ausladenden Enden, die auf hohen Ständern stehen. Sowohl das Gewand des Styliten, als auch der Säulenschaft und die Ständer sind gerieft, so daß eine Art Fischgrätmuster entsteht.

    Die Rückseite der Ampulle ist mit einem ähnlichen Kreuz auf einem Ständer und mit vegetabilen Formen geschmückt.

SYM 18   Ampulle ?
Provenienz: unbekannt
Aufbewahrungsort: unbekannt
dat.: keine Datierungsvorschläge in der Literatur
Lit.: MOUTERDE (1947) S. 245-250, S. 248, Abb. 2, 3

Mouterde macht keine Angaben zu Fundort, Maßen („de grandes dimensions"), Material oder Datierung. Auf den Photographien wird nicht deutlich, ob es sich wirklich um eine Ampulle handelt — oder nicht doch einfach um ein Medaillon. Dafür spricht die frappante Ähnlichkeit dieser „Ampulle" mit der Eulogie, die Merlat veröffentlichte. Sie wird dort als „groß" beschrieben und weist die gleiche Kordelrahmung und fast die gleiche Bildgestaltung auf.[574]

    Säule und Stylit sind zu einem Gebilde verschmolzen, einer Art Stele, die sich nach oben verjüngt. Zwei seitliche kugelige Formen sollen nach Mouterde die Arme darstellen, oder aber die Balustrade, auf der Simeon zu stehen pflegt, die dritte sei das Haupt. Seitlich fliegen zwei Engel heran, die den Arm zu dem Kreuz ausstrecken, das über dem Haupt des Styliten schwebt. Mouterde erwähnt, daß sowohl die Engel als auch Simeon nimbiert seien, davon ist jedoch zumindest bei Simeon nichts zu erkennen! Links unten neben der

---

[573] ELBERN (1965) S. 297 deutet diese Formen als Schlangen.
[574] MERLAT (1949) S. 729, Nr. 12.

Säule steht ein rundes Gefäß, wohl das Rauchfaß. Rechts ist wegen der Beschädigung des Bildfeldes kein Detail mehr auszumachen. Die Stelle, die bei Mouterdes Beispiel beschädigt ist, zeigt bei der von Merlat publizierten Eulogie die angelehnte Leiter. Der von Mouterde vermutete Nimbus des Styliten erweist sich hier deutlich als seine Cuculla.

Tonlampen

SYM 19 Tonlampe
Provenienz: Simalî, Syrien
Aufbewahrungsort: Antiochia, Hatay-Museum
dat.: keine Datierungsvorschläge in der Literatur
Lit.: LAFONTAINE-DOSOGNE (1967) Nr. 5, S. 150

Die Bildgestaltung ist identisch mit der oben erwähnten Eulogie[575] und der Tonschale mit dem Stylitenbild (**SYM 21**). Der gleiche Model wurde offensichtlich für verschiedene Bildträger gebraucht.

SYM 20 Lampenständer
Provenienz: Slémyé (östlich von Hama)
Aufbewahrungsort: Beirut, Sammlung Chiha
dat.: 5./6. Jh.
Lit.: MOUTERDE (1947) S. 249-250, fig. 5, 6; SODINI (1989) S. 32

Auf Vorder- und Rückseite des tönernen Lampenfußes ist in sehr flachem Relief zweimal eine ähnliche Darstellung angebracht. Der Stylit steht — ungewöhnlicherweise ganzfigurig — auf der Säule, einmal — ebenso ungewöhnlich — in Orantenhaltung. Über seinem Haupt ist ein Kreuz sichtbar, ebenso auf seinem Gewand vor dem Körper. Die Kontur um sein Haupt deutet Mouterde als Nimbus, es handelt sich jedoch eher um die gängige Mönchskapuze, die im Gewand fortgesetzt wird. Rechts von der Säule ist die Leiter angelehnt. Zwischen den beiden Säulen von Vorder- und Rückseite ranken Pflanzen empor.

Tonschale

SYM 21 Tonschale
Provenienz: unbekannt, erworben im Kunsthandel
Aufbewahrungsort: Mainz (Privatbesitz)
dat.: keine Datierungsvorschläge in der Literatur
Lit.: VOLBACH (1966) Taf. 74 b

Ein Medaillon mit Stylitendarstellung dient als Mittelstück einer Tonschale. Das Bild umfaßt die Säule, die oben verbreitert zu sein scheint. Darüber erkennt man die Büste des Heiligen, die von zwei fliegenden Engeln flankiert wird. Diese halten nach Volbachs Beschreibung einen Kranz über sein Haupt. Links unten im Bildfeld steht ein nach unten spitz zulaufendes Gefäß, wohl das Weihrauchfaß, rechts die Leiter.

---

[575] MERLAT (1949) S. 729, Nr. 12.

Die Komposition der Bildelemente und die Art der Stilisierung sind vergleichbar mit den Beispielen **SYM 18** und **SYM 19**.

Glasflakons

SYM 22   Glasflakon
Provenienz: erworben in Ägypten, ursprünglich aber wohl aus Syrien
Aufbewahrungsort: Paris, Louvre
dat.: 6./7. Jh.
Lit.: COCHE DE LA FERTE (1958) Nr. 56, S. 111; SODINI (1989) S. 32

Der vierseitige Flakon trägt auf einer Seite eine Reliefdarstellung des Styliten, auf den anderen ein Kreuz, einen Vogel und, nach der Beschreibung von Coche de la Ferté, ein Kreuzmotiv. Der Stylit steht auf der Säule, er trägt die übliche Gewandung mit Kapuze. Links lehnt die Leiter, darüber befindet sich ein Gegenstand, der wohl das Rauchfaß darstellen soll. Rechts sind entlang der Kante übereinander fünf Punkte angeordnet.

SYM 23   Glasflakon
Provenienz: wahrscheinlich Syrien
Aufbewahrungsort: Yale, Museum der Universität
dat.: 5.-7. Jh.
Lit.: MATHESON (1980) S. 132-133, Nr. 353

Der Flakon gleicht dem oben beschriebenen (**SYM 22**). Er stammt aus dem gleichen Model.

SYM 24   Glasflakon
Provenienz: wahrscheinlich Syrien
Aufbewahrungsort: Yale, Museum der Universität
dat.: 5.-7. Jh.
Lit.: MATHESON (1980) S. 133-134, Nr. 354

Die Glasflasche ist sechseckig, eine Seite trägt eine stilisierte Stylitendarstellung, die gegenüberliegende zeigt eine nicht identifizierte stehende Figur, die mit einer Tunika bekleidet ist und die Rechte erhoben hat.

SYM 25   Glasflakon
Provenienz: wahrscheinlich Syrien
Aufbewahrungsort: Yale, Museum der Universität
dat.: 5.-7. Jh.
Lit.: MATHESON (1980) S. 133-134, Nr. 355

Die Glasflasche ist in Form und Darstellung identisch mit der vorangehenden (**SYM 24**).

SYM 26 Glasflakon
Provenienz: unbekannt
Aufbewahrungsort: The Corning Museum of Glass, Corning/New York
dat.: 6./7. Jh.
Lit.: KATALOG LINZ (1993) S. 281, Abb. 5, S. 280; HARDEN, D. B., Glas der Caesaren, Mailand 1988, S. 271, Nr. 149

Eine sechseckige Glasflasche ist auf einer Seite mit einer Reliefdarstellung geschmückt, die eine von einer Schlange umwundene Säule zeigt, darüber befindet sich ein Kreuz. Es handelt sich um die extrem abgekürzte Darstellung des bekannten Stylitenbildes.

Loculusplatte mit Darstellung eines Styliten?

SYM 27 Loculusplatte
Domitillakatakombe
dat.: 5. Jh. ?
Lit.: WILPERT, J., Ein Cyclus Christologischer Gemälde aus der Katakombe der heiligen Petrus und Marcellinus, Freiburg i. Br. 1891, S. 33, Taf. IX,1; DELEHAYE, H., Une question à propos d' une épitaphe du cimetière de Domitille, in: Atti del 2. congresso internazionale di archeologia cristiana. Rom 1902, S. 101-103

Diese Loculusplatte wird in der späteren Stylitenforschung nur sporadisch erwähnt und nicht mehr diskutiert.[576]

In die Platte ist rechts eine Taube mit einem Ölzweig eingeritzt, links eine Säule mit Basis und Kapitell. Darüber steht eine Büste in Orantenhaltung und oberhalb des Hauptes ein griechisches Kreuz. Die im Säulenschaft vertikal verlaufende Inschrift lautet SECUNDILLA IN PACE. Delehaye führt als Datierungskriterium die Form des griechischen Kreuzes an, die für das fünfte Jahrhundert spreche. Wilpert sah in der Orans die inschriftlich erwähnte Secundilla dargestellt, Delehaye interpretierte die Orans dagegen als Stylitenbild.

Von Theodoret, der vor der Mitte des fünften Jahrhunderts seine Historia Religiosa verfaßte, ist bekannt, daß es in Rom zahlreiche Bilder des Simeon Stylites gab (Hist. rel. Kap. 26). Wenn nun die Loculusplatte dem fünften Jahrhundert angehört, ist es denkbar, daß die Darstellung in Domitilla ebenfalls ein Stylitenbild meint. Die charakteristische Komposition der von einer Büste bekrönten Säule spricht dafür, die Haltung der dargestellten Person im Orantengestus hingegen ist für eine Stylitendarstellung eher untypisch und nur selten belegt (**SYM 14, 15**).

---

[576] Z.B. bei LASSUS (1932) S. 67-82, dort S. 67.

Simeon-Statue

SYM 27   Kalkstein-Skulptur
          Provenienz: Grabkapelle des Mellebaudis, bei Poitiers
          Aufbewahrungsort: Mellebaudis-Memoria, bei Poitiers
          dat.: um 700
          Lit.: ELBERN, V. H., HIC SCS SYMION, Eine vorkarolingische Kultstatue des Symeon Stylites in Poitiers, in: CArch 16, 1966, S. 23-38

Erhalten ist das Fragment einer plastisch gearbeiteten Gestalt. Es handelt sich um das Mittelstück einer stehenden Gewandfigur. Die Arme sind vor der Brust angewinkelt, zwischen den Händen hält der Dargestellte ein Kreuz, das ursprünglich bemalt war und Glaseinlagen trug. Darüber verläuft quer vor dem Körper eine Inschrift: HIC SCS SYMION. Der Ansatz der Oberschenkel ist verunklärt, quer über den Unterkörper ist ein Wulst geführt, unterhalb ist wohl die Säule anzunehmen.

Aus diesem Befund ergeben sich zwei Fragen: Handelt es sich um die Darstellung eines Säulenheiligen? Kann im Gebiet des heutigen Westfrankreich die Existenz eines Stylitenbildes angenommen werden?

Elbern führt in seinem Aufsatz mehrere Argumente für die Möglichkeit eines Stylitenbildes in Poitiers an. Zunächst weist er auf zwei diesbezügliche Quellen hin: Der schon erwähnte Text des Theodoret (Hist. rel. Kap. 26) berichtet von Bildern des Styliten Simeon d. Ä., die sich in Rom befanden; Gregor von Tours (In gloria confessorum 26) erzählt von einem „verhinderten" Styliten namens Wulflaicus, der diese Form der Askese in den Ardennen zu praktizieren versuchte. Zum Beweis dafür, daß Eulogien mit Darstellungen des Styliten im Westen verbreitet waren, führt Elbern diejenige an, die sich seit 600 in Bobbio befindet (**SYM 13**).

Zum anderen deuten natürlich auch Elemente an der Skulptur selbst auf eine Simeon-Darstellung hin. Zunächst spricht die Inschrift auf dem Monument dafür, sodann die Säulenhaftigkeit der Gestaltung und Details, wie der Wulst, der quer über den Oberschenkeln verläuft und die Balustrade bezeichnen soll. Das Handkreuz, das der Heilige hält, kommt zwar nicht nur bei Styliten vor, sondern wurde in der Kirche des Orients Mönchen und Priestern bei der Weihe in die Hand gegeben[577], das Kreuz ist aber im Zusammenhang mit Stylitenbildern besonders häufig zu beobachten.

Elbern beurteilt das Fragment als seltenes Beispiel einer sakralen Vollskulptur aus vorkarolingischer Zeit, die eine kultische Bestimmung hatte. Er nimmt an, daß sie zusammen mit Reliquien des Heiligen in der Memoria aufbewahrt und verehrt wurde.

C. ANALYSE DER VORKOMMENDEN BILDTYPEN UND ATTRIBUTE

Unsere Kenntnis über die außergewöhnlich große Verehrung, die die Styliten bereits zu Lebzeiten genossen, ist einerseits durch Quellen, vor allem Berichten von Augenzeugen belegt, andererseits wird der Kult widergespiegelt in der riesigen Anzahl von erhaltenen Bildzeugnissen in den unterschiedlichsten Gattungen der

---

[577] Vgl. dazu: NUSSBAUM, O., Zur Bedeutung des Handkreuzes, in: Mullus, Festschrift für Theodor Klauser, JbAChr, Ergbd 1, Münster 1964, S. 259-267.

Kunst, vor allem aber der Eulogien. Zu unterstreichen ist dabei auch die Vielfalt bei der ikonographischen Gestaltung.

Eine Schwierigkeit bei der Bearbeitung des Denkmälerbestandes bereitet die Tatsache, daß es zwei Styliten des gleichen Namens gab, von denen Bilder überliefert sind, den älteren Simeon (390-459) und den jüngeren (521-592). Die Darstellungen können nicht immer sicher zugeordnet und datiert werden. Die umfangreiche Forschung, die den Denkmälerbestand aufarbeitete, richtete das Hauptaugenmerk auf diese Unterscheidung in Bilder des älteren und des jüngeren Styliten. Im vorliegenden Kontext ist diese Unterscheidung sekundär, weil für beide Heilige die gleiche Ikonographie zur Anwendung kam.

Eine zweite Schwierigkeit bereitet die Bildfülle, die klassifiziert werden muß:

Lafontaine-Dosogne gliederte das Material zunächst nach Gattungen und innerhalb derer dann nach ikonographischen Gruppen, wobei sie bei den Eulogien den einfachen Typ (= Büste auf Säule, Engel, Leiter oder Rauchfaß im Bildfeld) und den komplexen Typus (= einfacher Typ mit zusätzlichen Personen oder Gegenständen) unterschied.[578] Sodini ordnete die Denkmäler unter ikonographischen Kapitelüberschriften ein, ließ dabei aber einen sehr großen Spielraum, so daß die Grenzen fließend sind.[579]

Die erste Unterscheidung erweist sich als zweckmäßig, weil sie den Blick auf die Darstellungskomponenten richtet. Dabei stellt man fest, daß in allen Stylitenbildern ein repräsentativ-hieratischer Bildkern vorhanden ist. Dieser Kern umfaßt den Heiligen auf der Säule in gleichbleibender, frontaler, starrer Ausführung. Hier sind Eigenschaften eines Kultbildes zu erkennen. Alle anderen Elemente sind narrative Beifügungen, die zum Teil eine große Detailgenauigkeit aufweisen, aber fakultativ bleiben.

Die wichtigsten ikonographischen Bestandteile der Stylitenbilder sollen nun einzeln untersucht werden.

Zur Ikonographie der Heiligkeit trägt zunächst die starre Frontalität des Styliten bei, die nie variiert wird. Dazu kommen das den Heiligen bekrönende Kreuz und die beiden schwebenden Engel mit Kränzen.

Die letztgenannte Komponente hat in der wissenschaftlichen Forschung die meiste Aufmerksamkeit erregt, denn es handelt sich um das einzige Mal in der frühchristlichen Kunst, daß dieses pagane, imperiale Siegesmotiv für einen christlichen Heiligen verwendet wurde.[580] Volbach hat anhand einiger Beispiele skizziert, wie das Bild der Götter krönenden Niken umgewandelt wurde in Darstel-

---

[578] LAFONTAINE-DOSOGNE (1967) S. 170.
[579] SODINI (1989).
[580] Vgl. LAFONTAINE-DOSOGNE (1967) S. 179-180. Die einzige bekannte Ausnahme stellt das Relieftondo der Thekla dar, vgl. Kat. THEKLA, THEKLA 7.

lungen von Engeln, die den christlichen Kaiser bekränzen.[581] Von da an war es nur ein Schritt hin zur Glorifizierung der christlichen Heiligen — aber er wurde nur für Simeon Stylites vollzogen, dessen Askese im Wert der Leistung dem Martyrium gleichgestellt war.[582] Für Heilige ist viel mehr die Bekrönung durch die Dextera Dei geläufig, die über das Haupt des Märtyrers einen Kranz hält.[583]

Warum wurden die kranzbringenden Engel in die Simeon-Ikonographie eingeführt? Lafontaine-Dosogne führt als Begründung für diese Besonderheit Szenen der Vita Simeons des Jüngeren an, in der Engel eine große Rolle spielen. Engel erscheinen ihm, bekrönen ihn, umschweben den Gekrönten.[584] Dennoch bleibt die Frage ungelöst bestehen, warum Engel samt Krönungsmotiv in die Vita aufgenommen wurden. Bis jetzt kann dieses Phänomen nur konstatiert, nicht erklärt werden.

Das kelchartige, mit einem Deckel versehene Gefäß, das ein Mönch an Schnüren oder einem Henkel hält, das aber auch am Boden oder im Bildfeld stehen kann, ist als Weihrauchfaß gedeutet worden und wurde im Katalog der vorliegenden Arbeit auch immer als solches bezeichnet. Elbern faßt einige Argumente zusammen, die für diese Interpretation sprechen. Zum einen entspricht die Form der dargestellten Weihrauchfässer den tatsächlich in der Zeit des siebten Jahrhunderts verwendeten, zum zweiten ist in der Vita Simeons des Jüngeren häufig von Weihrauch die Rede (z.B. Kap. 222): Er spielte in der Kultpraxis am Mons Admirabilis eine große Rolle. Einen Beweis für die Richtigkeit der Deutung des Gefäßes als Rauchfaß bietet schließlich die Inschrift auf der Eulogie von Bobbio: „Nimm, o Heiliger den Weihrauch und heile alle".[585]

Die Engel mit dem Kranz und der Weihrauch betonen den immensen Kult, der sich vor den beiden Asketen entwickelt hatte.

Die bittenden Pilger am Säulenfuß sind Abbild des „Kultalltags" des Heiligen und insofern hier eher narrativ zu verstehen, denn als weiterer bildlicher Ausdruck der Heiligkeit.

Alle anderen Details, wie Kreuze im Bildfeld, der Stern und die Mondsichel, die Schlange, der Vogel mit dem Kranz im Schnabel, die Pflanzenranken, kommen vereinzelt vor, sie gehören nicht fest und unabdingbar zur Styliten-Ikonographie.

---

[581] Nach VOLBACH (1966) Fresko des Zeus-Theos, von zwei Niken bekrönt, in Dura-Europos; koptisches Elfenbein Baltimore, Walters Art Gallery; sog. Barberini-Diptychon Paris, Louvre.

[582] Das fragmentierte Mosaik des heiligen Demetrius in Hagios Demetrius in Thessaloniki (Kat. DEMETRIUS, DE 1) zeigte vielleicht ein ähnliches Schema, das Bild ist aber in der entscheidenden Partie nicht erhalten.

[583] So auf einem Silberreliquiar, der sog. Capsella africana. Vgl. BUSCHHAUSEN (1971) S. 242-243, Kat. Nr. B 15, Taf. 49.

[584] Vgl. LAFONTAINE-DOSOGNE (1967) S. 181-182, Beispiele in der Vita des Simeon: Kap. 47, Kap. 73, u.a.

[585] ELBERN (1965) S. 301-302.

Die Schlange ist vor allem bei dem Silberrelief im Louvre (**SYM 8**) sehr auffällig ins Bild gesetzt. Die meisten Forscher suchten in der Vita nach einer entsprechenden Szene, die der Darstellung zugrunde liegen könnte und wurden sowohl bei Simeon dem Älteren als auch beim Jüngeren fündig. Die *syrische* Vita berichtet im 25. Kapitel, daß eine riesige männliche Schlange zu Simeon d. Ä. kam, um für die Genesung seines erkrankten Weibchens zu bitten, das genausowenig wie Menschen weiblichen Geschlechts in die Mandra des Styliten eintreten durfte. Simeon d. J. erhielt dagegen Besuch von Dämonen, die die Form von Schlangen angenommen hatten (Vita, Kap. 22 und 38).[586]

Lassus beschreibt den umgekehrten Erklärungsweg. Das Bild des Styliten mit der Schlange habe *vor* den Legendenfassungen existiert, diese seien vielmehr dazu geschaffen worden, um die Darstellungen zu erklären. Deren eigentliches, ursprüngliches Thema sei ganz abstrakt der Heilige und der Dämon der Versuchung gewesen.[587] Diesen Gedanken des allgemeingültigen Bildes mit abstraktem Inhalt vertrat auch Buschhausen.[588] Bei einem Repräsentationsbild, wie es eine Reliquiarfront vorstellt, ist eine anekdotenhafte Darstellung, die eine beliebige Szene aus der Vita berichtet, nicht denkbar. Es müsse sich bei der Schlange um eine generelle Reminiszenz an das Böse handeln, gegen das der Stylit siegreich blieb.

Es ist vorstellbar, daß der erfolgreiche Kampf des Asketen gegen die Versuchung den gleichen Stellenwert einnimmt, den bei Märtyrern ihr standhafter Kampf gegen die wilden Tiere in der Arena hat. Auch dieser kann als eine Episode der Vita aufgefaßt werden kann, aber als die entscheidende, die zur Erringung der „Krone des Lebens" führt.

Als Ergebnis kann festgehalten werden: Die Styliten-Ikonographie ist äußerst vielteilig. Die Betonung der Heiligkeit erfolgt auf unübliche Weise: Elemente wie der Nimbus und das Buch kommen so gut wie nie vor, außer auf dem gerade besprochenen Silberrelief (**SYM 8**): Hier trägt Simeon in verhüllten Händen einen Codex. Er hat zwar keinen Nimbus, wird aber von einer — gleichwertigen — Muschelkonche bekrönt. Ansonsten wird die Existenz eines Nimbus in der Literatur für einige Eulogien angeführt: Mouterde beschreibt bei der Ampulle (**SYM 18**) einen Nimbus des Simeon, der auf der Abbildung jedoch nicht zu erkennen ist. Das Exemplar ist vergleichbar mit einer von Merlat vorgestellten Eulogie[589] mit einer stark stilisierten Darstellung, bei der sicher kein Nimbus verwendet wurde. Mouterde erwähnt auch bei der Tonlampe (**SYM 20**) einen Nimbus, Sodini jedoch bei seiner Beschreibung nicht. Die Figur des Styliten scheint vielmehr ganz

---

[586] Vgl. LAFONTAINE-DOSOGNE (1967) S. 188.
[587] LASSUS, J., Une image de Saint Syméon le Jeune sur un fragment de reliquaire syrien du musée du Louvre, in: MonPiot 51, Paris 1960, S. 129-150, bes. S. 147.
[588] BUSCHHAUSEN (1971) Nr. B 25, S. 259.
[589] Vgl. MERLAT (1949) S. 729, Nr. 12.

von einer Kontur umgeben zu sein, die an das Mönchsgewand mit der Kapuze erinnert. Lafontaine-Dosogne nahm in ihren Katalog eine Eulogie auf, die eine Gestalt mit Nimbus zeigt.[590] Sie wird von der Autorin unter Vorbehalt in die Stylitendarstellungen eingereiht, von Sodini als solche abgelehnt, weil sie nicht der üblichen Stylitenikonographie entspricht.[591] Die Bleieulogien und die Dioritmodel im Louvre[592] werden heute uneingeschränkt in das neunte oder zehnte Jahrhundert datiert. Damit kann aus der Epoche bis zum siebten Jahrhundert keine Darstellung angeführt werden, auf der der Stylit mit Nimbus erscheint. Eine Tatsache, die um so verblüffender ist, als der Kult der Styliten und ihre bildliche Darstellung sehr weit fortgeschritten waren. Allerdings muß eingeräumt werden, daß zur Unterstreichung der Heiligkeit das Motiv der bekrönenden Engel eingesetzt wird, das von der imperialen Kunstsprache herkommt. Als Erklärung ist denkbar, daß im sechsten und siebten Jahrhundert der runde Nimbus ausschließlich Verstorbenen vorbehalten war und selbst für die heiligmäßigen Styliten während ihrer Lebenszeit keine Ausnahme gemacht wurde. Nach ihrem Tod war das Bildschema dann schon so festgefügt, daß es keine Änderung oder Ergänzung mehr erfuhr.

Kreuze werden manchmal ins Bildfeld eingestreut, dem Styliten jedoch nicht in Form eines Stabkreuzes in die Hand gegeben: Dies zeigt, daß die Attribute der Heiligkeit additiv verwendet werden, nicht in einem festen kompositorischen Zusammenhang.

Unabdingbar und in jedem Fall vorhanden ist nur die Säule. Sie ist die *conditio sine qua non* für die Identifizierung eines Asketen als Stylit. Und wohl auch, möchte man hinzufügen, für die wunderkräftige Wirksamkeit der Eulogie in den Augen der Pilger, denn gerade die Säule blieb nach dem Tod des Heiligen der Zielpunkt der Wallfahrt.

Eine von Lassus vorgestellte Eulogie zeigt die Büste eines Asketen mit der Beischrift SYMEON, aber keine Säule.[593] Lassus und Sodini wollen hier Simeon den Älteren erkennen, Lafontaine-Dosogne[594] wendet sich mit Recht gegen diese Deutung: Wenn die Säule nicht dargestellt ist, spricht nichts für eine Darstellung des Säulenheiligen. Vielleicht zeigt die Eulogie den Asketen Symeon, der in Syrien in einer Grotte lebte. Die Säule ist das konstante individuelle Attribut der Styliten.

---

[590] Vgl. LAFONTAINE-DOSOGNE (1967) S. 157, Nr. 16.
[591] SODINI (1989) S. 45
[592] Vgl. COCHE DE LA FERTE (1958) S. 111-112, Nr. 58, er datiert den Model in das 6./7. Jh.; SODINI (1989) S. 35 weist nach, daß die Abkürzung O für o hagios nicht vor dem 9. Jahrhundert vorkommt.
[593] LASSUS (1932) S. 75, Nr. 9.
[594] LAFONTAINE-DOSOGNE (1967) S. 177.

Der Anteil der Styliten am Aufkommen der Bilderverehrung

Unter dieser Überschrift faßte Karl Holl 1907 die Vorreiterrolle zusammen, die die syrischen Säulenheiligen einnahmen, als im christlichen Umfeld erstmals Bilder als apotropäische Mittel eingesetzt wurden.[595] Er zählte zunächst die wichtigsten Quellen aus den Vitenbeschreibungen auf, die auf die Verehrung von Bildern schließen lassen. Das sind unter anderem die beiden folgenden Stellen: Theodoret, historia religiosa, Kap. 26: In Rom stellen Gläubige am Eingang ihrer Werkstatt Bilder des heiligen Simeon d. Ä. als Schutzmittel auf. In der Schrift zum *Leben der heiligen Martha*, der Mutter Simeons des Jüngeren, wird von den aus Ton gepressten Eulogia berichtet, die das Bild des Styliten tragen und die die Pilger mit nach Hause nehmen.[596]

Darstellungen von Styliten gab es bereits zu deren Lebzeiten, und zwar bereits von Simeon dem Älteren, der 459 starb, also schon um die Mitte des fünften Jahrhunderts! Diese Bilder waren Massenartikel, die von Pilgern überall hin mitgenommen wurden. Die Kraft des Heiligen galt als dem Bild immanent, es konnte so zu apotropäischen Zwecken genutzt werden.[597]

Holl stellte dann fest, daß es im fünften Jahrhundert sonst keine Zeugnisse für Bilderverehrung, vor allem von Lebenden, gibt und analysierte im folgenden die besondere Stellung der Styliten. Er führte die einzigartige Verehrung dieser Asketen zum einen auf eine spezifisch syrische Mentalität, zum anderen auf ihre Volksnähe zurück. Die Styliten selbst waren einfältig in ihrem Glauben — etwa, wenn sie Säulen bestiegen, um Gott „physisch" näher zu sein — und sie ließen für ihre eigene Person Verehrungspraktiken seitens des einfachen Volkes zu, die die offizielle Kirche bis dahin ablehnte: Weihrauch, Kerzen und nicht zuletzt Bilder.[598]

Die etwas einseitig formulierten Thesen von Holl wurden in der späteren Forschung relativiert[599], es ist aber unbestritten, daß der Gebrauch von Bildern zu apotropäischen Zwecken erstmals im Zusammenhang mit den Styliten aufkam.

Die Pilger, die zu den Styliten kamen, hatten von Anfang an das Bedürfnis nach segenbringenden, materiellen Zeugnissen, also nach Eulogien. Der Anlaß für Simeon, auf die Säule zu steigen, war ja die Tatsache, daß Pilger ihm Haare ausrissen und Fäden aus dem Gewand zogen, um sie als Berührungsreliquien mitzunehmen. Nachdem er selbst sich dem Ansturm entzogen hatte, wurden Reste seines Mahles als Eulogien an die Pilger verteilt. Später fertigte man Gegenstände aus Harz oder Wachs, wie sie oben beschrieben wurden und verteilte diese Eulogien im heutigen Sprachgebrauch an die Pilger.

---

[595] HOLL (1928) S. 388-398.
[596] HOLL (1928) S. 390.
[597] HOLL (1928) S. 391.
[598] HOLL (1928) S. 394-396.
[599] Vgl. KITZINGER (1954) S. 117-118.

Gab es ein Urbild im Heiligtum am Mons Admirabilis und in Kal'at Sem'an, von dem die zahlreichen Eulogien und anderen Darstellungen beeinflußt sind?

Elbern sieht das Urbild, das wohl nur den oben beschriebenen, unwandelbaren ikonographischen Kern des Stylitenbildes enthielt, in Kal'at Sem'an beheimatet, von wo es auf den Mons Adimirabilis ausstrahlte. Damit ist zugleich die enge ikonographische Verwandtschaft erklärt, die bei den Bildern der beiden Säulenheiligen vorliegt.[600]

Besonders charakteristisch für die Mehrzahl der Stylitenbilder ist das Verwobensein von Elementen des hieratischen Kultbildtypus auf der einen und narrativen Accessoire-Figuren auf der anderen Seite. Handelt es sich hierbei um eine Bereicherung des ursprünglichen knappen Kultbildes um Episoden? Oder ist der Typus, bei dem nur der Heilige auf der Säule erscheint, die Abbreviatur eines ursprünglich komplexeren Bildschemas, wie Volbach[601] meint?

Die Untersuchung der ikonographischen Komponenten ergab, daß die Darstellung des Heiligen auf seiner Säule bereits das vollständige Heiligenbild sein kann, während alle anderen Elemente fakultativ sind und variieren können. Daher scheint es denkbar, daß im Heiligtum zuerst ein Kultbild existierte, dem ein narrativer, die Vita und die damit verwobene Kultpraxis illustrierender Bildzyklus beigefügt wurde.

Volbach betont, man könne nicht entscheiden, ob es sich bei den Bildern um eine Apsisdarstellung oder um einfache Wandbilder gehandelt habe. Es ist nach dem oben Gesagten jedoch wahrscheinlich, daß es beides gegeben hat: ein Repräsentationsbild, das in der Apsis vermutet werden kann und einen erzählenden Zyklus im Kirchenraum. Die erzählende Form setzt ja schon eine gewisse Legendenbildung voraus[602]: Sie muß chronologisch nach den frühesten Stylitendarstellungen kommen, die schon von Theodoret in der Mitte des fünften Jahrhunderts für Simeon den Älteren (nicht den Jüngeren, wie Volbach irrtümlich angibt!) bezeugt sind.

Der Kultbildcharakter ist am deutlichsten in dem Silberrelief im Louvre (**SYM 8**) festzumachen, das ohne Assistenzfiguren auskommt und in dem der Heilige am ehesten der „gängigen" Ikonographie der Heiligkeit entspricht, mit einem Codex[603] in verhüllten Händen und mit der nimbusähnlichen Muschelkonche. Aber man hat auch gesehen, daß dieses Bild innerhalb der gesamten Gruppe der Stylitenbilder eben dadurch einzigartig dasteht.

Die Säule ist als das individuelle Attribut der Styliten zu werten, das nur sie kennzeichnet und die besondere Form ihrer Askese in Erinnerung ruft.

---

[600] ELBERN (1965) S. 299.
[601] Diese These der Abbreviatur wird vertreten von VOLBACH (1966) S. 297-298.
[602] So bei VOLBACH (1966) S. 298.
[603] Das Vorhandensein dieses Codex wird in der Forschung durch die Vita zu belegen versucht: der Heilige habe das Evangelium gelesen — der Codex oder die Buchrolle ist aber im eigentlichen Sinn ein Attribut der Heiligen!

AGNES

A. VITA, KULT UND LEGENDE

Vita und Legende:

Agnes war eine römische Jungfrau aus vornehmer Familie, die in jugendlichem Alter das Martyrium erlitt. Über Art und Zeit ihres Martyriums sind keine gesicherten historischen Nachrichten erhalten. Unklar ist, ob dies während der Christenverfolgung unter Valerian (258/59) oder unter Diokletian (304) geschah. Die Legende berichtet, daß Agnes den Feuertod erleiden sollte, von den Flammen jedoch verschont blieb. Schließlich wurde sie enthauptet, nach einer anderen Version erdolcht. Ihre legendäre Vita lag wahrscheinlich im sechsten Jahrhundert in einer lateinischen und einer griechischen Fassung vor.[604]

Ihr eigentlicher Name ist möglicherweise unbekannt, *Agnes* vom Griechischen *die Reine* kann eine christliche Chiffre sein. Die frühesten Berichte stammen vom Ende des vierten und Anfang des fünften Jahrhunderts und finden sich bei Ambrosius, *De virginibus* I, 2 7 (datiert 377), bei Damasus, *Epigramm* (366-384) und Prudentius, *Peristephanon* 14 (vor 404). Dabei sind Abweichungen zwischen den Berichten über die Art des Martyriums zu konstatieren. Ambrosius und Damasus beziehen sich auf die mündliche Überlieferung, in die sicherlich bereits Legendenmaterial eingeflossen ist. Nach Ambrosius erlitt Agnes das „duplex martyrium pudoris et religionis" (Ambr. virg. II,5).[605]

Die Abweichungen, die die Todesart beim Martyrium der Agnes betreffen, sind zwar nicht zu übersehen, wichtig ist jedoch die einhellige Betonung des sehr jugendlichen Alters der Märtyrerin. Damasus muß sich auf mündliche Überlieferung stützen, er beginnt seinen Bericht deshalb auch mit den Worten „fama refert...".[606]

Kult:

Die früheste Erwähnung des Festes der heiligen Agnes findet sich in der *Depositio Martyrum* des Chronographen von 354 unter dem 21. Januar. Das Martyrologium Hieronymianum verzeichnet außerdem die Feier des Oktavtages am 28. Januar. Agnes wurde sowohl in den römischen Meßkanon als auch in die Liturgie der Ostkirche und in die griechischen Synaxarien (am 5. Juli) aufgenommen.

Bereits seit dem vierten Jahrhundert ist die Verehrung der Agnes in Rom und Italien nachzuweisen.

---

[604] ZIMMERMANNS, K., Agnes, in: LCI 5, 1973, Sp. 58-63.
[605] STRITZKY, M.-B. v., Agnes, in: LTHK, ³1993, Sp. 237-238.
[606] JOSI, E., Agnese, santa, martire di Roma, in: BiblSS 1, 1961, Sp. 382-407, hierzu Sp. 382.

Bei Kennedy[607] findet sich eine Zusammenfassung aller Schriftquellen des vierten bis siebten Jahrhunderts. Die Passio setzt er bereits um 400 an. Kennedy betont, daß Agnes in Rom die größte Verehrung überhaupt erfuhr, die dort je einer weiblichen Heiligen zuteil wurde. Agnes ist in allen liturgischen Dokumenten vertreten, außer im Sacramentarium Leonianum, in dem allerdings die Monate Januar bis März fehlen. Der Ort des Grabes im Coemeterium unter der Via Nomentana war bekannt, als Constantina, die Tochter des Kaisers Konstantin, die erste Basilika mit dem Altar direkt über dem Grab[608] errichten ließ. Ein erster Wiederaufbau fand unter Papst Symmachus statt, die heutige Form erhielt die Basilika S. Agnese fuori le mura unter Papst Honorius im siebten Jahrhundert. Ihr Kult breitete sich schnell in der westlichen und östlichen Kirche aus.

Über dem Stadion des Domitian, an der Stelle ihres Martyriums, wurde im achten Jahrhundert eine zweite Kirche, S. Agnese in Agone, errichtet.

Die drei Schriftquellen des vierten Jahrhunderts, von Damasus, Ambrosius und Prudentius, stimmen in einem Detail der Vita überein: Agnes erlitt das Martyrium in sehr jugendlichem Alter. Über die Todesart geben Ambrosius und Prudentius an, sie sei enthauptet worden, während Damasus berichtet, Agnes sei bei lebendigem Leib verbrannt worden. Kennedy schließt sich den Ausführungen Franchi de´Cavalieris[609] an, die er zitiert: Die Tatsache, daß es am Ende des vierten Jahrhunderts zwei verschiedene Versionen zum Martyrium der Agnes gab, beweist zwar, daß es keine feststehende Tradition gab, dies ist jedoch ein Umstand, der für Rom nicht erstaunlich ist, weil dort die Kirche der ersten Jahrhunderte auf Prozeßakten nicht den gleichen Wert legte, wie zum Beispiel die afrikanische Kirche. Die Fassung, die den Tod durch das Schwert überliefert, dürfte die ältere, weil die einfachere sein. Die Bedeutung des Agneskultes schon im vierten Jahrhundert wird durch die Wahl der Constantina deutlich, die ihr Mausoleum direkt neben dem Agnesheiligtum errichten ließ.

Neben den erwähnten liturgischen Texten mit einem Eintrag zu Agnes sind auch die Kalender der Kirchen in Neapel und Karthago zu nennen, die Agnes verzeichnen. Josi vermerkt verschiedene Kirchengründungen, zum Beispiel die im Jahr 455 den Heiligen Vincentius, Agnes und Eulalia geweihte Kirche in Béziers in Frankreich, oder die 477 geweihte Agneskirche in Ravenna.[610]

---

[607] KENNEDY (1963) S. 179-183.

[608] Die Forschung, v.a. von DEICHMANN, ergab jedoch, daß die erste Kirche noch nicht über, sondern neben dem Grab errichtet worden war. Die Honoriusbasilika ist an dieser Stelle ein Neubau. Vgl. DEICHMANN, F. W., Die Lage der konstantin. Basilika der hl. Agnes an der Via Nomentana, in: RACr 22, 1946, S. 213 ff.

[609] Vgl. FRANCHI DE´CAVALIERI, P., S. Agnese nella tradizione e nella leggenda, in: RömQSchr, Suppl. 10, 1899, S. 26.

[610] JOSI (BiblSS), wie Anm. 606, Sp. 388.

B. MONUMENTE

In der folgenden Aufstellung wurde versucht, möglichst alle Agnesdarstellungen aus der Zeit vom vierten bis zum siebten Jahrhundert zu erfassen. Dabei wurden sowohl die isolierten Heiligenbilder als auch diejenigen Darstellungen berücksichtigt, die Agnes gemeinsam mit anderen Heiligen in einer Huldigungsszene präsentieren.

KATALOG

Die Gliederung erfolgt nach Kunstgattungen. Somit wird bereits das bemerkenswerte zahlenmäßige Überwiegen der Goldgläser mit Agnesbildern deutlich.

Goldfoliengläser

Agnes-Orans zwischen Bäumen

AG 1 Goldglas
      Provenienz: unbekannt
      Aufbewahrungsort: Rom, Vatikanische Museen
      dat.: 2. V. 4. Jh.
      Lit.: MOREY (1959) Kat. Nr. 84, Taf. XIV; ZANCHI ROPPO (1969) S. 108-109, Kat. Nr. 120

Agnes steht in Orantenhaltung frontal dem Betrachter zugewandt. Ihr Haar ist in der Mitte gescheitelt, sie trägt eine Tunika mit Palla und einen Schleier, der links noch zu erkennen ist. Sie ist nimbiert. Links und rechts von ihr steht je ein Baum, im Bildfeld verstreut befinden sich einzelne Blätter. Am oberen Rand wird sie durch die Inschrift AN NE bezeichnet.

AG 2 Goldglas
      Provenienz: Rom, Cimitero di Novaziano
      Aufbewahrungsort: Rom, Cimitero di Novaziano
      dat. 3. V. 4. Jh.
      Lit.: MOREY (1959) Kat. Nr. 226, Taf. XXV; ZANCHI ROPPO (1969) S. 60-61, Kat. Nr. 52

Agnes steht frontal in Orantenhaltung zwischen zwei kleiner dargestellten Laubbäumen. Sie ist mit einer Tunika bekleidet, die darübergelegte Palla ist mit roten Clavi geschmückt, außerdem trägt sie einen lang herabhängenden Schleier über dem Kopf. Sie hat keinen Nimbus. Im Bildfeld sind mehrere Blätter verstreut. Die Inschrift am oberen Bildrand lautet: AG NE.

AG 3   Goldglas
        Provenienz: unbekannt
        Aufbewahrungsort: Rom, Vatikanische Museen
        dat.: 2. H. 4. Jh.
        Lit.: MOREY (1959) Kat. Nr. 82, Taf. XIII; ZANCHI ROPPO (1969) S. 191-192,
        Kat. Nr. 226

Agnes steht wiederum frontal in Orantenhaltung zwischen zwei kleineren Bäumen. Sie ist mit einer gegürteten Tunika und einem lang über dem Kopf herabhängenden Schleier bekleidet. Das Haar ist zu einem Kranz geflochten und als sogenannte Scheitelzopffrisur aufgesteckt, sie trägt Ohrringe. Sie ist nicht nimbiert. Die oben angebrachte Inschrift bezeichnet sie: A G N E.

AG 4   Goldglas
        Provenienz: unbekannt
        Aufbewahrungsort: Florenz, Nationalmuseum
        dat.: 4. V. 4. Jh.
        Lit.: MOREY (1959) Kat. Nr. 246, Taf. XXVI; ZANCHI ROPPO (1969) S. 36-37,
        Kat. Nr. 27

Agnes steht frontal in Orantenhaltung zwischen zwei Bäumen. Im Bildfeld sind einzelne Blätter verstreut. Sie trägt eine Tunika und darüber eine Dalmatika, über den Kopf hat sie einen Schleier gelegt, der im Rücken herabfällt. Die Haare sind über der Stirn gewellt und über dem Kopf eingerollt. Sie ist nicht nimbiert. Die Inschrift lautet: A N NES.

AG 5   Goldglas
        Provenienz: unbekannt
        Aufbewahrungsort: Rom, Vatikanische Museen
        dat.: 4. V. 4. Jh.
        Lit.: MOREY (1959) Kat. Nr.121, Taf. XX; ZANCHI ROPPO (1969) S. 192, Kat.
        Nr. 227

Das Goldglas ist stark fragmentiert. Erhalten ist nur der Kopf mit gescheiteltem Haar und Ohrschmuck, von einem Nimbus ist nichts zu erkennen. Die Inschrift lautet (An, Ag, Ac) NE. Unten rechts neben dem Haupt der Agnes ist der Rest eines Baumes erhalten.

AG 6   Goldglas
        Provenienz: unbekannt
        Aufbewahrungsort: Rom, Vatikanische Museen
        dat.: 4. V. 4. Jh.
        Lit.: MOREY (1959) Kat. Nr.124, Taf. XX; ZANCHI ROPPO (1969) S.192-193,
        Kat. Nr. 228

Auch hier ist nur ein Fragment erhalten. Zu erkennen ist eine linke Schulter und ein Arm in Orantenhaltung. Darunter befindet sich der Rest eines Baumes, über dem Arm eine runde Scheibe. Von der Inschrift sind die Buchstaben (Ag, Ac) N E erhalten.

Agnes-Orans zwischen Tauben

AG 7 Goldglas
      Provenienz: unbekannt
      Aufbewahrungsort: Rom, Vatikanische Museen
      dat.: 2. V. oder M. 4. Jh.
      Lit.: MOREY (1959) Kat. Nr. 85, Taf. XIV; ZANCHI ROPPO (1969) S. 109-110, Kat. Nr. 121

Das rechte Drittel des Glases fehlt. Agnes steht frontal in Orantenhaltung zwischen zwei Piedestalen, auf denen je eine Taube steht, die den Kopf zu ihr zurückgewandt hat und einen Kranz im Schnabel trägt. Agnes ist bekleidet mit einer Tunika, einer Palla und einer mit einer Gemmenfibel vor der Brust geschlossenen Stola. Das Haar ist auf dem Kopf zu einem Kranz geflochten. Sie hat keinen Nimbus. Die Inschrift lautet: AN GNE.

AG 8 Goldglas
      Provenienz: Rom, Panfilokatakombe
      Aufbewahrungsort: Rom, Panfilokatakombe
      dat.: M. 4. Jh.
      Lit.: MOREY (1959) Kat. Nr. 221, Taf. XXIV; ZANCHI ROPPO (1969) S. 63-64, Kat. Nr. 56

Agnes steht frontal in Orantenhaltung zwischen zwei Piedestalen, auf denen je eine Taube steht. Sie trägt eine Tunika mit weiten Ärmeln, eine Palla(?) mit Clavi, die mit schneckenförmigen Ornamenten verziert sind, und einen um die Schultern, sowie vor die Brust gelegten Schleier. Sie hat in der Mitte gescheitelte, gelockte Haare. Agnes ist nimbiert. Im Bildfeld befinden sich links und rechts neben ihrem Kopf je ein Stern und ein Rotulus. Die Inschrift lautet: AGN NES.

AG 9 Goldglas
      Provenienz: unbekannt
      Aufbewahrungsort: Florenz, Nationalmuseum
      dat.: 4. V. 4. Jh.
      Lit.: MOREY (1959) Kat. Nr. 248, Taf. XXVI; ZANCHI ROPPO (1969) S. 36, Kat. Nr. 26

Das Fragment zeigt nur noch einen Teil des Oberkörpers und einen rechten Arm, der in Orantenhaltung erhoben ist. Agnes war mit Tunika, Palla und über dem Arm drapiertem Schleier dargestellt. Links unterhalb ihres Armes befindet sich eine Taube. Von der Inschrift sind die Buchstaben AN (ne) erhalten.

Agnes-Orans zwischen Heiligen

AG 10　　　Goldglas
　　　　　　Provenienz: unbekannt
　　　　　　Aufbewahrungsort: Rom, Vatikanische Museen
　　　　　　dat.: 2. oder 3. V. 4. Jh.
　　　　　　Lit.: MOREY (1959) Kat. Nr. 83, Taf. XIV; ZANCHI ROPPO (1969) S. 110, Kat. Nr. 122

Agnes steht frontal in Orantenhaltung. Sie ist bekleidet mit gegürteter Tunika und einem um die Schultern gelegten Schleier. Sie trägt Halsschmuck. Die Haare sind auf dem Kopf kranzförmig geflochten. Sie hat keinen Nimbus. In der unteren Bildhälfte sind links und rechts von ihr die Büsten von Petrus und Paulus in das Medaillonfeld eingefügt. Bei Agnes steht die Inschrift AG NE, um das Haupt des Petrus befindet sich die Umschrift PE T R U S, bei Paulus entsprechend PA U L U S.

AG 11　　　Goldglas
　　　　　　Provenienz: unbekannt
　　　　　　Aufbewahrungsort: Pesaro, Museo Oliveriano
　　　　　　dat.: 4. V. 4. Jh.
　　　　　　Lit.: MOREY (1959) Kat. Nr. 283, Taf. XXVIII; ZANCHI ROPPO (1969) S. 53-54, Kat. Nr. 45

Agnes steht frontal in Orantenhaltung. Sie trägt eine Tunika, eine Palla mit Ornamentstickerei und ein Collier mit acht Anhängern. Die Haare sind in der Stirn gelockt und auf dem Kopf zu einem Kranz geflochten, der in den Nacken herabreicht. Zu ihrer Rechten steht Christus, ihr zugewandt, zu ihrer Linken Laurentius mit Rotulus. Keiner der Dargestellten ist nimbiert. Die Inschrift links lautet CRISTUS, oben in der Mitte AGNES und rechts LAURENTIUS. Die Darstellung einer Orans zwischen zwei Begleitfiguren ist aus der Sepulkralkunst bekannt, ungewöhnlich ist, daß Christus hier eine Heilige flankiert und nicht selbst in der Mitte steht.

AG 12　　　Goldglas
　　　　　　Provenienz: unbekannt
　　　　　　Aufbewahrungsort: Rom, Vatikanische Museen
　　　　　　dat.: 4. V. 4. Jh.
　　　　　　Lit.: MOREY (1959) Kat. Nr. 75, Taf. XII; ZANCHI ROPPO (1969) S. 173-174, Kat. Nr. 202

Agnes steht frontal in Orantenhaltung zwischen Petrus zu ihrer Rechten und Paulus — mit Rotulus — zu ihrer Linken. Keiner der Dargestellten ist nimbiert. Agnes trägt eine gegürtete Tunika mit großer Brosche in der Mitte der Taille und auf dem Kopf einen über die Schultern fallenden Schleier. Ihr Haupt wird von zwei Blüten eingerahmt. Die Inschriften lauten links PETRUS, oben ANNES, rechts PAULUS und unten ZESES.

Agnes-Büste

AG 13   Goldglas
         Provenienz: unbekannt
         Aufbewahrungsort: Bologna, Museo Civico
         dat.: 4. V. 4. Jh.
         Lit.: MOREY (1959) Kat. Nr. 265, Taf. XXVII; ZANCHI ROPPO (1969) S. 20-21, Kat. Nr. 10

Das runde Bildfeld wird von zwei einander zugewandten nicht nimbierten Frauenbüsten eingenommen. In der rechten Bildhälfte befindet sich Agnes, deren Körper frontal dargestellt ist, während der Kopf im Profil zur Mitte gewandt ist. Gegenständig dazu ist eine zweite Frauengestalt angebracht. Beide sind mit Tunika mit Halsbesatz, Palla und Schleier bekleidet. In der Mitte ist zwischen ihnen ein in einer Scheibe einbeschriebenes Christogramm dargestellt, darunter ein geschlossener Rotulus. Die Inschriften bezeichnen MARIA und AGNES.

Agnes-Orans, Fragment

AG 14   Goldglas
         Provenienz: unbekannt
         Aufbewahrungsort: Paris, Petit Palais, Collection Dutuit
         dat.: 4. Jh.
         Lit.: MOREY (1959) Kat. Nr. 412, Taf. XXXIII

Das Fragment zeigt in der linken Hälfte des zu ergänzenden runden Bildfeldes Agnes frontal in Orantenhaltung stehend. Sie ist mit Tunika und Palla bekleidet. Die Haare sind kranzförmig auf dem Kopf geflochten. Sie trägt Ohrringe, Halsschmuck und Armreifen. Sie ist nicht nimbiert. Die Inschrift befindet sich links und lautet: ANNE.

AG 15   Goldglas
         Fundort: Köln, bei St. Severin
         Aufbewahrungsort: Köln, Römisch-Germanisches Museum
         dat.: 4. Jh.
         Lit.: MOREY (1959) Kat. Nr. 425, Taf. XXXIV

Das Goldglas ist stark fragmentiert. Erhalten ist nur ein Teil des Kopfes und der rechten Hand in Orantenhaltung. Es stellte Agnes mit Nimbus dar.[611] Die umlaufende Inschrift lautet: AGN ES.

---

[611] Die Beschreibung des sehr schlecht erhaltenen Goldglases bei MOREY (1959) lautet „mit Nimbus oder Schleier". VOPEL, H., Die altchristlichen Goldgläser, Freiburg, Leipzig, Tübingen 1899, S. 109, Kat. Nr. 397 erwähnt den „Nimbus von weißer, emailartig glänzender Färbung".

Reliefplatte

AG 16 Steinrelief
Provenienz: Rom, S. Agnese fuori le mura
Aufbewahrungsort: Rom, S. Agnese fuori le mura
dat. M. 4. Jh.
Lit.: WILPERT, J., Die gottgeweihten Jungfrauen in den ersten Jahrhunderten der Kirche, Freiburg 1892, S. 22; Abb. bei: JOSI, E., Agnese, santa, martire di Roma, in: BiblSS 1, 1961, Sp. 393-394

Wahrscheinlich diente das Relief als Altarantependium in der konstantinischen Agnesbasilika (337-350).

Die flache Reliefplatte ist dreiteilig gegliedert. Links und rechts befindet sich reliefiertes, aber nicht ausgearbeitetes Gitterwerk, im hochrechteckigen Mittelfeld steht Agnes frontal in Orantenhaltung auf einem niedrigen Podest. Ihre ausgestreckten Hände überschneiden den Rahmen. Die Heilige ist mit einer Ärmeltunika und Dalmatika bekleidet, sie trägt das halblange, gelockte Haar auf dem Kopf zu einem Knoten aufgesteckt. Agnes ist nicht nimbiert. Zu beiden Seiten ihres Hauptes ist ein Graffito angebracht, das SCA AGNES[612] oder SS ANNEAS für *sanctissima Anneas*[613] lautet. Die Abkürzung SCS oder SCA für Heilige kommt erst seit dem Ende des fünften Jahrhunderts vor.[614] Das Graffito muß nachträglich angebracht worden sein.

Katakombenbilder

AG 17 Rom, Commodilla — Katakombe
Fresko im sog. Cubiculum Leonis
dat.: um 380 (Ferrua), spät- bis nachdamasianisch (Deckers)
Lit.: FERRUA (1959); DECKERS/MIETKE/WEILAND (1994) S. 96, Farbtaf. 28 und 32 (a)

An der linken Wand des rückwärtigen Arkosols in einem gerahmten, hochrechteckigen Bildfeld von nur 37 cm Höhe und 20 cm Breite steht frontal eine jugendliche Orans. Sie ist nimbiert, mit Tunika, verzierter Palla und gegürtetem Obergewand bekleidet. Das Haar fällt zum Teil auf die Schultern und ist zum anderen Teil in einem Kranz hochgesteckt (sog. Scheitelzopffrisur). Beidseits ihres Hauptes hängen im Hintergrund Girlanden herab. Zu ihrer Linken steht, ihr zugewandt, ein weißes Lamm. Es gibt keine Namensbeischrift.

---

[612] Nach ALLARD, P., Agnes, in: DACL I, 1, 1924, Sp. 914.
[613] WILPERT, J., Die gottgeweihten Jungfrauen in den ersten Jahrhunderten der Kirche, Freiburg 1892, S. 22, Anm. 2.
[614] Erstmals in Ravenna, am Mausoleum des Theoderich, s. dazu DEICHMANN (1974) S. 219. Zum frühesten Vorkommen auch DE ROSSI, G. B., in: Bulletino di Archeologia cristiana, seconda seria, anno secondo, 1871, S. 145.

| AG 18 | Albano Laziale, Katakombe S. Senatore
Fresko
dat. 3. V. 5. Jh.
Lit.: MARINONE (1972-1973); FIOCCHI-NICOLAI (1994) mit weiterer Literatur |

Das in Frage kommende Fresko stellt die dritte von insgesamt fünf Malschichten dar. Es zeigt in der Mitte den jugendlich-bartlosen, nimbierten Christus stehend, die Rechte im Redegestus erhoben, die Linke im Bausch des Palliums. Zu seiner Rechten steht Paulus, zu seiner Linken Petrus. Beide sind an ihrem üblichen Porträttypus zu erkennen, außerdem ist über ihrem Kopf jeweils eine Namensinschrift angebracht. Sie sind nicht nimbiert. Die Apostelfürsten sind Christus zugewandt, sie akklamieren ihm mit der Rechten. Neben Petrus steht rechts außen Laurentius, mit Nimbus, Stabkreuz und Buch als Attributen, mit der Rechten segnend. Neben Paulus steht eine weitere männliche Gestalt, die anhand des Inschriftenrestes als der heilige SMARA (gdus) zu identifizieren ist. Der Rest einer weiteren Inschrift, von der nur die Buchstaben GNIS oder ONIS lesbar sind, gehört zu einer links anschließenden Gestalt, die ein Pendant ganz rechts neben Laurentius hatte. Dieses Inschriftenfragment ergänzte nun Garrucci zu *Agnis*, weil es naheliegt, daß in einer Gruppe die am meisten verehrten Heiligen Roms, die Apostelfürsten sowie Laurentius und Agnes vereint waren.[615] Fiocchi-Nicolai schlägt vor, in den beiden verlorenen Figuren ganz außen nicht Heilige, sondern Stifter zu sehen.

Wandmosaiken

| AG 19 | Ravenna, S. Apollinare Nuovo
Mosaik, Mittelschiff, linke Hochwand
dat. 556-569
Lit.: NORDSTRÖM (1953); DEICHMANN (1969) S. 199-200; DEICHMANN (1958) Taf. 131 |

Agnes geht an vierter Stelle in der Prozession der Märtyrerinnen auf die thronende Gottesmutter zu, sie bringt auf verhüllten Händen eine Krone dar. Bekleidet ist sie mit einer Untertunika, einer Dalmatika mit Clavi und trabea, darüber trägt sie eine gestickte Palla, Halsschmuck und auf dem Haupt ein Diadem sowie einen Schleier. Ihr Nimbus ist golden mit weißem und rotem Rand. Zu ihren Füßen steht ein weißes Lamm, das zu ihr aufblickt. Die Namensbeischrift lautet + SCA AGNES.

---

[615] GARRUCCI, Storia II, 1873, S. 101, Taf. 89, 3.

AG 20   Parenzo, Basilika Eufrasiana
Medaillon in der Bogenlaibung der Apsis
dat. 6. Jh.
Lit.: MOLAIOLI (1943); IHM (1992) S. 167-169, Taf. VX, 2; Abb. in: BRENK, B., Spätantike und frühes Christentum. Propyläen-Kunstgeschichte, Supplementband 1, 1977, Nr. 375

In der Bogenlaibung der Apsis ist um einen mittleren Clipeus mit dem Agnus Dei ein Zyklus von zwölf Medaillons angebracht, in denen Büsten von Märtyrerinnen dargestellt sind. Agnes befindet sich links an zweiter Stelle. Sie ist mit einem goldfarbenen, am Kragen bestickten Gewand und einem weißen Schleier bekleidet und hat — wie alle anderen Heiligen auch — einen Nimbus. Die Inschrift oberhalb des Medaillons bezeichnet SCA AGNES.

AG 21   S. Prisco di Capua Vetere
Apsismosaik (überliefert)
dat. A. 6. Jh.
Lit.: GRABAR (1946) S. 37 u. Taf. XLIV; IHM (1992) S. 178-179

Die Darstellung ist verloren, das Apsisprogramm ist nur in einer Zeichnung des 17. Jahrhunderts von Michael Monachus überliefert.
     Dargestellt waren zwei aufeinander zulaufende Reihen von je acht inschriftlich bezeichneten kranzdarbringenden Heiligen, darunter befand sich auch Agnes.

AG 22   Rom, S. Agnese fuori le mura
Apsismosaik
dat.: 625-638, unter Papst Honorius
Lit.: MATTHIAE (1967); IHM (1992) S. 141-142 mit weiterer Literatur, Taf. XXVI,1

In der Mitte der goldgrundigen Apsiskalotte ist Agnes ganzfigurig frontal stehend dargestellt, sie wird von zwei Stifterpäpsten flankiert. Agnes ist mit einer Tunika bekleidet, auf die unten ein Medaillon mit einem Phönix darin gestickt ist, darüber trägt sie eine gemmengeschmückte Stola, sie hat rote Schuhe an. Rechts fällt ein weißer Schleier oder Schal über den Arm herab. Sie ist mit einem Halsgeschmeide geschmückt. Die halblangen Haare sind geflochten und aufgesteckt. Auf dem Haupt trägt sie eine Krone. Sie hat einen Nimbus. Vor sich hält die Heilige mit beiden unverhüllten Händen eine geschlossene Buchrolle. Zu ihren Füßen lodern links und rechts zwei Feuer, vor ihr liegt ein Schwert. Oberhalb des Hauptes befindet sich die Namensbeischrift, darüber ein Himmelssegment, aus dem die Dextera Dei einen Kranz herabreicht.

C. ANALYSE DER VORKOMMENDEN BILDTYPEN UND ATTRIBUTE

Insgesamt wurden 22 Agnesdarstellungen erfaßt, wobei der zeitliche Rahmen vom vierten bis zum siebten Jahrhundert reicht.

Die Agnes-Ikonographie ist durch einige Besonderheiten gekennzeichnet. So ist, mit einer Ausnahme, dem Fresko in Commodilla (**AG 17**), auf allen Denkmälern eine Namensbeischrift zu finden, die Agnes explizit bezeichnet.

Besonders bemerkenswert ist die Tatsache, daß Agnes schon sehr frühzeitig, bereits im vierten Jahrhundert, mit einem Nimbus ausgezeichnet sein kann. Den Nimbus hat sie auf einigen Goldgläsern aus dem vierten Jahrhundert (**AG 1**, **AG 8**, **AG 15**), ebenso im Fresko in Commodilla, das um 380 datiert wird (**AG 17**). Es handelt sich um die frühesten Beispiele einer Nimbierung für Märtyrer überhaupt.

Ferner tritt außerordentlich bald — nach meiner Kenntnis ebenfalls als frühestes Vorkommen innerhalb der christlichen Kunst — ein individuelles Attribut der Agnes auf, nämlich das Lamm, das ihr erstmals im vierten Jahrhundert in Rom beigegeben wird (**AG 17**), danach wieder im sechsten Jahrhundert in Ravenna in S. Apollinare Nuovo (**AG 19**). Die individuellen Attribute Feuer und Schwert, die auf die Art ihres Martyriums hinweisen, kommen hingegen nur einmal, bei dem spätesten erfaßten Denkmal, in S. Agnese fuori le mura in Rom (**AG 22**) im siebten Jahrhundert vor.

Neben der frühen Hervorhebung der Agnes durch den Nimbus ist auch die Sorgfalt, die auf prachtvolle Kleidung, eine aufwendige Frisur und Schmuck gelegt wird, eine Besonderheit. Dies sind ebenso konstante Elemente der Agnes-Ikonographie wie die Verschiedenartigkeit der individuellen Attribute: Lamm, Feuer, Schwert. Agnes ist ferner die einzige weibliche Heilige, die mit einem Rotulus als Attribut dargestellt wird (**AG 22**).

Die Goldgläser mit Agnesdarstellungen sind allesamt in das vierte Jahrhundert zu datieren, ihre Entstehung in Rom zu lokalisieren. Sie sind somit Zeugnisse des Kultes, der der Heiligen dort schon im vierten Jahrhundert entgegengebracht wurde. Agnes ist nach den Apostelfürsten die am häufigsten auf Goldgläsern dargestellte Heilige.[616] Innerhalb der gesamten Gruppe der Agnesdarstellungen bis zum siebten Jahrhundert überwiegen die Goldgläser zahlenmäßig bei weitem.

Mit einer einzigen Ausnahme (**AG 13**) ist Agnes immer in Orantenhaltung wiedergegeben. Agnes ist nie isoliert, sondern immer begleitet von Heiligen, flankiert von Tauben oder gerahmt von Bäumen. Die Heilige ist auf allen Goldgläsern mit aufwendiger Frisur und reichem Gewand ausgestattet, sie trägt oft Schmuck und fast immer einen Schleier. Die festliche Gewandung ist auch hier ein konstanter Bestandteil der Agnes-Ikonographie. Diese feststehende Darstellungsweise, die bei Werken unterschiedlicher Gattung festzustellen ist, deutet darauf hin, daß die Goldgläser einen bildlichen Prototyp wiederholen, der am Kultort, also am Grab, anzunehmen ist. Bezüglich der Herleitung des Geschmeides vermutet Allard, daß dies aus der lateinischen Passio abgeleitet werden kann, in der die Re-

---

[616] Vgl. *Materialerhebung*, Goldfoliengläser, S. 25 und VII., *Anhang G)*.

de davon ist, wie der himmlische Bräutigam seine Braut mit Schmuck ausstattet.[617] Der gleiche Autor führt das Motiv der Tauben mit dem Kranz im Schnabel, die Agnes auf einigen Goldgläsern (**AG 7, 8, 9**) flankieren, auf den Prudentiushymnus zurück, in dem die Rede von den Kronen des *duplex martyrium, pudoris et religionis* ist.[618]

Das Steinrelief (**AG 16**), das vermutlich von der Ausstattung der konstantinischen Agnesbasilika stammt, gibt die Heilige ebenfalls in Orantenhaltung wieder, allerdings ohne Schmuck und mit schlichterer Kleidung als auf den Goldgläsern. Trotzdem ähnelt das Schema den anderen erhaltenen Darstellungen und spiegelt wohl ebenfalls den vermuteten Prototyp wider. Das Relief wurde 1884 wiedergefunden, nachdem es bereits BOSIO in seinem Werk *Roma sotterranea*, allerdings unter der Bezeichnung Sarkophagfragment, veröffentlicht hatte.[619]

Von zentraler Bedeutung für die Ikonographie der Heiligen ist das Fresko in der Commodilla-Katakombe (**AG 17**). Die Dargestellte ist nicht inschriftlich benannt. Wegen des großen Nimbus kann es sich jedoch nicht um eine Verstorbene handeln. Ferrua schließt zu Recht auch die Möglichkeit aus, es könne die in der Katakombe beigesetzte heilige Merita gemeint sein. Dann wäre nämlich das Lamm nicht zu erklären.[620] Die ‚Lokalheiligen' der Katakombe, Felix und Adauctus, die im Hauptbild des gleichen Arkosols dargestellt sind, und die heilige Merita sind zwar jeweils durch Namensbeischriften gekennzeichnet, jedoch im vierten Jahrhundert noch nicht nimbiert.

Die Präsenz des Lammes, die reiche Gewandung und sorgfältig gestaltete (Scheitelzopf-)Frisur, wie sie für Agnes oft zu beobachten war und besonders das Vorhandensein des Nimbus weisen eindeutig auf ein Agnesbild hin. Ferrua deutet das Attribut des Lammes als die verschlüsselte Namensbeischrift (Agnes = Agnus) und versucht, so das Fehlen der Inschrift zu erklären.[621] Die ikonographischen Kennzeichen der Agnes dürften jedoch bekannt und ihr Bild derart verbreitet gewesen sein — man denke an die Zahl der Goldgläser —, daß hier auf die Inschrift verzichtet werden konnte.

Das zeitlich am nächsten liegende Beispiel von Agnes mit dem Lamm als Attribut stellt das Mosaik in S. Apollinare Nuovo in Ravenna dar (**AG 19**). Der Bildtyp hat sich von Rom demnach bereits in andere Kunstkreise ausgebreitet. Die Formulierung der Agnesdarstellung ist vom Gesamtprogramm mit der Prozession der Märtyrer abhängig. Trotzdem wird Agnes in S. Apollinare als einzige Märtyrerin durch ein Attribut ausgezeichnet. Deichmann[622] weist darauf hin, daß Agnes, wie auf der gegenüberliegenden Seite Laurentius, die vierte Stelle in der

---

[617] ALLARD (DACL), wie Anm. 612, Sp. 915.
[618] Vgl. ALLARD (DACL), wie Anm. 612, Sp. 915.
[619] Vgl. ALLARD (DACL), wie Anm. 612, Sp. 914.
[620] Ferrua (1959) S. 144-145.
[621] Ferrua (1959) S. 146.
[622] DEICHMANN (1969) S. 199.

Prozession einnimmt, die beiden beliebtesten Märtyrer Roms also auch parallel dargestellt sind. Agnes ist hier, abgesehen von dem viel früheren Beispiel in der Commodilla-Katakombe, zum einzigen Mal im untersuchten Zeitraum mit dem Attribut des Lammes ausgestattet. Man kann trotz des Mangels an Vergleichsbeispielen annehmen, daß der ikonographische Typus von Agnes mit dem Lamm dem Künstler von S. Apollinare vertraut war. Er hätte sonst wohl nicht ausgerechnet in dieser monotonen Reihe die angewandte Darstellungskonvention durchbrochen.

Die Präsenz des Lammes als Attribut der Agnes kann in der Passio begründet sein, die berichtet, Agnes sei acht Tage nach ihrem Tod mit einem weißen Lamm neben sich ihren Eltern erschienen.[623] Wahrscheinlicher jedoch liegt der Ursprung des Motivs in dem römischen Brauch, Eigennamen zu deuten. Ambrosius schrieb 337 in *De virginibus* „Der Name der Jungfrau bedeutet Reinheit ... Allein ihr Name ist ein Lobpreis."[624] Augustinus erklärte den Namen in vergleichbarer Weise: *Agnes latine agnam significat, graece castam.*[625]

Der ersten Vermutung zufolge wäre ein direkter Einfluß der Legende auf die Darstellung wahrscheinlich. Dies ist aber deshalb unmöglich, weil die früheste Bildformulierung im vierten Jahrhundert auftaucht, die schriftliche Passio jedoch erst im fünften Jahrhundert vorlag. Vielmehr mußte die Legende im Nachhinein die Anwesenheit des Lammes bei Agnes erklären — noch greifbarer, als es die Namensdeutung tat.

Am Ende der Reihe steht das Bild in der Basilika der Heiligen selbst, das Mosaik in S. Agnese fuori le mura in Rom (**AG 22**). Agnes ist gemäß ihrem ikonographischen Typus in eine Prachtkleidung gehüllt, die der Gewandung am byzantinischen Hof entspricht, ohne jedoch die Tracht der basilissa zu sein.[626] Der Phönix, der unten in das Gewand gestickt ist, ist ein Hinweis auf die Auferstehung.

Zum Ursprung des honorianischen Apsisprogrammes gibt es zwei Thesen. Grabar nimmt an, daß die Apsis des siebten Jahrhunderts den Bildtypus der konstantinischen Zeit wieder aufnimmt, der bereits in der Grab-Memorialbasilika die Heilige mit den Attributen ihres Martyriums in das Zentrum der Darstellung gerückt haben soll.[627] Es ist jedoch zu bezweifeln, ob die Heilige bereits in der Mitte des vierten Jahrhunderts mit derartigen Attributen aufgetreten sein kann. Dafür gibt es keinen Beleg, und auch das oft herangezogene, nur durch eine Inschrift bezeugte Mosaik in S. Maria Maggiore aus dem fünften Jahrhundert, in dem Märtyrer mit Attributen ihres Leidens dargestellt gewesen sind, liegt noch fast ein

---

[623] SCHÄFER, E., Agnes, in: RAC I, 1950, Sp. 184-186, hierzu Sp. 185.
[624] Ambrosius, De Virginibus I, Kap. 2, 5-9; P. L. 16, 200-202.
[625] Augustinus, Sermones CCLXXXIII, 6; P. L. 38, 1250.
[626] Vgl. MATTHIAE (1967) S. 171.
[627] GRABAR (1946) S. 60.

Jahrhundert später als das postulierte konstantinische Agnesbild.⁶²⁸ Im konstantinischen Vorgängerbau von S. Agnese ist der Bildtyp der Heiligen als Orans als der wahrscheinlichste anzunehmen, so wie er auch von den Goldgläsern widergespiegelt wird.

Matthiae⁶²⁹ dagegen sieht im Apsisbild von S. Agnese aus dem siebten Jahrhundert byzantinischen Einfluß wirksam, der sich zum einen stilistisch ausdrükke, in der Darstellung weniger isolierter Figuren vor Goldgrund, zum zweiten in ikonographischen Details. Die Marterinstrumente als Attribute seien der östlichen Tradition verpflichtet — der Autor zählt die Löwen der Thekla und die Schlangen der Euphemia auf — während für Agnes vorher eine solche Tradition nicht greifbar sei. Auf den älteren römischen Denkmälern, den Goldgläsern und dem Altarantependium sei sie ohne Attribute wiedergegeben.

Dagegen kann man wiederum einwenden, daß es Marterwerkzeuge als Attribute auch im Westen gegeben haben muß, auch wenn sie nur aus der oben erwähnten, überlieferten Inschrift aus S. Maria Maggiore bekannt sind, die sich auf ein Bild bezog. Trotzdem bleibt es eine Tatsache, daß Attribute, die sich auf die Art des Martyriums beziehen, vorwiegend im Osten erhalten sind.⁶³⁰ Insgesamt sind jedoch zu wenige Darstellungen mit Marterwerkzeugen als Attributen erhalten, um damit die These Matthiaes zu untermauern.

Im untersuchten Zeitraum einzigartig ist das Attribut der Buchrolle bei einer weiblichen Heiligen. Der Rotulus wird seit dem vierten Jahrhundert häufig Christus als dem Ursprung und Träger der wahren Lehre sowie den Aposteln als deren Verkündern beigegeben. Propheten und Evangelisten erhalten die Buchrolle respektive den Codex gemäß der antiken Tradition des Autorenattributs.⁶³¹ Über die Vergabe der Buchrolle als Attribut an nichtbiblische Heilige sind in den einschlägigen Lexikonartikeln die Angaben spärlich. Braun erklärt die Bedeutung dieses Attributs bei Märtyrern als Symbol des Glaubenszeugnisses, für das sie ihr Leben hingaben, macht aber keine genauen Angaben über den Zeitpunkt der Einführung des Rotulus in die Märtyrerikonographie.⁶³² Wessel beschränkt sich auf die Aufzählung einiger Bildbeispiele von Heiligen mit Buchrolle.⁶³³ Der Übersicht wegen soll hier eine — sicher nicht vollständige — Zusammenstellung der Denkmäler erfolgen, in denen außerbiblischen Heiligen und Märtyrern die Buchrolle zugewiesen ist.

Zunächst ist eine wahre ‚Inflation' von Buchrollen auf römischen Goldgläsern des vierten Jahrhunderts zu beobachten, wo sie außer von den Apostelfür-

---

⁶²⁸ Vgl. die Ausführungen dazu in *Materialerhebung*, Wandmosaiken Rom, S. 19.
⁶²⁹ MATTHIAE (1967) S. 170.
⁶³⁰ Vgl. dazu ausführlicher *Ergebnisse*, Die Attributverwendung im Osten und Westen, S. 334.
⁶³¹ WENTZEL (RDK), wie Anm. 3, Sp. 1214.
⁶³² BRAUN, J., Buch (Buchrolle) als Attribut, in: RDK II, Stuttgart 1948, Sp. 1339
⁶³³ WESSEL, K., Buchrolle, in: RBK I, 1966, Sp. 787

sten auch von Simon[634], Julius und Sixtus[635], Sixtus und Timotheus[636], Cyprianus und Laurentius[637], Laurentius alleine[638] und weiteren zum Teil nicht identifizierten Heiligen[639] gehalten werden. Ferner können Buchrollen als Gliederungs- und Füllelemente für den Bildgrund vorkommen[640], einmal ist dies auch bei Agnes der Fall (**AG 8**).

Dann verschwindet der Rotulus zunächst aus der Ikonographie der Märtyrer und nichtbiblischen Heiligen, was man sogleich mit dem historischen Wandel im Gebrauch vom Rotulus hin zum Codex erklären möchte.

Im sechsten Jahrhundert jedoch, auf der Bildtafel im Louvre, die den heiligen Abt Menas mit Christus zeigt, hält Menas eine kleine Buchrolle in der Linken.[641] Auf einem Fresko in der Ponzian-Katakombe aus der zweiten Hälfte des sechsten Jahrhunderts[642] halten die Heiligen Milix, Pumenius, Petrus und Marcellinus eine Schriftrolle, in der Hermeskatakombe[643] sind es Protus und Hyacinthus. In der Kapelle 28 des Apollonklosters in Bawit, datiert in das sechste oder siebte Jahrhundert, sind Heilige abwechselnd mit Codex oder Buchrolle dargestellt.[644] In S. Michele in Affricisco in Ravenna wurden in der Mitte des sechsten Jahrhunderts Cosmas und Damian wahrscheinlich mit einem Rotulus dargestellt. Chronologisch folgt dann in der Reihe das besprochene Mosaik in S. Agnese fuori le mura, das 625-38 datiert wird, vor S. Venanzio in Laterano, datiert 642-650, wo Asterius in der Reihe der Märtyrer als einziger mit der Rolle ausgestattet ist, und vor S. Stefano Rotondo, wo in der Apsis Primus und Felicianus den Rotulus halten. Auch in S. Maria Antiqua gibt es Darstellungen von Heiligen mit Buchrollen.[645]

Es ist festzuhalten, daß, gemessen am Gesamtbestand der Heiligendarstellungen, die Buchrolle als Märtyrerattribut relativ selten vorkommt und keine kontinuierliche Tradition besitzt. Im siebten Jahrhundert erst ist der Rotulus als Heiligenattribut in Apsisdarstellungen verbreitet, wobei die heilige Agnes, als einzige Märtyrerin, relativ früh damit ausgezeichnet wird. Die Bedeutung dieses

---

[634] MOREY (1959) Kat. Nr. 86.
[635] MOREY (1959) Kat. Nr. 102.
[636] MOREY (1959) Kat. Nr. 55.
[637] MOREY (1959) Kat. Nr. 36.
[638] MOREY (1959) Kat. Nr. 40.
[639] MOREY (1959) Kat. Nr. 344.
[640] MOREY (1959) Kat. Nr. 291.
[641] Eine Abbildung z.B. bei BELTING (1991) S. 113, Abb. 48.
[642] WILPERT (1903) Taf. 255, 1 und 255, 2.
[643] WILPERT (1903) Taf. 260,1.
[644] Abb. bei CLEDAT (1904/06) Taf. 96 B.
[645] Abb. von S. Venanzio in Laterano bei VAN BERCHEM/CLOUZOT (1924) S. 200, fig. 252; S. Stefano Rotondo, ebda., S. 205, fig. 259; S. Maria Antiqua, Abb. bei WILPERT (1916) 145,1 und II, 145,4.

Attributes bei Märtyrern darf wohl als Hinweis auf den Besitz der wahren Lehre gedeutet werden.

Am Schluß soll als Ergebnis nochmals unterstrichen werden, daß Agnes bereits im vierten Jahrhundert mit Nimbus, einer charakteristischen Frisur und Gewandung und mit individuellem Attribut dargestellt wurde und damit die erste christliche Märtyrerin mit einer ausgeprägten ikonographischen Tradition ist.

FELIX UND ADAUCTUS

A. VITA, KULT UND LEGENDE

Vita und Legende:

Felix und Adauctus waren Römer, die das Martyrium wahrscheinlich unter Diokletian erlitten.

Die früheste, gesicherte Nachricht über die beiden Märtyrer bietet eine damasianische Inschrift, die mitteilt, daß ein Presbyter namens Verus ihre Gräber geschmückt habe. Damasus hingegen berichtet weder Einzelheiten über die Persönlichkeit und das Leben der beiden, noch über den Zeitpunkt des Martyriums. Seinem Text ist nur zu entnehmen, daß die beiden Brüder waren.

Erst im siebten Jahrhundert, zur Blütezeit des Kultes, wurde die Passio niedergeschrieben und mit zahlreichen legendären Zügen ausgeschmückt. Der Verfasser der Legende behauptete zu wissen, daß Felix ein Presbyter war, der unter Diokletian gefoltert und zum Tode verurteilt wurde. Auf dem Weg zur Richtstätte schloß sich ihm ein unbekannter Christ an, der daraufhin gleichzeitig mit Felix hingerichtet wurde: weil sein Name nicht bekannt war, nannte man ihn *Adauctus*.[646]

Kult:

Der Festtag der beiden Märtyrer ist am 30. August. Der Eintrag der Heiligen im Sacramentarium Leonianum zeugt von einer frühen Verehrung. Ihre Grabstätte befindet sich in der Commodilla-Katakombe, sie wurde dort 1905 wieder aufgefunden.[647]

Felix und Adauctus wurden außer in das Sacramentarum Leonianum auch in das Martyrologium Hieronymianum aufgenommen.

Der Kult der Heiligen an ihrem Grab wurde vom ausgehenden vierten bis zum siebten Jahrhundert gepflegt: Papst Siricius (384-398) ließ an der Stelle des Grabes die sogenannte *basilichetta* errichten, die nach einer Notiz im Liber Ponti-

---

[646] AMORE, A., Felice e Adautto, santi, martiri, in: BiblSS 5, 1965, Sp. 582-585.
[647] SAUSER, E., Felix und Adauctus, in: LCI 6, 1974, Sp. 234.

ficalis von Johannes I. (523-26) und Leo III. (795-816) mit Mosaiken und Malereien ausgestattet wurde.

B. MONUMENTE

Alle folgenden Darstellungen der Heiligen Felix und Adauctus befinden sich in der unmittelbaren Nähe ihrer Grabstätte, nämlich in der Commodilla-Katakombe in Rom.

KATALOG

Der Katalog ist chronologisch geordnet.

Fresken

F/A 1 Fresko
Commodilla-Katakombe, Cubiculum Leonis, Eingangswand, Nr. 5 -0[648]
dat.: spät-bis nachdamasianisch (380-390)
Lit.: DECKERS/MIETKE/WEILAND (1994) S. 91-92, Taf. 14

In hochrechteckigen, gerahmten Bildfeldern stehen links der heilige Felix, rechts der heilige Adauctus. Felix ist in leichter Schrittstellung nach rechts gewandt. Er ist bekleidet mit einer langärmeligen Tunika mit Clavi, einem Pallium und Sandalen. In der rechten, erhobenen Hand hält er einen gelben Kranz mit braunen Bändern empor, der teilweise zerstört ist. Er hat eine weiße Haarkalotte und einen weißen Vollbart, keinen Nimbus. Die Inschrift oberhalb seines Hauptes lautet: FELIX.

Adauctus steht frontal, mit nach links gewandtem Kopf. Er trägt die gleiche Gewandung wie Felix und hält ebenfalls mit der Rechten einen Kranz empor, der in der Mitte mit einer Gemme geschmückt ist. Er hat dichtes, gelocktes, dunkles Haar und trägt keinen Bart. Auch er ist nicht nimbiert. Die Inschrift bezeichnet ihn als ADAUCTUS.

F/A 2 Fresko
Commodilla-Katakombe, Cubiculum Leonis, Rückwand, Nr. 5 -2
dat.: spät- bis nachdamasianisch (380-390)
Lit.: DECKERS/MIETKE/WEILAND (1994) S. 94-95, Farbtaf. 22

Christus steht in der Mitte des Bildfeldes mit einem geöffneten Codex in der Linken, die Rechte hat er erhoben, er ist nimbiert. Zu seiner Rechten steht ihm akklamierend Adauctus. Er ist bekleidet mit Tunika mit Clavi und einem gelblichen Pallium. Er ist bartlos und trägt kurzes dunkles Haar. Der Heilige hat keinen Nimbus. Die Inschrift beidseits des Hauptes lautet: ADAU — TUS.

---

[648] Die Nummern beziehen sich hier und in allen folgenden Beispielen auf die Gliederung, die von DECKERS/MIETKE/WEILAND (1994) angewandt wurde.

Felix steht zur Linken Christi, ebenfalls mit Akklamationsgestus. Er trägt eine weiße Tunika mit Clavi, ein weißes Pallium und weißes Haar. Auch er ist nicht nimbiert. Die Inschrift bezeichnet ihn als FE — LIX. Zwischen ihm und Christus steht, kaum mehr zu erkennen, ein Scrinium auf dem Boden.

F/A 3   Fresko
        Commodilla-Katakombe, Cubiculum Leonis, linke Wand des Arkosols, Nr. 5 -2
        dat.: spät-bis nachdamasianisch (380-390)
        Lit.: DECKERS/MIETKE/WEILAND (1994) S. 96-97, Farbtaf. 30 (a)

Zwei männliche Personen, von denen nur mehr die Konturen zu erkennen sind, stehen einander zugewandt. Zwischen ihnen befindet sich ein sehr großes Scrinium. Über ihnen sind Striche, die vielleicht Wolken darstellen sollen und ein weiterer Gegenstand, der als Hand Gottes gedeutet wird. Beide machen den Akklamationsgestus. Der rechts Stehende trägt dunkles Haar, der linke weißes Haar und Bart, beide sind mit einem Pallium bekleidet. Wegen der Haartracht handelt es sich wahrscheinlich um Felix und Adauctus.

F/A 4   Fresko
        Commodilla-Katakombe, basilichetta, Nr. 3, Abschnitt 3g
        dat.: damasianisch
        Lit.: DECKERS/MIETKE/WEILAND (1994) S. 75, Farbtaf. 15 (a)

Zwei männliche Personen stehen einander zugewandt, mit Akklamationsgestus, der sich auf ein Christogramm mit Alpha und Omega in der Mitte über ihnen bezieht. Beide sind mit weißer Tunika und weißem Pallium bekleidet, die Haar- und Barttracht der beiden ist wegen des schlechten Erhaltungszustandes nicht genau zu bestimmen. Sie sind nicht nimbiert. Zwischen den beiden steht ein großes rotes Scrinium mit sechs Rotuli darin. Sie werden wegen des Anbringungsortes in der basilichetta als Felix und Adauctus gedeutet.

F/A 5   Fresko, fragmentiert, nur das rechte Drittel erhalten
        Commodilla-Katakombe, Raum 1, Decke
        dat.: theodosianisch (ca. 390-410)
        Lit.: DECKERS/MIETKE/WEILAND (1994) S. 46, Farbtaf. 1 (b)

Auf dem schlecht erhaltenen Fresko ist eine stehende männliche Gestalt im Dreiviertelprofil zu erkennen. Die Rechte hat er im Akklamationsgestus ausgestreckt. Bekleidet ist der Heilige mit einer Tunika mit Clavi und Pallium. Die Gesichtszüge sind nicht mehr zu erkennen. Er ist nicht nimbiert. Links steht eine kleinere Gestalt frontal in Orantenhaltung. Zwischen den beiden Gestalten sind noch zwei Buchstaben zu sehen: ---VS. Die männliche Gestalt hatte vermutlich ein Pendant auf der linken Seite. Wahrscheinlich handelte es sich um eine Darstellung der heiligen Merita zwischen Felix und Adauctus, auf den sich wohl der Inschriftenrest bezieht.

F/A 6 Fresko
Commodilla-Katakombe, basilichetta, Nr. 3, Abschnitt 3a
dat.: 2. H. 7. Jh.
Lit.: DECKERS/MIETKE/WEILAND (1994) S. 52-57, Farbtaf. 3

In der Mitte thront Christus auf der Sphaira. Er übergibt Petrus zu seiner Rechten die Schlüssel, während sich gegenüber Paulus mit einem Bündel Buchrollen nähert. Hinter den Apostelfürsten kommen die beiden Märtyrer Felix und Adauctus mit Kränzen zu Christus. Ganz links außen, von der Aktion ausgenommen, steht in Orantenhaltung die heilige Merita, ihr entspricht rechts außen der heilige Stephanus. Felix trägt eine weiße Tunika und ein weißes Pallium. Er bringt in verhüllten Händen die Märtyrerkrone[649] dar. Er hat weißes Haar und einen weißen Vollbart. Die Inschrift lautet: SCS FILIX (sic!).

Die Gestalt des heiligen Adauctus ist fast völlig zerstört. Der Rest des Nimbus ist noch zu erkennen.

F/A 7 Fresko ‚Madonna der Turtura'
Commodilla-Katakombe, basilichetta, Nr. 3, Abschnitt 3e
dat.: 2. H. 7. Jh.
Lit.: DECKERS/MIETKE/WEILAND (1994) S. 61-65, Farbtaf. 8

In der Mitte ist die thronende, nimbierte Gottesmutter mit dem Kind auf ihrem Schoß dargestellt. Zu ihrer Rechten steht Adauctus, der die als Turtura bezeichnete Verstorbene einführt, zu ihrer Linken Felix. Felix und Adauctus sind beide mit weißer Tunika mit roten Clavi und weißem Pallium bekleidet. Felix hält die Rechte mit ausgestrecktem Zeige- und Mittelfinger vor dem Körper. Er hat kurzes weißes Haar und einen kurzen weißen Vollbart. Eine schwarze Linie deutet die Tonsur an. Er hat einen Nimbus. Die ihn bezeichnende Namensinschrift befindet sich in der Bildrahmung oben: +SCS FELIS (sic!) Adauctus hat die Rechte auf die Schulter der viel kleiner dargestellten Turtura gelegt und präsentiert sie so Christus und der Gottesmutter. Er ist jugendlich und bartlos mit vollem braunen Haar. Auch er hat einen Nimbus. Die Inschrift innerhalb der Rahmenleiste lautet: +SCS ADAUTUS.

F/A 8 Fresko, fragmentiert
Commodilla-Katakombe, basilichetta, Nr. 3h
dat.: 2. H. 7. Jh.
Lit.: DECKERS/MIETKE/WEILAND (1994) S. 78-80, Farbtaf. 16 (c)

Von dem Fresko sind nur noch Reste erhalten. In der Mitte stand Christus, der jeweils eine Krone über das Haupt der ihn flankierenden Felix und Adauctus hielt. Erhalten ist ein Inschriftrest oben links, der SCS F(ELIX) bezeichnet. Rechts befindet sich noch ein Fragment des Kopfes von Adauctus, von dem man die Tonsur erkennen kann.

---

[649] Der Ausdruck „Votivkrone", den A. WEILAND in DECKERS/MIETKE/WEILAND (1994) in seiner Bildbeschreibung gebraucht, ist hier nicht zutreffend.

F/A 9   Fresko, fragmentiert
     Commodilla-Katakombe, ‚Forno-Grab', Nr. 4, Giebel
     dat.: 2. H. 7. Jh.
     Lit.: DECKERS/MIETKE/WEILAND (1994) S. 88-89, Farbtaf. 7

Das Fresko hat die heilige Merita zwischen Felix und Adauctus zum Thema. Alle drei Gestalten sind nimbiert. Von Felix, zur Rechten der Merita, ist nur eine Partie mit weißem Haar erhalten. Adauctus, zur Linken der Heiligen, steht in Schrittstellung zur Mitte hin. Er ist mit Tunika mit Clavi und Pallium bekleidet, jugendlich bartlos mit kurzem braunen Haar und Tonsur. Ein Inschriftrest ist nur noch bei Merita erhalten.

Relief

F/A 10   Marmorrelief, Fragmente
     Provenienz: Verschlußplatte des sog. Fornograbes, Commodilla-Katakombe
     Aufbewahrungsort: unbekannt
     dat.: E. 4./A. 5. Jh.
     Lit.: WILPERT, J., Beiträge zur Christlichen Archäologie, in: RömQSchr 22, 1908, S. 119-121; Taf. I

Die Grabverschlußplatte ist mit einer nur eingeritzten Darstellung geschmückt. Unter einer dreiteiligen Aedikula, die von vier Säulen getragen wird, stehen drei Figuren. In der Mitte befindet sich eine weibliche Gestalt in Orantenhaltung, sie wird flankiert von zwei männlichen Palliati, die jeweils eine geschlossene Buchrolle in Händen halten. Der Mann rechts der Orans ist bärtig. Wilpert deutet ihn als den heiligen Felix, den zweiten, bartlosen Heiligen als Adauctus und die Orans als heilige Merita.

C. ANALYSE DER VORKOMMENDEN BILDTYPEN UND ATTRIBUTE

Alle erhaltenen Darstellungen der beiden Märtyrer Felix und Adauctus befinden sich in der Commodilla-Katakombe, die das Grab der beiden Heiligen birgt. Sie werden immer als Paar wiedergegeben, entsprechend dem Bericht der Legende, wonach sie gemeinsam den Märtyrertod erlitten. Dem Namen nach ist jedoch nur Felix bekannt, der unbekannte Christ, der sein Schicksal teilte, ist *dazugekommen, adauctus*.

  Es gibt insgesamt zehn Darstellungen, die mit einiger Wahrscheinlichkeit als Felix und Adauctus gedeutet werden dürfen, wobei sie in verschiedenen Bildprogrammen, mit Christus, der Gottesmutter, einer weiteren Heiligen oder allein wiedergegeben sein können. Eine derartige Konzentration eines einzigen Themas in einer Katakombe ist ungewöhnlich: im Cubiculum Leonis sind drei, in der basilichetta sogar vier Darstellungen der beiden Märtyrer angebracht worden. Chronologisch kann man den Bildbestand in zwei Gruppen unterscheiden, eine erste aus dem vierten und eine zweite aus dem siebten Jahrhundert.[650]

---

[650] Alle Datierungsangaben basieren auf DECKERS/MIETKE/WEILAND (1994).

In den Fresken **F/A 2 — F/A 5**, alle noch aus dem vierten Jahrhundert stammend, sind die beiden Heiligen im Akklamationsgestus auf ein zentrales Bildmotiv hin orientiert. Im Fresko **F/A 1**, ebenfalls aus dem vierten Jahrhundert, halten sie einen Kranz in Händen. Die Heiligen sind noch in keinem Beispiel nimbiert, aber bereits deutlich in ihrer Physiognomie unterschieden. Felix ist als Greis mit weißem Haar und weißem Bart wiedergegeben, Adauctus hingegen als junger, bartloser Mann mit dunklem Haar. Festzuhalten ist, daß es keine Darstellung gibt, die die Heiligen als Oranten zeigen würde, ein Bildvorwurf, der im vierten Jahrhundert am Grab eines Märtyrers generell geläufig ist.[651]

Die Beispiele aus der zweiten Hälfte des siebten Jahrhunderts sind deutlich von Bildprogrammen abhängig, wie sie in oberirdischen Kirchen als Apsisbilder Verwendung fanden. Die Heiligen sind nimbiert. Als Reflex auf die späte Passio ist die Tonsur zu bewerten, die zuerst nur Felix (**F/A 7**), dann aber auch Adauctus (**F/A 8, F/A 9**) bekommt. Die Legende hatte ja Felix zum Presbyter gemacht.

Bemerkenswert ist die Tatsache, daß der hierarchisch höherstehende Platz zur Rechten Christi beziehungsweise der Gottesmutter nicht immer für Felix reserviert ist: in den Beispielen **F/A 2, 6 und 7** steht Adauctus auf dem ranghöheren Platz.[652]

J. Wilpert[653] sieht die Ikonographie durch die wenigen erhaltenen schriftlichen Quellen bestätigt, in denen von den Märtyrern berichtet wird.

Damasus wußte nichts Genaues über Felix und Adauctus zu berichten, er beschränkt sich in seinem Epigramm auf die Nachricht, daß er das Grab ausschmücken ließ. Dementsprechend zeigen die frühesten Fresken Felix und Adauctus noch undifferenziert als einfache Palliati.

Papst Siricius (384-398), der die basilichetta über den Gräbern errichten ließ, nennt Felix und Adauctus in der Stiftungsinschrift „HIC FAMULOS DOMINI NOV eris requiescere sanctos...". Wilpert schließt daraus, daß die beiden Märtyrer bereits gegen Ende des vierten Jahrhunderts für Presbyter gehalten wurden.

Vom Fresko der Turtura (**F/A 7**) an, das von Wilpert bereits in das sechste Jahrhundert datiert wird, werden die Heiligen auch ikonographisch als Kleriker gekennzeichnet, weil sie ab jetzt die Tonsur tragen.

Insgesamt läßt sich folgendes festhalten: Das Fehlen einer Legende hat Konsequenzen auf die Darstellung; diese muß sich hier mit ganz allgemeinen Hinweisen auf die Heiligkeit begnügen. Es werden keine Attribute verwendet. Ähnliches konnte auch für den heiligen Demetrius festgestellt werden. Die litera-

---

[651] Man denke an die heilige Agnes, s. Kat. AGNES, AG 16.
[652] Vgl. dazu FERRUA, A., Scoperte di una nuova regione della Catacomba di Commodilla, in: RACr 34, 1958, S. 5-56, bes. S. 38-39.
[653] WILPERT (1916) II, S. 936-946, dort auch die Quellennachweise.

rischen und bildlichen Legendenfassungen dürfen in ihrer Bedeutung für die Entwicklung der Heiligenikonographie nicht unterschätzt werden.

Zusammenfassung

Mit der im Katalog gewählten Methode, einzelne Heilige im Hinblick auf die frühchristliche und frühbyzantinische Legendensituation, auf die Kultentwicklung mit dem jeweiligen Brennpunkt der Verehrung und schließlich auf den erhaltenen Bilderbestand zu untersuchen, konnten Ergebnisse erzielt werden, die bei der vorangegangenen Gesamtschau der Kunstgattungen nicht deutlich sichtbar waren. Erscheinungsformen, die eher zufällig wirkten und dem Allgemeinbild der Ikonographie widersprachen, konnten durch den Vergleich aller einen Heiligen betreffenden Denkmäler fundiert werden, scheinbare Regellosigkeiten erwiesen sich unter einem neuen Blickwinkel als Konstanten.

Aufgrund der für jeden einzelnen Heiligen gewonnenen Ergebnisse konnten einige neue Zuschreibungen erzielt werden. Die Merkmale der ikonographischen „Ausstattung" eines Heiligen wurden jeweils am Ende eines Katalogkapitels zusammengefaßt und bewertet.

In der Gesamtschau wird deutlich, daß die frühesten schriftlichen Zeugnisse für die Verehrung der untersuchten Märtyrer erst in der zweiten Hälfte des vierten Jahrhunderts einsetzen, auch wenn der Heilige bereits um die Mitte des dritten oder schon im ersten Jahrhundert den Zeugentod gestorben war. Für einige Märtyrer der diokletianischen Verfolgung ist der Kultbeginn erst mit einer beachtlichen Zeitverzögerung im fünften Jahrhundert nachweisbar. Dies ist der Fall bei Demetrius und den Heiligen Sergius und Bacchus. Auch zwischen den ersten Kultnachrichten und den frühesten erhaltenen Darstellungen liegt in vielen Fällen ein Jahrhundert. Mag auch vieles verloren sein, so ist die Diskrepanz doch bemerkenswert. Theodor Tiro starb um 306, sein Kult setzte schon im vierten Jahrhundert ein, die erhaltenen Darstellungen stammen jedoch erst aus dem sechsten und siebten Jahrhundert. Eine ähnliche Zeitspanne ist auch für andere Märtyrer des Ostens zu konstatieren. Ganz anders stellt sich die Situation in Rom dar. Die römischen Märtyrer, Laurentius, Agnes, Felix und Adauctus erfuhren im vierten Jahrhundert bereits sowohl eine intensive Verehrung als auch zugleich eine ikonographische Ausgestaltung. Die Frage, ob ein solcher status quo nur auf die unterschiedliche Erhaltungssituation in Rom und im Osten geschoben werden darf, kann hier nicht beantwortet werden.

Auch andere Probleme, wie der Zusammenhang von Verehrung, Legendenbildung, Wirkung der Kultpropaganda — möglicherweise durch Kirchenpersönlichkeiten wie Ambrosius oder Gregor von Nyssa — und der Ikonographie eines Heiligen können nur vermutet, im Rahmen dieser Arbeit aber nicht bearbeitet werden. Es scheint jedoch so, daß Heilige mit einer „blassen" Viten- und Legendenlage auch eine weniger einprägsame ikonographische Ausgestaltung erfuhren:

man denke an Felix und Adauctus oder an den heiligen Demetrius, die einzigen Heiligen in der Reihe, die kein Attribut haben.

Das primäre Ziel, die Erfassung der Heiligenattribute in der frühchristlichen und frühbyzantinischen Kunst, wurde erreicht. Sowohl das früheste Vorkommen als auch die Vielzahl an Attributen übertreffen das eingangs Erwartete. Als wichtiges Ergebnis stellte sich heraus, daß jeder Heilige einen festumrissenen, konstant wiederkehrenden ikonographischen Typus hat, der über Jahrhunderte hinweg beibehalten wird. Einige Einzelaspekte bedürfen einer Neubetrachtung, die der spezifischen Situation der Epoche gerecht wird.

ERGEBNISSE

Zur Verwendung des Stabkreuzes

In verschiedenen Zusammenhängen wurde bereits auf die Sonderstellung des Attributes Stabkreuz innerhalb der frühchristlichen und frühbyzantinischen Kunst hingewiesen. An dieser Stelle sollen nun die wichtigsten Beobachtungen dazu zusammengefaßt und mit dem bisherigen Stand der Forschung verglichen werden.

Das Stabkreuz bei Heiligen wird in den meisten Lexika zur Ikonographie entweder unter dem Lemma ATTRIBUT oder unter KREUZ zumindest erwähnt, wobei die Informationen zu den einzelnen relevanten Fragestellungen oft wenig ergiebig sind. Nur vereinzelt wird der Versuch einer Klassifizierung des Attributes Stabkreuz unternommen, und zwar unter die *allgemeinen Attribute der Heiligkeit*, vergleichbar dem Nimbus.[654] Dies müßte bedeuten, daß alle Heiligen mit dem Stabkreuz ausgezeichnet werden, so wie allen Heiligen der Nimbus zukommt. Das wäre *theoretisch* — also von der im folgenden noch zu erläuternden Deutung her — möglich, ist aber bekanntlich nicht der Fall. Die Klassifizierung ist deshalb *praktisch* unbefriedigend. Allerdings bieten auch die anderen Gruppen von Attributen, diejenigen als Zeichen einer Heiligenklasse, also die *Gattungsattribute* und die *individuellen*, nur Einzelpersonen zukommenden Attribute dem Stabkreuz keinen Platz.

Häufiger wird die Bedeutung des Stabkreuzes in den Händen von Heiligen diskutiert, denn daß es sich dabei nicht um das Zeichen des Martyriums von Einzelnen handeln kann, ist bereits seit langer Zeit klar. Ganz undifferenziert als Machtsymbol will es Myslivec[655] verstehen, als Triumphkreuz Christi in den Händen der Apostel wird es von Aurenhammer[656] gesehen. Als Zeichen des christusgleichen Todes beschreibt es Wessel[657], als Kennzeichen der Nachfolge Christi Dinkler — von Schubert[658]. Der Gedanke des Sieges wird vor allem von Schäfer[659] und Chatzinikolaou[660] entwickelt: Das Kreuz ist das Siegeszeichen Christi über den Tod. Es ist ein Tropaion, das auch die Heiligen tragen, die durch ihren Tod Christus ähnlich werden, weil ihr Sieg eigentlich Christus zukommt, so wie der Kaiser den Triumph feiert, wenn seine Soldaten den Sieg erfochten haben.

---

[654] CHATZINIKOLAOU (RBK), wie Anm. 7, hierzu Sp. 442-443. Im Anschluß daran auch VOLP/KAUTE (LCI), wie Anm. 8, hierzu Sp. 198-199: das Kreuz als unspezifischer Hinweis der Nachfolge Christi, ab dem 4. Jh. üblich, zählt zu den *allgemeinen Attributen*.

[655] MYSLIVEC, J., Apostel, in: LCI I, 1968, Sp. 153.

[656] AURENHAMMER, H., Lexikon der christlichen Ikonographie I, Wien 1967, S. 134.

[657] WESSEL, K., Apostel, in: RBK I, 1966, Sp. 227-239, hierzu Sp. 228.

[658] DINKLER, E., — DINKLER-v. SCHUBERT, E., Kreuz, in: RBK 5, 1995, hierzu Sp. 145.

[659] SCHÄFER (1936) S. 79.

[660] CHATZINIKOLAOU (RBK), wie Anm. 7, Sp. 442-443.

Aufgrund dieser Interpretationen wird deutlich, daß das Kreuz eigentlich allen Heiligen als Attribut beigegeben werden müßte und es wird verständlich, daß es in der Forschung im Rang dem Nimbus gleichgestellt werden kann.

Es wird aber nicht genügend differenziert zwischen dem langen Stabkreuz und dem kleinen Handkreuz, das vor allem seit dem siebten Jahrhundert — und dann später verbreitet in der byzantinischen Kunst — das häufigste allgemeine Märtyrerattribut wird. So meint etwa Chatzinikolaou, daß das Kreuz mit der Zeit kleiner und in der rechten Hand vor der Brust des Heiligen gehalten wird.[661] Allein die Tatsache jedoch, daß diejenigen Heiligen, die bereits in der frühchristlichen Zeit mit dem Stabkreuz dargestellt werden, wie etwa Andreas, dieses auch nach dem Bilderstreit beibehalten, beweist, daß hier keine rein formale Weiterentwicklung vorliegt.

In der einschlägigen Literatur der Lexika ist die Gruppe der kreuztragenden Heiligen innerhalb der Kunst nur ungenau umrissen. Das Kreuz wird als Apostelattribut oder gar als erstes gemeinsames Attribut der Apostel bezeichnet, daneben wird in der Übersicht meistens noch das Laurentiusmosaik im sogenannten Mausoleum der Galla Placidia in Ravenna erwähnt.[662] Nur Schäfer stellte bereits 1936 in seinem immer noch grundlegenden Aufsatz fest, daß nur wenige, bestimmte Heilige das Kreuz verliehen bekamen. Er faßte die Beispiele zusammen und erkannte, daß neben Petrus auch Laurentius, Protasius und Viktor von Mailand im Westen, der Apostel Andreas und schließlich Johannes der Täufer im Osten in der Kunst mit dem Kreuz ausgezeichnet wurden. Er kam zu dem Ergebnis, daß das Kreuz gleichbedeutend mit dem Kranz des Lebens sei, und beide eigentlich Attribute des Sieges Christi sind. Während der Kranz allen Märtyrern gegeben wird, bleibt das Stabkreuz nur wenigen auserwählten Heiligen vorbehalten. Die Auswahlkriterien liegen nach Schäfer eher in den herrschenden (kirchen-)politischen Verhältnissen, besonders der theodosianischen Zeit begründet, denn in eigentlichen theologischen Erwägungen.

Petrus als Gründer der römischen Gemeinde nahm dort schon früh eine Sonderrolle ein. Seit 354 wird in Rom das Fest seiner Inthronisation (Cathedra Petri) gefeiert. Er erhielt das Stabkreuz als erster von allen, bereits um 350, im Zusammenhang mit der Traditio-legis-Ikonographie. Die Behauptung Schäfers, daß das Kreuz bei Petrus seit dem fünften Jahrhundert mehr und mehr durch das Schlüsselattribut verdrängt wurde, läßt sich nach den Beobachtungen im Katalog PETRUS jedoch nicht bestätigen. Die Mehrzahl der über dreißig Darstellungen, die Petrus mit dem Kreuz zeigen — wobei die Traditio-legis-Bilder ausgeklammert wurden — sind in das fünfte und sechste Jahrhundert zu datieren, eine Epoche, in der der Schlüssel ebenfalls vorkommt. In vielen Fällen hat Petrus beide

---

[661] CHATZINIKOLAOU (RBK), wie Anm. 7, Sp. 443.
[662] MYSLIVEC (LCI), wie Anm. 659, Sp. 153; DINKLER-v. SCHUBERT, E., Kreuz, in: LCI 2, 1970, hierzu Sp. 575.

Attribute gleichzeitig. Diese letztere Tatsache zeigt, daß nicht ein Attribut das andere verdrängt, sondern daß beide wohl unterschiedliche, einander ergänzende Aussagewerte haben.

Wegen der großen Verehrung, die er in und bald sogar außerhalb Roms genoß, bekam auch Laurentius das Stabkreuz. Dieses darf nicht als Attribut seines Diakonamtes mißverstanden werden, sondern ist auch bei ihm ein Triumphkreuz. Vier der fünf Monumente, die ihn mit dem Stabkreuz zeigen, stammen allerdings aus Rom, was deutlich den Ursprung und das Zentrum seines Kultes zeigt.

Mit Gervasius und Protasius führte Ambrosius zwei neue Namen in das an Märtyrern arme Mailand ein, um auch dort eine Kultstätte von Rang zu initiieren. Schäfer vermutet, daß in Mailand in der Kirche von S. Ambrogio Darstellungen der heiligen Gervasius und Protasius geschaffen wurden, die das Märtyrerpaar mit dem Stabkreuz zeigten. Das einzige erhaltene Beispiel dieses postulierten Bildtyps ist allerdings in der Katakombe von S. Severo in Neapel, datiert in die erste Hälfte des fünften Jahrhunderts, zu finden, wo der heilige Protasius ein Stabkreuz geschultert hält. Die einzigen in Mailand erhaltenen Mosaiken mit den beiden Heiligen in der Kapelle S. Viktor bei S. Ambrogio dagegen, die ebenfalls in das fünfte Jahrhundert datiert werden, zeigen Gervasius und Protasius ohne Attribute.

Der heilige Viktor ist in der gerade erwähnten, nach ihm benannten Kapelle in Mailand in der Kuppel in der Bildform einer Imago clipeata in einem Blattkranz dargestellt und hält ein kurzes Stabkreuz mit geschweiften Enden, während neben ihm ein zweites solches Kreuz im Bildfeld dargestellt ist. Auch von ihm gibt es kein anderes Bildbeispiel mit Kreuzattribut. Schäfer argumentierte, daß Mailand durch Qualität wettmachen mußte, was Rom an Anzahl von Märtyrern voraus hatte, und daß deshalb kein Attribut im Rang zu hoch war, um den Verdienst der wenigen Mailänder Märtyrer zu verherrlichen und sie so den römischen Berühmtheiten zur Seite zu stellen. Allerdings bleibt festzuhalten, daß es kein Bild gibt, das Gervasius mit Stabkreuz zeigt, und daß das einzige von Protasius erhaltene sich in einer neapolitanischen Katakombe befindet. Auch für Viktor hat sich der Bildtyp mit Stabkreuz nicht durchsetzen können. Die These Schäfers kann hier nicht durch den Denkmälerbestand gestützt werden.

Eine bewußte, gezielte Förderung des Kultes bestimmter „prestigeträchtiger" Heiliger stellte Schäfer auch in der oströmischen Hauptstadt Konstantinopel fest. Dort wurden im Jahr 357 die Reliquien des Apostels Andreas beigesetzt. Schon bald darauf muß die Legende entstanden sein, die ihn zum Gründer der Gemeinde von Byzanz machte. Im Westen dagegen ist der Andreaskult erst zur Zeit des Papstes Simplicius (468-483) bezeugt. In Karthago ist Andreas im Jahr 505 im Kalender verzeichnet, und zwar als einziger Apostel neben Petrus und Paulus. Schäfer benannte zwei Monumente, die Andreas mit dem Stabkreuz als Attribut auszeichnen, zum einen das theodosianische Relieffragment aus Konstantinopel[663] und zum anderen das Ziboriumsrelief von S. Marco in Venedig, das er bereits in das sechste Jahrhundert datierte[664]. Beide Beispiele stammen aus Konstantinopel. In der Hauptstadt ist auch das Urbild der Andreas-Ikonographie mit Stabkreuz zu vermuten. Schäfer betonte, daß es dagegen im Westen keine Darstellung des kreuztragenden Andreas gibt. Im Katalogteil zu Andreas der vorliegenden Arbeit konnten noch zahlreiche weitere Beispiele angeführt werden, die Andreas mit dem Stabkreuz zeigen. In der Tat stammen alle, mit einer einzigen Ausnahme, für die aber eine östliche Vorlage vermutet wurde, aus dem Osten.

Dennoch soll an dieser Stelle die Grundthese Schäfers relativiert werden, nach der in allen konkurrierenden Metropolen der theodosianischen Zeit die dortigen Stadtpatrone den etablierten römischen Koryphäen als im Rang gleichbedeutend zur Seite gestellt werden sollten. Zu diesem Zweck wurde nach Schäfer die Ikonographie der Hauptheiligen dahingehend angeglichen, daß alle mit dem „Ehrenattribut" des Stabkreuzes ausgezeichnet wurden.

Dabei sind jedoch einige Ungereimtheiten nicht zu übersehen: In Rom wurden Petrus und Paulus wohl gleichbedeutend verehrt, nicht aber beide mit dem Stabkreuz ausgezeichnet. Laurentius sollte in Rom nicht in Konkurrenz zu den Apostelfürsten treten, er bekam jedoch das Stabkreuz. Es wurde oben schon festgestellt, daß die Mailänder Hauptheiligen nur jeweils in einem einzigen Fall das Stabkreuz erhielten, und es für Gervasius überhaupt nicht, für Protasius nicht in Mailand belegt ist.

Der Zusammenhang zwischen dem Attribut Stabkreuz und dem besonders geförderten Kult des Heiligen in einer Metropole ist nur für Petrus in Rom und Andreas in Konstantinopel nachzuweisen. Aber auch hier können m.E. nicht politische Überlegungen für die Ausprägung der Ikonographie ausschlaggebend gewesen sein. Meine Überlegung geht dahin, daß diese Heiligen aufgrund ihrer großen Bedeutung überall innerhalb der Kirche und Frömmigkeit im Mittelpunkt des Interesses standen, einen intensiven Kult erfuhren und konsequenterweise auch eine ausgeprägte individuelle Ikonographie in der bildenden Kunst entwickelten. Für alle bisher genannten Heiligen trifft zu, daß sie nicht einfach mit dem Stabkreuz wie mit einem Orden ausgezeichnet wurden, sondern gleichzeitig entweder durch eine individuelle Physiognomie — wie Petrus und Andreas — oder durch andere, zu der Epoche noch nicht gängige Attribute hervorgehoben wurden, man denke an Laurentius mit dem Nimbus. Die Heiligen waren auch in den Darstellungen eigene Individuen mit einer bestimmten Persönlichkeit. Eine derart komplexe Ikonographie ist auch nicht als Direktive „von oben" vorstellbar. Es steht natürlich außer Zweifel, daß man sich in Konstantinopel nicht mit einem unbekannten Lokalheiligen als Stadtpatron begnügen wollte. Man hatte sich ja sogar um Reliquien der Apostelfürsten aus Rom bemüht und wählte schließlich Andre-

---

[663] Vgl. *Katalog*, ANDREAS, AN 28.
[664] Vgl. *Katalog*, ANDREAS.

as, den Erstberufenen unter allen Aposteln. Mit sehr hoher Wahrscheinlichkeit wurde das Urbild des Andreas mit dem Stabkreuz auch in der oströmischen Hauptstadt geschaffen, ob es aber aus Gründen der Rivalität geschah, ist unsicher. Gerade die Andreas-Ikonographie ist zu sehr individualisiert, als daß sie das Ergebnis eines bewußten, politisch motivierten Konzeptes sein könnte.

Das gleiche gilt für Johannes den Täufer, der seit dem fünften Jahrhundert in mehreren Fällen mit dem Stabkreuz als Attribut auftritt. Schäfer stellte auch hier einen Zusammenhang mit der Verehrung in Konstantinopel her, weil dort seit theodosianischer Zeit die Kopfreliquie des Täufers verehrt wurde. Die Bedeutung und der Kult des Johannes war jedoch nicht auf Konstantinopel beschränkt. Traditionell wurde sein Grab in Sebaste verehrt, während das Haupt 385 von Theodosius in die oströmische Hauptstadt gebracht worden war. Johannes wurde in der ganzen Kirche als einziger Heiliger mit zwei Festtagen, dem seiner Geburt und dem seines Todes, geehrt. Der Kult des Täufers als des Größten unter den von einer Frau Geborenen (Mt 11, 11), schlug sich auch in der Kunst nieder: Für Johannes wurden verschiedene, einander ablösende Attribute verwendet, unter denen das Stabkreuz nur ein Beispiel ist. Dieses ist zudem erstmals im Zusammenhang der Taufdarstellung in Ravenna greifbar, in der es ja nicht in erster Linie darum geht, Johannes als Heiligen besonders hervorzuheben. Er ist meistens an seinem Fellgewand und immer an seiner individualisierten Physiognomie zu erkennen. All dies weist auf eine früh einsetzende, komplexe Bildtradition hin, die es nicht gestattet, ein bestimmtes Attribut einem bestimmten Kultort zuzuweisen.

Schäfer ging nicht auf die im Vergleich zur Gesamtheit erhaltener Paulusdarstellungen allerdings geringfügige Zahl von Beispielen ein, in denen Paulus ein Stabkreuz trägt. Diese wurden im Katalog PAULUS besprochen und in ihrer Bedeutung bewertet. Paulus trägt das Kreuz nur dann, wenn es ihm aus Gründen der Symmetrie gemeinsam mit Petrus verliehen wurde.

Bei ihm fehlen auch einzelne, in der Kleinkunst versprengte Darstellungen von zum Teil nicht identifizierten kreuztragenden Heiligen, denen das Attribut wohl nur akzidentiell zugeordnet wurde.[665] Durch die Zusammenstellung der Heiligendarstellungen wurde außerdem deutlich, daß die wenigen anderen Beispiele von stabkreuztragenden Heiligen in der Gesamtheit der Heiligenikonographie kaum ins Gewicht fallen.

Abschließend soll noch einmal unterstrichen werden, daß das Stabkreuz als Attribut auf eine kleine Gruppe von Heiligen beschränkt ist. Es kommt an erster Stelle Petrus zu, als weiterem dem Apostel Andreas. Keiner der beiden kann streng genommen nur anhand dieses Attributes identifiziert werden. Allein die

---

[665] Vgl. eine Tonlampe mit einem kreuztragenden Heiligen, bei ENNABLI (1976) Kat. Nr. 71; sowie eine Tonampulle, bei METZGER (1981) Kat. Nr. 119A. Weitere Beispiele sind im Anhang zu finden.

große Zahl der erhaltenen, gesicherten Bildbeispiele erlaubt es, selbst wenn keine physiognomische Charakterisierung hinzutritt, innerhalb der Apostelgruppe die Staurophoren entweder als Petrus, der neben Christus steht, oder als Andreas, der in einer entfernteren Position plaziert ist, zu deuten.

Johannes der Täufer erhält das Stabkreuz neben anderen Attributen. Um ihn zu identifizieren, müssen das Gewand und der Porträttyp hinzutreten.

Laurentius hat oftmals ein Stabkreuz als Attribut, bei ihm kommen noch der Nimbus und oft ein aufgeschlagener Codex als konstituierendes Element seiner Ikonographie hinzu.

Es ist deutlich geworden, daß die Heiligen, bei denen das Stabkreuz Tradition hat, insgesamt eine ausgebildete Ikonographie besitzen. Das Stabkreuz ist nicht in die gängigen Gruppen der Attributklassifizierung einzuordnen, es ist jedoch keinesfalls als allgemeines Attribut der Heiligkeit zu bewerten. Vom Rang und von der Wertigkeit her kommt es bis zum Bilderstreit einem individuellen Attribut gleich. Nachdem aber daran allein kein Heiliger identifiziert werden kann, wird es hier für die kleine Gruppe der Staurophoren, Johannes, Petrus, Andreas und Laurentius mit dem Begriff eines „**Rang- oder Bedeutungsattributes**" belegt. Schäfers These, das Stabkreuz sei eine Ehrenauszeichnung, trifft durchaus zu, nur ist die von ihm vorgeschlagene, einseitig politische Begründung dafür in Frage zu stellen. Das Stabkreuz dient immer der Bedeutungssteigerung. Es signalisiert sofort das hohe Ansehen des Trägers. Allerdings gibt es auch ranghohe Heilige, die auf das Stabkreuz verzichten müssen — man würde es für Paulus als Pendant zu Petrus erwarten, genauso wie für den Protomärtyrer des Ostens, Stephanus[666], als Pendant zu Laurentius. Warum diese beiden eine weniger individuell ausgeprägte Ikonographie haben, ist an dieser Stelle nicht zu klären.

Zur Verwendung des Nimbus

Zum Vorkommen des Nimbus in der vorchristlichen Kunst und zu seinem Gebrauch in der imperialen Ikonographie der römischen Antike sowie zur Übertragung auf das Christusbild gibt es genügend Studien.[667] Der Nimbus bei christlichen Heiligen war jedoch in der wissenschaftlichen Literatur bisher meist nur eine kurze Bemerkung wert. An erster Stelle erfolgt ein Überblick über die wichtigsten Beiträge zum Stichwort Nimbus, der dann als Grundlage für eine Neubewertung der in der vorliegenden Arbeit erbrachten Ergebnisse dienen soll.

---

[666] Zur Frage des Attributes Stabkreuz bei Stephanus, s. *Katalog*, STEPHANUS.
[667] Die wichtigsten Beiträge sind von EMMINGHAUS, J. H., Nimbus, in: LTHK Bd 7, Freiburg ²1962, Sp. 1004-1005 sowie jüngst von ENGEMANN, J., Nimbus, in: LMA Bd 4, München und Zürich 1994, Sp. 1194 zusammengefaßt worden.

Das einzige monographische Werk zum Nimbus innerhalb der frühchristlichen Kunst hat Adolf Krücke bereits 1905 verfaßt.[668] Darin listet er zunächst die Kunstdenkmäler auf, in denen ein Nimbus verwendet wird und verfolgt dann zwei Frageansätze, um sein Material auszuwerten: Zunächst untersucht er den Nimbus und sein Verhältnis zu den verschiedenen Kunstgattungen, anschließend bespricht er die einzelnen Personengruppen, denen ein Nimbus verliehen wird.

Er stellt fest, daß die Apostel unter Umständen bereits im fünften Jahrhundert nimbiert sein können, dies aber erst ein Jahrhundert später zur Regel wird, und dann auch nur, wenn die Apostel als Einzelfiguren oder beim erhöhten Christus wiedergegeben sind, daß sie jedoch in szenischen Darstellungen nicht hervorgehoben sind. Auch Petrus und Paulus werden innerhalb der Apostelgruppe nicht als einzige durch den Nimbus betont, sie sind in diesem Punkt den anderen angeglichen.

Die Propheten werden nach den gleichen Regeln wie die Apostel behandelt, auch sie müssen als Einzelfiguren dargestellt sein, um den Nimbus zu bekommen. Krücke unterstreicht, daß Jonas immer unnimbiert ist und führt dafür zwei mögliche Ursachen ins Feld. Entweder wurde der Nimbus als unpassend für den für Jonas ausschließlich gewählten szenischen Bildtypus erachtet, oder es wurden die frühchristlichen Bildvorwürfe einfach gedankenlos und unverändert übernommen. Krücke entscheidet sich für die erste Erklärung und führt als Argument dafür an, daß auch andere alttestamentliche Propheten, wie etwa Daniel, weiterhin nach einem bereits frühzeitig gefundenen Bildschema dargestellt wurden, das aber im Fall des Daniel dennoch um den Nimbus erweitert wurde. Die nachträgliche Hinzufügung des Nimbus bei Daniel wurde dadurch erleichtert, daß die Darstellung von Daniel in der Löwengrube nicht als Szene aufgefaßt werden mußte. Die streng frontale Komposition mit den beiden symmetrisch angeordneten Löwen konnte vielmehr auch als abstraktes Repräsentationsbild betrachtet und — gerade auch durch Hinzufügen eines Nimbus — zum Heiligenbild weiterentwickelt werden. Jonas hingegen wird auch in Prophetenreihen in der Buchmalerei, beispielsweise im Rabulacodex, noch im sechsten Jahrhundert in der vertrauten Darstellung unter der Kürbislaube unnimbiert ruhend wiedergegeben.

Im Anschluß konstatiert Krücke eine große Unregelmäßigkeit bei der Verleihung des Nimbus an biblische Personen und versucht, Gruppen zu unterscheiden. Im Prinzip wird Einzelfiguren das Attribut zugestanden, während es in szenischen Darstellungen wegfällt, dennoch sind zahlreiche Ausnahmen festzustellen.

Im Abschnitt über die nichtbiblischen Heiligen verweist Krücke auf die Sonderstellung des Laurentius-Mosaiks im sogenannten Mausoleum der Galla Placidia in Ravenna, das er als einziges „großes Kunstwerk" des fünften Jahrhunderts benennt, in dem einem besonders verehrten Märtyrer schon der Nimbus als

---

[668] KRÜCKE (1905).

Attribut zugestanden wurde. Sonst muß man in der Monumentalkunst bis zur Mitte des sechsten Jahrhunderts warten, um den Nimbus als regelmäßig verwendetes Attribut der Heiligen zu finden. In der Kleinkunst stellt sich die Situation etwas anders dar. Krücke erwähnt zwar, daß Agnes als einzige Heilige auf Goldgläsern nimbiert ist, mißt dem aber weiter keine Bedeutung bei. Generell hegt der Autor gegenüber der sogenannten Kleinkunst ein großes Mißtrauen und zieht sie nicht zur Feststellung der Nimbusentwicklung heran, weil „infolge Handwerkerlaunen oder sonstiger nicht zu ermittelnder und unberechenbarer Gründe der Gebrauch des Nimbus sehr schwankend" sei.[669] Bei den Menasampullen schließt Krücke eine ursprünglich vorhandene Bemalung nicht aus, deren heutiges Fehlen den Befund verfälschen könnte. Allgemein geht er davon aus, daß Heilige in Darstellungen ihres irdischen Lebens unnimbiert, in solchen, die sie im Paradies zeigen, jedoch nimbiert auftreten.

Als Fazit seiner Untersuchung unterstreicht Krücke, daß die Verleihung des Nimbus in der christlichen Kunst auch die Rangfolge der so Ausgezeichneten betont: Zunächst wird dieses Attribut ausschließlich für Christus selbst verwendet, dann bekommen es auch die Engel als Boten Gottes und im fünften Jahrhundert die besonders verehrten Heiligen. Der Kreis der nimbuswürdigen Gestalten wird im Laufe des fünften Jahrhunderts vergrößert und findet gegen Mitte des darauffolgenden Jahrhunderts seinen Abschluß. Auch weiterhin wird jedoch unterschieden zwischen Repräsentationsbildern und szenischen Darstellungen, innerhalb derer auch für Heilige auf den Nimbus verzichtet wird.

Krücke differenziert zwischen den unterschiedlichen Kunstgattungen, die den Nimbus verschieden handhaben konnten. In Mosaiken, Fresken und Miniaturen wurde das Attribut problemlos dargestellt, in Skulptur und Relief dagegen müsse man mit einer nachträglichen, heute verlorenen Bemalung rechnen.[670] Ferner seien nach Krücke die Regeln zu Gebrauch und Weglassen des Nimbus je strenger beobachtet worden, desto offizieller und öffentlicher ein Kunstwerk gewesen sei. Daher erkläre sich auch die von ihm oftmals konstatierte Willkür bei Werken der Kleinkunst. Die Frage nach der Priorität der christlichen Nimbusverwendung im Osten oder im Westen des Reiches wird ebenfalls angeschnitten, wobei Krücke zu dem Ergebnis kommt, daß Christus bereits in konstantinischer

---

[669] KRÜCKE (1905) S. 66.

[670] Diesen interessanten, aber nirgends zu verifizierenden Aspekt der möglichen nachträglichen Bemalung unterstreicht KRÜCKE in einem späteren Aufsatz noch stärker. Das „eigentliche Element" des Nimbus sei die Farbe, so daß unbedingt die Kunstgattungen unterschieden werden müssen, denn bei Stein, Holz und Elfenbein sei mit einer nachträglichen farbigen Ergänzung zu rechnen. Hier trete der Nimbus, erhaltungsbedingt, heute eher selten auf, während er in der Metallkunst, wie natürlich im Mosaik, häufiger sei. Vgl. KRÜCKE, A., Randbemerkungen zum frühchristlichen Nimbus, in: ZNW 30, 1931, S. 263-271. Diese Frage wird weiter unten ausführlicher zu erörtern sein.

Zeit gleichzeitig im Osten und im Westen nimbiert dargestellt wurde, daß sich der Nimbus jedoch später im Osten schneller als im Westen ausgebreitet habe.

Auf die Forschungen von Krücke stützen sich alle weiteren übersichtsartigen Beiträge zum Thema Nimbus. In den Lexika werden die Aussagen zum frühesten Auftreten dieses Attributes bei Heiligen in meist verallgemeinernder Weise referiert, wobei die Angaben zur Datierung zwischen dem fünften und dem sechsten Jahrhundert schwanken.[671]

Der Nimbus der Heiligen wird auch unter dem Lemma Attribut in verschiedenen Lexika angesprochen. Dabei wird er sowohl in die Klassifizierung der Attribute einbezogen als auch nach seinem frühesten Vorkommen untersucht. Während letztere Angaben gegenüber den oben erwähnten Beiträgen nichts Neues ergeben, differiert die Beurteilung des Attributes: Der Nimbus gilt gemeinhin als Kennzeichen der Heiligkeit schlechthin und damit als allgemeines Heiligenattribut. Nur Emminghaus schließt den Nimbus gerade wegen seiner allgemeinen Verbreitung aus der Gruppe der Attribute aus, für ihn ist er Kennzeichen der Heiligkeit überhaupt.[672] Gerade in der Anfangszeit der Nimbierung im fünften und sechsten Jahrhundert kann das Attribut Nimbus jedoch unter Umständen Aufschluß über die Bedeutung und den Grad der Verehrung eines Heiligen geben.

Die ikonographische Forschung zum Nimbus bei Heiligen in der frühchristlichen und frühbyzantinischen Zeit hat seit Krücke keine grundlegenden neuen Erkenntnisse erbracht. Der Blick auf die Denkmäler des vierten und fünften Jahrhunderts zeigt dennoch einige bemerkenswerte Fakten. Der von Krücke nur beiläufig erwähnten Nimbierung der Agnes auf Goldgläsern ist eine viel größere Bedeutung beizumessen, als dies bisher geschah. Nicht das allseits bekannte und immer in diesem Zusammenhang zitierte Laurentiusbild im Mosaik in Galla Placidia kann den Anspruch erheben, den frühesten Heiligennimbus zu besitzen, sondern dieser erste Platz gebührt der heiligen Agnes. Es kann nicht der Zufälligkeit der erhaltenen Denkmäler zuzuschreiben sein, daß von Agnes — und nur von ihr allein — bereits aus dem vierten Jahrhundert drei Goldgläser und ein

---

[671] LECLERCQ, H., Nimbe, in: DACL 12, 1, Paris 1935, Sp. 1272-1312 und DELEHAYE (1934) S. 119-123 wiederholen die Thesen und Beobachtungen von Krücke. Auch die einschlägigen Artikel der Lexika, wie SCHILLER, G., Nimbus, in: RGG 4, ³1960, Sp. 1495-1496; die in Anm. 667 genannten Beiträge von EMMINGHAUS und ENGEMANN; der kurze diesbezügliche Beitrag von JONES J. E., Nimbus, in: Dictionary of the Middle Ages 9, New York 1987, S. 138-139 und schließlich derjenige von KAZHDAN, A., in: The Oxford Dictionary of Byzantium, Kazhdan, A. P., (Hg.), Bd 3, New York/Oxford 1991, S. 1487, behandeln nur knapp das erste Auftreten in der Kunst. Das häufig erwähnte Buch von COLLINET-GUERIN, M., Histoire du nimbe des origines aux temps modernes, Paris 1961, ist — zumindest in den hier interessierenden Kapiteln zur frühchristlichen und frühbyzantinischen Zeit — weitgehend unbrauchbar.

[672] EMMINGHAUS (LThK), wie Anm. 667; hierbei liegt ein methodischer Fehler vor: Attribute *sind* alle Kennzeichen von Heiligkeit. Zu den Lexikonartikeln zu ATTRIBUT s. die einführenden Kapitel der Arbeit zu Forschungsgeschichte und Definitionen.

Fresko erhalten sind, die die römische Heilige mit einem Nimbus ausgezeichnet zeigen.[673] Diese Häufung der Nimbierung bei einer Heiligen läßt auf eine früh ausgebildete individuelle Ikonographie schließen, die auch in Werken der Kleinkunst beachtet wurde und sich dort niederschlug.

Im fünften Jahrhundert wurde der Nimbus für christliche Heilige zwar noch nicht zur Regel, er tritt aber doch häufiger auf, als allgemein angenommen wird. Bei der Verwendung sind lokale Schwerpunkte zu beobachten. In den neapolitanischen Katakombenmalereien, die in das fünfte Jahrhundert datiert werden, finden sich über zehn nimbierte Heiligengestalten, mehr als in den römischen Katakomben.[674] Auch unter den Elfenbeinreliefs des fünften Jahrhunderts, die nach Krücke gattungsbedingt weniger häufig den Nimbus aufweisen, sind immerhin fünf Exemplare zu zählen, die Apostel mit Nimbus zeigen.

Ein Gegenbeispiel zur These Krückes, wonach Heilige nur im Paradies nimbiert sind, in Darstellungen ihres Erdenlebens jedoch nicht, stellt das Relieftondo mit der heiligen Thekla dar, das einen „Zwittercharakter" zwischen Martyriumsschilderung und Repräsentationsbild einnimmt. Er zeigt die halb entblößte, gefesselte Märtyrerin zwischen den Bestien, umgibt sie aber mit dem Nimbus und sogar bekrönenden Engeln.[675] Diese schwer einzuordnende Darstellung zeigt einmal mehr, daß die Grenzen zwischen den Bildtypen flexibler sind, als es häufig wahrgenommen wird.

Zusammenfassend kann festgehalten werden, daß die immer wieder zu findende, stereotype Aussage: „Der Nimbus kommt vereinzelt im fünften Jahrhundert vor, zuerst für Laurentius in Galla Placidia, er verbreitet sich dann im sechsten Jahrhundert" zu differenzieren ist. Sie trifft nur auf die Gattung der Monumentalmalerei mit Mosaiken und Fresken in dieser Weise zu. Früher schon tritt der Nimbus bei den Goldgläsern auf, ebenso bereits in der Katakombenmalerei. Die schematisierte „Regel" ist ebenfalls nicht auf die Elfenbeine anzuwenden, wo der Nimbus im fünften Jahrhundert auftaucht und dann aber im sechsten Jahrhundert wieder häufig fehlen kann. Ähnliches gilt für die liturgischen Gerätschaften aus Metall. In der Tafelmalerei hingegen, deren früheste Beispiele erst in das sechste Jahrhundert zu datieren sind, wird der Nimbus mit großer Konsequenz allen Heiligen verliehen, so daß er hier tatsächlich als charakteristisches Attribut der Heiligkeit gewertet werden darf.

Auch bei der Betrachtung des Nimbus kann kein feststehender Regelkatalog angenommen werden, nach dem sich alle Künstler zu richten hatten, die Abweichungen sind beträchtlich! Dennoch sind gewisse Regelmäßigkeiten innerhalb der einzelnen Kunstgattungen festzustellen. Ferner ist auch hier eine Kontinuität im Vorkommen bei einzelnen Heiligen auszumachen, dergestalt, daß viele entwe-

---

[673] *Katalog*, AGNES, AG 1, 8, 15 und 17.
[674] Die Verteilung der Nimbierung kann aus den Tabellen in *Anhang B)* abgelesen werden.
[675] *Katalog*, THEKLA, THEKLA 7.

der immer den Nimbus haben oder nie, wie die Styliten. Der Nimbus zeichnet in der Tat Heilige als solche aus, und so ist es besonders für die Kenntnis der Entstehung und Ausprägung der Heiligenikonographie, die sich in weiten Teilen vom vierten bis zum sechsten Jahrhundert vollzieht, wichtig, den Nimbus als Attribut der Heiligkeit nicht aus den Augen zu lassen.

Die Attributverwendung im Osten und Westen

In einer kurzen Zusammenfassung soll hier noch einmal auf verschiedene Aspekte des Vorkommens von individuellen Attributen eingegangen werden. Dafür werden wieder, wie auch in den vorangegangenen Einzelbetrachtungen, zunächst die Hauptlinien der Forschungsthesen dargelegt, die dann mit den im Laufe der vorliegenden Arbeit erzielten Ergebnissen verglichen werden. Es soll untersucht werden, ob es in der Zeitspanne vom vierten und fünften bis hin zum beginnenden achten Jahrhundert deutliche Unterschiede zwischen dem Osten und dem Westen oder zwischen der hauptstädtischen und der provinziellen Kunst hinsichtlich der Verwendung von individuellen Attributen gibt.

Die meisten Autoren der einschlägigen Lexikonbeiträge zum Stichwort Attribut gehen auf die Frage des Vorkommens überhaupt nicht ein oder behandeln sie derart knapp, daß unklar bleibt, ob vom Westen oder vom Osten, ob von prä- oder postikonoklastischer Epoche die Rede ist.[676] Oftmals wird die pauschal vertretene These, daß es in der byzantinischen Kunst keine individuellen Attribute gebe, weil die Heiligen zweifelsfrei durch ihre Namensbeischrift gekennzeichnet seien und weil generell jedwede Erinnerung an ihr irdisches Dasein hinter dem Aspekt ihres Verweilens im Paradies zurücktrete, auch auf die Frühzeit vor dem Bilderstreit übertragen. Auf der anderen Seite wird ebenso häufig betont, daß der Osten dem Westen im Schaffen von Kultbildern wie in der Bilderverehrung vorangehe und daß diese Verehrungspraxis der Ausdruck der frommen Haltung des Volkes sei.[677] Nur Grabar[678] und Chatzinikolaou[679] weisen mehr oder weniger eindringlich darauf hin, daß die frühbyzantinische Kunst vor dem Bilderstreit sehr wohl Heiligendarstellungen mit individuellen Attributen kannte. Sie führen als Beispiele vor allem die berühmten Pilgereulogien des Menas zwischen den Kamelen und verwandte Denkmäler an.

---

[676] Dies ist der Fall bei LOCHNER, N., Heiligenattribute, II. Die byzantinische Kunst, in: LThK 5, 1960, Sp. 97. Ebenso bei REAU, Iconographie Bd I, 1, 1955, Les attributs, S. 419 und 426.

[677] Zu letzerem siehe: KÖTTING, B., Entwicklung der Heiligenverehrung und Geschichte der Heiligsprechung, in: P. MANNS, Die Heiligen in ihrer Zeit I, Mainz ² 1966, S. 34; sowie ZOEPFL, F., Heiligenbilder, in: LThK 5, 1960, Sp. 98-101, bes. Sp. 98.

[678] GRABAR (1946) S. 64.

[679] CHATZINIKOLAOU (RBK), wie Anm. 7, bes. Sp. 440-441; CHATZINIKOLAOU, Heilige, in: RBK II, bes. Sp. 1036-1038.

Nun läßt doch vor allem der Hinweis auf die Vorreiterrolle des Ostens, was die Darstellung der Heiligen und die Verehrung der Heiligenbilder anbetrifft, eigentlich erwarten, daß dort auch eine frühzeitigere Entwicklung der Heiligenikonographie vonstatten ging, die sich in Zeugnissen des Denkmälerbestandes widerspiegelt.

Der Blick auf den in der vorliegenden Arbeit erstellten Katalog zu ausgewählten Heiligen und auf die Übersicht zur Heiligenikonographie in den einzelnen Kunstgattungen zeigt in der Tat, daß mehr Repräsentationsbilder von Heiligen mit (individuellen) Attributen aus dem Osten als aus dem Westen erhalten sind. Fast alle berücksichtigten Silberreliquiare und ein großer Teil der erhaltenen liturgischen Gerätschaften sind östlicher, letztere häufig syrischer Provenienz, ebenso wie die zahlreich erhaltenen Pilgereulogien, die aus dem ägyptischen oder kleinasiatischen Raum stammen. Die Werke der Buchmalerei, die Repräsentationsbilder von Heiligen enthalten, stammen mit einer Ausnahme alle aus dem Ostteil des Reiches. Ebenso erlaubt der erhaltene Bestand an frühbyzantinischen Tafelbildern nur Aussagen zur östlichen Kunsttradition.

Die Einzeluntersuchungen zu verschiedenen Märtyrern und Asketen, die ja gemäß der Häufigkeit ihres Vorkommens ausgewählt wurden, erbrachten zunächst ein deutliches zahlenmäßiges Überwiegen von Heiligen, die im Osten beheimatet sind. Es gibt „östliche" Heilige, von denen Bilder auch fast ausschließlich im Osten produziert wurden, wie Thekla, Menas und die Styliten sowie Demetrius, andererseits aber auch „westliche" Märtyrer, von denen es auch nur im Westen Bilder gibt, wie die heilige Agnes oder Laurentius. Andere, eigentlich aus dem Osten stammende und auch dort besonders verehrte Heilige sind durch Darstellungen im Osten und im Westen gleichermaßen vertreten, wie beispielsweise der heilige Theodor Tiro von Euchaita. Während biblische Heilige, wie etwa Johannes der Täufer oder die beiden Apostelfürsten erwartungsgemäß sowohl im Westen als auch im Osten in zahlreichen Darstellungen repräsentiert sind, kennen wir vom Apostel Andreas überwiegend Darstellungen östlicher Provenienz, was Rückschlüsse auf sein primäres Kultzentrum erlaubt. Ein besonderer Fall ist der Erzmärtyrer des Ostens, der heilige Stephanus, von dem im Katalog nur zehn Darstellungen erfaßt werden konnten. Von diesen stammen allerdings überraschenderweise sieben aus dem Westen. Es muß in jedem Fall mit einem beträchtlichen Verlust von Monumenten gerechnet werden, wodurch das heutige Erscheinungsbild verfälscht wird.

Die Frage, ob es zwischen Ost- und Westrom eine unterschiedliche Tradition im Attributgebrauch gibt, läßt sich an dieser Stelle nicht eindeutig beantworten. Eine im Katalog bereits kurz angedeutete These von Matthiae[680] besagt, daß die Tradition, Attribute aus dem Martyriumszusammenhang zu wählen, dem Osten zuzurechnen sei. Wenn derartige Bilder im Westen auftauchen, unterliegen

---

[680] S. dazu *Katalog*, AGNES.

sie byzantinischem Einfluß. Insgesamt gibt es jedoch nur eine Heilige, deren Attribute sich immer auf ihr Martyrium beziehen, das ist Thekla mit den wilden Tieren. Die von Matthiae ins Feld geführten Kamele des Menas beziehen sich nicht auf das Martyrium, denn Menas wurde wahrscheinlich nicht von Kamelen zerrissen. Andere Heilige können mit einem Marterinstrument als Attribut ausgestattet sein, ohne daß es fester Bestandteil ihrer Ikonographie ist, wie beispielsweise der heilige Laurentius mit dem Rost, der nur zweimal, in Ravenna und Rom, vorkommt. Zu berücksichtigen ist in diesem Zusammenhang die überlieferte Inschrift aus S. Maria Maggiore in Rom, in der von Märtyrerdarstellungen mit den Attributen ihres Leidens die Rede ist.[681] Hier liegt ein Indiz für das frühe Vorkommen dieser Bildtradition im Westen vor. Die wenigen, aus unterschiedlichen geographischen und zeitlichen Situationen stammenden Beispiele machen deutlich, daß die These von Matthiae nicht ausreichend fundiert ist. Eine unterschiedlich verlaufende frühe Tradition innerhalb der Attributverwendung läßt sich wohl nicht nachweisen.

Zusammenfassend kann man sagen, daß individuelle Attribute, die häufig auf Pilgereulogien vorkommen, wahrscheinlich am jeweiligen Kultort von einem Urbild kopiert und so in der ganzen Oikumene verbreitet wurden und der Frömmigkeit der Bevölkerung in allen Teilen des Reiches entsprochen haben dürften. Die Frage „Hauptstadt- oder Volkskunst" ist nicht eindeutig zu klären.

Das individuelle Attribut

Der Schwerpunkt der Arbeit liegt in der Frage nach dem Vorkommen der individuellen Attribute, deshalb sollen an dieser Stelle die diesbezüglichen Ergebnisse zusammengefaßt werden.

Das früheste individuelle Attribut eines christlichen Märtyrers ist das Lamm, das die heilige Agnes bereits in damasianischer Zeit in einem Fresko der Commodilla-Katakombe in Rom bei sich hat.[682]

Individuelle Attribute treten häufiger seit dem fünften Jahrhundert auf. So zunächst bei Thekla, die von zwei wilden Tieren begleitet ist, bei Laurentius, der in Galla Placidia in Ravenna den Rost bei sich hat und bei Petrus, der jetzt die Schlüssel als Attribut bekommt.

Abgeleitet werden die individuellen Attribute entweder vom Namen des Heiligen, wie es bei Agnes/agnus der Fall ist, oder von einem charakteristischen Ereignis aus seinem Leben. So erinnern die Schlüssel des Petrus an ein solches, sicherlich auch die Kamele des Menas, obwohl gerade hier, bei einem so häufig vorkommenden Attribut, der Ursprung noch immer im Dunkeln liegt. Als ein Ergebnis konnte herausgearbeitet werden, daß auch Abzeichen eines Berufes zum

---

[681] Vgl. dazu *Materialerhebung*, Wandmosaiken, Rom, S. 19.
[682] Vgl. *Katalog*, AGNES, AG 17.

individuellen Attribut avancieren können, wenn sie ausschließlich für einen Heiligen reserviert bleiben, so wie das Maniakion für Sergius und Bacchus. Auffällig ist die große Zahl von individuellen Attributen bei Propheten, die oftmals aus ihren Visionen oder Taten abgeleitet sind.

Selten sind die Attribute, die direkt an das Martyrium erinnern. Hier sind die Bestien der Thekla zu nennen, obwohl hinzuzufügen ist, daß Thekla letztendlich nicht durch wilde Tiere ums Leben kam, sondern wahrscheinlich eines friedlichen Todes starb. Genauso verhält es sich auch mit den Löwen des Daniel, die ihm trotz der Bedrohung ja nichts zuleide taten. Echte Martyriumsattribute sind der Rost des Laurentius, der, genau wie das Feuer, in dem Agnes umgekommen sein soll, in der untersuchten Epoche nur sehr selten und erst spät vorkommt.[683] Hier liegt ein wichtiger Unterschied zur Gewohnheit der mittelalterlichen westlichen Kunst, die Marterinstrumente bevorzugt verwendete.

Am wichtigsten für die Beurteilung der Attribute ist die bereits im Kapitel über die Entwicklung der Heiligenikonographie hervorgehobene Erkenntnis, daß Attribute nicht so sehr dazu dienten, einen Heiligen zu identifizieren, sondern vielmehr dazu, ihn bildhaft zu erhöhen und seine Bedeutung zu unterstreichen.

Auch wenn der Kampf der Märtyrer für den Glauben als heroisch glorifiziert wurde, scheute man vor entsprechend kruden Darstellungen zurück. Besonders im repräsentativen Zusammenhang zog man Bilder vor, in denen die Heiligen sich bereits jenseits des Todes befinden und ihren Siegeskranz huldigend Christus zurückbringen. Auch in den ikonenhaften Einzelbildern der Heiligen herrscht der Gedanke an ihre Erhöhung vor. Möglicherweise ist hier die gleiche Scheu der Menschen am Wirken, die auch bis in das fünfte Jahrhundert verhinderte, daß die Kreuzigung Christi als Bild formuliert wurde.

---

[683] Vgl. *Katalog*, Laurentius, LA 10, LA 13 und AGNES, AG 22.

ANHANG: TABELLARISCHE ÜBERSICHTEN

Die wichtigsten Kunstgattungen der frühchristlichen Kunst wurden auf das Vorkommen von Heiligen hin untersucht. Nicht berücksichtigt wurden weite Teile der koptischen Kunst sowie einige Teilbereiche wie Glasschliff, Terra sigillata und andere, die zunächst ebenfalls im Blickfeld der Untersuchung waren, schließlich jedoch wegen mangelnder „Ergiebigkeit" weggelassen wurden.

Die Tabellen geben einen Überblick der *Ikonographie der Heiligkeit*. Damit sind alle Kennzeichen erfaßt, die es erlauben, eine dargestellte Person als Heiligen zu erkennen.

Die Spalte PORTRÄT wurde nur für einige wenige Heilige eingerichtet, die allein anhand ihrer prägnanten Porträtzüge identifiziert werden können. Wenn der jeweilige Typus vorliegt, ist in der Spalte *Typ* vermerkt, wenn die Darstellung auf die Porätzüge verzichtet, steht *nein*, wenn die Gesichtszüge des Heiligen zerstört oder sonst nicht zu erkennen sind, steht ein Fragezeichen. Bei allen anderen Heiligen, bei denen nicht auf die Physiognomie geachtet wurde, steht an der Stelle ein „-".

Die verwendete Literatur, überwiegend Corpuswerke, wurde jedem Abschnitt vorangestellt, die innerhalb der Tabellen verwendeten Abkürzungen beziehen sich jeweils darauf. Die Datierungsangaben sind, soweit dort vorhanden, der zitierten Literatur entnommen.

Die einzelnen Denkmäler sind in der Regel in chronologischer Reihenfolge aufgeführt, Ausnahmen werden angezeigt.

Ein Fragezeichen in der Tabelle bedeutet, daß das Monument an der betreffenden Stelle fragmentiert oder nicht erhalten ist und deswegen keine Aussagen zu dem jeweiligen Punkt möglich sind.

A) Steinrelief

Sarkophage/Steinrelief Rom

Rep = DEICHMANN (1967)
AG 16 = Kat AGNES, AG 16

Kunstwerk	Heiliger	Nimbus	Kranz	Schrift	Gewand	Figur	Porträt	Attribut	Name
1. Sarkophage									
Rep 53 2. Dr. 4. Jh.	Apostel	nein	nein	Rotulus	Pallium	ganz	-	nein	nein
Rep 55 2. Dr. 4. Jh.	6 Apostel	nein	nein	Rotulus	Pallium	ganz	-	nein	nein
Rep 31, Fragment 3. Dr. 4. Jh.	Apostel	nein	nein	Rotulus	Pallium	ganz	-	nein	nein
Rep 193, Fragm. 3. V. 4. Jh.	Apostel	nein	nein	nein	Pallium	ganz	-	nein	nein
Rep 528, Fragm. 3. V. 4. Jh.	Apostel	nein	nein	Rotulus	Pallium	ganz	-	nein	nein
Rep 30 4. V. 4. Jh.	12 Apostel	nein	nein	z.T. Rotulus	Pallium	ganz	-	nein	nein
Rep 65 4. V. 4. Jh.	12 Apostel	nein	bekrönt	z.T. Rotulus	Pallium	ganz	-	nein	nein
Rep 175 4. V. 4. Jh.	12 Apostel	nein	nein	Rotulus	Pallium	ganz	-	nein	nein
Rep 933, nach Bosio 4. V. 4. Jh.	12 Apostel	nein	nein	Rotulus	Pallium	ganz	-	nein	nein
Rep 678 E. 4. Jh.	Apostel	nein	nein	z.T. Rotulus	Pallium	ganz	-	nein	nein

Kunstwerk	Heiliger	Nimbus	Kranz	Schrift	Gewand	Figur	Porträt	Attribut	Name
Rep 208, Fragm. E. 4./A. 5. Jh.	8 Apostel	nein	ja	nein	Pallium	ganz	-	nein	nein
Rep 1009, Fragm. E. 4./A. 5. Jh.	5 Apostel?	nein	nein	Rotulus	Pallium	ganz	-	nein	nein
2. Steinrelief									
AG 16 M. 4. Jh.	Agnes	nein	nein	nein	Dalmatika	Orans	-	nein	später?

Sarkophage Arles

B = BENOIT (1954)
zusätzlich wurden die Wilpertnummern angegeben: WS = WILPERT (1929-36)

Kunstwerk	Heiliger	Nimbus	Kranz	Schrift	Gewand	Figur	Porträt	Attribut	Name
B 41 (WS 26,2) E. 4. Jh.	Petrus Paulus	nein nein	ja ja	nein Rotuli	Pallium Pallium	ganz ganz	Typ Typ	Hahn Rotuli	nein nein
B 37 (WS 43,3) A. 5. Jh.	Petrus Paulus	nein nein	nein nein	nein nein	Pallium Pallium	ganz ganz	Typ Typ	Stabkreuz nein	nein nein
B 2 (WS 32,3) um 340	7 Apostel	nein	nein	Rotulus	Pallium	ganz	-	nein	nein
B 4 (WS 34,3) um 390	Apostel	nein	nein	Rotulus	Pallium	Sitz	-	nein	nein
B 9 (WS 38,1) E. 4. Jh.	2 Apostel Daniel Abraham	nein nein nein	nein nein nein	Rotulus nein nein	Pallium Pallium Pallium	ganz ganz ganz	- - -	nein Altar, Schlange Schwert, Widder, Altar	nein nein nein

Sarkophage Ravenna

B = KOLLWITZ/HERDEJÜRGEN (1979)

Kunstwerk	Heiliger	Nimbus	Kranz	Schrift	Gewand	Figur	Porträt	Attribut	Name
B 58 (WS 11, 4) E. 4. Jh.	12 Apostel	nein	bekrönt	z.T. Rotulus	Pallium	ganz	-	nein	nein
B 76 (WS 245,2) E. 4. Jh.	2 Apostel	nein	nein	zu Füßen	Pallium	ganz	-	nein	nein
B 78 (WS 247,10)	4 Apostel	nein	nein	Rotulus	Pallium	ganz	-	nein	nein
B 80 (WS 41,1) E. 4. Jh.	Petrus Paulus?	nein nein	nein nein	zu Füßen	Pallium Pallium	ganz ganz	Typ ?	nein nein	nein nein
B 82 (WS 37,4) E. 4. Jh.	Petrus Paulus	nein nein	nein nein	zu Füßen	Pallium Pallium	ganz ganz	Typ ?	nein nein	nein nein
B 83 E. 4. Jh.	Petrus Paulus	nein nein	ja ja	zu Füßen	Pallium Pallium	ganz ganz	Typ Typ	nein nein	nein nein
B 84	Petrus Paulus	nein nein	nein nein	Rotuli Rotuli	Pallium Pallium	ganz ganz	Typ Typ	nein nein	nein nein

Kat. Nr. = BOVINI, G., (Hg.), Corpus della scultura paleocristiana, bizantina ed altomedievale di Ravenna. II. I sarcofagi a figure e a carattere simbolico, Rom 1968

Kunstwerk	Heiliger	Nimbus	Kranz	Schrift	Gewand	Figur	Porträt	Attribut	Name
S. Apoll. Classe, Kat. Nr. 2 E. 4. Jh.	7 Apostel	nein	nein	z.T. Rotulus	Pallium	ganz	-	nein	nein
Museo Nazionale, Kat. Nr. 5 (Fragm.) E. 4. Jh.	5 Apostel	nein	nein	z.T. Rotulus	Pallium	ganz	-	nein	nein

Kunstwerk	Heiliger	Nimbus	Kranz	Schrift	Gewand	Figur	Porträt	Attribut	Name
Pignatta, B 1 A. 5. Jh.	2 Apostel	nein	nein	nein	Pallium	ganz	-	nein	nein
Exuperantius, B 9 1. Dr. 5. Jh.	Petrus Paulus	nein nein	nein nein	nein Codex	Pallium Pallium	ganz ganz	nein nein	Stabkreuz Codex	nein nein
Barbatianus, B 10 2. V. 5. Jh.	Petrus Paulus	nein nein	nein nein	nein Codex	Pallium Pallium	ganz ganz	Typ Typ	Stabkreuz Codex	nein nein
Rinaldus, B 14 2. V. 5. Jh.	Petrus Paulus	nein nein	ja ja	nein nein	Pallium Pallium	ganz ganz	Typ Typ	Stabkreuz nein	nein nein
Ferrara/Ariostis B 12 2. V. 5. Jh.	Petrus Paulus Apostel	nein nein nein	Kranz Kranz nein	nein nein z.T. Rotulus	Pallium Pallium Pallium	ganz ganz ganz	Typ Typ -	nein nein nein	nein nein nein
12-Apostel-Sarkophag B 15 2. Dr. 5. Jh.	Petrus Paulus Apostel	nein nein nein	nein nein z.T.	nein nein z.T.	Pallium Pallium Pallium	ganz ganz ganz	Typ Typ -	Schlüssel/Kreuz Kreuz nein	nein nein nein
Ferrara/Dom B 17 um 470	Petrus Paulus 8 Apostel	nein nein nein	nein nein z.T.	nein nein nein	Pallium Pallium Pallium	ganz ganz ganz	Typ Typ -	Stabkreuz Stabkreuz nein	nein nein nein

Sarkophage und Steinrelief Konstantinopel, Osten

Firatli = FIRATLI (1990)
Kat. Princeton = KATALOG PRINCETON (1986)
Kat. Schallabg. = KATALOG SCHALLABURG (1986) Kat. Nr. 50, 51
Katalog Berlin = EFFENBERGER/SEVERIN (1992)
ME 10, 11= Kat. MENAS, ME 10, 11
PA 21= Kat. PAULUS, PA 21
SYM 1-4 = Kat. STYLITEN, SYM 1-4
THEKLA 11, 17= Kat. THEKLA, THEKLA 11, 17

Kunstwerk	Heiliger	Nimbus	Kranz	Schrift	Gewand	Figur	Porträt	Attribut	Name
1. Sarkophage									
Firatli, Nr.81, Sarkophag/ Sarigüzel 2. H. 4. Jh.	Petrus Paulus 2 Apostel	nein nein nein	nein nein nein	nein nein Rotulus	Pallium Pallium Pallium	ganz ganz ganz	Typ Typ -	nein nein nein	nein nein nein
Firatli, Nr.96 Sarkophag E. 4/5. Jh.	Petrus Paulus 2 Apostel	nein nein nein	nein nein nein	nein Rotulus nein	Pallium Pallium Pallium	ganz ganz Halbfig.	Typ Typ -	nein Rotulus nein	nein nein nein
Firatli, Nr.97 Sarkophag E. 4/5. Jh.	Petrus Paulus 2 Apostel Petrus? Apostel	nein nein nein nein nein	nein nein nein nein nein	Rotulus Rotulus 1 Rotulus nein nein	Pallium Pallium Pallium Pallium Pallium	ganz ganz ganz Halbfig. Halbfig.	Typ Typ - Typ -	nein nein nein nein nein	nein nein nein nein nein
Firatli, Nr.100 Sarkophag E. 4/5. Jh. (?)	Petrus	nein	nein	nein	Pallium	ganz	Typ	Stabkreuz	nein
Firatli, Nr.105, Sarkophagfragment, 4/5. Jh.	Daniel	nein	nein	nein	persisches Gewand	Orans	-	? (Fragment)	nein

343

Kunstwerk	Heiliger	Nimbus	Kranz	Schrift	Gewand	Figur	Porträt	Attribut	Name
Katalog Berlin, Nr.31, Psamathiarelief, A. 5. Jh.	2 Apostel	nein	nein	Rotulus/ Diptychon	Pallium	ganz	-	nein	nein
2. Steinrelief									
Firatli, Nr.89, Fragm./Bakirköy 4. Jh.?	Andreas 3 Apostel	? ?	nein nein	nein nein	Pallium Pallium	ganz ganz	? -	Stabkreuz nein	nein nein
AS 399, Fragment E. 4. Jh.	Paulus Apostel	nein nein	nein nein	nein nein	Pallium Pallium	ganz ganz	Typ -	Stabkreuz nein	nein nein
AS 513 5. Jh.	Thekla	ja	nein	nein	Schurz	ganz	-	Löwen	nein
THEKLA 17 5. Jh.	Thekla	nein	nein	nein	Tunika	Brustbild	-	nein	ja
Kat. Princeton 5 E. 5. Jh.	Daniel	nein	nein	nein	persisches Gewand	Orans	-	nein	nein
AS 512 5. Jh.	Menas	nein	nein	nein	Chlamys	Orans	-	Kamele	nein
SYM 3 E. 5. Jh.	Stylit	nein	nein	nein	Cuculla	Büste	-	Säule	ja
SYM 1 5./A. 6. Jh.	Stylit	nein	im Bildfeld	nein	Cuculla	Büste	-	Säule	nein
SYM 2 5./6. Jh.	Stylit	nein	im Bildfeld	nein	Cuculla	Büste	-	Säule	nein
SYM 4 5./6. Jh.	Stylit	nein	im Bildfeld	nein	Cuculla	Büste	-	Säule	nein
ME 10 5./6. Jh.	Menas	ja	nein	nein	Chlamys	Orans	-	Kamele	ja
ME 11 ?	Menas	ja	nein	nein	Chlamys	Orans	-	Kamele	nein

Kunstwerk	Heiliger	Nimbus	Kranz	Schrift	Gewand	Figur	Porträt	Attribut	Name
THEKLA 11 E. 6. Jh.	Thekla	nein	nein	nein	Palla	Orans	-	Löwen	nein
Kat. Schallabg. 50 6. Jh.?	Longinus	ja	nein	nein	Rüstung	ganz	-	Lanze/Schild	ja
Kat. Schallabg. 51 6. Jh.?	Theodor	ja	nein	nein	Rüstung	ganz	?	Lanze/Schild	ja
Firatli Nr. 487, Relief A 6. Jh.	Apostel	nein	nein	Codex	Pallium	Halbfig.	-	nein	nein
Firatli Nr. 488, Relief B, 6. Jh.	Apostel	nein	nein	Codex	Pallium	Halbfig.	-	nein	nein
Firatli Nr. 489, Relief C, 6. Jh.	Apostel	nein	nein	Codex	Pallium	Halbfig.	-	nein	nein
Firatli Nr. 490, Relief D, 6. Jh.	Apostel	nein	nein	nein	Pallium	Halbfig.	-	nein	nein
Firatli Nr. 491, Relief E, 6. Jh.	Apostel	?	nein	Codex	Pallium	Halbfig.	-	nein	nein
Firatli Nr. 492, Relief F, 6. Jh.	Apostel: Petrus?	nein	nein	Codex	Pallium	Halbfig.	?	Stabkreuz	nein
Firatli Nr. 493, Relieffragment G, 6. Jh.	Apostel	?	nein	Codex	Pallium	Halbfig.	-	nein	nein

B) Katakomben

Rom

Die Katakomben sind in alphabetischer Reihenfolge aufgeführt. Die Datierungen der Katakombenfresken von *Via Anapo*, *Commodilla, Pietro e Marcellino* sind den jeweiligen Repertorien entnommen:

DECKERS, J., MIETKE, G., WEILAND, A., Die Katakombe „Anonima di Via Anapo". Repertorium der Malereien, Città del Vaticano 1991

DECKERS/MIETKE/WEILAND (1994)

DECKERS, J., MIETKE, G., SEELIGER, H., Die Katakombe „Santi Marcellino e Pietro". Reperorium der Malereien, Città del Vaticano/Münster 1987

Die Numerierung folgt: NESTORI, A., Repertorio topografico delle pitture delle catacombe romane, Città del Vaticano ²1993

Kunstwerk	Heiliger	Nimbus	Kranz	Schrift	Gewand	Figur	Porträt	Attribut	Name
Anonima Via Ardeatina 1 (WK 249,1)	Petrus Paulus	nein nein	nein	nein	Pallium	Brustbild	? ?	nein	nein
Callisto 5 (WK 256,1-2)	Sixtus Optatus Cornelius Cyprianus	ja ja ja ja	nein nein nein nein	Codex Codex Codex Codex	Priestergew. Priestergew. Priestergew. Priestergew.	ganz ganz ganz ganz	- - - -	nein nein nein nein	SCS… SCS… SCS… SCS…
Commodilla 1 dat. 390-410	Adauctus Merita	? ?	nein nein	Rotulus nein	Pallium Palla	ganz Orans	? -	nein nein	(fragmentiert) nein
Commodilla 3a 2. H. 7. Jh.	Petrus Paulus Felix Stephanus Merita	ja ja ja ja ja	nein nein ja nein nein	nein Rotuli nein nein nein	Pallium Pallium Pallium Pallium Palla	ganz ganz ganz Orans Orans	Typ Typ Typ - -	Schlüsseliberg. Rotuli nein nein nein	SCS… SCS… SCS… SCS… SCA…
Commodilla 3e 2. H. 7. Jh.	Felix Adauctus	ja ja	nein nein	nein nein	Pallium Pallium	ganz ganz	Typ Typ	nein nein	SCS… SCS…

Kunstwerk	Heiliger	Nimbus	Kranz	Schrift	Gewand	Figur	Porträt	Attribut	Name
Commodilla 3 g damasianisch	Felix Adauctus	? ?	nein nein	nein nein	Pallium Pallium	ganz ganz	? ?	nein nein	nein nein
Commodilla 3h (WM 150,2) 2. H. 7. Jh.	Felix Adauctus Merita	nein nein ?	bekrönt bekrönt nein	nein nein ?	Pallium Pallium ?	ganz ganz ganz	? Typ -	nein nein nein	SCS... (fragmentiert) (fragmentiert)
Commodilla 3i 2. H. 7. Jh.	Lukas	ja	nein	Rotulus	Pallium	ganz	-	Arzttasche	SCS...
Commodilla 4 2. H. 7. Jh.	Felix Adauctus Merita	ja ja ja	? ? ?	? ? ?	? Pallium ?	ganz ganz ganz	Typ Typ -	? ? ?	? ? SCA...
Commodilla 5,0 380-390	Felix Adauctus	nein nein	ja ja	nein nein	Pallium Pallium	ganz ganz	Typ Typ	nein nein	ja ja
Commodilla 5,2 380-390	Agnes	ja	nein	nein	Palla	Orans	-	Lamm	nein
Commodilla 5,2 (Rück) 380-390	Felix Adauctus	nein nein	nein nein	nein nein	Pallium Pallium	ganz ganz	Typ Typ	nein nein	ja ja
Commodilla 5,2 (links) 380-390	Felix Adauctus	nein nein	nein nein	nein nein	Pallium Pallium	ganz ganz	Typ Typ	nein nein	nein nein
Commodilla 5,4 spät/nachdamasianisch	Heiliger Heiliger	ja ja	nein nein	nein nein	Pallium Pallium	ganz ganz	- -	nein nein	nein nein
Domitilla 15 (WK 213) E. 4. Jh.	Petronilla	nein	nein	nein	Dalmatika Schleier	ganz	-	nein	PETRONELLA MART
Domitilla 18 (WK 155,2)	Apostel, Petrus Paulus	nein ja ja	nein nein nein	z.T. Rotuli	Pallium Pallium Pallium	Sitz Sitz Sitz	- Typ Typ	nein nein nein	nein nein nein
Domitilla 18 (WK 179, 1-2)	Petrus Paulus	nein nein	nein nein	Rotulus Rotulus	Pallium Pallium	ganz ganz	Typ Typ	nein nein	nein nein

Kunstwerk	Heiliger	Nimbus	Kranz	Schrift	Gewand	Figur	Porträt	Attribut	Name
Domitilla 19 (WK 181,2)	(Petrus, zerstört) Paulus	nein	nein	Rotulus	Pallium	ganz	Typ	nein	nein
Domitilla 33 (WK 225,1)	12 Apostel	nein	nein	Rotuli?	Pallium	Sitz	-	nein	nein
Domitilla 39 (WK 125) 1. H. 4. Jh.	3 weibl. Heilige 3 männl. Heilige	nein nein	nein nein	nein nein	Palla Pallium	ganz ganz	- -	nein nein	nein nein
Domitilla 39 (WK 126) 1. H. 4. Jh.	12 Apostel	nein	nein	nein	Pallium	Sitz	-	nein	nein
Domitilla 41 (WK 153,2) 4. Jh.	Petrus	nein	nein	Rotulus	Pallium	ganz	Typ	nein	nein
Domitilla 47 (WK 148,2) 1. H. 4. Jh.	12 Apostel	nein	nein	nein	Pallium	Sitz	-	nein	nein
Domitilla 50 (WK 248)	Petrus	nein	nein	nein	Pallium	ganz	Typ	nein	nein
Domitilla 69 (WK 196) 2. H. 4. Jh.	2 Heilige	nein	nein	nein	Pallium	ganz	-	nein	nein
Domitilla 74 (WK 193) M. 4. Jh.	Apostel Petrus Paulus	nein nein nein	nein nein nein	nein nein nein	Pallium Pallium Pallium	ganz Sitz Sitz	- ? ?	nein nein nein	nein nein nein
Domitilla, mosaiziertes Arkosol 4. Jh.	Petrus Paulus	nein nein	nein nein	nein nein	Pallium Pallium	ganz Sitz	Typ Typ	nein nein	nein nein
Felicitas 1 7. Jh.	Felicitas mit 7 Söhnen	ja ja	nein nein	nein nein	Palla Pallium	Orans ganz	-	nein nein	ja ja
Generosa 2 (WK 262, 263, 264) 6. Jh.	Viatrix Simplicius Faustinus Rufinus	ja ja ja ja	ja ja ja ja	nein nein nein nein	Tunika Pallium Pallium Chlamys ?	ganz ganz ganz ganz	- - - -	nein nein nein nein	ja ja ja ja
SS. Giovanni e Paolo, WM 131 um 390	Heiliger	nein	nein	nein	Tunika	Orans	-	nein	nein

Kunstwerk	Heiliger	Nimbus	Kranz	Schrift	Gewand	Figur	Porträt	Attribut	Name
Hermes 6 (WK 152)	12 Apostel	nein	nein	Rotuli ?	Pallium	Sitz	-	nein	nein
Hermes 7 (WK 260,1)	Protus Hyacinthus	ja ja	nein nein	Rotulus Rotulus	Pallium Pallium	ganz ganz	- -	nein nein	ja ja
Coemeterium Maius 17 (WK 170)	6 Apostel	nein	nein	nein	Pallium	Sitz	-	nein	nein
Coemeterium Maius 20 (WK 245,2)	2 Heilige	nein	nein	Rotulus	Pallium	ganz	-	nein	nein
Marcus/ Marcellianus 4 (WK 177,1)	12 Apostel	nein	nein	z.T. Rotulus	Pallium	Sitz	-	nein	nein
Marcus/ Marcellianus 7 (WK 177,2)	12 Apostel	nein	nein	nein	Pallium	Sitz	-	nein	nein
Petrus/ Marcellinus 3,1 frühtheodosianisch	Petrus Paulus Gorgonius Mart. Petrus Marcellinus Tiburtius	nein nein nein nein nein nein	nein nein nein nein nein nein	nein nein nein nein nein nein	Pallium Pallium Pallium Pallium Pallium Pallium	ganz ganz ganz ganz ganz ganz	Typ Typ - - - -	nein nein nein nein nein nein	nein nein ja ja ja ja
Ponziano 6 (WK 258) 6./7. Jh.	Abdon Sennen Milix Vincentius	ja ja ja ja	nein nein nein ja	nein nein nein nein	persisches Gewand " Chlamys Paenula	ganz ganz Orans Orans	- - - -	nein nein nein nein	SCS... SCS... SCS... SCS...
Ponziano 7 (WK 255,1) E. 5. Jh.	Milix Pumenius	ja ja	nein nein	Rotulus Rotulus	Pallium Pallium	ganz ganz	- -	nein nein	SCS... SCS...
Ponziano 7 (WK 255,2) E. 5. Jh.	Mart. Petrus Marcellinus Pollion	ja ja ja	nein nein nein	Rotulus Rotulus nein	Pallium Pallium Pallium	ganz ganz ganz	- - -	nein nein nein	SCS... SCS... SCS...
Praetextat 5 (WK 181,1)	Petrus Paulus	nein nein	nein nein	? Rotulus	Pallium Pallium	ganz ganz	- Typ	nein nein	? ja

Kunstwerk	Heiliger	Nimbus	Kranz	Schrift	Gewand	Figur	Porträt	Attribut	Name
Praetextat 19	Petrus Paulus	? nein	? nein	? ?	? Pallium	? Brustbild	- Typ	? nein	? nein
Thecla 3 (WK 243,2)	2 Heilige	nein	nein	nein	Pallium	ganz	-	nein	nein
Via Anapo 8 konstantinisch	12 Apostel	nein	nein	nein	Pallium	Sitz	-	nein	nein
Via Latina 1 4. Jh.	12 Apostel	nein	nein	Rotulus	Pallium	Sitz	-	nein	nein
Via Latina 9 4. Jh.	Petrus Paulus	? nein	? nein	? Rotulus	? Pallium	? ganz	- Typ	? nein	? nein

Neapel

Die Tafelnummern folgen ACHELIS (1936)

Kunstwerk	Heiliger	Nimbus	Kranz	Schrift	Gewand	Figur	Porträt	Attribut	Name
S. Gennaro I, Taf. 23 4. Jh.	Apostel	nein	nein	nein	Pallium	ganz	-	nein	nein
S. Gennaro II, Taf. 26 5. Jh.	Heleusinius	nein	nein	nein	Lacerna	Medaillon	-	nein	ja
S. Gennaro II, Taf. 33 5. Jh.	2 Heilige 2 Heilige	nein ja	nein nein	nein nein	Pallium Pallium	ganz ganz	- -	nein nein	nein nein
S. Gennaro II, Taf. 38 5. Jh.	Januarius	Mono- gramm- Nimbus	nein	nein	Pallium	Orans	nein	nein	SANCTO MARTYR I..

Kunstwerk	Heiliger	Nimbus	Kranz	Schrift	Gewand	Figur	Porträt	Attribut	Name
S. Gennaro II, Taf. 40 5. Jh.	Petrus Hippolytus?	nein nein	nein ja	Rotulus nein	Pallium Pallium	ganz ganz	Typ -	nein nein	nein nein
S. Gennaro II, Taf. 41 5. Jh.	Paulus Laurentius	nein nein	nein ja	Rotulus nein	Pallium Pallium	ganz ganz	Typ -	nein nein	ja ja
S. Gennaro II, Taf. 42+43 5. Jh.	Petrus Paulus	ja ja	nein nein	nein nein	Pallium Pallium	Büste Büste	Typ Typ	nein nein	nein nein
S. Gennaro II, Taf. 45 6. Jh.	2 Heilige	ja	nein	Codex/ Rotulus	Pallium Pallium	Halbfig.	- -	nein nein	nein nein
S. Gaudioso, Taf. 39 5. Jh.	Petrus Heiliger	nein nein	nein nein	nein nein	Pallium Pallium	ganz ganz	Typ -	nein nein	ja Fragment: S. P.
S. Severo, Taf. 34 um 408	Petrus Paulus 2 Heilige	ja ja ja	nein nein nein	nein nein nein	Pallium Pallium Pallium	ganz ganz ganz	Typ Typ -	nein nein nein	nein nein nein
S. Severo, Taf. 36 5. Jh.	Protasius	nein	nein	nein	Pallium	ganz	-	Stabkreuz	Sanctus...
St. Severo, Taf. 37 5. Jh.	2 Heilige Eutyches	ja nein	nein nein	nein nein	Pallium Pallium	ganz ganz	- -	nein nein	nein ja
S. Gaudioso, Taf. 25 6. Jh.	Gaudiosus	nein	nein	nein	Pallium	Medaillon	-	nein	ja
S. Gennaro, Taf. 45 6. Jh.	2 Heilige	ja	nein	Codex	Pallium	Büste	-	nein	nein

C) Mosaiken und Fresken

Rom, erhaltene Mosaiken und Fresken

Datierung nach: IHM (1992)

Kunstwerk	Heiliger	Nimbus	Kranz	Schrift	Gewand	Figur	Porträt	Attribut	Name
S. Pudenziana E. 4./A. 5. Jh.	Petrus	nein	nein	nein	Pallium	Sitz	Typ	nein	nein
	Paulus	nein	nein	urspr.?	Pallium	Sitz	Typ	nein	nein
	10 Apostel	nein	nein	nein	Pallium	Sitz	-	nein	nein
S. Maria Maggiore, Triumphbogen 432-440	Petrus	nein	nein	Codex	Pallium	ganz	Typ	nein	nein
	Paulus	nein	nein	Codex	Pallium	ganz	Typ	nein	nein
S. Paolo f.l.m. 440-461	Petrus	ja	nein	nein	Pallium	ganz	Typ	Schlüssel *(später)*	nein
	Paulus	ja	nein	?	Pallium	ganz	Typ	nein	nein
SS. Cosma e Damiano 526-530	Petrus	nein	nein	nein	Pallium	ganz	Typ	nein	nein
	Paulus	nein	nein	nein	Pallium	ganz	Typ	nein	nein
	Cosmas	nein	ja	nein	Pallium	ganz	-	Arzttasche	nein
	Damianus	nein	ja	nein	Pallium	ganz	-	Arzttasche	nein
	Theodor	nein	ja	nein	Chlamys	ganz	Typ	nein	SANC...
S. Lorenzo f.l.m. 578-590	Petrus	ja	nein	nein	Pallium	ganz	Typ	Stabkreuz	ja
	Paulus	ja	nein	Rotulus	Pallium	ganz	Typ	Rotulus	ja
	Laurentius	ja	nein	Codex	Dalmatik	ganz	-	Stabkreuz	ja
	Stephanus	ja	nein	Codex	Pallium	ganz	-	nein	ja
	Hippolytus	ja	ja	nein	Pallium	ganz	-	nein	ja
S. Teodoro 6./A. 7. Jh.	Petrus	ja	nein	nein	Pallium	ganz	Typ	Schlüssel	nein
	Paulus	ja	nein	Rotulus	Pallium	ganz	Typ	Rotulus	nein
	Theodor Georg? (verloren)	ja	ja	nein	Chlamys	ganz	Typ	nein	nein
S. Agnese f.l.m. 625-638	Agnes	ja	bekrönt	Rotulus	Tunika, Stola	ganz	-	Flammen, Schwert	ja

352

Kunstwerk	Heiliger	Nimbus	Kranz	Schrift	Gewand	Figur	Porträt	Attribut	Name
S. Stefano Rotondo um 650	Primus	ja	nein	Rotulus	Chlamys	ganz	-	nein	ja
	Felicianus	ja	nein	Rotulus	Chlamys	ganz	-	nein	ja
S. Venanzio in Laterano 642-650	Petrus	ja	nein	nein	Pallium	ganz	Typ	Schlüssel, Kreuz	nein
	Paulus	ja	nein	Codex	Pallium	ganz	Typ	nein	nein
	Johannes d.T.	ja	nein	nein	Pallium	ganz	Typ	Stabkreuz	ja
	Johannes Ev.	ja	nein	Codex	Pallium	ganz	-	nein	ja
	Venantius	ja	nein	Codex	Kasel	ganz	-	nein	ja
	Domnus	ja	nein	Codex	Kasel	ganz	-	nein	ja
	Maurus	ja	nein	Codex	Kasel	ganz	-	nein	ja
	Anastasius	ja	ja	nein	Pallium	ganz	-	nein	ja
	Paulinianus	ja	ja	nein	Chlamys	ganz	-	nein	ja
	Telius	ja	ja	nein	Chlamys	ganz	-	nein	ja
	Antiochanus	ja	ja	nein	Chlamys	ganz	-	nein	ja
	Gaianus	ja	ja	Rotulus	Chlamys	ganz	-	nein	ja
	Asterius	ja	nein	Codex	Kasel	ganz	-	nein	ja
	Septimius	ja	nein		Dalmatik	ganz	-	nein	ja
S. Maria Antiqua WM 144 649	Demetrius	ja	ja	nein	Chlamys	ganz	-	Handkreuz	ja
S. Maria Antiqua WM 145,2 649	3 Heilige	ja	nein	Codex Rotuli	Pallium Chlamys	ganz ganz	-	nein nein	nein nein
S. Maria Antiqua WM 145,3 649	Johannes d. T.	ja	nein	Rotulus	Pallium	ganz	Typ	nein	ja
S. Maria Antiqua WM 145,1 705	Johannes	ja	nein	Rotulus	Prunkgewand	ganz	-	nein	ja
	Kelsos	ja	?	?	?	ganz	-	?	ja
	Abba(kyros)	ja	?	?	?	ganz	-	?	ja
	Cosmas	ja	?	?	?	ganz	-	?	ja
	Damian	ja	?	?	?	ganz	-	?	ja
S. Maria Antiqua WM 145,4 fragmentiert 705	Cosmas	ja	nein	Rotulus	Pallium	ganz	-	nein	ja
	Abbakyros	ja	?	?	Pallium	ganz	-	?	ja
	Stephanus	ja	?	?	Dalmatik	ganz	-	Rauchfaß	ja
	Prokopius	ja	?	?	?	ganz	-	?	ja
	Damian	ja	?	?	?	ganz	-	?	ja

Kunstwerk	Heiliger	Nimbus	Kranz	Schrift	Gewand	Figur	Porträt	Attribut	Name
S. Maria Antiqua WM 152 705	Paulus Andreas Apostel	nein nein nein	nein nein nein	nein nein nein	Pallium Pallium Pallium	Medaillon Medaillon Medaillon	Typ Typ -	nein nein nein	ja ja ja
S. Maria Antiqua WM 159	Anna	ja	nein	nein	Palla, Maphorion	ganz	-	nein	ja
S. Maria Antiqua WM 163 705	Solomone	ja	nein	nein	Palla, Maphorion	ganz	-	nein	ja
S. Maria Antiqua WM 164,3 705	Märtyrerin	ja	nein	nein	Palla	ganz	-	Handkreuz	nein
S. Maria Antiqua WM 165 705	Pantaleon 5 Heilige	ja ja	nein ?	Rotulus? z.T. Rotulus	Chlamys Berufstracht	ganz ganz	- -	Kästchen? nein	ja ja
S. Maria Antiqua WM 167,2 705	Heilige	nein	nein	nein	?	Medaillon	-	nein	z.T. zerstört
S. Maria Antiqua WM 168,1 705	2 Heilige	ja	nein	nein	Pallium	ganz	-	nein	nein

Mosaiken und Fresken Rom (überliefert)

Datierung nach: IHM (1992)

Kunstwerk	Heiliger	Nimbus	Kranz	Schrift	Gewand	Figur	Porträt	Attribut	Name
Oratorium Monte della Giustizia; E. 4. Jh.	12 Apostel	nein	nein	Rotulus	Pallium	ganz	-	nein	nein
S. Sabina um 430	Petrus Paulus Heilige	? ? ?	? ? ?	? ? ?	? ? ?	? ? ?	? ? ?	? ? ?	? ? ?
S. Maria Maggiore 432-440	Märtyrer	?	ja	?	?	?	-	ja ?	?

Kunstwerk	Heiliger	Nimbus	Kranz	Schrift	Gewand	Figur	Porträt	Attribut	Name
Oratorium S. Croce/ Lateranbaptisterium 461-468	Petrus Paulus Stephanus Johannes d. T. Johannes Ev. Jakobus Philippus	? ? ? ? ? ? ?	? ? ? ? ? ? ?	? ? ? ? ? ? ?	? ? ? ? ? ? ?	? ? ? ? ? ? ?	? ? ? ? ? ? ?	? ? ? ? ? ? ?	wahrscheinlich
S. Agata dei Goti 460-470	Petrus Paulus Andreas 9 Apostel	nein nein nein nein	nein nein nein nein	nein Rotulus Rotulus Rotulus	Pallium Pallium Pallium Pallium	ganz ganz ganz ganz	Typ Typ Typ -	Schlüssel nein nein nein	ja ja ja ja
S. Andrea in Catabarbara 470-480	Petrus Paulus 4 Apostel	nein nein nein	nein nein nein	Rotulus Rotulus zT.Rotulus	Pallium Pallium Pallium	ganz ganz ganz	Typ Typ -	nein nein nein	nein nein nein
S. Eufemia um 688	Euphemia	ja	nein	nein	Palla	Orans	-	Schlangen	nein

Mosaiken Ravenna

Datierung nach: DEICHMANN (1969; 1974; 1976)

Kunstwerk	Heiliger	Nimbus	Kranz	Schrift	Gewand	Figur	Porträt	Attribut	Name
Galla Placidia 2. V. 5. Jh.	Petrus Paulus 6 Apostel 4 Kinder Laurentius	nein nein nein nein ja	nein nein nein nein nein	nein Rotulus zT. / Rolle Rotulus Codex	Pallium Pallium Pallium Pallium Pallium	ganz ganz ganz ganz ganz	Typ Typ - - -	Schlüssel nein nein nein Rost/Stabkreuz	nein nein nein nein nein
Baptisterium der Orthodoxen um 458	Petrus Paulus 10 Apostel 8 Kinder	nein nein nein nein	ja ja ja nein	nein nein nein Rot./Codex	Pallium Pallium Pallium Pallium	ganz ganz ganz ganz	Typ Typ - -	nein nein nein nein	ja ja ja ja

Kunstwerk	Heiliger	Nimbus	Kranz	Schrift	Gewand	Figur	Porträt	Attribut	Name
Erzbischöfliche Kapelle um 500	Petrus	nein	nein	nein	Pallium	Medaillon	Typ	nein	ja
	Paulus	nein	nein	nein	Pallium	Medaillon	Typ	nein	ja
	Andreas	nein	nein	nein	Pallium	Medaillon	Typ	nein	ja
	9 Apostel	nein	nein	nein	Pallium	Medaillon	-	nein	ja
	6 Märtyrerinnen	nein	nein	nein	versch.	Medaillon	-	nein	ja
	6 Märtyrer	nein	nein	nein	Pallium	Medaillon	-	nein	ja
Baptisterium der Arianer um 500	Petrus	ja	nein	nein	Pallium	ganz	Typ	Schlüssel	nein
	Paulus	ja	nein	Rotuli	Pallium	ganz	Typ	Rotuli	nein
	10 Apostel	ja	ja	nein	Pallium	ganz	-	nein	nein
S. Vitale 547	Vitalis	ja	empf.	nein	Chlamys	ganz	-	nein	SCS
	Petrus	ja	nein	nein	Pallium	Medaillon	Typ	nein	ja
	Paulus	ja	nein	nein	Pallium	Medaillon	Typ	nein	ja
	Andreas	ja	nein	nein	Pallium	Medaillon	Typ	nein	ja
	9 Apostel	ja	nein	nein	Pallium	Medaillon	-	nein	ja
	Gervasius	ja	nein	nein	Pallium	Medaillon	-	nein	ja
	Protasius	ja	nein	nein	Pallium	Medaillon	-	nein	ja
	Jeremias	ja	neben	Rotulus	Pallium	ganz	-	nein	ja
	Jesaias	ja	neben	Rotulus	Pallium	ganz	-	nein	ja
S. Apollinare Nuovo 556-569	Agnes	ja	ja	nein	Palla	ganz	-	Lamm	SCA..
	22 Märtyrerinnen	ja	ja	nein	Palla	ganz	-	nein	SCA..
	Laurentius	ja	ja	nein	Goldtunika	ganz	-	nein	SCS.
	Martin	ja	ja	nein	Purpur-Pall	ganz	-	nein	SCS.
	26 Märtyrer	ja	ja	nein	Pallium	ganz	-	nein	SCS.
	32 Künder	ja	nein	Rot./Codex	Pallium	ganz	-	nein	nein
S. Apollinare in Classe 549	Apollinaris	ja	nein	nein	Kasel	Orans	-	nein	SANCTUS A...
ehem. Ravenna: S. Michele in Affricisco 545	Cosmas	nein	nein	Rotulus	Paenula	ganz	-	?	SCS...
	Damian	nein	nein	Rotulus	Paenula	ganz	-	?	SCS...

Mosaiken übriges Italien; Parenzo; Toulouse

Die Datierung folgt IHM (1992)

Kunstwerk	Heiliger	Nimbus	Kranz	Schrift	Gewand	Figur	Porträt	Attribut	Name
Mailand, S. Aquilino (WM 40) 2. H. 4. Jh.	Petrus	nein	nein	nein	Pallium	Sitz	Typ	nein	nein
	Paulus	nein	nein	Rotulus	Pallium	Sitz	Typ	nein	nein
	10 Apostel	nein	nein	zT	Pallium	Sitz	-	nein	nein
	Symeon	nein	Kranz	Rotulus	Pallium	ganz	-	nein	De tribu...
	Zabulon	nein	?	?	Pallium	ganz	-	nein	De tribu...
Neapel, S. Giovanni in Fonte (WM 33-35) um 400	8 Apostel	nein	nein	nein	Pallium	ganz	-	nein	nein
Mailand, S. Ambrogio, Kapelle S. Victor (WM 83-85) E. 5. Jh.	Victor	nein	nein	Codex	Pallium	Halbfig.	-	Kreuz	ja
	Ambrosius	nein	nein	nein	Pallium	ganz	-	nein	ja
	Maternus	nein	nein	nein	Pallium	ganz	-	nein	ja
	Felix	nein	nein	Codex	Pallium	ganz	-	nein	ja
	Nabor	nein	nein	Codex	Pallium	ganz	-	nein	ja
	Gervasius	nein	nein	Rotulus	Pallium	ganz	-	nein	ja
	Protasius	nein	nein	nein	Pallium	ganz	-	nein	ja
Toulouse, Notre-Dame-de-la-Daurade (überliefert) 5./6. Jh.	Propheten	z.T.	nein	nein	Pallium	ganz	-	nein	ja
	Petrus	?	nein	nein	Pallium	ganz	Typ	Schlüssel	ja
	Paulus	?	nein	Codex	Pallium	ganz	Typ	Codex	ja
	Apostel	z.T.	nein	nein	Pallium	ganz	-	nein	ja
Capua Vetere, S. Maria Maggiore (überliefert) 5./6. Jh.	2 Propheten	?	?	Rotulus	?	ganz	?	?	?
S. Prisco bei Capua Vetere (überliefert) A. 6. Jh.	16 Märtyrer	nein	Kranz	nein	Pallium	ganz	-	nein	ja
	4 AT-Heilige	?	?	?		?	-	?	?
Capua Vetere, SS. Stefano e Agata (überliefert) 6. Jh.	Petrus	ja	nein	nein	Pallium	ganz	Typ	Schlüssel	ja
	Paulus	ja	nein	Rotulus	Pallium	ganz	Typ	nein	ja
	Stephanus	ja	nein	Codex	Dalmatik	ganz	-	nein	ja
	Agata	ja	nein	nein	Palla	ganz	-	nein	ja

Kunstwerk	Heiliger	Nimbus	Kranz	Schrift	Gewand	Figur	Porträt	Attribut	Name
Vercelli, S. Eusebio M. 6. Jh.	Eusebius	?	?	?	?	ganz	-	?	ja
	Limenius	?	?	?	?	ganz	-	?	ja
Parenzo, Basilica Eufrasiana um 550	Maurus	ja	ja	nein	Pallium	ganz	-	nein	ja
	3 Heilige	ja	2/Kranz	1/Codex	Pallium	ganz	-	nein	nein
	12 Märtyrerinnen	ja	nein	nein	Palla	Medaillon	-	nein	ja
	Petrus	ja	nein	nein	Pallium	ganz	Typ	Schlüssel	ja
	Paulus	ja	nein	Rotulus	Pallium	ganz	Typ	nein	ja
	10 Apostel	ja	Kranz	Codex/Rotulus	Pallium	ganz	-	nein	ja
Nebenapsis, Fragment:	Zacharias	ja	nein	nein	Lacerna	ganz	-	Rauchfaß/Pyxis	nein
	Johannes d. T.	ja	nein	nein	Fellgewand	ganz	Typ	Stabkreuz	nein
	Cosmas	ja	bekrönt	?	Pallium	ganz	-	?	SCS...
	Damian	ja	bekrönt	?	Pallium	ganz	-	?	SCS...
S. Salvatore bei Trevi 7. Jh.	Petrus	ja	nein	nein	Pallium	Halbfig.	Typ	Stabkreuz	nein
	Paulus	ja	nein	Codex	Pallium	Halbfig.	Typ	Codex	nein

Mosaiken Griechenland; Kleinasien; Sinai

Kunstwerk	Heiliger	Nimbus	Kranz	Schrift	Gewand	Figur	Porträt	Attribut	Name
Thessaloniki Hagios Georgios um 390 oder 450	Romanos	nein	nein	nein	jeweilige Standeskleidung: Chlamys oder Phelonion	Orans	-	nein	jeweils Name, Beruf und Namenstag
	Euscarpion	nein	nein	nein		Orans	-	nein	
	Aristarkos	nein	nein	nein		Orans	-	nein	
	Ananias	nein	nein	nein		Orans	-	nein	
	Basiliscos	nein	nein	nein		Orans	-	nein	
	Priscos	nein	nein	nein		Orans	-	nein	
	Therinos	nein	nein	nein		Orans	-	nein	
	Cyrill	nein	nein	nein		Orans	-	nein	
	Philippos	nein	nein	nein		Orans	-	nein	
	Leon	nein	nein	nein		Orans	-	nein	
	Philimon	nein	nein	nein		Orans	-	nein	
	Onesiphoros	nein	nein	nein		Orans	-	nein	
	Porphyrion	nein	nein	nein		Orans	-	nein	
	Cosmas	nein	nein	nein		Orans	-	nein	
	Damian	nein	nein	nein		Orans	-	nein	
Thessaloniki Hagios Demetrius 6./7. Jh.	8x Demetrius	ja	nein	nein	Paludamentum	Orans/ganz	-	nein	nein
	8x Demetrius (überliefert)	ja	nein	nein	Paludamentum	Orans/ganz	-	Maniakion	nein
	Sergius	ja	nein	nein	Chlamys	Orans	-	nein	ja
	Theodor	ja	nein	nein	Chlamys	Orans	Typ	nein	nein
	Theodor (überliefert)	ja	nein	nein	Chlamys	Orans	Typ	nein	nein
	Cosmas	ja	nein	nein	Pallium	Medaillon	-	nein	ja
	Damian	ja	nein	nein	Pallium	Medaillon	-	nein	ja
	Heilige	ja	nein	nein	Pallium	Medaillon	-	nein	z.T.
Zypern Lythrankomi Panhagia Kanakaria 6. Jh.	Petrus	ja	nein	nein	Pallium	Medaillon	Typ	nein	ja
	Paulus	ja	nein	nein	Pallium	Medaillon	Typ	nein	ja
	Andreas	ja	nein	nein	Pallium	Medaillon	Typ	nein	ja
	Apostel	ja	nein	nein	Pallium	Medaillon	-	nein	ja

359

Kunstwerk	Heiliger	Nimbus	Kranz	Schrift	Gewand	Figur	Porträt	Attribut	Name
Latmos Pantokratorhöhle 7. Jh.	Andreas	ja	?	?	Pallium	ganz	Typ	Stabkreuz	ja
	Theodor	ja	ja	nein	Chlamys	ganz	Typ	nein	ja
	Thekla	ja	?	?	Palla	ganz	-	nein	ja (verloren)
	Heilige	ja	?	?	?	ganz	-	nein	ja
Sinai Katharinenkloster Theotokoskirche 565-566	David	nein	nein	nein	Chlamys/Krone	Medaillon	-	nein	ja
	Sacharja	nein	nein	nein	Pallium	Medaillon	-	Sichel	ja
	Daniel	nein	nein	nein	pers. Gew.	Medaillon	-	nein	ja
	15 Propheten	nein	nein	Codex	Pallium	Medaillon	Typ	nein	ja
	Paulus	nein	nein	nein	Pallium	Medaillon	Typ	nein	ja
	Andreas	nein	nein	z.T.Codex	Pallium	Medaillon	-	nein	ja
	Apostel	nein	nein		Pallium	Medaillon		nein	ja
	Johannes d. T.	nein	nein	nein	Pallium	Medaillon	Typ	nein	nein

D) Tafelbilder

B 3-B 33 = WEITZMANN (1976)
Faijum = WULFF, O., ALPATOFF, M., Denkmäler der Ikonenmalerei in kunstgeschichtlicher Folge, Hellerau-Dresden 1925, S. 15, Abb. 5
Katalog Berlin = EFFENBERGER/SEVERIN (1992) Kat. Nr. 83, 84
Louvre = KATALOG NEW YORK (1979) Kat. Nr. 497

Kunstwerk	Heiliger	Nimbus	Kranz	Schrift	Gewand	Figur	Porträt	Attribut	Name
Sinai B 3 6. Jh.	Theodor	ja	nein	nein	Chlamys	ganz	Typ	Handkreuz	nein
	Demetrius oder Georg	ja	nein	nein	Chlamys	ganz	-	Handkreuz	
Kiew B 11 6. Jh.	Johannes d. T.	ja	nein	offener Rotulus	Fellgewand	ganz	Typ	Schriftzitat Joh. 1, 29	nein
Louvre 6. Jh.	Apa Menas	ja	nein	Rotulus	Pallium	ganz	-	nein	ja

Kunstwerk	Heiliger	Nimbus	Kranz	Schrift	Gewand	Figur	Porträt	Attribut	Name
Faijum 6. Jh.	Theodor Heilige	ja ja	nein nein	nein nein	Chlamys Prunkgewand	Halbfigur Halbfigur	? -	nein nein	ja ?
Katalog Berlin Nr. 83 6. Jh.	Lukas Thomas Faustus Cosmas	nein nein nein nein	nein nein nein nein	nein nein nein nein	Pallium Pallium Pallium Pallium	Medaillon Medaillon Medaillon Medaillon	- - - -	nein nein nein nein	ja ja ja ja
Katalog Berlin, Nr. 84 590/600	Apa Abraham	ja	nein	Codex	Omophorion	Halbfigur	Asket	nein	„Apa Abraham der Bischof"
Sinai B 5 2. H. 6./A. 7. Jh.	Petrus	ja	nein	nein	Pallium	Halbfigur	Typ	drei Schlüssel, Stabkreuz	nein
Sinai B 13 6./7. Jh.	Theodor	ja	nein	nein	Rüstung	ganz	Typ	Schild, Lanze	ja
Kiew B 15 6./7. Jh.	Märtyrerpaar	ja	nein	nein	Chlamys	Halbfigur	-	Handkreuz	(verloren)
Sinai B 19/20 6./7. Jh.	Petrus Thekla	ja ja	nein nein	nein nein	Pallium Tunika	ganz ganz	? -	verloren Stier	ja
Kiew B 9 7. Jh.	Sergius Bacchus	ja ja	nein nein	nein nein	Chlamys Chlamys	Halbfigur Halbfigur	- -	beide: Maniakion, Handkreuz	(später) (später)
Sinai B 14 7. Jh.	Theodor	ja	nein	nein	Rüstung/ Chlamys	ganz	Typ	Schild	nein
Sinai B 17, 7. Jh.	Elias	ja	nein	Rotulus	Pallium	ganz	-	nein	ja
Sinai B 18, 7. Jh.	Damian	ja	nein	nein	Pallium	ganz	-	Utensilienbehälter	ja
Sinai B 24 7. Jh.	Athanasius Basileus	ja ja	nein nein	Codex Codex	Omophorion Omophorion	Halbfigur Halbfigur	- Typ	nein nein	ja
Sinai B 25, 7. Jh.	Prophet	ja	nein	nein	Pallium	ganz	-	nein	nein

Kunstwerk	Heiliger	Nimbus	Kranz	Schrift	Gewand	Figur	Porträt	Attribut	Name
Sinai B 31 7. Jh.	Ananias Azarias Mischael	ja ja ja	nein nein nein	nein nein nein	pers. Gewand pers. Gewand pers. Gewand	Orans Orans Orans	- - -	Flammen Flammen Flammen	ja
Sinai B 33 7./8. Jh.	Petrus Paulus Nikolaus Johannes Chrysostomos	ja ja ja ja	nein nein nein nein	Rotulus Codex Codex Codex	Pallium Pallium Omophorion Omophorion	ganz ganz ganz ganz	Typ Typ - -	zwei Schlüssel nein nein nein	ja ja ja ja

E) Buchmalerei

Szenisch erweiterte Autorenbilder sind hier nicht erfaßt. Berücksichtigt wurden nur Darstellungen, die ein Attribut beinhalten.
Datierung nach: SÖRRIES (1993)

Kunstwerk	Heiliger	Nimbus	Kranz	Schrift	Gewand	Figur	Porträt	Attribut	Name
Alexandrinische Weltchronik 5. Jh. Taf. IIIr Taf. IIIv Taf.VIIr, Fragm. C	Obadja Nahum Zacharias	nein nein nein	nein nein nein	Codex Codex Codex	Pallium Pallium Pallium	ganz ganz ganz	- - -	nein nein nein	ja ja textl. Kontext
Codex Rossanensis 6. Jh.	Propheten David	ja ja	nein nein	„Tafeln" Tafel	Pallium Pallium + Krone	Halbfig. Halbfig.	- -	nein nein	ja ja
Codex Sinopensis 6. Jh.	Propheten David Daniel	ja ja ja	nein nein nein	„Tafeln" Tafel Tafel	Pallium Diadem persisches Gewand	Halbfig. Halbfig. Halbfig.	- - -	nein nein Gewand	Schriftzitate Schriftzitat Schriftzitat

Kunstwerk	Heiliger	Nimbus	Kranz	Schrift	Gewand	Figur	Porträt	Attribut	Name
Rabbula-Codex 586 fol. 3b	Aaron	ja	nein	nein	Pallium	ganz	-	grüner Stab	ja
fol. 4a	Samuel	nein	nein	nein	Pallium	ganz	-	Salbhorn	ja
fol. 4b	Salomo	ja	nein	nein	Chlamys	Sitz	-	Sphaira	ja
	David	ja	nein	nein	Chlamys	ganz	-	Lyra	ja
fol. 5a	Joel	ja	nein	Rotulus	Pallium	ganz	-	nein	ja
	Hosea	ja	nein	Rotulus	Pallium	ganz	-	nein	ja
fol. 5b	Obadja	ja	nein	Rotulus	Pallium	ganz	-	nein	ja
	Amos	ja	nein	nein	Pallium	ganz	-	nein	ja
fol. 6a	Micha	ja	nein	Rotulus	Pallium	ganz	-	nein	ja
fol. 6b	Nahum	ja	nein	Rotulus	Pallium	ganz	-	nein	ja
	Zephanja	ja	nein	Rotulus	Pallium	ganz	-	nein	ja
fol. 7a	Hiob	ja	nein	Rotulus	Pallium	ganz	-	nein	ja
	Jesaia	ja	nein	Rotulus	Pallium	ganz	-	nein	ja
fol. 7b	Habakuk	ja	nein	Rotulus	Pallium	ganz	-	nein	ja
	Haggai	ja	nein	Rotulus	Pallium	ganz	-	nein	ja
fol. 8a	Sacharja	ja	nein	nein	Paenula	ganz	-	Sichel	ja
	Jeremia	ja	nein	nein	Pallium	Sitz	-	nein	ja
fol. 8b	Ezechiel	ja	nein	Rotulus	Pallium	ganz	-	nein	ja
	Daniel	nein	nein	Rotulus	persisches Gewand	ganz	-	Gewand	ja

Kunstwerk	Heiliger	Nimbus	Kranz	Schrift	Gewand	Figur	Porträt	Attribut	Name
fol. 9a	Maleachi	ja	nein	Rotulus	Pallium	ganz	-	nein	ja
	Elisa	ja	nein	Rotulus	Pallium	ganz	-	nein	ja
Syrische Bibel/ Paris 6./7. Jh. fol. 8r	Aaron	nein	nein	nein	Pallium	ganz	-	Stab	nein
fol. 36v	Moses	nein	nein	Thora	Pallium	ganz	-	Stab/Thora	ja
fol. 174r	Hosea	nein	nein	Rotulus	Pallium	ganz	-	nein	ja
fol. 175r	Joel	nein	nein	Rotulus	Pallium	ganz	-	nein	ja
fol. 178r	Obadja	nein	nein	Rotulus	Pallium	ganz	-	nein	ja
fol. 178v	Jonas	nein	nein	Rotulus	Pallium	ganz	-	nein	ja
fol. 179r	Micha	nein	nein	Rotulus	Pallium	ganz	-	nein	ja
fol. 180r	Nahum	nein	nein	Rotulus	Pallium	ganz	-	nein	ja
fol. 180v	Habakuk	nein	nein	Rotulus	Pallium	ganz	-	nein	ja
fol. 181r	Zephanja	nein	nein	Rotulus	Pallium	ganz	-	nein	ja
fol. 181v	Haggai	nein	nein	Rotulus	Pallium	ganz	-	nein	ja
fol. 182r	Sacharja	nein	nein	Rotulus	Pallium	ganz	-	Sichel	ja
fol. 186r	Daniel	nein	nein	nein	pers. Gew.	Orans	-	Gewand	ja
fol. 212r	Esra	nein	nein	nein	Pallium	Orans	-	nein	nein
fol. 218v	Jesus Sirach	nein	nein	Codex	Pallium	ganz	-	nein	nein
fol. 248r	Jakobus	ja	nein	Rotulus	Pallium	ganz	-	nein	ja
Cod. Amiatinus 7. Jh.	Esra	ja	nein	Codex	Pallium	Sitz	-	nein	nein

Kunstwerk	Heiliger	Nimbus	Kranz	Schrift	Gewand	Figur	Porträt	Attribut	Name
CosmasIndicopleustes Orig. 547-549									
fol. 48r	Zacharias	ja	nein	nein	Priestergew.	ganz	-	Stab	ja[684]
	Abija	ja	nein	nein	Priestergew.	ganz	-	Stab	ja
fol. 50r	Aaron *doppelt*	ja	nein	nein	Priestergew.	ganz	-	Pyxis, Rauchfaß	ja
fol.55r	Abel	ja	nein	nein	Tunika exomis	ganz	-	Hirtenstab	ja
fol. 56r	Henoch	ja	nein	nein	Pallium	ganz	-	nein	ja
fol. 56v	Noah	ja	nein	nein	Pallium	ganz	-	nein	ja
fol. 58r	Melchisedek	ja	nein	nein	Chlamys, Diadem	Orans	-	nein	ja
fol. 60r	Isaak	ja	nein	nein	Pallium	ganz	-	nein	ja
fol. 60v	Jakob	ja	nein	nein	Pallium	ganz	-	nein	ja
	Juda	ja	nein	nein	Pallium	ganz	-	nein	ja
fol. 63v	David	ja	nein	nein	Chlamys, Diadem	Sitz	-	nein	ja
	Salomon	ja	nein	nein	Chlamys	ganz	-	nein	ja
	Samuel	ja	nein	nein	Pallium	Medaillon	-	nein	ja
fol. 67r	Josua	ja	nein	Codex	Pallium	ganz	-	nein	ja
fol. 67v	Amos	ja	nein	Codex	Pallium	ganz	-	nein	ja
fol. 68r	Micha	ja	nein	Codex	Pallium	ganz	-	nein	ja
fol. 68v	Joel	ja	nein	Codex	Pallium	ganz	-	nein	ja
fol. 69r.	Obadja	ja	nein	Codex	Pallium	ganz	-	nein	ja
fol. 69v	Nahum	ja	nein	Codex	Pallium	ganz	-	nein	ja
	Habakuk	ja	nein	Codex	Pallium	ganz	-	nein	ja

Kunstwerk	Heiliger	Nimbus	Kranz	Schrift	Gewand	Figur	Porträt	Attribut	Name
fol. 70r	Zephanja	ja	nein	Codex	Pallium	ganz	-	nein	ja
fol. 70v	Haggai	ja	nein	Codex	Pallium	Orans	-	nein	ja
fol. 71r	Sacharja Maleachi	ja ja	nein nein	Codex Codex	Pallium Pallium	ganz ganz	- -	Sichel nein	ja ja
fol. 73r	Jeremia	ja	nein	nein	Pallium	ganz	-	nein	ja
fol. 75r	Daniel (Vision)	ja	nein	nein	pers. Gewand	Orans	-	Löwen	ja
fol. 76r	Johannes d.T.	ja	nein	nein	Pallium	ganz	Typ	Stabkreuz	ja
	Zacharias	ja	nein	nein	Chlamys	ganz	Typ	Rauchfaß, Pyxis	ja
	Elisabeth Prophetin Anna Simeon	ja ja ja	nein nein nein	nein nein nein	Palla Palla Pallium	ganz Medaillon Medaillon	- - -	nein nein nein	ja ja ja
fol. 81r	Petrus	ja	nein	Rotulus	Pallium	ganz	Typ	3 Schlüssel	ja
fol. 83v	Paulus	ja	nein	Codex	Pallium	ganz	Typ	Codex	ja
Codex von St. Paul/Lavanttal 5./7. Jh.?	Petrus Paulus	nein nein	nein nein	nein nein	Pallium Pallium	Sitz Sitz	Typ Typ	Stabkreuz Stabkreuz	nein nein

684 Im Codex Vaticanus ist die Miniatur nicht beschriftet, im Codex der Biblioteca Medicea Laurentiana in Florenz sind die beiden Priester namentlich benannt. S. dazu STORNAJOLO, C., Le miniature della topografia cristiana di Cosma Indicopleuste. Codice vaticano greco 699, Mailand 1908, S. 30-31.

F) Elfenbein

V = VOLBACH (1976)

Slg. Kofler = BAUM, J., Avori sconosciuti in Isvizzera. Estratto da „Arte del primo Millennio", Pavia 1950, Taf. XLV

Kunstwerk	Heiliger	Nimbus	Kranz	Schrift	Gewand	Figur	Porträt	Attribut	Name
V 210, 4. Jh.	Petrus	nein	nein	nein	Pallium	Halbfigur	Typ	nein	nein
Slg. Kofler, 4. Jh.?	Paulus	nein	nein	Codex	Pallium	ganz	Typ	Codex	nein
V107 Brescia Lipsanothek, vor 400	Apostel	nein	nein	nein	Pallium	Medaillon	-	nein	nein
V 212, 4/5. Jh.	Orans: Thekla?	nein	nein	nein	Palla	Orans	-	Bestie	nein
V 118, A. 5. Jh.	Joseph (NT)	nein	nein	nein	Tunika exomis	Sitz	-	Säge	nein
V 119, 5. Jh.	Joseph (NT)	nein	nein	nein	Tunika exomis	Sitz	-	Säge	nein
V 161 Berliner Pyxis 5. Jh.	Petrus	nein	nein	nein	Pallium	Sitz	Typ	Virga	nein
	Paulus	nein	nein	Rotulus	Pallium	Sitz	Typ	nein	nein
	10 Apostel	nein	nein	z.T. Rotulus	Pallium	ganz	-	nein	nein
V120 Samagher 1. H. 5. Jh.	Petrus	nein	nein	Rotulus	Pallium	ganz	Typ	nein	nein
	Paulus	nein	nein	Rotulus	Pallium	ganz	Typ	nein	nein
	4 Apostel	nein	nein	Rotulus	Pallium	ganz	-	nein	nein
V 122, 1. H. 5. Jh.	Apostel, Paulus?	ja	nein	Rotulus	Pallium	ganz	?	nein	nein
V 123, 5. Jh.	Apostel	ja	nein	Rotulus	Pallium	ganz	-	nein	nein
V 124 5. Jh.	Petrus	ja	nein	Codex	Pallium	ganz	nein	nein	SCS PETRU(S)
	Apostel	ja	nein	Codex	Pallium	ganz	-	nein	SCS...
	Apostel	ja	nein	Codex	Pallium	ganz	-	nein	nein
	Apostel	ja	nein	Codex	Pallium	ganz	-	nein	nein
V 146 5. Jh.	Petrus	ja	nein	nein	Pallium	ganz	Typ	Schlüssel	nein
	Paulus	ja	nein	Rotulus	Pallium	ganz	Typ	Rotulus	nein

Kunstwerk	Heiliger	Nimbus	Kranz	Schrift	Gewand	Figur	Porträt	Attribut	Name
V 147 5. Jh.	Petrus Paulus	ja ja	nein nein	nein Rotulus	Pallium Pallium	ganz ganz	nein nein	Schlüssel Rotulus	nein nein
V 136 5./6. Jh.	Petrus Paulus	nein nein	nein nein	nein nein	Pallium Pallium	ganz ganz	? ?	nein nein	nein nein
V 148 5./6. Jh.	Petrus Paulus 10 Apostel	nein nein nein	nein nein nein	nein Rotulus z.T. Rotulus	Pallium Pallium Pallium	Sitz Sitz Sitz	Typ Typ -	nein nein nein	nein nein nein
V 125 6. Jh.	Petrus Paulus	nein nein	nein nein	Codex Codex	Pallium Pallium	ganz ganz	ja ja	nein nein	nein nein
V 132 6. Jh.	Petrus Paulus	nein nein	nein nein	Rotulus Rotulus	Pallium Pallium	ganz ganz	Typ Typ	nein nein	nein nein
V 133 6. Jh.	Petrus Paulus	nein nein	nein nein	Codex Codex	Pallium Pallium	ganz ganz	Typ Typ	nein nein	nein nein
V 134; 6. Jh.	Petrus	nein	nein	nein	Pallium	ganz	Typ	Schlüssel, Stabkreuz	nein
V 135; 6. Jh.	Petrus	nein	nein	nein	Pallium	ganz	Typ	Stabkreuz	nein
V 137 M. 6. Jh.	Petrus Paulus	nein nein	nein nein	nein nein	Pallium Pallium	ganz ganz	Typ Typ	nein nein	nein nein
V 140 M. 6. Jh.	Johannes der Täufer	nein	nein	nein	Tunika, Fellgewand	ganz	Typ	Scheibe/ Agnus Dei	nein
V 142 6. Jh.	Petrus Paulus	nein nein	nein nein	nein nein	Pallium Pallium	ganz ganz	Typ Typ	nein nein	nein nein
V 145 6. Jh.	Petrus Paulus	nein nein	nein nein	nein nein	Pallium Pallium	ganz ganz	nein nein	nein nein	nein nein
V 150, 6. Jh.	Paulus	nein	nein	Codex	Pallium	ganz	Typ	Codex	SCS PAULUS
V 153, 6. Jh.	Paulus?	nein	nein	Codex	Pallium	ganz	Typ	Codex	nein

368

Kunstwerk	Heiliger	Nimbus	Kranz	Schrift	Gewand	Figur	Porträt	Attribut	Name
V 154, 6. Jh.	Petrus	nein	nein	Codex	Pallium	ganz	Typ	3 Schlüssel	nein
V 181, 6. Jh.	Menas	ja	nein	nein	Chlamys	Orans	-	Kamele	nein
V 155, 6./7. Jh.	Petrus	nein	nein	Codex	Pallium	ganz	Typ	nein	nein
V 156 6./7. Jh.	Petrus Paulus	nein nein	nein nein	nein nein	Pallium Pallium	ganz ganz	Typ nein	nein nein	nein nein
V 242 6./7. Jh.	Menas	ja	nein	nein	Chlamys	Orans	-	Kamele	(A) MHNAC
V 224 9. Jh., nach frühchr. Original	Johannes d. T. Zacharias	nein nein	nein nein	Rotulus nein	Pallium Lacerna	ganz ganz	Typ -	nein Pyxis, Rauchfaß	nein nein

G) Goldfoliengläser

AS = KATALOG NEW YORK (1979)
Farioli = FARIOLI, R., Vetri paleocristiani a figure d'oro del Museo Oliveriano di Pesaro, in: Studia Oliveriana XI, Pesaro 1963, S. 33-43
M = MOREY (1959); Datierung nach: ZANCHI ROPPO (1969)
Ross = ROSS (1962)
Vopel = VOPEL, H., Die altchristlichen Goldgläser, Freiburg i.B. 1899

Kunstwerk	Heiliger	Nimbus	Kranz	Schrift	Gewand	Figur	Porträt	Attribut	Name
M 38 4.Jh., spättetrarchisch	Petrus Hippolytus Timotheus	nein nein nein	nein nein nein	nein nein nein	Pallium Pallium Omophorion Pall. Omoph.	Halbfig. Halbfig. Halbfig.	Typ - -	nein nein nein	ja ja ja
M 105 4.Jh., spättetrarchisch	Petrus Paulus Lukas Julius Justus	nein nein nein nein nein	nein nein nein nein nein	Rotulus Rotulus Rotulus Rotulus Rotulus	Pallium Pallium Pallium Pallium Pallium	ganz ganz ganz ganz ganz	nein nein - - -	nein nein nein nein nein	ja ja ja ja ja

Kunstwerk	Heiliger	Nimbus	Kranz	Schrift	Gewand	Figur	Porträt	Attribut	Name
M 68 2. V. 4. Jh.	Petrus Paulus	nein nein	nein nein	nein nein	Pall. Omoph. Pall. Omoph.	Halbfig. Halbfig.	Typ Typ	nein nein	ja ja
M 95 2. V. 4. Jh.	Petrus Paulus	nein nein	nein nein	nein nein	Pallium Pallium	Halbfig. Halbfig.	Typ Typ	nein nein	ja ja
M 84 2. V. 4. Jh.	Agnes	ja	nein	nein	Palla, Schleier	Orans	-	nein	ja
M 131 1. H. 4. Jh.	Paulus	nein	nein	nein	Pallium	Halbfig.	Typ	nein	ja
M 85 2. V./M. 4. Jh.	Agnes	nein	im Bildfeld	nein	Palla, Schleier	Orans	-	nein	ja
M 83 2./3. V. 4. Jh.	Agnes Petrus Paulus	nein nein nein	nein nein nein	nein nein nein	Palla, Schleier Pallium Pallium	Orans Halbfig. Halbfig.	- nein nein	nein nein nein	ja ja ja
M 450 M. 4. Jh.	Petrus Paulus	nein nein	bekrönt bekrönt	nein nein	Pallium Pallium	Sitz Sitz	nein nein	nein nein	ja ja
M 241 M. 4. Jh.	Petrus Paulus	nein nein	bekrönt bekrönt	nein nein	Pall.Omoph. Pall.Omoph.	Halbfig. Halbfig.	nein Typ	nein nein	ja ja
M 243 M. 4. Jh.	Petrus Paulus	nein nein	nein nein	nein nein	Pallium Pallium	Sitz Sitz	nein Typ	nein nein	ja ja
M126,Fragm. M. 4. Jh.	Petrus ?	nein	?	?	Pallium	?	Typ	nein	?
M 67 M. 4. Jh.	Petrus Paulus	nein nein	im Bildfeld bekrönt	nein nein	Pall.Omoph. Pall.Omoph.	Halbfig. Halbfig.	Typ Typ	nein nein	ja ja
M 37 M. 4. Jh.	Petrus Paulus	nein nein	bekrönt bekrönt	nein nein	Pall.Omoph. Pall.Omoph.	Halbfig. Halbfig.	nein Typ	nein nein	ja ja
M 58, Fragment M. 4. Jh.	Paulus	nein	bekrönt	nein	Pallium	Halbfig.	nein	nein	ja

Kunstwerk	Heiliger	Nimbus	Kranz	Schrift	Gewand	Figur	Porträt	Attribut	Name
M 49 M. 4. Jh.	Petrus Paulus	nein nein	bekrönt bekrönt	nein nein	Pallium Pallium	Halbfig. Halbfig.	nein nein	nein nein	ja ?
M 54 M. 4. Jh.	Paulus	nein	nein	nein	Pall.Omoph.	Halbfig.	Typ	nein	ja
M 449 M. 4. Jh.	Petrus Paulus	nein nein	nein nein	nein nein	Pallium Pallium	ganz ganz	nein nein	nein nein	ja ja
M 187 M. 4. Jh.	Stephanus Heiliger	nein nein	bekrönt bekrönt	nein Rotulus	Pallium Pallium	Sitz Sitz	- -	nein nein	ja nein
M 74 M. 4. Jh.	Sixtus Timotheus	nein nein	bekrönt bekrönt	nein nein	Pallium Pallium	Sitz Sitz	- -	nein nein	ja ja
M 55 M. 4. Jh.	Sixtus Timotheus	nein nein	im Bildfeld	Rotulus Rotulus	Pallium Pallium	ganz ganz	- -	nein nein	ja ja
M 221 M. 4. Jh.	Agnes	ja	nein	im Bildfeld	Palla, Schleier	Orans	-	nein	ja
M 82 2. H. 4. Jh.	Agnes	nein	nein	nein	Palla, Schleier	Orans	-	nein	ja
M 226 3. V. 4. Jh.	Agnes	nein	nein	nein	Palla, Schleier	Orans	-	nein	ja
M 267 3. V. 4. Jh.	Petrus	nein	im Bildfeld	?	Pallium	ganz	nein	nein	Fragment
M 60 3. V. 4. Jh.	Petrus Paulus	nein nein	nein nein	nein nein	Pall.Omoph. Pall.Omoph.	Halbfig. Halbfig.	ja nein	nein nein	ja ja
M 64, Fragment 3. V. 4. Jh.	Petrus Paulus	nein nein	nein nein	nein nein	Pallium Pallium	Halbfig. Halbfig.	? ?	nein nein	ja ?
M 100 3. V. 4. Jh.	Petrus Paulus	nein nein	nein nein	Rotulus Rotulus	Pallium Pallium	Sitz Sitz	nein nein	nein nein	ja ja
M 112 3. V. 4. Jh.	Petrus Paulus	nein nein	nein nein	Rotulus Rotulus	Pallium Pallium	Sitz Sitz	nein nein	nein nein	ja ja

Kunstwerk	Heiliger	Nimbus	Kranz	Schrift	Gewand	Figur	Porträt	Attribut	Name
M 272, Fragment 3. V. 4. Jh.	Petrus ? Paulus	nein nein	bekrönt bekrönt	nein nein	Pallium Pallium	? ?	? nein	? ?	? ja
M 258, Fragment 3. V. 4. Jh.	Sixtus Timotheus	nein nein	bekrönt bekrönt	im Bildfeld?	Pallium Pallium	Sitz Sitz	- -	nein nein	ja ja
M 86 3. V. 4. Jh.	Simon Johannes	nein nein	im Bildfeld	Rotulus	Pallium Pallium	Sitz Sitz	- -	nein nein	ja ja
M 36 3. V. 4. Jh.	Laurentius Cyprianus	nein nein	im Bildfeld	Rotulus Rotulus	Pallium Pallium	ganz ganz	- -	nein nein	ja ja
M 61 370-390	Petrus Paulus	nein nein	im Bildfeld	nein nein	Pall.Omoph. Pall.Omoph.	Halbfig. Halbfig.	nein nein	nein nein	ja ja
M 53 4. V. 4. Jh.	Petrus Paulus	nein nein	im Bildfeld	nein nein	Pall.Omoph. Pall.Omoph.	Halbfig. Halbfig.	nein Typ	nein nein	ja ja
M 63 4. V. 4. Jh.	Petrus Paulus	nein nein	nein nein	Rotulus Rotulus	Pall.Omoph. Pall.Omoph.	Halbfig. Halbfig.	nein nein	nein nein	ja ja
M 65 4. V. 4. Jh.	Petrus Paulus	nein nein	im Bildfeld	im Bildfeld	Pall.Omoph. Pall.Omoph.	Halbfig. Halbfig.	nein nein	nein nein	ja ja
M 69 4. V. 4. Jh.	Petrus Paulus	nein nein	nein nein	Rotulus Rotulus	Pallium Pallium	Sitz Sitz	Typ nein	nein nein	ja ja
M 242 4. V. 4. Jh.	Petrus Paulus	nein nein	im Bildfeld	nein nein	Pall.Omoph. Pall.Omoph.	Halbfig. Halbfig.	Typ nein	nein nein	ja ja
M 277 4. V. 4. Jh.	Petrus Paulus	nein nein	bekrönt bekrönt	nein nein	Pall.Omoph. Pall.Omoph.	Halbfig. Halbfig.	nein nein	nein nein	ja ja
M 286 4. V. 4. Jh.	Petrus Paulus	nein nein	nein	nein nein	Pall.Omoph. Pall.Omoph.	Halbfig. Halbfig.	Typ nein	nein nein	ja ja
M 127 4. V. 4. Jh.	Petrus	nein	nein	nein	Pallium	Halbfig.	Typ	nein	ja
M 269 4. V. 4. Jh.	Petrus oder Paulus	nein	nein	nein	Pallium	Sitz	nein	nein	Fragment

Kunstwerk	Heiliger	Nimbus	Kranz	Schrift	Gewand	Figur	Porträt	Attribut	Name
M 270 4. V. 4. Jh.	Paulus	nein	nein	nein	Pallium	Sitz	nein	nein	Fragment
M 75 4. V. 4. Jh.	Petrus Paulus Agnes	nein nein nein	nein nein nein	nein Rotulus nein	Pallium Pallium Palla, Schleier	ganz ganz Orans	nein nein -	nein Rotulus nein	ja ja ja
M 246 4. V. 4. Jh.	Agnes	nein	nein	nein	Dalmatika, Schleier	Orans	-	nein	ja
M 121, Fragment 4. V. 4. Jh.	Agnes	nein	?	?	?	Orans	-	?	ja
M 124, Fragment 4. V. 4. Jh.	Agnes	nein	?	?	?	Orans	-	?	ja
M 248 4. V. 4. Jh.	Agnes	nein	nein	nein	Palla, Schleier	Orans	-	nein	ja
M 283 4. V. 4. Jh.	Agnes Laurentius	nein nein	nein nein	nein nein	Palla Pallium	Orans ganz	- -	nein nein	ja ja
M 265 4. V. 4. Jh.	Agnes	nein	nein	im Bildfeld	Palla, Schleier	Halbfig.	-	nein	ja
M 412 4. Jh.	Agnes	nein	nein	nein	Palla, Schleier	Orans	-	nein	ja
M 425, Fragment 4. Jh.	Agnes	ja?	?	?	Palla	Orans	-	?	ja
M 50 E. 4. Jh.	Petrus Paulus	nein nein	bekrönt bekrönt	nein nein	Pallium Pallium	Halbfig. Halbfig.	nein Typ	nein nein	ja ja
M 51, Fragment E. 4. Jh.	Petrus Paulus	nein nein	bekrönt bekrönt	nein nein	Pallium Pallium	Halbfig. Halbfig.	? Typ	nein nein	ja ja
M 56 E. 4. Jh.	Petrus Paulus	nein nein	nein nein	nein nein	Pallium Pallium	ganz ganz	nein nein	nein nein	ja ja

Kunstwerk	Heiliger	Nimbus	Kranz	Schrift	Gewand	Figur	Porträt	Attribut	Name
M 62 E. 4. Jh.	Petrus Paulus	nein nein	nein nein	nein nein	Pall. Omoph. Pall. Omoph.	Halbfig. Halbfig.	nein nein	nein nein	ja ja
M 66 E. 4. Jh.	Petrus Paulus	nein nein	bekrönt bekrönt	nein nein	Pallium Pallium	Halbfig. Halbfig.	Typ nein	nein nein	ja ja
M 70 E. 4. Jh.	Petrus Paulus	nein nein	nein nein	nein nein	Pallium Pallium	ganz ganz	nein nein	nein nein	ja ja
AS 508 E. 4. Jh.	Petrus Paulus	nein nein	nein nein	nein nein	Pallium Pallium	ganz ganz	Typ Typ	nein nein	ja ja
M 88, Fragment E. 4. Jh.	Petrus Paulus	? nein	? nein	? nein	Pallium Pallium	ganz ganz	? Typ	? nein	ja ja
M254, Fragment E. 4. Jh.	Petrus Paulus 3 Heilige	nein nein nein	nein nein nein	nein nein Rotulus	Pall. Omoph. Pall. Omoph. Pallium	Halbfig. Halbfig. ganz	nein nein -	nein nein nein	ja ja ?
M 250 E. 4. Jh.	Petrus Paulus Sixtus Damasus	nein nein nein nein	nein nein nein nein	im Bildfeld nein nein nein	Pall. Omoph. Pall. Omoph. Pall. Omoph. Pall. Omoph.	Halbfig. Halbfig. Halbfig. Halbfig.	Typ ? - -	nein nein nein nein	ja ja ja ja
M 287 E. 4. Jh.	Petrus Paulus 3 Heilige	nein nein nein	im Bildfeld nein	im Bildfeld nein	Pall. Omoph. Pall. Omoph. Pallium	Halbfig. Halbfig. ganz	nein nein -	nein nein nein	ja ja nein
M 106 E. 4. Jh.	Pastor Damasus Petrus Paulus	nein nein nein nein	nein nein nein nein	nein nein nein nein	Pall. Omoph. Pall. Omoph. Pall. Omoph. Pall. Omoph.	Halbfig. Halbfig. Halbfig. Halbfig.	- - nein nein	nein nein nein nein	ja ja ja ja
M 249 E. 4. Jh.	Petrus	nein	nein	nein	Pallium	Halbfig.	nein	nein	ja
M 107 E. 4. Jh.	Simon Damasus Petrus Florus	nein nein nein nein	im Bildfeld	nein nein nein nein	Pall.Omoph. Pall.Omoph. Pall.Omoph. Pall.Omoph.	Halbfig. Halbfig. Halbfig. Halbfig.	- - ? -	nein nein nein nein	ja ja ja ja

Kunstwerk	Heiliger	Nimbus	Kranz	Schrift	Gewand	Figur	Porträt	Attribut	Name
M 240 E. 4. Jh.	Petrus	nein	nein	nein	Pallium	ganz	nein	nein	ja
	Paulus	nein	nein	nein	Pallium	ganz	nein	nein	ja
	Laurentius	nein	nein	nein	Pallium	ganz	-	nein	ja
	Hippolytus	nein	nein	nein	Pallium	ganz	-	nein	ja
	Cyprianus	nein	nein	nein	Pallium	ganz	-	nein	ja
	Sixtus	nein	nein	nein	Pallium	ganz	-	nein	ja
M 40 E. 4. Jh.	Laurentius	nein	nein	Rotulus	Pallium	ganz	-	nein	ja
Ross 95 E. 4. Jh.	3 Apostel	nein	nein	nein	Pall.Omoph.	Halbfig.	-	nein	APOSTOLE
M 102 E. 4./A. 5. Jh.	Julius	nein	bekrönt	Rotulus	Pallium	ganz	-	nein	ja
	Sixtus	nein	bekrönt	Rotulus	Pallium	ganz	-	nein	ja
M 291 E. 4./A. 5. Jh.	Julius	nein	nein	im Bildfeld	Pallium	ganz	-	nein	ja
	Justus	nein	nein		Pallium	ganz	-	nein	ja
	Judas	nein	nein		Pallium	ganz	-	nein	ja
	Petrus	nein	nein		Pallium	ganz	-	nein	ja
Vopel 314 4. Jh.	Petrus	nein	nein	im Bildfeld	Pall.Omoph.	Halbfig.	nein	nein	ja
M 130 4. Jh.	Petrus	nein	nein	nein	Pall.Omoph.	Halbfig.	nein	nein	ja
M 52 4. Jh.	Paulus	nein	nein	nein	Pall.Omoph.	Halbfig.	Typ	nein	ja
M 278 4. Jh.	Hermes	nein	bekrönt	nein	Pall.Omoph.	Halbfig.	-	nein	ja
	Felix	nein	bekrönt	nein	Pall.Omoph.	Halbfig.	-	nein	ja
	Sixtus	nein	im Bildfeld	nein	Pall.Omoph.	Halbfig.	-	nein	ja
	Hippolytus	nein	nein	nein	Pall.Omoph.	Halbfig.	-	nein	ja
M 344 4. Jh.	Paulus	nein	nein	Rotulus	Pallium	ganz	?	nein	ja
	Sixtus	nein	nein	Rotulus	Pallium	ganz	-	nein	ja
	Laurentius	nein	nein	Rotulus	Pallium	ganz	-	nein	ja
	Hippolytus	nein	nein	im Bildfeld	Pallium	Halbfig.	-	nein	ja
	Timotheus	nein	nein		Pallium	Halbfig.	-	nein	ja

Kunstwerk	Heiliger	Nimbus	Kranz	Schrift	Gewand	Figur	Porträt	Attribut	Name
Farioli 8,1 4. Jh.	Justus Protus	nein nein	im Bildfeld	nein nein	Pallium Pallium	Sitz Sitz	- -	nein nein	ja ja
M460, Fragment A. 5. Jh.	Laurentius	ja	?	?	Pallium	ganz	-	Stabkreuz	ja
M 235 5./6. Jh.	12 Apostel?	nein	nein	z.T. Rotulus	Pallium	ganz	-	nein	nein

H) Metall

Reliquiare

B3 bis B25 = BUSCHHAUSEN (1971)
Kat. Frankfurt = KATALOG FRANKFURT (1983)

Kunstwerk	Heiliger	Nimbus	Kranz	Schrift	Gewand	Figur	Porträt	Attribut	Name
B 3 Sofia 2. V. 4. Jh.	Petrus Paulus Johannes Matthäus Philippos Andreas Jacobus Thomas Bartholomäus	nein nein nein nein nein nein nein nein nein	nein ja ja ja ja ja ja ja ja	nein nein Rotulus Rotulus Rotulus Rotulus nein nein Rotulus	Pallium Pallium Pallium Pallium Pallium Pallium Pallium Pallium Pallium	ganz ganz ganz ganz ganz ganz ganz ganz ganz	? ? - - - nein - - -	Kreuz nein nein nein nein nein nein nein nein	ja ja ja ja ja ja ja ? ?
B20 aus Pola E. 4./A. 5. Jh.	Petrus Paulus Andreas Apostel Apostel	nein nein nein nein nein	nein nein nein nein nein	nein nein nein Rotulus nein	Pallium Pallium Pallium Pallium Pallium	ganz ganz ganz ganz ganz	Typ Typ nein - -	nein nein Stabkreuz nein nein	nein nein nein nein nein

Kunstwerk	Heiliger	Nimbus	Kranz	Schrift	Gewand	Figur	Porträt	Attribut	Name
B 20 Deckel	Petrus Paulus 3 Apostel	nein nein nein	nein nein nein	nein nein nein	Pallium Pallium Pallium	Brustbild Brustbild Brustbild	Typ Typ -	nein nein nein	nein nein nein
B 4, Adana Vorderseite 2. H. 5. Jh.	Petrus Paulus Konon *doppelt*	nein nein nein	nein nein nein	nein nein nein	Pallium Pallium Tunika	ganz ganz Orans	Typ Typ -	Kreuz nein nein	nein nein ja
Rückseite	Petrus Paulus Thekla *doppelt*	nein nein nein	nein nein nein	Rotulus Rotulus nein	Pallium Pallium Palla, Maph.	ganz ganz Orans	nein nein -	nein nein Löwen	nein nein AG/IA
Deckel	Petrus Paulus	nein nein	nein nein	Rotulus Rotulus	Pallium Pallium	ganz ganz	nein nein	nein nein	nein nein
B15, Capsella africana 5. Jh.	Märtyrer	nein	ja und bekrönt	nein	Pallium	ganz	-	nein	nein
B 23, Paris 5./6. Jh.	Petrus oder Paulus	ja	nein	Codex	Pallium	ganz	nein	wenn Paulus: Codex	nein
B 25, Paris 6. Jh.	Simeon Stylites	Konche	nein	Codex	Kapuzenmantel	Halb	-	Säule	Dedikationsinschrift
B21, aus Chersonnes 527-565	Petrus Paulus Heiliger Heiliger	ja ja ja ja	nein nein nein nein	nein nein nein nein	Pallium Pallium Chlamys Chlamys	Medaillon Medaillon Medaillon Medaillon	Typ Typ - -	nein nein nein nein	nein
B 18 dat. 575	Petrus Paulus	nein nein	nein nein	nein nein	Pallium Pallium	Medaillon Medaillon	Typ Typ	nein nein	nein nein
B 16 610-641	Petrus Paulus 2 Apostel	ja ja ja	nein nein nein	nein nein nein	Pallium Pallium Pallium	Medaillon Medaillon Medaillon	Typ Typ -	nein nein nein	nein nein nein

Kunstwerk	Heiliger	Nimbus	Kranz	Schrift	Gewand	Figur	Porträt	Attribut	Name
Kat. Frankfurt Nr. 171 610-641	Petrus Andreas 10 Apostel	ja ja ja	nein nein nein	nein nein Codex	Pallium Pallium Pallium	Medaillon Medaillon Medaillon	Typ Typ -	Stabkreuz Stabkreuz nein	nein
B22 Konstantinopel 7. Jh.	Paulus?	ja	nein	nein	Pallium	ganz	Typ	nein	nein

Liturgisches Gerät

AN 4 = Kat. ANDREAS, AN 4
Arnason = ARNASON, H., Early Christian Silver of North Italy and Gaul, in: ArtB 20, 1938, S. 193-226
AS = KATALOG NEW YORK (1979)
Bronzerelief Ross = ROSS (1962), S. 50, Kat. Nr. 55
Kelch ST 8 = Kat. STEPHANUS, ST 8
Rauchfaß Mango = MANGO (1986), Kat. Nr. 85
Silberbleche/Garlate = Katalog: MILANO, CAPITALE DELL'IMPERO ROMANO 286-402, 1990, Kat. Nr. 47a
Volbach D = VOLBACH; W. F., u.a. (Hg.), Art byzantin, Paris 1933, S. 62, Nr. D

Kunstwerk	Heiliger	Nimbus	Kranz	Schrift	Gewand	Figur	Porträt	Attribut	Name
Lampenstatuette London, Volbach D 4. Jh.	Petrus Paulus	nein nein	nein nein	Rotulus Rotulus	Pallium Pallium	ganz ganz	Typ Typ	nein nein	nein nein
Bronzestatuette Berlin AS 509 E. 4./A. 5. Jh.	Petrus	nein	nein	nein	Pallium	ganz	Typ	Kreuz	nein
Bronzeeimer Vatikan AN 4; 370-440	12 Apostel	nein	nein	Codex/ Rotulus	Pallium	ganz	-	nein	ja
Vase, Vatikan, Arnason fig. 1 450-475	Petrus Paulus 2 Apostel	nein nein nein	nein nein nein	nein nein nein	Pallium Pallium Pallium	Medaillon Medaillon Medaillon	Typ Typ -	nein nein nein	nein nein nein

Kunstwerk	Heiliger	Nimbus	Kranz	Schrift	Gewand	Figur	Porträt	Attribut	Name
Antiochiakelch AS 542 E. 4./A. 5.Jh. oder 1. H. 6. Jh.	Petrus Paulus 8 Apostel	nein nein nein	nein nein nein	nein ja ja	Pallium Pallium Pallium	Sitz Sitz Sitz	nein nein -	Schlüssel nein nein	nein nein nein
3 Silberbleche/Garlate 5. Jh.	Heiliger	nein	nein	Codex	Pallium	ganz	?	Stabkreuz	PA / PA
Kelch AS 532 6. Jh.	Petrus Paulus 2 Apostel	nein nein nein	nein nein nein	nein Codex Codex	Pallium Pallium Pallium	ganz ganz ganz	Typ Typ -	Stabkreuz nein nein	nein nein nein
Kelch a: AS 544/685 6. Jh.	Petrus Paulus	ja ja	nein nein	nein nein	Pallium Pallium	Medaillon Medaillon	Typ Typ	Stabkreuz Codex	nein nein
Kelch b	Petrus Paulus	ja ja	nein nein	nein nein	Pallium Pallium	Medaillon Medaillon	Typ Typ	Stabkreuz Codex	nein nein
Kelch b'	Petrus Paulus	ja ja	nein nein	nein nein	Pallium Pallium	Medaillon Medaillon	Typ Typ	Stabkreuz Codex	nein nein
Emesa-Vase AS 552 6. Jh.	Petrus Paulus Johannes d. T. Johannes Ev.?	nein nein nein nein	nein nein nein nein	nein Codex nein Codex	Pallium Pallium Pallium Pallium	Medaillon Medaillon Medaillon Medaillon	Typ Typ Typ -	nein Codex nein nein	nein nein nein nein
Bronzerelief Ross 6. Jh.	Apostel oder Heiliger	nein	nein	nein	Pallium	ganz	-	nein	nein
Buchdeckel AS 554 2. H. 6. Jh.	Petrus Paulus	ja ja	nein nein	nein Codex	Pallium Pallium	ganz ganz	Typ Typ	Stabkreuz Codex	nein nein
Buchdeckel AS 555 2. H. 6. Jh.	2 Heilige	ja	nein	Codex	Pallium	ganz	-	nein	nein
Ölphiale AS 536 2. H. 6. Jh.	Sergius Bacchus	ja ja	nein nein	nein nein	Chlamys Chlamys	Orans Orans	- -	Maniakion Maniakion	nein nein

Kunstwerk	Heiliger	Nimbus	Kranz	Schrift	Gewand	Figur	Porträt	Attribut	Name
Rauchfaß Mango 582-602	Petrus Paulus	? ?	? ?	? ?	? ?	ganz ganz	Typ Typ	? ?	nein nein
Brotstempel AS 530 E.6./A. 7. Jh.	Philippus	ja	nein	Rotulus	Pallium	ganz	-	nein	ja
Bronzekreuz AS 557 6./7. Jh.	Stephanus Cosmas Damian Petrus Paulus	ja ja ja ja ja	nein nein nein nein nein	Codex nein nein nein Codex	Pallium Pallium Pallium Pallium Pallium	ganz ganz ganz ganz ganz	- - - ? ?	Rauchfaß, Pyxis Utensilienbox Utensilienbox Stabkreuz Codex	ja ja ja ja ja
Kelch ST 8 6./7. Jh.	Stephanus Soldatenheiliger	ja ja	nein nein	nein nein	? Chlamys	ganz ganz	- -	Rauchfaß Lanze, Schild	nein nein
Rauchfaß AS 562 602-610	Petrus Paulus Johannes E.[686] Jakobus	ja ja ja ja	nein nein nein nein	nein Codex Codex Codex	Pallium Pallium Pallium Pallium	Medaillon Medaillon Medaillon Medaillon	Typ Typ - -	Stabkreuz nein nein nein	nein nein nein nein
Silberschale AS 493 641-651	Sergius oder Bacchus	ja	nein	nein	Chlamys	Halbfig.	-	Maniakion Kreuz	nein
Bronzekreuz Ross Nr. 67 7. Jh. ?	Thekla	ja	nein	nein	Palla	Oransbüste	-	nein	ja
Amason fig. 35	Petrus Paulus	ja ja	nein nein	nein nein	Pallium Pallium	Medaillon Medaillon	Typ Typ	nein nein	nein nein

[685] Der Schatz im Cleveland Museum of Art umfaßt insgesamt drei beinahe identische Kelche, die hier mit a, b und b' bezeichnet sind. Vgl. dazu BREHIER (1951).

[686] Die Deutung der Apostel als Johannes und Jakobus stammt bereits von DALTON (1901) S. 87-88, Kat. Nr. 399. Dort erfolgt jedoch weder eine genaue Beschreibung noch eine Begründung dieser Zuweisung. Die Angaben werden sowohl von KENT, J., PAINTER K. S., (HG), Wealth of the Roman World. Gold and Silver AD 300-700, London 1977, S. 103, Kat. Nr. 176, als auch in KATALOG NEW YORK (1979) ohne Kommentar übernommen. Worauf sich die Identifizierung stützt, ist unklar, da noch keiner der beiden Apostel Anfang des siebten Jahrhunderts typische physiognomische Züge trägt.

Monza-Ampullen

GRABAR (1958)
Datiert: 6. Jh.

Kunstwerk	Heiliger	Nimbus	Kranz	Schrift	Gewand	Figur	Porträt	Attribut	Name
3/verso	Petrus Andreas 10 Apostel	nein nein nein	nein nein nein	nein nein nein	Pallium Pallium Pallium	Medaillon Medaillon Medaillon	nein Typ -	nein nein nein	nein nein nein
12	12 Apostel	nein	nein	nein	Pallium	Medaillon	-	nein	nein
13	Andreas 11 Apostel	nein nein	nein nein	nein nein	Pallium Pallium	Medaillon Medaillon	Typ -	nein nein	nein nein
Bobbio 2	Petrus Andreas 10 Apostel	nein nein nein	nein nein nein	nein nein nein	Pallium Pallium Pallium	Medaillon Medaillon Medaillon	? Typ -	nein nein nein	nein nein nein
Bobbio 20	Zacharias Johannes d. T.	ja ja	nein nein	nein Rotulus	Lacerna Fellmantel	ganz ganz	- Typ	Rauchfaß Rotulus mit Joh 1, 29	nein nein

I) GEMMEN, RINGE, ENKOLPIEN

Berlin = Katalog Kunst der Spätantike im Mittelmeerraum, Spätantike und byzantinische Kleinkunst aus Berliner Besitz, Berlin 1939

Cecchelli = CECCHELLI, C., La vita di Roma nel medio evo. 1. Le arti minori e il costume, Rom 1951-52

DACL= LECLERCQ, H., Gemmes, in: DACL VI, 1, Paris 1924, Sp. 794-864

DE 20 = Kat. DEMETRIUS, DE 20

DOC = ROSS, M. C., Catalogue of the Byzantine and Early Mediaeval Antiquities in the Dumbarton Oaks Collection, Vol. 2, Washington 1965

Garrucci = GARRUCCI, Storia

Kunstwerk	Heiliger	Nimbus	Kranz	Schrift	Gewand	Figur	Porträt	Attribut	Name
Ringstein DOC Nr. 111, 4. Jh.	Paulus	nein	nein	nein	Pallium	Büste	Typ	nein	nein
Goldblechmedaillon Berlin, Kat. Nr. 58, 4. Jh.	Petrus Paulus	nein nein	nein nein	nein nein	Pallium Pallium	Büste Büste	nein Typ	nein nein	nein nein
Gemme DACL Nr. 222, fig. 5098 vor 5. Jh.	Petrus Paulus	ja	nein	nein	Pallium	Büste	Typ Typ	nein	ja
Gemme DACL Nr. 221, fig. 5097 5. Jh.	Petrus	ja	nein	nein	Pallium	Sitz	Typ	Stabkreuz	nein
Gemme DACL Nr. 187, fig. 5066	Daniel	nein	nein	nein	persisches Gewand	Orans	-	Löwen	nein
Bronzemedaillon Vatikan Garrucci VI, Taf. 480, Nr. 6, 5./6. Jh.	Petrus Paulus	nein nein	nein nein	nein nein	Pallium Pallium	ganz ganz	Typ Typ	Stabkreuz Stabkreuz	nein nein
Gemme AS 525 A. 6. Jh.	Petrus Paulus	nein nein	nein nein	nein Codex	Pallium Pallium	ganz ganz	nein nein	Stabkreuz Codex	ja ja
Goldblechmedaillon Berlin, Kat. Nr. 56, 6. Jh.	Daniel	ja	nein	nein	persisches Gewand	Orans	-	Löwen	fragmentiert: OC
Enkolpion aus Adana[687] 6. Jh.	12 Apostel	ja	nein	nein	Pallium	Büste	-	nein	nein

Kunstwerk	Heiliger	Nimbus	Kranz	Schrift	Gewand	Figur	Porträt	Attribut	Name
Ring DOC Nr.179 N E. 6. Jh.	Soldatenheiliger	ja	nein	nein	Paludamentum	ganz	-	Kreuzlanze, Schild	nein
DE 20, Ring 6./7. Jh.	Demetrius?	?	nein	nein	?	ganz	-	nein	ja
Bronzering, DOC Nr. 61; 7. Jh. (?)	Heilige	?	?	?	?	ganz	-	?	?
Ringfragment DOC Nr. 82; 7. Jh.	Heiliger?	?	?	?	?	?	-	?	?
Ringfragment DOC Nr. 84; 7. Jh.	Heiliger	ja	nein	Codex	Chlamys	ganz	-	nein	nein
Ring DOC Nr. 6 E 7. Jh.	Heiliger	?	nein	nein	?	Büste	-	Kreuz	nein
Ring AS 305 638-639	Thekla	ja	nein	nein	Palla	Orans	-	Löwen	nein
Goldanhänger Thekla 14	Thekla	ja	bekrönt	nein	Palla	Orans	-	Löwen	nein
Bronzemedaillon Vatikan Cecchelli S. 120	2 Märtyrer	ja	ja	nein	Pallium	ganz	-	nein	nein
Bronzemedaillon Vatikan Cecchelli, S.122	Petrus Paulus	nein nein	nein nein	nein nein	Pallium Pallium	Büste Büste	Typ Typ	nein nein	nein nein
Bleimedaillon Athen	Mamas	ja	nein	nein	Pallium	Sitz	-	Löwe	ja
Medaillon Chersonnes	Phokas	ja	nein	nein	Tunika	Orans	-	Schiff/Fisch	ja
Eulogien Simeon	Simeon Stylites	nein	nein	nein	Cuculla	Halbfig.	-	Säule	z.T.

687 Angaben nach: PEIRCE, E., TYLER, R., Art byzantin 2, Paris 1934, Kat. Nr. 73 B, S. 95.

J) Keramik

Ton-Ampullen

Die Numerierung folgt METZGER (1981) Datiert: ca. 6. Jh.
SYM 17 = Kat. STYLITEN, SYM 17

Kunstwerk	Heiliger	Nimbus	Kranz	Schrift	Gewand	Figur	Porträt	Attribut	Name
Ampullen 1-72: z. B. 1	Menas	ja	nein	nein	Chlamys	Orans	-	Kamele	ja
Ampullen 1-72: z. B. 6	Menas	nein	nein	nein	Chlamys	Orans	-	Kamele	nein
Ampullen 1-72: z. B.31	Menas	nein	nein	nein	Chlamys	Orans	-	Kamele	ja
74 A	Theodor	nein	nein	nein	Chlamys	Orans	?	nein	ja
75 B	Conon	ja	nein	nein	Chlamys	Orans	-	Amphore	ja
76 B	Thekla	nein	nein	nein	Schurz	ganz	-	Löwen, Stiere	nein
77-79, 83	Menas	nein	nein	nein	-	Profilkopf	-	nein	ja
80-82	Menas	nein	nein	nein	-	Profilkopf	-	nein	nein
97 A / 97 B	Thekla / Paulus?	nein / nein	nein / nein	nein / nein	Tunika / Pallium	ganz / Orans	- / Typ?	Bestien / nein	ja / nein
116 A	Petrus	nein	nein	Codex	Pallium	Sitz	Typ	Kreuz, Schlüssel	nein
117	Daniel	nein	nein	Codex?	Tunika	ganz	-	Löwen	nein
119 A	Heiliger	nein	nein	Codex?	Pallium?	ganz	-	Stabkreuz	nein
123-125	Andreas	nein	nein	Codex	Tunika	Halbfig.	nein	nein	ja
SYM 17	Stylit	nein	nein	nein	Cuculla	Büste	-	Säule	nein

Tonlampen

Nr. 51, 52, 57 = LYON-CAEN, C., Musée du Louvre, Catalogue des lampes en terre cuite grecques et chrétiennes, Paris 1986
Nr. 71 = PALEANI, M. T., LIVERANI, A. R., Lucerne paleocristiane conservate nel Museo Oliveriano di Pesaro, I. Rom 1984
Nr. 25 = MERCANDO, L., lucerne greche e romane dell'Antiquarium comunale, Rom 1962
Nr. 71, 97, 115 = ENNABLI (1976)
ME 17 = Kat. MENAS; ME 17
THEKLA 12 = Kat. THEKLA, THEKLA 12
SYM 19, 20 = Kat. STYLITEN, SYM 19, 20
Datiert: 5.-7. Jh.

Kunstwerk	Heiliger	Nimbus	Kranz	Schrift	Gewand	Figur	Porträt	Attribut	Name
51, Louvre	Paulus	nein	nein	nein	?	Büste	Typ	nein	nein
52, Louvre	Petrus	nein	nein	nein	Pallium	Büste	Typ	nein	nein
57, Louvre	Abdon?[688]	ja	nein	nein	pers. Gewand	ganz	-	nein	nein
71, Pesaro[689]	12 Apostel	ja	nein	nein	?	Medaillon	-	nein	nein
25, Rom	Petrus	nein	nein	nein	Pallium	Büste	Typ	Stabkreuz	nein
71, Tunis	Heiliger	nein	nein	nein	Pallium	Halbfig.	-	Stabkreuz	nein
97, Tunis	Petrus	nein	nein	nein	Pallium	Büste	Typ	nein	nein
ME 17	Menas	ja	nein	nein	Tunika	Orans	-	Kamele	nein
115, Tunis	Abdon?	ja	nein	nein	persisches Gewand	ganz	-	nein	nein
THEKLA 12	Thekla	ja	nein	nein	Tunika	Orans	-	Löwen	nein
SYM 19	Stylit	nein	nein	nein	Cuculla	Büste	-	Säule	nein

385

Kunstwerk	Heiliger	Nimbus	Kranz	Schrift	Gewand	Figur	Porträt	Attribut	Name
SYM 20	Stylit	nein	nein	nein	Cuculla	Orans	-	Säule	nein

688 Die Identifizierung als Abdon stammt von LECLERCQ, H., Lampes, in: DACL VIII, 1, Paris 1928, Sp. 1086-1221, hierzu Sp. 1177, Nr. 1097, weil der hier Dargestellte die gleiche Gewandung und Barttracht wie der heilige Abdon in der Ponziankatakombe (WK 258) trägt.

689 Tonlampen, die das gleiche Rahmendekor des inneren Medaillons mit Profilbüsten der zwölf Apostel tragen, sind zahlreich. Vgl. die Beispiele bei: STEFANESCU, Monuments d'art chrétien trouvés en Roumanie, in: Byzantion 6, 1931, S. 571ff, pl. 23; ABBIANO, M. G., Lucerne fittili paleocristiane nell'Italia settentrionale, in: Studi di antichità cristiana 6, Bologna 1969, Kat. Nr. 264, fig. 45.

Terrakotta-Kacheln

Spanien = SCHLUNK/HAUSCHILD (1978) Abb. 39
Tunis/Bardo = SCHURR (1991)
Vinica = KATALOG MÜNCHEN (1993)

Kunstwerk	Heiliger	Nimbus	Kranz	Schrift	Gewand	Figur	Porträt	Attribut	Name
Tunis/Bardo 6. Jh.	Daniel	nein	2 Kränze	nein	Tunika	ganz	-	Löwen	SCS...
Tunis/Bardo 6. Jh.	Theodor	nein	nein	nein	Chlamys?	Reiter	?	nein	SCS...
Tunis/Bardo 6. Jh.	Pantaleon	nein	nein	nein	Pallium?	ganz	-	Stabkreuz	SCS...
Tunis/Bardo 6. Jh.	Heiliger	nein	nein	nein	Pallium	ganz	-	Stabkreuz	nein
Vinica 44, 45, 5./6. Jh.	Theodor	nein	nein	nein	Panzerhemd	Reiter	nein	nein	SCS...
Vinica 46-49 5./6. Jh.	Josua	nein	nein	nein	Panzer/Helm	ganz	-	Lanze	ja
	Kaleb	nein	nein	nein	Panzer/Helm	ganz	-	Lanze/Schild	ja
Vinica 54-60 5./6. Jh.	Christophorus	nein	nein	nein	Chlamys	ganz	kynokephal	Lanze/Handkreuz	ja
	Georg	nein	nein	nein	Chlamys	ganz	-	Lanze	ja

Kunstwerk	Heiliger	Nimbus	Kranz	Schrift	Gewand	Figur	Porträt	Attribut	Name
Vinica 81, 82 6. Jh.	Daniel	nein	nein	nein	Tunika	Orans	-	Löwen	SCS…
Vinica 86-88 5./6. Jh.	Reiterheiliger	nein	nein	nein	?	Reiter	-	nein	SCS-
Spanien 2. H. 6. Jh.	Daniel	ja	nein	nein	Tunika	Orans	-	Löwen	nein

387

ABKÜRZUNGSVERZEICHNIS

AASOR: The Annual of the American Schools of Oriental Research
AIPhOr: Annuaire de l'Institut de philologie et d'histoire orientales et slaves
ArtB: The Art Bulletin
BACopt: Bulletin de la société d'archéologie copte
BEtOr: Bulletin d'études orientales
BiblSS: Bibliotheca Sanctorum, Istituto Pontificio Università Lateranense, 13 Bde., Rom 1961-1969
Boreas: Boreas. Münstersche Beiträge zur Archäologie
BSA: The Annual of the British School at Athens
ByzZ: Byzantinische Zeitschrift
CArch: Cahiers archéologiques
DACL: Dictionnaire d'Archéologie chrétienne et de liturgie, Cabrol, P., Leclercq, H., (Hg.), 15 Bde, Paris 1924-1953
FrühMitAltSt: Frühmittelalterliche Studien. Jahrbuch des Instituts für Frühmittelalterforschung der Universität Münster
GazBA: Gazette des beaux-arts
JbAChr: Jahrbuch für Antike und Christentum
JbBerlMus: Jahrbuch der Berliner Museen
JdI: Jahrbuch des Deutschen Archäologischen Instituts
LCI: Lexikon der Christlichen Ikonographie, Kirschbaum, E., Braunfels, W., (Hg.), 8 Bde, Freiburg, Basel, Wien 1968-1976
LMA: Lexikon des Mittelalters, Bautier, R.-H., (Hg.), bisher 7 Bde, München, Zürich 1980-1995
LTHK: Lexikon für Theologie und Kirche, Höfer, J., Rahner, K., (Hg.), 2., neu bearbeitete Auflage, 10 Bde, Freiburg 1957-1967; Bde 1-4: 3., neu bearbeitete Auflage, 1993-1995
MEFRA: Mélanges de l'Ecole française de Rome. Antiquité
MonPiot: Monuments et mémoires. Fondation E. Piot
MüJb: Münchner Jahrbuch der bildenden Kunst
OrChrPer: Orientalia christiana periodica
P. G.: Patrologia cursus completus, Patrologia Graeca, Migne, J.-P., (Hg.), 161 Bde., Paris 1857-1866
P. L.: Patrologia cursus completus, Patrologia Latina, Migne, J.-P., (Hg.), 217 Bde., Paris 1878-1890
RAC: Reallexikon für Antike und Christentum, Klauser, T., Dassmann, E., (Hg.), bisher 16 Bde, Stuttgart 1950-1994
RACr: Rivista di archeologia cristiana
RBK: Reallexikon zur byzantinischen Kunst, Wessel, K., (Hg.), bisher 4 Bde, Stuttgart 1966-1990

RDK: Reallexikon zur deutschen Kunstgeschichte, beg. von Schmitt, O., Gall, E., Heydenreich, L. H., (Hg.), bisher 8 Bde, Stuttgart 1937-1987
RGG: Die Religion in Geschichte und Gegenwart, Galling, K., (Hg.), 6 Bde, Tübingen 1957-1962
RIA: Rivista dell' Istituto nazionale d'archeologia e storia dell' arte
RM: Mitteilungen des Deutschen Archäologischen Instituts, Römische Abteilung
RömQSchr: Römische Quartalschrift für christliche Altertumskunde und Kirchengeschichte
Syria: Syria. Revue d'art oriental et d'archéologie
TRE: Theologische Realenzyklopädie, Müller, G., u.a., (Hg.), bisher 25 Bde, Berlin, New York 1977-1995
ZNW: Zeitschrift für die neutestamentliche Wissenschaft und die Kunde der älteren Kirche
ZSchwA: Zeitschrift für schweizerische Archäologie und Kunstgeschichte

VERZEICHNIS DER ABGEKÜRZT ZITIERTEN LITERATUR

ACHELIS (1936): Achelis, H., Die Katakomben von Neapel, Leipzig 1936

AGNELLO (1956): Agnello, S. L., Il sarcophago di Adelfia, Società „Amici delle Catacombe", Città del Vaticano 1956

BARADEZ (1967): Baradez, J., Grands plats chrétiens de Tipasa, in: MEFRA 1967, S. 231-250

BARATTE/METZGER (1985): Baratte, F., Metzger, C., Catalogue des sarcophages en pierre d'époques romaine et paléochrétienne, Paris 1985

BAUMEISTER (1986): Baumeister, T., Die Entstehung der Heiligenverehrung in der Alten Kirche, in: G. L. Müller (Hg.), Heiligenverehrung — ihr Sitz im Leben des Glaubens und ihre Aktualität im ökumenischen Gespräch, München, Zürich 1986, S. 9-30

BEJAOUI (1982): Bejaoui, F., Recherches sur la céramique africaine à décor chrétien, Diss. Paris 1982

BELTING (1992): Belting, H., Bild und Kult, München ²1992

BENOIT (1954): Benoît, F., Sarcophages paléochrétiens d'Arles et de Marseille, Paris 1954

BORDA (1954-55): Borda, M., Monumenti paleocristiani del territorio tuscolano, in: Miscellanea G. Belvederi, Città del Vaticano 1954/55, S. 209-244

BOVINI (1950): Bovini, G., Il cosiddetto Mausoleo di Galla Placidia in Ravenna, Città del Vaticano 1950

BRAUN (1943): Braun, J., Tracht und Attribute der Heiligen in der deutschen Kunst, Stuttgart 1943

BREHIER (1951): Bréhier, L., Un trésor d'argenterie ancienne au musée de Cleveland, in: Syria, 28, 1951, S. 256-264

BUSCHHAUSEN (1962/63): Buschhausen, H., Frühchristliches Silberreliquiar aus Isaurien, in: Jahrbuch der Österreichischen Byzantinischen Gesellschaft XI/XII, 1962/63, S. 137-168

BUSCHHAUSEN (1971): Buschhausen, H., Die spätrömischen Metallscrinia und frühchristlichen Reliquiare. I. Teil: Katalog (= Wiener Byzantinistische Studien Bd IX), Wien 1971

CASTELLANA (1975): Castellana, P., Fernandez, R., Pena J., (Mitarbeiter), Les Stylites Syriens, Mailand 1975

CLEDAT (1904/06): Clédat, J., Le monastère et la nécropole de Baouit. (= Mémoires de l'Institut français d'archéologie orientale du Caire) 12, 1-2, Kairo 1904/06; 39, Kairo 1916

COCHE DE LA FERTE (1958): Coche de la Ferté, E., L'Antiquité chrétienne au musée du Louvre, Paris 1958

CORMACK (1969): Cormack, R., The Mosaic Decoration of S. Demetrius, Thessaloniki, in: BSA 64, 1969, S. 17-52

CORMACK (1985): Cormack, R., Writing in Gold, Byzantine Society and its Icons, New York 1985

COURCELLE (1948): Courcelle, P., Le Gril de Saint Laurent au mausolée de Galla Placidia, in: CArch 3, 1948, S. 29-39

CRUIKSHANK DODD (1993): Cruikshank Dodd, E., Byzantine Silver Treasures. Monographien der Abegg-Stifung Bern, Nr. 9, 1993

DALTON (1901): Dalton, O. M., Catalogue of Early Christian Antiquities and Objects from the Christian East, British Museum, London 1901

DASSMANN (1980): Dassmann, E., Die Szene Christus-Petrus mit dem Hahn, in: Pietas, Festschrift für Bernhard Kötting, JbAChr Ergbd. 8, 1980, S. 509-527

DASSMANN (1982): Dassmann, E., Paulus in frühchristlicher Frömmigkeit und Kunst (= Vorträge der Rheinisch-Westfälischen Akademie der Wissenschaften G 256), Opladen 1982

DECKERS/MIETKE/WEILAND (1994): Deckers, J., Mietke, G., Weiland, A., Die Katakombe „Commodilla". Repertorium der Malereien, Città del Vaticano 1994

DEICHMANN (1943): Deichmann, F. W., Die Entstehung von Salvatorkirche und Clitumnustempel bei Spoleto, in: RM 58, 1943, S. 106-148

DEICHMANN (1958): Deichmann, F. W., Frühchristliche Bauten und Mosaiken von Ravenna, Baden-Baden 1958

DEICHMANN (1967): Deichmann, F. W., (Hg.), Repertorium der christlich-antiken Sarkophage, 1. Rom und Ostia, Wiesbaden 1967 (abgekürzt: Rep.)

DEICHMANN (1969): Deichmann, F. W., Ravenna, Hauptstadt des spätantiken Abendlandes, Bd I, Geschichte und Monumente, Wiesbaden 1969

DEICHMANN (1974): Deichmann, F. W., Ravenna, Hauptstadt des spätantiken Abendlandes, Bd II, Kommentar,1. Teil, Wiesbaden 1974

DEICHMANN (1976): Deichmann, F. W., Ravenna, Hauptstadt des spätantiken Abendlandes, Bd II, Kommentar, 2. Teil, Wiesbaden 1976

DELBRUECK: Delbrueck, R., Zu spätrömischen Elfenbeinem des Westreiches, o.O, o.J.

DELEHAYE (1934): Delehaye, H., Cinq leçons sur la méthode hagiographique (= Subsidia Hagiographica 21), Brüssel 1934

DEVISSE (1979): Devisse, J., The Image of the Black in Western Art, Cambridge, Mass.-London 1979

DINKLER (1939): Dinkler, E., Die ersten Petrusdarstellungen. Ein archäologischer Beitrag zur Geschichte des Petrusprimates, in: Marburger Jahrbuch zur Kunstwissenschaft 11, 1939

DOBSCHÜTZ (1928): Dobschütz, E. v., Der Apostel Paulus. II. Seine Stellung in der Kunst, Halle 1928

DONCKEL: Donckel, E., Außerrömische Heilige in Rom, Diss. Luxemburg o.J. (*ca. 1945*)

DONNER (1979): Donner, H., Pilgerfahrt ins Heilige Land. Die ältesten Berichte christlicher Palästinapilger (4.-7. Jahrhundert), Stuttgart 1979

DONTCHEVA (1976): Dontcheva, L., Une croix pectorale-reliquaire en or récemment trouvée à Pliska, in: CArch 25, 1976, S. 59-66

DOWNEY (1953): Downey, G., The Dating of the Syrian Liturgical Silver Treasure in the Cleveland Museum, in: ArtB 35, 1953, S. 143-145

DRESCHER (1942): Drescher J., St. Menas' Camels Once More, in: BACopt 7, 1942, S. 19-32

EFFENBERER/SEVERIN (1992): Effenberger, A., Severin, H.-G., Das Museum für Spätantike und Byzantinische Kunst, Staatliche Museen zu Berlin, Mainz 1992

EFFENBERGER (1974): Effenberger, A., Koptische Kunst, Leipzig 1974

ELBERN (1965): Elbern, V. H., Eine frühbyzantinische Reliefdarstellung des älteren Symeon Stylites, in: JdI 80, 1965, S. 280-304

ENNABLI (1976): Ennabli, A., Lampes chrétiennes de Tunisie, Paris 1976

FASOLA (1975): Fasola U. M., Le catacombe di S. Gennaro a Capodimonte, Rom 1975

FERRUA (1959): Ferrua, A., S. Agnese e l'agnello, in: Civiltà Cattolica I, 1959, S. 141-150

FIRATLI (1990): Firatli, N., La sculpture byzantine figurée au musée archéologique d'Istanbul (= Bibliothèque de L'Institut français d'Etudes anatoliennes d'Istanbul, Bd 30), Paris 1990

FORRER (1893): Die frühchristlichen Alterthümer aus dem Gräberfelde von Achmim-Panopolis, Straßburg 1893

FORSYTH/WEITZMANN, Sinai: Forsyth, G. H., Weitzmann, K., The Monastery of Saint Catherine at Mount Sinai. The Church and Fortress of Justinian, Ann Arbor, o. J.

GARRUCCI, Storia: Garrucci, P. R., Storia dell' arte cristiana nei primi otto secoli della chiesa, 6 Bde, Prato 1872-80

GERKE (1965): Gerke, F., Das Christusmosaik in der Laurentius-Kapelle der Galla Placidia in Ravenna (= Werkmonographien zur Bildenden Kunst in Reclams-Universalbibliothek Nr. 104) Stuttgart 1965

GRABAR (1946): Grabar, A., Martyrium II, Iconographie, Paris 1946

GRABAR (1958): Grabar, A., Les ampoules de terre sainte, Paris 1958

GRABAR (1963): Grabar, A., Sculpures byzantines de Constantinople (IV-X siècle), Paris 1963

GRABAR (1964): Grabar, A., Un reliquaire provenant de Thrace, in: CArch 14, 1964, S. 59-65

GRABAR (1967): Grabar, A., Die Kunst im Zeitalter Justinians, München 1967

GRAEVEN (1901): Graeven, H., Die Madonna zwischen Zacharias und Johannes, in: ByzZ 10, 1901

GRIFFING (1938): Griffing, R. P., An early christian ivory plaque in Cyprus and notes on the asiatic ampullae, in: ArtB 20, 3, 1938, S. 266-279

GRÜNEISEN (1911): Grüneisen, W. de, Sainte Marie Antique, Rom 1911

HODDINOTT (1963): Hoddinott, R. F., Early Byzantine Churches in Macedonia and Southern Serbia, London-New York 1963

HOLL (1928): Holl, K., Der Anteil der Styliten am Aufkommen der Bilderverehrung, in: Gesammelte Aufsätze zur Kirchengeschichte II, Tübingen 1928, S. 388-398

IHM (1992): Ihm, C., Die Programme der christlichen Apsismalerei vom vierten Jahrhundert bis zur Mitte des achten Jahrhunderts, Stuttgart ²1992

JÄGGI (1995): Jäggi, C., Der „Tempietto sul Clitunno" — Ein langobardisches Pilgerziel, in: Akten des XII. Internationalen Kongresses für Christliche Archäologie (Bonn 1991), Teil II, Münster 1995 (= JbAChr Ergänzungsband 20, 2), S. 868-872

JEREMIAS (1958): Jeremias, J., Heiligengräber in Jesu Umwelt, Göttingen 1958

JEREMIAS (1961): Jeremias, J., Drei weitere spätjüdische Heiligengräber, in: ZNW 52, 1961, S. 95-101

JERPHANION (1938): Jerphanion, G. de, Les caractéristiques et les attributs des saints dans la peinture cappadocienne, in: La voix des monuments. Etudes d'archéologie, n.s., Rom, Paris 1938

KATALOG FRANKFURT (1983): Spätantike und frühes Christentum, H. Beck, P. C. Bol (Hg.), Liebieghaus Frankfurt, Frankfurt a. M. 1983

KATALOG HAMM (1996): Ägypten — Schätze aus dem Wüstensand. Kunst und Kultur der Christen am Nil, Wiesbaden 1996

KATALOG LINZ (1993): Syrien. Von den Aposteln zu den Kalifen, Ruprechtsberger, E., (Red.), (= Linzer Archäologische Forschungen 21), Linz 1993

KATALOG MÜNCHEN (1993): Die Tonikonen von Vinica. Frühchristliche Bilder aus Makedonien (= Dannheimer H., (Hg.), Ausstellungskataloge der prähistorischen Staatssammlung, Bd 25), München 1993

KATALOG NEW YORK (1979): Age of Spirituality. Late Antique and Early Christian Art, Third to Seventh Century, Weitzmann, K., (Hg.), New York, Metropolitan Museum of Art, Princeton 1979

KATALOG PARIS (1992): Byzance. L'art byzantin dans les collections publiques françaises, Durand, J., u.a. (Hg.), Paris, Musée du Louvre, Paris 1992

KATALOG PRINCETON (1986): Byzantium at Princeton. Byzantine Art and Archaeology at Princeton University, Curcic, S. u. St. Clair, A., (Hg.), Firestone Library, Princeton University 1986, Princeton 1986

KATALOG SCHALLABURG (1986): Byzantinische Mosaiken aus Jordanien (= Katalog des Niederösterreichischen Landesmuseums, n. F., Nr. 178), Wien1986

KAUFMANN (1910): Kaufmann, C. M., Zur Ikonographie der Menas-Ampullen, Kairo 1910

KENNEDY (1963): Kennedy, V. L., The Saints of the Canon of the Mass (= Studi di Antichità Cristiana XIV), Città del Vaticano ²1963
KISS (1989): Kiss, Z., Les ampoules de Saint Ménas découvertes à Kôm el-Dikka (1969-1989) (= Alexandrie 5), Warschau 1989
KITZINGER (1954): Kitzinger, E., The Cult of Images in the Age before Iconoclasm, in: DOP 8, 1954, S. 85-150
KITZINGER (1960): Kitzinger, E., A Marble Relief of the Theodosian Period, in: DOP 14, 1960, S. 17-42
KLAUSER (1974): Klauser, T., Christlicher Märtyrerkult, heidnischer Heroenkult und spätjüdische Heiligenverehrung. Neue Einsichten und neue Probleme, in: E. Dassmann (Hg.), Gesammelte Arbeiten zur Liturgiegeschichte, Kirchengeschichte und Christlichen Archäologie, JBAChr Ergbd. 3, 1974, S. 221-229
KOLLWITZ (1936): Kollwitz, J., Christus als Lehrer und die Gesetzesübergabe an Petrus in der konstantinischen Kunst Roms, in: RömQSchr 44, 1936, S. 45-66
KOLLWITZ (1941): Kollwitz, J., Oströmische Plastik der theodosianischen Zeit (= Studien zur spätantiken Kunstgeschichte 12), Berlin 1941
KOLLWITZ (1953): Kollwitz, J., Zur Frühgeschichte der Bilderverehrung, in: RömQSchr 48, 1953, S. 1-20
KOLLWITZ/HERDEJÜRGEN (1979): J. Kollwitz, H. Herdejürgen, Die ravennatischen Sarkophage. DAI (Hg.), Die Sarkophage der westlichen Gebiete des Imperium Romanum, 2. Teil, Berlin 1979
KOROL (1994): Korol, D., Zum frühchristlichen Apsismosaik der Bischofskirche von „Capua Vetere" (SS. Stefano e Agata) und zu zwei weiteren Apsidenbildern dieser Stadt (S. Pietro in Corpo und S. Maria Maggiore), in: Boreas 17, 1994, S. 121-148
KÖTTING (1950): Kötting, B., Peregrinatio Religiosa, Regensberg/Münster 1950
KRÜCKE (1905): Krücke, A., Der Nimbus und verwandte Attribute in der frühchristlichen Kunst, Straßburg 1905
LAFONTAINE-DOSOGNE (1967): Lafontaine-Dosogne, J., Itinéraires archéologiques dans la région d'Antioche. Recherches sur le monastère et sur l'iconographie de S. Syméon Stylite le Jeune, Bibliothèque de Byzantion, Brüssel 1967
LASSUS (1932): Lassus, J., Images de Stylites, in: BEtOr 2 (Institut français de Damas), 1932, S. 67-82
LEMERLE (1980/81): Lemerle, P., Notes sur les plus anciennes représentations de Saint Demetrius, in: Deltion 1980/81, S. 1-10
LUCCHESI-PALLI (1942): Lucchesi-Palli, E., Die Passions-und Endszenen Christi auf der Ciboriumsäule von San Marco in Venedig, Prag 1942

MAJESKA (1974): Majeska, G. P., A Medaillon of the Prophet Daniel in the Dumbarton Oaks Collection. In: DOP 28, 1974, S. 361-366

MALE (1949): Mâle, E., Les mosaiques de La Daurade à Toulouse, in: Mélanges Charles Picard 2, 1949, S. 682-687

MANGO (1986): Mango, M. M., Silver from Early Byzantium, Baltimore 1986

MARINONE (1972/73): Marinone, M., La decorazione pittorica della catacomba di Albano, in: RIA, N. S. 19/20, 1972-1973, S. 103-138

MARUCCHI (1887): Marucchi, O., Eine Medaille und eine Lampe aus der Sammlung Zurla, in: RömQSchr 1, 1887, S. 316-329

MASPERO/DRIOTON (1931): Maspéro, J., Drioton, E., Fouilles exécutées à Baouît (= Mémoires de l'Institut français d'archéologie orientale du Caire), Kairo 1931

MATHESON (1980): Matheson, S. B., Ancient Glass in the Yale University Art Gallery, New Haven 1980

MATTHIAE (1967): Matthiae, G., Mosaici medioevali delle chiese di Roma, Rom 1967

MERLAT (1949): Merlat, P., Nouvelles images de Saint Syméon le Jeune, in: Mélanges d'Archéologie et d'Histoire offerts à Charles Picard, Paris 1949, S. 720-731

METZGER (1981): Metzger, C., Les ampoules à eulogie du musée du Louvre, Paris 1981

MOLAIOLI (1943): Molaioli, B., La Basilica Eufrasiana di Parenzo, Porec 1943

MOREY (1915): Morey, C. R., Lost Mosaics and Frescoes of Rome in the Mediaeval Period, Princeton, N. J. 1915

MOREY (1959): Morey, C. R., Ferrari, G., The Gold-Glass Collection of the Vatican Library, Città del Vaticano 1959

MOUTERDE (1947): Mouterde, R., Nouvelles images de stylites, in: OrChrPer, Miscellanea Guillaume de Jerphanion, Bd 13, 1947, S. 245-250

MURRAY (1907): Murray, M. A., St. Menas of Alexandria, in: Proceedings of the Society of Biblical Archeaology 1907, S. 25-30, S. 51-60, S. 112-122

NAUERTH (1982): Nauerth, C., Nachlese von Thekla-Darstellungen, in: G. Koch (Hg.), Studien zur spätantiken und frühchristlichen Kunst und Kultur des Orients, Wiesbaden 1982, S. 14-18

NAUERTH/WARNS (1981): Nauerth, C., Warns, R., Thekla, Ihre Bilder in der frühchristlichen Kunst (= Göttinger Orientforschungen, II. Reihe: Studien zur spätantiken und frühchristlichen Kunst, Bd 3), Wiesbaden 1981

FIOCCHI-NICOLAI (1994): Fiocchi-Nicolai, V., Novità storico-agiografiche dai restauri delle pitture della catacomba di S. Senatore in Albano Laziale (Roma), in: Boreas 17, 1994, S. 53-60

NORDSTRÖM (1953): Nordström, C.-O., Ravennastudien, Stockholm 1953

PALLAS (1979): Pallas, D., Le ciborium hexagonal de Saint-Démétrios de Thessalonique, in: Zograf 10, 1979, S. 44-58

PILLINGER (1984): Pillinger, R., Studien zu römischen Zwischengoldgläsern I, Geschichte der Technik und das Problem der Authentizität (= Österreichische Akademie der Wissenschaften, Philosophisch-historische Klasse, Denkschriften, 110. Band), Wien 1984

PILLINGER (1994): Pillinger, R., Der Apostel Andreas. Ein Heiliger von Ost und West im Bild der frühen Kirche. (= Österreichische Akademie der Wissenschaften, Philosophisch-historische Klasse, Sitzungsberichte, 612. Band), Wien 1994

PORTA (1975/76): Porta, P., Una piccola collezione inedita di ampolle di S. Mena conservata a Milano nel Museo del Castello Sforzesco, in: Rassegna di studi del Civico Museo Archeologico e del Gabinetto Numismatico di Milano, 15-18, 1975/76, S. 41-52

REAU, Iconographie: Réau, L., Iconographie de l'art chrétien, Bde I — III / 3, Paris 1955-59

RISTOW (1965): Ristow, G., Die Taufe Christi, Recklinghausen 1965

ROIG (1950): Roig, J. F., Iconografía de los santos, Barcelona 1950

ROSS (1962): Ross, M. C., Catalogue of the Byzantine and Early Mediaeval Antiquities in the Dumbarton Oaks Collection, Vol. I: Metalwork, Ceramics, Glass, Glyptics, Painting, Washington D.C. 1962

SCHÄFER (1936): Schäfer, E., Die Heiligen mit dem Kreuz in der altchristlichen Kunst, in: RömQSchr 4, 1936, S. 67-104

SCHLUNK/HAUSCHILD (1978): Schlunk, H., Hauschild, T., Hispania Antiqua. Die Denkmäler der frühchristlichen und westgotischen Zeit, Mainz 1978

SCHUMACHER (1959): Schumacher, W. N., Eine römische Apsiskomposition, in: RömQSchr 54, 1959, S. 137-202

SCHURR (1991): Schurr, E., Tradition und Ikonographie der nordafrikanischen Terrakottakacheln. Ungedruckte Magisterarbeit Erlangen 1991

SEVRUGIAN (1992): Sevrugian, P., Prophetendarstellungen in der frühchristlichen Kunst, in: FrühMitAltSt 26, 1992, S. 65-81

SIMON (1954): Simon, M., Les Saints d'Israel dans la dévotion de l'Eglise Ancienne, in: Revue d'histoire et de philosophie religieuses 34, 1954, S. 98-127

SKROBUCHA (1965): Skrobucha, H., Kosmas und Damian, Recklinghausen 1965

SODINI (1989): Sodini, J.-P., Remarques sur l'iconographie de Syméon l'Alépin, le premier stylite, in: MonPiot 70, 1989, S. 29-53

SÖRRIES (1991): Sörries, R., Die Syrische Bibel von Paris. Paris, Bibliothèque Nationale, syr. 341, Wiesbaden 1991

SÖRRIES (1993): Sörries, R., Christlich-Antike Buchmalerei im Überblick, Wiesbaden 1993

SOTIRIOU (1952): Sotiriou, G. u. M., Hagios Demetrios in Thessaloniki (griech.), Athen 1952

SOTOMAYOR (1962): Sotomayor, M., S. Pedro en la iconografia paleocristiana, Granada 1962

SPIESER (1984): Spieser, J.-M., Thessalonique et ses monuments du IVème au VIème siècle. Contribution à l'étude d'une ville paléochrétienne (= Bibliothèque des Ecoles françaises d'Athènes et de Rome, Bd 254), Paris 1984

STOMMEL (1954): Stommel, E., Beiträge zur Ikonographie der konstantinischen Sarkophagplastik (= Theophaneia 10), Bonn 1954

STUHLFAUTH (1925): Stuhlfauth, G., Die apokryphen Petrusgeschichten in der altchristlichen Kunst, Berlin/Leipzig 1925

STYGER (1913): Styger, P., Neue Untersuchungen über die altchristlichen Petrusdarstellungen. In: RömQSchr 27, 1913, S. 17-74

TESTINI (1968): Testini, P., Gli apostoli Pietro e Paolo nella più antica iconografia cristiana, in: Garofalo, S., Maccarrone, M., Ruysschaert, J., Testini P.,(Hg.), Studi Petriani, Rom 1968, S. 105-130

TESTINI, Paolo (1969): Testini, P., L'apostolo Paolo nell' iconografia cristiana fino al VI secolo, in: Studi Paolini, Rom 1969, S. 61-93

TESTINI, Pietro e Paolo (1969): Testini, P., L'iconografia degli apostoli Pietro e Paolo nelle cosidette „arti minori", in: Saecularia Petri et Pauli (= Studi di antichità cristiana 28), Città del Vaticano 1969, S. 241-323

TSCHILINGIROV (1982): Tschilingirov, A., Eine byzantinische Goldschmiedewerkstatt des 7. Jahrhunderts, in: A. Effenberger (Hg.), Metallkunst von der Spätantike bis zum ausgehenden Mittelalter (= Schriften der Frühchristlich-byzantinischen Sammlung 1), Berlin 1982

VAN BERCHEM/CLOUZOT (1924): Van Berchem, M., Clouzot, E., Les mosaiques chrétiennes du IVème au Xème siècle, Genf 1924

VIKAN (1984): Vikan, G., Art, Medicine and Magic in Early Byzantium, in: DOP 38, 1984, S. 65-86

VOLBACH (1922): Volbach, W. F., Zwei frühchristliche Goldmedaillons, in: BerlMus, Berichte aus den preussischen Kunstsammlungen 43. Jg., 11/12, 1922, S. 80-84

VOLBACH (1966): Volbach, W. F., Zur Ikonographie des Styliten Symeon des Jüngeren, in: Tortulae, RömQSchr, Suppl. 30, 1966, S. 293-299

VOLBACH (1976): Volbach, W. F., Elfenbeinarbeiten der Spätantike und des frühen Mittelalters (= Römisch-Germanisches Zentralmuseum zu Mainz, Katalog 7), Mainz ³1976

WAETZOLDT (1964): Waetzoldt, S., Die Kopien des 17. Jahrhunderts nach Mosaiken und Wandmalereien in Rom (= Römische Forschungen der Bibliotheca Hertziana, Bd 18), Wien 1964

WARNS (1986): Warns, R., Weitere Darstellungen der heiligen Thekla, in: G. Koch (Hg.), Studien zur frühchristlichen Kunst II, Wiesbaden 1986, S. 75-137

WEITZMANN (1976): Weitzmann, K., The Monastery of Saint Catherine at Mount Sinai. The Icons. I: From the Sixth to the Tenth Century, Princeton, New Jersey 1976

WESSEL (1963): Wessel, K., Koptische Kunst. Die Spätantike in Ägypten, Recklinghausen 1963

WIEGAND (1923): Wiegand, Th., Milet III, Heft 1. Der Latmos, Berlin 1923

WILPERT (1903): Wilpert, J., Die Malereien der Katakomben Roms, Freiburg 1903

WILPERT (1916): Wilpert, J., Die römischen Mosaiken und Malereien der kirchlichen Bauten vom IV.-XIII. Jahrhundert, 4 Bde, Freiburg i. Br. 1916

WILPERT (1929-1936): Wilpert, G., I sarcofagi cristiani antichi, Rom 1929-1936

WILPERT/SCHUMACHER (1976): Wilpert, J., Schumacher, W. N., Die römischen Mosaiken der kirchlichen Bauten vom IV.-XIII. Jahrhundert, Freiburg, Basel, Wien 1976

WITTIG (1906): Wittig, J., Die altchristlichen Skulpturen im Museum der deutschen Nationalstiftung am Campo Santo in Rom (= RQSchr, Suppl.), Rom 1906

WOODRUFF (1931): Woodruff, H., The Iconography and Date of the Mosaics of La Daurade, in: ArtB 13, 1931, S. 80-104

WULFF (1909): Wulff, O., Altchristliche und mittelalterliche, byzantinische und italienische Bildwerke, 1. Teil: Altchristliche Bildwerke (= Königliche Museen zu Berlin. Beschreibung der Bildwerke der christlichen Epochen Bd III), Berlin 1909

XYNGOPOULOS (1969): Xyngopoulos, A., Les mosaiques de l'église de Saint Démètre à Thessalonique, Thessaloniki 1969

ZANCHI ROPPO (1969): Zanchi Roppo, F., Vetri paleocristiani a figure d'oro conservati in Italia (= Studi di antichità cristiana 5), Bologna 1969